新能源电动汽车维修资料大全

第二版

（2016～2020年）

瑞佩尔 主编

化学工业出版社

·北京·

图书在版编目（CIP）数据

新能源电动汽车维修资料大全．2016～2020年/瑞佩尔主编．—2版．—北京：化学工业出版社，2020.7（2022.10重印）

ISBN 978-7-122-36413-5

Ⅰ.①新…　Ⅱ.①瑞…　Ⅲ.①电动汽车-车辆修理　Ⅳ.①U469.720.7

中国版本图书馆CIP数据核字（2020）第039935号

责任编辑：周　红　　　　文字编辑：冯国庆
责任校对：王鹏飞　　　　装帧设计：王晓宇

出版发行：化学工业出版社（北京市东城区青年湖南街13号　邮政编码100011）
印　　装：北京天宇星印刷厂
787mm×1092mm　1/16　印张 $26\frac{1}{4}$　字数696千字　2022年10月北京第2版第2次印刷

购书咨询：010-64518888　　　　售后服务：010-64518899
网　　址：http://www.cip.com.cn
凡购买本书，如有缺损质量问题，本社销售中心负责调换。

定　　价：128.00元

前言

新能源汽车是指采用非常规的车用燃料作为动力来源（或使用常规的车用燃料，但采用新型车载动力装置），综合车辆的动力控制和驱动方面的先进技术，形成技术原理先进、具有新技术和新结构的汽车。

新能源汽车具体包括以下几种形式：油电混合动力汽车（分汽油混合动力系统和柴油混合动力系统）；压缩天然气（CNG）及液化天然气（LNG）汽车（包括点燃式和压燃式）；煤驱动类型汽车［包括采用点燃式 M85 甲醇汽油发动机、M15 甲醇汽油发动机（部分新能源），压燃式二甲醚（DME）发动机、煤制汽油和煤制柴油发动机的汽车］；生物质能源驱动类型汽车［包括 E10 乙醇汽油车（部分新能源）及柴油车（部分新能源）］；来自煤、油、水力、风力、太阳能发电充电的电动汽车。

当下批量生产的新能源汽车主要有纯电动（EV）和插电式油电混合动力（PHEV）汽车及不可外接充电的油电混合动力汽车（HEV），其中油电混合动力汽车包括汽油/柴油两种油电混合动力系统。

由于石油是不可再生资源，终有一天会枯竭。即使再省油的汽车也要依靠石油这种单一的能量来源。电能作为二次能源，它不受石油资源的限制，除了煤炭之外，核能、风能、水能、太阳能、潮汐能、地热都可以用来转化为电能，电动汽车是人类未来交通的必然选择。

今后煤电在电力资源中占的比例肯定越来越低，而核电、光伏、风电、水电等新能源发电的比例将会越来越高，因此，电动汽车将会越来越环保。

随着新能源电动汽车这一行业的兴起，整个产业链的配套服务，相关电动汽车配件、服务组件的研发，教育产业中汽车新能源专业的建设，以及电动汽车的售后技术支持，维修养护服务等都在寻找着属于各自的机遇。而在技术出版输出方面，种类繁多的相关新能源汽车技术以及电动汽车原理构造、维修与养护的图书也数不胜数，但能够提供对应车辆数据与技术资料的书籍却很少。为此，笔者根据当前市场热销及电动汽车（也包括油电混动车型）保有量的排行，选取了数款国内外知名品牌新能源电动车型，并集中整理了这些车型的技术资料，以供行业之需。

本书资料涉及的品牌和车型主要有：比亚迪（秦 Pro DM 超能版、秦 Pro EV450、全新一代唐 DM、全新一代唐 EV600、全新一代宋 EV500、元 EV360、e5 450、e1-S2-元 EV535），北汽新能源（EC3、EU5、EX3、EX5），上汽荣威（Ei5、ERX5、eRX5、ei6），奇瑞（eQ1、瑞虎 3Xe），长安（逸动 EV460、CS15EV、奔奔 EC260），吉利（几何 A、帝豪 GSe、博瑞 GE PHEV），广汽（GE3 530、GS4 PHEV、Aion S），长城（C30EV、WEY P8），江淮（iEV6E、iEVA50），江铃（易至 EV3、E200），其他国产品牌（蔚来 ES6、威马 EX5、小鹏 G3、云度 π3、风神 E70、知豆 D2、康迪 EX3、众泰云 100 系列）；特斯拉（MODEL S、MODEL X、MODEL 3），宝马（i3、530LE），大众（朗逸 EV、帕萨特 PHEV），通用（别克 VELITE 6、凯迪拉克 CT6 PHEV、雪佛兰迈锐宝 XL HEV），福特新蒙迪欧 PHEV，林肯 MKZ HEV，丰田（卡罗拉-雷凌 e+PHEV、凯美瑞 HEV），本田（理念 VE-1，雅阁 HEV），日产（轩逸 EV、楼兰 HEV），现代（索纳塔 PHEV、伊兰特 EV），起亚华骐 300EV。

本书主要包括以下几个方面的内容：一是高压部件的安装位置、部件结构分解的信息；

二是高压电气部件接口端子分布，接插件端子排列与功能定义及检测数据；三是各控制系统的故障码含义与相关故障快速排除方法；四是各车型高压系统电路图，如电池管理系统电路、电机驱动控制电路、整车控制器电路、充电控制电路等；五是部分车型的保养维护类信息，如熔丝与继电器、车轮定位、油液规格与用量、电器初始化编程等数据。

本书中不少总成部件与控制器端子及电路原理图连接线束有颜色定义，而不同品牌汽车对于线束颜色的定义稍有不同，附录中罗列了它们表示的代码。对于双色线的说明：第一个字母为导线底色，第二个字母为条纹色，中间有的用“/”或“-”分隔。另外，本书所有端子定义中未列出端子序号者，都表示该端子未占用或为预留。

本书由瑞佩尔主编，此外参加编写的人员还有朱其谦、杨刚伟、吴龙、张祖良、汤耀宗、赵炎、陈金国、刘艳春、徐红玮、张志华、冯宇、赵太贵、宋兆杰、陈学清、邱晓龙、朱如盛、周金洪、刘滨、陈棋、孙丽佳、周方、彭斌、王坤、章军旗、满亚林、彭启凤、李丽娟、徐银泉。在编写过程中，参考了大量汽车厂商的文献资料，在此，谨向这些资料信息的原创者们表示由衷的感谢！

由于笔者水平有限，书中不妥之处在所难免，还望广大读者朋友及业内行家多多指正。

编　者

目录

第1章 比亚迪新能源汽车

第2章 北汽新能源汽车

第3章 上汽新能源汽车

第4章 奇瑞新能源汽车

第5章 长安新能源汽车

第6章 吉利新能源汽车

第 7 章 广汽新能源汽车

第 8 章 长城新能源汽车

第 9 章 江淮新能源汽车

第 10 章 江铃新能源汽车

第 11 章 其他国产新能源汽车

第 12 章 特斯拉新能源汽车

第13章 宝马新能源汽车

第14章 大众新能源汽车

第15章 通用新能源汽车

第16章 福特-林肯新能源汽车

第 17 章 丰田新能源汽车

第 18 章 本田新能源汽车

第 19 章 日产新能源汽车

第 20 章 现代-起亚新能源汽车

第1章

比亚迪新能源汽车

1.1 秦 Pro DM 超能版（2019～ ）

1.1.1 电池管理系统介绍与端子定义

电池管理控制器（简称电池管理器）位于主驾驶位座椅下方，电池管理系统（BMS）通信转换模块和电池信息采集器均位于高压电池包内部。

本车采用级联式电池管理系统，由 1 个电池管理控制器（BMC）、1 个 BMS 通信转换模块和 3 个电池信息采集器（BIC）及 1 套采样通信线组成。电池管理控制器的主要功能有充放电管理、接触器控制、功率控制、电池异常状态报警和保护、SOC/SOH（荷电状态/蓄电池容量）计算、自检以及通信功能等；电池信息采集器的主要功能有电池电压采样、温度采样、电池均衡、采样线异常检测等；BMS 通信转换模块的主要功能是将电池信息采集器的数据发送给 BMC；采样通信线的主要功能是连接 BMS 通信转换模块和电池信息采集器，实现两者之间的通信及信息交换。电池管理控制器的系统框图如图 1-1 所示。

电池管理控制器端子如图 1-2 所示，其端子定义及检测数据见表 1-1。

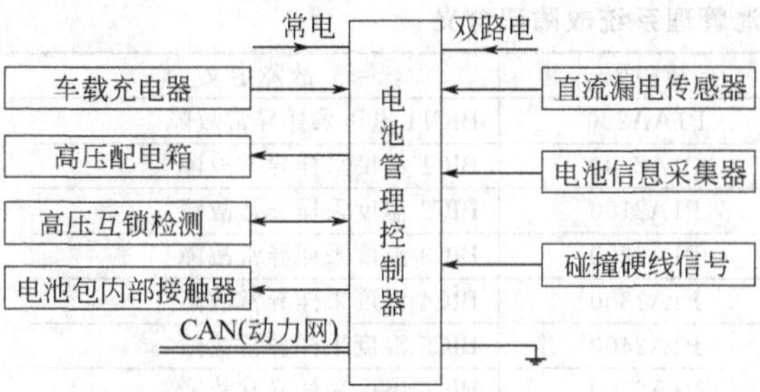

图 1-1 电池管理控制器的系统框图

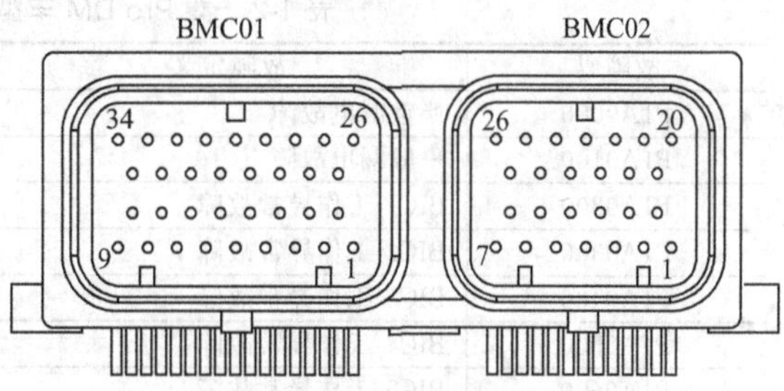

图 1-2 电池管理控制器端子

表 1-1 电池管理控制器端子定义及检测数据

端子	端子描述	条件	正常值/V
BMC01-1—GND	电池子网 CAN_H	ON 挡/OK 挡/充电	2.5～3.5
BMC01-2—GND	电池子网屏蔽地	始终	小于 1
BMC01-3—GND	通信转换模块供电＋12V	ON 挡/OK 挡/充电	9～16
BMC01-7—GND	分压/负极接触器供电	ON 挡/OK 挡/充电	9～16
BMC01-8—GND	充电仪表指示灯信号	车载充电时	小于 1
BMC01-9—GND	分压接触器拉低控制	分压接触器吸合时	小于 1
BMC01-10—GND	电池子网 CAN_L	ON 挡/OK 挡/充电	1.5～2.5
BMC01-12—GND	通信转换模块供电地	始终	小于 1
BMC01-15—GND	主/预充接触器供电	ON 挡/OK 挡/充电	9～16
BMC01-18—GND	霍尔供电－15V	ON 挡/OK 挡/充电	－16～－9
BMC01-19—GND	霍尔屏蔽地	始终	小于 1
BMC01-21—GND	预充接触器拉低控制	预充过程中	小于 1

续表

端子	端子描述	条件	正常值/V
BMC01-22—GND	主接触器拉低控制	整车上高压电	小于1
BMC01-26—GND	电流霍尔采样信号	电源 ON 挡	0～4.2
BMC01-27—GND	霍尔供电＋15V	ON 挡/OK 挡/充电	9～16
BMC01-28—GND	常电	ON 挡/OK 挡/充电	9～16
BMC01-29—GND	负极接触器拉低控制	负极接触器吸合时	小于1
BMC02-1—GND	常电	ON 挡/OK 挡/充电	9～16
BMC02-2—GND	车身地	始终	小于 1
BMC02-3—GND	碰撞信号	启动	约－15
BMC02-4—GND	高压互锁输出 1	ON 挡/OK 挡/充电	PWM 脉冲信号
BMC02-5—GND	高压互锁输入 1	ON 挡/OK 挡/充电	PWM 脉冲信号
BMC02-8—GND	双路电电源	ON 挡/充电	11～14
BMC02-9—GND	整车 CAN 终端电阻并入端 1	ON 挡/OK 挡/充电	2.5～3.5
BMC02-10—GND	高压互锁输出 2	ON 挡/OK 挡/充电	PWM 脉冲信号
BMC02-11—GND	高压互锁输入 2	ON 挡/OK 挡/充电	PWM 脉冲信号
BMC02-14—GND	整车 CAN 终端电阻并入端 2	ON 挡/OK 挡/充电	1.5～2.5
BMC02-16—GND	整车 CAN_H	ON 挡/ OK 挡/充电	2.5～3.5
BMC02-17—GND	整车 CAN_L	ON 挡/OK 挡/充电	1.5～2.5
BMC02-20—GND	慢充电感应信号	车载充电时	小于 1
BMC02-21—GND	车身地	始终	小于 1
BMC02-22—GND	充电指示灯信号	车载充电时	小于 1
BMC02-23—GND	整车 CAN 屏蔽地	始终	小于 1

1.1.2 电池管理系统故障码

秦 Pro DM 车型电池管理系统故障码如表 1-2 所示。

表 1-2 秦 Pro DM 车型电池管理系统故障码含义

故障码	故障定义	故障码	故障定义
P1A0000	严重漏电故障	P1AA200	BIC11 电压采样异常故障
P1A0100	一般漏电故障	P1A2000	BIC1 温度采样异常故障
P1A0200	BIC1 工作异常故障	P1A2100	BIC2 温度采样异常故障
P1A0300	BIC2 工作异常故障	P1A2200	BIC3 温度采样异常故障
P1A0400	BIC3 工作异常故障	P1A2300	BIC4 温度采样异常故障
P1A0500	BIC4 工作异常故障	P1A2400	BIC5 温度采样异常故障
P1A0600	BIC5 工作异常故障	P1A2500	BIC6 温度采样异常故障
P1A0700	BIC6 工作异常故障	P1A2600	BIC7 温度采样异常故障
P1A0800	BIC7 工作异常故障	P1A2700	BIC8 温度采样异常故障
P1A0900	BIC8 工作异常故障	P1A2800	BIC9 温度采样异常故障
P1A0A00	BIC9 工作异常故障	P1A2900	BIC10 温度采样异常故障
P1A0B00	BIC10 工作异常故障	P1AAC00	BIC11 温度采样异常故障
P1A9800	BIC11 工作异常故障	P1A2A00	BIC1 均衡电路故障
P1A0C00	BIC1 电压采样异常故障	P1A2B00	BIC2 均衡电路故障
P1A0D00	BIC2 电压采样异常故障	P1A2C00	BIC3 均衡电路故障
P1A0E00	BIC3 电压采样异常故障	P1A2D00	BIC4 均衡电路故障
P1A0F00	BIC4 电压采样异常故障	P1A2E00	BIC5 均衡电路故障
P1A1000	BIC5 电压采样异常故障	P1A2F00	BIC6 均衡电路故障
P1A1100	BIC6 电压采样异常故障	P1A3000	BIC7 均衡电路故障
P1A1200	BIC7 电压采样异常故障	P1A3100	BIC8 均衡电路故障
P1A1300	BIC8 电压采样异常故障	P1A3200	BIC9 均衡电路故障
P1A1400	BIC9 电压采样异常故障	P1A3300	BIC10 均衡电路故障
P1A1500	BIC10 电压采样异常故障	P1AB600	BIC11 均衡电路故障

续表

故障码	故障定义	故障码	故障定义
P1A3400	预充失败故障	U20B000	BIC1 CAN 通信超时故障
P1A3500	动力电池单节电压严重过高	U20B100	BIC2 CAN 通信超时故障
P1A3600	动力电池单节电压一般过高	U20B200	BIC3 CAN 通信超时故障
P1A3700	动力电池单节电压严重过低	U20B300	BIC4 CAN 通信超时故障
P1A3800	动力电池单节电压一般过低	U20B400	BIC5 CAN 通信超时故障
P1A3900	动力电池单节温度严重过高	U20B500	BIC6 CAN 通信超时故障
P1A3A00	动力电池单节温度一般过高	U20B600	BIC7 CAN 通信超时故障
P1A3B00	动力电池单节温度严重过低	U20B700	BIC8 CAN 通信超时故障
P1A3C00	动力电池单节温度一般过低	U20B800	BIC9 CAN 通信超时故障
P1A3D00	负极接触器回检故障	U20B900	BIC10 CAN 通信超时故障
P1A3E00	主接触器回检故障	U20BA00	BIC11 CAN 通信超时故障
P1A3F00	预充接触器回检故障	U029700	与车载充电器通信故障
P1A4000	充电接触器回检故障	U012200	与低压 BMS 通信故障
P1A4100	主接触器烧结故障	P1A9000	因温度低导致限充电功率为 0
P1A4200	负极接触器烧结故障	P1A9100	因温度高导致限充电功率为 0
P1A4300	电池管理器+15V 供电过高故障	P1A9200	因温度低导致限放电功率为 0
P1A4400	电池管理器+15V 供电过低故障	P1A9300	因温度高导致限放电功率为 0
P1A4500	电池管理器－15V 供电过高故障	P1A9400	因电压低导致限放电功率为 0
P1A4600	电池管理器－15V 供电过低故障	P1A9500	因采集器故障导致充放电功率为 0
P1A4700	交流充电感应信号断线故障	P1A9600	因电压高导致无法回馈
P1A4800	电机控制器断开主接触器故障	P1AC000	气囊 ECU 碰撞报警
P1A4C00	漏电传感器失效故障	P1AC100	后碰 ECU 碰撞报警
P1A4D00	霍尔传感器电流故障	P1AC200	高压互锁 2 故障
P1A4E00	电池组过流报警	P1AC300	高压互锁 3 故障
P1A4F00	电池管理系统初始化错误	U110400	与后碰 ECU 通信故障
P1A5000	电池管理系统自检故障	P1AC400	电池严重不均衡
P1A5100	碰撞硬线信号 PWM 异常报警	P1AC500	BIC 程序不一致
P1A5200	碰撞系统故障	P1AC600	BMC 程序与 BIC 程序不匹配
P1A5500	电池管理器 12V 电源输入过高	P1AC700	湿度过高故障
P1A5600	电池管理器 12V 电源输入过低	P1AC800	正极接触器回检故障
U011000	与电机控制器通信故障	P1AC900	直流充电感应信号断线故障
P1A5A00	与漏电传感器通信故障	U029800	电池管理器与 DC 通信故障
U110300	与气囊 ECU 通信故障	U02A200	与主动泄放模块通信故障
P1A5C00	分压接触器 1 回检故障	U016400	与空调通信故障
P1A5D00	分压接触器 2 回检故障	P1ACA00	电池组放电严重报警
P1A5E00	分压接触器 3 回检故障	U010300	与发动机通信故障
P1A5F00	分压接触器 4 回检故障	U0A2100	与漏电传感器通信故障
P1A6000	高压互锁 1 故障	P1AD000	模组连接异常

1.1.3 高压电池充电系统介绍与端子定义

本车充电系统主要是通过家用插头和交流充电桩接入交流充电口，通过车载充电器将家用 220V 交流电转为直流高压电给高压电池充电。主要组成部分：交流充电口、车载充电器、电池控制管理器、高压配电箱、动力电池。高压电池充电系统框图如图 1-3 所示。

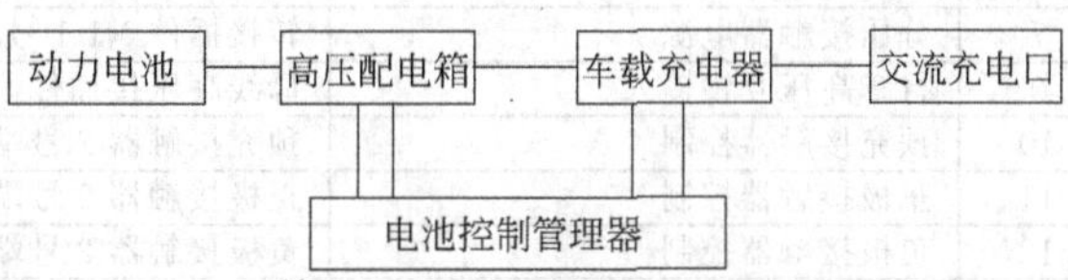

图 1-3 高压电池充电系统框图

车载充电器 32 针低压端子定义如表 1-3 所示。高压充电系统故障码见表 1-4。

表 1-3　车载充电器 32 针低压端子定义

端子	端子定义	线束接法	端子	端子定义	线束接法
1	低压输入正-常电 2	接 12V 常电	26	低压输入负-常电电源地	接车身地
8	充电连接确认信号 CC	充电口 1 号端子	29	高压互锁输出	BMC02-11
11	指示灯接地	—	30	高压互锁输入	BMC02-10
16	OBC-EN 充电使能信号	—	31	动力网 CAN_L	动力网
23	充电连接信号	BMC02-22	32	动力网 CAN_H	动力网
24	充电控制引导 CP	充电口 2 号端子			

表 1-4　高压充电系统故障码

故障码	故障定义	故障码	故障定义
P150000	车载充电器输入欠压	P150900	DC 逆变桥温度故障
P150100	车载充电器输入过压	P150A00	PFC 输出状态故障
P150200	车载充电器高压输出断线故障	P150B00	PFC 桥温度故障
P150300	车载充电器高压输出电流过流	P150C00	供电设备故障
P150400	车载充电器高压输出电流过高	P150E00	低压蓄电池电压过低
P150500	车载充电器高压输出电压低	P150F00	低压蓄电池电压过高
P150600	车载充电器高压输出电压高	U011100	与动力电池管理器通信故障
P150700	车载充电器接地状态故障	U015500	与组合仪表通信故障
P150800	车载充电器风扇状态故障		

1.1.4　高压配电系统介绍与端子定义

本车高压配电箱主要是将电池包的电能分配给各高压用电模块，也将车载输出的电能分配给电池包，高压配电箱与电池包集成，安装在电池包内部内端。如需确定配电箱故障，则要拆卸电池包后修理配电箱。高压配电箱系统框图如图 1-4 所示。

高压配电箱低压端子如图 1-5 所示，其定义见表 1-5。

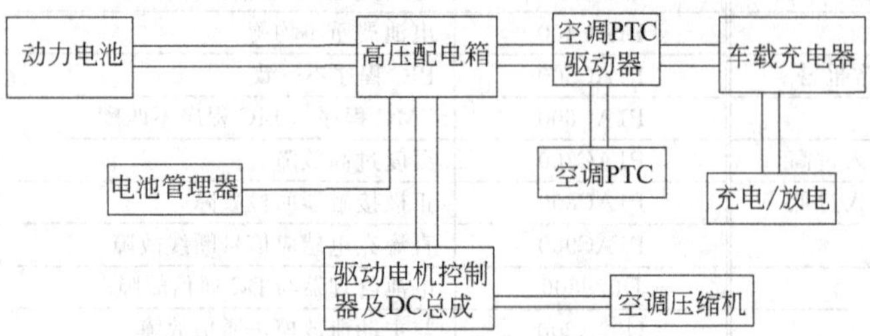

图 1-4　高压配电箱系统框图

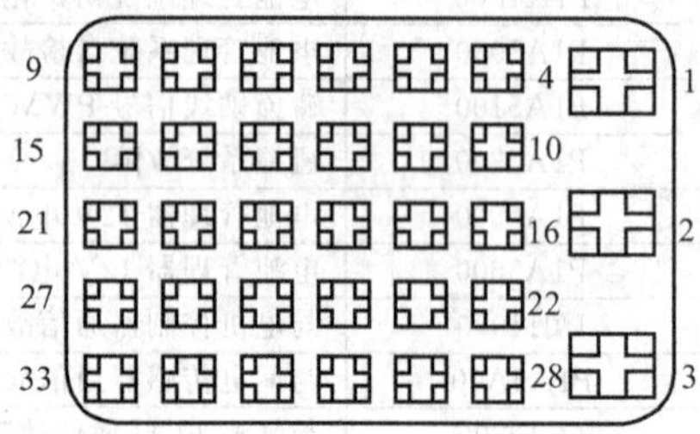

图 1-5　高压配电箱低压端子

表 1-5　高压配电箱低压端子定义

端子	定义	来源	线路去向
1	整车常电电源	级联 1-1	整车线束
2	通信转换模块＋12V	级联 1-2	BMC01-03
3	通信转换模块电源地	级联 1-3	BMC01-11
4	预充接触器电源	预充接触器 1 号端子	BMC01-15
5	正极接触器电源	正极接触器 1 号端子	BMC01-15
6	负极接触器电源	负极接触器 1 号端子	BMC01-07
7	分压接触器电源	转接插件 N1-1 号端子	BMC01-07
9	行车高压互锁输入	母线高压接插件	整车线束(电池加热 PTC1 高压互锁)
10	预充接触器控制	预充接触器 2 号端子	BMC01-21
11	正极接触器控制	正极接触器 2 号端子	BMC01-22
12	负极接触器控制	负极接触器 2 号端子	BMC01-29
13	分压接触器控制	转接插件 N1-4 号端子	BMC01-09
15	行车高压互锁输出	母线高压接插件	整车线束(电池加热 PTC2 高压互锁)
18	(电池子网)级联 CAN_H	级联 2-3	BMC01-01
19	(电池子网)级联 CAN_L	级联 2-4	BMC01-10

续表

端子	定义	来源	线路去向
20	(电池子网)级联屏蔽地	级联 2-5	BMC01-02
22	漏电传感器接地	漏电传感器 12 号端子	接整车线束
23	漏电传感器 12V 电源	漏电传感器 6 号端子	接整车线束
24	漏电传感器 CAN 地	漏电传感器 5 号端子	接整车线束
25	漏电传感器 CAN_L	漏电传感器 3 号端子	整车线束动力网
26	漏电传感器 CAN_H	漏电传感器 9 号端子	整车线束动力网
30	电流霍尔信号	电流霍尔信号	BMC01-26
31	电流霍尔屏蔽地	电流霍尔屏蔽地	BMC01-19
32	电流霍尔+15V 电源	电流霍尔+15V 电源	BMC01-27
33	电流霍尔-15V 电源	电流霍尔-15V 电源	BMC01-18

1.1.5 电机控制系统介绍与电路检测

前驱动电机控制器与 DC 总成是指前驱动电机控制器与 DC/DC 转换器的集成体。其中，DC/DC 转换器具有降压功能，将高压电池的高压电转换成 12V 电源。DC/DC 转换器在主接触器吸合时工作，输出的 12V 电源供给整车用电器工作，并且在蓄电池亏电时给蓄电池充电。DC/DC 转换器部分框图如图 1-6 所示。

前驱动电机控制器是控制高压电池与前驱动电机之间能量传输的装置，主要由输入输出接口电路、控制电路和驱动电路组成，其主要功能是根据用户的需求控制前驱动电机和发动机的扭矩分配，驱动车辆行驶，从而满足行车需求，同时担负对 BSG 电机控制器、电动压缩机和电池加热器的配电功能。前驱动电机控制器还包括 CAN 通信、故障处理、在线 CAN 烧写、VDS 烧写以及与其他模块配合完成整车的工作要求和自检等功能。前驱动电机控制系统框图如图 1-7 所示。

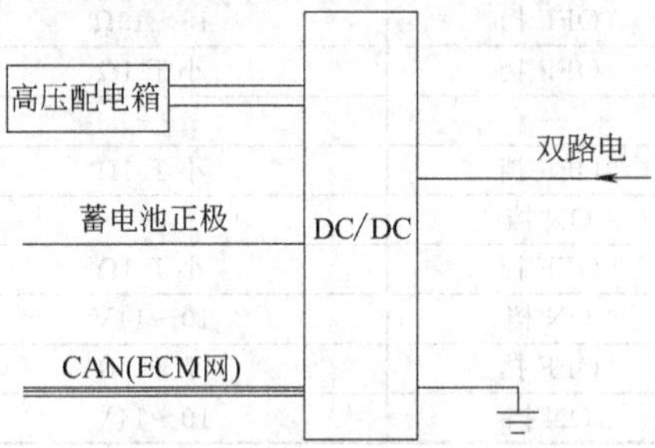

图 1-6　DC/DC 转换器部分框图

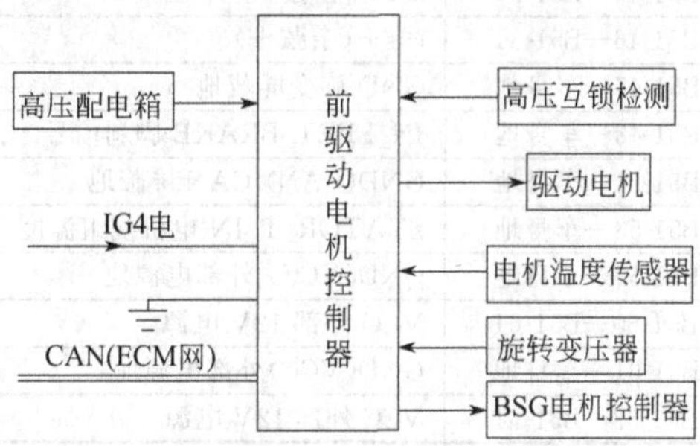

图 1-7　前驱动电机控制系统框图

前驱动电机控制器 B51 低压端子如图 1-8 所示，DC/DC 部分端子检测数据见表 1-6，电

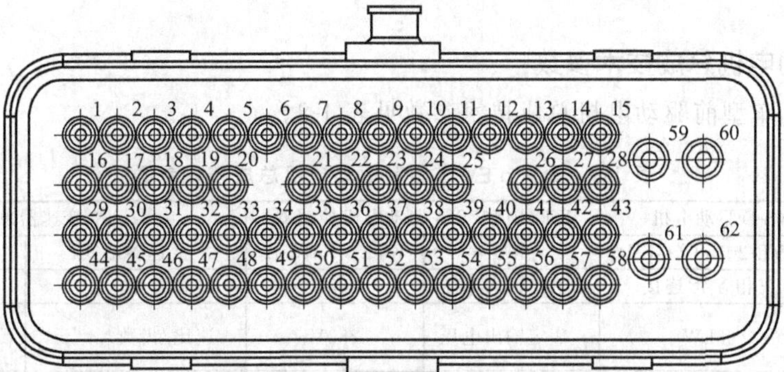

图 1-8　前驱动电机控制器 B51 低压端子

机控制系统部分端子检测数据见表 1-7。

表 1-6　DC/DC 部分端子检测数据

端子	定义	线色	检测条件	正常值
B51-1—B51-16	CAN_H1 DC CAN 高	P	OFF 挡	54～69Ω
B51-2—车身地	GND(VCC)1 DC 电源地	B	OFF 挡	小于 1Ω
B51-3—B51-17	VCC1 DC 电源	Y/R	ON 挡	9～14V
B51-16—B51-1	CAN_L1 DC CAN 低	V	OFF 挡	54～69Ω
B51-17—车身地	GND(VCC)1 DC 电源地	B	OFF 挡	小于 1Ω
B51-18—B51-17	VCC1 DC 电源	Y/R	ON 挡	9～14V

表 1-7　电机控制系统部分端子检测数据

端子	定义	检测条件	正常值
B51-4—B51-61	HV_LOCK2 高压互锁输入 2	ON 挡	PWM 信号
B51-9—B51-61	CRASH-IN 碰撞信号	ON 挡	PWM 信号
B51-10—车身地	GND 水温检测电源地	OFF 挡	小于 1Ω
B51-19—B51-61	IN_HAND_BRAKE 手刹信号	ON 挡	0～12V 高低电平信号
B51-20—车身地	HV-LOCK1 高压互锁输入 1	ON 挡	PWM 信号
B51-29—B51-44	EXCOUT(励磁)	OFF 挡	7～10Ω
B51-30—B51-45	sin(正弦)	OFF 挡	15～19Ω
B51-31—B51-46	cos(余弦)	OFF 挡	15～19Ω
B51-36—B51-37	CAN_L(CAN 信号低)	OFF 挡	54～69Ω
B51-37—B51-36	CAN_H(CAN 信号高)	OFF 挡	54～69Ω
B51-38—车身地	GND2 电机温度地	OFF 挡	小于 1Ω
B51-44—B51-29	EXCOUT+(励磁+)	OFF 挡	7～10Ω
B51-45—B51-30	sin+(正弦+)	OFF 挡	15～19Ω
B51-46—B51-31	cos+(余弦+)	OFF 挡	15～19Ω
B51-47—车身地	GND 旋变屏蔽地	OFF 挡	小于 1Ω
B51-48—车身地	IN_FEET_BRAKE 脚刹信号	—	
B51-51—车身地	GND(CAN) CAN 屏蔽地	OFF 挡	小于 1Ω
B51-53—车身地	STATOR_T_IN 电机绕组温度	ON 挡	—
B51-59—车身地	GND(VCC) 外部电源地	OFF 挡	小于 1Ω
B51-60—B51-61	VCC 外部 12V 电源	ON 挡	10～14V
B51-61—车身地	GND(VCC)外部电源地	OFF 挡	小于 1Ω
B51-62—B51-61	VCC 外部 12V 电源	ON 挡	10～14V

1.2　秦 Pro EV450（2018～　）

1.2.1　前驱动电机总成技术参数

秦 Pro EV 车型前驱动电机总成技术参数见表 1-8。

表 1-8　秦 Pro EV 车型前驱动电机总成技术参数

BYD-2015TZ-XS-D 驱动电机		KTZ40X37S-A 驱动电机控制器		变速器总成	
型号	BYD-2015TZ-XS-D	型号	KTZ40X37S-A	变速器形式	单挡变速器
连接方式	三相 Y 形连接	额定输入电压	400V	最高转速	15000r/min
持续功率	65kW	额定输出电压	283V	速比/齿数	9.315 (71/25×82/25)
额定转矩	120N·m	输入电压范围	200～504V	最高效率	97%
额定工作电压	400V(DC)	额定功率	65kW	峰值转矩	280N·m
绝缘等级	H	馈电电压范围	500～504V	防护等级	IP56

续表

BYD-2015TZ-XS-D 驱动电机		KTZ40X37S-A 驱动电机控制器		变速器总成	
型号	BYD-2015TZ-XS-D	型号	KTZ40X37S-A	变速器形式	单挡变速器
冷却方式	水冷	馈电效率	90%	齿轮组件精度	6 级精度以上
最高工作转速	15000r/min	驱动电机控制器支撑电容主动放电时间	小于 3s	箱体要求	GB/T 15114—2009
峰值转矩	280N·m	驱动电机控制器支撑电容被动放电时间	2min	运行环境温度限值(下限工作温度)	−40℃
额定电流	175A	控制器最大工作电流	370A	运行环境温度限值(上限工作温度)	120℃
额定工作制	S9	防护等级	IP67	典型工作温度	不超过 90℃
防护等级	IP67	控制器短时工作电流/时间	370A/30s	离合器形式	无离合器
线电阻	(23.5±2.0)mΩ	控制器持续工作电流	175A	P 挡	无机械 P 挡
驱动电机系统最高效率	94%	电机轴中心与差速器中心距离	217.5mm	差速器类型	普通开放式差速器

1.2.2 电机控制器端子定义

电机控制器端子如图 1-9 所示，其端子定义见表 1-9。

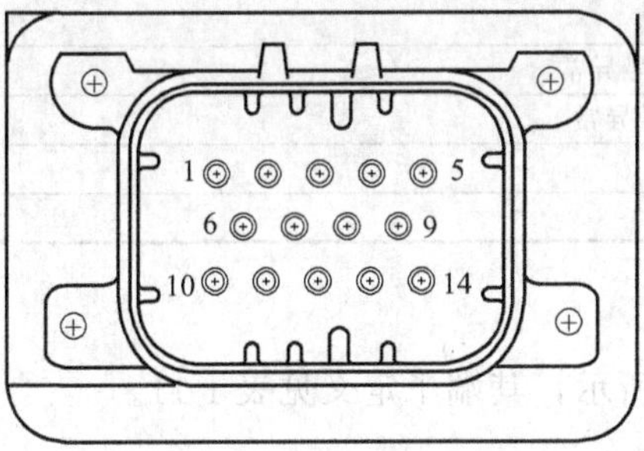

图 1-9 电机控制器端子

表 1-9 电机控制器端子定义

端子	端子名称	端子定义	线路连接
1	GND-IN	12V 电源接地	12V 电源地
3	CRASH-IN	碰撞信号正	接 SRS 碰撞信号
5	CAN_H	CAN 高	动力网 CAN_H
6	GND-IN	12V 电源地	12V 电源地
8	GND	碰撞信号地	碰撞信号地
10	+12V	12V 电源正	接 IG3
11	+12V	12V 电源正	接 IG3
12	EARTH	CAN 屏蔽地	CAN 屏蔽地
14	CAN_L	CAN 低	动力网 CAN_L

1.2.3 电机控制系统故障码

秦 Pro EV 车型电机控制系统故障码见表 1-10。

表 1-10 秦 Pro EV 车型电机控制系统故障码

故障码(ISO 15031-6)	故障定义
P1BB000	前驱动电机过流
P1BB200	前驱动电机一般过温报警
P1BB298	前驱动电机严重过温报警
P1BB300	前驱动电机控制器 IGBT-NTC 一般过温报警
P1BAC00	前驱动电机控制器 IGBT 核心温度一般过温报警
P1BB319	前驱动电机控制器 IGBT-NTC 严重过温报警
P1BAC19	前驱动电机控制器 IGBT 核心温度严重过温报警
P1BB500	前驱动电机控制器高压欠压
P1BB600	前驱动电机控制器高压过压
P1BB700	前驱动电机控制器电压采样故障
P1BB800	前驱动电机控制器碰撞信号故障
P1BB900	前驱动电机控制器开盖保护(预留)
P1BBA00	前驱动电机控制器 EEPROM 错误
P1BBC00	前驱动电机控制器 DSP 复位故障

续表

故障码(ISO 15031-6)	故障定义
P1BBD00	前驱动电机控制器主动泄放故障
P1BBF00	前驱动电机旋变故障(信号丢失)
P1BC000	前驱动电机旋变故障(角度异常)
P1BC100	前驱动电机旋变故障(信号幅值减弱)
P1BC200	前驱动电机缺A相
P1BC300	前驱动电机缺B相
P1BC400	前驱动电机缺C相
P1BC900	前驱动电机控制器电流霍尔传感器A故障
P1BC500	前驱动电机控制器电流霍尔传感器B故障
P1BC600	前驱动电机控制器电流霍尔传感器C故障
P1BC800	前驱动电机控制器IGBT温度校验故障报警
U014187	与整车控制器通信故障
U011100	与BMC通信故障
P1BD119	前驱动电机控制器驱动CPLD过流故障
P1BD117	前驱动电机控制器驱动CPLD过压故障
P1BD000	前驱动电机控制器驱动DSP1死机故障
P1BD400	前驱动电机控制器驱动CPLD运行故障
P1BD200	前驱动电机控制器驱动CPLD检测IGBT上桥报错故障
P1BD300	前驱动电机控制器驱动CPLD检测IGBT下桥报错故障
P1B2516	低压供电电压过低
P1B2517	低压供电电压过高
U015129	前驱动电机控制器接收SRS CAN信号异常
U015229	前驱动电机控制器接收SRS硬线信号异常
P1BB100	前驱动电机控制器IPM故障
P1BF900	备用电源故障

1.2.4 整车控制器端子定义

2018年款秦Pro EV车型整车控制器端子如图1-10所示，其端子定义见表1-11。

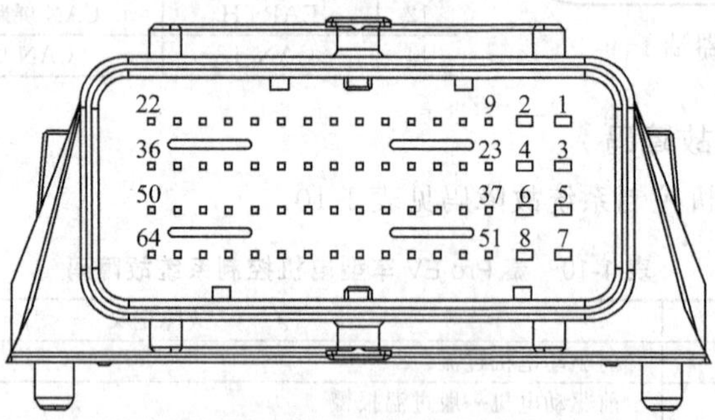

图1-10 2018年款秦Pro EV车型整车控制器端子

表1-11 2018年款秦Pro EV车型整车控制器端子定义

端子	端子名称	端子定义	线束连接	信号类型
1	+12V	外部输入12V电源	IG3电	+12V
3	+12V	外部输入12V电源	IG3电	+12V
5	GND0	外部输入12V电源地	车身地	GND0
7	GND0	外部输入12V电源地	车身地	GND0
9	+5V2	刹车深度电源2	接制动深度传感器D端子	+5V
10	+5V2	刹车深度电源1	接制动深度传感器G端子	+5V
11	+5V2	真空压力传感器电源	接真空压力传感器1号端子	+5V
15	IN_FEET_BRAKE	制动开关信号	制动开关	高有效

续表

端子	端子名称	端子定义	线束连接	信号类型
17	V_PUMP_TEST_IN	真空泵继电器检测信号（0或12V）	真空泵继电器1、2与真空泵1号端子的交汇处	高有效
19	L_FAN_OUT	无极风扇信号控制/回检	接无极风扇模块	PWM波形
20	EARTH	动力网CAN屏蔽地	接屏蔽地	—
21	CAN_H	动力网CAN信号高	接动力网	—
22	CAN_L	动力网CAN信号低	接动力网	—
23	+5V2	油门深度电源1	接油门深度传感器3号端子	+5V
24	+5V2	油门深度电源2	接油门深度传感器6号端子	+5V
33	CRASH_IN	碰撞信号	接SRS_ECU	PWM信号
37	EARTH	油门深度1电源地	接油门深度传感器5号端子	GND
38	EARTH	油门深度2电源地	接油门深度传感器4号端子	GND
41	V_PUMP1_OUT	真空泵继电器1控制信号	接真空泵继电器1	低有效
46	VP_SENSOR	真空压力传感器信号	接真空压力传感器3号端子	0～5V模拟信号
47	EARTH	油门深度屏蔽地	车身地	—
48	DC_GAIN2	油门深度2信号	接油门深度传感器1号端子	0～5V模拟信号
49	DC_BRAKE2	刹车深度2信号	接制动深度传感器C端子	0～5V模拟信号
50	DC_BRAKE1	刹车深度1信号	接制动深度传感器F端子	0～5V模拟信号
51	EARTH	刹车深度2电源地	按制动深度传感器B端子	GND
52	EARTH	刹车深度1电源地	接制动深度传感器A端子	GND
53	EARTH	真空压力传感器地	接真空压力传感器2号端子	GND
55	V_PUMP2_OUT	真空泵继电器2控制信号	真空泵继电器2控制端子	—
58	EARTH	水温传感器信号地	接电机水温A端子	—
59	MT_WATER TEMP SENSOR	水温传感器信号	接电机水温C端子	电阻型
60	CURISE_IN	模式开关信号	接模式开关	电阻信号
61	EARTH	模式开关地	接模式开关	GND
62	DC_GAIN1	油门深度1信号	接油门深度传感器2号端子	0～5V模拟信号
63	EARTH	刹车深度屏蔽地	接车身地	—

1.2.5 整车控制系统故障码

2018年款秦Pro EV车型整车控制系统故障码如表1-12所示。

表1-12 2018年款秦Pro EV车型整车控制系统故障码

故障码	故障定义	故障码	故障定义
P1D7902	整车控制器碰撞信号故障	U012187	与ABS通信故障(MEE预留)
P1D6144	整车控制器EEPROM错误	U01A600	与后驱动电机控制器(RMCU)通信故障
P1D6200	整车控制器巡航开关信号故障	U01A500	与前驱动电机控制器(FMCU)通信故障
P1D6300	整车控制器水泵驱动故障	U024C87	与I-KEY通信故障
P1D7B00	油门信号故障(1信号故障)	P1D6D00	整车控制器DSP复位故障
P1D7C00	油门信号故障(2信号故障)	P1D9017	动力电池单节电压过高
P1D6600	油门信号故障(校验故障)	P1D9016	动力电池单节电压过低
P1D6700	刹车信号故障(1信号故障)	P1D9100	动力电池总电压过高
P1D6800	刹车信号故障(2信号故障)	P1D9117	动力电池总电压严重过高
P1D6900	刹车信号故障(校验故障)	P1D9200	动力电池总电压过低
U011187	与电池管理器(BMC)通信故障	P1D9216	动力电池总电压严重过低
U024E87	与ESC通信故障	P1D9308	动力电池生命帧异常
U012887	与EPB通信故障	P1D8500	真空泵系统失效
U029187	与挡位控制器通信故障	P1D8600	真空泵严重漏气故障
U016487	与空调通信故障	P1D8700	真空泵一般漏气故障
U014087	与BCM通信故障	P1D8800	真空泵到达极限寿命
U029887	与DC通信故障	P1D8900	真空泵继电器1故障

续表

故障码	故障定义	故障码	故障定义
P1D8A00	真空泵继电器2故障	P1D9600	动力电池寿命帧异常(计数器乱序)
P1D8B00	真空泵继电器1、2故障	P1D9700	动力电池寿命帧异常(校验值异常)
P1D9A00	真空压力传感器故障	P1D9800	温度采样异常
P1D9900	大气压力传感器故障	P1D8300	整车限功率
P1D8400	水温传感器故障	B17A300	SRS CAN 信号异常
P1D9400	低压输出断线	B17A400	SRS 硬线信号异常
P1D9516	低压蓄电池电压过低	P1BA000	巡航配置未写入
P1D9517	低压蓄电池电压过高		

1.3 全新一代唐 DM(2018~)

1.3.1 BSG电机控制器端子定义

本款车型搭载的BSG电机带启停、发电功能，能够启停发动机，并且能够在汽车怠速运行情况下根据策略要求进行充电，维持整车电平衡。BSG电机控制器端子分布如图1-11所示，其端子定义见表1-13。

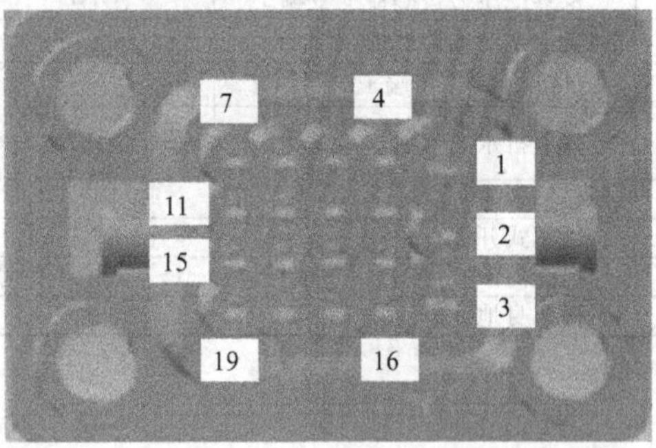

图1-11 BSG电机控制器端子分布

表1-13 BSG电机控制器端子定义

端子	端子说明
4	BSG电机 sin+
5	BSG电机 sin−
6	BSG电机 cos−
7	BSG电机 cos+
8	旋变屏蔽地
9	BSG电机励磁−(EXOUT−)
10	BSG电机励磁+(EXOUT+)
11	CAN_H
12	BSG电机绕组温度(+)
13	+12V IG4电
14	+12V IG4电
15	CAN_L
16	BSG电机绕组温度(−)
17	GND
18	GND
19	CAN地

1.3.2 前驱电机控制器端子检测

前驱电机控制器端子分布如图1-12所示，其端子检测见表1-14。

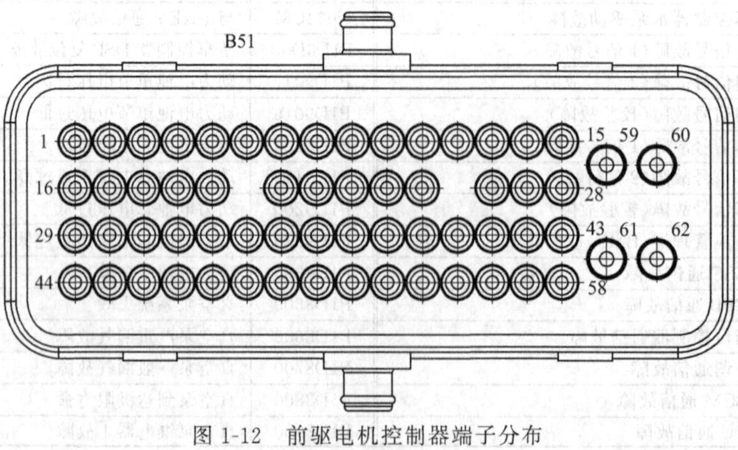

图1-12 前驱电机控制器端子分布

表 1-14 前驱电机控制器端子检测

端子	端子说明	测试条件	正常值
B51-4—B51-61	HV_LOCK2 高压互锁输入 2	ON 挡	PWM 信号
B51-6	预留	—	—
B51-7	预留	—	—
B51-8	预留	—	—
B51-9—B51-61	CRASH-IN 碰撞信号	ON 挡	PWM 信号
B51-10—车身地	GND 水温检测电源地(预留)	OFF 挡	小于 1Ω
B51-19—B51-61	IN_HAND_BRAKE 手刹信号(预留)	ON 挡	0～12V 高低电平信号
B51-20—车身地	HV-LOCK1 高压互锁输入 1	ON 挡	PWM 信号
B51-29—B51-44	EXCOUT 励磁	OFF 挡	7～10Ω
B51-30—B51-45	sin(正弦)	OFF 挡	15～19Ω
B51-31—B51-46	cos(余弦)	OFF 挡	15～19Ω
E51-36—E51-37	CAN_L CAN 信号低	OFF 挡	54～69Ω
E51-37—E51-36	CAN_H CAN 信号高	OFF 挡	54～69Ω
B51-38—车身地	GND2 电机温度地	OFF 挡	小于 1Ω
B51-44—车身地	EXCOUT＋(励磁＋)	OFF 挡	7～10Ω
B51-45—B51-30	sin＋(正弦＋)	OFF 挡	15～19Ω
B51-46—B51-31	cos＋(余弦＋)	OFF 挡	15～19Ω
B51-47—车身地	GND 旋变屏蔽地	OFF 挡	小于 1Ω
B51-48—车身地	IN_FEET_BRAKE 脚刹信号(预留)	—	—
B51-51—车身地	GND(CAN)CAN 屏蔽地	OFF 挡	小于 1Ω
B51-53—车身地	STATOR_T_IN 电机绕组温度	ON 挡	—
B51-59—车身地	GND(VCC)外部电源地	OFF 挡	小于 1Ω
B51-60—B51-61	VCC 外部 12V 电源	ON 挡	10～14V
B51-61—车身地	GND(VCC)外部电源地	OFF 挡	小于 1Ω
B51-62—B51-61	VCC 外部 12V 电源	ON 挡	10～14V

1.3.3 后驱电机控制器端子检测

后驱电机控制器端子分布如图 1-13 所示，其端子检测见表 1-15。

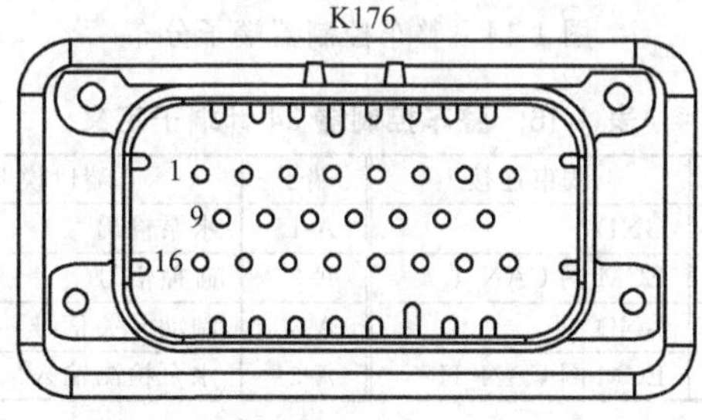

图 1-13 后驱电机控制器端子分布

表 1-15 后驱电机控制器端子检测

端子	端子说明	测试条件	正常值
K176-1—K176-9	sin－(正弦－)	OFF 挡	15～19Ω
K176-2—K176-10	cos－(余弦－)	OFF 挡	15～19Ω
K176-3—车身地	WATER_T_IN 水温传感器	ON 挡	0～5V 模拟信号
K174-4—车身地	STATOR_T_IN 电机绕组温度	ON 挡	0～5V 模拟信号
K176-5	CRASH-IN 碰撞信号	ON 挡	PWM 信号
K176-6—K176-23	HV-LOCK2 高压互锁输入 2	ON 挡	PWM 信号
K176-7—K176-14	CAN_H CAN 信号高	OFF 挡	54～69Ω
K176-8—K176-23	＋12VO 外部提供的＋12V 电源	ON 挡	11～14V

续表

端子	端子说明	测试条件	正常值
K176-9—K176-1	sin+(正弦+)	OFF 挡	15～19Ω
K176-10—K176-2	cos+(余弦+)	OFF 挡	15～19Ω
K176-11—车身地	GND 电机绕组温度地	OFF 挡	小于 1Ω
K176-13—车身地	HV-LOCK1 高压互锁输入 1	ON 挡	PWM 信号
K176-14—K176-7	GAN_L CAN 信号低	OFF 挡	54～69Ω
K176-15—K176-23	+12VO 外部提供的+12V 电源	ON 挡	11～14V
K176-16—K176-17	EXCOUT+(励磁+)	OFF 挡	7～10Ω
K176-17—K176-16	EXCOUT−(励磁−)	OFF 挡	7～10Ω
K176-18—车身地	GND 旋变屏蔽地	OFF 挡	小于 1Ω
K176-19—车身地	GND 水温采样地	OFF 挡	小于 1Ω
K176-20	GND 碰撞信号地	ON 挡	PWM 信号
K176-21—车身地	GND CAN 屏蔽地	OFF 挡	小于 1Ω
K176-22—车身地	GND 外部电源地	OFF 挡	小于 1Ω
K176-23—车身地	GND 外部电源地	OFF 挡	小于 1Ω

1.3.4 整车控制器端子检测

整车控制器安装在驾驶人座椅底部，端子分布如图 1-14 所示，端子定义见表 1-16 和表 1-17，端子检测数据见表 1-18。

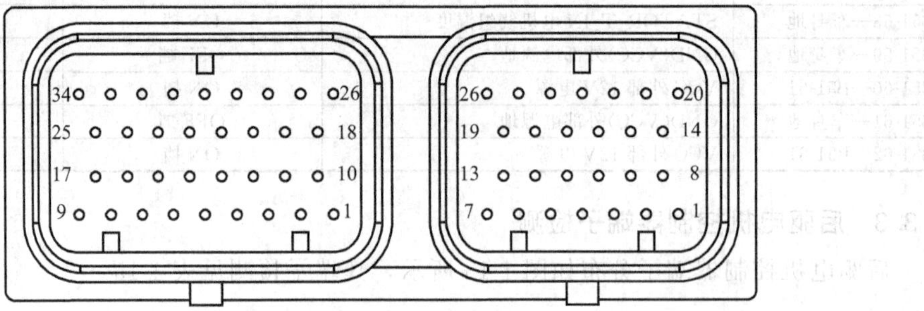

图 1-14　整车控制器端子分布

表 1-16　整车控制器 34 针端子定义

端子	端口说明	线束连接	端子	端口说明	线束连接
A-8	CAN 屏蔽地 1	GND	A-18	水泵输出	接水泵继电器
A-9	CAN 信号低	ECM 网 CAN_L	A-27	碰撞信号	接 SRS-ECU
A-16	CAN 屏蔽地 2	GND	A-30	制动开关信号	接制动开关
A-17	CAN 信号高	ECM 网 CAN_H	A-31	水泵检测输入	接水泵继电器

表 1-17　整车控制器 26 针低压端子定义

端子	端口说明	线束连接	端子	端口说明	线束连接
B-1	12V 电源地 1	GND	B-15	+12V 电源 2	IG4
B-2	12V 电源地 2	GND	B-16	+5V 刹车深度电源 1	接制动踏板
B-4	刹车深度电源 1 地	接制动踏板	B-17	刹车深度 1	接制动踏板
B-6	巡航信号地	接巡航开关	B-18	油门深度 1	接制动踏板
B-7	油门深度电源地 1	接加速踏板	B-20	刹车深度电源 2 地	接制动踏板
B-8	油门深度电源地 2	接加速踏板	B-21	刹车深度屏蔽地	接制动踏板
B-9	油门深度屏蔽地	GND	B-22	+5V 刹车深度电源 2	接制动踏板
B-10	+5V 油门深度电源 1	接加速踏板	B-23	刹车深度 2	接制动踏板
B-11	+5V 油门深度电源 2	接加速踏板	B-24	油门深度 2	接加速踏板
B-14	+12V 电源 1	IG4	B-25	巡航信号	接巡航开关

表 1-18 整车控制器端子检测数据

端子	端口说明	测试条件	正常值
A34-31—车身地	PUMP_TEST 水泵检测输入	OK 挡,EV 模式	10～14V
A34-27—车身地	CRASH-IN 碰撞信号	ON 挡	PWM 信号
B26-6—B26-26	GND 巡航信号地	OFF 挡	2150～2180Ω
B26-7—车身地	GND 油门深度电源地 1	OFF 挡	小于 1Ω
B26-8—车身地	GND 油门深度电源地 2	OFF 挡	小于 1Ω
B26-20—车身地	GND 刹车深度电源地 2	OFF 挡	小于 1Ω
B26-16—车身地	+5V 刹车深度电源 1	ON 挡	0～5V 模拟信号
B26-10—车身地	+5V 油门深度电源 1	ON 挡	0～5V 模拟信号
B26-11—车身地	+5V 油门深度电源 2	ON 挡	0～5V 模拟信号
B26-4—车身地	GND 刹车深度电源地 1	OFF 挡	小于 1Ω
A34-1S—车身地	PUMP_OUT 水泵输出	ON 挡,水泵未工作	10～14V
		OK 挡,EV 模式水泵工作	小于 1V
A34-9—A34-17	CAN_L CAN 信号低	OFF 挡	54～69Ω
A34-17—A34-9	CAN_H CAN 信号高	OFF 挡	54～69Ω
B26-25—B26-6	CURISE_IN 巡航信号	OFF 挡	—
B26-18—车身地	DC_GATN1 油门深度信号 1	ON 挡	—
B26-21—车身地	GND 刹车深度屏蔽地	OFF 挡	小于 1Ω
B26-22—车身地	+5V 刹车深度电源 2	ON 挡	4.5～5.5V
B26-17—车身地	IN_FEET_BRAKE 脚刹信号(预留)	—	—
B26-9—车身地	GND 油门深度屏蔽地	OFF 挡	小于 1Ω
B26-24—车身地	DC_GAIN2 油门深度信号 2	ON 挡	—
B26-17—车身地	DC_BRAKE1 刹车深度 1	ON 挡	—
B26-23—车身地	DC_BRAKE2 刹车深度 2	ON 挡	—
B26-1—车身地	GND(VCC)外部电源地	OFF 挡	小于 1Ω
B26-14—车身地	VCC 外部 12V 电源	ON 挡	10～14V
B26-2—车身地	GND(VCC)外部电源地	OFF 挡	小于 1Ω
B26-16—车身地	VCC 外部 12V 电源	ON 挡	10～14V

1.3.5 电池管理控制器端子检测

该车采用分布式电池管理系统，模块位于副仪表台配电箱下方的地板上。电池管理控制器端子分布如图 1-15 所示，其端子定义见表 1-19。

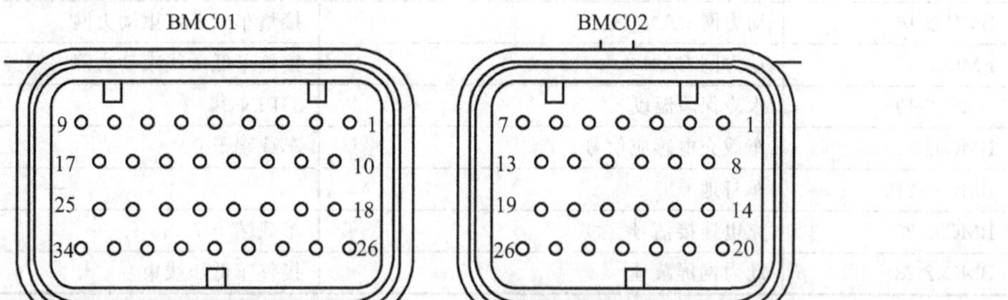

图 1-15 电池管理控制器端子分布

表 1-19 电池管理控制器端子定义

<table>
<tr><th>端子</th><th>端子说明</th><th colspan="2">线束连接</th></tr>
<tr><td>BMC01-1</td><td>电池子网 CAN_H</td><td colspan="2">33PIN-10</td></tr>
<tr><td>BMC01-2</td><td>电池子网 CAN 屏蔽地</td><td colspan="2">33PIN-5</td></tr>
<tr><td>BMC01-3</td><td>通信转换模块供电+12V</td><td colspan="2">33PIN-11</td></tr>
<tr><td>BMC01-7</td><td>负极接触器供电</td><td colspan="2">33PIN-6</td></tr>
<tr><td>BMC01-8</td><td>充电仪表指示灯</td><td colspan="2">仪表</td></tr>
<tr><td>BMC01-9</td><td>分压接触器 1 拉低控制</td><td colspan="2">33PIN-27</td></tr>
<tr><td>BMC01-10</td><td>电池子网 CAN_L</td><td colspan="2">33PIN-4</td></tr>
<tr><td>BMC01-11</td><td>通信转换模块供电 GND</td><td colspan="2">33PIN-16</td></tr>
<tr><td>BMC01-13</td><td>34 针接插件插拔检测端 1</td><td colspan="2">整车地</td></tr>
<tr><td>BMC01-15</td><td>分压接触器 1 供电</td><td colspan="2">33PIN-22</td></tr>
<tr><td>BMC01-16</td><td>主接触器、预充接触器供电</td><td colspan="2">配电箱端子 8、配电箱端子 9</td></tr>
<tr><td>BMC01-18</td><td>电流霍尔电源−15V</td><td colspan="2">配电箱端子 13</td></tr>
<tr><td>BMC01-19</td><td>霍尔传感器屏蔽地</td><td colspan="2">配电箱端子 14</td></tr>
<tr><td>BMC01-20</td><td>34 针接插件插拔检测端 2</td><td colspan="2">整车地</td></tr>
<tr><td>BMC01-21</td><td>预充接触器拉低控制</td><td colspan="2">配电箱端子 6</td></tr>
<tr><td>BMC01-22</td><td>主接触器拉低控制</td><td colspan="2">配电箱端子 7</td></tr>
<tr><td>BMC01-26</td><td>电流霍尔信号</td><td colspan="2">配电箱端子 5</td></tr>
<tr><td>BMC01-27</td><td>电流霍尔+15V 电源</td><td colspan="2">配电箱端子 12</td></tr>
<tr><td>BMC01-28</td><td>12V 常电</td><td colspan="2">接整车低压线束</td></tr>
<tr><td>BMC01-29</td><td>负极接触器拉低控制</td><td colspan="2">33PIN-13</td></tr>
<tr><td>BMC02-1</td><td>BMC 供电 12V</td><td colspan="2">接整车低压线束</td></tr>
<tr><td>BMC02-2</td><td>车身地</td><td colspan="2">接整车低压线束</td></tr>
<tr><td>BMC02-3</td><td>碰撞信号</td><td colspan="2">ECU</td></tr>
<tr><td>BMC02-4</td><td>高压互锁输出 1</td><td colspan="2">33PIN-29</td></tr>
<tr><td>BMC02-5</td><td>高压互锁输入 1</td><td colspan="2">前 PTC 驱动器 02</td></tr>
<tr><td>BMC02-8</td><td>BMC 供电 12V</td><td colspan="2">接整车低压线束</td></tr>
<tr><td>BMC02-9</td><td>CAN 终端电阻并入 1</td><td colspan="2">BMC02-14</td></tr>
<tr><td rowspan="2">BMC02-10</td><td rowspan="2">高压互锁输出 2</td><td>3kW 车载</td><td>车载充电器 12</td></tr>
<tr><td>7kW 车载</td><td>车载充电器 12</td></tr>
<tr><td rowspan="2">BMC02-11</td><td rowspan="2">高压互锁输出 2</td><td>3kW 车载</td><td>后电机控制器 11</td></tr>
<tr><td>7kW 车载</td><td>后电机控制器 11</td></tr>
<tr><td>BMC02-12</td><td>水冷保险温度地</td><td colspan="2">33PIN-25</td></tr>
<tr><td>BMC02-14</td><td>CAN 终端电阻并入 2</td><td colspan="2">BMC02-9</td></tr>
<tr><td>BMC02-16</td><td>动力网 CAN_H</td><td colspan="2">接整车低压线束动力网</td></tr>
<tr><td>BMC02-17</td><td>动力网 CAN_L</td><td colspan="2">接整车低压线束动力网</td></tr>
<tr><td>BMC02-19</td><td>水冷保险温度</td><td colspan="2">33PIN-26</td></tr>
<tr><td>BMC02-20</td><td>车载充电感应信号</td><td colspan="2">车载端子 6</td></tr>
<tr><td>BMC02-21</td><td>车身地</td><td colspan="2">—</td></tr>
<tr><td>BMC02-22</td><td>充电连接信号</td><td colspan="2">车载端子 7</td></tr>
<tr><td>BMC02-23</td><td>动力网屏蔽地</td><td colspan="2">接整车低压线束</td></tr>
</table>

1.3.6 高压互锁回路电路

全新一代唐 DM 车型高压互锁回路如图 1-16 和图 1-17 所示。

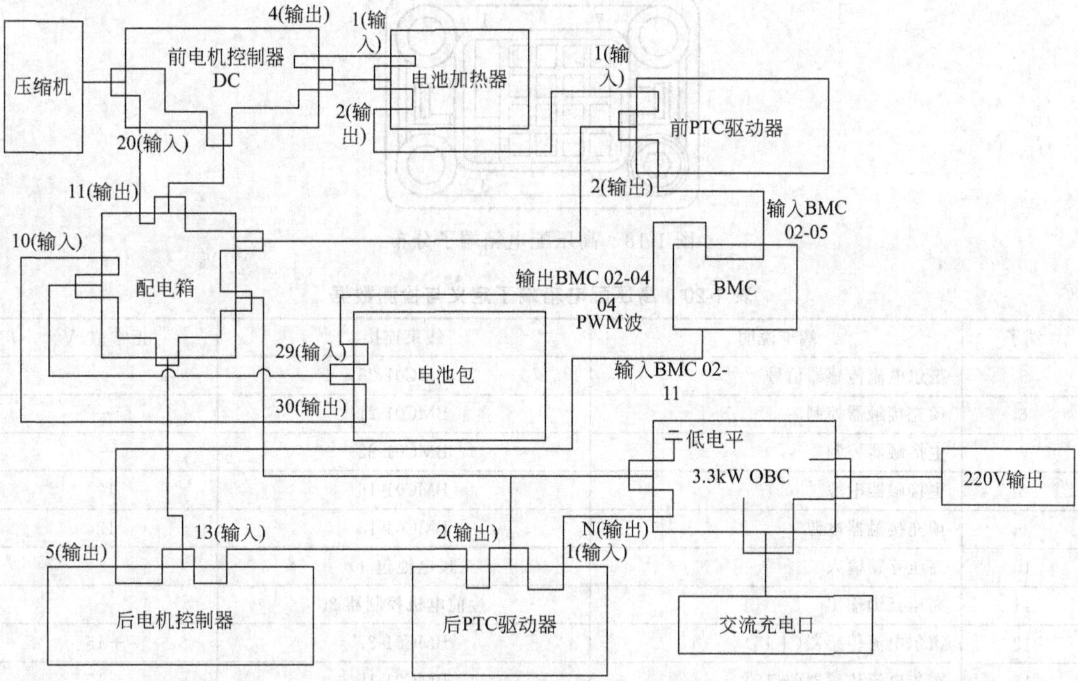

图 1-16　全新一代唐 DM 车型高压互锁回路（3.3kW 车载）

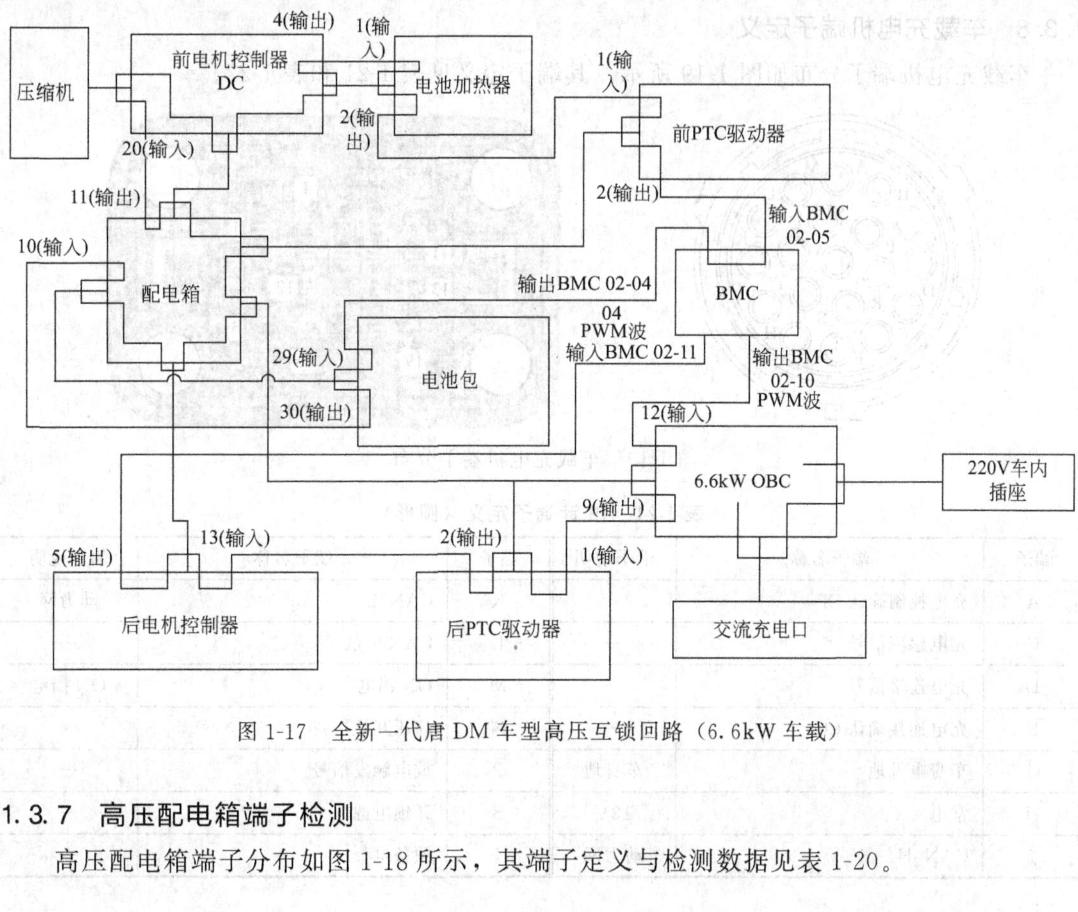

图 1-17　全新一代唐 DM 车型高压互锁回路（6.6kW 车载）

1.3.7　高压配电箱端子检测

高压配电箱端子分布如图 1-18 所示，其端子定义与检测数据见表 1-20。

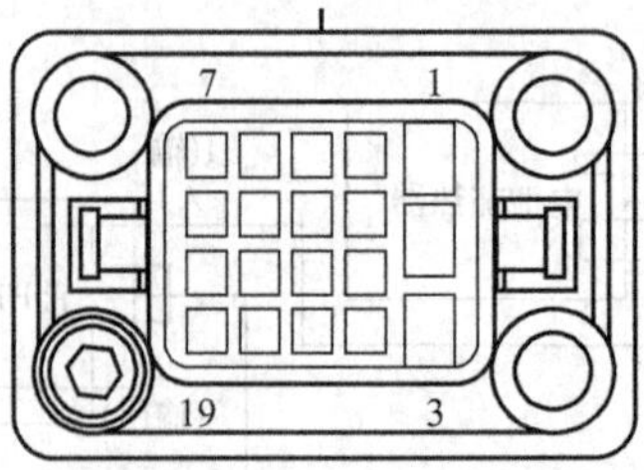

图 1-18　高压配电箱端子分布

表 1-20　高压配电箱端子定义与检测数据

端子	端子说明	线束连接	正常值/V
5	霍尔电流传感器信号	BMC01-26	—
6	预充接触器控制	BMC01-21	—
7	主接触器控制	BMC01-22	—
8	主接触器电源	BMC01-16	12
9	预充接触器电源	BMC01-16	12
10	高压互锁输入	接电池包 30	—
11	高压互锁输出	接前电机控制器 20	—
12	霍尔电流传感器(+15)	BMC01-27	+15
13	霍尔电流传感器(−15)	BMC01-18	−15
14	霍尔电流传感器信号屏蔽	BMC01-19	—

1.3.8　车载充电机端子定义

车载充电机端子分布如图 1-19 所示，其端子定义见表 1-21 和表 1-22。

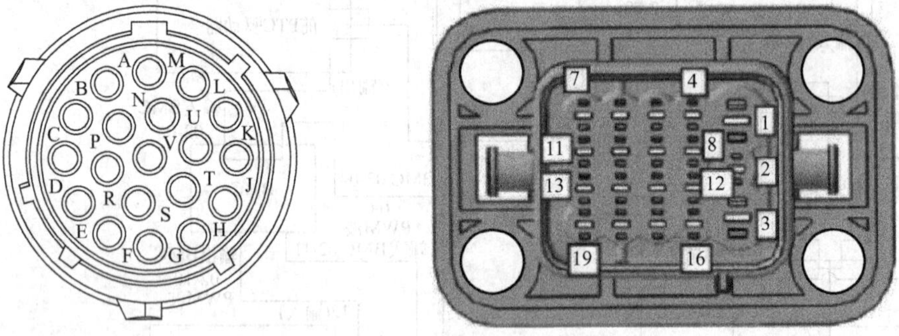

图 1-19　车载充电机端子分布

表 1-21　19 针端子定义（圆形）

端子	端子名称	端子说明	端子	端子名称	端子说明
A	充电控制确认 CP	—	K	CAN_L	动力网
C	充电感应信号	—	L	CAN 屏蔽	—
D	充电连接信号	—	M	ON 挡电	ON 挡电
E	充电连接确认 CC	—	N	高压互锁	—
G	车身电源地	车身地	P	放电触发信号	—
H	常电	12V	S	开锁电源	—
J	CAN_H	动力网	T	预备电	—

表 1-22　19 针端子定义（方形）

端子	端子名称	端子说明	端子	端子名称	端子说明
1	车身地	电源地	8	CC	充电连接确认 CC
2	—	水泵控制	9	高压互锁信号	高压互锁输出
3	OFF 挡电	常电	10	CAN_H	CAN_H
4	CP	充电控制确认 CP	11	CAN_L	CAN_L
5	—	放电触发信号	12	高压互锁信号	高压互锁输入
6	—	充电感应信号	18	车身地	检测信号地
7	—	充电连接信号	19	—	L 相温度检测

1.3.9　多媒体系统端子定义

平板多媒体系统包括 4G 网络、PAD、蓝牙电话系统、智能语音识别、车机互动、车载收音机、USB、AUX 接口、SD 卡总成、影音设备接口等多种功能。多媒体系统组成部件如图 1-20 所示，PAD 端子分布如图 1-21 所示，影音集成模块端子分布如图 1-22 和图 1-23 所示，旋转电机端子分布如图 1-24 所示，USB 模块端子分布如图 1-25 所示，外置功放端子分布如图 1-26 所示，各端子定义分别见表 1-23～表 1-28。

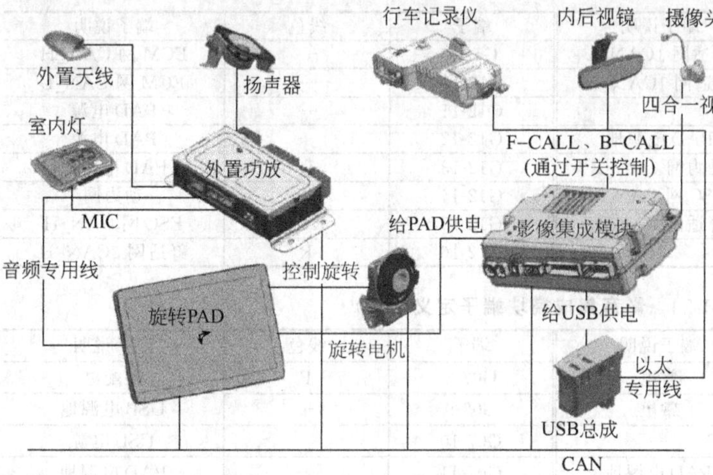

图 1-20　多媒体系统组成部件

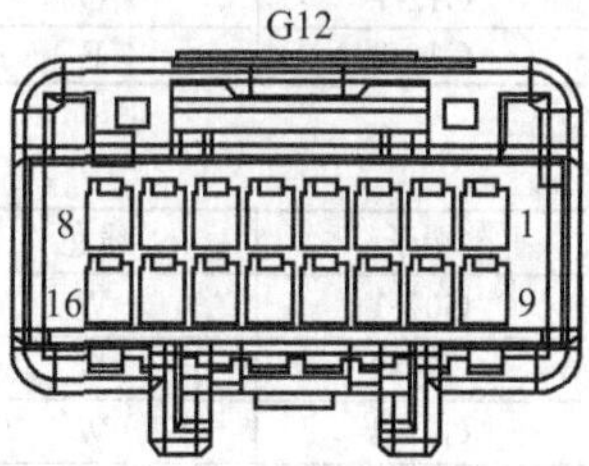

图 1-21　PAD 端子分布

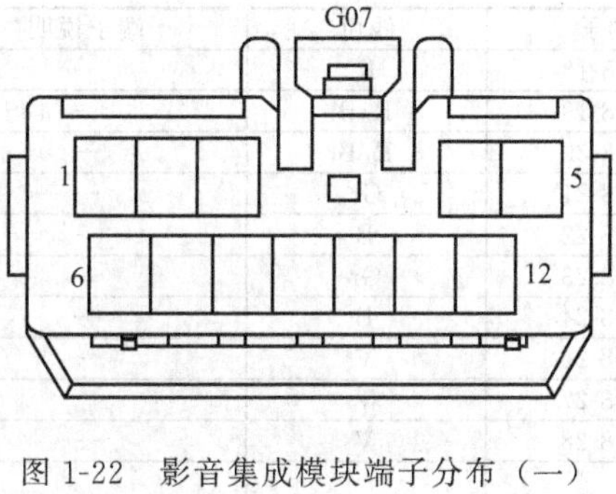

图 1-22　影音集成模块端子分布（一）

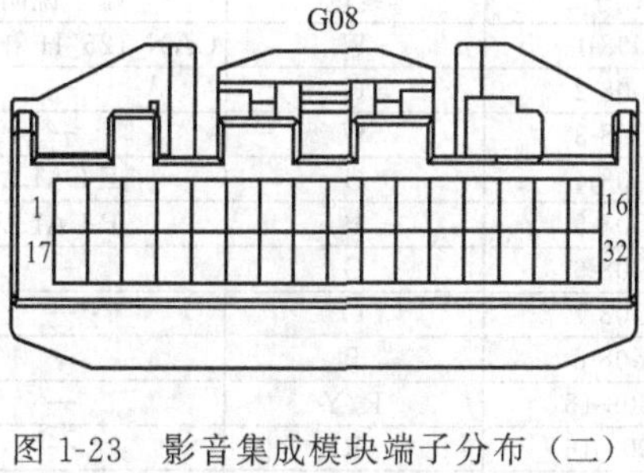

图 1-23　影音集成模块端子分布（二）

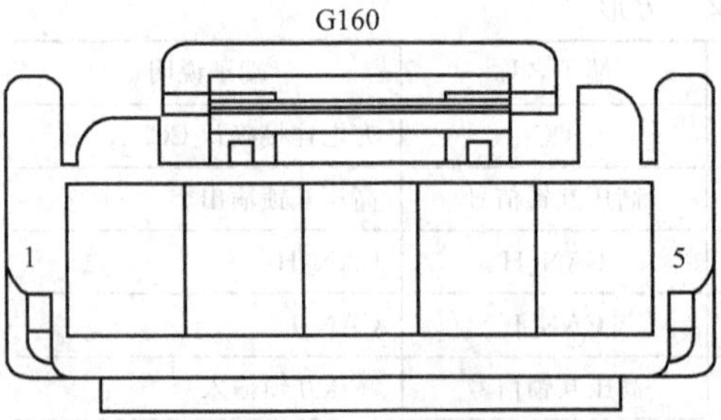

图 1-24　旋转电机端子分布

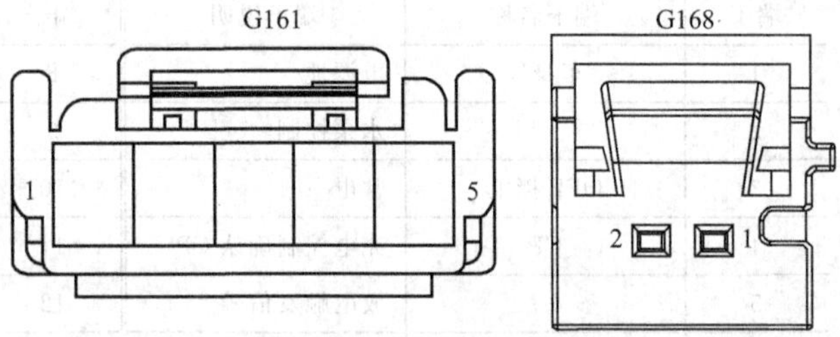

图 1-25　USB 模块端子分布

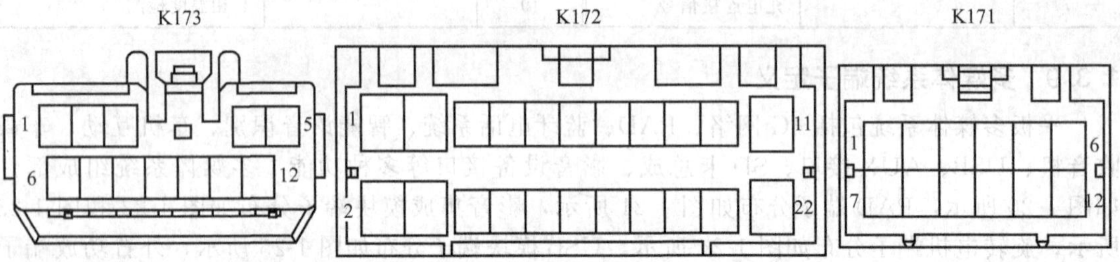

图 1-26　外置功放端子分布

表 1-23　PAD 端子定义

端子	线色	端子说明	端子	线色	端子说明
G12-1	W	舒适网 1CAN_L	G12-9	—	ECM 网 CAN_H
G12-2	G	舒适网 1CAN_H	G12-10	—	ECM 网 CAN_L
G12-3	W	—	G12-11	—	PAD 电源
G12-4	G	PAD 电源地	G12-12	—	PAD 电源
G12-5	B	动力网 CAN_L	G12-13	G	PAD 电源地
G12-6	G	ESC 网 CAN_L	G12-14	P/L	动力网
G12-7	O	舒适网 CAN_L	G12-15	R/Y	ESC 网 CAN_H
G12-8	P	—	G12-16	R	舒适网 2CAN_H

表 1-24　影音集成模块端子定义（一）

端子	线色	端子说明	端子	线色	端子说明
G07-1	W	常电	G07-8	P	预配电
G07-2	G	常电	G07-9	—	USB 电源地
G07-3	W	—	G07-10	—	USB 电源
G07-4	G	PAD 电源地	G07-11	—	PAD 电源地
G07-5	B	PAD 电源	G07-12	—	PAD 电源
G07-7	O	BATT_GND			

表 1-25　影音集成模块端子定义（二）

端子	线色	端子说明	端子	线色	端子说明
G08-1	W	CAN_125_H 舒适网 2	G08-18	R	—
G08-2	G	—	G08-19	R/B	—
G08-3	W	—	G08-20	R/B	—
G08-4	G	E-CALL	G08-21	Gr	—
G08-5	B	B-CALL	G08-22	B	—
G08-6	G	—	G08-23	Gr	—
G08-7	O	—	G08-24	B	—
G08-8	P	—	G08-26	V	—
G08-15	R/Y	—	G08-27	V	—
G08-16	R	—	G08-28	V	—
G08-17	R	CAN_125_L 舒适网 2			

表 1-26 旋转电机端子定义

端子	线色	端子说明	端子	线色	端子说明
G160-1	W	常电	G160-4	G	CAN_L
G160-2	G	ACC	G160-5	B	GND
G160-3	W	CAN_H			

表 1-27 USB 模块端子定义

端子	线色	端子说明	端子	线色	端子说明
G161-1	W	电源	G161-5	B	背光－
G161-2	G	GND	G168-1	W	ETHERNET-P
G161-3	W	—	G168-2	G	GND
G161-4	G	背光＋	G168-2	G	GND

表 1-28 外置功放端子定义

端子	线色	端子说明	端子	线色	端子说明
K173-1	R/Y	—	K172-11	—	仪表中置扬声器＋
K173-2	R/Y	右后中音扬声器＋	K172-12	—	BATT_GND
K173-3	—	左后中音扬声器＋	K172-13	—	BATT_GND
K173-4	R/B	仪表右前高音扬声器＋	K172-14	Y	—
K173-5	B	仪表左前高音扬声器＋	K172-15	B	—
K173-6	R/Y	—	K172-18	Y/B	左麦克风输入＋
K173-7	R/Y	右后中音扬声器－	K172-19	Br/Y	左麦克风输入－
K173-8	R/Y	左后中音扬声器－	K172-20	Y/B	右麦克风信号＋
K173-9	B	—	K172-21	Br/Y	右麦克风信号－
K173-10	B	—	K172-22	Br/Y	仪表中置扬声器－
K173-11	B	仪表右前高音扬声器－	K171-1	R/Y	重低音扬声器＋
K173-12	B	仪表左前高音扬声器－	K171-2	R/Y	重低音扬声器＋
K172-1	L/W	常电	K171-3	—	右后门扬声器＋
K172-2	L/B	常电	K171-4	R/B	左后门扬声器＋
K172-3	G	—	K171-5	B	右前门低音扬声器＋
K172-4	Br	舒适网 2CAN_H	K171-6	R/Y	左前门低音扬声器＋
K172-5	G/Y	舒适网 2CAN_L	K171-7	R/Y	重低音扬声器－
K172-6	L	ACC 电	K171-8	R/Y	重低音扬声器－
K172-7	B/Y	—	K171-9	B	右后门扬声器－
K172-8	Y/G	左屏蔽地	K171-10	B	左后门扬声器－
K172-9	B/W	右屏蔽地	K171-11	B	右前门低音扬声器－
K172-10	L	收音机天线放大器	K171-12	B	左前门低音扬声器－

1.4 全新一代唐 EV600（2019～ ）

1.4.1 电池管理控制器端子定义

唐 EV600 车型电池管理控制器位于前舱空调液冷壶支架上，其端子分布如图 1-27 所示，端子定义见表 1-29。

图 1-27 电池管理控制器端子分布

表 1-29　电池管理控制器端子定义

端子	端子名称	端子定义	线束接法
BMC01-01	电池子网 CAN_H	电池子网 CAN_H	接电池包 33PIN-10
BMC01-02	电池子网 CAN 屏蔽地	电池子网 CAN 屏蔽地	接电池包 33PIN-05
BMC01-03	BMS 通信转换模块电源＋12V	BMS 通信转换模块＋12V 电源输出	接电池包 33PIN-11
BMC01-06	直流充电唤醒信号	直流充电唤醒信号输入	接直流充电口 12PIN-02
BMC01-07	主接触器电源＋12V	主接触器＋12V 电源输出	接电池包 33PIN-18
	预充接触器电源＋12V	预充接触器＋12V 电源输出	接电池包 33PIN-20
BMC01-08	充电仪表指示灯信号	充电仪表指示灯亮灭控制	仪表
BMC01-10	电池子网 CAN_L	电池子网 CAN_L	接电池包 33PIN-04
BMC01-11	通信转换模块电源 GND	通信转换模块电源 GND	接电池包 33PIN-16
BMC01-15	直流充电正极接触器电源＋12V	直流充电正极接触器＋12V 电源输出	接充配电总成 33PIN-08
	直流充电负极接触器电源＋12V	直流充电负极接触器＋12V 电源输出	
BMC01-16	负极接触器电源＋12V	负极接触器＋12V 电源输出	接电池包 33PIN-06
BMC01-18	电流霍尔传感器负极电源－15V	电流霍尔传感器负极电源－15V 输出	接电池包 33PIN-25
BMC01-19	电流霍尔传感器屏蔽地	电流霍尔传感器屏蔽地	接电池包 33PIN-23
BMC01-21	预充接触器控制信号	预充接触器控制信号输出，拉低导通	接电池包 33PIN-28
BMC01-22	主接触器控制信号	主接触器控制信号输出，拉低导通	接电池包 33PIN-19
BMC01-24	直流充电负极接触器控制信号	直流充电负极接触器控制信号输出，拉低导通	接充配电总成 33PIN-10
BMC01-26	电流霍尔信号	电流霍尔信号输入	接电池包 33PIN-22
BMC01-27	电流霍尔传感器正极电源＋15V	电流霍尔传感器正极电源＋15V 输出	接电池包 33PIN-24
BMC01-28	常电	常电 12V 输入	整车低压线束
BMC01-29	负极接触器控制信号	负极接触器控制信号输出，拉低导通	接电池包 33PIN-13
BMC01-33	直流充电正极接触器控制信号	直流充电正极接触器控制信号输出，拉低导通	接充配电总成 33PIN-09
BMC02-01	12V 常电	12V 常电输入	整车低压线束
BMC02-02	车身地	车身地	整车低压线束
BMC02-03	碰撞信号	碰撞信号	接后碰 ECU
BMC02-04	PWM 输出 1	高压互锁输出 1	接直流充电口 12PIN-11
BMC02-05	PWM 输入 1	高压互锁输入 1	接交流充电转接接插件
BMC02-06	直流充电口温度传感器 GND2	直流充电口温度传感器 GND	接直流充电口 12PIN-10
BMC02-08	12V(DC)	12V(DC)输入	接整车低压线束
BMC02-09	动力网 CAN 终端电阻并入 1	CAN 终端电阻并入 1	BMC02-14
BMC02-10	PWM 输出 2	高压互锁输出 2	接充配电总成 33PIN-12
BMC02-11	PWM 输入 2	高压互锁输入 2	接电池包 33PIN-29
BMC02-12	直流充电口温度传感器 GND1	直流充电口温度传感器 GND	接直流充电口 12PIN-08
BMC02-13	直流充电口温度信号 2	直流充电口温度信号输入	接直流充电口 12PIN-09
BMC02-14	动力网 CAN 终端电阻并入 2	CAN 终端电阻并入 2	BMC02-09
BMC02-15	快充电信号	快充电信号输入	接直流充电口 12PIN-03
BMC02-16	动力网 CAN_H	动力网 CAN_H	整车低压线束动力网
BMC02-17	动力网 CAN_L	动力网 CAN_L	整车低压线束动力网

续表

端子	端子名称	端子定义	线束接法
BMC02-19	直流充电口温度信号 1	直流充电口温度信号	接直流充电口 12PIN-07
BMC02-20	车载充电感应信号	车载充电感应信号输入	接充配电总成 33PIN-06
BMC02-21	车身地	车身地	整车低压线束
BMC02-23	整车 CAN 屏蔽地	整车 CAN 屏蔽地	整车低压线束
BMC02-24	直流充电子网 CAN_H	直流充电子网 CAN_H	接直流充电口 12PIN-05
BMC02-25	直流充电子网 CAN_L	直流充电子网 CAN_L	接直流充电口 12PIN-04

1.4.2 电池加热器端子定义

唐 EV600 车型电池加热器端子如图 1-28 所示，其端子定义见表 1-30。

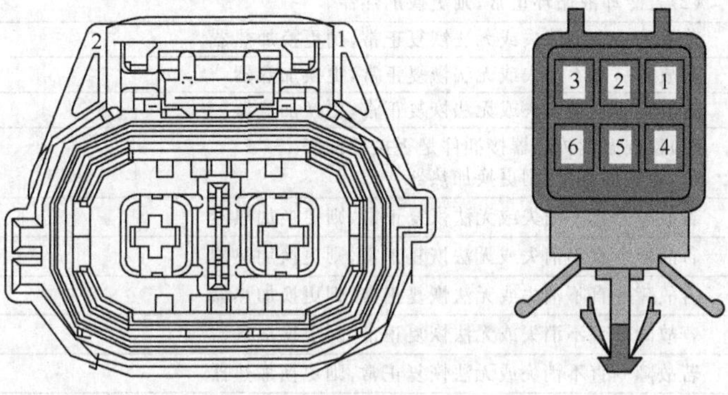

图 1-28 唐 EV600 车型电池加热器端子

表 1-30 唐 EV600 车型电池加热器端子定义

端子	端子名称	端子定义	线束连接
高压端 1	高压电池正极	高压输入正	接电池加热器高压接插件第 1 端子
高压端 2	高压电池负极	高压输入负	接电池加热器高压接插件第 2 端子
低压端 1	电源正	12V 电源	整车低压线束
低压端 2	电源负	电源地	整车低压线束
低压端 4	CAN_H	CAN 信号高	整车动力网
低压端 5	CAN_L	CAN 信号低	整车动力网

1.4.3 电池加热器故障诊断方法

按以下步骤进行电池加热器的故障诊断与排除。

① 将 VDS 更新到最新程序版本。

② 使用 VDS 在整车 OK 挡位下检测 BH 模块，读取故障检测信息，查看历史故障，记录故障，再将故障清除，退出故障检测模式。

③ 进入模块信息查看软件版本是否与 VDS 受控软件一致，如不一致则进入“模块更新”中更新程序。

④ 整车重新上电，进入一键主动加热测试模块，运行 5min 左右，观察冷却液是否被加热，如加热功能开启，水温上升，则加热器本身无故障，退出一键主动加热测试模块。

⑤ 再进入故障检测模块查看是否存在故障，如无故障说明加热器模块正常，无需维护。如有故障则按照表 1-31 对应的故障码进行维修。

表 1-31 电池加热器系统故障码与维修方法

故障码（ISO 15031-6）	维修信息	测试条件
B194C17	(1)确认整车高压电是否正常 (2)若整车高压电正常，则更换加热器	OK 挡上电
B194C16	(1)确认整车高压电是否正常 (2)若整车高压电正常，则检查高压接插件是否接插良好 (3)若接插件接插良好，则更换加热器	OK 挡上电
B195717	若故障一直不消失或无法恢复正常，则更换加热器	
B195716	若故障一直不消失或无法恢复正常，则更换加热器	
B194A19	若故障一直不消失或无法恢复正常，则更换加热器	
B19454B	(1)检查冷却液循环是否正常 (2)若冷却液循环正常，则更换加热器	OK 挡上电
B19524B	若故障一直不消失或无法恢复正常，则更换加热器	
B195413	若故障一直不消失或无法恢复正常，更换加热器	
B195412	若故障一直不消失或无法恢复正常，更换加热器	
B194413	(1)检查温度传感器接插件是否接插良好 (2)若接插良好，则更换加热器	OK 挡上电
B194412	若故障一直不消失或无法恢复正常，则更换加热器	
B195512	若故障一直不消失或无法恢复正常，则更换加热器	
B195513	若故障一直不消失或无法恢复正常，则更换加热器	
B194807	若故障一直不消失或无法恢复正常，则更换加热器	
B194907	若故障一直不消失或无法恢复正常，则更换加热器	
B194604	若故障一直不消失或无法恢复正常，则更换加热器	
U011187	(1)检查低压接插件 (2)检查 CAN 线是否连接正常 (3)更换加热器，用排除法确认是否是加热器异常导致故障，若是则换件	ON 挡上电
U016487	(1)检查空调控制器是否正常工作 (2)检查 CAN 线是否连接正常 (3)更换加热器，用排除法确认是否是加热器异常导致故障，若是则换件	ON 挡上电
B195807	(1)检查水泵低压电是否正常 (2)检查水泵接插件连接是否正常	OK 挡上电

1.4.4 充配电总成位置与端子定义

充配电总成布置在车辆前舱上部，如图 1-29 所示，端子分布如图 1-30 所示，端子定义见表 1-32。

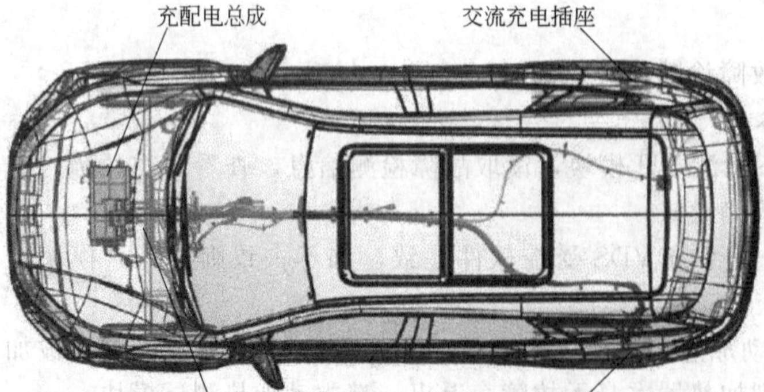

图 1-29 充配电总成位置

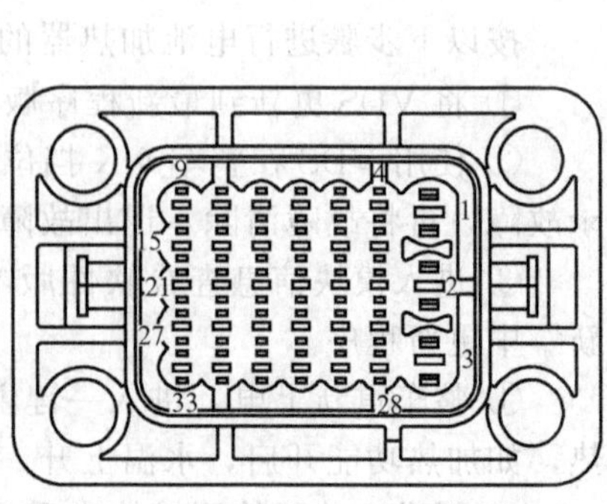

图 1-30 充配电总成端子分布

表 1-32　充配电总成端子定义

端子	名称	端子定义	线束连接
1	OFF-12V-1	常电 1	接 12V 常电
2	OFF-12V-1	常电 2	接 12V 常电
3	GND	常电电源地 1	电源地
4	CC	充电连接确认	接交流充电口-2
5	CP	充电控制导引	接交流充电口-1
6	CC-BMC	充电连接信号	接 BMC02-20
7	T-CDK	充电口温度检测	接交流充电口-7
8	SOURSE-JCQ	直流充电正极/直流充电负极接触器电源	接 BMC01-15
9	CONTROL-ICQ+	直流充电正极接触器控制信号	接 BMC01-33
10	CONTROL-ICQ-	直流充电负极接触器控制信号	接 BMC01-24
12	DCHS-IN	高压互锁输入	接 BMC02-10
13	DCHS-OUT	高压互锁输出	接压缩机互锁 1
16	CAN_H	CAN 信号高	动力网 CAN 线
17	CAN_L	CAN 信号低	动力网 CAN 线
19	GND	常电电源地 2	电源地
20	DISC	放电触发信号	220V 插座 3 针连接器 2
21	DCIN	外部输入 12V 电源	接 IG3 电
22	DCIN	外部输入 12V 电源	接 IG3 电
23	GND	外部输入 12V 电源地	电源地
24	GND	外部输入 12V 电源地	电源地
25	CAN_H	CAN 信号高	动力网 CAN 线
26	CAN_L	CAN 信号低	动力网 CAN 线
27	CAN_G	CAN 屏蔽	CAN 屏蔽地

1.4.5　充配电总成接口分布

充配电总成接口分布如图 1-31 所示。各接口对接说明：排气口连接排气管；出水口连接出水管；低压连接器连接低压线束；车内放电连接车内放电插座；直流充电输入连接直流充电插座；交流充电输入连接交流充电插座；高压直流输入输出连接动力电池；电机控制器配电连接前电机总成；PTC 配电连接 PTC 加热器；低压正极输出连接蓄电池；压缩机配电连接压缩机；电池加热配电连接电池加热器；电机控制器线线束装配小盖用于线鼻子紧固与维修；直流充电输入线线束装配小盖用于线鼻子紧固与维修；进水口连接进水管。

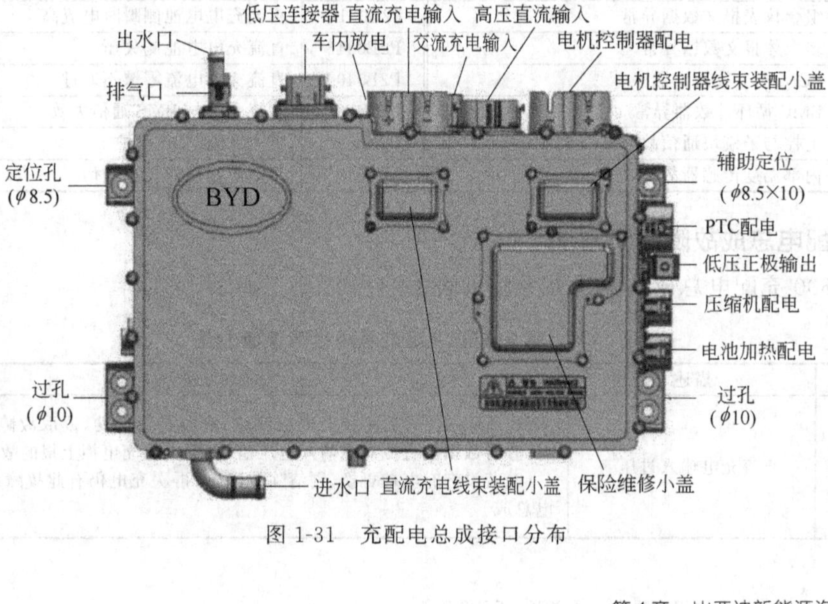

图 1-31　充配电总成接口分布

1.4.6 充配电总成故障码

唐 EV600 车型充配电总成故障码及含义见表 1-33。

表 1-33 唐 EV600 车型充配电总成故障码及含义

故障码	故障描述	故障码	故障描述
OBC		P15FE00	主控与子模块通信故障
P157016	交流侧电压低	P1EC000	降压时高压侧电压过高
P157017	交流侧电压高	P1EC100	降压时高压侧电压过低
P157219	直流侧过流	P1EC600	降压时高压侧电流过高
P157216	直流侧电压低	DC/DC 转换器	
P157217	直流侧电压高	P1EC000	降压时高压侧电压过高
P157400	供电设备故障	P1EC100	降压时高压侧电压过低
P157616	低压供电电压过低	P1EC600	降压时高压侧电流过高
P157617	低压供电电压过高	P1EC200	降压时低压侧电压过高
P157897	CC 信号异常	P1EC300	降压时低压侧电压过低
P15794B	温度采样 1 高	P1EC400	降压时低压侧电流过高
P157A37	充电电网频率高	P1EC700	降压时硬件故障
P157A36	充电电网频率低	P1EE000	散热器过温
P157B00	交流侧过流	U014000	与 BCM 通信故障
P157C00	硬件保护	P1ED317	低压供电电压过低
P157E11	充电连接信号外部对地短路	P1ED316	低压供电电压过高
P157E12	充电连接信号外部对电源短路	漏电传感器	
P157F11	交流输出端短路	P1CA100	严重漏电故障
P15834B	温度采样 2 高	P1CA200	一般漏电故障
P158798	充电口温度严重过高	P1CA000	漏电传感器自身故障
P158900	充电口温度采样异常	升压 DC	
P158A00	电锁异常	P2B0017	直流充电输入过压
P151100	交流端高压互锁故障	P2B0019	直流充电输入过流
U011100	BMC 通信超时	P2B001C	直流充电输入侧瞬时电压高
U015500	组合仪表通信超时	P2B001D	直流充电输入侧瞬时电流高
U024500	多媒体通信超时	P2B0016	直流充电输入欠压
P151500	水温传感器故障	P2B0200	直流充电降压失败
P15FD00	冷却水温高	P2B0317	直流充电电池侧过压
U014087	BCM 通信超时	P2B0319	直流充电电池侧过流
U011181	BMC 报文数据异常	P2B031C	直流充电电池侧瞬时电压高
U015587	组合仪表报文数据异常	P2B031D	直流充电电池侧瞬时电流高
U024587	多媒体报文数据异常	P2B0316	直流充电电池侧欠压
U014081	BCM 报文数据异常	P2B0400	直流充电电流零漂不通过
U011182	BMC 循环计数器异常	U016887	直流充电与 BMS 通信失效
P15FE00	主控与子模块通信故障	P2B0500	直流充电 IPM 保护
P15FF00	内部温度传感器故障	U014187	与整车控制器失去通信

1.4.7 充配电总成故障诊断方法

唐 EV600 充配电总成故障诊断方法见表 1-34。

表 1-34 唐 EV600 充配电总成故障诊断方法

DTC	描述	排查方法
P2B0017	直流充电输入过压	(1)清除故障码后更换充电桩测试，观察是否成功，读取故障码是否还存在，查看数据流直流充电输入电压值，查看直流充电柜上报的故障码并记录 (2)若没有充电桩更换，则清除故障码，再次充电仍有此故障，则更换充配电总成

续表

DTC	描述	排查方法
P2B0019	直流充电输入过流	(1)清除故障码后更换充电桩测试，观察是否成功，读取故障码是否还存在，查看数据流直流充电输入电流值，查看直流充电柜上报的故障码并记录 (2)若没有充电桩更换，则清除故障码，再次充电仍有此故障，则更换充配电总成
P2B001C	直流充电输入侧瞬时电压高	(1)清除故障码后更换充电桩测试，观察是否成功，读取故障码是否还存在，查看数据流直流充电输入电压值，查看直流充电柜上报的故障码并记录 (2)若没有充电桩更换，则清除故障码，再次充电仍有此故障，则更换充配电总成
P2B001D	直流充电输入侧瞬时电流高	(1)清除故障码后更换充电桩测试，观察是否成功，读取故障码是否还存在，查看数据流直流充电输入电流值，查看直流充电柜上报的故障码并记录 (2)若没有桩更换，则清除故障码，再次充电仍有此故障，则更换充配电总成
P2B0016	直流充电输入欠压	(1)清除故障码后更换充电桩测试，观察是否成功，读取故障码是否还存在，查看数据流直流充电输入电压值，查看直流充电柜上报的故障码并记录 (2)若没有充电桩更换，则清除故障码，再次充电仍有此故障，则更换充配电总成
P2B0200	直流充电降压失败	查看数据流并记录，读取故障码，清除故障码，再次充电仍有此故障，则更换充配电总成
P2B0317	直流充电电池侧过压	(1)清除故障码后更换充电桩测试，观察是否成功，读取故障码是否还存在，查看数据流升压侧电压值和电池管理器当前电压，查看直流充电柜上报的故障码并记录 (2)若没有桩更换，则清除故障码，再次充电仍有此故障，则更换充配电总成
P2B031C	直流充电电池侧瞬时电压高	(1)清除故障码后更换充电桩测试，观察是否成功，读取故障码是否还存在，查看数据流升压侧电压值和电池管理器当前电压，查看直流充电柜上报的故障码并记录 (2)若没有桩更换，则清除故障码，再次充电仍有此故障，则更换充配电总成
P2B0316	直流充电电池侧欠压	(1)读取电池管理器数据流，判断主接触器是否吸合，若未吸合，则排查接触器端子是否有退针、断线问题 (2)查看充配电内升压DC保险是否正常(需拆开充配电上盖保险维修盖) 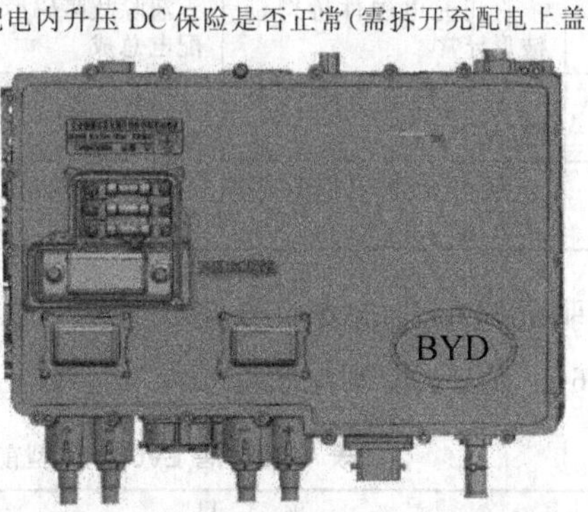 (3)若吸合则查看升压DC数据流，升压侧电压是否有数值或数值较小，若是则更换充配电总成
P2B0400	直流充电电流零漂不通过	更换充配电总成
U016887	直流充电与BMS通信失效	(1)检测低压线束和低压接插件是否有退针、断线问题，低压供电是否正常，低压蓄电池电压是否为9～16V (2)测量电池管理器CAN线电压，CAN_H正常电压应为2.5～3.5V，CAN_L正常电压应为1.5～2.5V (3)若确认上述无问题，且VDS读取到电池管理器存在故障，则进一步排查或更换电池管理器

续表

DTC	描述	排查方法
P2B0500	直流充电 IPM 保护	(1)测量 IGBT 上桥，首先使直流充电正极接触器吸合，然后将红表笔置于直流充电接插件正极，黑表笔置于充配电熔丝一侧(需拆下充配电维修保险盖)，管压降 0.3V 左右为正常，超出±0.1V 为故障 (2)测量 IGBT 下桥，首先使直流充电正极和负极接触器吸合，黑表笔置于直流充电接插件负极(或电池负极)，红表笔置于直流充电接插件正极，管压降 0.3V 左右为正常，超出±0.1V 为故障 若有故障则更换充配电总成
P2B091C	直流充电硬件过压故障	清除故障码后，尝试多次充电或更换充电桩后充电仍有此故障，则更换充配电总成
P2B091D	直流充电硬件过流故障	清除故障码后，尝试多次充电或更换充电桩后充电仍有此故障，则更换充配电总成
U014187	与整车控制器失去通信	(1)检测低压线束和低压接插件是否有退针、断线问题，低压供电是否正常，低压蓄电池电压是否为 9～16V (2)测量整车控制器 CAN 线电压，CAN_H 正常电压应为 2.5～3.5V，CAN_L 正常电压应为 1.5～2.5V (3)若确认上述无问题，且 VDS 读取到整车控制器存在故障，则进一步排查或更换整车控制器
P2B0A2B	直流充电 IGBT 过温	(1)检查整车冷却系统是否异常，散热风扇、水泵是否正常工作，冷却液加注是否到位，冷却液是否正常循环 (2)如冷却系统无故障，则将车辆静置 2h 后，使用 VDS 读取升压 DC 的 IGBT 温度数据流，若温度未明显下降或异常，且严重过温故障重现，则记录整车 VIN 和前驱电动总成编号，并联系厂家处理
P2B0B2B	直流充电电感过温	(1)检查整车冷却系统是否异常，散热风扇、水泵是否正常工作，冷却液加注是否到位，冷却液是否正常循环 (2)如冷却系统无故障，则将车辆静置 2h 后，使用 VDS 读取升压 DC 的电感温度数据流，若温度未明显下降或异常，且严重过温故障重现，则记录整车 VIN 和前驱电动总成编号，并联系厂家处理
P2B0F00	散热异常故障	(1)检查整车冷却系统是否异常，散热风扇、水泵是否正常工作，冷却液加注是否到位，冷却液是否正常循环 (2)如冷却系统无故障，则将车辆静置 2h 后，使用 VDS 读取升压 DC 的 IGBT、电感温度数据流，若温度未明显下降或异常，且严重过温故障重现，则记录整车 VIN 和充配电总成编号，并联系厂家处理
P2B0C00	直流充电硬件桥臂锁波形异常	清除故障码后，尝试多次充电或更换充电桩充电，仍有此故障，则更换充配电总成
P2B0D00	直流充电故障恢复超时	清除故障码后，尝试多次充电或更换充电桩充电，仍有此故障，则更换充配电总成
P2B0E00	直流充电重启次数过多	清除故障码后，尝试多次充电或更换充电桩充电，仍有此故障，则更换充配电总成

1.4.8 前驱动电机总成技术参数

唐 EV600 车型前驱动电机总成技术参数见表 1-35。

表 1-35 唐 EV600 车型前驱动电机总成技术参数

项目		参数
驱动电机	额定(kW)/峰值功率(kW)	65/180
	额定(N·m)/峰值转矩(N·m)	135/330
	转速/(r/min)	14000
变速器	速比	10.750
	齿轮油型号	壳牌 S3-ATF-MD3
	齿轮油加注量/L	0.85±0.10
驱动电机控制器	额定(kW)/峰值功率(kW)	65/195
	额定(A)/峰值输出电流(A)	150/315
前驱电动总成	总质量(含齿轮油)/kg	94.6

1.4.9 前驱动电机控制总成端子定义

前驱动电机控制总成端子如图 1-32 所示，其端子定义见表 1-36。

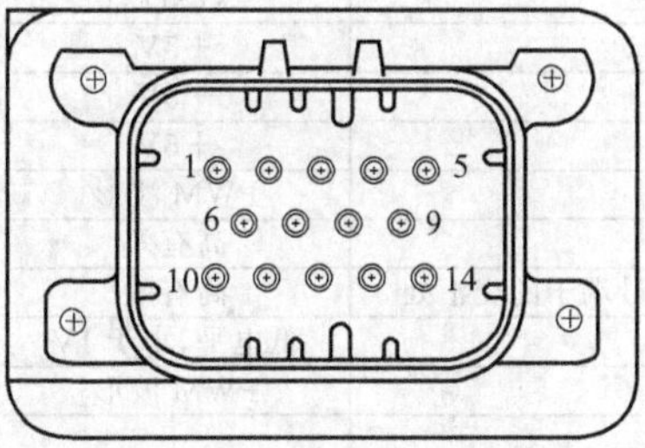

图 1-32 前驱动电机控制总成端子

表 1-36 前驱动电机控制总成端子定义

端子	端子名称	端子定义	线路连接
1	GND-IN	12V 电源接地	12V 电源地
3	CRASH-IN	碰撞信号正	接 SRS 碰撞信号
5	CAN_H	CAN 高	动力网 CAN_H
6	GND-IN	12V 电源地	12V 电源地
8	GND	碰撞信号地	碰撞信号地
10	+12V	12V 电源正	接 IG3
11	+12V	12V 电源正	接 IG3
12	EARTH	CAN 屏蔽地	CAN 屏蔽地
14	CAN_L	CAN 低	动力网 CAN_L

1.4.10 后驱动电机总成技术参数

唐 EV600 车型后驱动电机总成技术参数见表 1-37。

表 1-37 唐 EV600 车型后驱动电机总成技术参数

项目		参数
驱动电机	额定(kW)/峰值功率(kW)	65/180
	额定(N·m)/峰值转矩(N·m)	135/330
	转速/(r/min)	14000
变速器	速比	10.750
	齿轮油型号	壳牌 S3-ATF-MD3
	齿轮油加注量/L	0.95±0.10
驱动电机控制器	额定(kW)/峰值功率(kW)	65/195
	额定(A)/峰值输出电流(A)	150/315
前驱电动总成	总质量(含齿轮油)/kg	93

1.4.11 后驱动电机控制总成端子定义

后驱动电机控制总成端子分布和定义与前驱动电机控制总成一样，相关内容请参考 1.4.9 小节。

1.4.12 整车控制器端子定义

唐 EV600 车型整车控制器端子如图 1-33 所示，其端子定义见表 1-38。

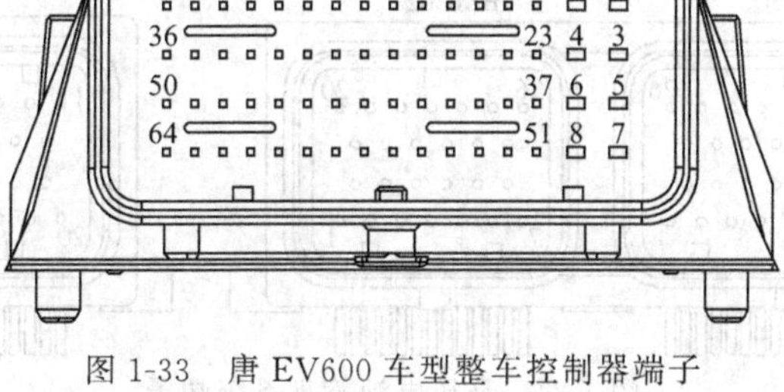

图 1-33 唐 EV600 车型整车控制器端子

表 1-38　唐 EV600 车型整车控制器端子定义

端子	端子定义	线束连接	信号类型
1	外部输入 12V 电源	IG3 电	+12V
3	外部输入 12V 电源	IG3 电	+12V
5	外部输入 12V 电源地	车身地	GND0
7	外部输入 12V 电源地	车身地	GND0
9	刹车深度电源 2	接制动深度传感器 D 端子	+5V
10	刹车深度电源 1	接制动深度传感器 G 端子	+5V
11	真空压力传感器电源	接真空压力传感器 1 号端子	+5V
14	水泵检测信号	接水泵	PWM 波形
15	制动开关信号	制动开关	高有效
17	真空泵继电器检测信号(0 或 12V)	真空泵继电器 1、2 与真空泵 1 号端子的交汇处	高有效
18	经济/运动模式输入	开关组	低电平，小于 1V
19	无极风扇信号控制/回检	接无极风扇模块	PWM 波形
20	动力网 CAN 屏蔽地	接屏蔽地	—
21	动力网 CAN 信号高	接动力网	—
22	动力网 CAN 信号低	接动力网	—
23	油门深度电源 1	接油门深度传感器 3 号端子	+5V
24	油门深度电源 2	接油门深度传感器 6 号端子	+5V
30	水泵控制信号	接水泵	PWM 波形
31	经济/运动模式输出	接开关	低有效
33	碰撞信号	接 SRS_ECU	PWM 信号
37	油门深度 1 电源地	接油门深度传感器 5 号端子	GND
38	油门深度 2 电源地	接油门深度传感器 4 号端子	GND
41	真空泵继电器 1 控制信号	接真空泵继电器 1	低有效，小于 1V
46	真空压力传感器信号	接真空压力传感器 3 号端子	0～5V 模拟信号
47	油门深度屏蔽地	车身地	—
48	油门深度 2 信号	接油门深度传感器 1 号端子	0～5V 模拟信号
49	刹车深度 2 信号	接制动深度传感器 C 端子	0～5V 模拟信号
50	刹车深度 1 信号	接制动深度传感器 F 端子	0～5V 模拟信号
51	刹车深度 2 电源地	按制动深度传感器 B 端子	GND
52	刹车深度 1 电源地	接制动深度传感器 A 端子	GND
53	真空压力传感器地	接真空压力传感器 2 号端子	GND
55	真空泵继电器 2 控制信号	真空泵继电器 2 控制端子	—
58	水温传感器信号地	接电机水温 A 端子	—
59	水温传感器信号	接电机水温 C 端子	电阻型
60	巡航信号	接巡航开关	模拟信号
61	巡航信号地	接巡航开关	GND
62	油门深度 1 信号	接油门深度传感器 2 号端子	0～5V 模拟信号
63	刹车深度屏蔽地	接车身地	

1.5　全新一代宋 EV500（2018～　）

1.5.1　高压电池管理系统端子检测

高压电池管理系统端子如图 1-34 所示，其端子检测数据见表 1-39。

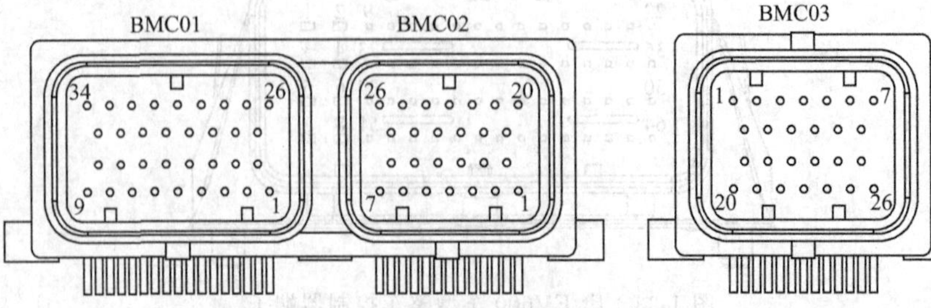

图 1-34　高压电池管理系统端子

表 1-39　高压电池管理系统端子检测数据

端子	条件	正常值/V
BMC01-1—GND	ON 挡/OK 挡/充电	PWM 脉冲信号
BMC01-2—GND	一般漏电	小于 1
BMC01-6—GND	始终	小于 1
BMC01-9—GND	整车上高压电	小于 1
BMC01-10—GND	严重漏电	小于 1
BMC01-14—GND	ON 挡/OK 挡/充电	9～16
BMC01-17—GND	预充过程中	小于 1
BMC01-26—GND	电源 ON 挡	0～4.2
BMC01-27—GND	ON 挡/OK 挡/充电	9～16
BMC01-28—GND	电源 ON 挡	0～4.2
BMC01-29—GND	ON 挡/OK 挡/充电	−16～−9
BMC01-30—GND	始终	小于 1
BMC01-31—GND	充电中	小于 1
BMC01-33—GND	直流充电时	小于 1
BMC01-34—GND	始终	小于 1
BMC02-1—GND	电源 ON 挡/充电	11～14
BMC02-4—GND	充电时	小于 1
BMC02-6—GND	始终	小于 1
BMC02-7—GND	ON 挡/OK 挡/充电	PWM 脉冲信号
BMC02-11—GND	ON 挡/OK 挡/充电	2.5～3.5
BMC02-13—GND	ON 挡/OK 挡/充电	1.5～2.5
BMC02-14—GND	—	—
BMC02-15—GND	ON 挡/OK 挡/充电	2.5～3.5
BMC02-16—GND	ON 挡/OK 挡/充电	小于 1
BMC02-18—GND	交流充电时	小于 1
BMC02-20—GND	—	1.5～2.5
BMC02-21—GND	始终	小于 1
BMC02-22—GND	ON 挡/OK 挡/充电	2.5～3.5
BMC02-25—GND	启动	约−15
BMC03-1—GND	ON 挡/OK 挡/充电	1.5～2.5
BMC03-2—GND	始终	小于 1
BMC03-3—GND	—	小于 1
BMC03-4—GND	—	小于 1
BMC03-7—GND	ON 挡/OK 挡/充电	9～16
BMC03-8—GND	ON 挡/OK 挡/充电	2.5～3.5
BMC03-10—GND	接触器吸合时	小于 1
BMC03-11—GND	接触器吸合时	小于 1
BMC03-14—GND	ON 挡/OK 挡/充电	9～16
BMC03-15—GND	ON 挡/OK 挡/充电	9～16
BMC03-20—GND	ON 挡/OK 挡/充电	9～16
BMC03-22—GND	ON 挡/OK 挡/充电	9～16
BMC03-26—GND	ON 挡/OK 挡/充电	小于 1

1.5.2　动力总成技术参数

2017 年款比亚迪宋 EV 车型动力总成技术参数见表 1-40。

表 1-40　2017 年款比亚迪宋 EV 车型动力总成技术参数

项目	参数	项目	参数
最大输出转矩	310N·m	总减速比	10.2
额定转矩	160N·m	一级传动比	3.217
最大输入功率	160kW	主减速传动比	3.174
额定功率	80kW	电机轴中心与差速器中心距离	239mm
最大输出转速	12000r/min	变速箱润滑油量	1.8～1.9L
总成质量	105kg	变速箱润滑油类型	齿轮油 SAE75W-90

1.5.3　电机旋变端子定义

比亚迪宋 EV 电机旋变端子定义如图 1-35 所示。

1.5.4　高压电控系统接口分布

高压电控总成集成电机控制器模块、升降压 DC 模块、车载充电器模块、DC/DC 变换器模块、高压配电模块，安装在前舱车身大支架上。高压电控系统接口分布如图 1-20 所示。

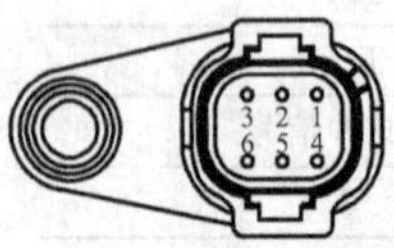

端子	端口定义
1	exc+
2	cos+
3	sin+
4	exc−
5	cos−
6	sin−

图 1-35　比亚迪宋 EV 电机旋变端子定义

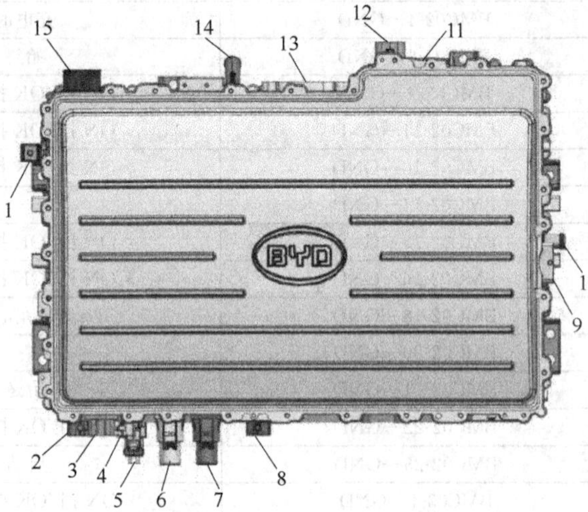

图 1-36　高压电控系统接口分布

1—DC 直流输出接插件；2—高压输出空调压缩机接插件；3—33 针低压信号接插件；4—高压输出 PTC 接插件；5—OBC 车内放电接插件；6—动力电池正极母线；7—动力电池负极母线；8—车内放电接插件；9—64 针低压信号接插件；10—进水管；11—交流输入 L2、L3 相（预留，改为堵盖）；12—交流输入 L1/N 相；13—驱动电机三相输出接插件；14—出水管；15—直流充电输入接插件

1.5.5　主控制器系统故障码

主控制器总成是整车的控制管理单元。主要功能是采集真空压力值、制动状态等信号，并通过 CAN 总线发出指令，控制水泵、真空泵等继电器，协调整车各个 ECU 和车身电气的工作。该总成安装于驾驶舱副驾驶座椅下方。主控制器系统故障码如表 1-41 所示。

表 1-41 主控制器系统故障码

故障码 (ISO 15031-6)	故障定义	故障码 (ISO 15031-6)	故障定义
B114900	水温传感器故障	B115B00	真空泵继电器 1、2 故障
B114E00	真空泵系统失效	U011000	与电机控制器通信故障
B114F00	真空泵严重漏气故障	U016400	与空调通信故障
B115000	真空泵一般漏气故障	B115C00	充电口电锁故障
B115100	真空泵到达极限寿命	P160100	无极风扇电机堵转、短路等故障
B115900	真空泵继电器 1 故障	P160200	无极风扇过温保护、电子错误等故障
B115A00	真空泵继电器 2 故障		

1.6 元 EV360（2018～ ）

1.6.1 高压系统部件位置及原理

2018 年款元 EV360 高压系统部件位置及原理如图 1-37～图 1-40 所示。

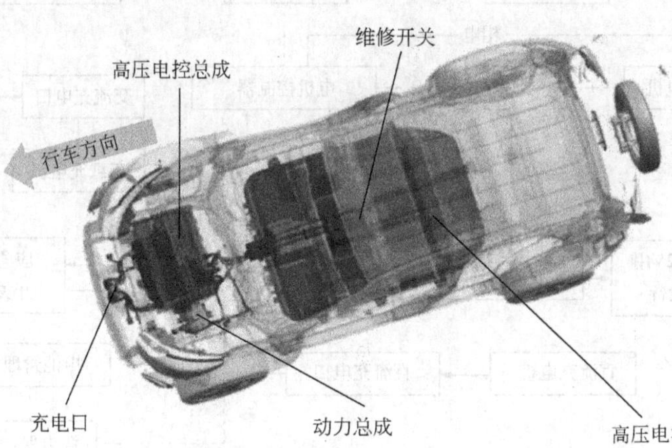

图 1-37 创酷版高压系统部件位置

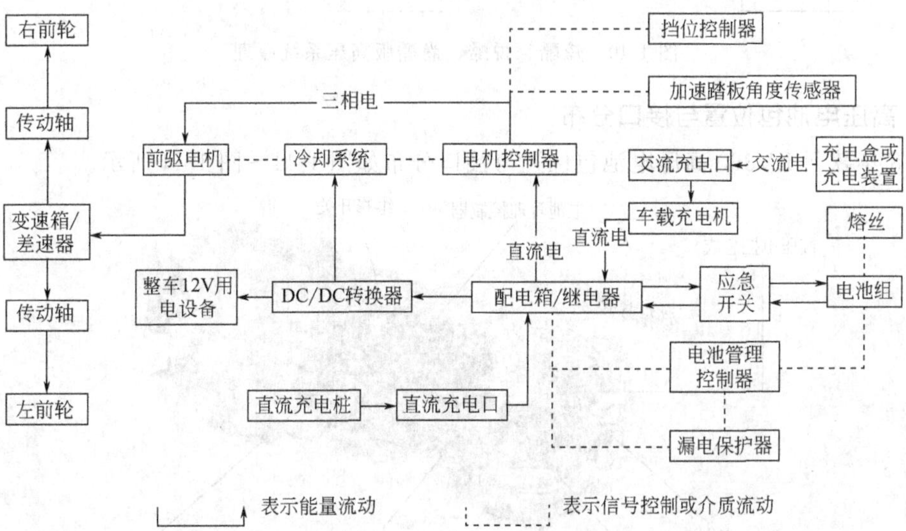

图 1-38 创酷版高压系统原理

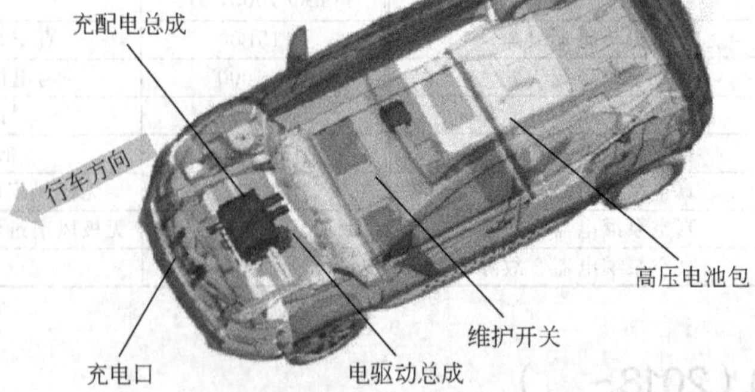

图 1-39　炫酷、悦酷、尚酷版高压部件位置

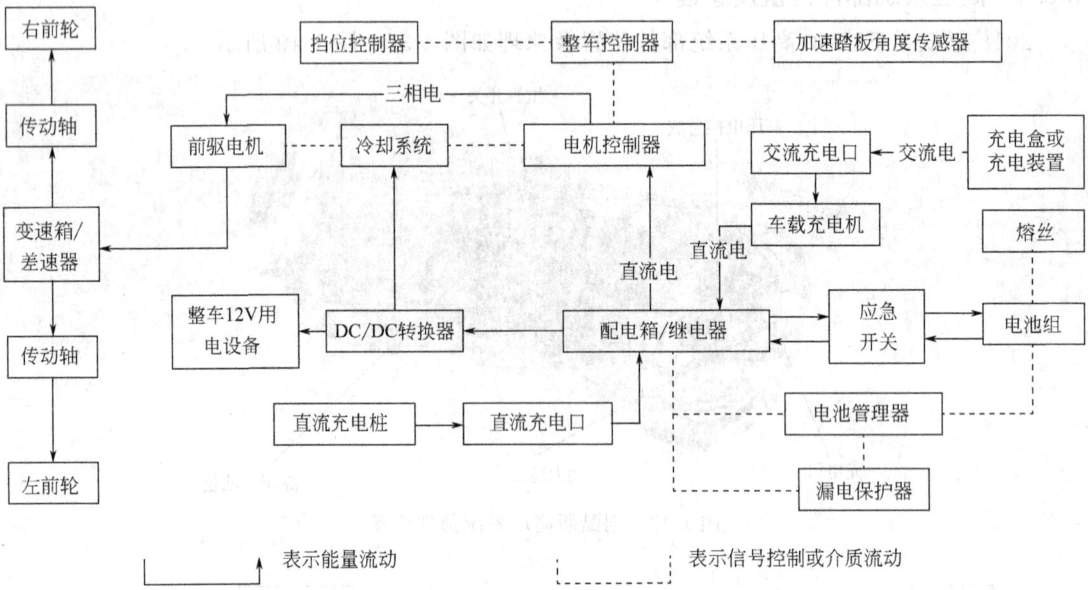

图 1-40　炫酷、悦酷、尚酷版高压系统原理

1.6.2　高压电池包位置与接口分布

2018 年款元 EV360 高压电池包位置与接口分布如图 1-41～图 1-44 所示。

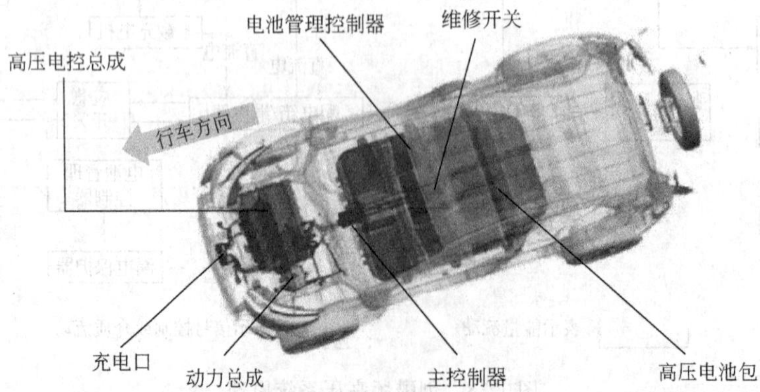

图 1-41　创酷版高压电池包位置

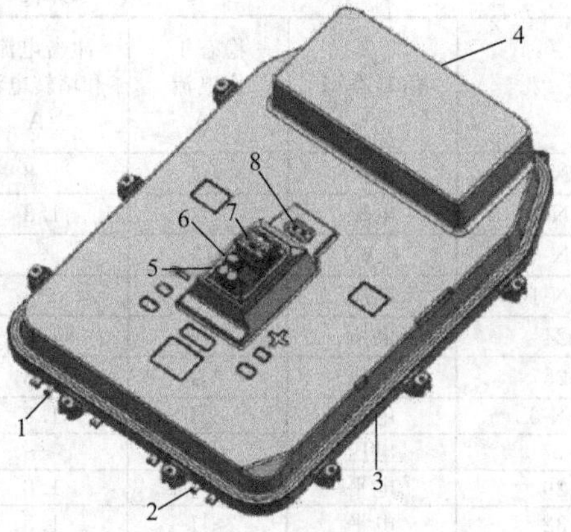

图 1-42　创酷版高压电池包接口分布

1—出水口；2—进水口；3—托盘；4—密封盖；5—动力引出；6—低压接插件；7—维修开关；8—透气阀

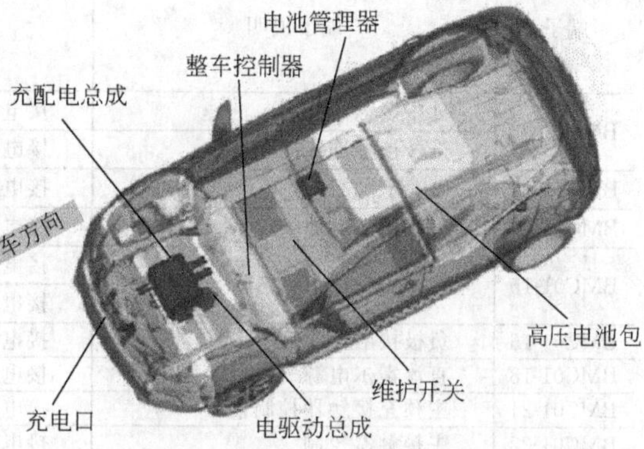

图 1-43　炫酷、悦酷、尚酷版高压电池包位置

1.6.3　电池管理器端子数据

2018 年款元 EV360 电池管理器接口分布如图 1-45 所示，其端子定义与参数见表 1-42 和表 1-43。

图 1-44　炫酷、悦酷、尚酷版高压电池包接口分布

1—出水口；2—进水口；3—托盘；4—密封盖；5—动力引出；6—低压接插件；7—维修开关；8—透气阀

图 1-45　2018 年款元 EV360 电池管理器接口分布

表 1-42　创酷版端子定义与参数

端子	端子说明	线束连接	信号类型	稳态工作电流/A	冲击电流和堵转电流/A
BMC01-1	电池子网 CAN_H	接电池包 33PIN-10	CAN	≤1	—
BMC01-2	电池子网 CAN 屏蔽地	接电池包 33PIN-5	接地	≤1	—
BMC01-3	采集器供电＋12V	接电池包 33PIN-11	电压	1.5	—
BMC01-6	直流充电辅助电源 A＋	直流充电口	电平	≤1	—
BMC01-7	分压接触器供电 1	接电池包 33PIN-20	电压	≤1	1.8
	正极接触器供电	接电池包 33PIN-18	电压	≤1	1.8
BMC01-8	充电仪表指示灯信号	仪表	电平	≤1	—

续表

端子	端子说明	线束连接	信号类型	稳态工作电流/A	冲击电流和堵转电流/A
BMC01-9	分压接触器控制 1	接电池包 33PIN-28	电压	≤1	1.8
	正极接触器控制	接电池包 33PIN-19	电压	≤1	1.8
BMC01-10	电池子网 CAN_L	接电池包 33PIN-4	CAN	≤1	—
BMC01-11	采集器供电地	接电池包 33PIN-16	电压	1.5	—
BMC01-15	接触器供电	接电控 33PIN-24	电压	≤1	1.8
		接电控 33PIN-25	电压	≤1	1.8
BMC01-16	负极接触器 12V 供电	接电池包 33PIN-6	电压	≤1	1.8
BMC01-18	直流霍尔电源－	接电控 33PIN-17	电压	≤1	—
BMC01-21	主预充接触器控制信号	接电控 33PIN-29	电平	≤1	1.8
BMC01-22	主接触器控制	接电控 33PIN-32	电平	≤1	1.8
BMC01_24	直流充电负极接触器控制信号	接电控 33PIN-31	电平	≤1	1.8
BMC01-26	直流霍尔信号	接电控 33PIN-18	电平	≤1	—
BMC01-27	直流霍尔电源＋	接电控 33PIN-16	电压	≤1	—
BMC01-28	常电	整车低压线束	电压	2	—
BMC01-29	负极接触器控制	接电池包 33PIN-13	电平	≤1	1.8
BMC01-33	直流充电正极接触器控制信号	接电控 33PIN-30	电平	≤1	1.8
BMC02-1	常电	整车低压线束	电压	2	—
BMC02-2	车身地	整车低压线束	接地	4	16
BMC02-3	碰撞信号	接后碰 ECU	电平	≤1	—
BMC02-4	高压互锁输出 1	接电池包 33PIN-30	PWM 波	≤1	—
BMC02-5	高压互锁输入 1	接电控 33PIN-23	PWM 波	≤1	—
BMC02-7	直流充电接触器烧结检测信号	接电控 33PIN-11	电平	≤1	—
BMC02-8	DC 供电电源正	接双路电	电压	≤1	—
BMC02-9	整车 CAN 终端电阻并入端	BMC02-14	—	—	—
BMC02-12	直流温度传感器低	接直流充电	模拟信号	≤1	—
BMC02-14	整车 CAN 终端电阻并入端 2	BMC02-09	—	—	—
BMC02-15	直流充电感应信号	接直流充电	电平	≤1	—
BMC02-16	整车 CAN_H	整车低压线束动力网	CAN	≤1	—
BMC02-17	整车 CAN_L	整车低压线束动力网	CAN	≤1	—
BMC02-19	直流温度传感器高	接直流充电	模拟信号	≤1	—
BMC02-20	充电连接信号	接电控 33PIN-6	电平	≤1	—
BMC02-21	车身地	整车低压线束	接地	4	15
BMC02-23	整地 CAN 屏蔽地	整车低压线束	接地	≤1	—
BMC02-24	直流充电口 CAN2_H	接直流充电	CAN	≤1	—
BMC02-25	直流充电口 CAN2_L	接直流充电	CAN	≤1	—

表 1-43　炫酷、悦酷、尚酷版端子定义与参数

端子	端子说明	线束连接	信号类型	稳态工作电流/A	冲击电流和堵转电流/A
BMC01-1	电池子网 CAN_H	接电池包 33PIN-10	CAN	≤1	—
BMC01-2	电池子网 CAN 屏蔽地	接电池包 33PIN-5	接地	≤1	—
BMC01-3	级联模块供电＋12V	接电池包 33PIN-11	电压	1.5	—
BMC01-6	直流充电辅助电源 A＋	接直流充电口 12PIN-2	电平	≤1	—
BMC01-7	预充接触器供电	接电池包 33PIN-20	电压	≤1	1.8
	正极接触器供电	接电池包 33PIN-18	电压	≤1	1.8
BMC01-8	充电仪表指示灯信号	仪表	电平	≤1	—
BMC01-10	级联模块 CAN_L	接电池包 33PIN-4	CAN	≤1	—
BMC01-11	级联模块供电地	接电池包 33PIN-16	电压	1.5	—
BMC01-15	接触器供电	接充配电总成 33PIN-8	电压	≤2	3.6
BMC01-16	负极接触器供电	接电池包 33PIN-6	电压	≤1	1.8
BMC01-18	直流霍尔电源－	接电池包 33PIN-25	电压	≤1	—
BMC01-19	电流霍尔屏蔽地	接电池包 33PIN-23	接地	≤1	—

续表

端子	端子说明	线束连接	信号类型	稳态工作电流/A	冲击电流和堵转电流/A
BMC01-21	预充接触器控制	接电池包 33PIN-28	电平	≤1	1.8
BMC01-22	正极接触器控制	接电池包 33PIN-19	电平	≤1	1.8
BMC01-24	直流充电负极接触器控制信号	接充配电总成 33PIN-10	电平	≤1	1.8
BMC01-26	直流霍尔信号	接电池包 33PIN-22	电平	≤1	—
BMC01-27	直流霍尔电源＋	接电池包 33PIN-24	电压	≤1	—
BMC01-28	常电	整车低压线束	电压	2	—
BMC01-29	负极接触器控制	接电池包 33PIN-13	电平	≤1	1.8
BMC01-33	直流充电正极接触器控制信号	接充配电总成 33PIN-9	电平	≤1	1.8
BMC02-1	常电	整车低压线束	电压	2	—
BMC02-2	车身地	整车低压线束	接地	4	15
BMC02-3	碰撞信号	接后碰 ECU	电平	≤1	—
BMC02-4	高压互锁输出 1	接电池包 33PIN-30	PWM 波	≤1	—
BMC02-5	高压互锁输入 1	接充配电总成 33PIN-13	PWM 波	≤1	—
BMC02-6	直流充电口温度地 2	接直流充电口 12PIN-10	模拟信号	≤1	—
BMC02-7	直流充电接触器烧结检测信号	接充配电总成 33PIN-11	电平	≤1	—
BMC02-8	DC 供电电源＋	接双路电	电压	≤1	—
BMC02-9	整车 CAN 终端电阻并入端	BMC02-14	—	—	—
BMC02-10	高压互锁输出 2	接充配电总成 33PIN-14	PWM 波	≤1	—
BMC02-11	高压互锁输入 2	接充配电总成 33PIN-15	PWM 波	≤1	—
BMC02-12	直流温度传感器低	接直流充电口 12PIN-8	模拟信号	1	—
BMC02-13	直流充电口温度 2	接直流充电口 12PIN-9	模拟信号	≤1	—
BMC02-14	整车 CAN 终端电阻并入端 2	BMC02-09	—	—	—
BMC02-15	直流充电感应信号	接直流充电口 12PIN-3	模拟信号	1	—
BMC02-16	整车 CAN_H	整车低压线束动力网	CAN	≤1	—
BMC02-17	整车 CAN_L	整车低压线束动力网	CAN	≤1	—
BMC02-19	直流温度传感器高	接直流充电口 12PIN-7	模拟信号	≤1	—
BMC02-20	充电连接信号	接充配电总成 33PIN-6	电平	≤1	—
BMC02-21	车身地	整车低压线束	接地	4	15
BMC02-23	整车 CAN 屏蔽地	整车低压线束	接地	≤1	—
BMC02-24	直流充电口 CAN2_H	接直流充电口 12PIN-5	CAN	≤1	—
BMC02-25	直流充电口 CAN2_L	接直流充电口 12PIN-4	CAN	≤1	—

1.6.4 充电接口分布及端子定义

2018 年款元 EV360 充电接口位置如图 1-46 所示，充电接口端子分布如图 1-47 所示，其端子定义见表 1-44 和表 1-45。

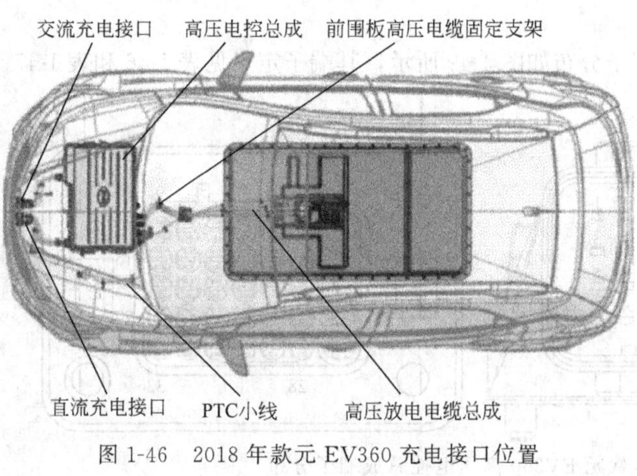

图 1-46 2018 年款元 EV360 充电接口位置

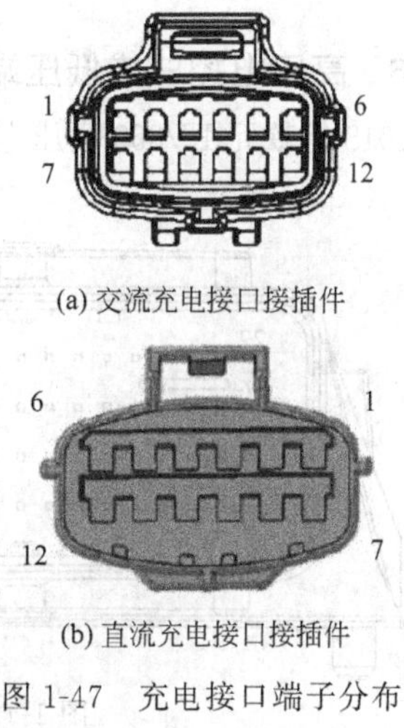

图 1-47 充电接口端子分布

表 1-44 交流充电接口端子定义

端子	端子说明	线束连接	端子	端子说明	线束连接
1	充电控制确认 CP	高压电控总成 33-1	5	闭锁状态检测	BCM-14
2	充电连接确认 CC	高压电控总成 33-7	7	温度传感器高	高压电控总成 33-20
3	闭锁电源	BCM D 端口-2	8	温度传感器低	车身地
4	开锁电源	BCM D 端口-3			

表 1-45 直流充电接口端子定义

端子	端子说明	线束连接	端子	端子说明	线束连接
1	低压辅助电源负	车身地	5	动力网 CAN_H	BMC02-24
2	低压辅助电源正	BMC01-6	7	直流充电接口温度 1	BMC02-19
3	直流充电感应信号	BMC02-15	8	直流充电接口温度接地	BMC02-12
4	动力网 CAN_L	BMC02-25			

1.6.5 创酷版高压电控总成接口分布

以创酷版车型为例，2018 年款元 EV360 高压电控总成接口分布如图 1-48 所示。

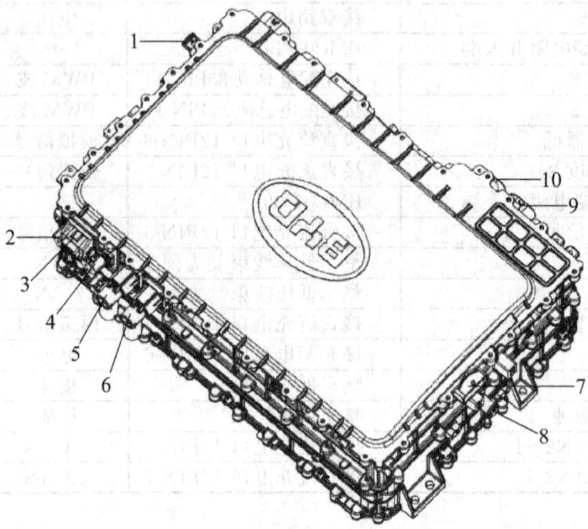

图 1-48 2018 年款元 EV360 高压电控总成接口分布

1—DC 直流输出接插件；2—高压输出空调压缩机接插件；3—33 针低压信号接插件；4—高压输出 PTC 接插件；5—动力电池正极母线；6—动力电池负极母线；7—64 针低压信号接插件；8—进水管；9—交流输入 L1、N 相；10—驱动电机三相输出接插件

1.6.6 高压电控总成低压端子定义

2018 年款元 EV360 高压电控总成端子分布如图 1-49 所示，其端子定义见表 1-46 和表 1-47。

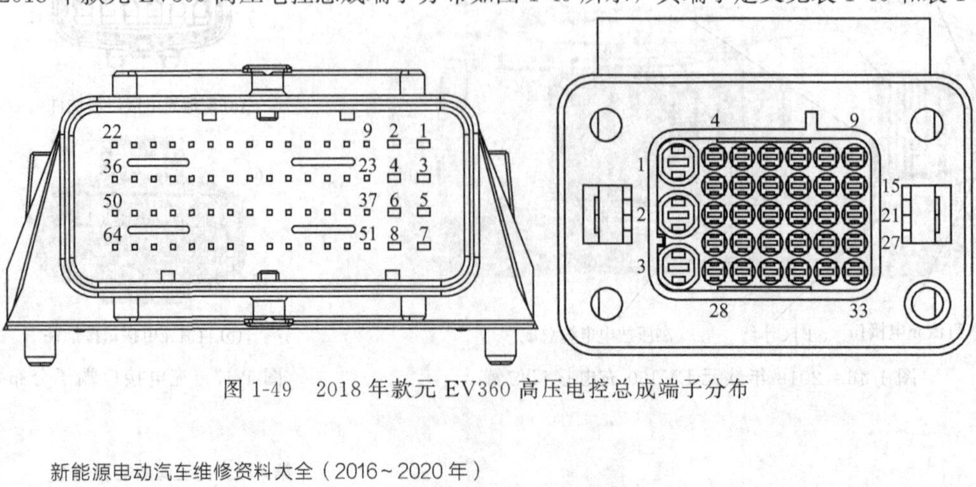

图 1-49 2018 年款元 EV360 高压电控总成端子分布

表 1-46　高压电控总成 64 针端子定义

端子	端子名称	端子说明	端子	端子名称	端子说明
1	+12V	外部提供 ON 挡电源	40	+5V	油门深度电源 1
4	+12V	外部提供 ON 挡电源	41	+5V	刹车深度电源 2
6	GND	油门深度屏蔽地	43	SWITCH-YL1	预留开关量输入 1
7	GND	外部电源地	45	GND	旋变屏蔽地
8	GND	外部电源地	46	EXT-ECO/SPO	经济/运动模式输入
10	GND	巡航地	49	CAN_H	动力网 CAN_H
14	CRUISE-IN	巡航信号	50	CAN_L	动力网 CAN_L
15	STATOR-TIN	电机绕组温度	51	GND	刹车深度电源地 1
17	DC-BRAKE1	刹车深度 1	52	GND	油门深度电源地 2
18	DC-GAIN2	油门深度 2	54	GND	油门深度电源地 1
26	GND	动力网 CAN 信号屏蔽地	55	GND	刹车深度电源地 2
29	GND	电机模拟温度地	56	SWITCH-YL2	预留开关量输入 2
31	DC-BRAKE2	刹车深度 2	57	IN-FEET-BRAKE	制动信号
32	DC-GAIN1	油门深度 1	58	DSP-ECO/SPO-OUT	经济/运动模式输出
33	DIG-YL1-OUT	预留开关量输出 1	59	EXCOUT−	励磁−
34	DIG-YL2-OUT	预留开关量输出 2	60	EXCOUT+	励磁+
35	IN-HAND-BRAKE	手刹信号	61	cos+	余弦+
37	GND	刹车深度屏蔽地	62	cos−	余弦−
38	+5V	刹车深度电源 1	63	sin+	正弦+
39	+5V	油门深度电源 2	64	sin−	正弦−

表 1-47　高压电控总成 33 针端子定义

端子	端子说明	端子	端子说明
1	充电控制确认 CP	15	动力网 CAN_L
2	放电触发信号	16	直流霍尔电源+
3	充电感应信号	17	直流霍尔电源−
4	双路电电源	18	直流霍尔信号
5	双路电电源	20	充电口温度检测
6	充电连接信号	22	高压互锁+
7	充电连接确认 CC	23	高压互锁−
8	GND 电源地	24	主接触器/预充接触器电源
9	GND 电源地	25	交、直流充电正、负极接触器电源
10	直流霍尔屏蔽地	29	主预充接触器控制信号
11	直流充电接触器烧结检测信号	30	直流充电正极接触器控制信号
12	直流充电接触器烧结检测信号地	31	直流充电负极接触器控制信号
13	CAN 屏蔽地	32	主接触器控制信号
14	动力网 CAN_H		

1.6.7　主控制器端子定义

2018 年款元 EV360 主控制器端子分布如图 1-50 所示，其端子定义见表 1-48 和表 1-49。

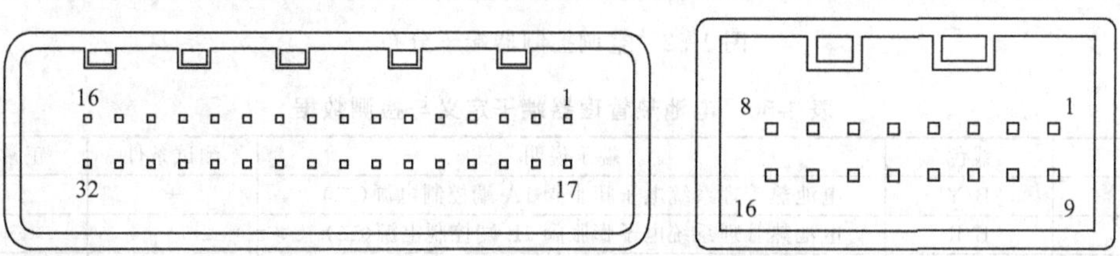

图 1-50　2018 年款元 EV360 主控制器端子分布

表 1-48　主控制器 32 针端子定义

端子	端子说明	端子	端子说明
1	无极风扇信号输入	13	真空压力传感器电源
2	制动信号输入	14	真空压力传感器信号
3	开关输出(预留)	15	真空压力传感器电源地
4	真空泵继电器检测信号	16	12V 电源
6	信号输入(预留)	20	信号输入(预留)
7	+5V(预留)	23	信号输入(预留)
8	+5V(预留)	24	模拟信号输入(预留)
9	信号输入(预留)	25	模拟信号输入(预留)
11	水温传感器信号输入	30	电源地
12	水温传感器信号地		

表 1-49　主控制器 16 针端子定义

端子	端子说明	端子	端子说明
1	动力网 CAN_L	9	动力网 CAN_H
2	真空泵启动控制 2	10	IO 输出(预留)
3	IO 输出(预留)	11	IO 输出(预留)
4	无极风扇信号输出	12	真空泵启动控制 1
6	IO 输出(预留)		

1.6.8　自动空调（空调与电池热管理分开）端子检测

创酷版自动空调分为电池热管理器（端子分布见图 1-51）和空调控制器（端子分布见图 1-52）两部分，其端子定义与检测数据见表 1-50 和表 1-51。

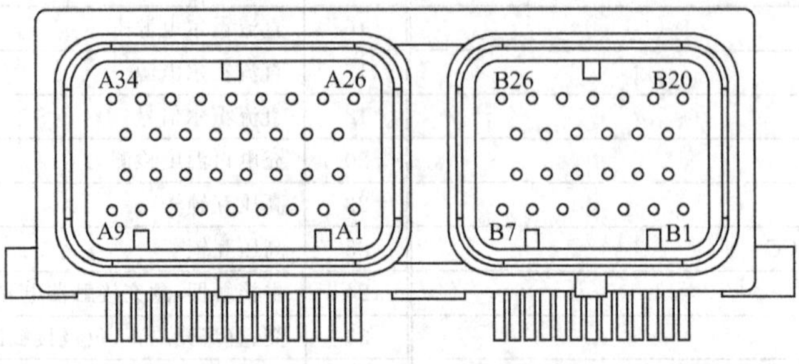

图 1-51　电池热管理器端子分布

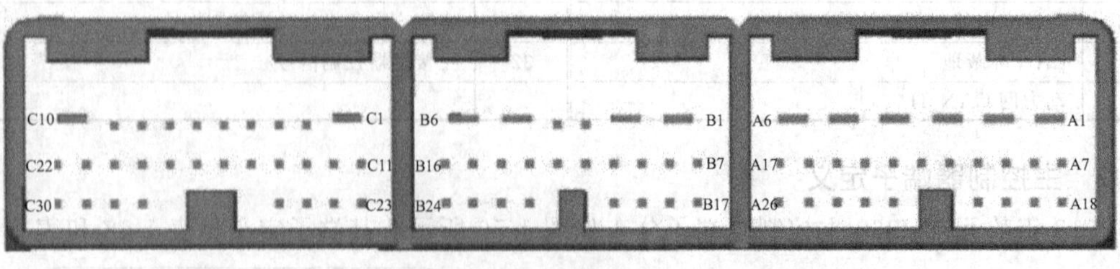

图 1-52　空调控制器端子分布

表 1-50　电池热管理器端子定义与检测数据

端子	线色	端子说明	测试条件	正常值/Ω
A1	B/Y	电池热管理系统电子膨胀阀 1A′端控制电源(二)	—	—
A2	B/R	电池热管理系统电子膨胀阀 1B′端控制电源(二)	—	—
A3	W/L	电池热管理系统电子膨胀阀 1A 端控制电源(一)	—	—

续表

端子	线色	端子说明	测试条件	正常值/Ω
A8	B	地线	始终	<1
A9	B	地线	始终	<1
A10	B/W	电池热管理系统电子膨胀阀1B端控制电源(一)	—	—
A11	—	电池热管理电动水泵LIN信号端,通信信号	—	—
A13	W/R	电池热管理系统液位传感器	—	—
A16	R/W	电池热管理系统压力传感器1电源	—	—
A23	—	电池热管理系统电磁阀控制信号	—	—
A32	B/L	电池热管理系统水泵继电器	—	—
A34	—	电池热管理控制器12V电源	—	—
B3	R/G	电池热管理系统温度传感器1(P/T)	—	—
B7	W	电池热管理系统压力传感器1采集信号	—	—
B8	R/Y	电池热管理系统水温传感器(冷却)	—	—
B13	V	空调内部通信	—	—
B19	P	空调内部通信	—	—

表1-51 空调控制器端子定义

端子	线色	端子说明
A2	B/R	常电
A3	W/L	ON挡电(IG4)
A4	—	水泵继电器1驱动信号
A11	L	后除霜继电器控制信号
A12	L	空气净化继电器驱动信号(低配预留)
A14	R/B	鼓风机继电器驱动信号
A18	B	搭铁
A20	L/R	压力传感器1电源(输出4.8V)
A21	Gr	湿度压力传感器电源(输出5V)
A22	G/Y	出风模式电机反馈电源(输出4.90V)
A23	Br	冷暖混合电机反馈电源(输出4.90V)
B1	G	冷暖混合电机控制电源2(CW:－ CCW:＋)
B2	—	四通水阀电机控制电源1
B3	Y/B	出风模式电机控制电源1(CW:＋ CCW:－)
B4	L	空调电子膨胀阀控制B端
B5	G/R	循环控制电机控制电源1(CW:＋ CCW:－)
B6	B/L	空调电子膨胀阀控制A′端
B8	Y/L	冷暖混合电机控制电源1(CW:＋ CCW:－)
B9	—	四通水阀电机控制电源2
B10	R/G	出风模式电机控制电源2(CW:－ CCW:＋)
B11	Y	循环控制电机反馈电源(输出4.90V)
B12	L/Y	空调电子膨胀阀控制B′端
B13	G/W	循环控制电机控制电源2(CW:－ CCW:＋)
B16	L/W	空调电子膨胀阀控制A端
B19	B	搭铁
B20	—	四通水阀电碳膜电源＋5V
B21	O	光照传感器电源(输出4.978V)
B24	B/Y	前排鼓风机故障诊断反馈信号
C2	P	CAN0整车通信
C3	V	CAN0整车通信
C4	V	CAN4内部通信
C5	—	温度压力传感器压力采集信号
C6	Y/L	压力传感器1采集信号

续表

端子	线色	端子说明
C7	Sb	室外温度采集信号
C8	Br/G	驾驶员吹脚出风口温度采集信号
C9	W/G	室内温度采集信号
C10	W/R	蒸发器温度采集信号
C11	G/B	前排鼓风机调速信号输出
C14	P	CAN4 内部通信
C15	—	温度压力传感器温度采集信号
C16	Br/W	驾驶人吹面出风口温度采集信号
C18	W/B	光照传感器采集信号
C25	B/L	冷暖混合电机反馈输入
C26	B/L	四通水阀电机反馈输入
C27	O	循环控制电机反馈输入
C30	Br	出风模式电机反馈输入

1.6.9 手动空调（空调与电池热管理器二合一）端子定义

手动空调控制器端子分布如图 1-53 所示，其端子定义见表 1-52。

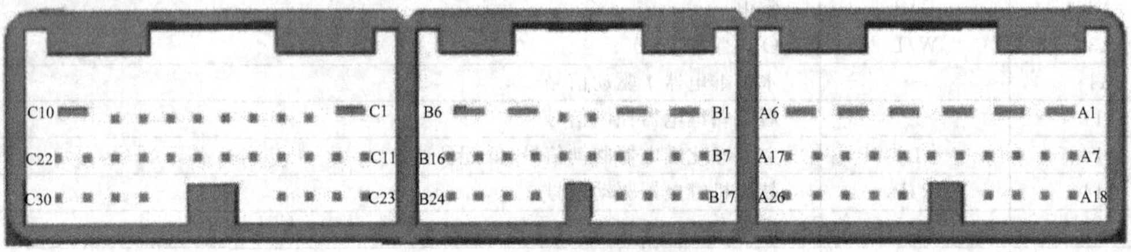

图 1-53 手动空调控制器端子分布

表 1-52 手动空调控制器端子定义

端子	线色	端子说明
A1	R/Y	ON 挡电
A2	L/B	空调回路电子膨胀阀 C 端驱动
A3	R/G	驾驶人冷暖电机驱动电源 1(CW:＋ CCW:－)
A4	W/G	空调回路水阀驱动电源 2(CW:－ CCW:＋)
A7	O	电池热管理电子膨胀阀 C 端驱动
A8	L/G	电池热管理电子膨胀阀 D 端驱动
A9	W/B	空调回路电子膨胀阀 D 端驱动
A10	W/G	空调回路电子膨胀阀 B 端驱动
A11	W/L	空调回路电子膨胀阀 A 端驱动
A12	R/W	驾驶人冷暖电机驱动电源 2(CW:－ CCW:＋)
A13	Gr	空调回路水阀驱动电源 1(CW:＋ CCW:－)
A18	W	电池热管理电子膨胀阀 A 端驱动
A19	W/R	电池热管理电子膨胀阀 B 端驱动
A20	L/R	常电
A21	Gr	压力传感器电源和 P/T 传感器电源(输出 5V)
A22	G/Y	搭铁
A25	P/L	循环电机驱动电源 2(CW:－ CCW:＋)
A26	G	循环电机驱动电源 1(CW:＋ CCW:－)
B2	R/B	电池热管理电动水泵继电器
B3	R/L	空调回路水泵继电器
B6	B/L	电池热管理水泵 PWM 控制与反馈

续表

端子	线色	端子说明
B7	P	内部通信 CAN 高
B8	V	内部通信 CAN 低
B11	Y	循环电机反馈电源(输出 5V)
B17	P	整车通信 CAN 高
B18	V	整车通信 CAN 低
B19	R/B	LIN 通信
B21	Y/L	空调回路水阀反馈电源(输出 5V)
B23	W/R	电池热管理 P/T 传感器压力采集信号
C2	R/B	电池热管理 P/T 传感器温度采集信号
C3	G/Y	冷暖电机位置采集信号
C4	Sb	电池冷却水温传感器(冷却)
C7	Sb	驾驶人吹面出风口温度
C8	Br/G	中压信号
C11	G/B	驾驶人吹脚出风口温度
C12	Br	蒸发器温度
C13	W/R	高低压信号
C16	Br/W	空调回路水阀反馈信号
C17	P/B	循环电机反馈信号
C20	R/G	驾驶人冷暖电机反馈信号
C24	—	前排鼓风机反馈信号
C25	R/B	驾驶人冷暖电机反馈电源(输出 5V)
C28	G/Y	PTC 开关采集
C29	G/Y	AC 开关采集
C30	G/Y	循环电机位置

1.6.10 自动空调(空调与电池热管理二合一)端子定义

炫酷、悦酷、尚酷版车型采用该型空调，自动空调控制器端子分布如图 1-54 所示，其端子定义见表 1-53。

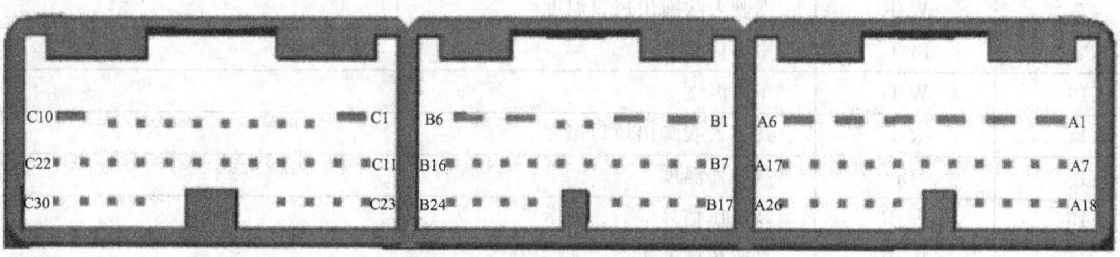

图 1-54 自动空调控制器端子分布

表 1-53 自动空调控制器端子定义

端子	线色	端子说明
A1	R/Y	ON 挡电
A2	L/B	空调回路电子膨胀阀 C 端驱动
A3	R/G	驾驶人冷暖电机驱动电源 1(CW:+ CCW:-)
A4	W/G	水阀 1 驱动电源 2(CW:- CCW:+)
A7	O	电池热管理电子膨胀阀 C 端驱动
A8	L/G	电池热管理电子膨胀阀 D 端驱动
A9	W/B	空调回路电子膨胀阀 D 端驱动

续表

端子	线色	端子说明
A10	W/G	空调回路电子膨胀阀 B 端驱动
A11	W/L	空调回路电子膨胀阀 A 端驱动
A12	R/W	驾驶人冷暖电机驱动电源 2(CW:－ CCW:＋)
A13	Gr	水阀 1 驱动电源 1(CW:＋ CCW:－)
A15	Y/B	模式电机驱动电源 1(CW:＋ CCW－)
A16	R/G	模式电机驱动电源 2(CW:－ CCW:＋)
A18	W	电池热管理电子膨胀阀 A 端驱动
A19	W/R	电池热管理电子膨胀阀 B 端驱动
A20	L/R	常电
A21	Gr	P/T 传感器电源(输出 5V)
A22	G/Y	搭铁
A25	P/L	循环电机驱动电源 2(CW:－ CCW:＋)
A26	G	循环电机驱动电源 1(CW:＋ CCW:－)
B1	—	前排鼓风机继电器
B2	R/B	电池热管理水泵继电器
B3	R/L	空调回路水泵继电器
B5	G/B	前排鼓风机调速信号
B7	P	内部通信 CAN 高
B8	V	内部通信 CAN 低
B9	L	后除霜继电器
B11	Y	循环电机反馈电源(输出 4.9V)
B17	P	整车通信 CAN 高
B18	V	整车通信 CAN 低
B19	R/B	LIN 通信
B20	—	模式电机反馈电源(输出 4.9V)
B21	Y/L	水阀 1 反馈电源(输出 4.9V)
B23	W/R	电池热管理 P/T 传感器压力信号采集
C2	R/B	电池热管理 P/T 传感器温度信号采集
C3	G/Y	—
C4	Sb	电池冷却水温传感器
C6	Sb	车外温度
C7	W/R	驾驶人吹面出风口温度
C8	Br/G	中压信号
C10	W/G	车内温度
C11	R/L	驾驶人吹脚出风口温度
C12	Br	蒸发器温度
C13	W/R	高低压信号
C14	W/B	光照传感器 1
C16	G/R	水阀 1 反馈信号
C17	P/B	循环电机反馈信号
C18	Br	模式电机反馈信号
C20	R/G	驾驶人冷暖电机反馈信号
C24	B/Y	前排鼓风机反馈信号
C25	R/B	驾驶人冷暖电机反馈电源(输出 4.9V)
C27	O	光照传感器电源

1.7 e5 450（2018～ ）

1.7.1 高压电池包低压端子定义

高压电池包低压端子如图 1-55 所示，其端子定义见表 1-54。

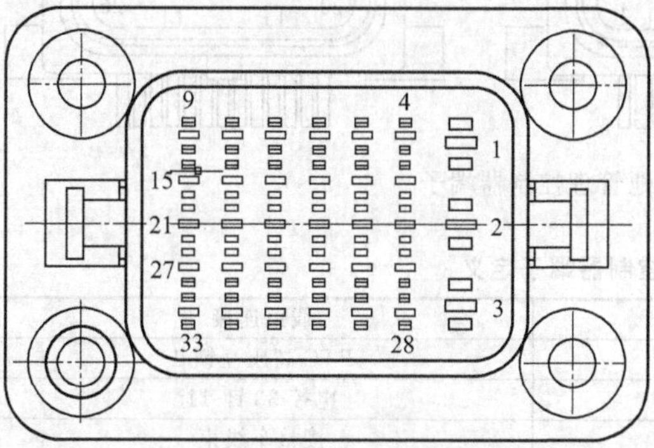

图 1-55 高压电池包低压端子

表 1-54 高压电池包低压端子定义

端子	定义	线束连接
4	级联模块 CAN_L	BMC03-1
5	级联模块 CAN 屏蔽地	BMC03-2
6	负极接触器电源	BMC03-20
10	级联模块 CAN_H	BMC03-8
11	级联模块电源正	BMC03-7
13	负极接触器控制	BMC03-10
16	级联模块 GND	BMC03-26
23	正极接触器电源	BMC03-21
28	正极接触器控制	BMC03-11
29	高压互锁输入	电控 33 针-23
30	高压互锁输出	BMC02-7

1.7.2 电池管理系统端子定义

本车采用分布式电池管理系统，由电池管理控制器（BMC）、电池信息采集器、级联转换模块、电池采样线组成。电池管理控制器的主要功能有充放电管理、接触器控制、功率控制、电池异常状态报警和保护、SOC/SOH 计算、自检以及通信功能等；电池信息采集器的主要功能有电池电压采样、温度采样、电池均衡、采样线异常检测等；级联转换模块的主要功能是将电池信息采集器的信息传输到电池管理控制器，做到电池管理器对电池包内信息采集的功能；电池采样线的主要功能是连接电池管理控制器和电池信息采集器，实现两者之间的通信及信息交换。

电池管理控制器位于高压电控后部，位置如图 1-56 和图 1-57 所示。

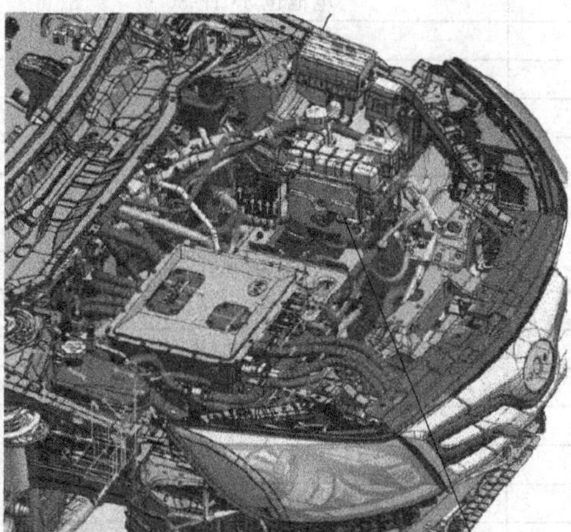

图 1-56 电池管理控制器安装位置（5AEC 车型）

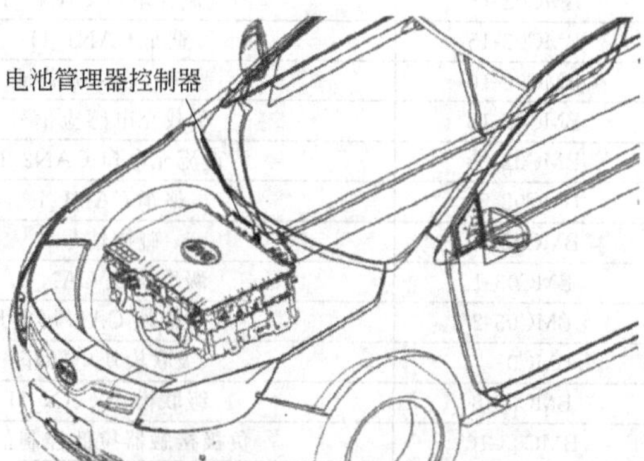

图 1-57 电池管理控制器安装位置（5AEB 车型）

① 5AEB 车型电池管理控制器端子如图 1-58 所示，其端子定义见表 1-55。

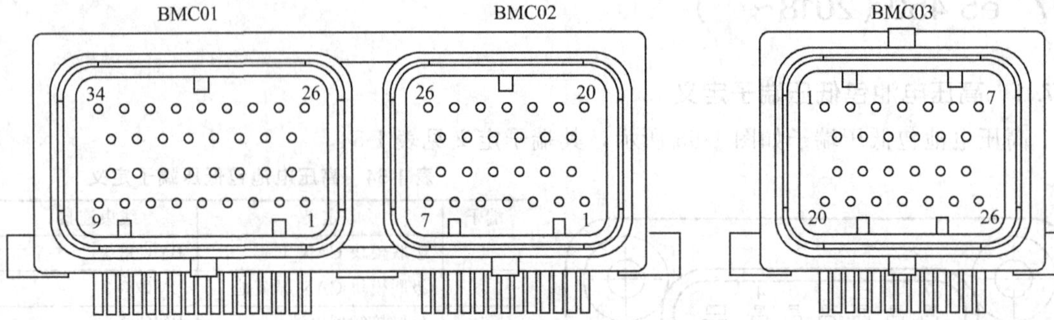

图 1-58 5AEB 车型电池管理控制器端子

表 1-55 电池管理控制器端子定义

端子	端子定义	线束连接
BMC01-1	高压互锁输出信号	PTC 高压互锁-1
BMC01-2	烧结检测信号	电控 33 针-11
BMC01-6	车身地	接整车线束
BMC01-9	主接触器拉低控制信号	电控 33 针-32
BMC01-14	12V 常电	接整车线束
BMC01-17	主预充接触器拉低控制信号	电控 33 针-29
BMC01-25	直流充电负极接触器拉低控制信号	电控 33 针-31
BMC01-26	电流霍尔信号	电控 33 针-18
BMC01-27	电流霍尔＋15V	电控 33 针-16
BMC01-28	电流霍尔信号屏蔽地	电控 33 针-10
BMC01-29	电流霍尔－15V	电控 33 针-17
BMC01-30	车身地	接整车线束
BMC01-31	仪表指示灯控制信号	接仪表
BMC01-33	直流充电正极接触器拉低控制信号	电控 33 针-30
BMC01-34	交流充电接触器控制信号	电控 33 针-32
BMC02-1	12V(DC)	接整车线束
BMC02-4	直流充电感应信号	直流充电口-3
BMC02-7	高压互锁输入信号	电池包 33 针-30
BMC02-11	直流温度传感器高	直流充电口-7
BMC02-13	直流温度传感器低	直流充电口-8
BMC02-14	直流充电口 CAN2_H	直流充电口-5
BMC02-15	整车 CAN1_H	接整车低压线束动力网
BMC02-16	整车 CAN 屏蔽地	接整车低压线束
BMC02-18	车载充电感应信号	电控 33-3
BMC02-20	直流充电口 CAN2_L	直流充电口-4
BMC02-22	整车 CAN1_L	接整车低压线束动力网
BMC02-25	碰撞信号	接后碰 ECU
BMC03-1	级联模块 CAN_L	电池包 33 针-4
BMC03-2	级联模块 CAN 屏蔽地	电池包 33 针-5
BMC03-7	级联模块电源正	电池包 33 针-11
BMC03-8	级联模块 CAN_H	电池包 33 针-10
BMC03-10	负极接触器拉低控制信号	电池包 33 针-13
BMC03-11	正极接触器拉低控制信号	电池包 33 针-28
BMC03-20	负极接触器电源	电池包 33 针-6
BMC03-21	正极接触器电源	电池包 33 针-23
BMC03-26	级联模块接地	电池包 33 针-16

② 5AEC 车型电池管理控制器端子如图 1-59 所示，其端子定义见表 1-56 和表 1-57。

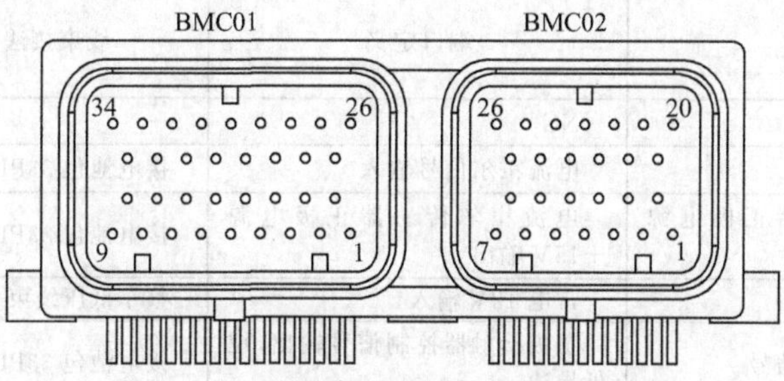

图 1-59 5AEC 车型电池管理控制器端子

表 1-56 BMC01 端子定义

端子	端口名称	端口定义	线束接法	信号类型	稳态工作电流/A
1	电池子网 CAN_H	电池子网 CAN_H	接电池包 33PIN-10	CAN 信号	≤1
2	电池子网 CAN 屏蔽地	电池子网 CAN 屏蔽地	接电池包 33PIN-5	接地	≤1
3	BMS 通信转换模块电源+12V	BMS 通信转换模块+12V 电源输出	接电池包 33PIN-11	电压	1.5
4	NC	NC	—	—	—
5	NC	NC	—	—	—
6	直流充电唤醒信号	直流充电唤醒信号输入	接直流充电口 12PIN-2	电平信号	≤1
7	预充接触器电源+12V/主接触器电源+12V	预充接触器+12V 电源输出	接电池包 33PIN-20	电压	1.5
		主接触器+12V 电源输出	接电池包 33PIN-18	电压	1.5
8	充电仪表指示灯信号	充电仪表指示灯亮灭控制	仪表	电平信号	≤1
9	分压接触器控制信号	分压接触器控制信号输出，拉低导通	接电池包 33PIN-27	电平信号	≤1
10	电池子网 CAN_L	电池子网 CAN_L	接电池包 33PIN-4	CAN 信号	≤1
11	通信转换模块电源 GND	通信转换模块电源 GND	接电池包 33PIN-16	接地	≤1
12	NC	NC	—	—	—
13	NC	NC	—	—	—
14	NC	NC	—	—	—
15	直流充电正极接触器电源+12V	直流充电正极接触器+12V 电源输出	接充配电总成 33PIN-8	电压	2
	直流充电负极接触器电源+12V	直流充电负极接触器+12V 电源输出			
16	负极接触器电源+12V/分压接触器电源+12V	负极接触器+12V 电源输出	接电池包 33PIN-6	电压	1.5
		分压接触器+12V 电源输出	接电池包 33PIN-21	电压	1.5
17	NC	NC	—	—	—
18	电源霍尔传感器负极电源−15V	电流霍尔传感器负极电源−15V 输出	接电池包 33PIN-25	电压	≤1
19	电流霍尔传感器屏蔽地	电流霍尔传感器屏蔽地	接电池包 33PIN-23	接地	≤1
20	NC	NC	—	—	—
21	预充接触器控制信号	预充接触器控制信号输出，拉低导通	接电池包 33PIN-28	电平信号	≤1
22	主接触器控制信号	正接触器控制信号输出，拉低导通	接电池包 33PIN-19	电平信号	≤1
23	NC	NC	—	—	—
24	直流充电负极接触器控制信号	直流充电负极接触器控制信号输出，拉低导通	接充配电总成 33PIN-10	电平信号	≤1

续表

端子	端口名称	端口定义	线束接法	信号类型	稳态工作电流/A
25	NC	NC	—	—	—
26	直流霍尔信号	电流霍尔信号输入	接电池包 33PIN-22	模拟信号	≤1
27	直流霍尔传感器正极电源+15V	电流霍尔传感器正极电源+15V输出	接电池包 33PIN-24	电压	≤1
28	常电	常电 12V 输入	整车低压线束	电压	1.5
29	负极接触器控制信号	负极接触器控制信号输出,拉低导通	接电池包 33PIN-13	电平信号	≤1
30	NC	NC	—	—	—
31	NC	NC	—	—	—
32	NC	NC	—	—	—
33	直流充电正极接触器控制信号	直流充电正极接触器控制信号输出,拉低导通	接充配电总成 33PIN-9	电平信号	≤1
34	NC	NC	—	—	—

注:"NC"表示未连接,下同。

表 1-57 BMC02 端子定义

端子	端口名称	端口定义	线束接法	信号类型	稳态工作电流/A
1	12V 常电	12V 常电	整车低压线束	电压	1.5
2	车身地	车身地	整车低压线束	接地	≤1
3	碰撞信号	碰撞信号	接碰撞 ECU	PWM 信号	≤1
4	PWM 输出 1	高压互锁输出 1	接电池包 33PIN-30	PWM 信号	≤1
5	PWM 输入 1	高压互锁输入 1	接充配电总成 33PIN-13	PWM 信号	≤1
6	直流充电口温度传感器 GND2	直流充电口温度传感器 GND	接直流充电口 12PIN-10	接地	≤1
7	直流充电接触器烧结检测信号	直流充电接触器烧结检测信号输入	接充配电总成 33PIN-11	电平信号	≤1
8	12V(DC)	12V(DC)输入	整车低压线束	电压	≤1
9	动力网 CAN 终端电阻并入 1	CAN 终端电阻并入 1	BMC02-14	CAN 信号	≤1
10	PWM 输出 2	高压互锁输出 2	接充配电总成 33PIN-14	PWM 信号	≤1
11	PWM 输入 2	高压互锁输入 2	接充配电总成 33PIN-15	PWM 信号	≤1
12	直流充电口温度传感器 GND1	直流充电口温度传感器 GND	接直流充电口 12PIN-8	接地	≤1
13	直流充电口温度信号 2	直流充电口温度信号输入	接直流充电口 12PIN-9	模拟信号	≤1
14	动力网 CAN 终端电阻并入 2	CAN 终端电阻并入 2	BMC02-09	CAN 信号	≤1
15	快充电信号	快充电信号输入	接直流充电口 12PIN-3	模拟信号	≤1
16	动力网 CAN_H	动力网 CAN_H	整车低压线束动力网	CAN 信号	≤1
17	动力网 CAN_L	动力网 CAN_L	整车低压线束动力网	CAN 信号	≤1
18	NC	NC	—	—	—
19	直流充电口温度信号 1	直流充电口温度信号	接直流充电口 12PIN-7	模拟信号	≤1
20	车载充电感应信号	车载充电感应信号输入	接充配电总成 33PIN-6	模拟信号	≤1
21	车身地	车身地	整车低压线束	接地	≤1
22	NC	NC	—	—	—
23	整车 CAN 屏蔽地	整车 CAN 屏蔽地	整车低压线束	接地	≤1
24	直流充电子网 CAN_H	直流充电子网 CAN_H	接直流充电口 12PIN-5	CAN 信号	≤1
25	直流充电子网 CAN_L	直流充电子网 CAN_L	接直流充电口 12PIN-4	CAN 信号	≤1
26	NC	NC	—	—	—

1.7.3 电池管理系统电路检测

电池管理控制器端子数据检测如表 1-58 所示。

表 1-58 电池管理控制器端子数据检测

端子	端子描述	线色	条件	正常值/V
BMC01-1—GND	高压互锁输出信号	W	ON 挡/OK 挡/充电	PWM 脉冲信号
BMC01-2—GND	烧结检测信号	L/W	ON 挡/OK 挡/充电	小于 1
BMC01-6—GND	整车低压地	B	始终	小于 1
BMC01-9—GND	主接触器拉低控制信号	Br	整车上高压电	小于 1
BMC01-14—GND	12V 蓄电池正	G/R	ON 挡/OK 挡/充电	9～16
BMC01-17—GND	主预充接触器拉低控制信号	W/L	预充过程中	小于 1
BMC01-25—GND	直流充电负极接触器接低控制信号	G/R	充电时	小于 1
BMC01-26—GND	直流霍尔信号	W/B	电源 ON 挡	0～4.2
BMC01-27—GND	电流霍尔+15V	Y/B	ON 挡/OK 挡/充电	9～16
BMC01-28—GND	直流霍尔屏蔽地	Y/G		
BMC01-29—GND	电流霍尔-15V	R/G	ON 挡/OK 挡/充电	-16～-9
BMC01-30—GND	整车低压地	B	始终	小于 1
BMC01-31—GND	仪表充电指示灯信号	G	充电时	小于 1
BMC01-33—GND	直流充电正极接触器拉低控制信号	Gr	充电时	小于 1
BMC01-34—GND	交流充电接触器控制信号	G/W	始终	小于 1
BMC02-1—GND	12V(DC)电源正	R/B	电源 ON 挡/充电	11～14
BMC02-4—GND	直流充电感应信号	Y/R	充电时	—
BMC02-6—GND	整车低压低	B	始终	
BMC02-7—GND	高压互锁输入信号	W	ON 挡/OK 挡/充电	PWM 脉冲信号
BMC02-11—GND	直流温度传感器高	G/Y	ON 挡/OK 挡/充电	2.5～3.5
BMC02-13—GND	直流温度传感器低	R/W	—	—
BMC02-14—GND	直流充电口 CAN2_H	P	—	—
BMC02-15—GND	整车 CAN1_H	P	ON 挡/OK 挡/充电	1.5～2.5
BMC02-16—GND	整车 CAN 屏蔽地	—	—	—
BMC02-18—GND	VTOG/车载感应信号	L/B	充电时	小于 1
BMC02-20—GND	直流充电口 CAN2_L	V	直流充电时	
BMC02-22—GND	整车 CAN_H	V	ON 挡/OK 挡/充电	1.5～2.5
BMC02-25—GND	碰撞信号	Y/G	启动	约-15
BMC03-1—GND	级联模块 CAN_L	V	ON 挡/OK 挡/充电	1.5～2.5
BMC03-2—GND	级联模块 CAN 屏蔽地	—	始终	小于 1
BMC03-7—GND	级联模块供电电源正	R/L	ON 挡/OK 挡/充电	9～16
BMC03-8—GND	级联模块 CAN_H	P	ON 挡/OK 挡/充电	2.5～3.5
BMC03-10—GND	负极接触器拉低控制信号	L/B	接触器吸合时	小于 1
BMC03-11—GND	正极接触器拉低控制信号	R/G	接触器吸合时	小于 1
BMC03-20—GND	负极接触器 12V 电源	Y/W	ON 挡/OK 挡/充电	9～16
BMC03-21—GND	正极接触器 12V 电源	R/W	ON 挡/OK 挡/充电	9～16
BMC03-26—GND	级联模块供电电源地	R/Y	—	—

1.7.4 高压充电系统端子定义

5AEB 电动车有两种充电方式：交流充电和直流充电。

交流充电主要是通过交流充电桩、壁挂式充电盒以及家用供电插座接入交流充电口，通过高压电控总成将交流电转为 650V 直流高压电给高压电池充电。

直流充电主要是通过充电站的充电柜杆直流高压电直接通过直流充电口给高压电池充电。

充电系统主要组成部分为交流充电口、直流充电口、高压电控总成、高压电池包、电池管理器，见图 1-60。

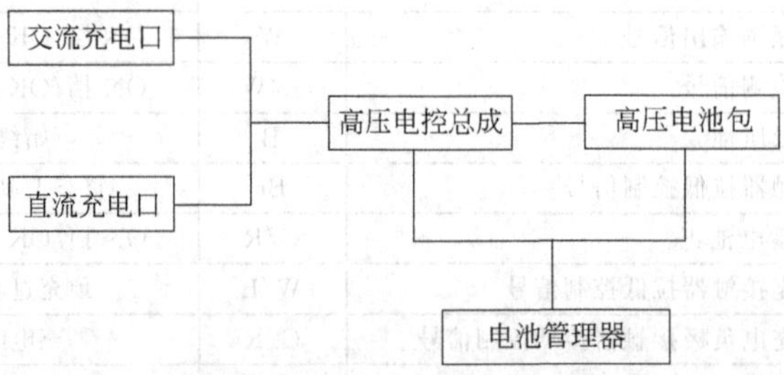

图 1-60　充电系统组成框图

5AEC 交流充电口总成和直流充电口总成布置在车辆前格栅处，如图 1-61 所示。

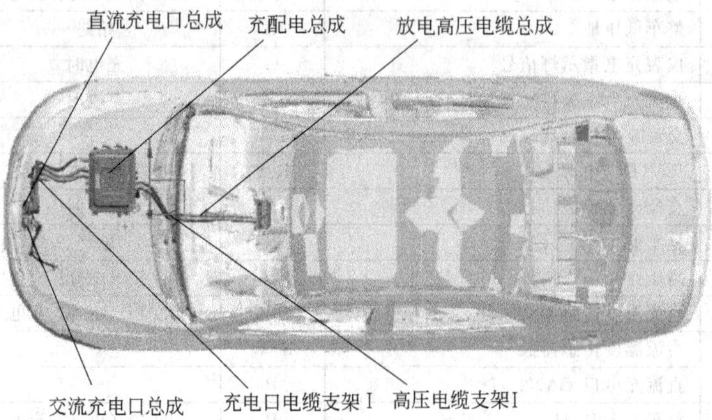

图 1-61　充电接口安装位置

充配电总成接口分布如图 1-62 所示，其接口定义见表 1-59。

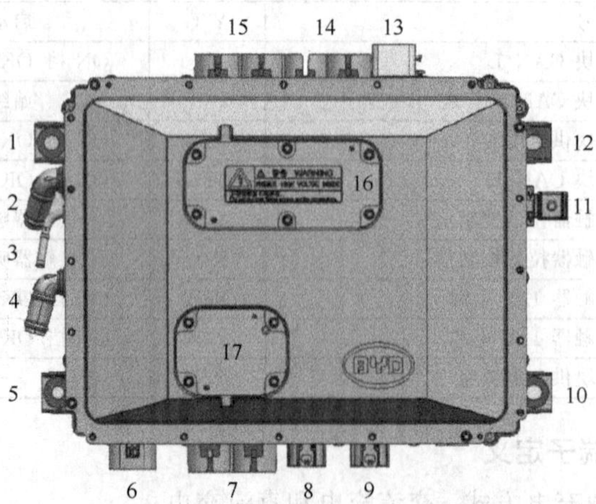

图 1-62　充配电总成接口分布

表 1-59 充配电总成接口定义

序号	定义	对接说明
1	辅助定位(ϕ13)	安装在前舱大支架上
2	出水口	连接冷却水管
3	排气口	连接排气管
4	进水口	连接冷却水管
5	主定位(ϕ11)	安装在前舱大支架上
6	交流充电输入	连接交流充电口
7	直流充电输入	连接直流充电口
8	空调压缩机配电	连接空调压缩机
9	空调 PTC 配电	连接空调 PTC
10	辅助定位(ϕ13)	安装在前舱大支架上
11	低压正极输出	连接蓄电池
12	辅助定位(ϕ13)	安装在前舱大支架上
13	低压信号	连接低压线束
14	高压直流输入/输出	连接电池包
15	电机控制器配电	连接电机控制器
16	电控甩线和直流母线线鼻子固定维修盖	线鼻子固定点维修盖板
17	直流充电线缆线鼻子固定维修盖	线鼻子固定点维修盖板

充电口端子如图 1-63 所示，其端子定义见表 1-60 和表 1-61。

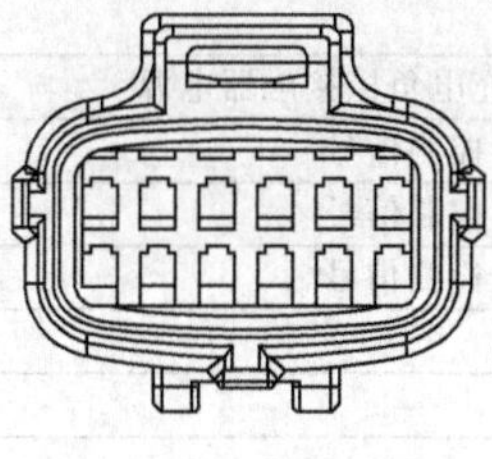

(a) 交流充电口

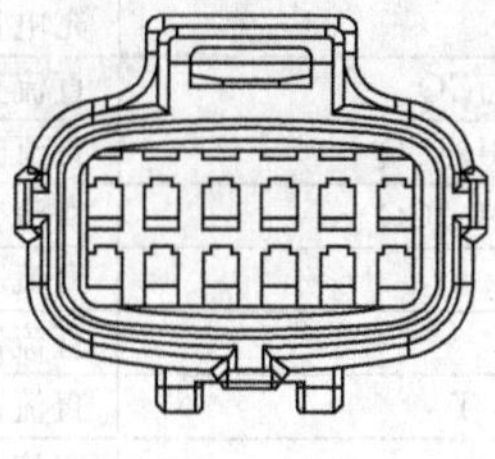

(b) 直流充电口

图 1-63 充电口端子

表 1-60 交流充电口端子定义

端子	定义	对接端
1	CP	高压电控总成 B28(B)-1
2	CC	高压电控总成 B28(B)-7
3	闭锁电源	BCM G20-8
4	开锁电源	BCM G20-18
5	闭锁状态检测	BCM G20-6
7	温度传感器高	高压电控总成 B28(B)-20
8	温度传感器低	车身低

表 1-61 直流充电口端子定义

端子	定义	对接端
1	低压辅助电源负	车身地
2	低压辅助电源正	继电器拉高控制
3	充电连接确认 CC2	BMS45(B)-4
4	CAN_L	BMS45(B)-20
5	CAN_H	BMS45(B)-14
7	温度传感器高	BMS45(B)-11
8	温度传感器低	BMS45(B)-13

车载充电机低压端子如图 1-64 所示，其端子定义见表 1-62。

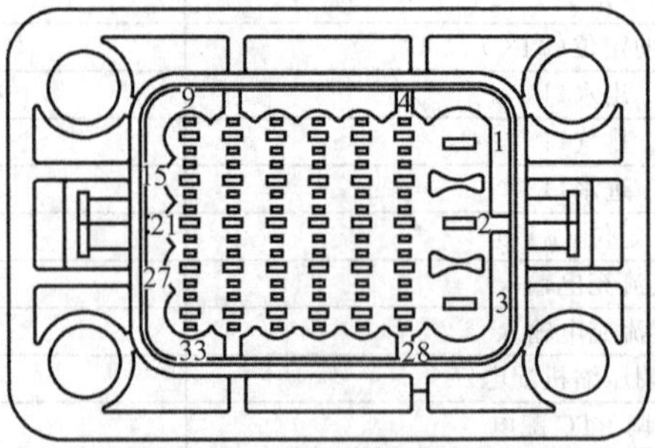

图 1-64 车载充电机低压端子

表 1-62 车载充电机低压端子定义

端子	端口名称	端口定义	线束接法
1	OFF-12V-1	常电 1	接 12V 常电
2	OFF-12V-1	常电 2	接 12V 常电
3	GND	常电电源地 1	
4	CC	充电连接确认	接交流充电口-2
5	CP	充电控制导引	接交流充电口-1
6	CC-BMC	充电连接信号	接 BMC02-20
7	T-CDK	充电口温度检测	接交流充电口-7
8	SOURSE-JCQ	直流充电正极/直流充电负极接触器电源	接 BMC01-15
9	CONTROL-JCQ+	直流充电正极接触器控制信号	接 BMC01-33
10	CONTROL-JCQ−	直流充电负极接触器控制信号	接 BMC01-24
11	SJJC	直流充电接触器烧结检测信号	接 BMC02-7
12	DCHS-IN	直流高压互锁输入	接动力电池包-29
13	DCHS-OUT	直流高压互锁输出	接 BMC02-5
14	ACHS-IN	交流高压互锁输入	接 BMC02-10
15	ACHS-OUT	交流高压互锁输出	接 BMC02-11
16	CAN_H	动力网 CAN 线	
17	CAN_L	动力网 CAN 线	
18	GND	直流充电接触器烧结检测信号地	
19	GND	常电电源地 2	
20～33	预留	—	—

1.7.5 驱动电机技术参数与维修说明

比亚迪 e5 450 车型驱动电机技术参数见表 1-63。

表 1-63 比亚迪 e5 450 车型驱动电机技术参数

项目	数据
电机最大输出转矩	180N · m/(0～3714r/min)/30s
电机额定转矩	70N · m/(0～4775r/min)/持续
电机最大输入功率	70kW/(3714～12100r/min)/30s
电机额定功率	35kW/(4775～12100r/min)/持续
电机最大输出转速(包括驱动最高输入转速和随动最高输入转速)	12100r/min
电动力总成质量	65kg
总减速比	10.7
电机轴中心与差速器中心的距离	208mm
变速箱润滑油油量	0.7～0.8L
变速箱润滑油类型	道达尔 API GL-4

变速箱采用浸油润滑方式，推荐使用品牌道达尔 API GL-4。

动力系统总成在分解修理后，再重新装到车上，待传动轴插入变速箱差速器端口花键卡圈锁住后再确保油封无异常。确认注油螺塞和放油螺塞螺纹无异常，注油螺塞拧紧力矩为 35～39N·m，放油螺塞拧紧力矩为 47～53N·m。

电机端盖和总成壳体上的螺栓或螺母，驱动电机控制器总成和电机壳体上的螺栓，按对角线松开和拧紧，如果螺栓有裂纹或者损坏，请及时更换。

动力总成外形与接口分布如图 1-65 所示。

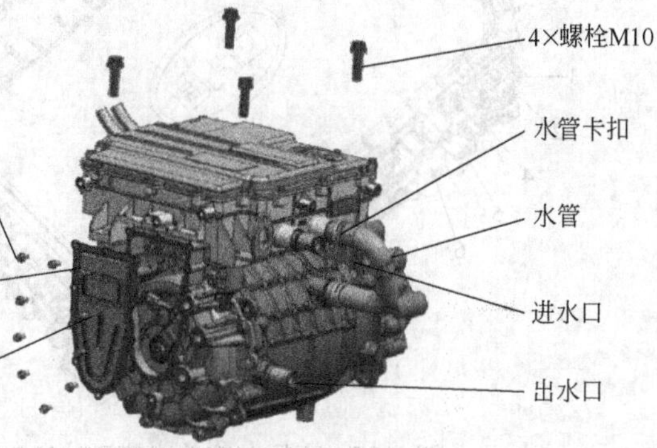

图 1-65　动力总成外形与接口分布

1.7.6　电机控制器端子定义

电机控制器低压端子如图 1-66 所示，其端子定义见表 1-64。

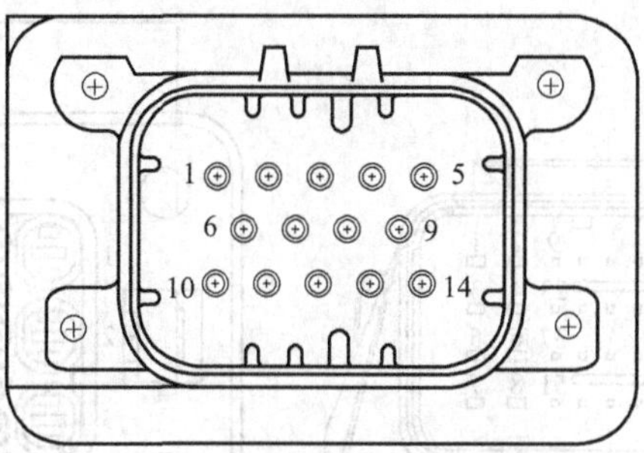

图 1-66　电机控制器低压端子

表 1-64　电机控制器端子定义

端子	端子名称	端子定义	线路连接
1	GND-IN	12V 电源接地	12V 电源地
3	CANH2	预留 CAN	预留
4	CANL2	预留 CAN	预留
5	CRASH-IN	碰撞信号	碰撞信号
6	GND-IN	12V 电源地	12V 电源地
8	GND	碰撞信号地	碰撞信号地
9	CAN_H	CAN 高	动力网 CAN 高
10	＋12V	12V 电源正	接 IG3
11	＋12V	12V 电源正	接 IG3
13	EARTH	CAN 屏蔽地	CAN 屏蔽地
14	CAN_L	CAN 低	动力网 CAN_L

1.7.7 高压电控系统介绍与端子定义

高压电控总成集成电机控制器模块、车载充电器模块、DC/DC 转换器模块和高压配电模块、漏电传感器等部件。高压电控总成接口分布如图 1-67 所示。

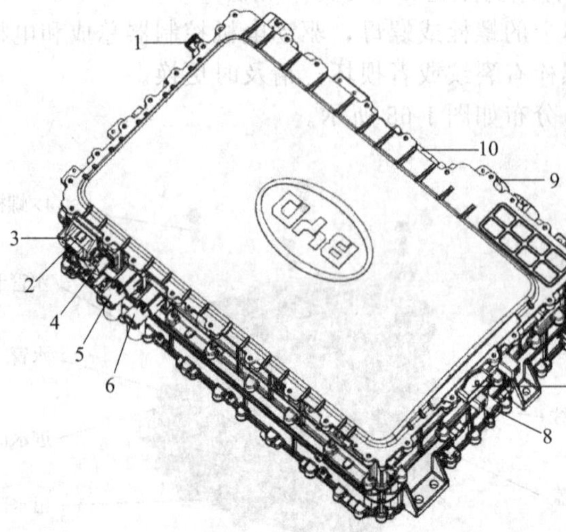

图 1-67　高压电控总成接口分布

1—DC 直流输出接插件；2—33 针低压信号接插件；3—高压输出空调压缩机接插件；4—高压输出 PTC 接插件；5—动力电池正极母线；6—动力电池负极母线；7—64 针低压信号接插件；8—进水管；9—交流输入 L1、N 相；10—驱动电机三相输出接插件

高压电控总成低压端子如图 1-68 所示，其端子定义见表 1-65 和表 1-66。

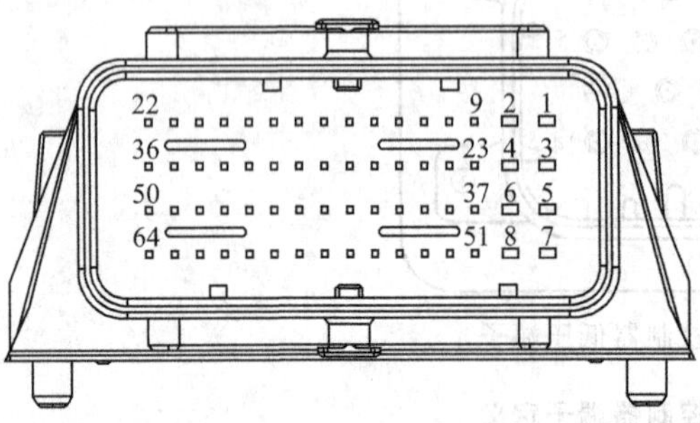

(a) 64针端子

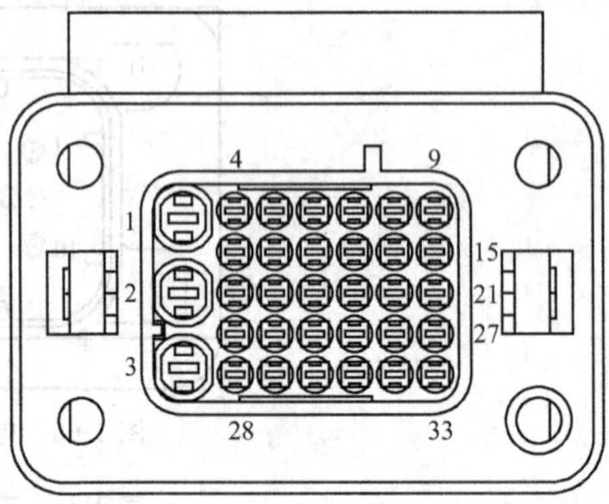

(b) 33针端子

图 1-68　高压电控总成低压端子

表 1-65　高压电控总成 64 针端子定义

端子	定义	线束连接	端子	定义	线束连接
1	外部提供的 12V ON 挡电源	IG3 电	18	油门深度 2	油门踏板 BG44-1
2	外部提供的常火电 12V	常电	26	动力网 CAN 信号屏蔽地	车身地
4	外部提供的 ON 挡电源 12V	IG3 电	29	电机模拟温度地	电机 B31-6
6	油门深度屏蔽地	车身地	31	刹车深度 2	制动踏板 B28-8
7	外部电源地	车身地	32	油门深度 1	油门踏板 BG44-4
8	外部电源地	车身地	33	预留开关量输出 1	—
15	电机绕组温度	电机 B31-3	34	预留开关量输出 2	—
17	刹车深度 1	制动踏板 BG28-1	35	手刹信号	—

续表

端子	定义	线束连接	端子	定义	线束连接
37	刹车深度屏蔽地	车身地	54	油门深度电源地 1	油门踏板 BG44-5
38	5V 刹车深度电源 1	制动踏板 BG28-2	55	刹车深度电源地 2	制动踏板 BG28-9
39	5V 油门深度电源 2	油门踏板 BG44-2	56	预留开关量输入 2	—
40	5V 油门深度电源 1	油门踏板 BG44-3	57	制动信号	制动开关
41	5V 刹车深度电源 2	制动踏板 BG28-7	59	EXCOUT 励磁－	电机 B30-4
43	预留开关量输入 1	—	60	EXCOUT 励磁＋	电机 B30-1
45	旋变屏蔽地	电机	61	cos 余弦＋	电机 B30-3
49	动力网 CAN_H	动力网	62	cos 余弦－	电机 B30-6
50	动力网 CAN_L	动力网	63	sin 正弦＋	电机 B30-2
51	刹车深度电源地 1	制动踏板 BG28-2	64	sin 正弦－	电机 B30-5
52	油门深度电源地 2	油门踏板 BG44-6			

表 1-66　高压电控总成 33 针端子定义

端子	定义	线束连接	端子	定义	线束连接
1	充电控制确认 CP	交流充电口	16	直流霍尔电源＋	BMS
3	充电感应信号	BMS	17	直流霍尔电源－	BMS
4	双路电电源	IG3 电	18	直流霍尔信号	BMS
5	双路电电源	IG3 电	19	充电口温度检测信号地	车身地
6	充电连接信号	BCM	20	充电口温度检测	交流充电口
7	充电连接确认 CC	交流充电口	22	高压互锁＋	—
8	双路电电源地	双路电	23	高压互锁－	—
9	双路电电源地	双路电	24	主接触器、预充接触器电源	IG3 电
10	直流霍尔屏蔽地	BMS	25	直流充电正负极接触器电源	IG3 电
11	直流充电接触器烧结检测信号	BMS	29	主预充接触器控制信号	BMS
12	直流充电接触器烧结检测信号地	车身地	30	直流充电正极接触器控制信号	BMS
13	CAN 屏幕地	—	31	直流充电负极接触器控制信号	BMS
14	CAN_H	动力网	32	主接触器控制信号	BMS
15	CAN_L	动力网			

1.7.8　主控制系统说明与端子定义

高压电控总成与主控制器安装位置见图 1-69。

主控制器总成位于副仪表台，如图 1-70 所示。

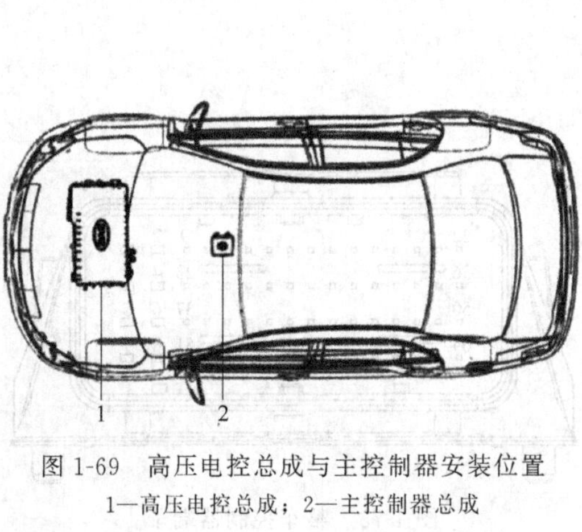

图 1-69　高压电控总成与主控制器安装位置

1—高压电控总成；2—主控制器总成

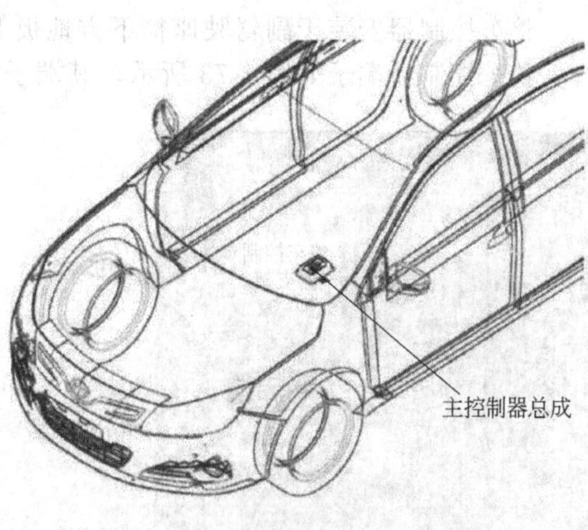

图 1-70　主控制器总成安装位置

主控制器低压端子如图 1-71 所示，其端子定义见表 1-67 和表 1-68。

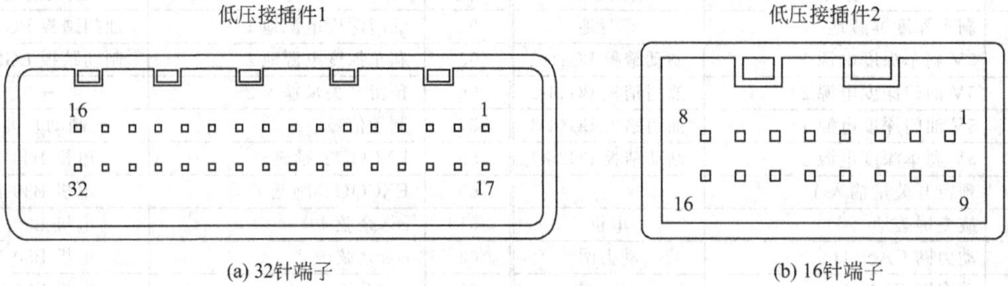

(a) 32针端子　　(b) 16针端子

图 1-71　主控制器低压端子

表 1-67　主控制器 32 针端子定义

端子	定义	线束接法	信号类型
1	无极风扇信号输入	—	PWM
2	制动信号输入	制动开关	12V 高电平有效
4	真空泵继电器检测信号	真空泵继电器 1、2 与真空泵 1 号端子交汇处	高电平有效
11	水温传感器信号输入	水温传感器 C 端子	模拟量
12	水温传感器信号地	水温传感器 A 端子	地
13	真空压力传感器电源	真空压力传感器 1 号端子	5V
14	真空压力传感器信号	真空压力传感器 3 号端子	模拟量
15	真空压力传感器电源地	真空压力传感器 2 号端子	5V 地
16	12V 电源	双路电源	电源
26	车速传感器输入	车速传感器 2 号端子	PWM
30	电源地	车身地	GND

表 1-68　主控制器 16 针端子定义

端子	定义	线束接法	信号类型
1	CAN_L	动力网	差分信号
4	无极风扇信号输出	—	PWM
10	CAN_H	动力网	差分信号
12	真空泵启动控制	真空泵继电器 1 控制端子	低电平有效

1.7.9　整车控制器位置与端子定义

整车控制器安装于副驾驶座椅下方地板上，如图 1-72 所示。

整车控制器端子如图 1-73 所示，其端子定义见表 1-69。

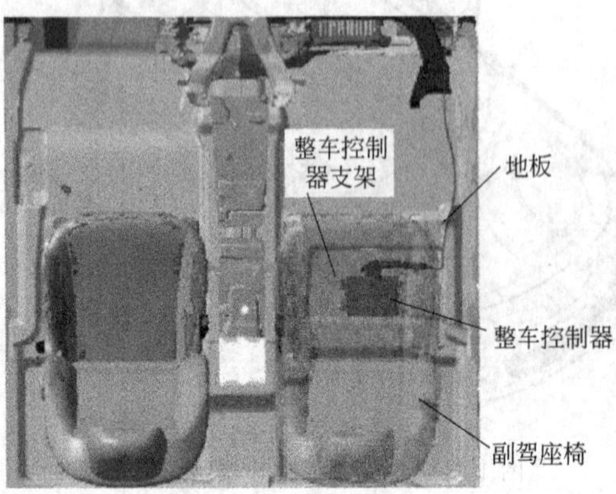

图 1-72　整车控制器安装位置

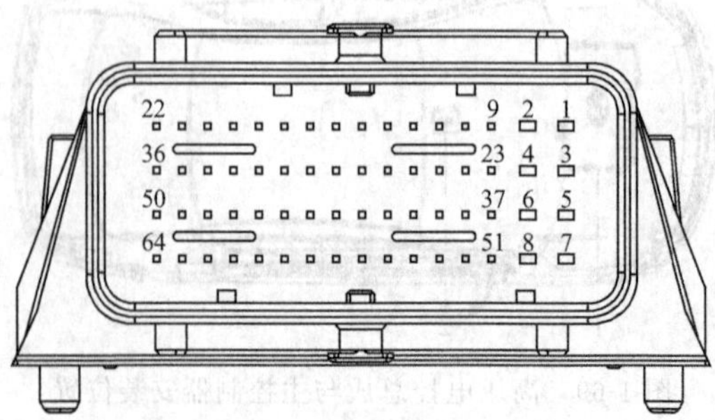

图 1-73　整车控制器端子

表 1-69　整车控制器端子定义

端子	名称	定义	信号类型
1	+12V	外部输入 12V 电源	+12V
3	+12V	外部输入 12V 电源	+12V
5	GND0	外部输入 12V 电源地	GND0
7	GND0	外部输入 12V 电源地	GND0
9	+5V2	刹车深度电源 2	+5V
10	+5V2	刹车深度电源 1	+5V
11	+5V2	真空压力传感器电源	+5V
15	IN_FEET_BRAKE	制动开关信号	高有效
17	V_PUMP_TEST_IN	真空泵继电器检测信号(0 或 12V)	高有效
18	—	经济/运动模式输入	低电平
19	L_FAN_OUT	无极风扇信号控制/回检	PWM 波形
20	EARTH	动力网 CAN 屏蔽地	—
21	CANH	动力网 CAN 信号高	—
22	CANL	动力网 CAN 信号低	—
23	+5V2	油门深度电源 1	+5V
24	+5V2	油门深度电源 2	+5V
33	CRASH_IN	碰撞信号	PWM 信号
37	EARTH	油门深度 1 电源地	GND
38	EARTH	油门深度 2 电源地	GND
41	V_PUMP1_OUT	真空泵继电器 1 控制信号	低有效
46	VP_SENSOR	真空压力传感器信号	0～5V 模拟信号
47	EARTH	油门深度屏蔽地	—
48	DC_GAIN2	油门深度 2 信号	0～5V 模拟信号
49	DC_BRAKE2	刹车深度 2 信号	0～5V 模拟信号
50	DC_BRAKE1	刹车深度 1 信号	0～5V 模拟信号
51	EARTH	刹车深度 2 电源地	GND
52	EARTH	刹车深度 1 电源地	GND
53	EARTH	真空压力传感器地	GND
55	V_PUMP2_OUT	真空泵继电器 2 控制信号	—
60	CURISE_IN	巡航信号	模拟信号
61	EARTH	巡航信号地	GND
62	DC_GAIN1	油门深度 1 信号	0～5V 模拟信号
63	EARTH	刹车深度屏蔽地	—

1.8　e1-S2-元 EV535（2019～　）

1.8.1　高压系统组成

高压系统包含电驱动三合一总成、充配电三合一总成、动力电池、电池管理器、整车控制器、交/直流充电口等部件。高压系统各组成部件位置如图 1-74 所示。高压系统原理框图如图 1-75 所示。

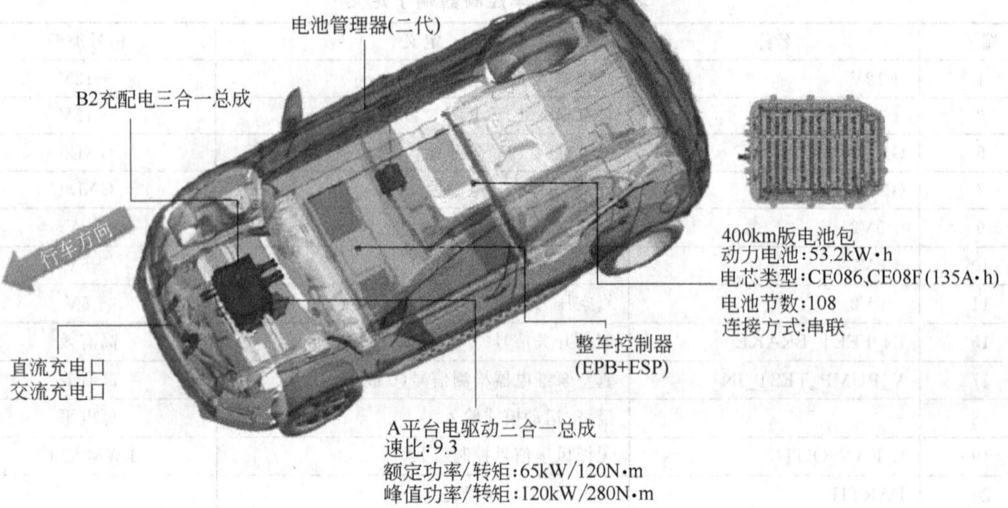

图 1-74　高压系统各组成部件位置

前舱：电驱动三合一总成、充配电三合一总成；乘员舱：动力电池、电池管理器、整车控制器；前格栅：交/直流充电口。

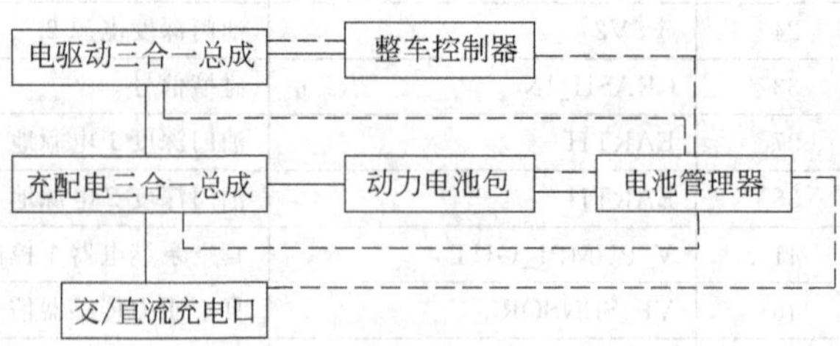

图 1-75　高压系统原理框图

—— 硬线连接　- - - -CAN 通信线

1.8.2　高压充电系统原理与硬件结构

车辆的充电系统包括直流充电系统和交流充电系统。直流充电是利用车辆外的直流充电桩给车辆充电，直流充电桩输出高压直流电给动力电池包充电。车辆的直流充电系统主要组成部分：直流充电口、充配电三合一 、动力电池包、电池管理器。交流充电是通过交流充电桩给车辆充电，电网交流电（民用 220V）通过交流充电桩输出并在 OBC 中（OBC 集成在充配电三合一中）转化为高压直流电给动力电池包充电。车辆上交流充电系统主要组成部分：交/直流充电口、充配电三合一、动力电池包、电池管理器。充电系统原理框图如图 1-76 所示，充配电总成端子如图 1-77 所示，其端子对接说明见表 1-70。

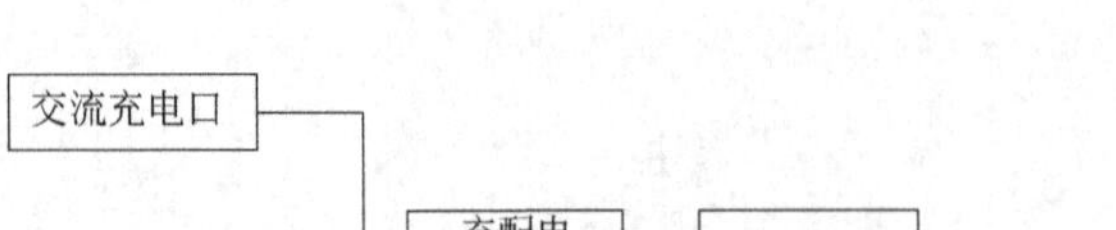

图 1-76　充电系统原理框图

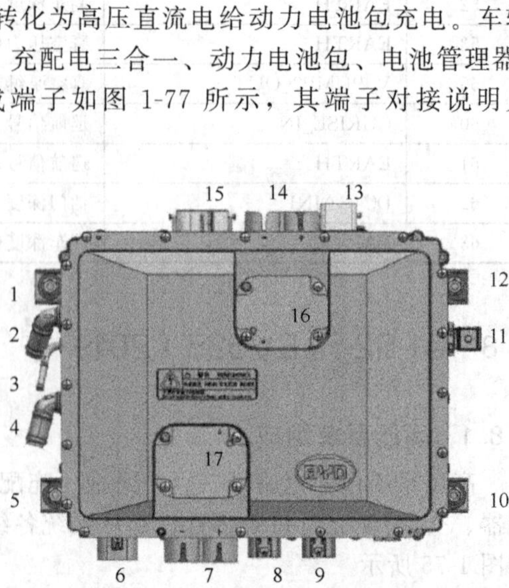

图 1-77　充配电总成端子

表 1-70　充配电系统各端子部位对接说明

序号	定义	对接说明
1	辅助定位(ϕ11)	安装在前舱大支架上
2	出水口	连接冷却水管
3	排气口	连接排气管
4	进水口	连接冷却水管
5	主定位(ϕ9)	安装在前舱大支架上
6	交流充电输入	连接交流充电口
7	直流充电输入	连接直流充电口
8	空调压缩机配电	连接空调压缩机
9	空调 PTC 配电	连接空调 PTC
10	辅助定位(ϕ11)	安装在前舱大支架上
11	低压正极输出	连接蓄电池
12	辅助定位(ϕ11)	安装在前舱大支架上
13	低压信号	连接低压线束
14	电机控制器配电	连接电机控制器
15	高压直流输入/输出	连接电池包
16	电控甩线线鼻子固定维修盖	线鼻子固定点维修盖板
17	直流充电线缆线鼻子固定维修盖	线鼻子固定点维修盖板

1.8.3　充配电三合一低压端子定义

充配电三合一低压端子如图 1-78 所示，其端子定义见表 1-71。

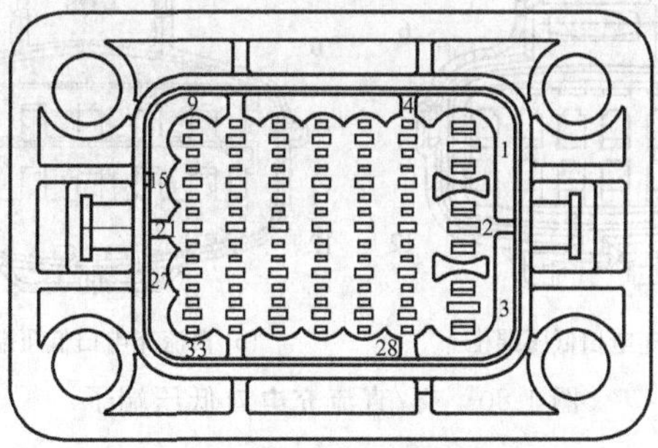

图 1-78　充配电三合一低压端子

表 1-71　充配电三合一低压端子定义

端子	端子名称	端子定义	线束接法
1	OFF-12V-1	常电 1	接 12V 常电
2	OFF-12V-1	常电 2	接 12V 常电
3	GND	常电电源地 1	电源地
4	CC	充电连接确认	接交流充电口低压连接器-2
5	CP	充电控制导引	接交流充电口低压连接器-1
6	CC-BMC	充电连接信号	接 BMC02-20
7	T-CDK	充电口温度检测	接交流充电口低压连接器-7
8	SOURSE-JCQ	直流充电正极/直流充电负极接触器电源	接 BMC01-15
9	CONTROL-JCQ＋	直流充电正极接触器控制信号	接 BMC01-33
10	CONTROL-JCQ－	直流充电负极接触器控制信号	接 BMC01-24
11	SJJC	直流充电接触器烧结检测信号	接 BMC02-7
12	DCHS-IN	直流高压互锁输入	接动力电池包-29
13	DCHS-OUT	直流高压互锁输出	接 BMC02-5
14	DCHS-IN	交流高压互锁输入	接 BMC02-10
15	DCHS-OUT	交流高压互锁输出	接 BMC02-11
16	CAN_H	动力网 CAN 线	—
17	CAN_L	动力网 CAN 线	—
18	GND	直流充电接触器烧结检测信号地	信号地
19	GND	常电电源地 2	电源地
20～33	预留	—	—

1.8.4 交/直流充电接口线束分布与端子定义

交/直流充电接口线束分布如图 1-79 所示，低压端子如图 1-80 所示，其端子定义见表 1-72 和表 1-73。

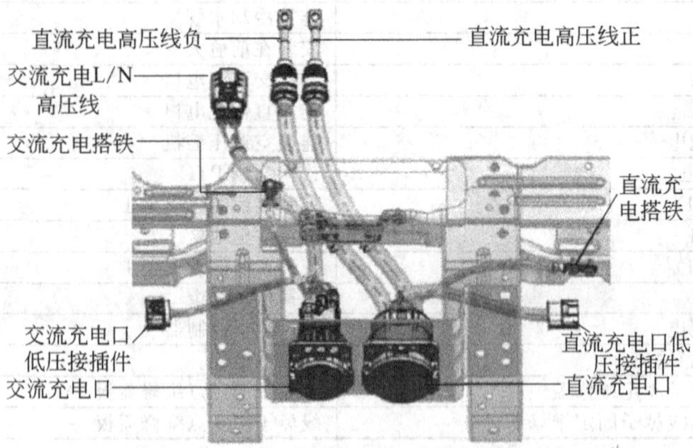

图 1-79 交/直流充电口线束分布

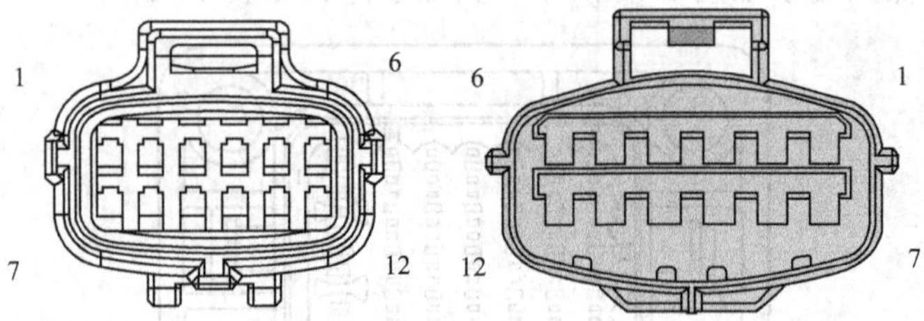

(a) 交流充电口低压端子 (b) 直流充电口低压端子

图 1-80 交/直流充电口低压端子

表 1-72 交流充电口低压端子定义

端子	端子名称	端子定义	线束接法
1	CP	充电控制确认	接充配电三合一 33PIN-5
2	CC	充电连接确认	接充配电三合一 33PIN-4
3	闭锁电源	闭锁电源	BCM D 端子-2
4	开锁电源	开锁电源	BCM D 端子-3
5	闭锁状态检测	闭锁状态检测	接 BCM-14
6	NC	空脚	—
7	温度传感器高	温度传感器高	接充配电三合一 33PIN-7
8	温度传感器低	温度传感器低	车身地
9～12	预留	—	—

表 1-73 直流充电口低压端子定义

端子	端子名称	端子定义	线束接法
1	A−	低压辅助电源负	车身地
2	A+	低压辅助电源正	接 BMC01-6
3	CC2	直流充电感应信号	接 BMC02-15
4	CAN-L	动力网 CAN-L	接 BMC02-25
5	CAN-H	动力网 CAN-H	接 BMC02-24
6	NC	(空脚)	—
7	直流充电口温度 1	直流充电口温度 1	接 BMC02-19

续表

端子	端子名称	端子定义	线束接法
8	直流充电口温度地 1	直流充电口温度地 1	接 BMC02-12
9	直流充电口温度 2	直流充电口温度 2	接 BMC02-13
10	直流充电口温度地 2	直流充电口温度地 2	接 BMC02-6
11	预留	—	—
12	预留	—	—

1.8.5 电动驱动系统组成与端子定义

电动驱动系统根据整车控制器采集到的刹车、油门等信号把动力电池包的电能通过电驱动三合一转化为机械力驱动车辆的行驶。车辆上电驱动系统主要组成部分：整车控制器、动力电池包、电池管理器、充配电三合一、电驱动三合一。其中电驱动三合一由驱动电机、驱动电机控制器以及变速器三者集成。驱动电机主要是将电池包电能转化为机械能输出至变速器，以及将变速器输入的机械能转换为电能回馈给电池包；驱动电机控制器主要控制动力电池与驱动电机之间能量传输；变速器实现对动力电机的减速增扭作用。电驱动系统原理框图如图 1-81 所示。

电驱动三合一低压端子如图 1-82 所示，其端子定义见表 1-74。

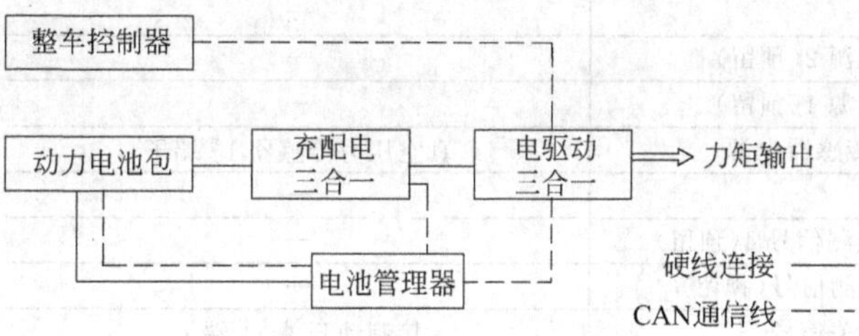

图 1-81　电驱动系统原理框图

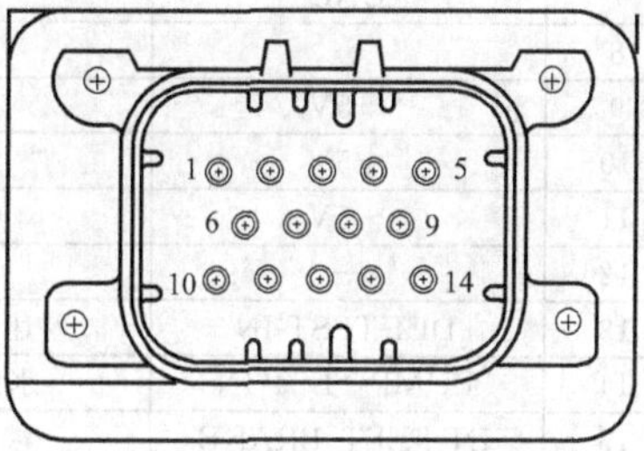

图 1-82　电驱动三合一低压端子

表 1-74　电驱动三合一低压端子定义

端子	端子名称	端子定义	线束接法
1	DND_IN	12V 电源地	12V 电源地
2	—	—	—
3	预留 CAN	CAN_H2	接 SRS 碰撞信号
4	预留 CAN	CAN_L2	预留
5	CRASH_IN	碰撞信号	动力网 CAN_H
6	DND_IN	12V 电源地	12V 电源地
7	—	—	—
8	EARTH_1	碰撞信号地	碰撞信号地
9	CAN_H	CAN 高	预留
10	＋12V	12V 电源正	接 IG3
11	＋12V	12V 电源正	接 IG3
12	—	—	CAN 屏蔽地
13	EARTH	CAN 屏蔽地	—
14	CAN_L	CAN 低	动力网 CAN_L

1.8.6 整车控制器端子定义

整车控制器端子如图 1-83 所示，其端子定义见表 1-75。

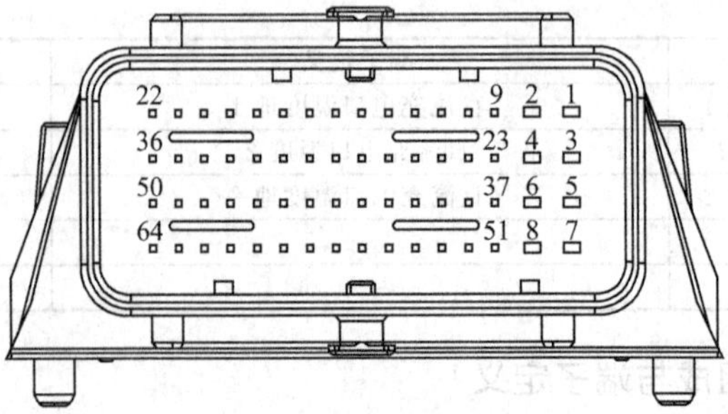

图 1-83 整车控制器端子

表 1-75 整车控制器端子定义

端子	端子名称	端子定义	线束接法
1	+12V	外部输入 12V 电源	IG3
2	—	—	—
3	+12V	外部输入 12V 电源	IG3
4	—	—	—
5	GND	外部输入 12V 电源地	车身地
6	—	—	—
7	GND	外部输入 12V 电源地	车身地
8	—	—	—
9	+5V	刹车深度电源 2(预留)	—
10	+5V	刹车深度电源 1(预留)	—
11	+5V	真空压力传感器电源	真空压力传感器 1# 端子
12	—	—	—
13	DL4-TEST-IN	差速锁继电器检测信号 4(预留)	—
14	PUMP-TEST-IN	水泵继电器检测信号(预留)	—
15	IN_FEET_BRAKE	制动开关信号	接制动开关 3# 端子
16	FB-toggle-in	回馈切换按键(预留)	—
17	V-PUMP-TEST-IN	真空泵继电器检测信号(0 或 12V)	真空泵 1# 端子与真空泵继电器 1、2 交汇处
18	EXT-ECO/SPO	经济/运动模式输入(预留)	—
19	/L-FAN-OUT	低速挡风扇继电器控制信号	接低速风扇继电器控制信号
20	EARTH	动力网 CAN 屏蔽地	接屏蔽地(屏蔽线)
21	CAN_H2	CAN_H 动力网 CAN 信号高	接动力网
22	CAN_L2	CAN_L 动力网 CAN 信号低	接动力网
23	+5V	油门深度电源 1	接油门深度传感器 3# 端子
24	+5V	油门深度电源 2	接油门深度传感器 2# 端子
25	+5V	大气压力传感器电源(预留)	—
26	—	—	—
27	/DL2-OUT	差速锁继电器控制器信号 2(预留)	—
28	/DL3-OUT	差速锁继电器控制器信号 3(预留)	—
29	/DL4-OUT	差速锁继电器控制器信号 4(预留)	—
30	/PUMP-OUT	水泵继电器控制信号(预留)	—
31	ECO/SPO-OUT	经济运动模式输出(预留)	—
32	/H-FAN-OUT	高速挡风扇继电器控制	接高速风扇继电器控制信号
33	CRASH-IN	碰撞信号	接 SRS ECU 10# 端子
34	EARTH	电控网 CAN 屏蔽地(预留)	接屏蔽地(屏蔽线)
35	CAN_H1	电控网 CAN 信号高(预留)	接电控网
36	CAN_L1	电控网 CAN 信号低(预留)	接电控网
37	EARTH	油门深度 1 电源地	接油门深度传感器 5# 端子
38	EARTH	油门深度 2 电源地	接油门深度传感器 6# 端子
39	3M	—	—

续表

端子	端子名称	端子定义	线束接法
40	EARTH	大气压力传感器电源地(预留)	—
41	—	—	—
42	/V-PUMP1-OUT	真空泵继电器 1 控制信号	接真空泵继电器 1 控制信号
43	DL2-TEST-IN	差速锁继电器检测信号 2(预留)	—
44	DL3-TEST-IN	差速锁继电器检测信号 3(预留)	—
45	EARTH	油温传感器信号地(预留)	—
46	MT-Oiltemp-Sensor	油温传感器信号(预留)	—
47	VP-Sensor	真空压力传感器信号	接真空压力传感器 3# 端子
48	EARTH	油门深度屏蔽地	接屏蔽地(屏蔽线)
49	DC_GAIN2	油门深度 2 信号	接油门深度传感器 1# 端子
50	DC_BRAKE2	刹车深度 2 信号(预留)	—
51	DC_BRAKE1	刹车深度 1 信号(预留)	—
52	EARTH	刹车深度 2 电源地(预留)	—
53	EARTH	真空压力传感器地	接真空压力传感器 2# 端子
54	—	—	—
55	/V-PUMP2-OUT	真空泵继电器 2 控制信号	接真空泵继电器 2 控制信号
56	/DL1-OUT	差速锁继电器控制器信号 1(预留)	—
57	DL1-TEST-IN	差速锁继电器 1 检测信号(预留)	—
58	EARTH	水温传感器信号地(预留)	—
59	MT-Watertemp-Sensor	水温传感器信号(预留)	—
60	CURISE_IN	巡航信号	接时钟弹簧 10# 端子
61	EARTH	巡航信号地	接时钟弹簧 11# 端子
62	DC_GAIN1	油门深度 1 信号	接油门深度传感器 4# 端子
63	EARTH	刹车深度屏蔽地(预留)	—
64	AP-Sensor	大气压力传感器信号(预留)	—

第2章

北汽新能源汽车

2.1 EC3（2018~　）

2.1.1 EC3高压系统部件

2018 年款 EC3 高压系统部件分解如图 2-1 所示。

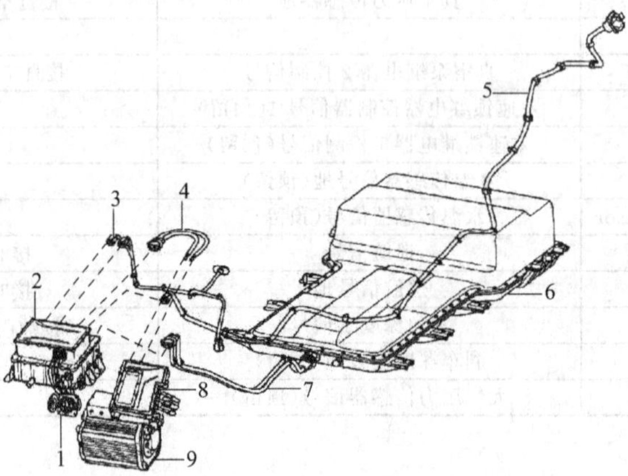

图 2-1　2018 年款 EC3 高压系统部件分解

1—快充线束组件；2—PDU 集成控制器；3—PTC/空调压缩机高压线束；4—电机控制器高压线束；5—慢充线束组件；6—锂离子动力电池；7—电池高压线束；8—驱动电机控制器；9—驱动电机

2.1.2 EC3电子动力单元电路

EC3 电子动力单元（PDU）电路如图 2-2 所示。

2.1.3 EC3电子动力单元端子定义

EC3 电子动力单元（PDU）端子分布如图 2-3 所示，其端子定义见表 2-1。

表 2-1　EC3 电子动力单元端子定义

端子	端子说明	端子	端子说明
1～2	—	14	OBC-使能-VCU
3	蓄电池电源	15	VCU-使能-OBC
4	蓄电池电源	17	使能 DC/DC
5	接地	18	PTC 传感器＋
6	接地	19	PTC 传感器－
7	EVBUS CAN_H	24	快充正极继电器
8	EVBUS CAN_L	25	快充负极继电器
10	接地	26	高低压互锁信号
11	IBUS CAN_H	27	高压互锁＋
12	IBUS CAN_L	28	12C-PTC-RUN
13	慢充 CC 连接确认		

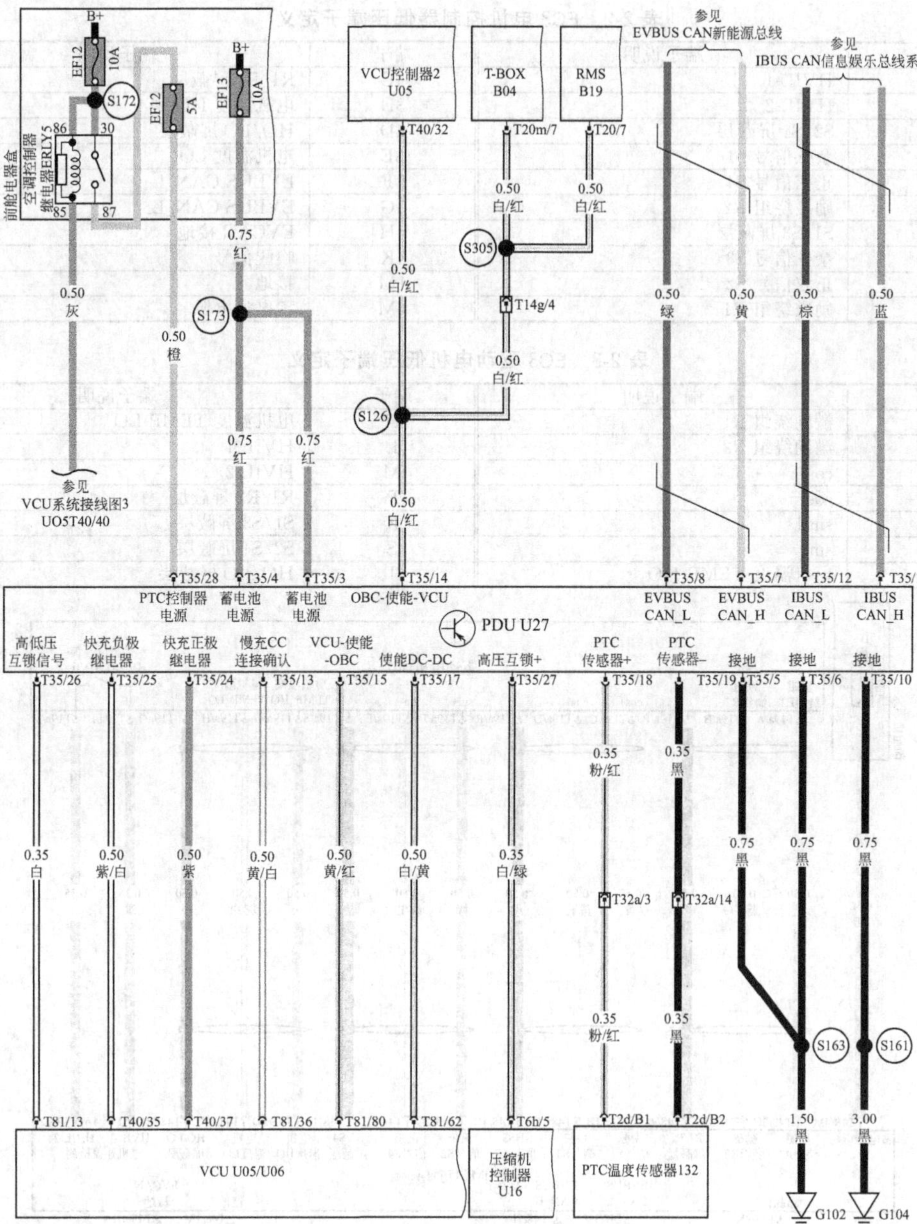

图 2-2 EC3 电子动力单元电路

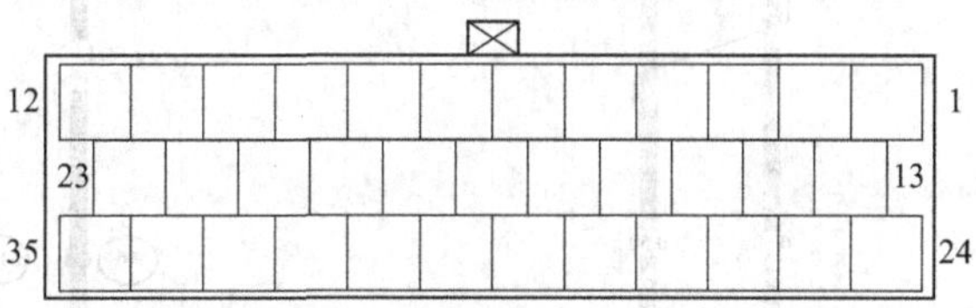

图 2-3 EC3 电子动力单元端子分布

2.1.4 EC3 驱动电机控制单元电路

EC3 驱动电机控制单元电路如图 2-4 所示。

2.1.5 EC3 驱动电机控制单元端子定义

EC3 电机控制器与驱动电机低压端子分布如图 2-5 所示，其端子定义见表 2-2 和表 2-3。

表 2-2　EC3 电机控制器低压端子定义

端子	端子说明	端子	端子说明
1A	HVIL-1	4C	R1/R2 屏蔽层
2A	HVIL-2	3D	电机温度 HO
4A	S2/S4 屏蔽层	4D	HO/LO 屏蔽层
1B	余弦信号 S1	3E	电机温度 LO
2B	正弦信号 S4	1F	EVBUS CAN_L
3B	励磁绕组 R2	1G	EVBUS CAN_L
4B	S1/S3 屏蔽层	4H	EVCAN 接地
1C	余弦信号 S3	4K	唤醒信号
2C	正弦信号 S2	1M	接地
3C	励磁绕组 R1	4M	蓄电池电源

表 2-3　EC3 驱动电机低压端子定义

端子	端子说明	端子	端子说明
A	激励绕组 R1	H	电机温度 TEMP-LO
B	激励绕组 R2	L	HVIL-1
C	cos＋	M	HVIL-2
D	cos－	P	R1/R2 屏蔽层
E	sin＋	R	S1/S3 屏蔽层
F	sin－	S	S2/S4 屏蔽层
G	电机温度 TEMP-HO	T	HO/LO 屏蔽层

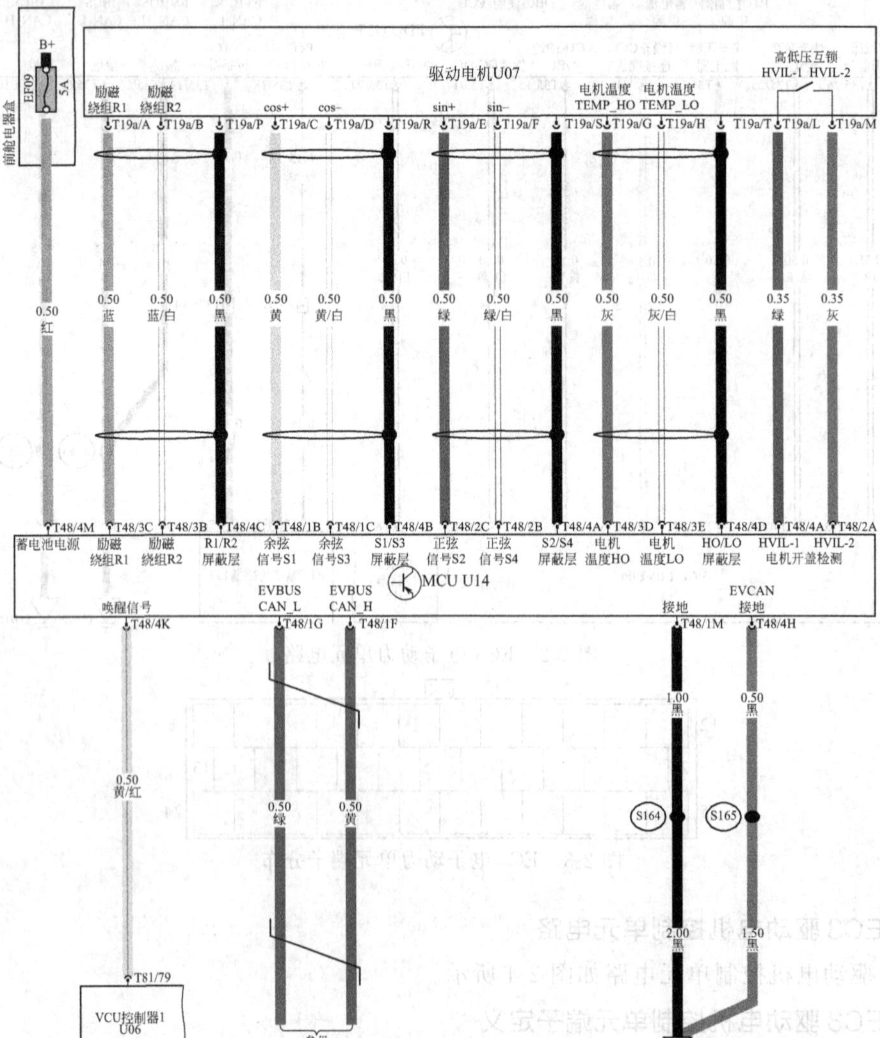

图 2-4　EC3 驱动电机控制单元电路

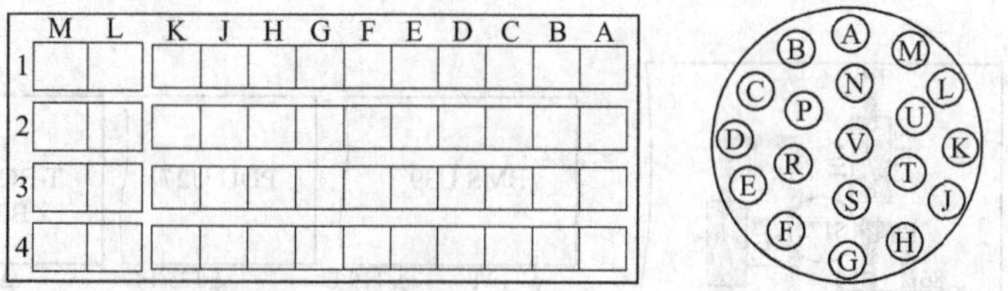

(a) 电机控制器低压端子分布　　(b) 驱动电机低压端子分布

图 2-5　EC3 电机控制器与驱动电机低压端子分布

2.1.6　EC3 整车控制系统电路

EC3 整车控制系统电路如图 2-6 所示。

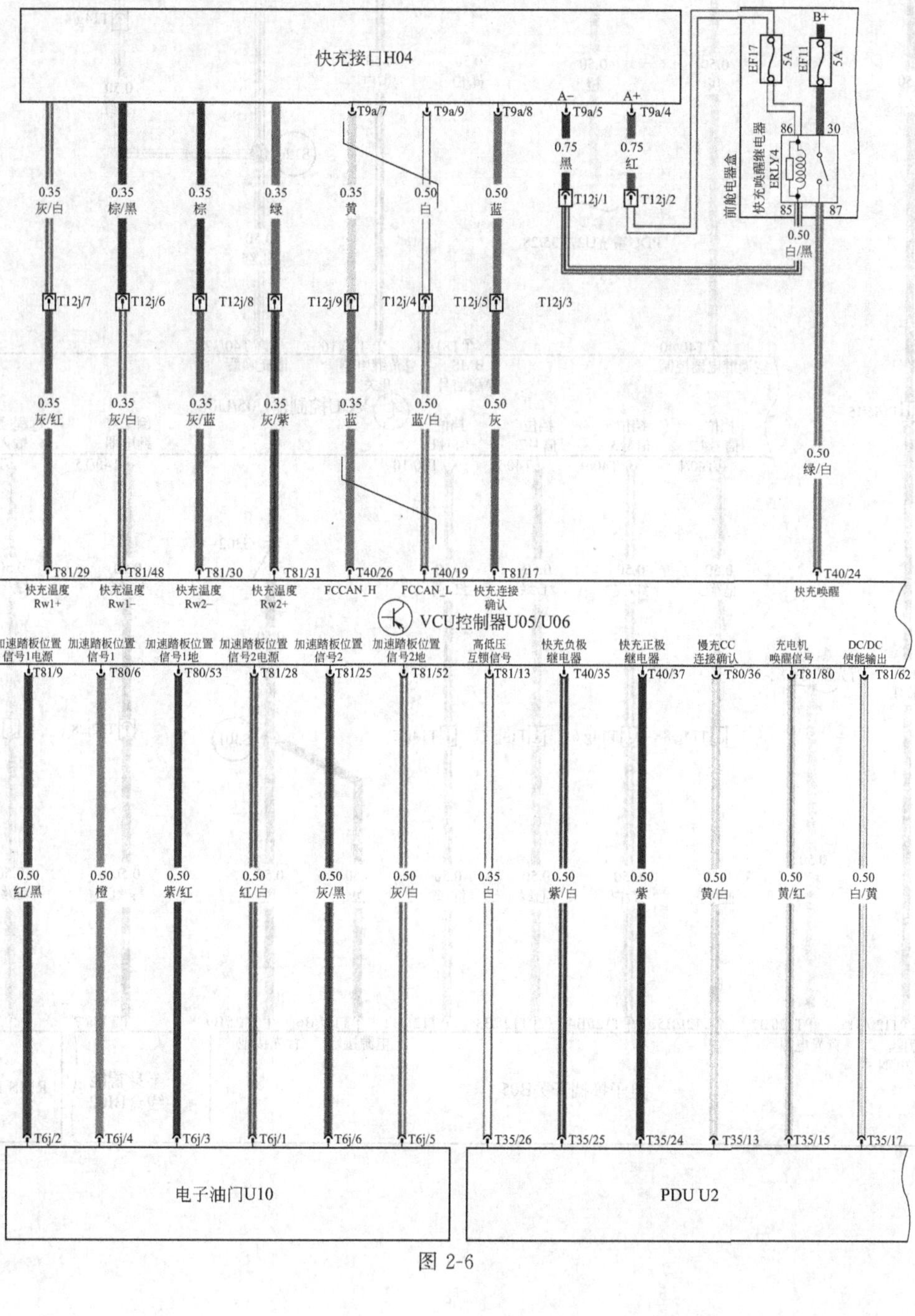

图 2-6

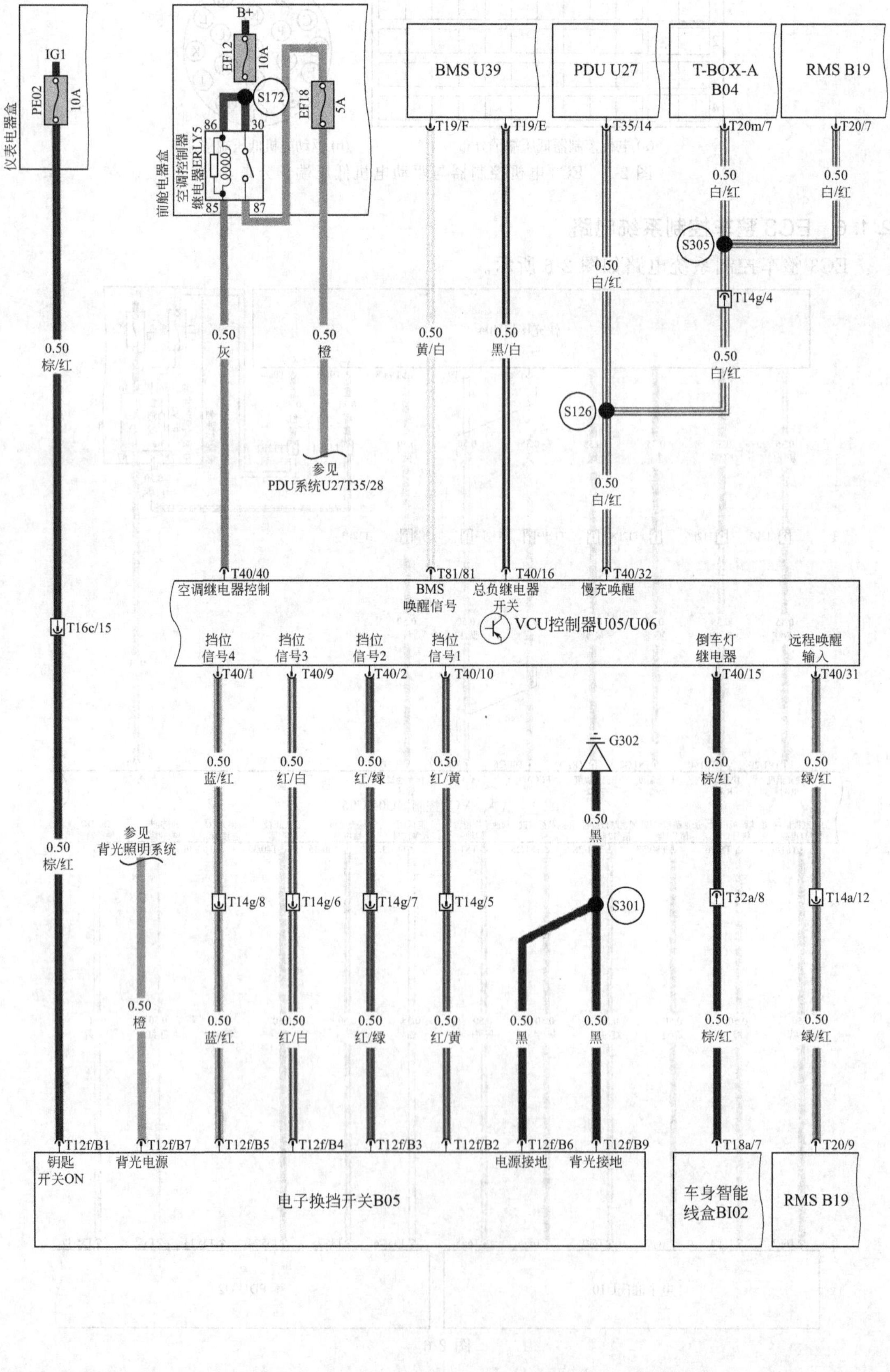
仪表电器盒
IG1
PE02
10A
前舱电器盒
B+
EF12
10A
S172
EF18
5A
空调控制器继电器ERLY5
86
30
85
87
BMS U39
PDU U27
T-BOX-A B04
RMS B19
T19/F
T19/E
T35/14
T20m/7
T20/7
0.50 白/红
0.50 白/红
S305
T14g/4
0.50 白/红
0.50 白/红
S126
0.50 白/红
0.50 棕/红
0.50 灰
0.50 橙
0.50 黄/白
0.50 黑/白
参见 PDU系统U27T35/28
T40/40
T81/81
T40/16
T40/32
空调继电器控制
BMS 唤醒信号
总负继电器开关
慢充唤醒
VCU控制器U05/U06
挡位信号4
挡位信号3
挡位信号2
挡位信号1
倒车灯继电器
远程唤醒输入
T16c/15
T40/1
T40/9
T40/2
T40/10
T40/15
T40/31
G302
0.50 蓝/红
0.50 红/白
0.50 红/绿
0.50 红/黄
0.50 黑
0.50 棕/红
0.50 绿/红
0.50 棕/红
参见 背光照明系统
T14g/8
T14g/6
T14g/7
T14g/5
S301
T32a/8
T14a/12
0.50 橙
0.50 蓝/红
0.50 红/白
0.50 红/绿
0.50 红/黄
0.50 黑
0.50 黑
0.50 棕/红
0.50 绿/红
T12f/B1
T12f/B7
T12f/B5
T12f/B4
T12f/B3
T12f/B2
T12f/B6
T12f/B9
T18a/7
T20/9
钥匙开关ON
背光电源
电源接地
背光接地
电子换挡开关B05
车身智能线盒BI02
RMS B19

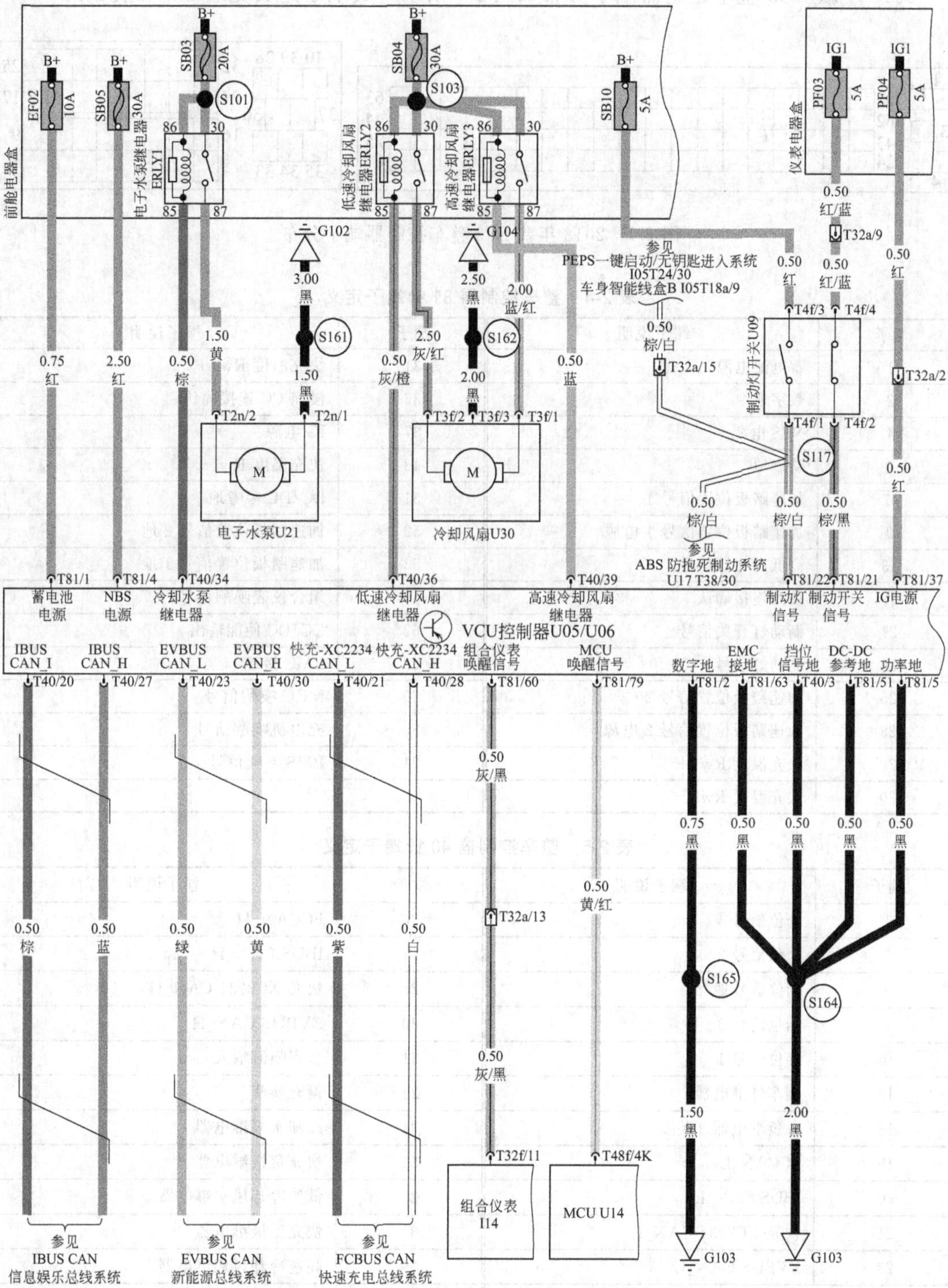

图 2-6　EC3 整车控制系统电路

2.1.7 EC3 整车控制器端子定义

2018 年款 EC3 整车控制器端子分布如图 2-7 所示，其端子定义见表 2-4 和表 2-5。

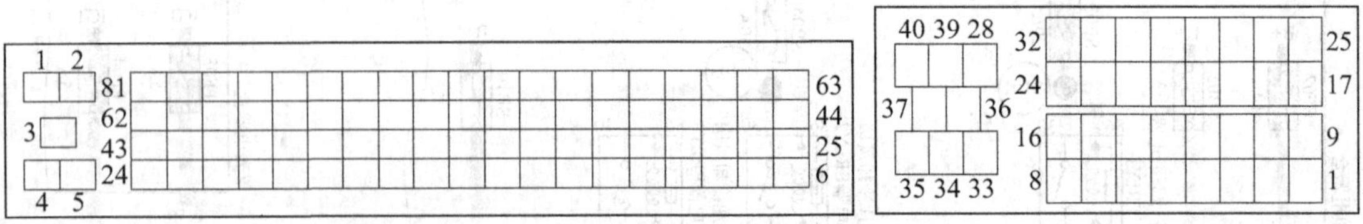

图 2-7 2018 年款 EC3 整车控制器端子分布

表 2-4 整车控制器 81 针端子定义

端子	端子说明	端子	端子说明
1	蓄电池电源	31	快充温度 Rw2＋
2	数字地	36	慢充 CC 连接确认
4	NBS 电源	37	IG 电源
5	功率地	48	快充温度 Rw1－
6	加速踏板位置信号 1	51	DC/DC 参考地
9	加速踏板位置信号 1 电源	52	加速踏板位置信号 2 地
13	高低压互锁信号	53	加速踏板位置信号 1 地
17	快充连接确认	60	组合仪表唤醒信号
21	制动灯开关信号	62	DC/DC 使能输出
22	制动灯信号	63	EMC 接地
25	加速踏板位置信号 2	79	MCU 唤醒信号
28	加速踏板位置信号 2 电源	80	充电机唤醒信号
29	快充温度 Rw1＋	81	BMS 唤醒信号
30	快充温度 Rw2－		

表 2-5 整车控制器 40 针端子定义

端子	端子说明	端子	端子说明
1	挡位信号 4	26	FCCAN_H
2	挡位信号 2	27	IBUS CAN_H
3	挡位信号地	28	快充-XC2234 CAN_H
9	挡位信号 3	30	EVBUS CAN_H
10	挡位信号 1	31	远程唤醒输入
15	倒车灯继电器	32	慢充唤醒
16	总负继电器开关	34	冷却水泵继电器
19	FCCAN_L	35	快充负极继电器
20	IBUS CAN_L	36	低速冷却风扇继电器
21	快充-XC2234 CAN_L	37	快充正极继电器
23	EVBUS CAN_L	39	高速冷却风扇继电器
24	快充唤醒		

2.1.8 EC3 整车控制器安装位置

2018 年款 EC3 整车控制器位置如图 2-8 所示。

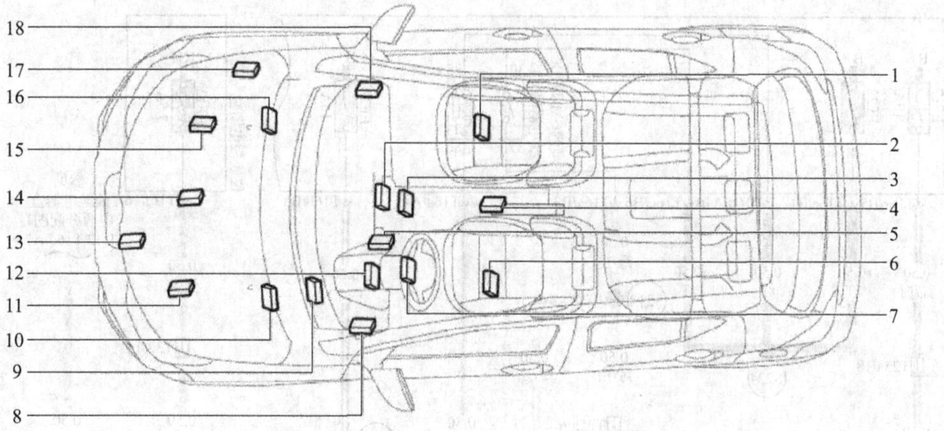

图 2-8　2018 年款 EC3 整车控制器位置

1—T-BOX；2—空调控制器；3—安全气囊控制器；4—动力电池管理系统；5—电子助力转向控制器；6—网关；7—电子转向柱锁；8—智能电器盒；9—无钥匙启动系统控制器；10—电控助力器及制动主缸控制器；11—电动压缩机控制器；12—组合仪表；13—低速行人预警控制器；14—驱动电机控制器；15—PDU 集成控制器；16—整车控制器；17—ABS 控制器；18—中控信息娱乐控制器

2.2　EU5（2018～　）

2.2.1　EU5 高压线束分布

2018 年款 EU5 整车高压线束分布如图 2-9 所示。

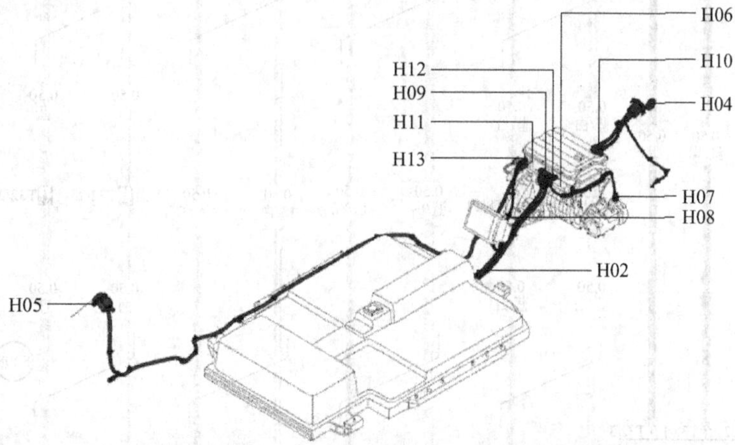

图 2-9　2018 年款 EU5 整车高压线束分布

H02—动力电池；H04—快充接口；H05—慢充接口；H06—电机；H07—EAS；H08—PTC；H09—PEU-动力电池对接插头；H10—PEU-快充接口对接插头；H11—PEU-慢充接口对接插头；H12—PEU-EAS 对接插头；H13—PEU-PTC 对接插头

2.2.2　EU5 电池管理与充电控制系统电路

EU5 电池管理与充电控制系统电路如图 2-10 所示。

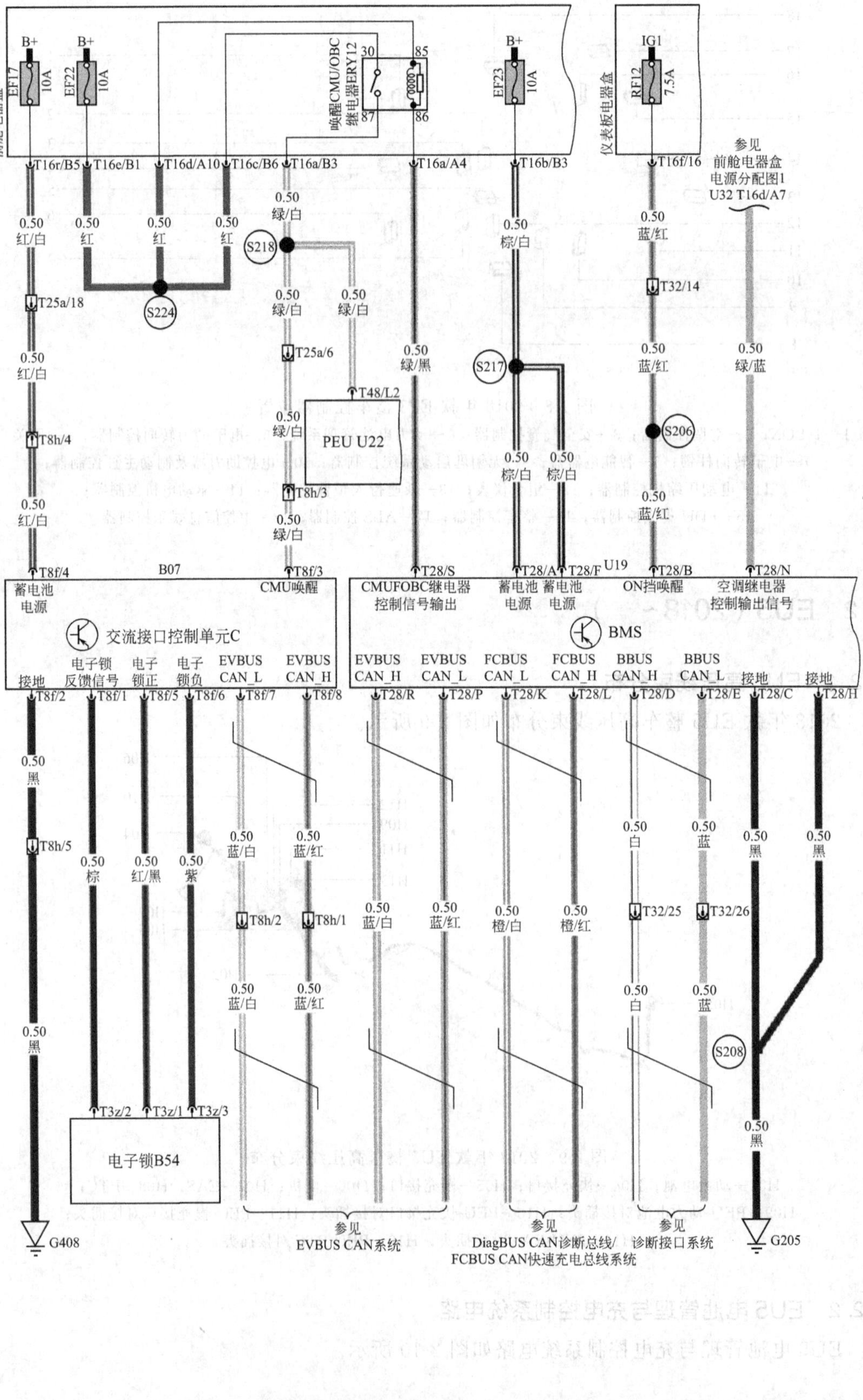
前舱电器盒
B+
EF17 10A
B+
EF22 10A
唤醒CMU/OBC继电器ERY12
30
85
87
86
B+
EF23 10A
仪表板电器盒
IG1
RF12 7.5A
T16r/B5
T16e/B1
T16d/A10
T16c/B6
T16a/B3
T16a/A4
T16b/B3
T16f/16
参见
前舱电器盒
电源分配图1
U32 T16d/A7
0.50 红/白
0.50 红
0.50 红
0.50 红
0.50 绿/白
S218
S224
T25a/18
0.50 绿/白
0.50 绿/白
T25a/6
0.50 绿/黑
0.50 棕/白
0.50 蓝/红
T32/14
0.50 蓝/红
0.50 绿/蓝
S217
T48/L2
PEU U22
S206
T8h/4
0.50 棕/白
0.50 棕/白
T8h/3
0.50 红/白
0.50 绿/白
0.50 蓝/红
T8f/4
T8f/3
B07
T28/S
T28/A
T28/F
U19
T28/B
T28/N
蓄电池电源
CMU唤醒
CMUFOBC继电器控制信号输出
蓄电池电源
蓄电池电源
ON挡唤醒
空调继电器控制输出信号
交流接口控制单元C
BMS
接地
电子锁反馈信号
电子锁正
电子锁负
EVBUS CAN_L
EVBUS CAN_H
EVBUS CAN_H
EVBUS CAN_L
FCBUS CAN_L
FCBUS CAN_H
BBUS CAN_H
BBUS CAN_L
接地
接地
T8f/2
T8f/1
T8f/5
T8f/6
T8f/7
T8f/8
T28/R
T28/P
T28/K
T28/L
T28/D
T28/E
T28/C
T28/H
0.50 黑
T8h/5
0.50 棕
0.50 红/黑
0.50 紫
0.50 蓝/白
0.50 蓝/红
0.50 白
0.50 蓝
0.50 黑
0.50 黑
T8h/2
T8h/1
0.50 蓝/白
0.50 蓝/红
0.50 橙/白
0.50 橙/红
T32/25
T32/26
0.50 黑
0.50 蓝/白
0.50 蓝/红
0.50 白
0.50 蓝
S208
T3z/2
T3z/1
T3z/3
电子锁B54
0.50 黑
G408
参见 EVBUS CAN系统
参见 DiagBUS CAN诊断总线/FCBUS CAN快速充电总线系统
参见 诊断接口系统
G205

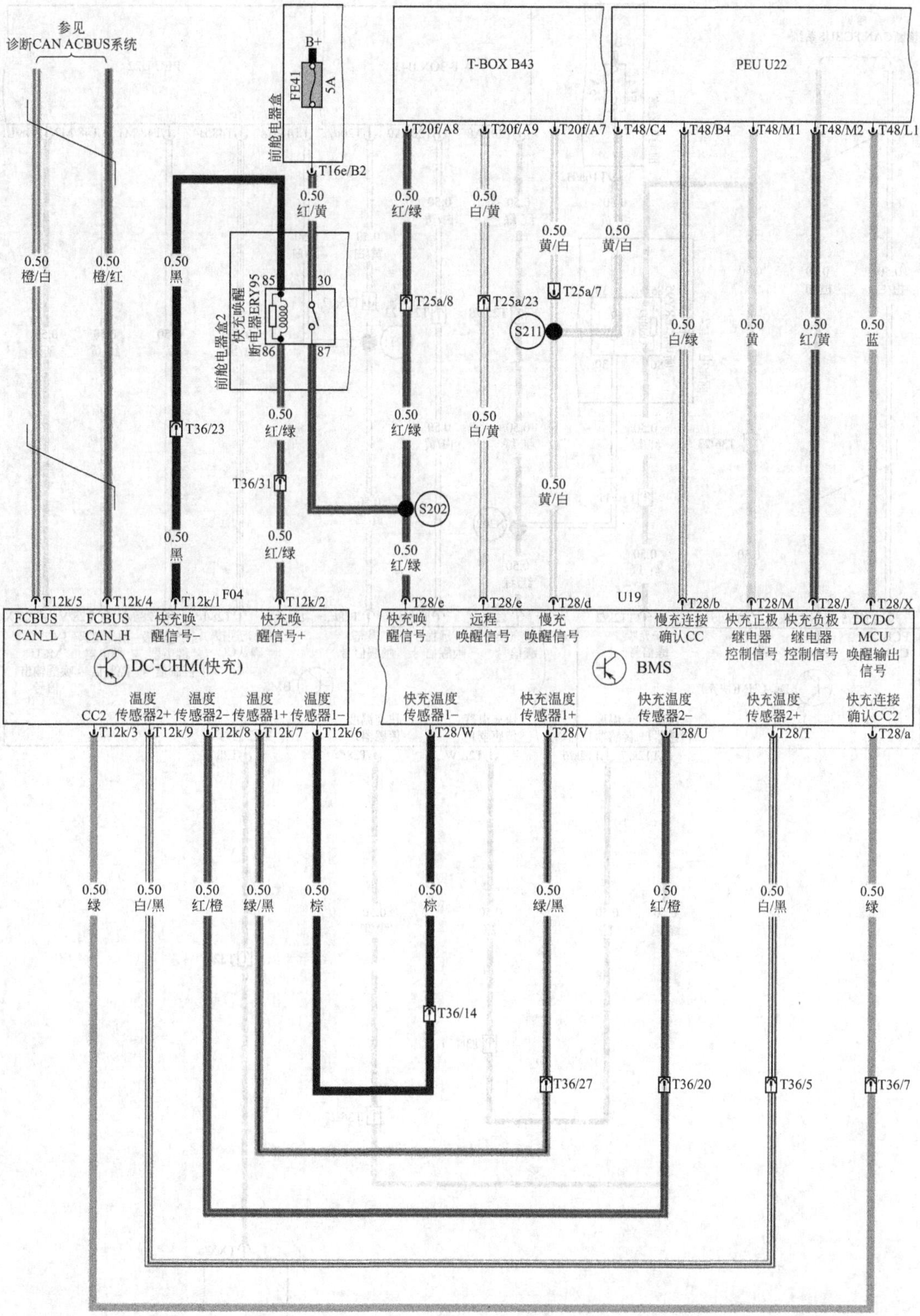

参见
诊断CAN ACBUS系统
前舱电器盒
B+
FE41
5A
T16e/B2
T-BOX B43
PEU U22
T20f/A8
T20f/A9
T20f/A7
T48/C4
T48/B4
T48/M1
T48/M2
T48/L1
前舱电器盒2
快充唤醒
断电器ERY95
85
86
30
87
S211
S202
T25a/8
T25a/23
T25a/7
T36/23
T36/31
T36/14
T36/27
T36/20
T36/5
T36/7
F04
U19
T12k/5
T12k/4
T12k/1
T12k/2
T28/e
T28/d
T28/b
T28/M
T28/J
T28/X
FCBUS CAN_L
FCBUS CAN_H
快充唤醒信号-
快充唤醒信号+
DC-CHM(快充)
快充唤醒信号
远程唤醒信号
慢充唤醒信号
慢充连接确认CC
快充正极继电器控制信号
快充负极继电器控制信号
DC/DC MCU 唤醒输出信号
BMS
CC2
温度传感器2+
温度传感器2-
温度传感器1+
温度传感器1-
快充温度传感器1-
快充温度传感器1+
快充温度传感器2-
快充温度传感器2+
快充连接确认CC2
T12k/3
T12k/9
T12k/8
T12k/7
T12k/6
T28/W
T28/V
T28/U
T28/T
T28/a
0.50 橙/白
0.50 橙/红
0.50 黑
0.50 红/黄
0.50 红/绿
0.50 白/黄
0.50 黄/白
0.50 白/绿
0.50 黄
0.50 红/黄
0.50 蓝
0.50 绿
0.50 白/黑
0.50 红/橙
0.50 绿/黑
0.50 棕

图 2-10

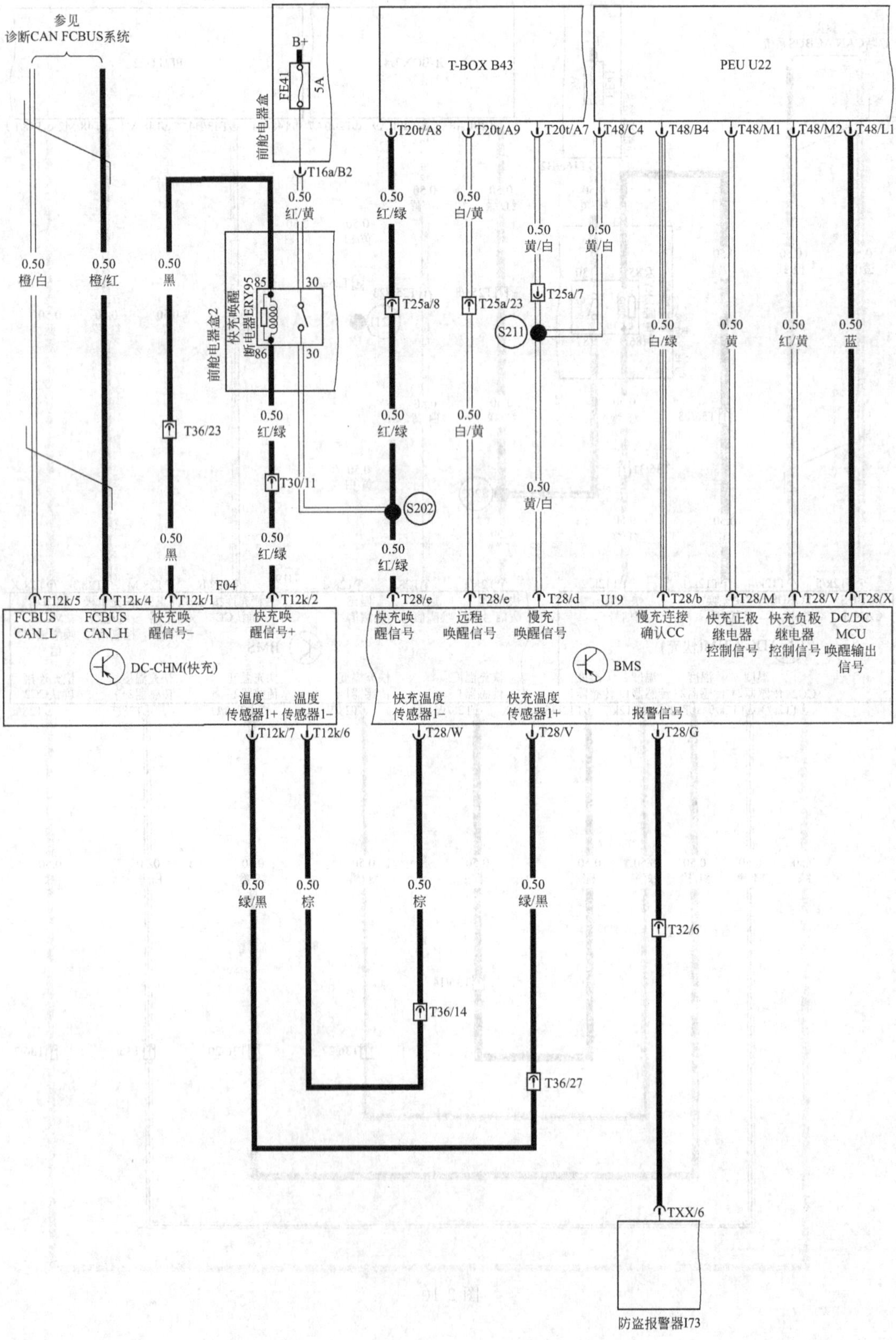

图 2-10　EU5 电池管理与充电控制系统电路

2.2.3 EU5电池管理系统端子定义

EU5 电池管理系统端子定义分布如图 2-11 所示，其端子定义见表 2-6。

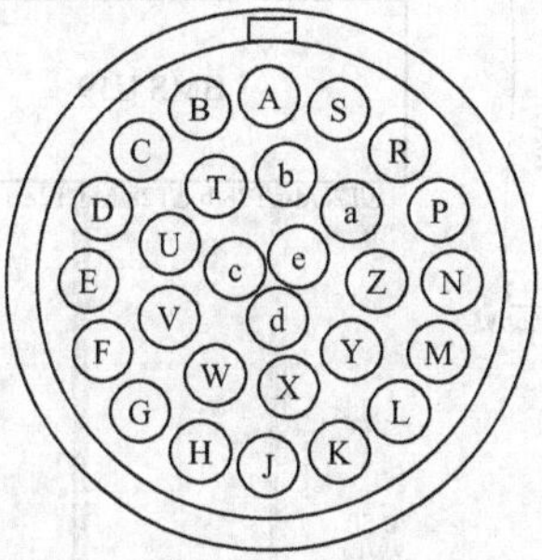

图 2-11 EU5 电池管理系统端子定义分布

表 2-6 EU5 电池管理系统端子定义

端子	端子说明	端子	端子说明
A	蓄电池电源	P	EVBUS CAN_L
B	ON 挡唤醒	R	EVBUS CAN_H
C	接地	S	CMU/OBC 继电器控制信号输出
D	BBUS CAN_H	T	快充温度传感器 2＋
E	BBUS CAN_L	U	快充温度传感器 2－
F	蓄电池电源	V	快充温度传感器 1＋
G	报警信号	W	快充温度传感器 1－
H	接地	X	DC/DC MCU 唤醒输出信号
J	快充负极继电器控制信号	a	快充连接确认 CC2
K	FCBUS CAN_L	b	慢充连接确认 CC
L	FCBUS CAN_H	c	快充唤醒信号
M	快充正极继电器控制信号	d	慢充唤醒信号
N	空调继电器控制输出信号	e	远程唤醒信号

2.2.4 EU5电机控制系统电路图

EU5 电机控制系统电路如图 2-12 所示。

2.2.5 EU5电机控制器端子定义

EU5 电机控制器端子分布如图 2-13 所示，其端子定义见表 2-7。

表 2-7 EU5 电机控制器端子定义

端子	端子说明	端子	端子说明
A1	制动信号	G1	加速踏板位置信号 1 地
A4	V2L 开关指示灯	G2	加速踏板位置信号 1
B1	巡航开关信号	H1	EVBUS CAN_H
B2	BRAKE SW(制动开关)信号	H2	EVBUS CAN_L
B3	对外供电开关	J1	CBUS CAN_H
B4	CC-OUT 信号	J2	CBUS CAN_L
C1	加速踏板电源信号 2	L1	DC/DC MCU 唤醒输入信号
C2	巡航开关地	L2	OBC 唤醒信号
C3	交流充电连接 CP 信号	L3	蓄电池电源
C4	慢充唤醒信号	L4	接地
D1	加速踏板位置信号 2 地	M1	快充正极继电器控制信号
D2	加速踏板位置信号 2	M2	快充负极继电器控制信号
D3	交流充电连接 CC	M3	蓄电池电源
F1	加速踏板电源信号 1	M4	接地

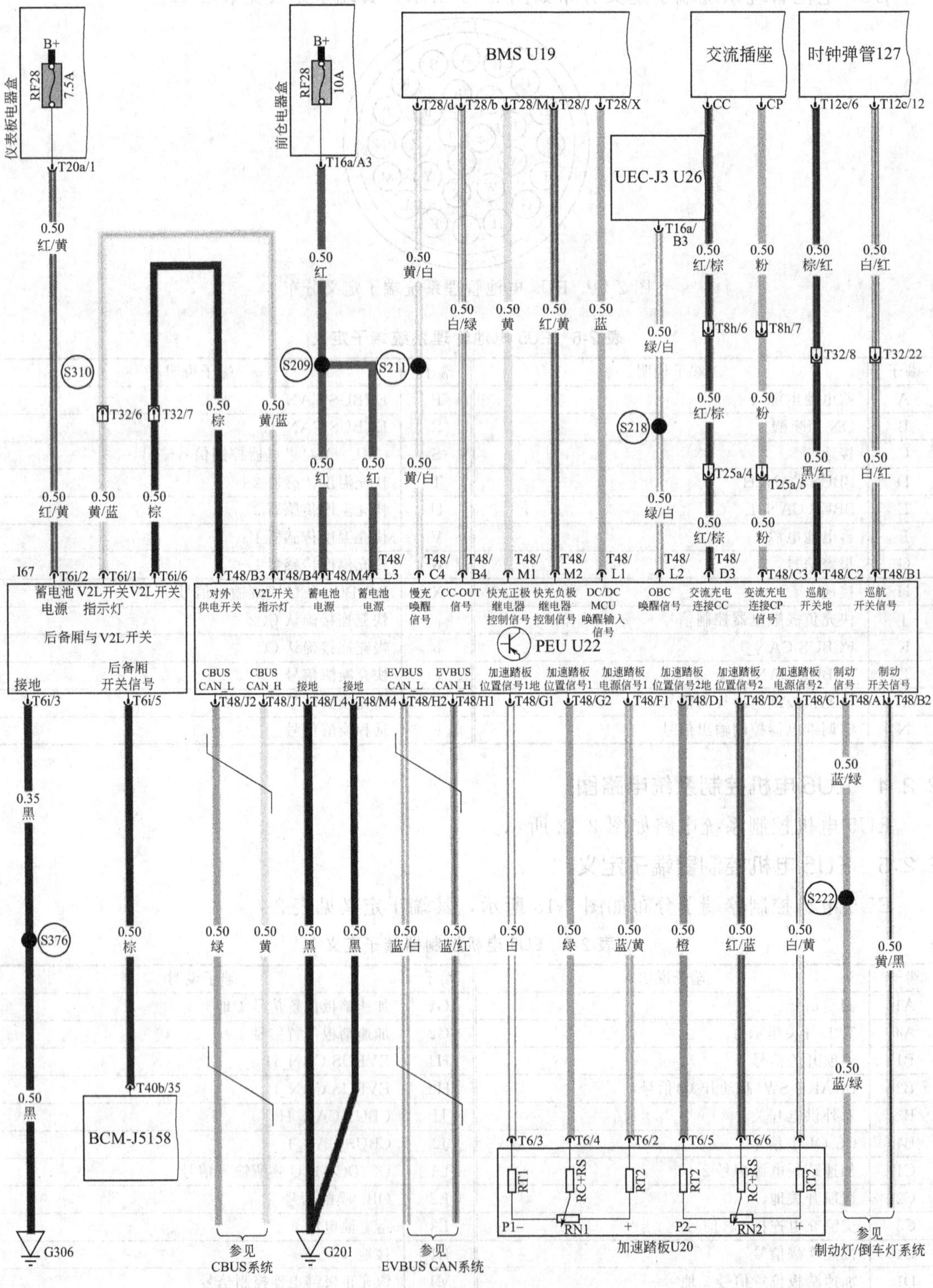

图 2-12 EU5 电机控制系统电路

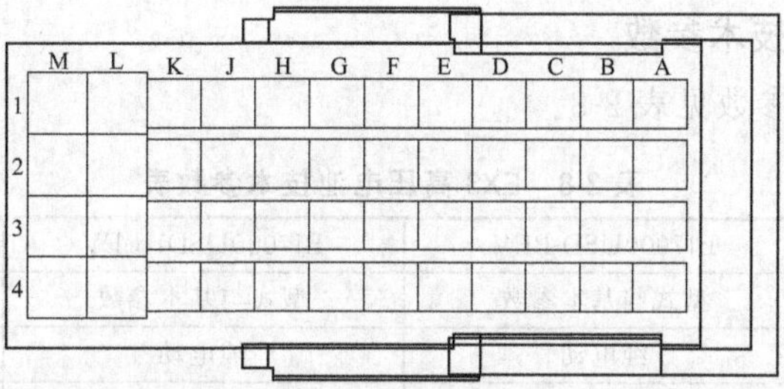

图 2-13　EU5 电机控制器端子分布

2.2.6　EU5 整车控制器安装位置

2018 年款起 EU5 整车控制器位置如图 2-14 所示。

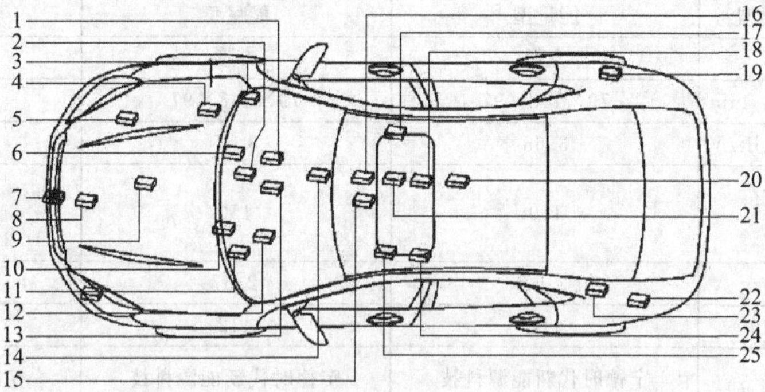

图 2-14　2018 年款起 EU5 整车控制器位置

1—空调控制器；2—网关；3—车身控制器；4—ABS 控制器；5—空调压缩机控制器；6—电加热控制器；7—快充口；8—水泵控制器；9—高压驱动集成单元；10—组合仪表；11—电子助力转向控制器；12—电子转向柱锁控制器；13—中控信息娱乐控制器；14—行车记录仪；15—动力电池管理系统；16—胎压监测控制器；17—智能远程控制终端；18—安全气囊控制器；19—无钥匙进入及启动控制器；20—电子驻车制动器；21—P 挡控制器；22—充电管理控制器（慢充）；23—后泊车雷达控制器；24—全景影像系统控制器；25—座椅加热控制器

2.3　EX3（2019～　）

2.3.1　EX3 整车高压线束分布

EX3 整车高压线束分布如图 2-15 所示。

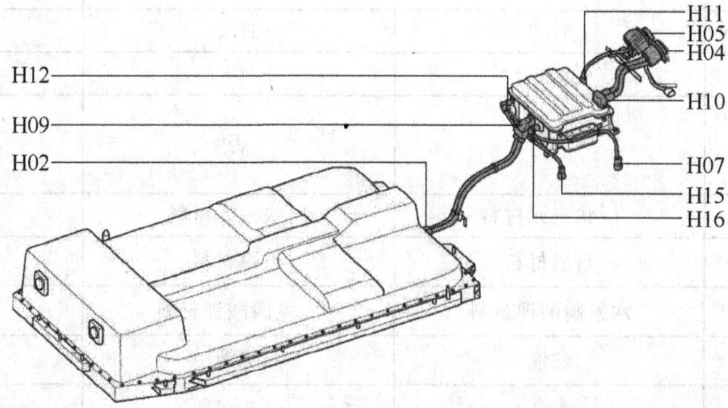

图 2-15　EX3 整车高压线束分布

H02—动力电池；H04—快充接口；H05—慢充接口；H07—EAS；H09—PEU-动力电池对接插头；H10—PEU-快充对接插头；H11—PEU-慢充对接插头；H12—PEU-EAS 对接插头；H15—WTC；H16—PEU-WTC 对接插头

2.3.2 EX3 高压电池技术参数

EX3 高压电池技术参数见表 2-8。

表 2-8 EX3 高压电池技术参数表

整车型号	BJ7000USD-BEV	BJ7000USD1-BEV	BJ7000USD2-BEV
项目名称	型式与基本参数	型式与基本参数	型式与基本参数
燃料种类	纯电动	纯电动	纯电动
新能源车辆类型	纯电动轿车	纯电动轿车	纯电动轿车
电动汽车储能装置种类	三元锂离子电池	三元锂离子电池	三元锂离子电池
储能装置单体型号	ELE897	ELE897	ELE897
电动汽车储能装置类型	能量型	能量型	能量型
储能装置单体外形	方形	方形	方形
储能装置单体外形尺寸/mm	79×148×97	79×148×97	79×148×97
储能装置单体的标称电压/V	3.65	3.65	3.65
动力蓄电池单体 1h 额定容量/A·h	150	150	150
储能装置单体质量/kg	2.67	2.67	2.67
储能装置单体数量/个	112	112	96
储能装置单体生产企业	宁德时代新能源科技股份有限公司	宁德时代新能源科技股份有限公司	宁德时代新能源科技股份有限公司
储能装置总成生产企业	北京普莱德新能源电池科技有限公司	常州普莱德新能源电池科技有限公司	常州普莱德新能源电池科技有限公司
储能装置组合方式	1 箱，总共 1 并 112 串	1 箱，总共 1 并 112 串	1 箱，总共 1 并 96 串
成箱后的储能装置型号	PNCM-327-150-409	PNCM-428-150-409	PNCM-432-150-350
储能装置总成标称电压/V	409	408.8	350.4
储能装置总成额定输出电流/A	150	150	150
动力蓄电池总成标称容量/A·h	150	150	150
储能装置总储电量/kW·h	61.3	61.3	52.5
储能装置总成质量/kg	428	393	377
动力蓄电池箱是否具有快换装置	否	否	否
储能装置正极材料	层状三元材料	层状三元材料	层状三元材料
储能装置负极材料	石墨材料	石墨材料	石墨材料
储能装置电解质成分	六氟磷酸锂材料	六氟磷酸锂材料	六氟磷酸锂材料
储能装置电解质形态	贫液	贫液	贫液
质量比能量/(W·h/kg)	143	160.78	144.55
单体动力蓄电池最高允许充电电压/V	4.3	4.3	4.3

续表

整车型号	BJ7000USD-BEV	BJ7000USD1-BEV	BJ7000USD2-BEV
项目名称	型式与基本参数	型式与基本参数	型式与基本参数
最高允许充电电流/A	180	180	180
最高允许充电总电压/V	479	481.6	412.8
最高允许动力电池温度/℃	55	55	55
动力蓄电池单体比能量/(W·h/kg)	205	205	205
车载能源管理系统型号(包含软件和硬件)	BMS-C35-S008/H001	BMS-C35-S008/H001	BMS-C35-S008/H001

2.3.3 BMS低压端子定义

BMS（电池管理系统）低压端子如图 2-16 所示，其端子定义见表 2-9。

图 2-16 BMS（电池管理系统）低压端子

表 2-9 BMS（电池管理系统）端子定义

端子	端子定义	端子	端子定义
A	BMS供电正	R	EVBUS CAN_H
B	ON挡唤醒	S	CMU/OBC继电器控制信号
C	BMS供电负	T	快充温度传感器信号2＋
D	BBUS CAN_H	U	快充温度传感器信号2－
E	BBUS CAN_L	V	快充温度传感器信号1＋
F	BMS电源正	W	快充温度传感器信号1－
H	BMS电源负	X	MCU唤醒输出信号
J	快充负极继电器信号	a	快充连接确认CC2
K	FCBUS CAN_L	b	慢充连接确认CC
L	FCBUS CAN_H	c	快充唤醒信号
M	快充正极继电器信号	d	慢充唤醒信号
N	空调系统继电器控制信号	e	远程唤醒信号
P	EVBUS CAN_L		

2.3.4 BMS与充电控制电路

BMS与充电控制电路如图 2-17 所示。

2.3.5 BMS故障码

BMS故障码如表 2-10 所示。

2.3.6 PEU技术参数

PEU技术参数见表 2-11。

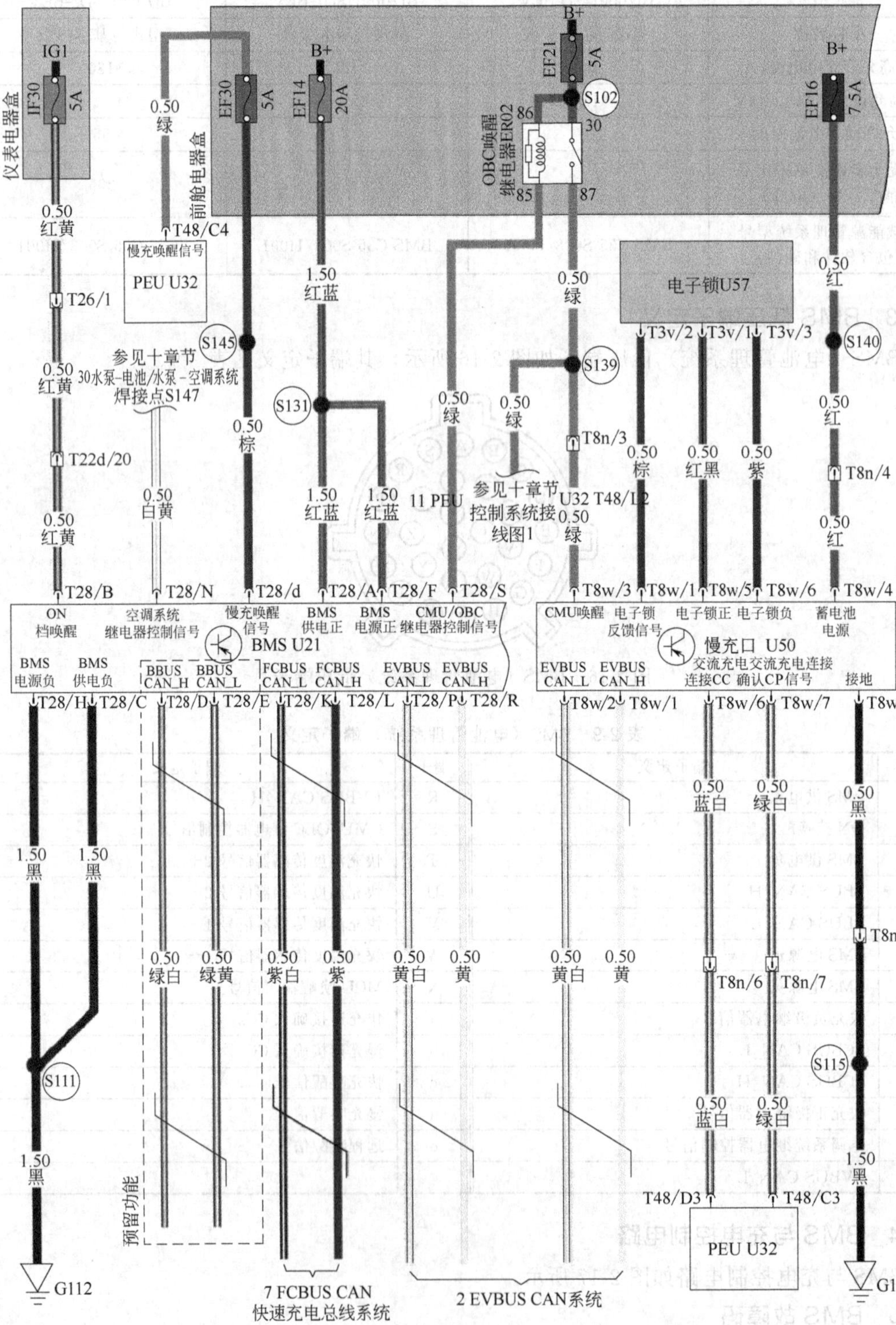

仪表电器盒
IG1
IF30 5A
前舱电器盒
EF30 5A
EF14 20A
B+
EF21 5A
OBC唤醒继电器ER02
86 30 85 87
S102
EF16 7.5A
0.50 红黄
T26/1
T22d/20
T48/C4
慢充唤醒信号
PEU U32
0.50 绿
S145
参见十章节
30水泵-电池/水泵-空调系统
焊接点S147
0.50 白黄
0.50 棕
1.50 红蓝
S131
0.50 绿
S139
T8n/3
参见十章节
控制系统接线图1
11 PEU
U32 T48/L2
电子锁U57
T3v/2 T3v/1 T3v/3
0.50 棕
0.50 红黑
0.50 紫
S140
0.50 红
T8n/4
T28/B T28/N T28/d T28/A T28/F T28/S
ON 档唤醒
空调系统 继电器控制信号
慢充唤醒 信号
BMS 供电正
BMS 电源正
CMU/OBC 继电器控制信号
BMS U21
BMS 电源负
BMS 供电负
BBUS CAN_H
BBUS CAN_L
FCBUS CAN_L
FCBUS CAN_H
EVBUS CAN_L
EVBUS CAN_H
T28/H T28/C T28/D T28/E T28/K T28/L T28/P T28/R
T8w/3 T8w/1 T8w/5 T8w/6 T8w/4
CMU唤醒
电子锁 反馈信号
电子锁正
电子锁负
蓄电池 电源
慢充口 U50
EVBUS CAN_L
EVBUS CAN_H
交流充电 连接CC
交流充电连接 确认CP信号
接地
T8w/2 T8w/1 T8w/6 T8w/7 T8w/5
1.50 黑
S111
G112
0.50 绿白
0.50 绿黄
预留功能
0.50 紫白
0.50 紫
0.50 黄白
0.50 黄
7 FCBUS CAN
快速充电总线系统
2 EVBUS CAN系统
0.50 蓝白
0.50 绿白
T8n/6 T8n/7
T48/D3 T48/C3
PEU U32
0.50 黑
T8n/5
S115
G109

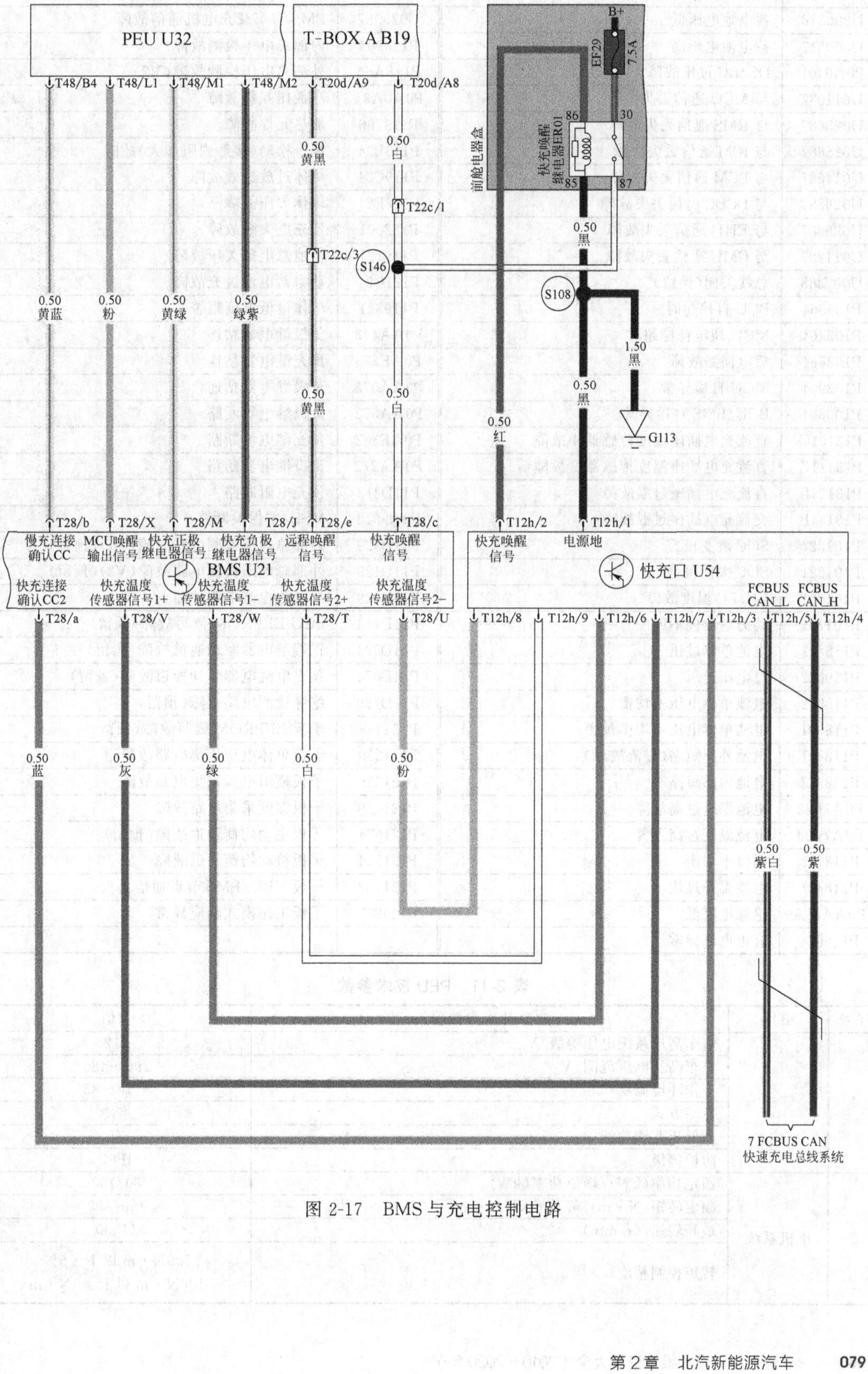

图 2-17　BMS与充电控制电路

表 2-10 BMS 故障码

故障码	定义	故障码	定义
P0A9409	DC/DC 故障	U025482	电池系统内部通信故障
U300316	蓄电池电压低	U025387	BMS 与车载充电机通信故障
U300317	蓄电池电压高	P118964	内部总电压检测故障
P0A9401	DC/DC 过压故障	P118A64	外部总电压检测故障(V2)
U011087	与 MCU 通信丢失	P0A0A94	高低压互锁故障
U025687	与 RMS 通信丢失故障	P119796	加热元件故障
U025887	与 ICM 通信丢失故障	P119B94	铜排松动(接触内阻加大)故障
U014087	与 BCM 通信丢失故障	P119C21	单体过放失效故障
U029887	与 DCDC 通信丢失故障	P118E21	单体欠压故障
U026087	与 EHU 通信丢失故障	P122001	预充电失败故障
U011287	与 CMU 通信丢失故障	P119121	电池总电压欠压故障
U007388	总线关闭(预留)	P121C01	动力蓄电池过充故障
P103364	BCU 自检超时	P119321	单体最低温度报警
P103464	MCU 高压自检超时	P0AA473	负极继电器粘连
P103564	放电回路故障	P0AE273	预充继电器粘连
P103904	MCU 自检异常	P0AA073	正极继电器粘连
P103804	BCU/BMS 自检异常	P0AA572	负极继电器断路
P13101C	直流充电插座温度传感器 1 故障	P0AE372	预充继电器断路
P13111C	直流充电插座温度传感器 2 故障	P0AA272	正极继电器断路
P13124B	直流充电插座过温故障	P11D213	预充电阻断路
P13154B	交流充电插座过温故障	P0A9513	MSD/主保险断路
P101327	SOC 跳变报警	P11D329	内部总电压检测电路故障(V1)(预留)
P101221	SOC 太低报警	P11D429	外部总电压检测电路故障(V2)(预留)
P101001	DC/DC 温度故障	P11D829	总电流检测电路故障
P101101	动力电池包不匹配	P11D144	BCU-EEPROM 读写故障(预留)
P118822	电池单体过压	P11D574	正端继电器驱动通道故障(预留)
P119022	总电压过压	P11D674	预充电继电器驱动通道故障(预留)
P118522	电池单体电压不均衡	P11D729	绝缘检测电路故障(预留)
P118501	电池单体电压不均衡预警	P121144	子板 EEPROM 读写故障(预留)
P118111	电池外部短路(过流故障)	P121229	子板单体电压采集电路故障
P118312	电池内部短路	P121329	子板模组电压采集电路故障
P0A7E22	电池温度过高故障	P121429	子板温度采集电路故障
P0A7E98	电池温度过高预警	P121574	子板主动均衡通道故障(预留)
P118722	温度不均衡	P121674	子板被动均衡通道故障
P118427	电池温升过快	P121782	子板 VBU/BMS 节点通信丢失
P0AA61A	绝缘电阻低	P120262	子板工作模式响应异常
P118674	充电电流异常		

表 2-11 PEU 技术参数

序号	项目	主要技术参数项	数值
1	整机	整车高压系统电压等级/V	412
		整车高压电压范围/V	290～480
		工作环境温度/℃	－40～85
		冷却方式	水冷
		高低压互锁功能	有
		防护等级	IP67
2	电机系统	额定功率(kW)/峰值功率(kW)	80/160
		额定转矩(N·m)/峰值转矩(N·m)	150/300
		最高转速/(r/min)	11000
		转矩控制精度	100N·m 以下±5% 100N·m 以上±5N·m

续表

序号	项目	主要技术参数项	数值
3	DC/DC	额定输出功率/kW	≥1.8
		峰值输出功率(持续时间≥6min)/kW	≥2.2
		额定负载最高工作效率/%	≥90
4	OBC	额定电压输出功率/kW	≥6.6
		额定负载平均工作效率/%	≥94
5	BOBC	充电输出功率/kW	≥6.6
		逆变输出功率/kW	≥3.3
		额定负载平均工作效率/%	≥94
6	高压配电	快充电流/A	>200

2.3.7 PEU低压端子定义

PEU 低压端子如图 2-18 所示，其端子定义见表 2-12。

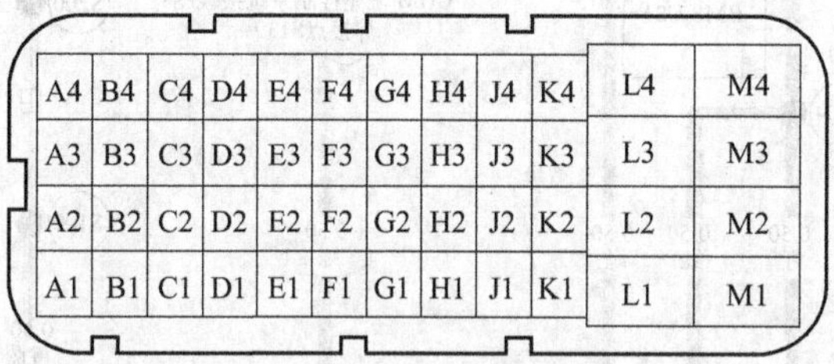

图 2-18　PEU 低压端子

表 2-12　PEU 低压端子定义

护套型号	64320-1301	F4	—
端子型号	64320-1311	G1	加速踏板信号 1 地
序号	定义	G2	加速踏板位置信号 1
A1	制动灯信号	G3	—
A2	—	G4	—
A3	—	H1	EVBUS CAN_H
A4	VTOL 指示灯	H2	EVBUS CAN_L
B1	巡航开关信号	H3	—
B2	制动开关信号输入	H4	—
B3	对外供电开关	J1	CBUS CAN_H
B4	CC-OUT 信号	J2	CBUS CAN_L
C1	加速踏板电源信号 2	J3	—
C2	巡航开关地	J4	—
C3	交流充电连接确认 CP 信号	K1	DiagCBUS CAN_H
C4	慢充唤醒信号	K2	DiagCBUS CAN_L
D1	加速踏板信号 2 地	K3	—
D2	加速踏板位置信号 2	K4	—
D3	交流充电连接 CC	L1	MCU 唤醒信号
D4	—	L2	OBC 唤醒信号
E1	—	L3	蓄电池电源
E2	—	L4	接地
E3	—	M1	快充正极继电器
E4	—	M2	快充负极继电器
F1	加速踏板电源信号 1	M3	蓄电池电源
F2	—	M4	接地
F3	—		—

2.3.8 PEU 系统电路

PEU 系统电路如图 2-19 所示。

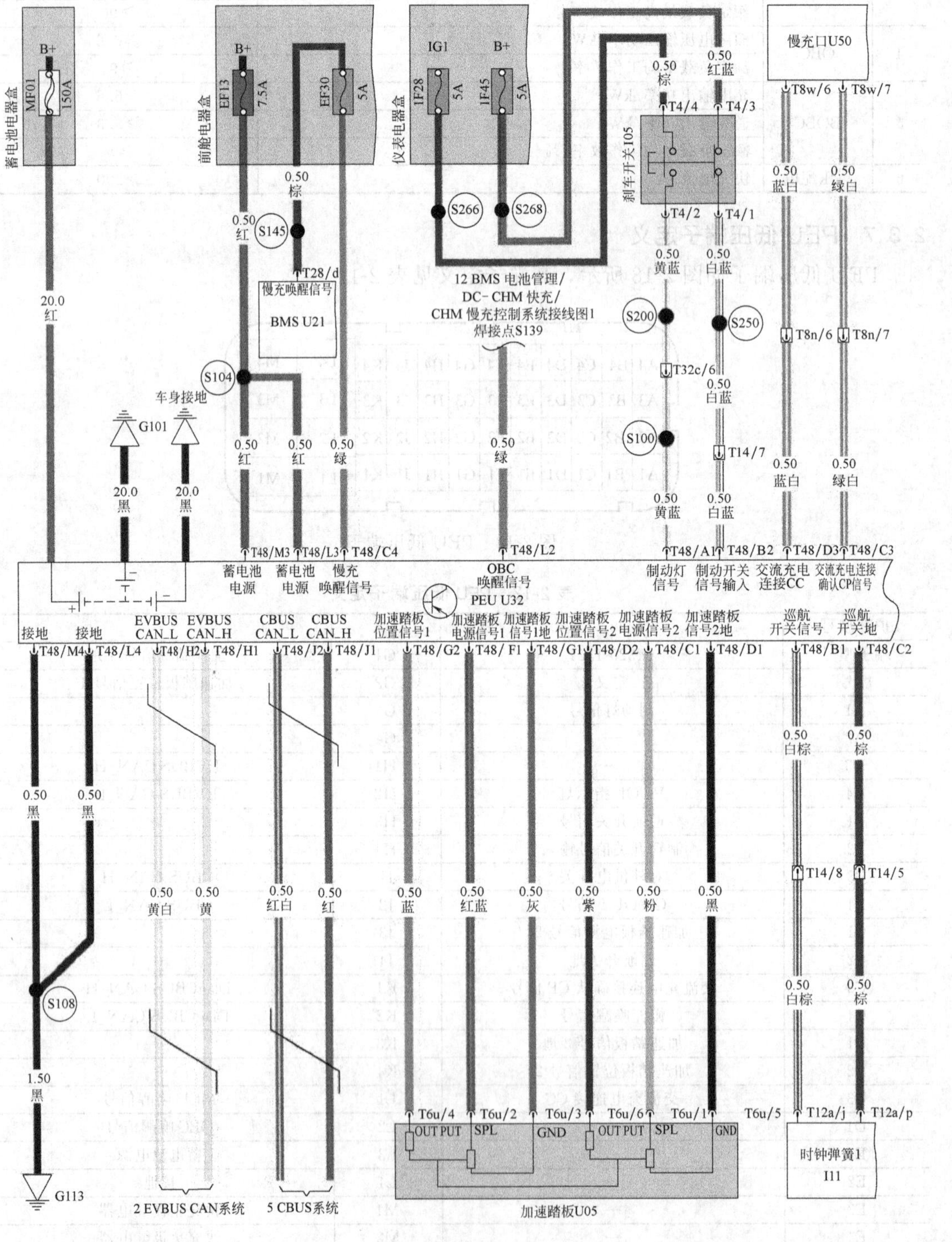

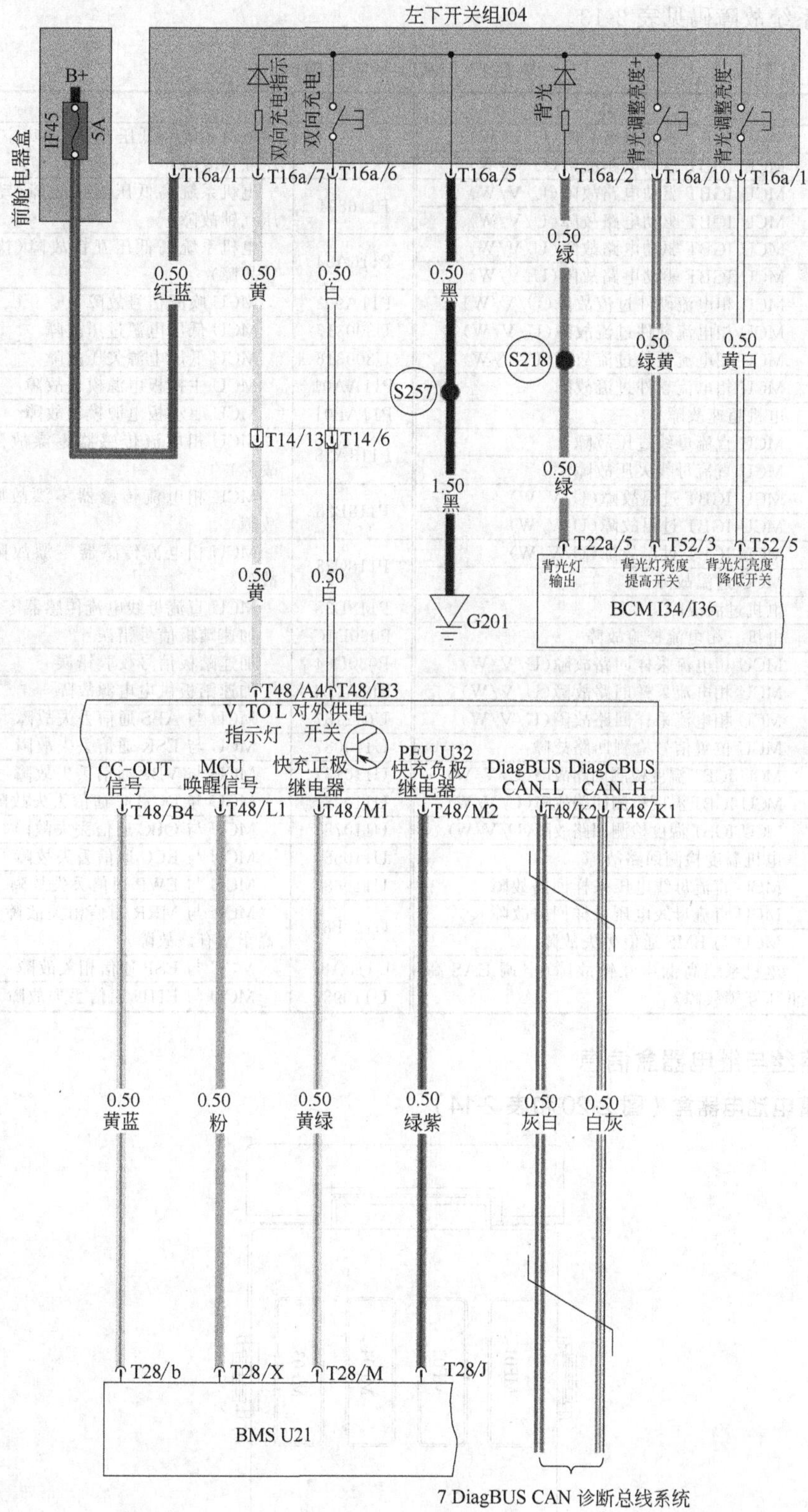

图 2-19　PEU 系统电路图

2.3.9 MCU 系统故障码

MCU 系统故障码见表 2-13。

表 2-13 MCU 系统故障码

故障码	定义
P11A101	MCU IGBT 驱动电路故障(U/V/W)
P11A201	MCU IGBT 驱动电路故障(U/V/W)
P11A301	MCU IGBT 驱动电路故障(U/V/W)
P11A401	MCU IGBT 驱动电路故障(U/V/W)
P11A501	MCU IGBT 驱动电路故障(U/V/W)
P11A601	MCU IGBT 驱动电路故障(U/V/W)
P116016	MCU 相电流硬件过流故障(U/V/W)
P116116	MCU 相电流硬件过流故障(U/V/W)
P116216	MCU 相电流硬件过流故障(U/V/W)
P113519	MCU 相电流软件过流故障
P0A4400	电机超速故障
P114017	MCU 直流母线过压故障
P114016	MCU 直流母线欠压故障
P117098	MCU IGBT 过温故障(U/V/W)
P117198	MCU IGBT 过温故障(U/V/W)
P117298	MCU IGBT 过温故障(U/V/W)
P117F98	MCU 过温故障
P0A2F98	电机过温故障
P112164	电机三相电流校验故障
P118A12	MCU 相电流采样回路故障(U/V/W)
P118B12	MCU 相电流采样回路故障(U/V/W)
P118C12	MCU 相电流采样回路故障(U/V/W)
P0A3F00	MCU 位置信号检测回路故障
P11801C	MCU IGBT 温度检测回路故障(U/V/W)
P11811C	MCU IGBT 温度检测回路故障(U/V/W)
P11821C	MCU IGBT 温度检测回路故障(U/V/W)
P0A001C	电机温度检测回路故障
P11841C	MCU 直流母线电压采样回路故障
P0A5101	MCU 直流母线电压采样回路故障
U011187	MCU 与 BMS 通信丢失故障
P116694	电机系统高低压互锁故障(空调 EAS 高低压互锁故障)
P116794	电机系统高低压互锁故障(空调 PTC 高低压互锁故障)
P116894	电机系统高低压互锁故障(动力电源高低压互锁故障)
P116A94	电机系统高低压互锁故障(快充高低压互锁故障)
P11A902	MCU 唤醒信号故障
U300317	MCU 低压电源过压故障
U300316	MCU 低压电源欠压故障
P11AA01	MCU 主控板电源模块故障
P11AB01	MCU 驱动板电源模块故障
P118A28	MCU 相电流传感器零漂故障(U 相零漂故障)
P118B28	MCU 相电流传感器零漂故障(V 相零漂故障)
P118C28	MCU 相电流传感器零漂故障(W 相零漂故障)
P118D28	MCU 直流母线电流传感器零漂故障
P060D1C	加速踏板信号错误
P060D64	加速踏板信号校验错误
P11AC01	加速踏板供电电源故障
U012187	MCU 与 ABS 通信丢失故障
U110087	MCU 与 ESK 通信丢失故障
U110187	MCU 与 VBP 通信丢失故障
U110287	MCU 与 DC/DC 通信丢失故障
U110787	MCU 与 OBC 通信丢失故障
U110587	MCU 与 ECC 通信丢失故障
U110687	MCU 与 EWP 通信丢失故障
U110B87	MCU 与 MRR 通信相关故障(仅 ADAS 配置车型有该故障)
U110A87	MCU 与 ESP 通信相关故障
U110987	MCU 与 EHU 通信丢失故障

2.3.10 熔丝与继电器盒信息

(1) 蓄电池电器盒(图 2-20 和表 2-14)

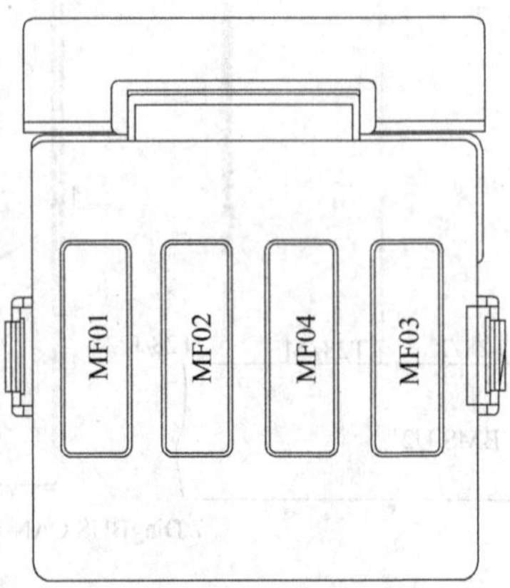

图 2-20 蓄电池电器盒端子

表 2-14　蓄电池电器盒端子定义

端子	名称	额定电流/A	端子	名称	额定电流/A
MF01	DC/DC	150	MF03	EPS	100
MF02	UEC	150	MF04	IEC	80

（2）前舱电器盒（图 2-21 和表 2-15、表 2-16）

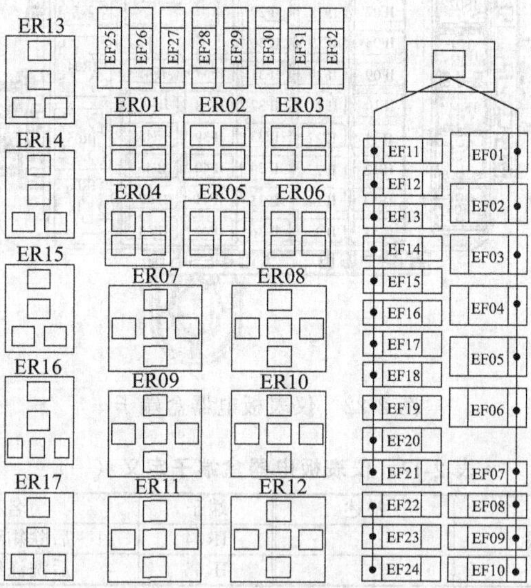

图 2-21　前舱电器盒端子

表 2-15　前舱电器盒端子定义（一）

端子	名称	端子	名称
ER01	快充唤醒继电器	ER09	近光灯继电器
ER02	OBC 唤醒继电器	ER11	远光灯继电器
ER03	板换膨胀阀继电器	ER12	水泵控制继电器
ER04	室内膨胀阀继电器	ER14	前洗涤电机继电器
ER05	空调系统继电器	ER16	尾灯切换继电器
ER07	前雨刮高速继电器	ER17	喇叭继电器
ER08	前雨刮低速继电器		

表 2-16　前舱电器盒端子定义（二）

端子	名称	额定电流/A	描述	端子	名称	额定电流/A	描述
EF01	真空泵熔丝	40		EF17	主动格栅熔丝	5	
EF02	电子风扇熔丝	40		EF18	板换及室内膨胀阀熔丝	7.5	
EF03	水泵熔丝	40		EF19	空调系统熔丝	10	
EF04	ESP1 熔丝	40		EF20	PM2.5 熔丝	10	
EF05	ESP2 熔丝	40		EF21	OBC 唤醒熔丝	5	
EF06	前屏灯/快充	25	预留	EF22	电机水泵熔丝	20	
EF07	前雨刮电机熔丝	25		EF23	电池水泵熔丝	20	
EF08	前洗涤电机熔丝	15		EF24	空调水泵熔丝	20	
EF09	喇叭熔丝	15		EF25	左远光灯熔丝	10	
EF10	IBS 熔丝	5		EF26	右远光灯熔丝	10	预留
EF11	前照灯熔丝	25		EF27	左近光灯熔丝	10	
EF13	PEU 熔丝	7.5		EF28	右近光灯熔丝	10	
EF14	BMS 熔丝	20		EF29	快充唤醒熔丝	7.5	
EF15	BMS	10		EF30	慢充唤醒熔丝	5	
EF16	慢充口熔丝	7.5		EF31	前屏灯熔丝	7.5	

（3）仪表板电器盒（图 2-22 和表 2-17、表 2-18）

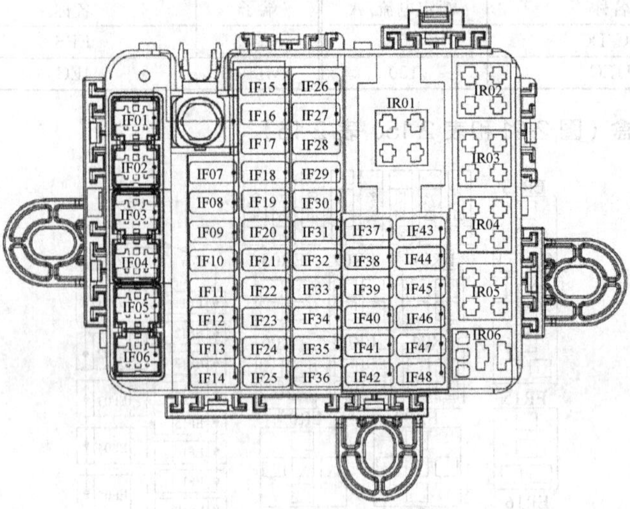

图 2-22　仪表板电器盒端子

表 2-17　仪表板电器盒端子定义（一）

端子	名称	描述	端子	名称	描述
IR01	鼓风机继电器		IR04	后除霜继电器	
IR02	IG 继电器		IR05	后洗涤继电器	

表 2-18　仪表板电器盒端子定义（二）

端子	名称	额定电流/A	描述	端子	名称	额定电流/A	描述
IF01	EPB1 熔丝	30		IF26	AVM IG/MPC MRR IG(ADAS)熔丝	5	
IF02	EPB2 熔丝	30		IF27	雨量传感器 IG(中)/天窗 IG(中)/泊车 IG(中)熔丝	5	
IF03	鼓风机熔丝	30		IF28	USB/备用电源/PEPS IG/制动开关 IG 熔丝	5	
IF04	左侧玻璃升降熔丝	30		IF29	BCM IG 熔丝	5	
IF05	右侧玻璃升降熔丝	30		IF30	BMS IG 熔丝	5	
IF07	PEPS 熔丝	15		IF31	网关 IG 熔丝	5	
IF08	PEPS 熔丝	15		IF32	真空泵 IG 熔丝	5	
IF09	过渡熔丝	20		IF33	外后视镜熔丝	7.5	
IF10	IG 继电器熔丝	20		IF34	门把手天线/左前迎宾灯熔丝	5	
IF11	组合仪表/TPMS/T-BOX/后屏熔丝	7.5		IF35	中控开关/内后视镜 IG 熔丝	7.5	
IF12	网关/OBD+熔丝	7.5		IF36	TPMS/TBOX/座椅模块 IG 熔丝	7.5	
IF13	DVR(高)/AVM(高)/蓝牙(ADAS)熔丝	7.5		IF37	组合仪表 IG 熔丝	7.5	
IF14	ESCL 熔丝	10		IF38	换挡熔丝	7.5	
IF15	过渡保险熔丝	30		IF39	ESP IG 熔丝	5	
IF16	天窗熔丝	20		IF40	EPB 及开关 IG 熔丝	5	
IF17	BCM(外部灯具)熔丝	30		IF41	EPS IG 熔丝	5	
IF18	主驾座椅调节熔丝	30		IF42	安全气囊熔丝	5	
IF19	副驾座椅调节熔丝	30		IF43	组合仪表 B+熔丝	5	
IF20	BCM(后雨刮)熔丝	10		IF45	左侧仪表开关/中通道开关/制动开关 B+熔丝	5	
IF21	BCM(门锁)熔丝	20		IF46	氛围灯控制器(高)熔丝	5	
IF22	BCM(内部灯具)熔丝	20		IF47	危报开关/行人警示器 B+熔丝	15	
IF23	BCM(后视镜折叠)熔丝	15		IF48	中控主机熔丝	15	
IF24	后除霜熔丝	20					
IF25	后洗涤熔丝	15					

2.4 EX5（2019~ ）

2.4.1 高压系统线束分布

高压系统线束分布如图 2-23 所示。

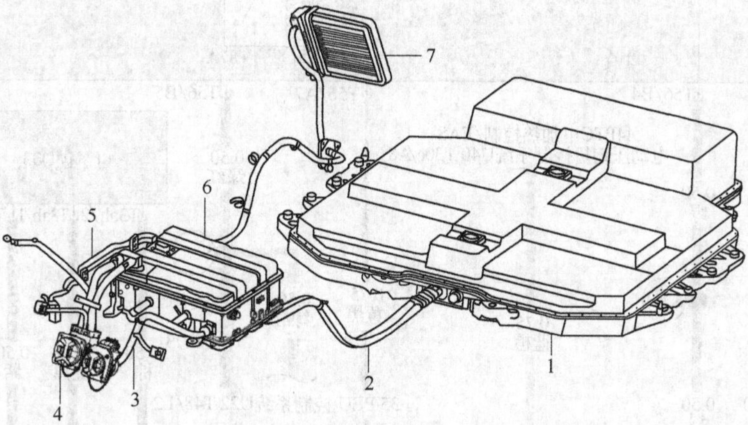

图 2-23 高压系统线束分布

1—动力电池；2—电池至 PEU 高压线束；3—慢充线束；4—快充线束；5—电动压缩机总成线束；6—PEU 总成；7—PTC 总成

2.4.2 高压电池包技术参数

高压电池包技术参数见表 2-19。

表 2-19 高压电池包技术参数

项目名称	型式与基本参数
动力电池类型	三元锂离子电池
电芯工作电压范围/V	2.8～4.3
成组方式	1P113S
储能装置单体的标称电压/V	3.65
储能装置总成生产企业	北京普莱德新能源电池科技有限公司
系统质量/kg	≤450
能量密度/(W·h/kg)	≥145
电池管理系统	1 主 6 从
箱体材质	钣金
热管理方式	自然冷却/加热片
防护等级	IP67
电芯规格/体系	150A·h/NCM
动力电池标称电压/V	412
电池系统能量额定(kW·h)/可用电量(kW·h)	61.8/56.9
车载能源管理系统型号(包括软件和硬件)	S008/H001
车载能源管理系统生产企业	北京新能源汽车股份有限公司

2.4.3 BMS 与充电管理系统电路

BMS 与充电管理系统电路如图 2-24 所示。

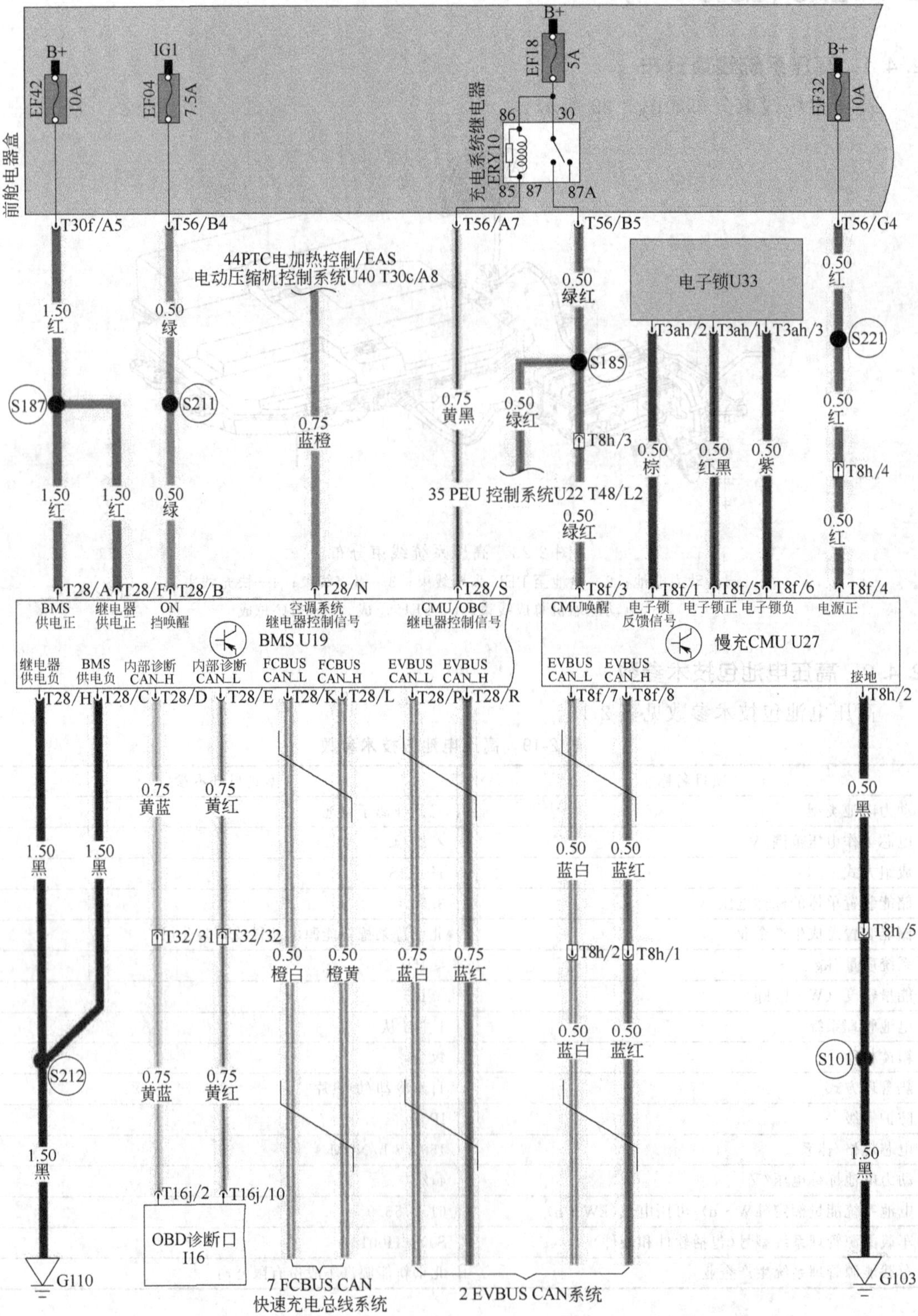

前舱电器盒
B+
EF42 10A
IG1
EF04 7.5A
B+
EF18 5A
充电系统继电器 ERY10
86 30 85 87 87A
B+
EF32 10A
T30f/A5
T56/B4
T56/A7
T56/B5
T56/G4
44PTC电加热控制/EAS 电动压缩机控制系统U40 T30c/A8
电子锁U33
T3ah/2 T3ah/1 T3ah/3
S187
S211
S185
S221
S212
S101
35 PEU 控制系统U22 T48/L2
T28/A T28/F T28/B T28/N T28/S
T8f/3 T8f/1 T8f/5 T8f/6 T8f/4
BMS供电正
继电器供电正
ON挡唤醒
空调系统继电器控制信号
CMU/OBC继电器控制信号
BMS U19
CMU唤醒
电子锁反馈信号
电子锁正
电子锁负
电源正
慢充CMU U27
继电器供电负
BMS供电负
内部诊断CAN_H
内部诊断CAN_L
FCBUS CAN_L
FCBUS CAN_H
EVBUS CAN_L
EVBUS CAN_H
接地
T28/H T28/C T28/D T28/E T28/K T28/L T28/P T28/R
T8f/7 T8f/8 T8h/2
T8h/3 T8h/4 T8h/5 T8h/2 T8h/1
T32/31 T32/32
T16j/2 T16j/10
OBD诊断口 I16
G110
G103
7 FCBUS CAN 快速充电总线系统
2 EVBUS CAN系统

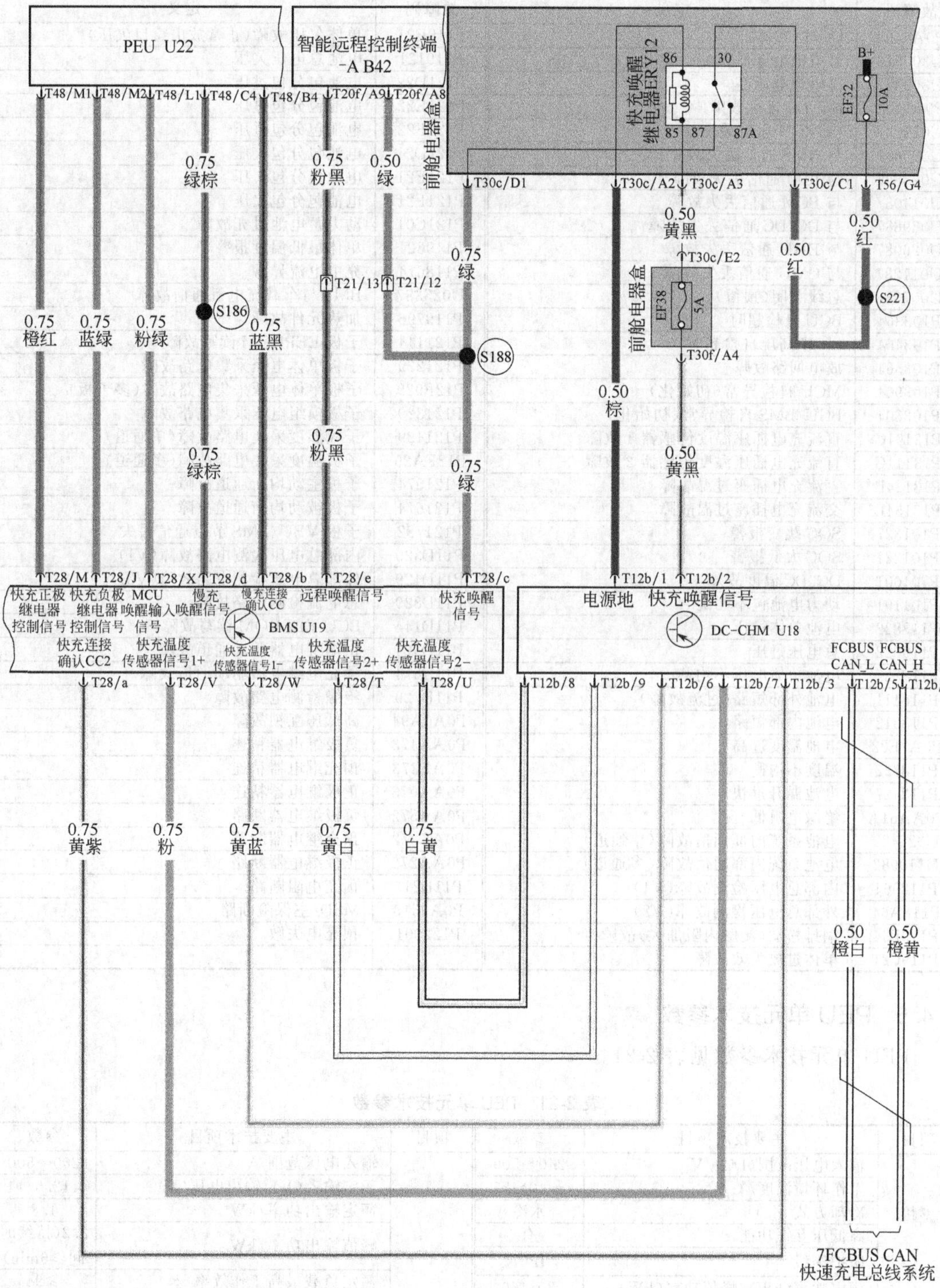

图 2-24 BMS与充电管理系统电路

2.4.4 BMS系统故障码

BMS系统故障码见表2-20。

表 2-20 BMS 系统故障码

故障码	定义	故障码	定义
P0A9409	DC/DC 故障	P118E21	单体欠压故障(正常放电窗口欠压)
U300316	蓄电池电压低	P119121	电池总电压欠压
U300317	蓄电池电压高	P121D22	电池包分包过压
P0A9401	DC/DC 过压故障	P121E22	电池包分包过压
U011087	与 MCU 通信丢失	P121F22	电池包分包过压
U025687	与 RMS 通信丢失故障	P121D21	电池包分包欠压
U025887	与 ICM 通信丢失故障	P121E21	电池包分包欠压
U014087	与 BCM 通信丢失故障	P121F21	电池包分包欠压
U029887	与 DC/DC 通信丢失故障	P121C01	动力蓄电池过充故障
U026087	与 EHU 通信丢失故障	P119321	单体最低温度报警
U011287	与 CMU 通信丢失故障	P118674	充电电流异常
U007388	总线关闭(预留)	U025387	BMS 与车载充电机通信故障
P103364	BCU 自检超时	P119796	加热元件故障
P103464	MCU 高压自检超时	P121144	子板 EEPROM 读写故障
P103564	放电回路故障	P121229	子板单体电压采集电路故障
P103904	MCU 自检异常(初始化)	P12F929	子板单体电压采集电路故障(多子板)
P103804	BCU/BMS 自检异常(初始化)	P121329	子板模组电压采集电路故障
P13101C	直流充电插座温度传感器 1 故障	P121429	子板温度采集电路故障(单通道)
P13111C	直流充电插座温度传感器 2 故障	P12FA29	子板温度采集电路故障(多通道)
P13124B	直流充电插座过温故障	P121574	子板主动均衡通道故障
P13154B	交流充电插座过温故障	P121674	子板被动均衡通道故障
P101327	SOC 跳变报警	P121782	子板 VBU/BMS 节点通信丢失
P101221	SOC 太低报警	P11D329	内部总电压检测电路故障(V1)
P101001	DC/DC 温度故障	P11D429	外部总电压检测电路故障(V2)
P101101	动力电池包不匹配	P11D829	总电流检测电路故障
P118822	电池单体过压	P11D144	BCU-EEPROM 读写故障
P119022	总电压过压	P11D574	正端继电器驱动通道故障
P118522	电池单体电压不均衡	P11D674	预充电继电器驱动通道故障
P118111	电池外部短路(过流故障)	P11D729	绝缘检测电路故障
P118312	电池内部短路	P0A0A94	高低压互锁故障
P0A7E22	电池温度过高	P0AA473	负极继电器粘连
P118722	温度不均衡	P0AE273	预充继电器粘连
P118427	电池温升过快	P0AA073	正极继电器粘连
P0AA61A	绝缘电阻低	P0AA572	负极继电器断路
U025482	电池系统内部通信故障(单通道)	P0AE372	预充继电器断路
U119982	电池系统内部通信故障(多通道)	P0AA272	正极继电器断路
P118964	内部总电压检测故障(V1)	P11D213	预充电阻断路
P118A64	外部总电压检测故障(V2)	P0A9513	MSD/主保险断路
P119B94	铜排松动(接触内阻加大)故障	P122001	预充电失败
P119C21	单体过放失效故障		

2.4.5 PEU 单元技术参数

PEU 单元技术参数见表 2-21。

表 2-21 PEU 单元技术参数

项目	主要技术项目	参数	项目	主要技术项目	参数
整机	输入电压范围(DC)/V	240～500	DC/DC	输入电压范围/V	200～500
	工作环境温度/℃	-40～85		额定输入(V)/输出电压(V)	412.5/14
	冷却方式	水冷		额定输出功率/kW	1.8
	高低压互锁功能	有		峰值输出功率/kW	2.2(持续时间≥6min)
	防护等级	IP67			
电机系统	额定功率(kW)/峰值功率(kW)	80/160		额定负载最高工作效率/%	≥94
	工作电压范围(DC)/V	315～480		启动系统电压/V	9～16
	额定电压(DC)/V	412.5		静态功耗/mA	≤0.5
	额定相电流/A(rms)	230		待机功耗	TBD
	最大相电流/A(rms)	450		通信方式	硬线唤醒，CAN 使能
	控制模式	转矩/转速			
	防护等级	IP67		工作环境温度/℃	-40～85

续表

项目	主要技术项目	参数	项目	主要技术项目	参数
OBC	输入(V)/输出电压(V)	187～253/240～500	OBC	电压纹波系数/%	≤±2
				输出电流误差/%	≤±3
	低压输入/V	9～16		输出电流纹波系数/%	≤±5
	输入电压频率/Hz	47～63	BOBC	充电输出功率/kW	≥6.6
	输入电流/A max(rms)	32		逆变输出功率/kW	≥3.3
	额定电压输出功率/kW	≥6.6		额定负载平均工作效率/%	≥94
	输出电压误差/%	≤±1	高压配电	快充电流/A	>200

注：rms 指有效值。

2.4.6 PEU 系统电路

PEU 系统电路如图 2-25 所示。

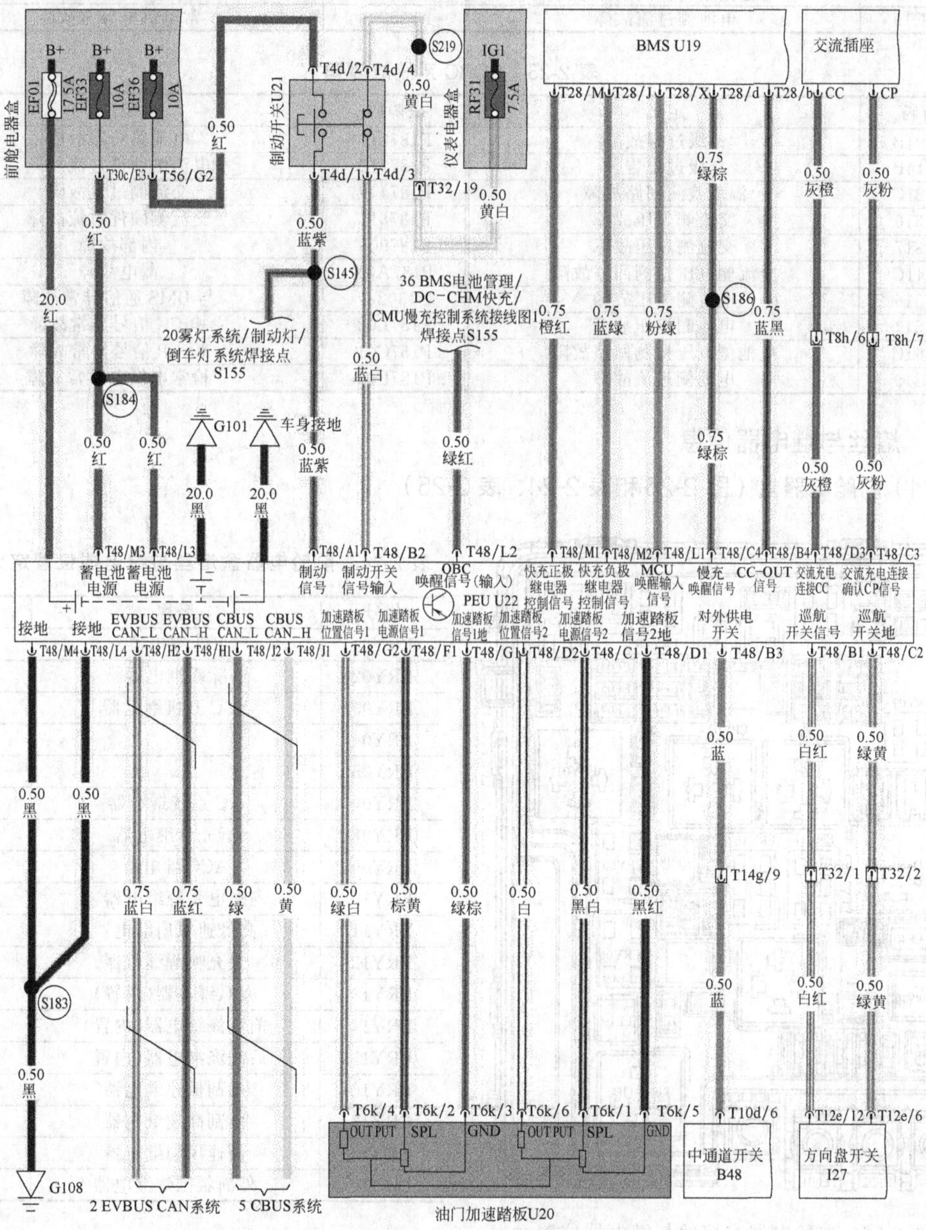

图 2-25　PEU 系统电路

2.4.7 OBC/BOBC系统故障码

OBC/BOBC系统故障码见表2-22和表2-23。

表2-22 OBC系统故障码

故障码	定义	故障码	定义
P14804B	一级过温故障	P148D14	电池侧短路故障
P14894B	二级过温故障	P149112	电池侧电流检测回路故障
P14801C	温度检测回路故障	P148C19	交流侧过流故障
P148A16	交流侧欠压故障	P149312	交流侧电流检测回路故障
P148A17	交流侧过压故障	P148E09	内部故障
P14901C	交流侧电压检测回路故障	P148F01	漏电故障
P148B16	电池侧欠压故障	U130087	与BMS通信异常故障
P148B17	电池侧过压故障	P148402	CC信号异常故障
P14921C	电池侧电压检测回路故障	P148801	CP信号异常故障
P148D19	电池侧过流故障	P148601	常电供电异常故障

表2-23 BOBC系统故障码

故障码	定义	故障码	定义
P18704B	一级过温故障	P187314	电池侧短路故障
P18714B	二级过温告警	P187712	电池侧硬件过流故障
P18721C	温度检测回路故障	P187419	交流侧过流故障
P187316	交流侧欠压故障	P187812	交流侧硬件过流故障
P187317	交流侧过压故障	P187909	内部故障
P18741C	交流侧电压检测回路故障	P187A01	漏电故障
P187516	电池侧欠压故障	U130287	与BMS通信异常故障
P187517	电池侧过压故障	P187B02	检CC信号异常故障
P18761C	电池侧电压检测回路故障	P187C01	检CP信号异常故障
P187319	电池侧过流故障	P187D01	检常电供电异常故障

2.4.8 熔丝与继电器信息

（1）前舱电器盒（图2-26和表2-24、表2-25）

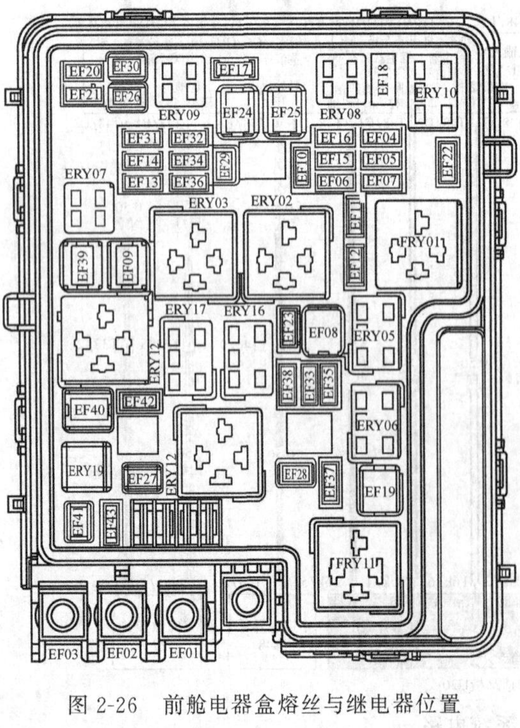

图2-26 前舱电器盒熔丝与继电器位置

表2-24 前舱电器盒熔丝与继电器位置定义（一）

代号	名称	描述
ERY01	IG1继电器	
ERY02	除霜继电器	
ERY03	ECC开机继电器	
ERY04		预留
ERY05		预留
ERY06	AC系统继电器	
ERY08	近光灯继电器	
ERY09	ACC继电器	
ERY10	充电系统继电器	
ERY11	高低速风扇继电器	
ERY12	快充唤醒继电器	
ERY13	喇叭继电器(内置)	
ERY14	前洗涤继电器(内置)	
ERY15	后洗涤继电器(内置)	
ERY16	雨刮低速继电器	
ERY17	雨刮高速继电器	
ERY18	高速风扇继电器	
ERY19	外面氛围灯继电器	

表 2-25　前舱电器盒熔丝与继电器位置定义（二）

代号	名称	额定电流/A	描述	代号	名称	额定电流/A	描述
EF01	动力驱动 PEU 熔丝	175		EF24	IEC 电源 2	30	
EF02	电动助力转向 EPS 熔丝	60		EF25	ESP/ABS 电机	40	
EF03	IEC 电源 1 熔丝	80		EF27	左车窗	30	
EF04	BMS/VBP/VSP	7.5		EF28	右车窗	30	
EF05	IEC IG1	20		EF29	BCM 灯 1	30	
EF06	IEC IG2	10		EF30	BCM 灯 2	30	
EF07	日行灯 DRL 熔丝	7.5		EF31	外面氛围灯	7.5	选配
EF08	除霜	30		EF32	充电	10	
EF09	ECC 开机	40		EF33	PEU 电源	10	
EF12	AC 系统 1	20		EF34	BCM 锁	20	
EF15	左近光灯	10		EF35	BCM 逻辑电源	10	
EF16	右近光灯	10		EF36	制动灯	10	
EF17	ACC	15		EF37	后视镜加热	7.5	
EF18	充电系统	5		EF38	快充保护	5	
EF19	高速风扇	20		EF39	高速风扇	25	
EF20	喇叭	15		EF40	ESP 电磁阀	40	
EF21	前洗涤	10		EF41	电子真空泵 VPB	30	
EF22	后洗涤	10		EF42	BMS+	10	
EF23	雨刮	20		EF43	ECC/PTC/EAS	10	

（2）仪表板电器盒（图 2-27 和表 2-26、表 2-27）

表 2-26　仪表板电器盒熔丝与继电器位置定义（一）

代号	名称	描述	代号	名称	描述
RRY01	—	预留	RRY05	—	预留
RRY02	—	预留	RRY06	—	预留
RRY03	—	预留	RRY07	—	预留
RRY04	—	预留			

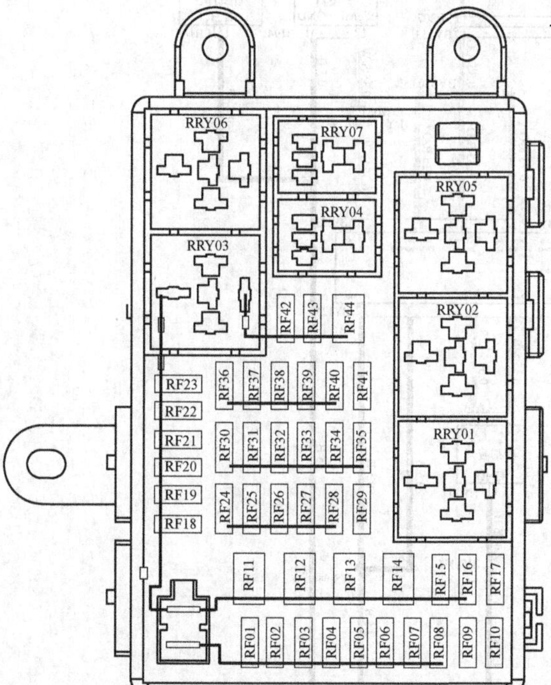

图 2-27　仪表板电器盒熔丝与继电器位置

表 2-27　仪表板电器盒熔丝与继电器位置定义（二）

代号	名称	额定电流/A	描述
RF01	诊断口/网关	7.5	
RF02	换挡/仪表/空调控制器	10	
RF03	中控	15	
RF04	T-BOX	5	
RF05	电子转向柱	15	
RF06	PEPS2	10	
RF07	PEPS1	10	
RF08	全景影像/行车记录仪	7.5	
RF13	电动座椅	30	
RF15	天窗	20	
RF16	P 挡控制器	20	
RF19	座椅加热	15	
RF20	充电口电机	10	
RF24	胎压监测控制器	5	
RF25	毫米波雷达/多功能摄像头	5	
RF26	USB 充电口	7.5	
RF27	后排 12V 电源	15	
RF30	网关/BCM/仪表/PEPS 反馈/T-BOX	5	
RF31	ESP/制动开关信号	7.5	
RF32	电动助力转向 IG 信号	5	
RF33	安全气囊	7.5	
RF34	P 挡控制器/换挡机构	5	
RF35	防眩目后视镜/天窗/雨量传感器/座椅加热/全景影像/倒车雷达/行车记录仪	5	
RF36	电动外后视镜	7.5	
RF37	点烟器	15	
RF38	中控/PEPS 反馈	5	
RF39	BCM/网关	5	

第3章

上汽新能源汽车

3.1 荣威 Ei5（2018~ ）

3.1.1 高压电池包电路

高压电池包电路如图 3-1 所示。

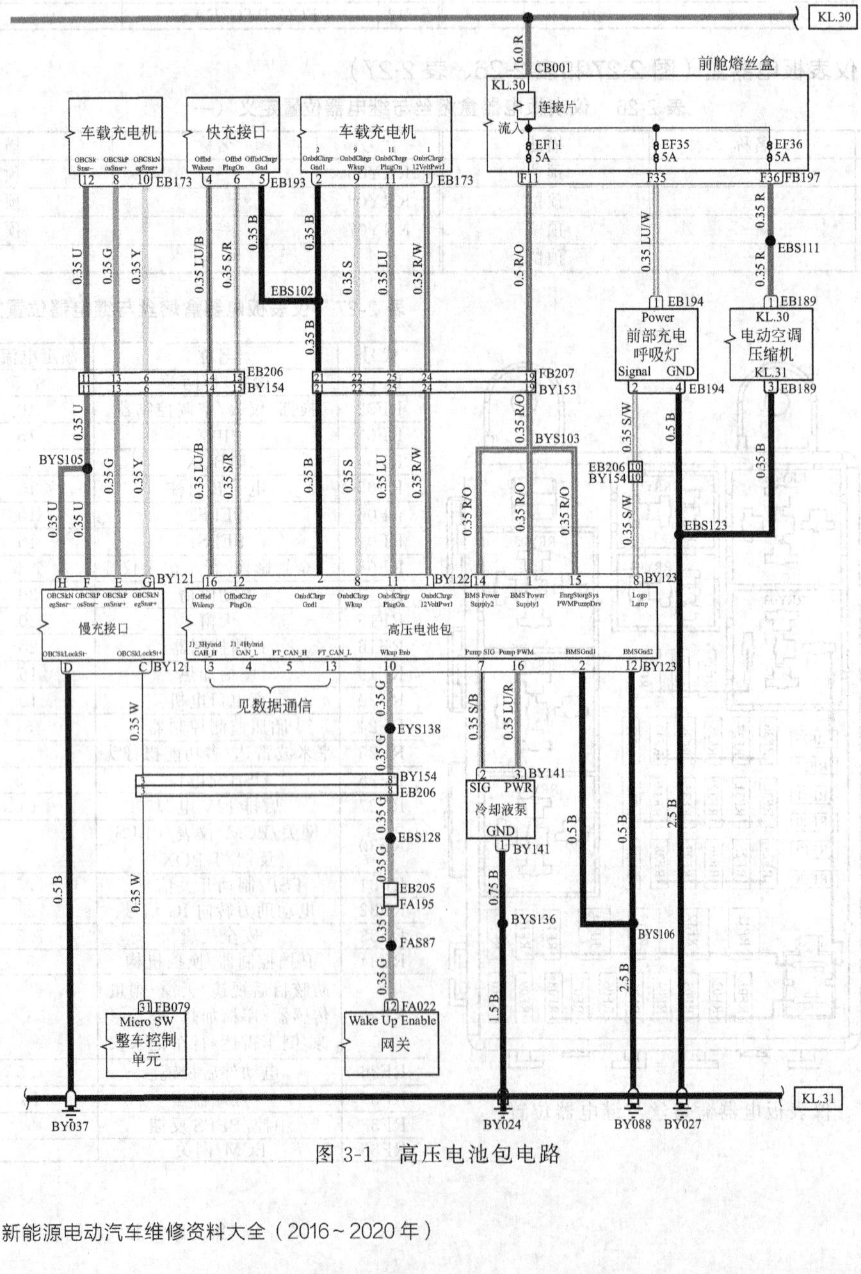

图 3-1 高压电池包电路

3.1.2 高压配电系统电路

高压配电系统电路如图 3-2 所示。

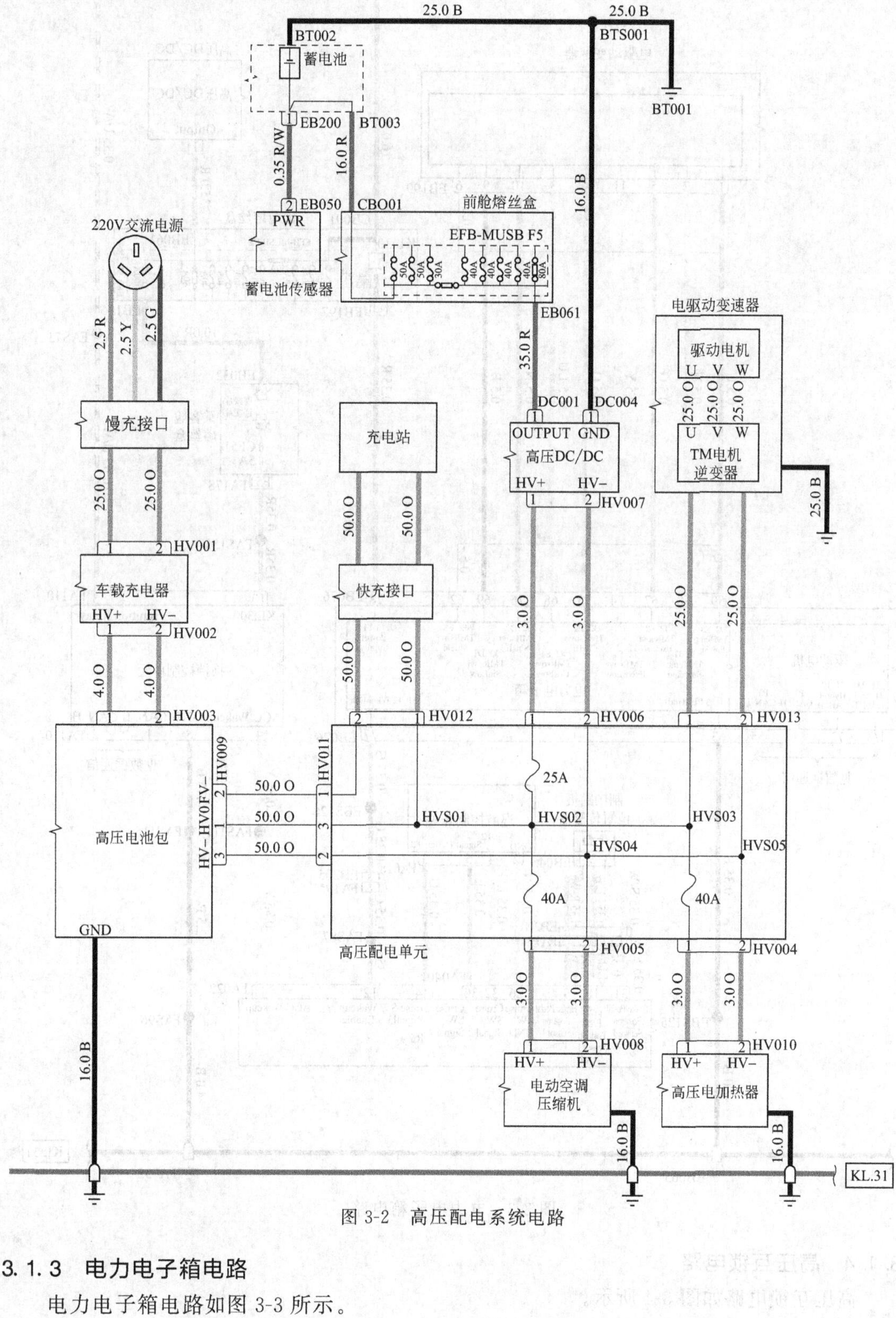

图 3-2 高压配电系统电路

3.1.3 电力电子箱电路

电力电子箱电路如图 3-3 所示。

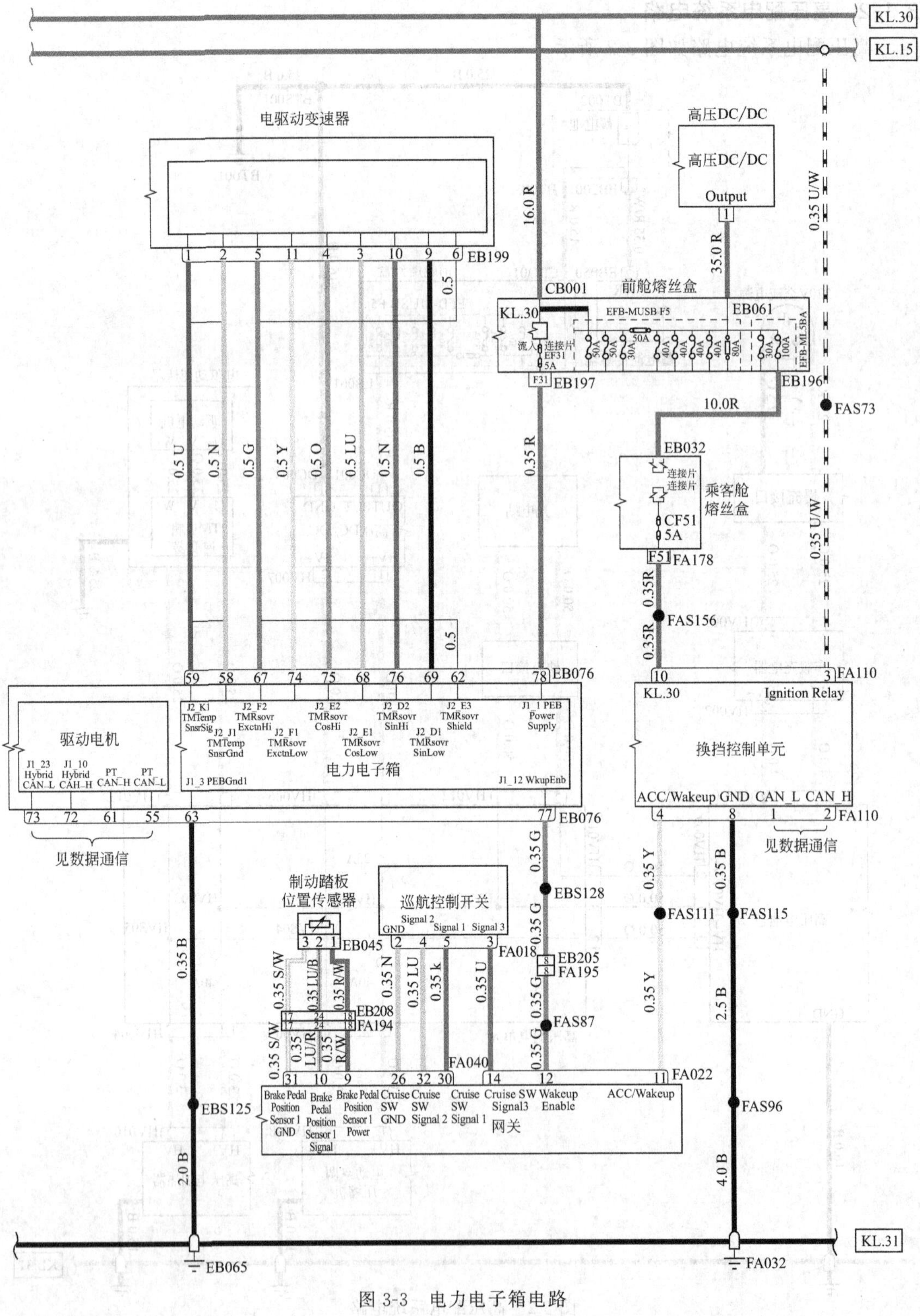

图 3-3　电力电子箱电路

3. 1. 4　高压互锁电路

高压互锁电路如图 3-4 所示。

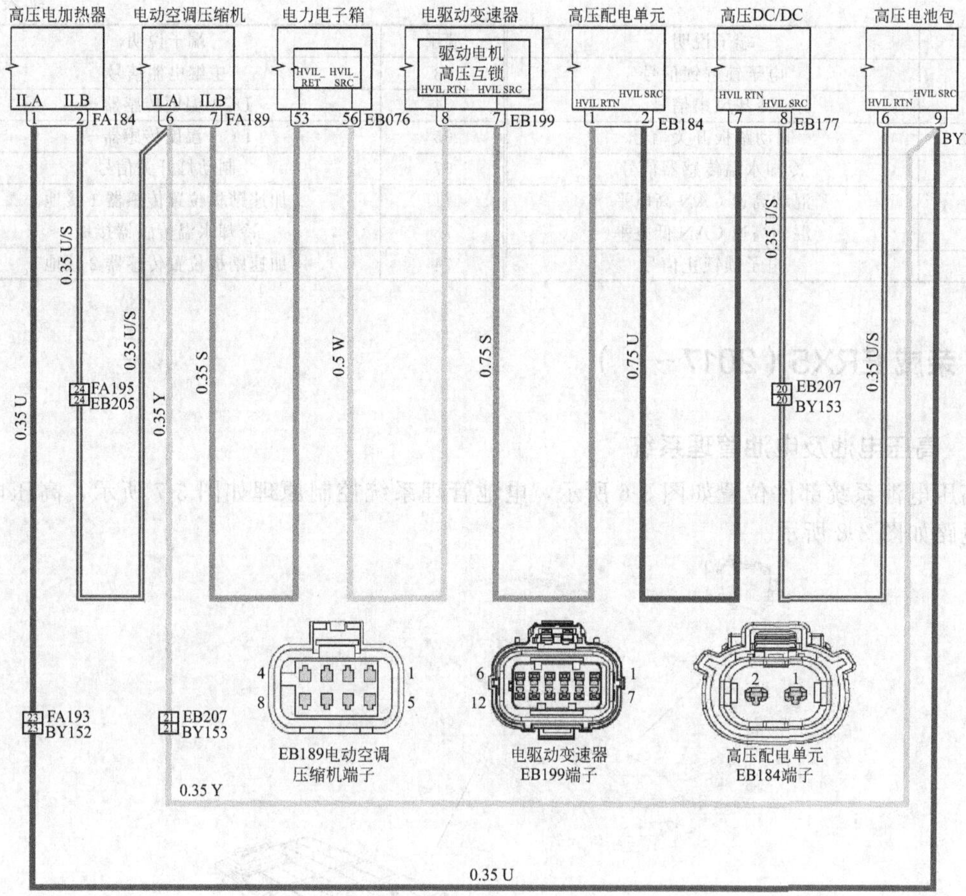

图 3-4 高压互锁电路

3.1.5 整车控制单元端子定义

整车控制器端子分布如图 3-5 所示，其端子定义见表 3-1。

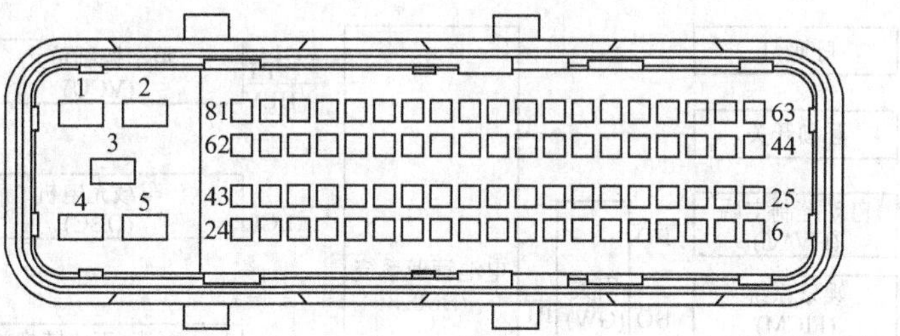

图 3-5 整车控制器端子分布

表 3-1 整车控制器端子定义

端子	端子说明	端子	端子说明
1～3	接地	18	动力高速 CAN 高电平
4,5	供电	19	冷却水泵信号
6	整车控制单元供电(CRANK/IGN)	26	加速踏板位置传感器 1 供电
14	整车控制单元供电(ACC/Wakeup)	27	加速踏板位置传感器 2 供电
15	加速踏板位置传感器 1 信号	31	微动开关信号
16	加速踏板位置传感器 2 信号	36	DC＋温度传感器＋
17	动力高速 CAN 低电平	37	DC－温度传感器＋

续表

端子	端子说明	端子	端子说明
38	电子锁解锁信号	63	主继电器信号
39	冷却风扇信号	64	DC＋温度传感器－
48	制动踏板开关信号	65	DC－温度传感器－
54	冷却水温传感器信号	67	制动灯开关信号
55	混动高速 CAN 高电平	71	加速踏板位置传感器 1 接地
56	混动高速 CAN 低电平	73	冷却水温传感器接地
57	电子锁锁止信号	74	加速踏板位置传感器 2 接地

3.2 荣威 ERX5（2017～ ）

3.2.1 高压电池及电池管理系统

高压电池系统部件位置如图 3-6 所示，电池管理系统控制原理如图 3-7 所示，高压电池系统电路如图 3-8 所示。

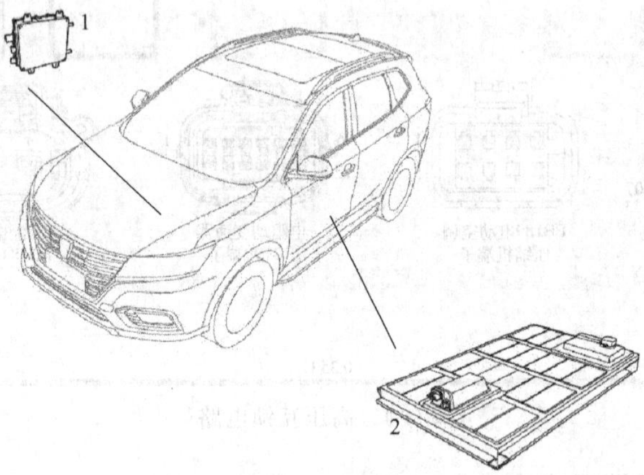

图 3-6 高压电池系统部件布置

1—车载充电机；2—高压电池包

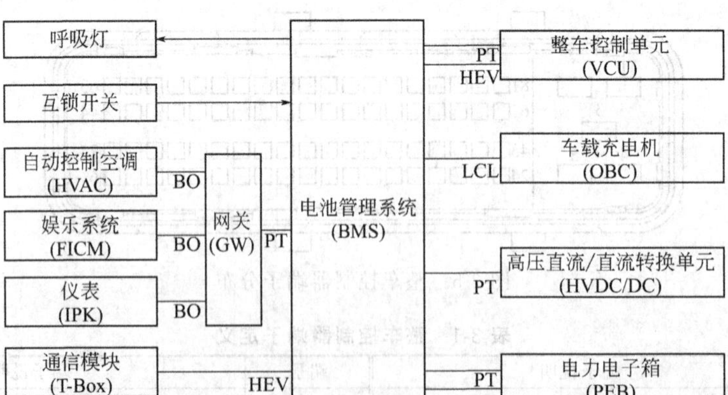

图 3-7 电池管理系统控制原理

3.2.2 高压电池系统接插件分布及端子定义

高压电池系统接口插件如图 3-9 所示，整车低压接插件端子分布如图 3-10 所示，充电低压接插件端子分布如图 3-11 所示，其端子定义见表 3-2 和表 3-3。

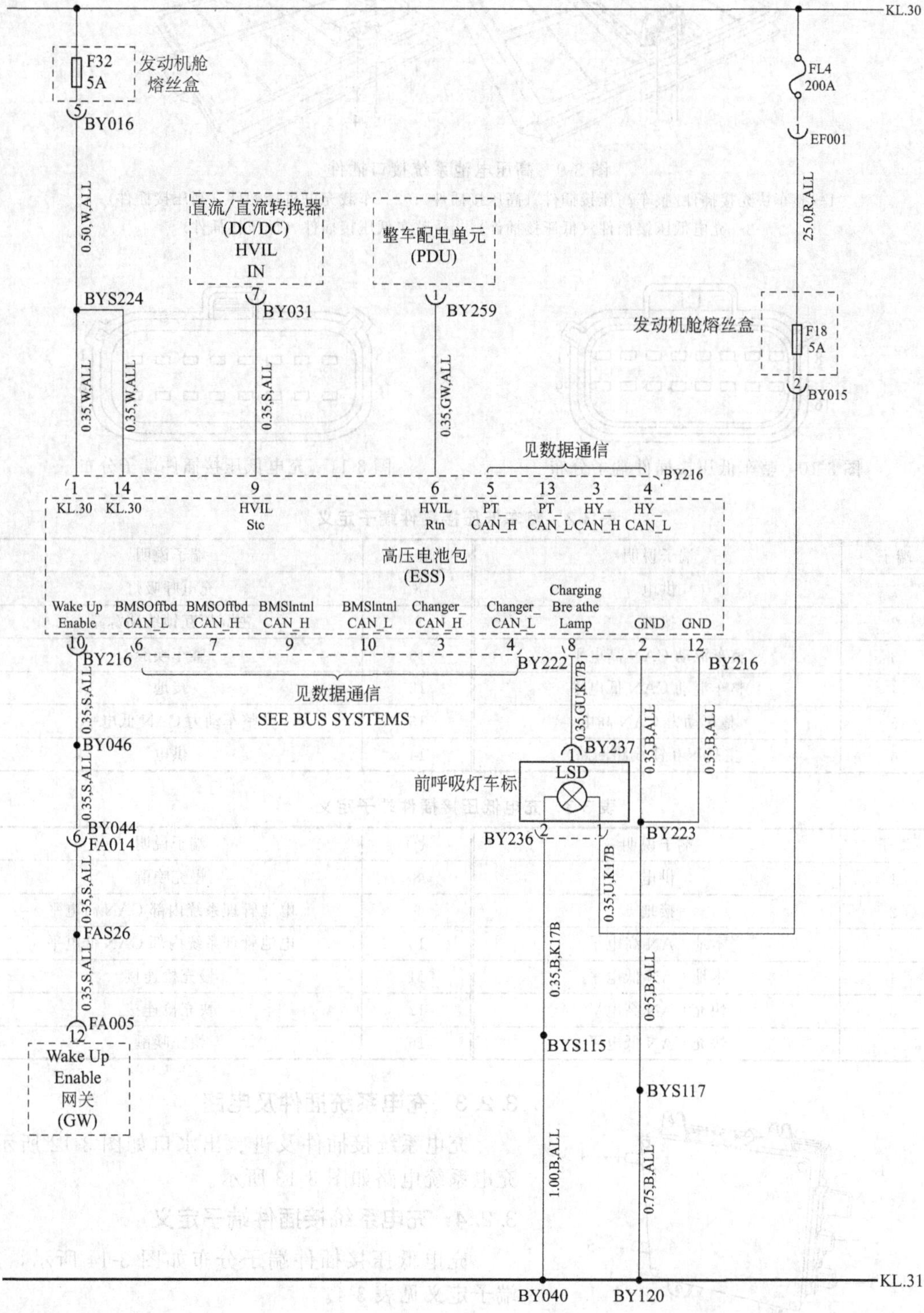

图 3-8 高压电池系统电路

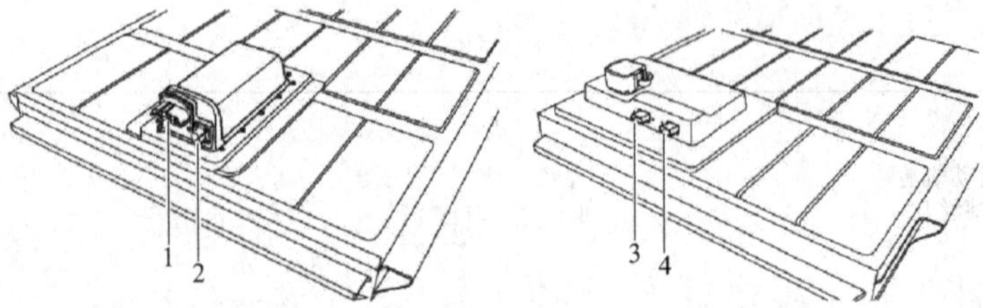

图 3-9　高压电池系统接口插件

1—整车快充接插件/整车高压接插件（高压接插件）；2—车载充电机接插件（高压接插件）；
3—充电低压接插件（低压接插件）；4—整车低压接插件（低压接插件）

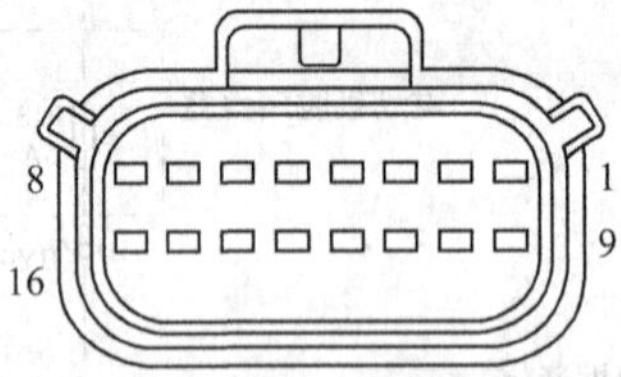

图 3-10　整车低压接插件端子分布

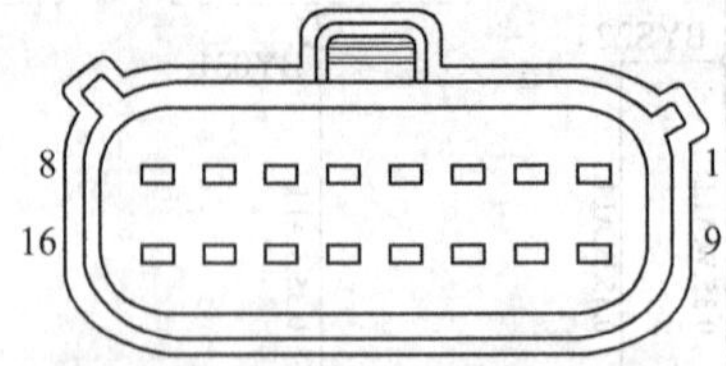

图 3-11　充电低压接插件端子分布

表 3-2　整车低压接插件端子定义

端子	端子说明	端子	端子说明
1	供电	8	充电呼吸灯
2	接地	9	主高压互锁线路源路
3	整车混动 CAN 高电平	10	整车唤醒
4	整车混动 CAN 低电平	12	接地
5	整车动力 CAN 高电	13	整车动力 CAN 低电平
6	主高压互锁线路回路	14	供电

表 3-3　充电低压接插件端子定义

端子	端子说明	端子	端子说明
1	供电	8	慢充唤醒
2	接地	9	电池管理系统内部 CAN 高电平
3	本地 CAN 高电平	10	电池管理系统内部 CAN 低电平
4	本地 CAN 低电平	11	慢充枪连接
6	快充 CAN 高电平	12	快充枪连接
7	快充 CAN 低电平	16	快充唤醒

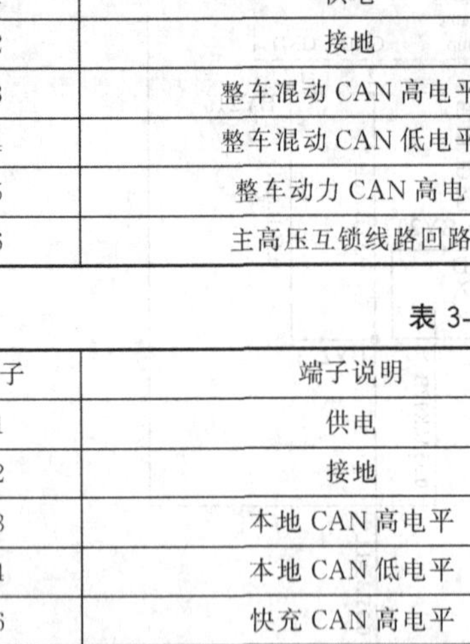

图 3-12　充电系统接插件及进、出水口

1—交流输入接插件；2—充电低压接插件；
3—高压直流输出接插件；4—进水口；5—出水口

3.2.3　充电系统插件及电路

充电系统接插件及进、出水口如图 3-12 所示，充电系统电路如图 3-13 所示。

3.2.4　充电系统接插件端子定义

充电低压接插件端子分布如图 3-14 所示，其端子定义见表 3-4。

3.2.5　动力驱动系统部件位置及电路

动力驱动系统部件位置如图 3-15 所示，系统控制原理如图 3-16 所示，系统电路如图 3-17 所示。

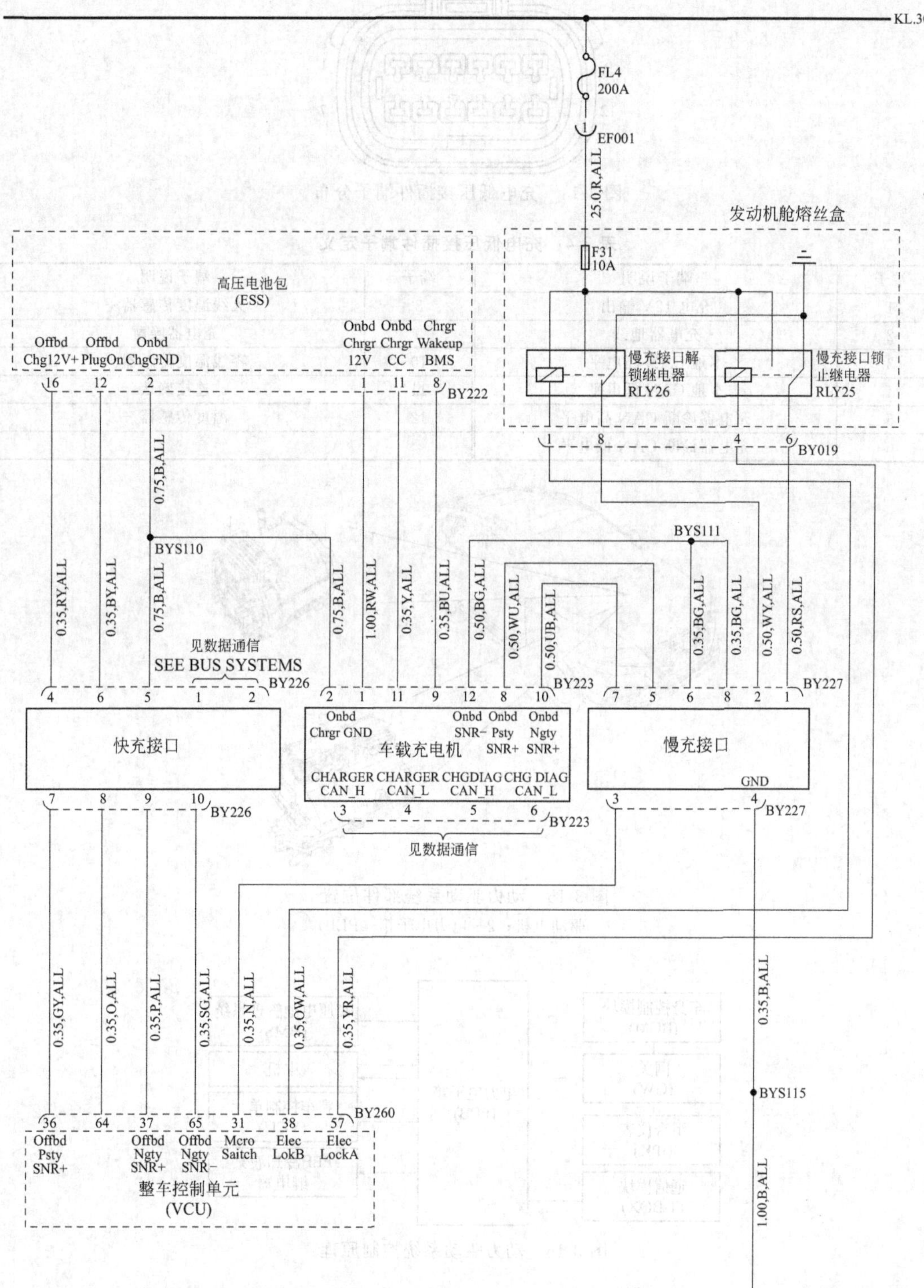
KL.30
FL4
200A
EF001
25.0,R,ALL
发动机舱熔丝盒
F31
10A
慢充接口解
锁继电器
RLY26
慢充接口锁
止继电器
RLY25
BY019
高压电池包
(ESS)
Offbd
Chg12V+
Offbd
PlugOn
Onbd
ChgGND
Onbd
Chrgr
12V
Onbd
Chrgr
CC
Chrgr
Wakeup
BMS
BY222
0.75,B,ALL
BYS110
0.35,RY,ALL
0.35,BY,ALL
0.75,B,ALL
见数据通信
SEE BUS SYSTEMS
BY226
0.75,B,ALL
1.00,RW,ALL
0.35,Y,ALL
0.35,BU,ALL
0.50,BG,ALL
0.50,WU,ALL
0.50,UB,ALL
BY223
BYS111
0.35,BG,ALL
0.35,BG,ALL
0.50,WY,ALL
0.50,RS,ALL
BY227
快充接口
Onbd
Chrgr GND
Onbd
SNR−
Onbd
Psty
SNR+
Onbd
Ngty
SNR+
车载充电机
CHARGER
CAN_H
CHARGER
CAN_L
CHGDIAG
CAN_H
CHG DIAG
CAN_L
慢充接口
GND
BY226
BY223
BY227
见数据通信
0.35,GY,ALL
0.35,O,ALL
0.35,P,ALL
0.35,SG,ALL
0.35,N,ALL
0.35,OW,ALL
0.35,YR,ALL
0.35,B,ALL
BYS115
1.00,B,ALL
BY260
Offbd
Psty
SNR+
Offbd
Ngty
SNR+
Offbd
Ngty
SNR−
Mcro
Saitch
Elec
LokB
Elec
LockA
整车控制单元
(VCU)
KL.31
BY040

图 3-13　充电系统电路

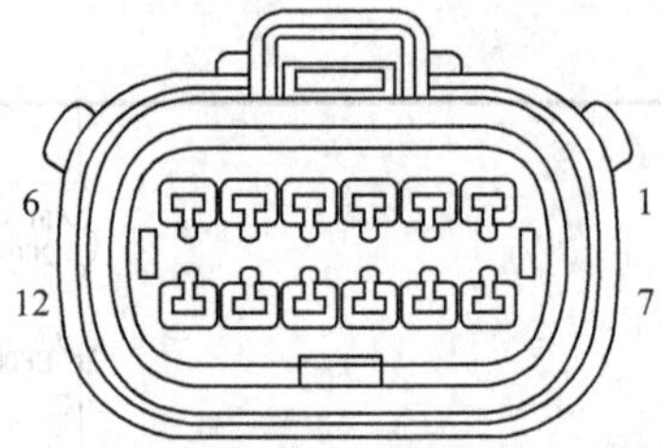

图 3-14　充电低压接插件端子分布

表 3-4　充电低压接插件端子定义

端子	端子说明	端子	端子说明
1	充电 12V 输出	8	火线温度传感器＋
2	充电器地线	9	充电器唤醒
3	本地 CAN 高电平	10	零线温度传感器＋
4	本地 CAN 低电平	11	连接确认
5	充电器诊断 CAN 高电平	12	温度传感器－
6	充电器诊断 CAN 低电平		

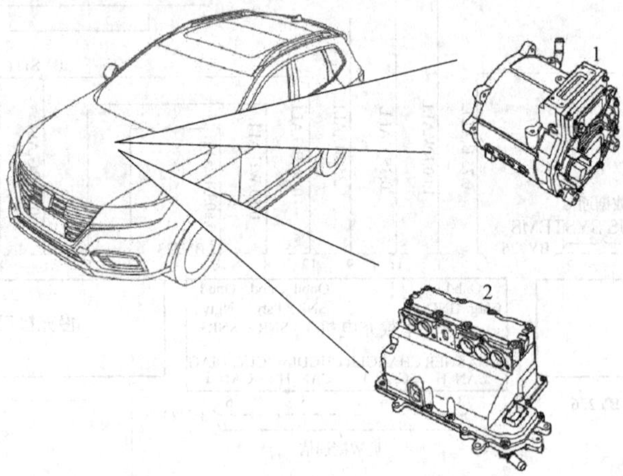

图 3-15　动力驱动系统部件位置

1—驱动电机；2—电力电子箱（PEB）

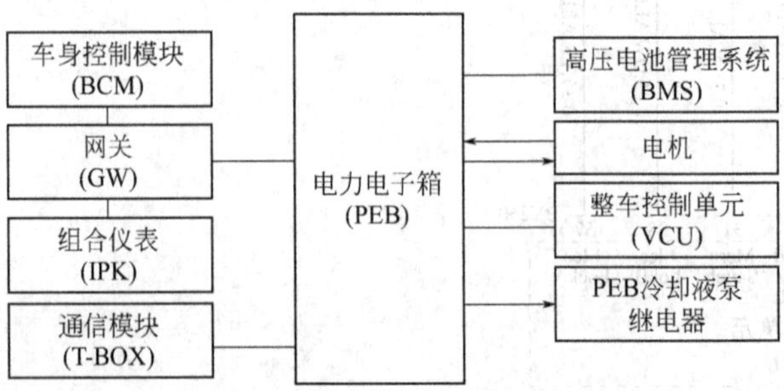

图 3-16　动力驱动系统控制原理

3.2.6　电子电力箱端子定义

电力电子箱端子分布如图 3-18 所示，其端子定义见表 3-5。

3.2.7　冷却系统部件位置

冷却系统部件位置如图 3-19 和图 3-20 所示。

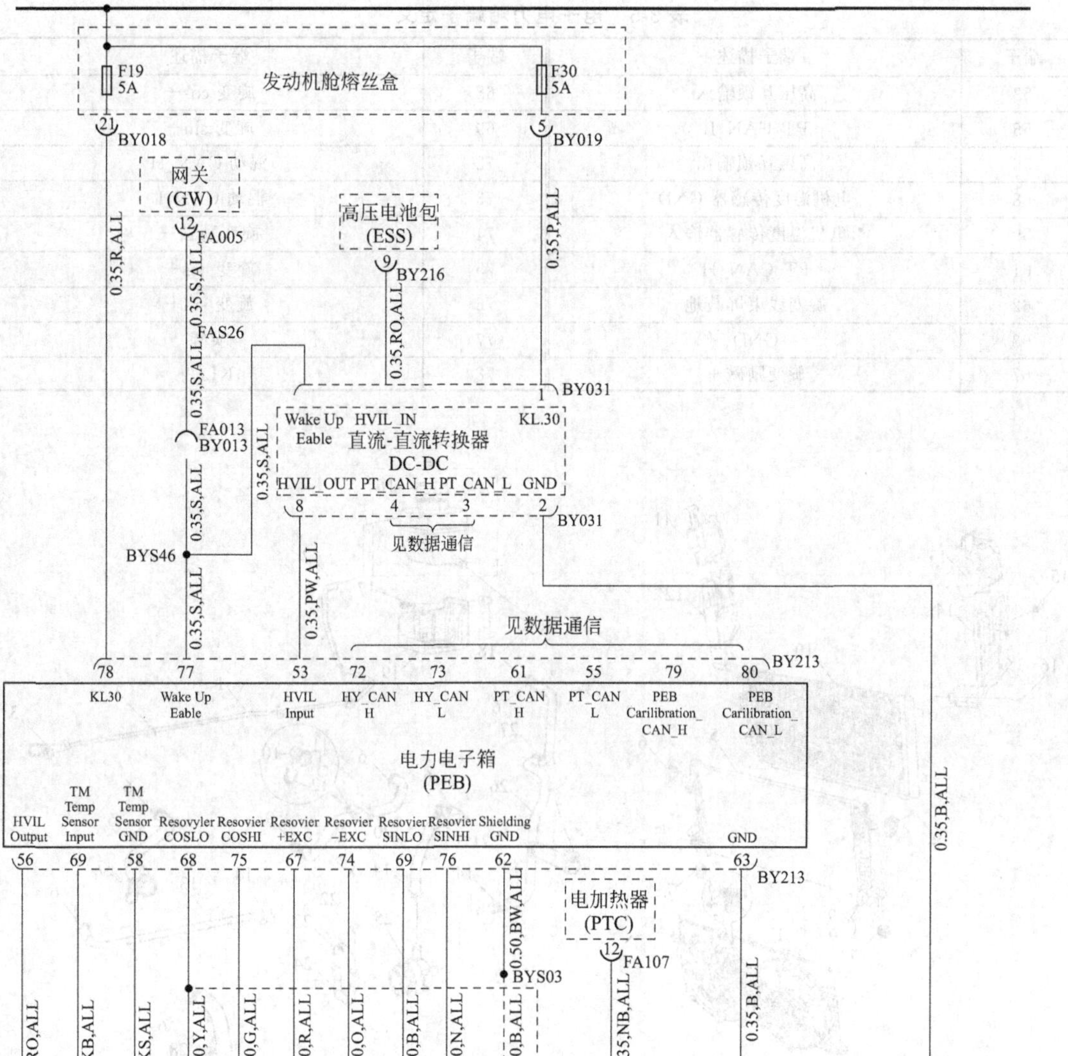

图 3-17　动力驱动系统电路

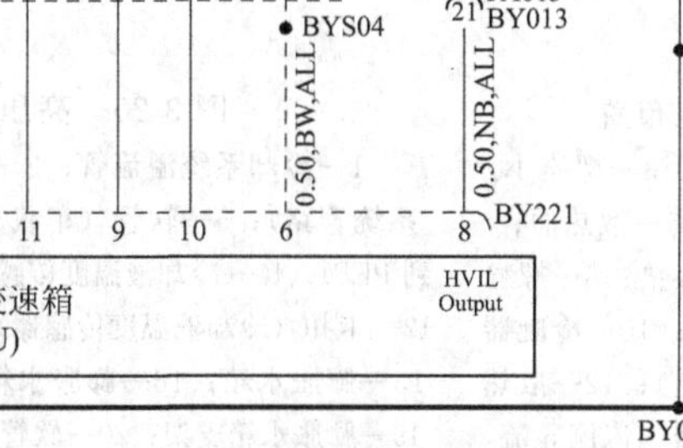

图 3-18　电力电子箱端子分布

表 3-5 电子电力箱端子定义

端子	端子描述	端子	端子描述
53	高压互锁输入	68	旋变 cos－
55	PT_CAN_L	69	旋变 sin－
56	高压互锁输出	72	混动 CAN_H
58	电机温度传感器 GND	73	混动 CAN_L
59	电机温度传感器输入	74	旋变励磁－
61	PT_CAN_H	75	旋变 cos＋
62	旋变线束屏蔽地	76	旋变 sin＋
63	GND	77	唤醒
67	旋变励磁＋	78	KL30

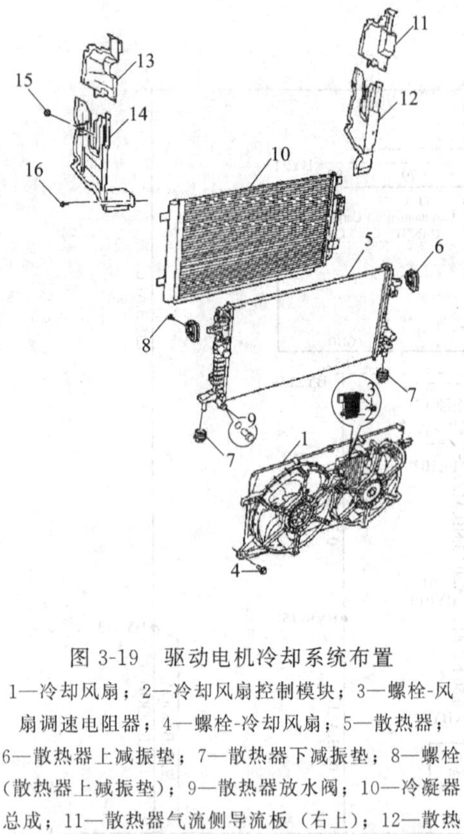

图 3-19 驱动电机冷却系统布置

1—冷却风扇；2—冷却风扇控制模块；3—螺栓-风扇调速电阻器；4—螺栓-冷却风扇；5—散热器；6—散热器上减振垫；7—散热器下减振垫；8—螺栓（散热器上减振垫）；9—散热器放水阀；10—冷凝器总成；11—散热器气流侧导流板（右上）；12—散热器气流侧导流板（右下）；13—散热器气流侧导流板（左上）；14—散热器气流侧导流板（左下）；15,16—卡钉（散热器气流侧导流板）

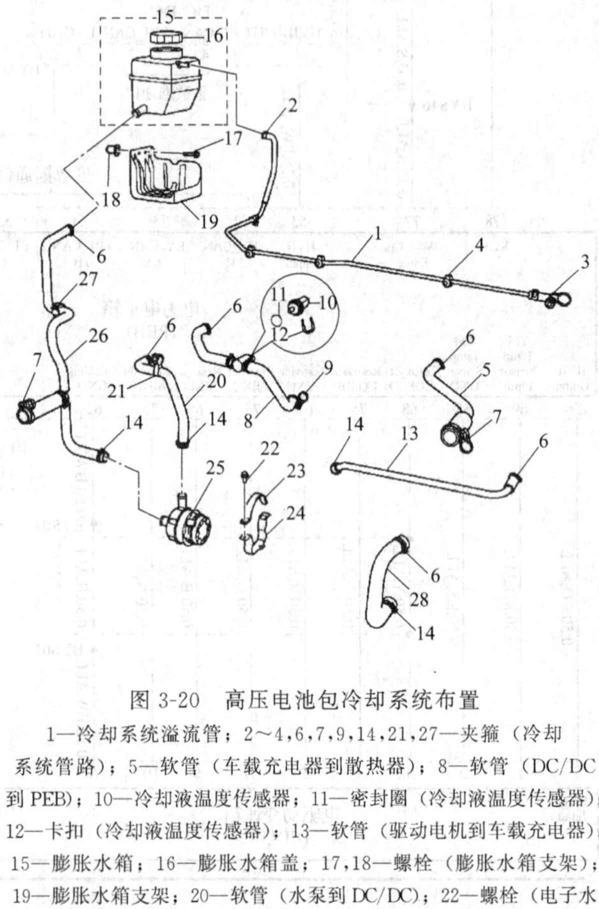

图 3-20 高压电池包冷却系统布置

1—冷却系统溢流管；2～4,6,7,9,14,21,27—夹箍（冷却系统管路）；5—软管（车载充电器到散热器）；8—软管（DC/DC到 PEB）；10—冷却液温度传感器；11—密封圈（冷却液温度传感器）；12—卡扣（冷却液温度传感器）；13—软管（驱动电机到车载充电器）；15—膨胀水箱；16—膨胀水箱盖；17,18—螺栓（膨胀水箱支架）；19—膨胀水箱支架；20—软管（水泵到 DC/DC）；22—螺栓（电子水泵支架）；23,24—电子水泵支架；25—电子水泵；26—软管（散热器到水泵）；28—软管（PEB 到驱动电机）

3.2.8 整车控制系统电路

整车控制系统控制原理如图 3-21 所示，其电路如图 3-22 所示。

3.2.9 整车控制单元端子定义

整车控制器端子分布如图 3-23 所示，其端子定义见表 3-6。

表 3-6　整车控制器端子定义

端子号	端子说明	端子号	端子说明
1～3	接地	38	电子锁解锁信号
4,5	供电	39	冷却风扇信号
6	整车控制单元供电(CRANK/IGN)	48	制动踏板开关信号
14	整车控制单元供电(ACC/Wake Up)	54	冷却水温传感器信号
15	加速踏板位置传感器 1 信号	55	混动高速 CAN 高电平
16	加速踏板位置传感器 2 信号	56	混动高速 CAN 低电平
17	动力高速 CAN 低电平	57	电子锁锁止信号
18	动力高速 CAN 高电平	63	主继电器信号
19	冷却水泵信号	64	快充接口正极温度传感器接地
26	加速踏板位置传感器 1 供电	65	快充接口正极温度传感器接地
27	加速踏板位置传感器 2 供电	67	制动灯开关信号
31	微动开关信号	71	加速踏板位置传感器 1 接地
36	快充接口正极温度传感器信号	73	冷却水温传感器接地
37	快充接口正极温度传感器信号	74	加速踏板位置传感器 2 接地

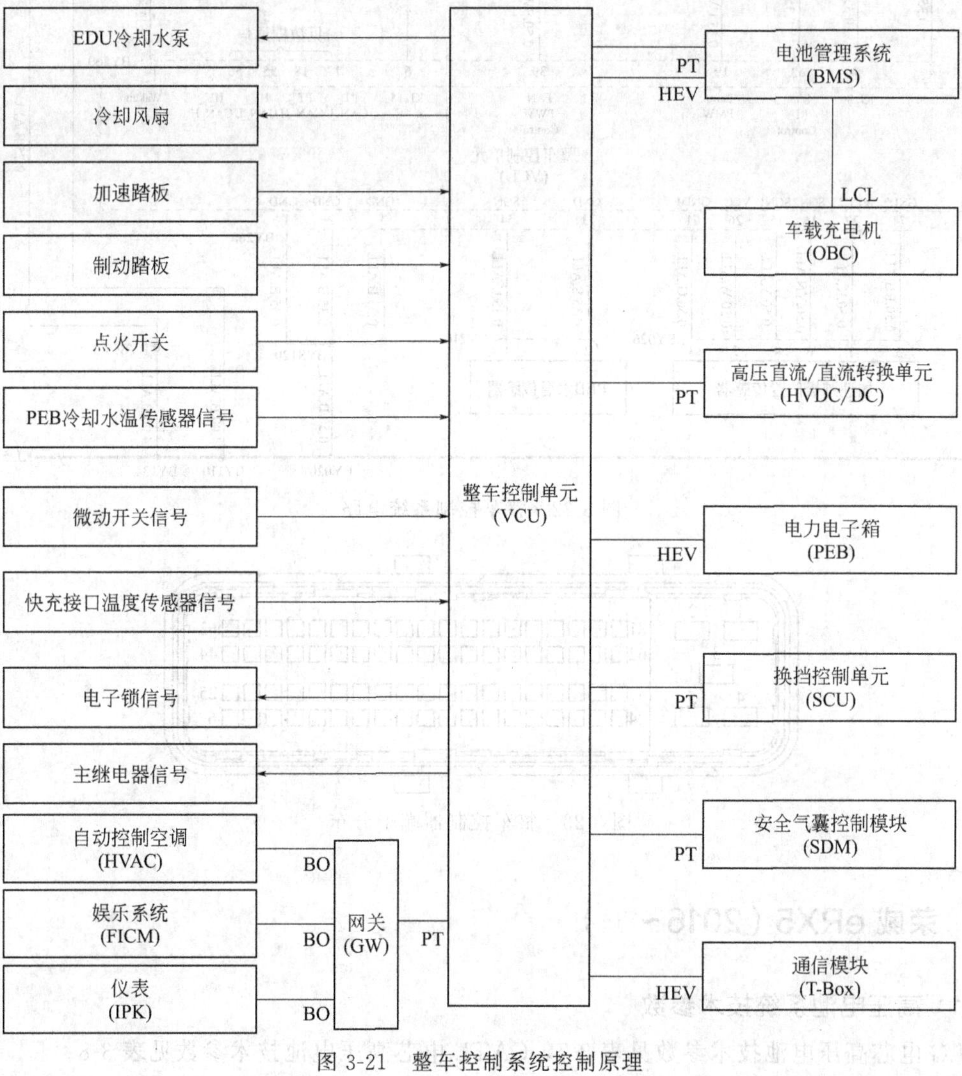

图 3-21　整车控制系统控制原理

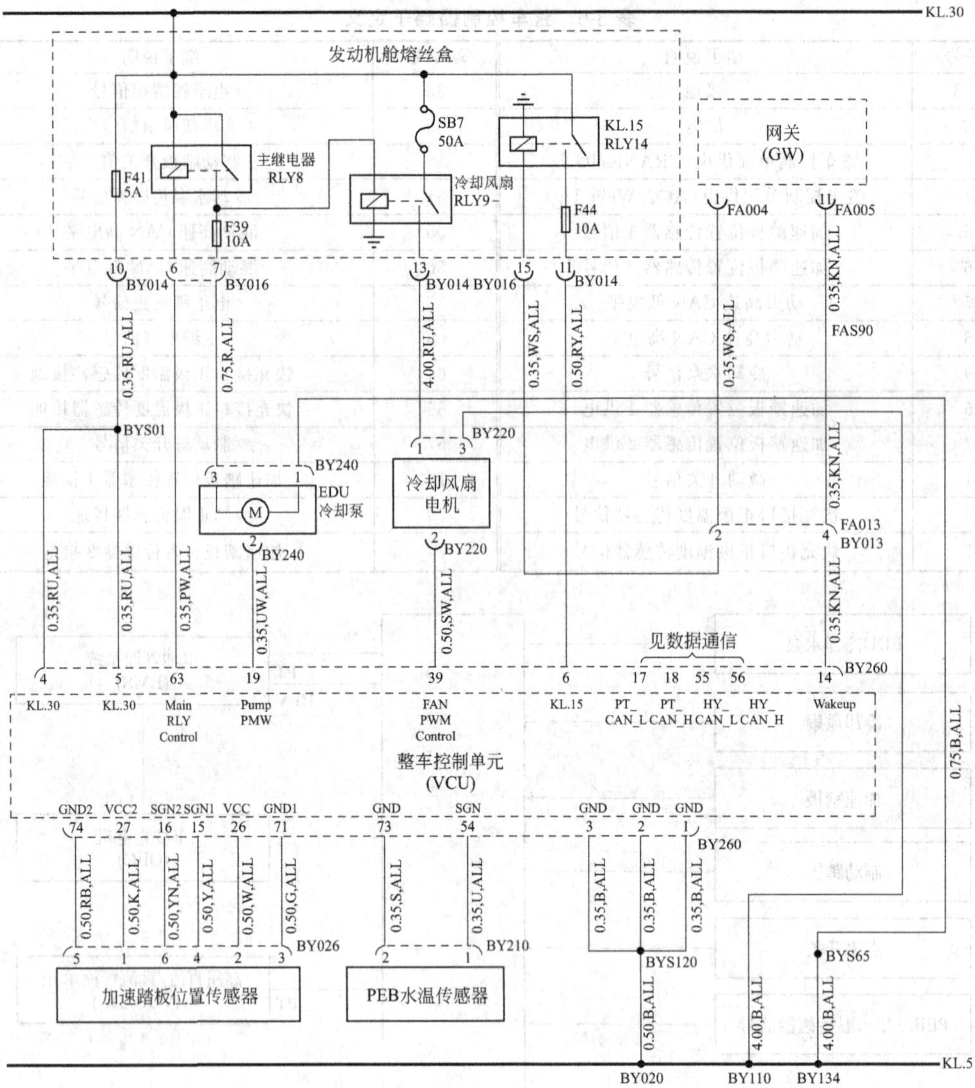

图 3-22　整车控制系统电路

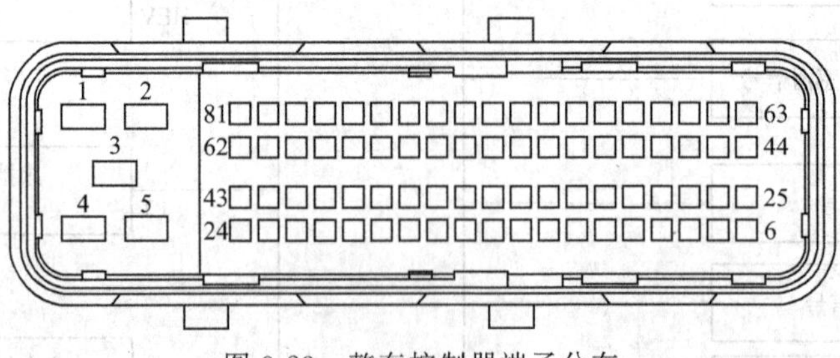

图 3-23　整车控制器端子分布

3.3　荣威 eRX5（2016～　　）

3.3.1　高压电池系统技术参数

LG 电芯高压电池技术参数见表 3-7，CATL 电芯高压电池技术参数见表 3-8。

表 3-7　LG 电芯高压电池技术参数

项目	参数	项目	参数
总能量	11.8kW·h	电池排列方式	1 并 96 串(96 单元)
总容量	33.1A·h	单体电芯额定电压	3.7V
额定电压	355V(DC)	质量	约 141kg
防护等级	IP67		

表 3-8　CATL 电芯高压电池技术参数

项目	参数	项目	参数
总能量	12kW·h	电池排列方式	1 并 90 串(90 单元)
总容量	37A·h	单体电芯额定电压	3.65V
额定电压	329V(DC)	质量	约 141kg
防护等级	IP67		

3.3.2　高压电池系统介绍

高压电池包具有以下功能。

① 2 路独立的 CAN 网络，分别与整车充电器以及内部控制模块通信。

② 提供电池的状态给整车控制器，通过不同高压继电器的通断，实现各个高压回路的通断，实现充放电管理和电池状态的指示。

③ 充电管理：通过一定流程实现车载充电器充电。

④ 热管理功能：通过水冷的方式控制电池在各种工况下，工作在合适的温度范围。

⑤ 高压安全管理：实现绝缘电阻检测、高压互锁检测、碰撞检测功能，具备故障检测管理及处理机制。

⑥ 提供充电连接线检测，控制整车的充电状态和充电连接状态灯的指示。

高压电池包安装位置与接口分布如图 3-24 和图 3-25 所示。高压电池管理系统框图如图 3-26 所示。

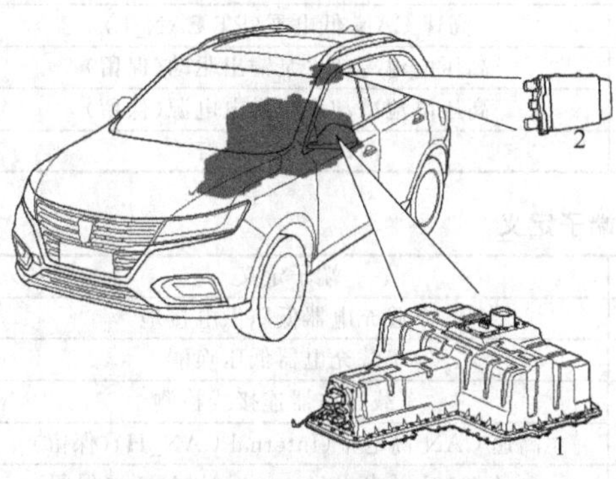

图 3-24　高压电池包安装位置

1—高压电池包；2—车载充电器

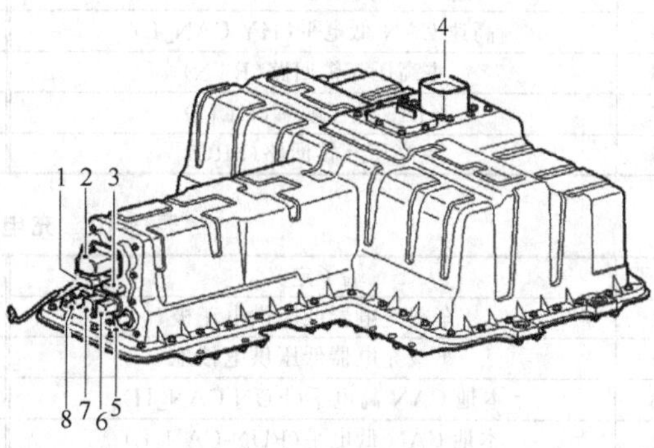

图 3-25　高压电池包接口分布

1—充电低压连接器；2—主高压线束连接器；3—整车低压连接器；4—手动维修开关；5—进水管；6—空调压缩机高压输出连接器；7—充电高压线束连接器；8—出水管

3.3.3　高压电池系统端子定义

整车低压端子如图 3-27 所示，其端子定义见表 3-9。

充电低压端子如图 3-28 所示，其端子定义见表 3-10。

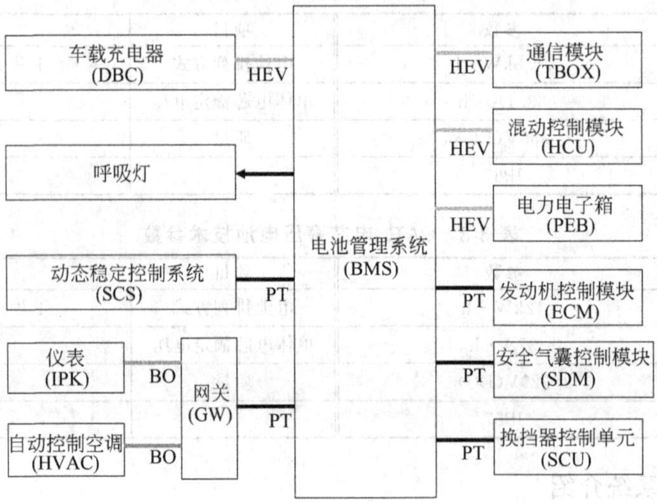

图 3-26　高压电池管理系统框图

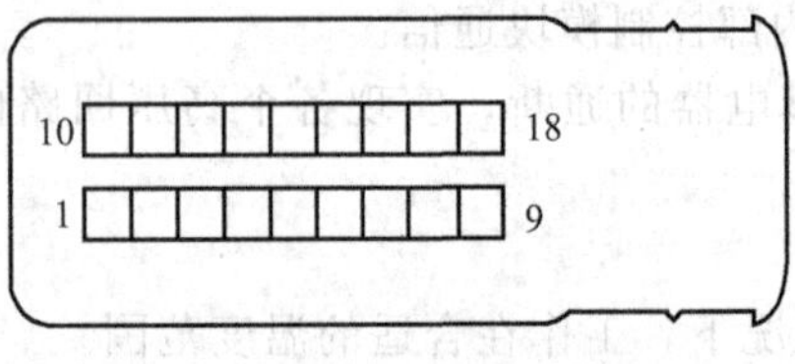

图 3-27　整车低压端子

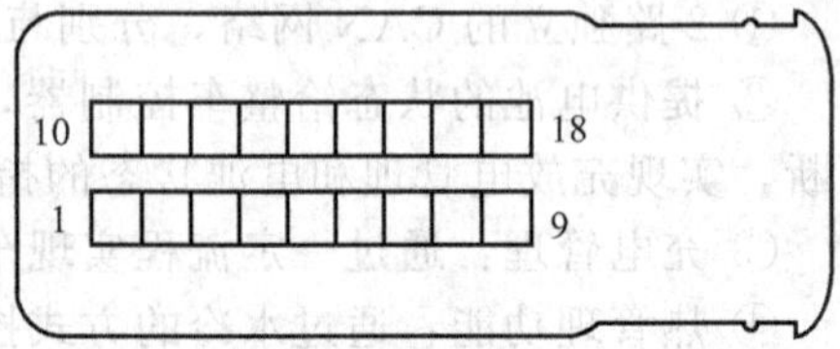

图 3-28　充电低压端子

表 3-9　整车低压端子定义

端子	端子定义	端子	端子定义
1	12V 低压供电正极(KL30)	10	12V 低压供电正极(KL30)
2	12V 低压供电负极接地(GND)	11	12V 低压供电负极接地(GND)
3	高速 CAN 高电平(HY CAN_H)	12	高速 CAN 高电平(PT CAN_H)
4	高速 CAN 低电平(HY CAN_L)	13	高速 CAN 低电平(PT CAN_L)
6	主高压互锁回路(RTN)	15	高压电池冷却水泵输出驱动(保留)
7	KL15 低压唤醒(KL15)	16	高压电池冷却水泵供电电源(保留)
9	主高压互锁回路(SRC)	18	前部充电呼吸灯

表 3-10　充电低压端子定义

端子	端子定义	端子	端子定义
1	车载充电器低压供电正极	8	车载充电器低压供电接地
2	车载充电器低压供电接地	9	车载充电器低压唤醒
3	本地 CAN 高电平(FUN CAN_H)	11	车载充电器连接线检测
4	本地 CAN 低电平(FUN CAN_L)	13	高速 CAN 高电平(Internal CAN_H)(保留)
7	车载充电器低压供电正极	14	高速 CAN 低电平(Internal CAN_L)(保留)

3.3.4　车载充电系统介绍与端子定义

车载充电系统技术参数见表 3-11。

表 3-11　车载充电系统技术参数

项目	参数	项目	参数
输入电压	50Hz,110V/220V(AC)	输出电压范围	200～430V(DC)
最大持续输入电流	16A	最大持续输出电流	13A

充电器功能如下。

① 提供与 BMS 之间的 CAN 通信。

② 以 BMS 的需求，在最大功率范围内为高压电池充电。

③ 高压安全：提供输出反接保护、高压端子残压控制、故障自关断功能。

④ 热管理：以风冷方式进行冷却。

车载充电器接口分布如图 3-29 所示。

车载充电低压端子如图 3-30 所示，其端子定义见表 3-12。

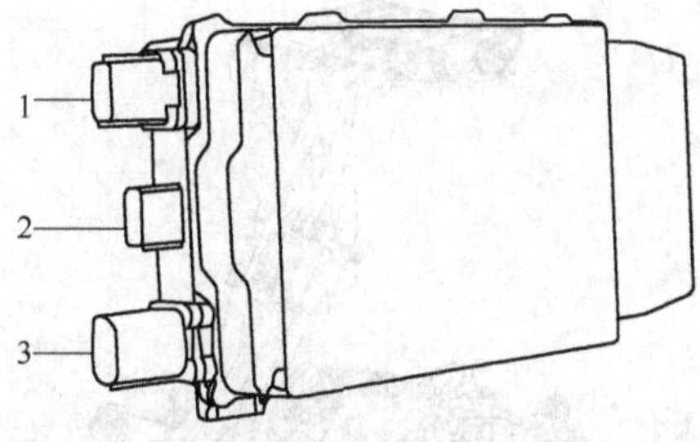

图 3-29 车载充电器接口分布

1—高压直流输出连接器；2—整车低压线束连接器；3—交流输入连接器

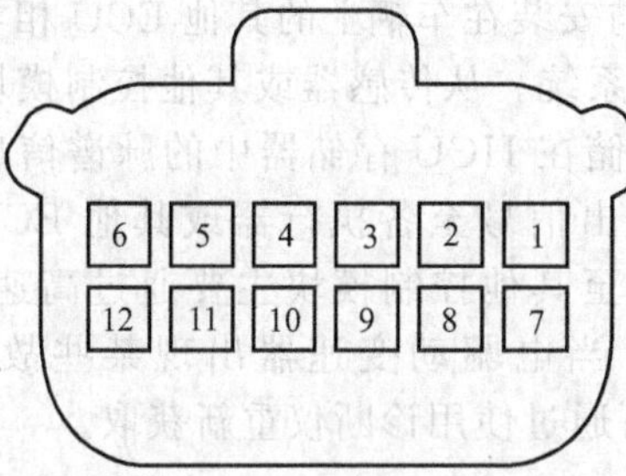

图 3-30 车载充电低压端子

表 3-12 车载充电低压端子定义

端子	定义
1	供电 1
2	接地 1
3	本地 CAN 高电平(FUN CAN_H)
4	本地 CAN 低电平(FUN CAN_L)
5	高速 CAN 高电平(Chassis CAN_H)
6	高速 CAN 低电平(Chassis CAN_L)
7	供电 2
8	接地 2
9	BMS 唤醒
11	连接确认

3.3.5 电驱动变速器技术参数

电驱动变速器技术参数见表 3-13。

表 3-13 电驱动变速器技术参数

项目		参数
型号		EDU75P2E
挡位		2 个前进挡和 1 个倒挡
速比	1 挡	2.03
	2 挡	1.064
	倒挡	2.03
	主减速	3.138
总长		约 390mm
中心距(曲轴到差速器)		约 212mm
差速器落差		约 72mm
所匹配的发动机最大功率(1.5T SGE)		124kW(5600r/min)
电机数量		2 个
持续功率/峰值功率	ISG 电机	16kW/32kW(30s)[355V(DC)]
	TM 电机	30kW/60kW(30s)[355V(DC)]
额定转矩/峰值转矩	ISG 电机	79N·m/150N·m(30s)
	TM 电机	147N·m/318N·m(30s)
额定转速/峰值转速	ISG 电机	2000r/min,6000r/min
	TM 电机	2000r/min,7000r/min
最大输入转矩	发动机	约 235N·m
	ISG 电机	约 150N·m
	TM 电机	约 318N·m
最高输入转速		6800r/min
总质量(含油)		约 115kg
液压油(型号)		Castrol BOT 351 LV
标准油量(排空和重新加注)		2.1L
机械效率		≥95%

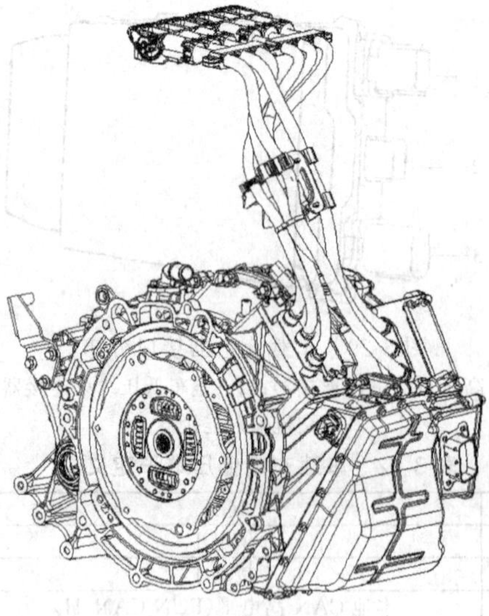

图 3-31　电驱动变速器（EDU）外形

3.3.6　电驱动系统部件分解

该车型以 EDU（Electrical Drive Unit，电驱动变速器）为动力传输单元。EDU 总成位于前舱内，整个动力总成通过悬架分别固定于副车架和纵梁上。EDU 总成带扭转减振器，并具有电液控制功能，实现平行轴式齿轮式自动换挡，其中前进挡（D 挡）共有 2 个挡位，为 2 挡变速器。EDU 总成能实现纯电动驱动、串联和并联等多种动力输出模式。电驱动变速器外形如图 3-31 所示，EDU 附件布置如图 3-32 所示，差速器总成分解见图 3-33。

HCU 以与安装在车辆上的其他 ECU 相类似的工作方式控制系统。从传感器或其他控制模块接收信息，根据存储在 HCU 存储器中的脉谱信息进行计算，然后输出信号至各执行器或其他 ECU。接收或发送信号至其他控制模块主要通过高速 CAN 总线进行。通过诊断接口（DLC）可进行诊断测试。当电驱动变速器出现某些故障时，HCU 会存储相关的诊断故障码（DTC），这些故障码可通过使用诊断仪重新获取。

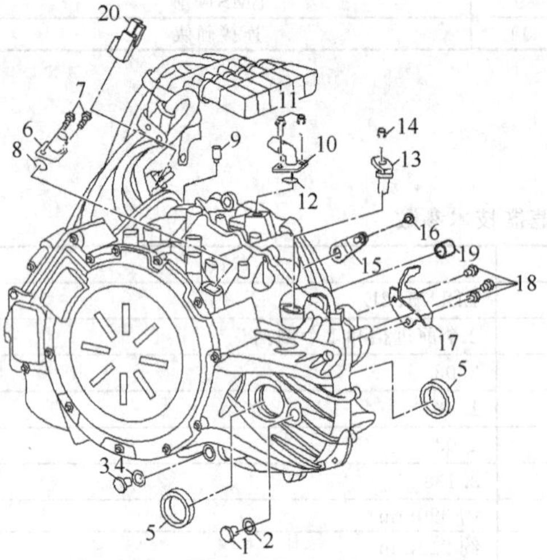

图 3-32　EDU 附件布置

1—加油口螺塞；2—垫圈（加油口螺塞）；3—放油口螺塞；4—垫圈（放油口螺塞）；5—差速器油封（左侧）；6—TM 冷却水管接头；7—螺栓（TM 冷却水管接头）；8—O 形圈（TM 冷却水管接头）；9—通气塞；10—ISG 冷却水管接头；11—螺栓（ISG 冷却水管接头）；12—O 形圈（ISG 冷却水管接头）；13—输出轴速度传感器；14—螺栓（输出轴速度传感器）；15—驻车摇臂；16—螺栓（驻车摇臂）；17—拉索支架；18—螺栓（拉索支架）；19—定位销（变速器壳体）；20—电驱动单元高压互锁接插件

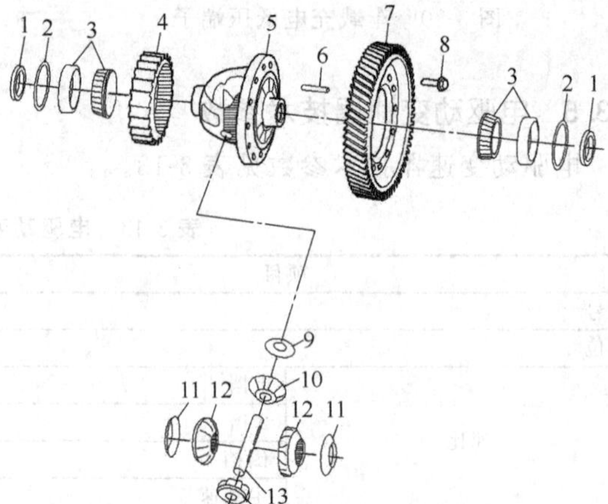

图 3-33　差速器总成分解

1—半轴油封；2—调整垫片（差速器）；3—圆锥轴承；4—驻车齿轮；5—差速器壳体；6—行星轴销；7—主减速从动齿；8—螺栓（差速器壳体到主减速从动齿）；9—行星齿垫片；10—行星齿轮；11—半轴齿垫片；12—半轴齿轮；13—行星齿轮轴

EDU 的动力系统构架如图 3-34 所示，该方案包括下述混合动力特征。

① 驱动模式选择。EDU 可以实现如下的驱动模式。E：traction motor（TM）only，电驱动模式。HEV：series and parallel，串联或并联。纯电动驱动：EDU 可以通过电池带动

TM 电机，实现纯电机驱动的前进挡和倒挡。

② 串联混合动力驱动（智能充电）。启动发动机，ISG 发电并把电提供给 TM，TM 通过所选挡位（一挡或二挡）驱动车辆，不足或者多余电量将由电池平衡。智能充电，发动机打开，带动 ISG 发电，给电池充电。

③ 全混驱动（并联混驱）。当 TM 电机启动并使车辆达到一定速度后，根据驾驶人意愿和混动系统状态，HCU 决定何时由 ISG 启动发动机。当曲轴和主轴都达到同步速度后，离合器 C1 闭合。之后 HCU 根据驾驶者意愿及电池状态，以及最佳的燃油经济性来决定发动机、ISG 电机和 TM 电机的输出，相应地驱动车辆或者刹车。

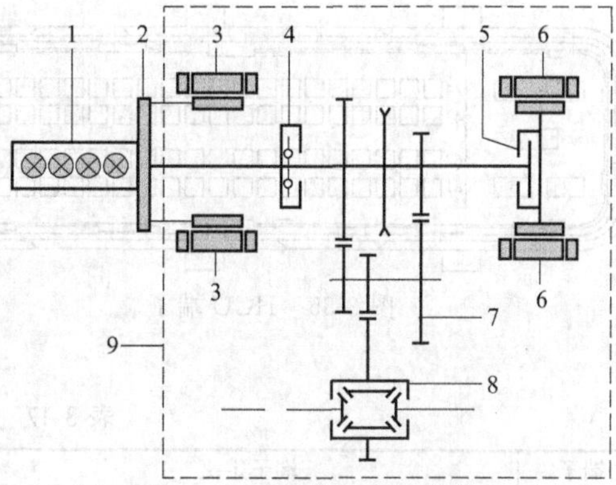

图 3-34　EDU 的动力系统构架

1—发动机；2—柔性连接盘；3—ISG 电机；4—C1 离合器；5—C2 离合器；6—TM 电机；7—齿轴机构；8—差速器；9—EDU 总成

④ 纯电动爬行（TM 单独完成）。在挡位处于 D 挡并且没有踩加速踏板的情况下，如果电池荷电量不太低，车辆可以进行纯电动“爬行”，像传统车那样缓慢向前移动。

⑤ 驻坡功能。在挡位处于 D 挡并且没有踩加速踏板的情况下，为了防止车辆在坡道上溜车，混合动力系统具备与传统车相当的驻坡功能。车辆可以在坡道上缓慢“爬行”。

⑥ 发动机自动启停。当系统要求纯电动模式行驶时，发动机将保持停机状态或自动平稳停机。当系统要求发动机工作时（纯电动模式切换到串联工作模式或并联工作模式），发动机可以通过 ISG 电机实现自动平稳启动并工作。

⑦ 制动能量回收和滑行能量回收。系统能量回收是指利用车轮转动反向驱动电机对电池进行充电。

3.3.7 PEB 电力电子箱技术参数与端子定义

（1） DC/DC 转换器参数（降压模式）（表 3-14）

表 3-14　DC/DC 转换器参数（降压模式）

项目	参数	项目	参数
输出电压范围	9～16V	峰值输出功率	2.4kW
全负荷下输入电压范围	250～430V	额定输出功率	2.4kW

（2） TM 转矩/转速控制（表 3-15）

表 3-15　TM 转矩/转速控制

项目	参数	项目	参数
全负荷工作电压	230～393V	最大电流	340A

（3） ISG 转矩/转速控制（表 3-16）

表 3-16　ISG 转矩/转速控制

项目	参数	项目	参数
全负荷工作电压	230～393V	最大电流	150A

电力电子箱是控制 TM 电机和 ISG 电机的电气组件，在混动 CAN 上与 HCU、BMS 等控制器通信。接收 HCU 的转矩和转速命令以控制 ISG 电机和 TM 电机，同时电力电子箱控制器带有自诊断功能，确保系统安全运行。

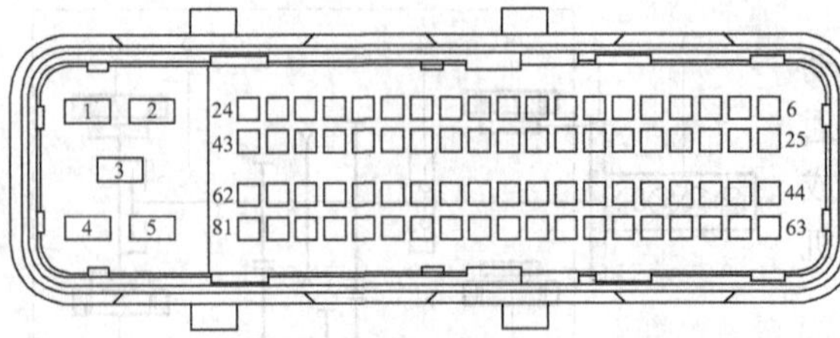

图 3-35　HCU 端子

电力电子箱系统内部集成以下主要部件：TM 控制器；ISG 控制器；逆变器；DC/DC 转换器

HCU 端子如图 3-35 所示，其端子定义见表 3-17。

3.3.8　车身控制系统说明与端子定义

BCM 安装位置位于 A 柱左前侧围板处。

表 3-17　HCU 端子定义

端子	端子定义	端子	端子定义
1～3	混动控制单元(－)	38	离合器操作阀 C1 控制端
4,5	混动控制单元(＋)	39	离合器操作阀 C2 控制端
6	Run/Crank 信号	44	油泵继电器控制端
7	输出轴速度传感器(＋)	47	E/N/S 驾驶模式切换开关
8	输入轴速度传感器(＋)(保留)	48	制动踏板开关信号 1
9	输入轴速度传感器(－)(保留)	50	急停开关信号(保留)
11	拨叉位置信号	53	油温传感器信号
12	点火开关信号(保留)	54	水温传感器信号
14	ACC/WakeUp 信号	55	混动 CAN 高电平
15	加速踏板位置信号 1	56	混动 CAN 低电平
16	加速踏板位置信号 2	57	安全阀控制端
17	整车 CAN 低电平	58	换挡方向阀控制端
18	整车 CAN 高电平	60～62	离合器操作阀 C1、换挡方向阀(＋)
20	换挡压力阀控制端	64	拨叉位置传感器(－)
22～24	安全阀(＋)	65	油压传感器 1(－)
26	拨叉位置传感器(＋)、制动踏板位置传感器(＋)、加速踏板位置传感器 1(＋)	67	制动踏板开关信号 2
		71	水温传感器(－)、加速踏板位置传感器 1(－)
27	油压传感器 1(＋)、加速踏板位置传感器 2(＋)、油压传感器 2(＋)(保留)	72	制动踏板位置信号(保留)
		73	制动踏板位置传感器(－)(保留)
28	输出轴速度传感器(－)	74	油温传感器(－)、加速踏板位置传感器 2(－)
30	拨叉位置信号(反)	75	油压传感器 2(－)(保留)
34	油压传感器 1 信号	79～81	离合器操作阀 C2(＋)、换挡压力阀(＋)
35	油压传感器 2 信号(保留)		

BCM 包括低功率模式的微处理器、电可擦除只读存储器（EEPROM）、CAN、LIN 收发机和电源。BCM 具有离散的输入和输出端子，控制车身大部分功能。它通过高速 CAN 总线与其他主要电气系统交互作用，通过 LIN 总线与次要的电气系统交互作用。BCM 的电源模式主控模块（PMM）功能，为大部分车辆电气部件供电。

通过车身高速 CAN 总线，BCM 与以下部件直接通信。

① PLCM（电动尾门控制模块）。

② TPMS（胎压监测系统）。

③ ACM（空调）。

④ FICM（娱乐系统）。

⑤ IPK（组合仪表）。

⑥ PEPS（无钥匙进入和启动控制模块）。

⑦ GATEWAY（网关）。

使用 LIN 总线，车身控制模块与以下部件直接通信。

① SR（天窗）。
② SS（遮阳帘）。
③ IMMO（低频防盗线圈）。
④ RS（雨量传感器）。
⑤ DDSP（驾驶员侧组合开关）。
⑥ PWL（电动车窗升降电机）。

车身控制模块端子如图 3-36 所示，其端子定义见表 3-18～表 3-23。

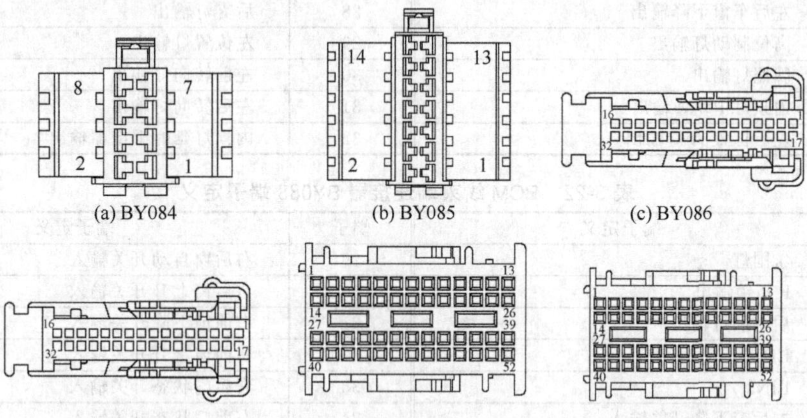

图 3-36 车身控制模块端子

表 3-18 BCM 线束端连接器 BY084 端子定义

端子	端子定义	端子	端子定义
1	KL. 30	5	接地
2	右近光灯输出	6	KL. 30
3	照地灯输出	7	日间行车灯输出
4	KL. 30		

表 3-19 BCM 线束端连接器 BY085 端子定义

端子	端子定义	端子	端子定义
1	KL. 30	9	KL. 30
4	左近光灯输出	10	驾驶人侧车门解锁输出
5	接地	11	KL. 30
6	解锁输出	12	后备厢解锁输出
7	—	13	车门上锁输出
8	接地	14	超级上锁输出

表 3-20 BCM 线束端连接器 BY086 端子定义

端子	端子定义	端子	端子定义
1	前雨刮停止位反馈	13	前雨刮电机速度继电器线圈端输出
3	KL. 15 继电器线圈端输出	14	前雨刮电机使能继电器线圈端输出
4	起动机继电器线圈端输出(启停系统专用)	15	前雾灯继电器线圈端输出
5	喇叭继电器线圈端输出	16	主灯光继电器线圈端输出
8	右座椅加热继电器线圈端输出	17	高边驱动输出
9	后风窗加热输出	19	发动机舱盖输入
10	后风窗洗涤泵继电器线圈端输出	24	儿童锁继电器线圈端输出
11	前风窗洗涤泵继电器线圈端输出	31	左位置灯输出
12	后雨刮电机继电器线圈端输出	32	右位置灯输出

表 3-21 BCM 线束端连接器 BY087 针脚信息

针脚号	描述	针脚号	描述
1	左前车窗上升输出	14	右后位置 A 灯输出
2	左前车窗下降输出	22	右制动灯输出
3	右前车窗上升输出	23	右后转向灯输出
4	右前车窗下降输出	24	右前转向灯输出
5	右后车窗上升输出	25	右位置灯输出
6	右后车窗下降输出	26	倒车灯输出
7	左后车窗上升输出	27	左制动灯输出
8	左后车窗下降输出	28	后雾灯输出
10	高位制动灯输出	29	左位置灯输出
11	牌照灯输出	30	左前转向灯输出
12	内顶灯 PWM 输出	31	左后转向灯输出
13	左后位置 A 灯输出	32	内顶灯延时继电器输出

表 3-22 BCM 线束端连接器 BY088 端子定义

端子	端子定义	端子	端子定义
8	氛围灯	29	右后窗自动开关输入
9	P 挡锁输出	30	右后窗上升开关输入
10	后备厢灯输出	31	右前窗下降开关输入
12	LIN4	32	右前窗上升开关输入
13	LIN3	33	右后门状态开关输入
16	左后窗下降开关输入	34	右前门状态开关输入
17	离合器开关输入	35	主驾门上锁输入
18	左后窗自动开关输入	39	LIN1
19	左后窗上升开关输入	40	内顶灯开关
20	空挡开关输入	41	后备厢开启开关输入
22	左后门状态输入	42	左前门状态开关输入
23	后备厢门状态输入	43	左前门解锁输入
24	右后窗下降开关输入	46	洗涤液液位报警输入
25	LIN6	49	后雨刮电机停止位开关输入
26	LIN2	50	制动踏板开关输入
27	右前窗自动开关输入	51	中速 CAN 高
28	倒挡开关输入	52	中速 CAN 低

表 3-23 BCM 线束端连接器 FA026 针脚信息

针脚号	描述	针脚号	描述
5	中控锁开关输入	33	后风窗加热开关输入
7	主灯光开关输入	37	一键启动 ST/RUN 挡指示灯输出
8	转向灯开关输入	38	灯光传感器请求信号输入
10	LIN5	40	后洗涤开关输入
12	KL. 50	41	前雨刮开关输入 1
13	中控解锁开关输入	42	前雨刮间歇挡开关输入
14	前照灯洗涤泵线圈输出	43	后雨刮开关输入
15	后风窗加热指示	44	前洗涤开关输入
20	危险警告灯开关输入	45	一键启动开关输入
22	灯光传感器接地	47	前雨刮开关输入 2
25	点火开关运行输入/启动信号输入	48	喇叭开关输入
26	一键启动 ACC 挡指示灯输出	49	车门状态 LED 灯输出
27	接地	50	灯光传感器电源输出
28	前雾灯开关信号输入	51	ACC 挡唤醒信号
29	主灯光开关输入		

3.4 荣威 ei6（2016~ ）

3.4.1 高压电池包部件分解

高压电池包部件分解如图 3-37 所示。

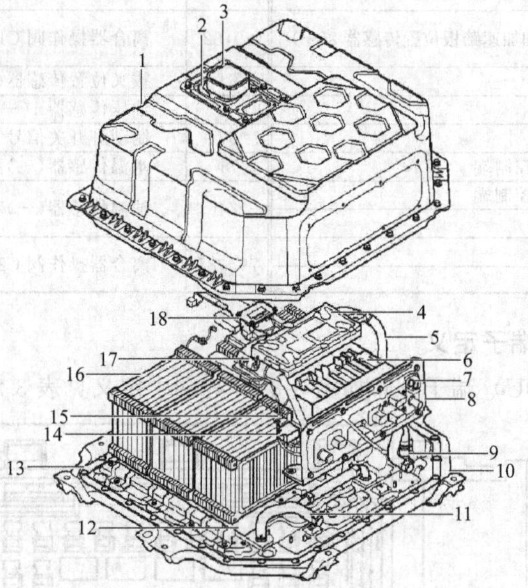

图 3-37 高压电池包部件分解

1—高压电池包上盖；2—手动维修开关底座；3—手动维修开关；4—电池管理系统（BMS）；5—低压线束；6—继电器模块；7—泄压阀；8—接插件端板；9—水温传感器；10—高压电池包托盘；11—冷却水管；12—冷却板；13—高压电池包密封条；14—Y 向电容；15—高压线束；16—电池模组；17—磁环；18—高压电池包熔丝盒

3.4.2 整车控制器端子定义

整车控制器端子分布如图 3-38 所示，其端子定义见表 3-24。

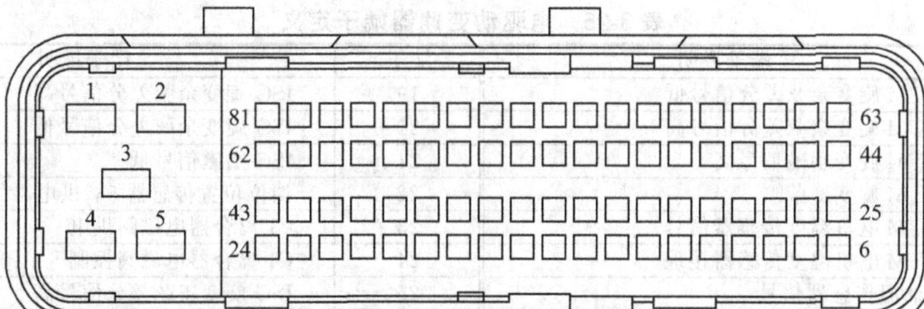

图 3-38 整车控制器端子分布

表 3-24 整车控制器端子定义

端子	端子说明	端子	端子说明
1～3	混合动力控制单元(－)	11	拔叉位置信号(正)
4,5	混合动力控制单元(＋)	14	ACC/Wake Up 信号
6	Run/Crank 信号	15	加速踏板位置信号 1
7	输出轴速度传感器(＋)	16	加速踏板位置信号 2

续表

端子	端子说明	端子	端子说明
17	动力 CAN 低电平	54	水温传感器信号
18	动力 CAN 高电平	55	混动 CAN 高电平
20	换挡压力阀控制端	56	混动 CAN 低电平
22～24	安全阀(＋)	57	安全阀控制端
26	拔叉位置传感器(＋)和加速踏板位置传感器 1(＋)	58	换挡方向阀控制端
27	油压传感器 1(＋)和加速踏板位置传感器 2(＋)	60,62	离合器操作阀 C1(＋)和换挡方向阀(＋)
28	输出轴速度传感器(－)	64	拔叉位置传感器(－)
30	拔叉位置信号(反)	65	油压传感器 1(－)
34	油压传感器 1 信号	67	制动灯开关信号
38	离合器操作阀 C1 控制端	71	水温传感器(－)和加速踏板位置传感器 1(－)
39	离合器操作阀 C2 控制端	74	油温传感器(－)和加速踏板位置传感器 2(－)
44	油泵继电器控制端		
48	制动行程开关信号	79～81	离合器操作阀 C2(＋)和换挡压力阀(＋)
53	油温传感器信号		

3.4.3 电驱动变速器端子定义

电驱动变速器（EDU）端子分布如图 3-39，其端子定义见表 3-25。

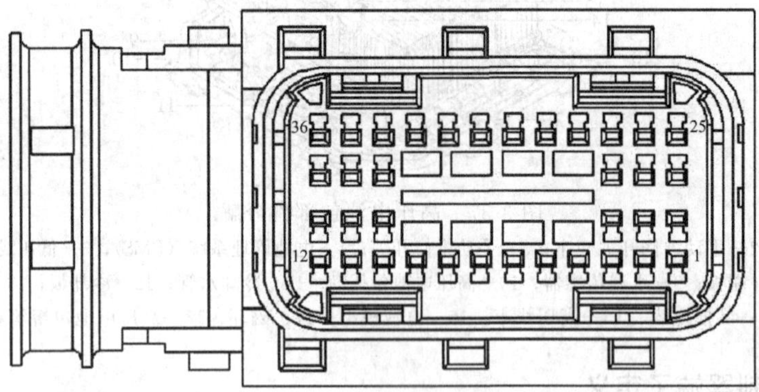

图 3-39 电驱动变速器端子分布

表 3-25 电驱动变速器端子定义

端子	端子说明	端子	端子说明
1	TM 旋变余弦差分信号低	19	ISG 旋变余弦差分信号高
2	TM 旋变余弦差分信号高	20	ISG 旋变余弦差分信号低
3	TM 旋变励磁信号高	21	ISG 励磁信号低
4	TM 旋变屏蔽	22	挡位位置传感器 5V 供电
5	TM 电机温度传感器信号	23	C1 离合器电磁阀供电
6	TM 电机温度传感器接地	24	C1 离合器电磁阀控制
7	油温传感器信号	25	ISG 旋变正弦差分信号高
8	油温传感器接地	26	ISG 旋变正弦差分信号低
9	C2 离合器电磁阀供电	27	ISG 旋变励磁信号高
10	C2 离合器电磁阀控制	28	ISG 旋变屏蔽
11	安全阀 SV1 供电	29	ISG 电机温度传感器信号
12	安全阀 SV1 控制	30	ISG 电机温度传感器接地
13	TM 正弦差分信号低	31	油压传感器 5V 供电
14	TM 正弦差分信号高	32	油压传感器输出
15	TM 励磁信号低	33	油压传感器接地
16	挡位位置传感器信号	34	挡位位置传感器信号
17	换挡方向电磁阀 G1 供电	35	换挡压力电磁阀 SV2 供电
18	换挡方向电磁阀 G1 控制	36	换挡压力电磁阀 SV2 控制

3.4.4 电子电力箱端子定义

电力电子箱（PEB）端子分布如图3-40所示，其端子定义见表3-26和表3-27。

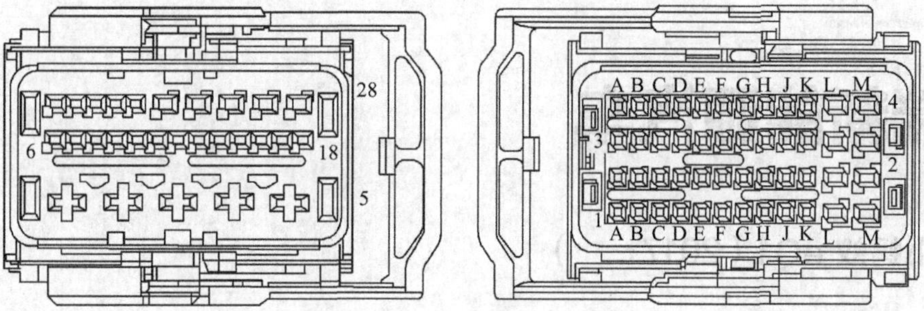

图3-40 电力电子箱端子分布

表3-26 28针端子定义

端子	端子说明	端子	端子说明
1	KL.30	12	唤醒使能
2	KL.30	15	PT_CAN_H
3	接地	16	PT_CAN_L
4	接地	17	PT_CAN_H
5	接地	18	PT_CAN_L
6	ISG标定CAN_H(预留)	19	ISG标定CAN_L(预留)
7	混合动力CAN_H	20	混合动力CAN_L
8	TM标定CAN_H(预留)	21	TM标定CAN_L(预留)
9	高压互锁输出	22	高压互锁输入
10	混合动力CAN_H	23	混合动力CAN_L
11	—		

表3-27 48针端子定义

端子	端子说明	端子	端子说明
A1	S3正弦差分信号(ISG)	E3	TM旋变屏蔽
A2	S1正弦差分信号(ISG)	F1	R12激励信号(TM)
B1	S4余弦差分信号(ISG)	F2	R11激励信号(TM)
B2	S2余弦差分信号(ISG)	G1	高压互锁输入(ISG)
B3	ISG旋变屏蔽	G2	高压互锁输出(ISG)
C1	R11激励信号(ISG)	H1	高压互锁输入(TM)
C2	R12激励信号(ISG)	H2	高压互锁输出(TM)
D1	S2正弦差分信号(TM)	J1	TM电机温度接地信号
D2	S4正弦差分信号(TM)	J2	ISG电机温度接地信号
E1	S1余弦差分信号(TM)	K1	TM电机温度信号
E2	S3余弦差分信号(TM)	K2	ISG电机温度信号

第4章

奇瑞新能源汽车

4.1 小蚂蚁 eQ1（2017~ ）

4.1.1 电池管理器端子定义

电池管理器端子分布如图 4-1 所示，其端子定义见表 4-1。

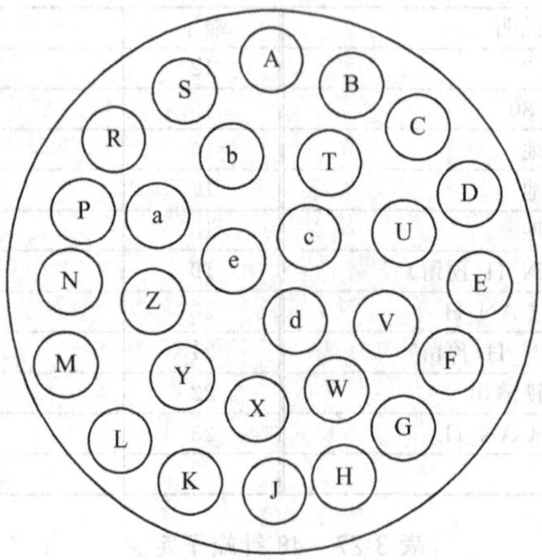

图 4-1 电池管理器端子分布

表 4-1 电池管理器端子定义

端子	端子说明	端子	端子说明
A	交流充电桩充电导引电路 CC 信号	S	热敏电阻 1(新国标预留接快充温度传感器)
B	交流充电桩充电导引电路 CP 信号	T	热敏电阻 1 地(新国标预留接快充温度传感器)
C	直流充电桩充电导引电路 CC 信号	U	内网 CAN 高
D	高压回路继电器闭合使能信号	V	内网 CAN 低
E	BMS 供电 12V 电源	W	整车点火信号
F	快充设备点火信号	X	充电机点火信号
G	BMS 电源地	Y	风扇 PWM 控制
H	BMS 电源地	Z	热敏电阻 2(新国标预留接快充温度传感器)
J	BMS 供电 12V 电源	a	充电指示灯驱动信号 1(红)
K	整车 CAN 高	b	充电指示灯驱动信号 2(绿)
L	整车 CAN 低	c	风扇反馈信号
P	快充 CAN 网络高	d	风扇继电器低边控制信号
R	快充电 CAN 网络低	e	热敏电阻 2 地(新国标预留接快充温度传感器)

4.1.2 车载充电机端子定义

车载充电机端子分布如图 4-2 所示，其端子定义见表 4-2 和表 4-3。

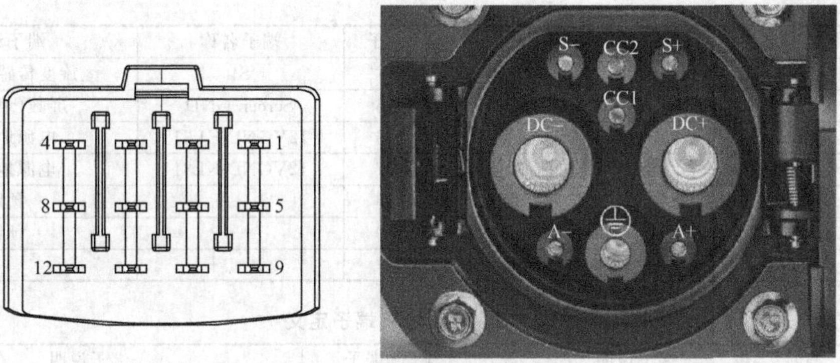

图 4-2 车载充电机端子分布

表 4-2 12 针端子定义

端子	端子说明	额定电流/A	端子	端子说明	额定电流/A
1	A+低压辅助电源正	1.5	9	热敏电阻 1	0.02
2	CAN_L/S	—	10	热敏电阻 1 地	0.02
3	CAN_H/S+	—	11	热敏电阻 2	0.02
5	CC2 充电连接确认 1	0.02	12	热敏电阻 2 地	0.02
6	A-低压辅助电源负	1.5			

表 4-3 充电接口连接定义

端子	额定电压/额定电流	端子说明
DC+	750V/125A	直流电源正,连接直流电源正与蓄电池正极
DC-	750V/125A	直流电源负,连接直流电源正与蓄电池负极
⏚	—	保护接地(PE),连接供电设备地线和车辆车身接地
S+	0～30V/2A	充电通信 CAN _H,连接非车载充电机与电动汽车的通信线
S-	0～30V/2A	充电通信 CAN _L,连接非车载充电机与电动汽车的通信线
CC1	0～30V/2A	充电连接确认
CC2	0～30V/2A	充电连接确认
A+	0～30V/2A	低压辅助电源正,连接非车载充电机为电动汽车提供的低压辅助电源
A-	0～30V/2A	低压辅助电源负,连接非车载充电机为电动汽车提供的低压辅助电源

4.1.3 电机控制器与驱动电机端子定义

电机控制器与驱动电机端子分布如图 4-3 所示，其端子定义见表 4-4 和表 4-5。

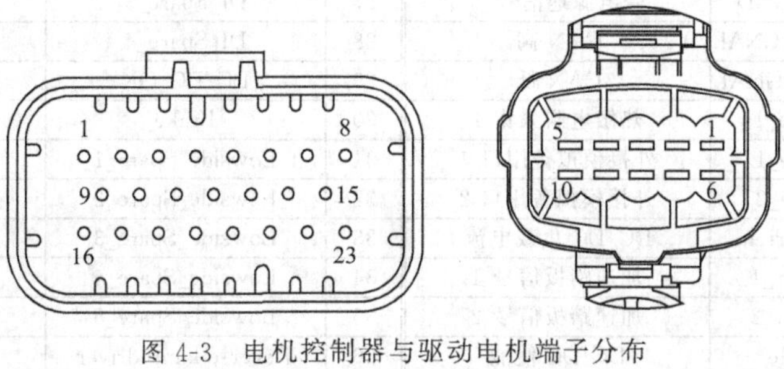

图 4-3 电机控制器与驱动电机端子分布

表 4-4 电机控制器端子定义

端子	端子名称	端子说明	端子	端子名称	端子说明
1	12V(KL. 30)	KL. 30 电源信号	4	R2	旋变传感器信号
2	12V(KL. 30)	KL. 30 电源信号	5	S1	旋变传感器信号
3	R1	旋变传感器信号	6	S3	旋变传感器信号

续表

端子	端子名称	端子说明	端子	端子名称	端子说明
7	CAN_H	CAN(高)信号	14	S4	旋变传感器信号
8	CAN_L	CAN(低)信号	15	Screen-GND	屏蔽(地)信号
9	KL. 15	KL. 15 电源信号	16	12VGND-KL31	电源地信号
10	VCU-EN	VCU 使能控制信号	17	12VGND-KL31	电源地信号
11	TEMP-1	温度传感器信号	18	—	预留
12	TEMP-2	温度传感器信号	19	—	预留
13	S2	旋变传感器信号			

表 4-5　驱动电机端子定义

端子	端子说明	端子	端子说明
1	旋变 EXTP_R1	5	旋变 EXTP_S2
2	旋变 EXTP_R2	6	旋变 EXTP_S4
3	旋变 EXTP_S1	7	电机温度传感器 TEMP_1
4	旋变 EXTP_S3	8	电机温度传感器 TEMP_1

4.1.4 整车控制器端子定义

整车控制器端子分布如图 4-4 所示，其端子定义见表 4-6。

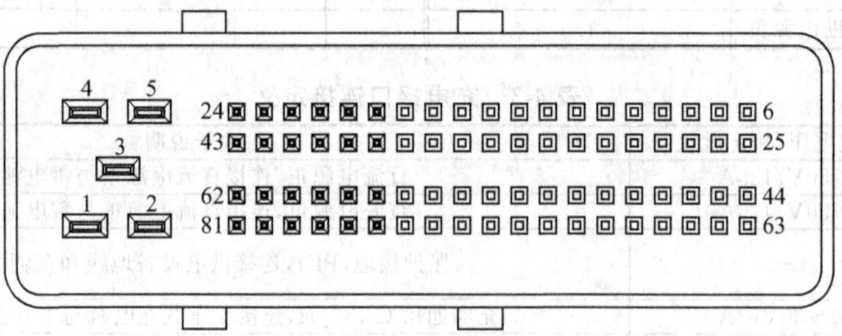

图 4-4　整车控制器端子分布

表 4-6　整车控制器端子定义

端子	端子名称	端子说明	端子	端子名称	端子说明
1	KL. 30_supply	KL. 30 电源信号	23	AN 5V	模拟 5V 输出
2	KL. 30_supply	KL. 30 电源信号	24	AN 5V	模拟 5V 输出
3	Power_GND	电源地信号	25	DI_Spare_1	数字输入备用口 1
4	KL. 30_supply_GND	电源地信号	26	DI_Spare_2	数字输入备用口 2
5	KL. 30_supply_GND	电源地信号	27	DI_Spare_3	数字输入备用口 3
6	CAN BUS HIGH SIGNAL	CAN 高	28	DI_Spare_4	数字输入备用口 4
7	CAN BUS LOW SIGNAL	CAN 低	29	DC/DC_OK	DC/DC 自检信号
8	EXTAN_Temp_1	热敏电阻采集 1	30	Brake	刹车信号
9	EXTAN_Spare_1	外接模拟备用口 1	31	Lowside_Spare_1	低端驱动备用口 1
10	EXTAN_Spare_2	外接模拟备用口 2	32	Lowside_Spare_2	低端驱动备用口 2
11	DC/DC_load_Current	DC/DC 负载电流	33	Lowside_Spare_3	低端驱动备用口 3
14	AN_Accelarator_1	加速踏板信号 1	34	Lowside_Spare_4	低端驱动备用口 4
15	AN_Accelarator_2	加速踏板信号 2	35	Lowside_Spare_5	低端驱动备用口 5
16	DC/DC_enable	DC/DC 使能	36	Reverse lamp driver	倒车灯驱动信号
17	DC/DC_ setpoint	DC/DC 输出电压调节	37	Inverter enable	电机使能信号
18	CRANK	Ready 信号	38	Battery_contactor_ene	电池连接信号
19	Air_condition	空调开启信号	39	Highside_Spare_1	高端驱动备用口 1
20	ACC	附件开关	40	DI_Spare_5	数字输入备用口 5
21	Ignition	点火开关	41	Analog GND	模拟地
22	AN 5V	模拟 5V 输出	42	Analog GND	模拟地

续表

端子	端子名称	端子说明	端子	端子名称	端子说明
43	Analog GND	模拟地	60	Charge_Connector_ok	充电连接
44	DI_ECO_Switch	经济模式开关	61	ED_PWM1	方波脉冲输入 1
45	DI_Spare_6	数字输入备用口 6	62	DI_PWM2	方波脉冲输入 2
46	AN_Spare_1	模拟备用口 1	63	CAN_B_L	CAN 信号低
47	AN_Spare_2	模拟备用口 2	64	CAN_B_H	CAN 信号高
48	Lowside_Spare_6	低端驱动备用口 6	65	EXTAN_Temp2	热敏电阻采集 2
49	Lowside_Spare_7	低端驱动备用口 7	66	AN_Spare3	模拟备用口 3
50	Highside_Spare_2	高端驱动备用口 2	67	AN_Spare4	模拟备用口 4
51	Highside_Spare_3	高端驱动备用口 3	68	AN_Spare5	模拟备用口 5
52	PWM1	方波脉冲输出 1	69	AN_Spare6	模拟备用口 6
53	PWM2	方波脉冲输出 2	70	AN_Spare7	模拟备用口 7
54	PWM3	方波脉冲输出 3	71	AN_Spare8	模拟备用口 8
55	DI_Spare_7	数字输入备用口 5	72	CAN_C_H	—
56	DI_Spare_8	数字输入备用口 6	73	CAN_C_L	—
57	DI_Charger_wake	数字输入口	74	DI_Spare11	数字输入备用口 7
58	DI_Spare_9	数字输入备用口 3	75	DI_Spare12	数字输入备用口 8
59	DI_Spare_10	数字输入备用口 4			

4.2 瑞虎 3Xe（2018～ ）

4.2.1 高压系统部件分布

高压系统部件分布如图 4-5 所示。

4.2.2 高压电池充电与管理系统端子定义

前舱转接插件端子分布如图 4-6 所示，电池管理器端子分布如图 4-7 所示，其端子定义分别见表 4-7 和表 4-8。

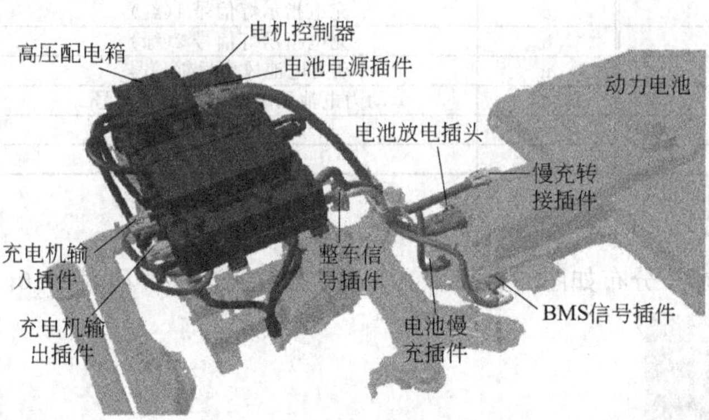

图 4-5 高压系统部件分布

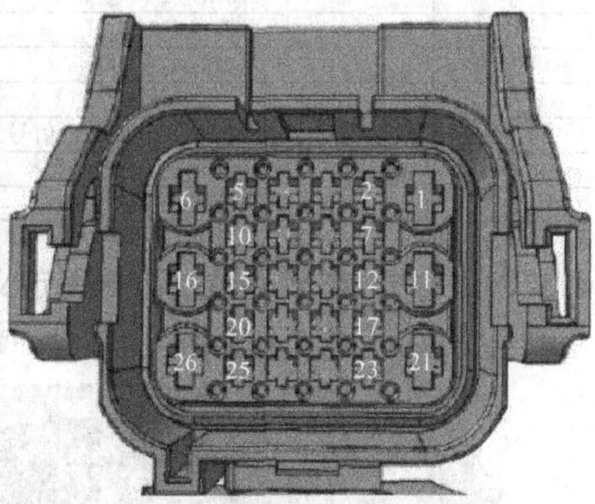

图 4-6 前舱转接插件端子分布

表 4-7 前舱转接插件端子定义

端子	端子说明	端子	端子说明
1	直流充电桩充电引导电路 CC 信号	7	整车 CAN 高
3	交流充电桩充电引导电路 CP 信号进	8	整车 CAN 低
4	高压回路继电器闭合使能信号	9	快充 CAN 网络高
5	BMS 供电 12V 电源	10	快充 CAN 网络低
6	BMS 电源地	11	快充设备点火信号

续表

端子	端子说明	端子	端子说明
12	整车点火信号	19	电池内网 CAN 低
13	充电机点火信号	20	屏蔽接地
14	充电指示灯驱动信号 1(红)	22	热敏电阻 1
15	充电指示灯驱动信号 2(绿)	23	热敏电阻 1 地
16	BMS 电源地	24	热敏电阻 2
17	交流充电桩充电引导电路 CP 信号出	25	热敏电阻 2 地
18	电池内网 CAN 高		

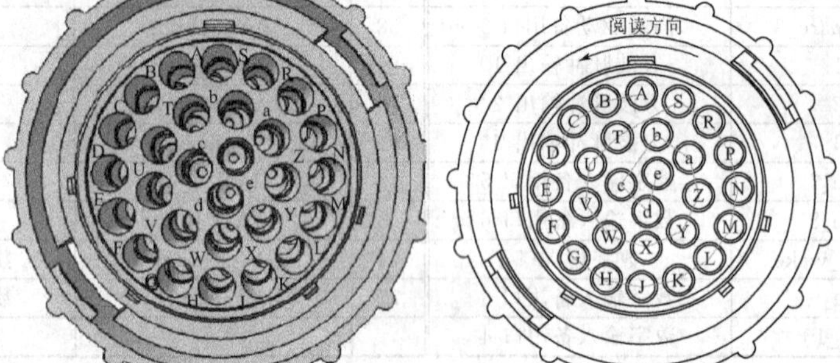

图 4-7 电池管理器端子分布

表 4-8 电池管理器端子定义

端子	端子说明	端子	端子说明
A	交流充电引导电路 CC 信号	S	热敏电阻 1
C	直流充电引导电路 CC 信号	T	热敏电阻 1 地
D	高压继电器闭合信号	U	BMS 内网 CAN 高
E	BMS 12V 电源	V	BMS 内网 CAN 低
F	直流充电设备点火信号	W	整车点火信号
G	BMS 电源地	X	充电机点火信号
H	BMS 电源地	Y	动力电池风扇 PWM 信号
J	BMS 12V 电源	Z	热敏电阻 2
K	整车 CAN_H	a	充电指示灯信号 1(红)
L	整车 CAN_L	b	充电指示灯信号 2(绿)
M	屏蔽地	c	动力电池风扇反馈信号
N	交流充电引导电路 CC 信号	d	动力电池风扇继电器控制信号
P	直流充电 CAN_H	e	热敏电阻 2 地
R	直流充电 CAN_L		

4.2.3 快充系统部件位置与端子定义

快充系统部件位置如图 4-8 所示，端子分布如图 4-9 所示，其端子定义见表 4-9 和表 4-10。

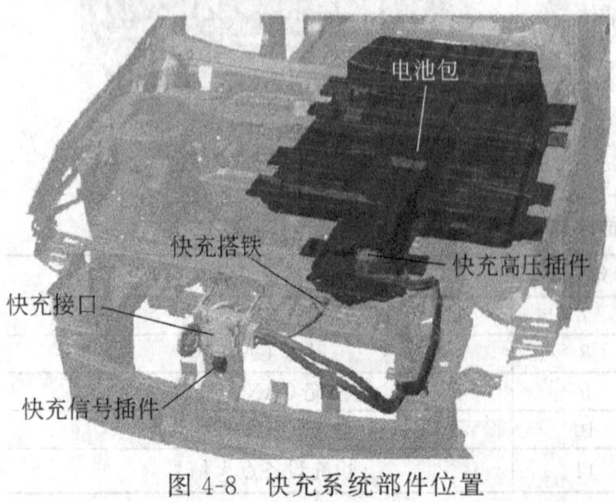

图 4-8 快充系统部件位置

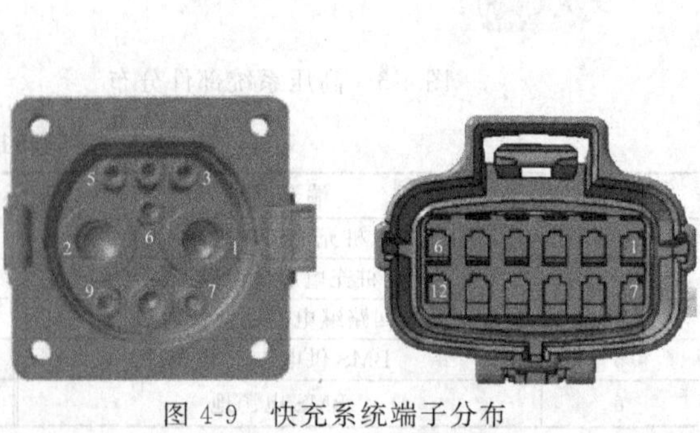

图 4-9 快充系统端子分布

表 4-9　充电接口 9 针端子定义

端子	端子说明	端子	端子说明
1	直流充电正极	6	充电连接确认 CC1
2	直流充电负极	7	低压辅助电源正极
3	直流充电 CAN_H	8	保护接地
4	充电连接确认 CC1	9	低压辅助电源负极
5	直流充电 CAN_L		

表 4-10　车载充电机 12 针端子定义

端子	端子说明	端子	端子说明
1	A+低压辅助电源正	7	热敏电阻 1
2	CAN_L/S	8	热敏电阻 1 地
3	CAN_H/S	9	热敏电阻 2
5	CC2 充电连接确认	10	热敏电阻 2 地
6	A-低压辅助电源负		

4.2.4　驱动电机与控制器端子定义

驱动电机与电机控制器接口位置如图 4-10 所示，端子分布如图 4-11 所示，其端子定义见表 4-11 和表 4-12。

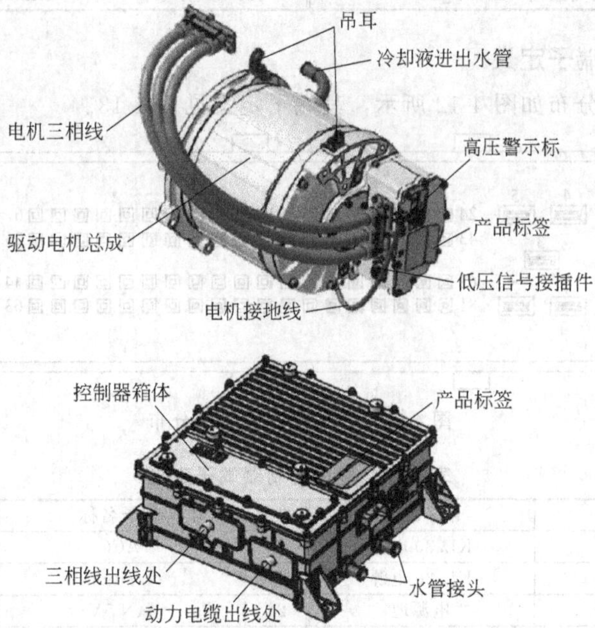

图 4-10　驱动电机与电机控制器接口位置

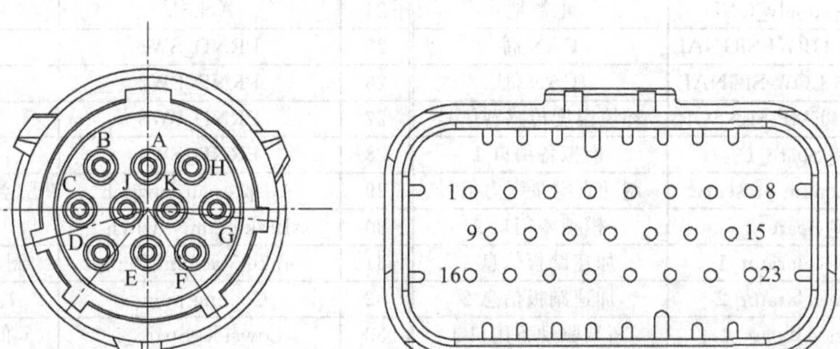

图 4-11　驱动电机与电机控制器端子分布

表 4-11　驱动电机端子定义

端子	端子说明	端子	端子说明
A	旋变 EXTP_R1	E	旋变 EXTP_S2
B	旋变 EXTP_R2	F	旋变 EXTP_S4
C	旋变 EXTP_S1	G	电机温度传感器 TEMP_1
D	旋变 EXTP_S3	H	电机温度传感器 TEMP_1

表 4-12　电机控制器端子定义

端子	端子说明	端子	端子说明
1	旋变励磁＋EXTP_R1	12	CAN 接地
2	旋变励磁－EXTP_R2	13	高压互锁 HV INTERLOCK＋
3	温度传感器信号	14	高压互锁 HV INTERLOCK－
4	温度传感器信号地	15	KL. 30 12V 常电
5	CAN 屏蔽线	16	旋变余弦＋EXTP_S1
6	CAN_L	17	旋变余弦－EXTP_S3
7	CAN_H	18	VMS 使能
8	KL. 30 12V 电源	19	KL. 15 钥匙信号
9	旋变正弦＋EXTP_S2	21	KL. 31 12V 电源地
10	旋变正弦－EXTP_S4	23	KL. 31 12V 电源地

4.2.5　整车控制器端子定义

整车控制器端子分布如图 4-12 所示，其端子定义见表 4-13。

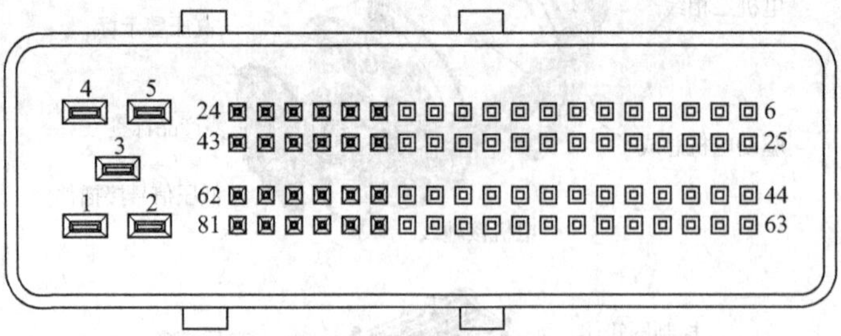

图 4-12　整车控制器端子分布

表 4-13　整车控制器端子定义

端子	端子名称	端子说明	端子	端子名称	端子说明
1	KL. 30_supply	KL. 30 电源	20	ACC	附件开关
2	KL. 30_supply	KL. 30 电源	21	Ignition	点火开关
3	Power_GND	电源地	22	AN 5V	模拟 5V 输出
4	KL. 30_supply_GND	电源地	23	AN 5V	模拟 5V 输出
5	KL. 30_supply_GND	电源地	24	AN 5V	模拟 5V 输出
6	CAN BUS HIGH SIGNAL	CAN 高	25	PRND_SW1	挡位开关信号 1
7	CAN BUS LOW SIGNAL	CAN 低	26	PRND_SW2	挡位开关信号 2
8	Ambient TEMP SENSOR	环境温度传感器信号	27	PRND_SW3	挡位开关信号 3
9	AN_Spare_1	模拟备用口 1	28	PRND_SW4	挡位开关信号 4
10	BrakeVacuum pressure	制动真空泵压力信号	29	AC pressure switch	空调中压压力开关
11	AN_Spare_2	模拟备用口 2	30	Brake lamp switch	制动灯开关
14	AN_Accelarator_1	加速踏板信息 1	31	Brake Vacuum Pump	制动真空泵驱动信号
15	AN_Accelarator_2	加速踏板信息 2	32	Cooling pump	冷却水泵驱动信号
16	Highside_Spare_1	高端驱动备用口 1	33	Lowside_Spare_1	低端驱动备用口 1
17	PWM1	方波脉冲输出备用口 1	34	Cooling fan high speed	冷却风扇调整驱动信号
18	CRANK	Ready 信号	35	Lowside_Spare_2	低端驱动备用口 2
19	Break_Switch	制动信号	36	PTC1 enable	PTC1 使能信号

续表

端子	端子名称	端子说明	端子	端子名称	端子说明
37	Inverter enable	电机使能信号	57	Charging wake up	充电唤醒信号
38	Battery_contactor_enable	电池连接信号	58	Airbag signal	安全气囊信号
39	Main-Relay driver	主继电器驱动信号	59	Economic mode Switch	经济模式开关
40	—	预留	60	DI_Spare_4	数字输入备用口 4
41	Analog GND	模拟地	61	—	预留
42	Analog GND	模拟地	62	—	预留
43	Analog GND	模拟地	63	CAN BUS HIGH SIGNAL	CAN 高
44	DI_Spare_2	数字输入备用口 2	64	CAN BUS LOW SIGNAL	CAN 低
45	Junction PTC	PTC 互锁	65	Evaporator TEMP SIGNAL	蒸发器温度传感器信号
46	AN_Spare_3	模拟备用口 3	66	AN_Spare4	模拟备用口 4
47	Analog GND	模拟地	67	AN_Spare5	模拟备用口 5
48	Cooling fan low speed	冷却风扇低速驱动信号	68	Cruise SW Signal	巡航信号
49	PTC2 enable	PTC2 使能信号	69	AN_Spare6	模拟备用口 6
50	Compressor enable	压缩机使能	70	AN_Spare7	模拟备用口 7
51	PPD enable	行人提醒驱动信号	71	AN_Spare8	模拟备用口 8
52	PWM2	方波脉冲输出备用口 2	72	Charging wake up	充电唤醒信号
53	PWM3	方波脉冲输出备用口 3	73	—	预留
54	PWM4	方波脉冲输出备用口 4	74	PTC1 Switch	PTC1 开关
55	AC pressure switch	空调高低压压力开关	75	PTC2 Switch	PTC2 开关
56	AC Switch	空调开关			

第5章

长安新能源汽车

5.1 逸动 EV460（2018～ ）

5.1.1 高压电池接插件定义

三元锂离子动力电池总成由单体标称电压 3.65V 的 168 个电池单体采用 2 并 84 串的方式组合而成，标称电压为 307V，额定容量为 140A·h。动力电池总成的功能是为整车存储能量，为电机和直流转换器（简称 DC/DC）提供能量来源。

高压电池包低压端子如图 5-1 所示，其端子定义见表 5-1。

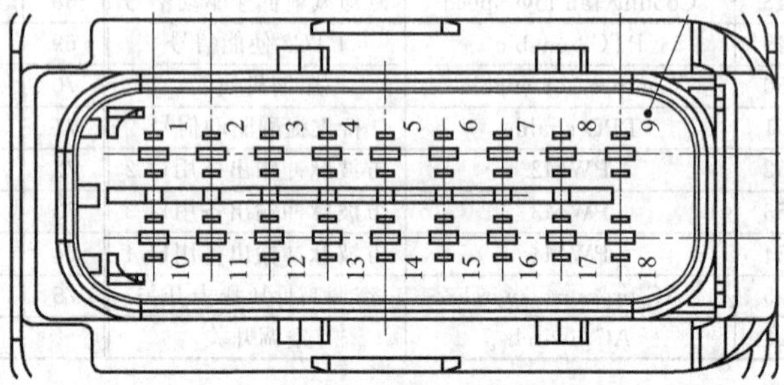

图 5-1 高压电池包低压端子

表 5-1 高压电池包低压端子定义

端子	端子定义		端子	端子定义	
1	BCU_POWER_SUPPLY	BMS 工作电源，接 12V 常电	10	VBAT_GND	电池接地
2	BCU_WAKE_UP	BMS 唤醒信号	11	POWER_GND	电源接地
3	CC	交流充电连接信号	12	CC2	直流充电连接信号
6	HVIL-TEXT	高压互锁测试	14	CARSH_HAPPEN	碰撞硬线检测信号
7	ICAN_H	内网 CAN 高	16	ICAN_L	内网 CAN 低
8	DC_CHARGE_CAN_H	直流充电 CAN 高	17	DC_CHARGE_CAN_L	直流充电 CAN 低
9	PCAN_H	整车 CAN 高	18	PCAN_L	整车 CAN 低

5.1.2 电池管理系统接插件端子定义

BCU 控制器是电池管理系统，是纯电动汽车上管理整车动力电池总成的关键部件，它可实时采集并监控电池电压、电流、温度，预估电池电量 SOC 和当前可用功率；进行过压、过流、过温等故障提示，以及漏电流保护等功能；同时具有 CAN 故障诊断和标定功能。

电池管理系统连接端子如图 5-2 所示，其端子定义见表 5-2～表 5-6。

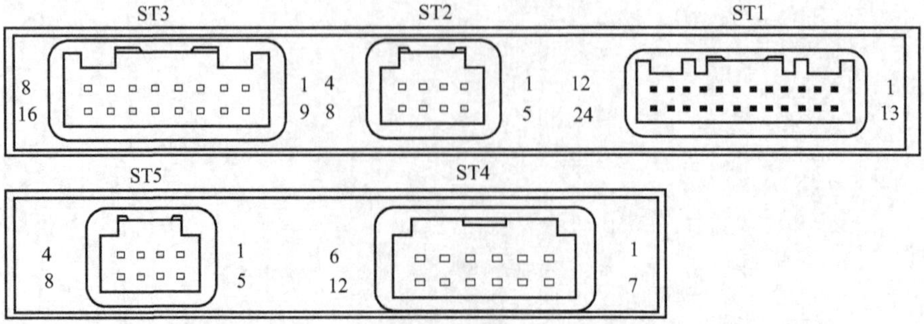

图 5-2 电池管理系统连接端子分布

表 5-2 主板 ST1 端子定义

端子	端子定义	端子	端子定义
1	高压主正继电器高边驱动	14	高压预充继电器低边驱动
2	高压主负及预充继电器高边驱动	15	高压主正继电器低边驱动
3	高压直流充电正继电器高边驱动	17	高压直流充电正继电器低边驱动
10	电源地	22	电源地
13	高压主负继电器低边驱动	24	电源正

表 5-3 主板 ST2 端子定义

端子	端子定义	端子	端子定义
1	内网 CAN 高	4	BMS 分板电源正
2	内网 CAN 低	7	电流传感器电源地
3	BMS 分板电源地		

表 5-4 主板 ST3 端子定义

端子	端子定义	端子	端子定义
4	直流充电连接信号 CC2	10	直流 CAN 高
6	交流充电连接信号 CC	11	通信 CAN 低
7	碰撞检测	12	通信 CAN 高
8	唤醒信号	13	高压互锁 1
9	直流 CAN 低	14	高压互锁 2

表 5-5 主板 ST4 端子定义

端子	端子定义	端子	端子定义
1	直流充电端总电压正极检测	5	负载端总电压正极检测
3	电池端总电压正极检测		

表 5-6 主板 ST5 端子定义

端子	端子定义	端子	端子定义
1	电池端总电压负极检测	3	负载端总电压负极检测
2	直流充电端总电压负极检测		

5.1.3 车载充电器接插件端子定义

车载充电器接插件端子如图 5-3 所示，其端子定义见表 5-7。

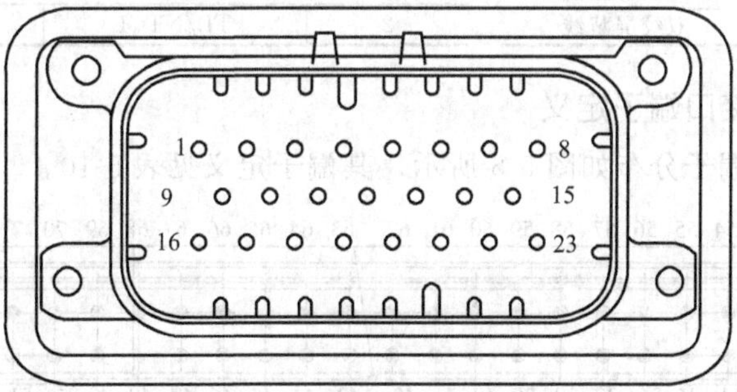

图 5-3 车载充电器接插件端子

表 5-7 车载充电器接插件端子定义

端子	端子定义	端子	端子定义
1	OBC 低压输入正	4	CAN_H
2	OBC 低压输入正	5	CAN_L
3	DC/DC 低压输入正	6	DC/DC 硬线唤醒

续表

端子	端子定义	端子	端子定义
7	指示灯输出/LED 1～12V	16	高压互锁正 HVIL＋
8	Wakeup 硬线唤醒输出	17	高压互锁正 HVIL－
9	OBC 低压输入负	18	预留
10	OBC 低压输入负	19	预留
11	DC/DC 低压输入负	20	CP 信号输入
12	指示灯输出 GND	21	预留
13	指示灯输出 GND	22	预留
14	CAN_GND	23	预留
15	CAN_GND		

5.1.4 电机控制器低压端子定义

电机控制器低压端子如图 5-4 所示，其端子定义见表 5-8 和表 5-9。

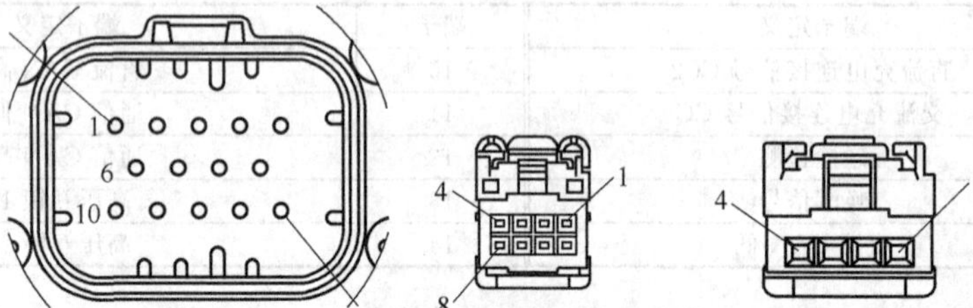

(a) 14针端子 (b) 8针端子 (c) 4针端子

图 5-4 电机控制器低压端子

表 5-8 14 针低压端子定义

端子	定义	
2	KL15	—
5	KL30	12V＋
6	高压互锁	—
7	高压互锁	—
9	KL31	12V－
10	CAN_H_1	双绞屏蔽线
11	CAN_L_1	双绞屏蔽线
12	CAN_ shield	—
13	CAN_H_2	双绞屏蔽线
14	CAN_L_2	双绞屏蔽线

表 5-9 8 针与 4 针低压端子定义

端子(8 针)	定义	
2	SUPPLY	旋变激励信号(双绞屏蔽线)
3	REFERENCE	旋变激励信号地(双绞屏蔽线)
4	sin＋	旋变 sin 信号(双绞屏蔽线)
6	sin－	旋变 sin 信号地(双绞屏蔽线)
7	cos－	旋变 cos 信号地(双绞屏蔽线)
8	cos＋	旋变 cos 信号(双绞屏蔽线)
端子(4 针)	定义	
1	TH/NTC1	电机温度传感器信号
2	TL/NTC1	电机温度传感器地

5.1.5 整车控制器接口端子定义

整车控制器接口端子分布如图 5-5 所示，其端子定义见表 5-10。

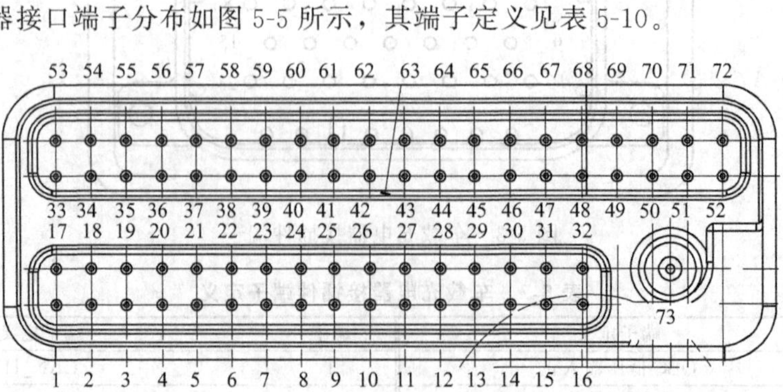

图 5-5 整车控制器接口端子

表 5-10 整车控制器接口端子定义

端子	端子名称	输入/输出	端子定义
1	GearP/Nposn	数字输出	与 PEPS 交互信号：当前为 P/N 的时候，将端口拉低；非 P/N 状态，端口为高阻状态
4	WakeUpCtrl	数字输出	
5	ChrgConnectLampCtrl	数字输出	High side 驱动输出，驱动部件为 LED 指示灯
6	VcuPwrHldCtrl	数字输出	Low side 驱动输出，驱动部件为继电器
7	ChrgReadyLampCtrl	数字输出	Low side 驱动输出，驱动部件为继电器
8	ChrgLockLockCtrl	数字输出	Low side 驱动输出，驱动部件为继电器
10	ChrgnLamp1Ctrl	数字输出	Low side 驱动输出，驱动部件为 LED 指示灯
14	VacPSnsrGnd	地	传感器地 2
15	VcuPwrHldSply	电源输入	受控电源供电
16	VacPSnsrPwrSply	电源输出	传感器电源 2
18	VacPmpCtrlHi	数字输出	High side 驱动输出，驱动部件为继电器
19	EdsWakeup	数字输出	High side 驱动输出，硬线唤醒 EDS
20	ChrgnLamp2Ctrl	数字输出	Low side 驱动输出，驱动部件为 LED 指示灯
21	ChrgLockUnlLockCtrl	数字输出	Low side 驱动输出，驱动部件为继电器
22	LowSpdWrmCtrl	数字输出	High side 驱动输出，驱动部件为继电器
23	GearRPosn	数字输出	Low side 驱动输出，驱动部件为继电器
24	VacPmpCtrlLo	数字输出	Low side 驱动输出，驱动部件为继电器
25	ChrgnLamp3Ctrl	数字输出	Low side 驱动输出，驱动部件为 LED 指示灯
26	ChrgStsLampCtrl	数字输出	Low side 驱动输出，驱动部件为 LED 指示灯
28	AccrPedlSnsr1Gnd	地	传感器地 1
29	AccrPedlSnsr1PwrSply	电源输出	传感器电源 1
30	EmiGnd	地	车身地
31	Agnd	地	车身地
32	VcuPwrSply	电源输入	常电电源供电
33	CrsSwtPosn	模拟输入	电压信号
34	Vacp	模拟输入	电压信号
35	AcChrgSocketT	模拟输入	电压信号
36	AccrPedlPosn1	模拟输入	加速踏板开度 1
37	NewPowerCanHi	HS-NewPower CAN_H	CAN1 高
38	PtCanHi	HS-PT CAN_H	CAN2 高
39	CalCanHi	标定 CAN_H	CAN3 高
42	BrkPedlPosn1	数字输入	制动踏板第一路开关状态，该开关与制动灯相关联
43	ChrglockPosn1	数字输入	电子锁状态的第一路反馈
44	VacPumpPwrDiag	数字输入	用于诊断真空泵的电源是否正常
45	KeyOnPosn	数字输入	钥匙 ON 挡唤醒信号
46	DcChrgWakeup	数字输入	直流充电唤醒信号
47	ChrglockPosn2	数字输入	电子锁状态的第二路反馈
48	AccrPedlSnsr2PwrSply	电源输出	传感器电源 3
49	BrkPedlPosn2	数字输入	制动踏板第二路开关状态
50	CrashSig	PWM 输入	碰撞信号
51	AcChrgWakeup	硬线唤醒	交流充电唤醒信号
52	HvilOut	高压互锁输出口	高压互锁输出口
54	AbsltP	模拟输入	大气绝对压力值
55	AccrPedlPosn2	模拟输入	加速踏板开度 2
56	DcChrgSocketT	模拟输入	直流充电插座温度
57	NewPowerCanLo	CAN	CAN1 低

续表

端子	端子名称	输入/输出	端子定义
58	PtCanLo	CAN	CAN2 低
59	CalCanLo	CAN	CAN3 低
62	RgnSwtPosn	数字输入	能量回收强度选择开关状态
63	KeyStrPosn	数字输入	钥匙 Start 信号
67	DrvModSwtPosn	数字输入	驾驶模式开关
68	AccrPedlSnsr2Gnd	传感器电源输出	传感器地 3
72	HvilIn	高压互锁输入口	高压互锁输入口
73	DGnd	地	车身地

5.2 CS15EV（2017～ ）

5.2.1 电池管理器端子定义

电池管理器端子分布如图 5-6 所示，端子定义见表 5-11～表 5-15。

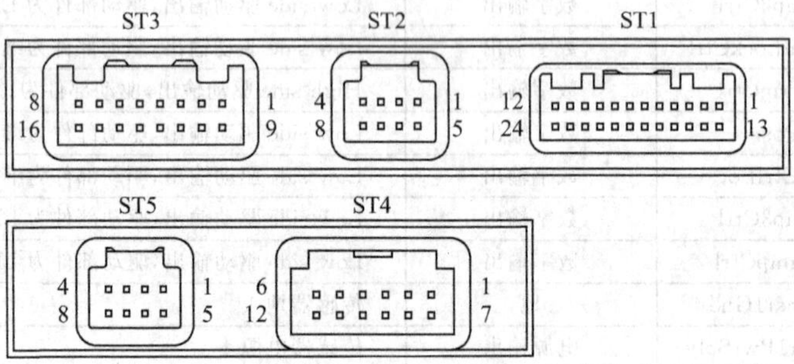

图 5-6 电池管理器端子分布

表 5-11 ST1 端子定义

端子	端子说明	端子	端子说明
1	高压继电器高边驱动 1	15	主正继电器低边驱动
2	高压继电器高边驱动 2	17	直流充电继电器低边驱动
3	高压继电器高边驱动 3	18	加热继电器低边驱动
11	电流传感器(加热)地	21	电源地
12	电流传感器(加热)电源正	22	电源地
13	主负继电器低边驱动	23	电源正
14	预充继电器低边驱动	24	电源正

表 5-12 ST2 端子定义

端子	端子说明	端子	端子说明
1	内网 CAN 高	4	BMS 分板电源正
2	内网 CAN 低	7	电流传感器电源地
3	BMS 分板电源地		

表 5-13 ST3 端子定义

端子	端子说明	端子	端子说明
4	交流充电连接信号 CC	10	直流 CAN 高
5	电流传感器(主)信号输入	11	通信 CAN 低
6	直流充电连接信号 CC2	12	通信 CAN 高
7	碰撞检测	13	高压互锁 1
8	唤醒信号	14	高压互锁 2
9	直流 CAN 低	15	电流传感器(加热)信号输入

表 5-14　ST4 端子定义

端子	端子说明	端子	端子说明
1	直流充电端总电压正极检测	5	负载端总电压正极检测
3	电池端总电压正极检测		

表 5-15　ST5 端子定义

端子	端子说明	端子	端子说明
1	电池端总电压负极检测	3	负载端总电压负极检测
2	直流充电端总电压负极检测		

5.2.2　驱动电机控制器端子定义

驱动电机控制器接口位置如图 5-7 所示，电机控制器端子分布如图 5-8 所示，其端子定义见表 5-16。

5.2.3　电动空调控制器端子定义

电动空调控制器端子分布如图 5-9 所示，其端子定义见表 5-17 和表 5-18。

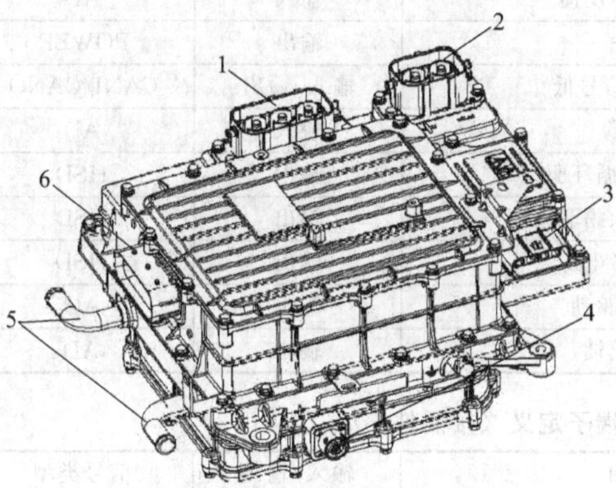

图 5-7　驱动电机控制器接口位置

1—三相动力线快插接口；2—直流母线快插口；
3—PTC 和空调压缩机线束快插接口；4—DC/DC 输出接口；
5—冷却水管；6—电机控制器总成低压线束插接口

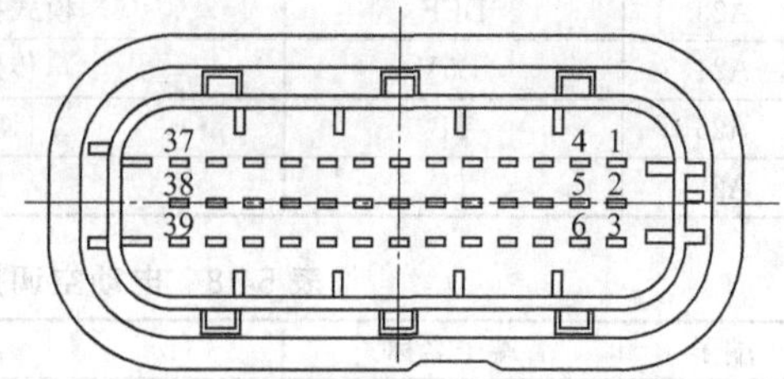

图 5-8　电机控制器端子分布

表 5-16　电机控制器端子定义

端子	端子说明	端子	端子说明
1,2	KL. 30:12V+	17	S3:cos－电机旋变余弦信号
3	KL. 15:钥匙输入信号	18	S4:sin－电机旋变正弦信号
4	整车安全使能信号	20,21	高压直流互锁信号
5,6	KL. 31:12V－	22,23	保险盒互锁信号
7	CAN1_H	24,25	外部互锁信号
8	CAN1_L	26	—
9,10	电机温度输入信号	27	DCDC_PWR:12V+
13	R1 电机旋变励磁信号	28	CAN2_L
14	R2 电机旋变励磁信号	29	CAN2_H
15	S1:cos+电机旋变余弦信号	30	GND:12V－
16	S2:sin+电机旋变正弦信号		

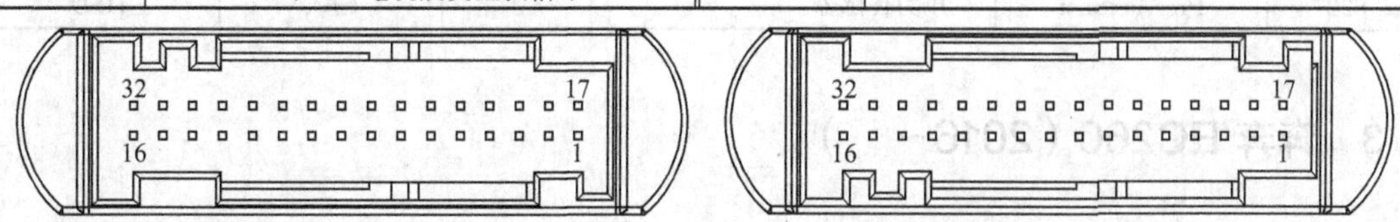

(a) 接插件A：966658-1(绿色)　　(b) 接插件B：966658-2(蓝色)

图 5-9 电动空调控制器端子

表 5-17　电动空调控制器端子定义（接插件 A）

端子	端子名称	端子说明	输入/输出	信号类型
A1	GND	地	输入	PGND
A2	T F/B	温度执行器反馈	输入	AD
A3	AMB	进风口温度传感器	输入	AD
A4	EVAP	蒸发温度传感器	输入	AD
A5	CAN_H	CAN 通信信号高	输入/输出	CANI/CANO
A6	LIN	LIN 通信信号	输入	LIN
A7	SGND	传感器地	输入	SGND
A8	REC	循环执行器内循环驱动	输出	HSD
A9	COOL	温度执行器制冷驱动	输出	HSD
A10	HOT	温度执行器制热驱动	输出	HSD
A13	VENT	模式执行器通风驱动	输出	HSD
A14	IG	点火电源	输出	POWER
A15	M F/B	模式执行器反馈	输入	AD
A17	BAT＋	BAT＋	输出	POWER
A18	CAN_L	CAN 通信信号低	输入/输出	CANI/CANO
A21	Intake Act. F/B	循环反馈	输入	AD
A22	FRE	循环执行器外循环驱动	输出	HSD
A23	DEF	模式执行器除霜驱动	输出	HSD
A24	＋5V	传感器参考电源	输出	HSD
A25	TB	调试模块驱动	输出	AO
A26	TC	鼓风机反馈	输入	AD

表 5-18　电动空调控制器端子定义（接插件 B）

端子	端子名称	端子说明	输入/输出	信号类型
B4	Press M	中压信号	输入	LSD
B6	GND	传感器地	输入	SGND
B7	WTSO	PTC 出水温度传感器	输入	AD
B8	Press H/L	高低压信号	输入	LSD
B9	PTC PWM	PTC 调挡信号	输出	PWM
B10	H Pump PWM	加热水泵 PWM 控制信号	输出	PWM
B11	C Pump PWM	冷却水泵 PWM 控制信号	输出	PWM
B12	C Pump ON/OFF	冷却水泵开关信号(高有效)	输出	HSD
B14	C Pump Diag	冷却水泵反馈信号	输入	PWM
B15	FAN Hi	冷凝风扇高速继电器开启信号(低有效)	输出	LSD
B17	PTC Power	PTC 电源	输出	HSD
B18	FAN Lo	冷凝风扇低速继电器开启信号(低有效)	输出	LSD
B19	Wake Up	唤醒信号(高有效)	输入	高电平
B21	Refrigerant T	冷却液温度传感器	输入	AD
B22	PressureSnsr	压力传感器	输入	HSD

5.3　奔奔 EC260（2016~　）

5.3.1　电池管理器端子定义

电池管理器端子分布如图 5-10 所示，其端子定义见表 5-19。

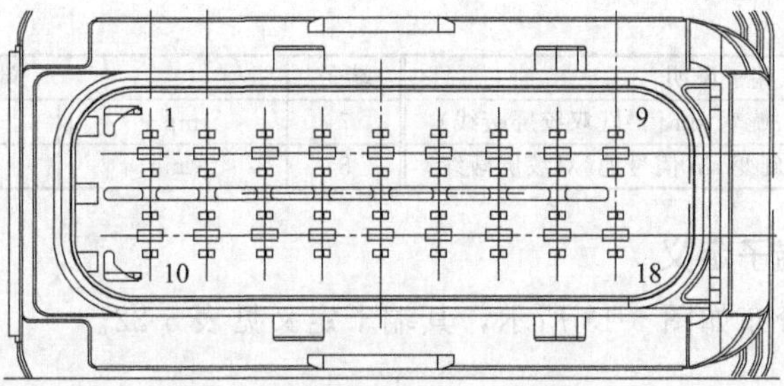

图 5-10　电池管理器端子分布

表 5-19　电池管理器端子定义

端子	端子说明		端子	端子说明	
1	BCU_POWER_SUPPLY	BMS工作电源,接 12V 常电	11	POWER_GND	电源接地
2	BCU_WAKE_UP	BMS 唤醒信号	12	CC2	直流充电连接信号
3	CC	交流充电连接信号	14	CARSH_HAPPEN	碰撞硬线检测信息
6	HV_INTERLOCK_IN	高压互锁输入	15	HV_INTERLOCK_OUT	高压互锁输出
7	ICAN_H	内网 CAN 高	16	ICAN_L	内网 CAN 低
8	DCCAN_H	直流充电 CAN 高	17	DCCAN_L	直流充电 CAN 低
9	PCAN_H	整车 CAN 高	18	PCAN_L	整车 CAN 低
10	VBAT_GND	电池接地			

5.3.2　车载充电机端子定义

车载充电机端子分布如图 5-11 所示，其端子定义见表 5-20。

表 5-20　车载充电机端子定义

端子	端子说明	端子	端子说明
1E	LED(+12V,50mA)指示灯输出	4A	HS_CAN_H CAN 高
1F	LED(+12V,50mA)指示灯输出	4B	HS_CAN_L CAN 低
1H	KL30(+12V,1A)低压输入正	4C	HVIL+高压互锁
2A	HW WAKEUP OUTPUT 硬线唤醒输出	4D	HVIL−高压互锁
2F	LED_GND 指示灯输出地	4G	KL31_GND 低压输入负
3A	CP 控制导引信号		

5.3.3　驱动电机端子定义

驱动电机端子分布如图 5-12 所示，其端子定义见表 5-21。

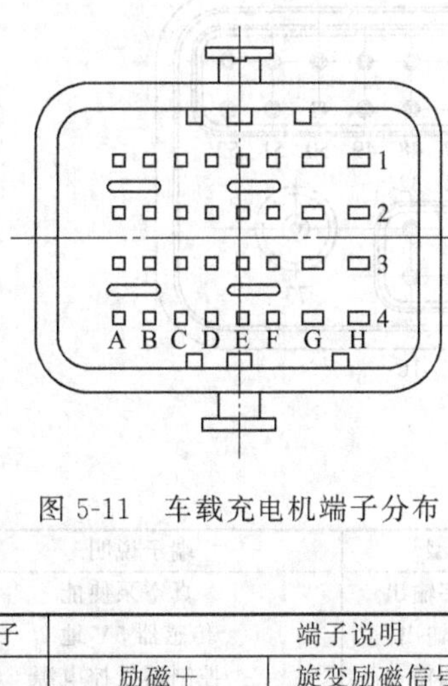

图 5-11　车载充电机端子分布

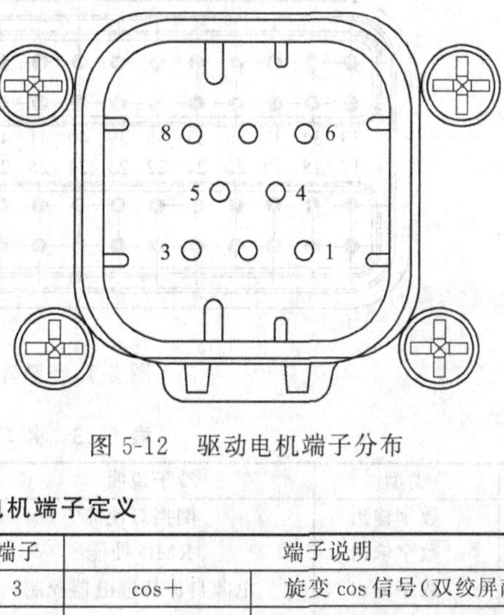

图 5-12　驱动电机端子分布

表 5-21　驱动电机端子定义

端子	端子说明		端子	端子说明	
1	励磁+	旋变励磁信号(双绞屏蔽线)	3	cos+	旋变 cos 信号(双绞屏蔽线)
2	励磁−	旋变励磁信号地(双绞屏蔽线)	4	cos	旋变 cos 信号地(双绞屏蔽线)

续表

端子	端子说明		端子	端子说明	
5	sin+	旋变 sin 信号(双绞屏蔽线)	7	tmp+	电机温度传感器信号正
6	sin	旋变 sin 信号地(双绞屏蔽线)	8	tmp	电机温度传感器信号地

5.3.4 电机控制器端子定义

电机控制器端子分布如图 5-13 所示，其端子定义见表 5-22。

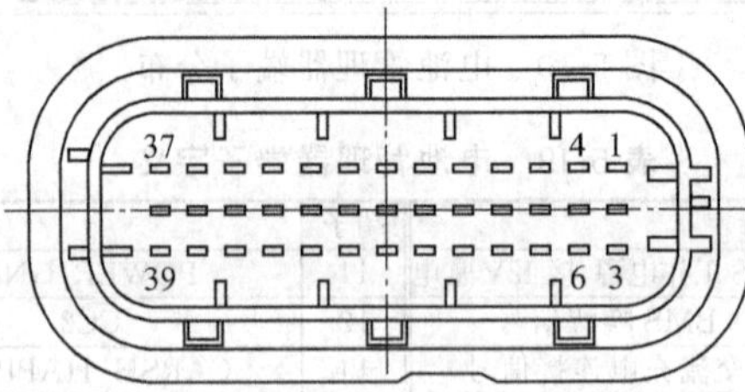

图 5-13 电机控制器端子分布

表 5-22 电机控制器端子定义

端子	端子说明	端子	端子说明
1,2	KL.30:12V+	16	S2:sin+电机旋变正弦信号
3	KL.15:钥匙输入信号	17	S3:cos-电机旋变余弦信号
4	整车安全使用信号	18	S4:sin-电机旋变正弦信号
5,6	KL31:12V-	20,21	高压直流互锁信号
7	CAN1_H	22,23	熔丝盒互锁信号
8	CAN1_L	24,25	外部互锁信号
9,10	电机温度输入信号	27	DCDC_PWR:12V+
13	R1 电机旋变励磁信号	28	CAN2_L
14	R2 电机旋变励磁信号	29	CAN2_H
15	S1:cos+电机旋变余弦信号	30	GND:12V-

5.3.5 整车控制器端子定义

整车控制器端子分布如图 5-14 所示，其端子定义见表 5-23。

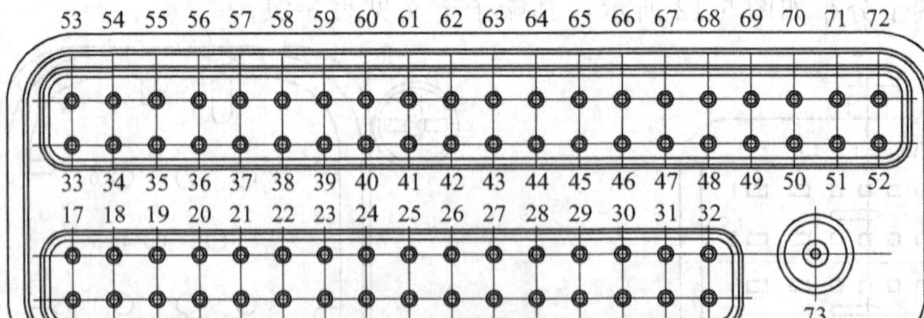

图 5-14 整车控制器端子分布

表 5-23 整车控制器端子定义

端子	类型	端子说明	端子	类型	端子说明
2	数字输出	倒挡灯使能	12	数字输出	真空泵使能
4	数字输出	RMU 使能	14	地输出	传感器 5V 地 2
6	数字输出	电源自保持继电器控制	15	电源输入	控制器受控电源
10	数字输出	充电状态指示灯控制	16	电源输出	加速踏板位置传感器 5V 电源 2

续表

端子	类型	端子说明	端子	类型	端子说明
17	数字输出	HAVC 使能	43	数字输入	真空泵电源诊断
18	数字输出	充电连接指示灯使能	44	数字输入	制动开关信号 2
22	数字输出	BMS 使能	45	数字输入	ON 信号
25	数字输出	预约充电状态指示灯控制	46	数字输入	直流充电辅助电源 A+
26	数字输出	IPU 使能/电源控制	49	数字输入	预约开关检测
28	地输出	传感器 5V 地 1	50	数字输入	碰撞信号
29	电源输出	加速踏板位置传感器 5V 电源 1	51	数字输入	充电机唤醒 VCU 信号
30	地	功率地	55	模拟输入	加速踏板位置传感器 2
31	地	数字地	57	整车 CAN 低	B-CAN_L
32	模拟输入	小蓄电池电压采集	58	动力 CAN 低	P-CAN_L
33	模拟输入	快充插座温度信号采集	59	标定 CAN 低	C-CAN_L
35	模拟输入	真空压力传感器	61	数字输入	手刹信号
36	模拟输入	加速踏板位置传感器 1	62	数字输入	D
37	整车 CAN 高	B-CAN_H	63	数字输入	START 信号
38	动力 CAN 高	P-CAN_H	66	数字输入	R
39	标定 CAN 高	C-CAN_H	67	数字输入	E
41	数字输入	N	73	地	模拟地
42	数字输入	制动开关信号 1			

第6章

吉利新能源汽车

6.1 几何 A（2019~ ）

6.1.1 高压电池技术参数

本车动力电池采用三元锂电池（lithium ion battery），以钴酸锂、锰酸锂或镍酸锂等化合物为正极，以可嵌入锂离子的碳材料为负极，使用有机电解质。动力电池总成安装在车体下部，动力电池的组成部件包括：各模组总成、CSC 采集系统、电池控制单元（BMU）、电池高压分配单元（B-BOX）等部件。高压电池技术参数见表 6-1，其总成紧固件规格见表 6-2。

表 6-1 高压电池技术参数

项目	形式与参数	单位
电池类型	三元锂离子动力电池	—
电池组额定电压	340(1C)	V
峰值功率	150kW,持续 10s	kW
额定功率	50	kW
电池组工作电压范围	266～408.5	V
电池电量	53.6	kW·h
电池额定容量	150(1C)	A·h

表 6-2 高压电池总成紧固件规格

紧固件名称	规格	力矩范围	
		/N·m	/lb·ft
高压电池(前耳)固定螺栓	M10×1.25×40	68～88	50.2～64.9
高压电池固定螺栓	M10×1.25×35	68～88	50.2～64.9
驱动电机底护板、电池底护板固定螺钉	ST4.8×16	2.2～2.8	1.6～2.1
动力电池总成后部固定螺栓	M10×1.25×35	68～88	50.2～64.9

6.1.2 电池管理系统电路与端子定义

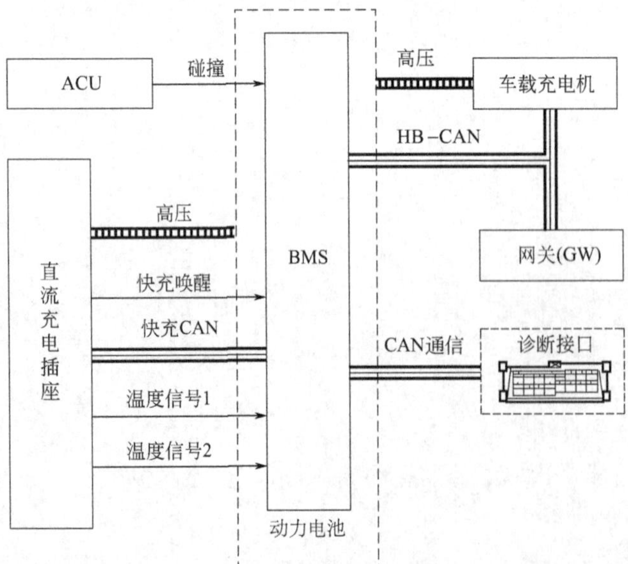

图 6-1 电池管理系统原理框图

电池管理系统（BMS，battery management system）：能够对动力电池组总电压、总电流、每个测点温度和电池单体的电压参数进行实时监控，并进行故障诊断、SOC（剩余电量比）计算、短路保护、漏电监测、报警显示、充放电模式选择等。BMS 可以将动力电池相关参数上报 VCU，由 VCU 控制动力电池的充电和放电功率。本车电池管理系统集成于动力电池总成内部。电池管理系统原理框图如图 6-1 所示。

电池管理系统电路如图 6-2 所示。

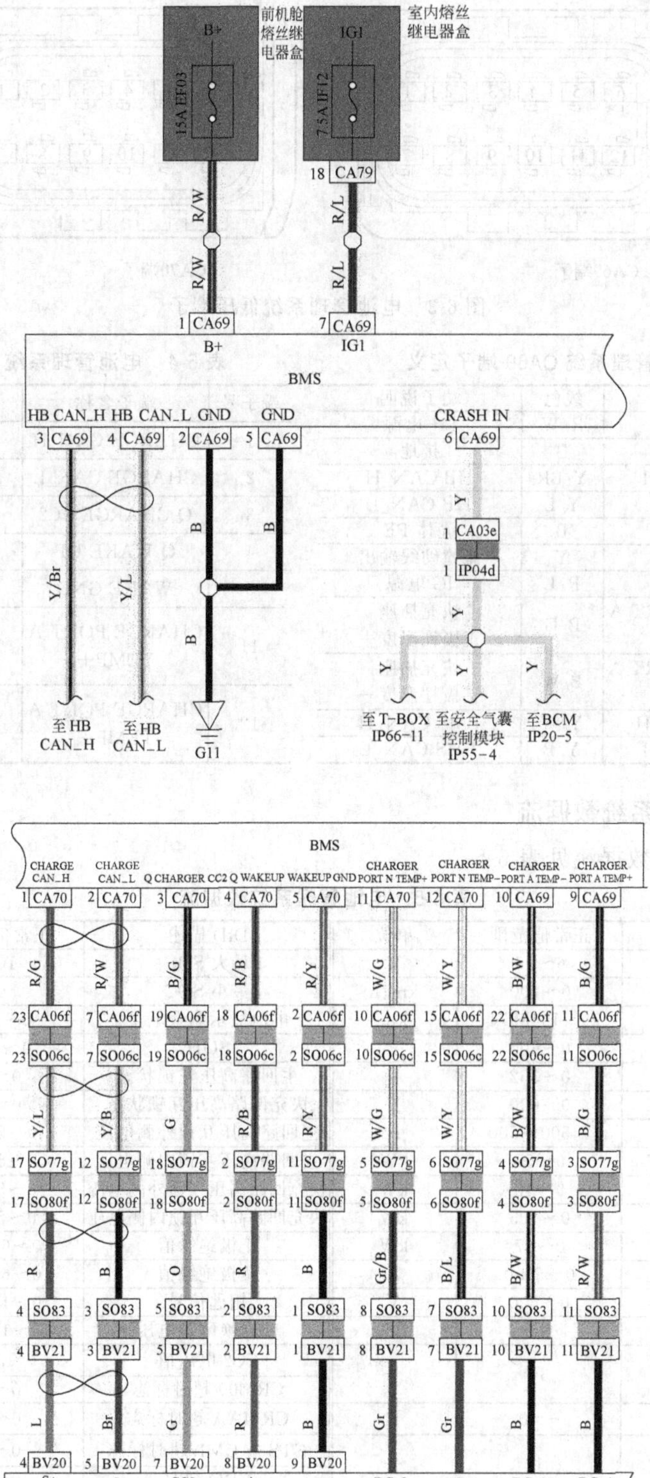

图 6-2 电池管理系统电路

电池管理系统低压端子如图 6-3 所示，其端子定义见表 6-3 和表 6-4。

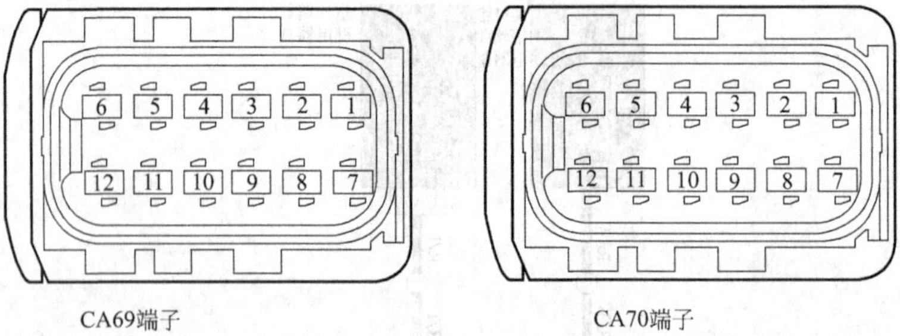

图 6-3　电池管理系统低压端子

表 6-3　电池管理系统 CA69 端子定义

端子号	端子名称	线色	端子说明
1	B+	R/W	B+电源
2	GND	B	接地
3	HB CAN_H	Y/BR	HB CAN_H
4	HB CAN_L	Y/L	HB CAN_L
5	GND	B	壳体 PE
6	CRASH IN	Y	碰撞硬线输出
7	IG1	R/L	IG 电源
9	CHARGE PORT A TEMP+	B/G	快充插座正极柱温度+
10	CHARGE PORT A TEMP+	B/W	快充插座正极柱温度−
11	BMS CAN_H	Y/W	BMS CAN_H
12	BMS CAN_L	Y/B	BMS CAN_L

表 6-4　电池管理系统 CA70 端子定义

端子号	端子名称	线色	端子说明
1	CHARGE CAN_H	R/G	快充 CAN_H
2	CHARGE CAN_L	R/W	快充 CAN_L
3	Q CHARGE CC2	B/G	快充 CC2
4	Q WAKE UP	R/B	快充唤醒
5	WAKE GND	R/Y	快充唤醒地
11	CHARGE PORT A TEMP+	W/G	快充插座负极柱温度+
12	CHARGE PORT A TEMP+	W/Y	快充插座负极柱温度−

6.1.3　电池管理系统数据流

电池管理系统数据流见表 6-5。

表 6-5　电池管理系统数据流

DID 描述	正常值范围	单位	DID 描述	正常值范围	单位
ECU 电源电压	6～16	V	最大 SOC	100	%
车速	0～200	km/h	最小 SOC	0	%
总里程	0～1048574	km	电池显示剩余电量	0～100	%
电池包电压	0～600	V	SOH	0～100	%
link+侧电压	0～352	V	主回路高压互锁状态	0～3	—
充正继电器外侧电压	0～600	V	快充回路高压互锁状态	0～3	—
电池包总电流	−500～500	A	主回路高压互锁外侧电压	0～5000	mV
允许的峰值充电功率	0～57	kW	主回路高压互锁内侧电压	0～5000	mV
允许的持续充电功率	0～40	kW	快充回路高压互锁外侧电压	0～5000	mV
允许的峰值放电功率	0～105	kW	快充回路高压互锁内侧电压	0～5000	mV
允许的持续放电功率	0～87	kW	正极绝缘值	0～65534	K
BMS 请求的充电电流	0～50.0	A	负极绝缘值	0～65534	K
累加和	0～600	V	钥匙信号	0～12000	mV
电池包最高温度	87	℃	快充唤醒源电压	0～12000	mV
电池包最高温度的温度传感器号	34	—	CC2 电压值	0～5000	mV
			CRM00 超时标志	0～1	—
电池包最低温度	−40	℃	CRMAA 超时标志	0～1	—
电池包最低温度的温度传感器号	1	—	CTS 或 CML 超时标志	0～1	—
			CRO 超时	0～1	—
平均温度	−40～125	℃	CCS 超时	0～1	—
最小电芯电压	3.210	V	接收到 CST(非人工停止)	0～1	—
最小电芯电压的电芯号	1	—	充电桩最大输出电压	0～750	V
最大电芯电压	4.190	V	充电桩最小输出电压	0～750	V
最大电芯电压的电芯号	95	—	CCS 输出电流值	0～500	A

续表

DID 描述	正常值范围	单位	DID 描述	正常值范围	单位
CCS 输出电压值	0～600	V	预约充电开启状态	0～3	—
充电插座温度	−40～125	℃	智能补电开启状态	0～3	—
电池包进水口温度	−40～87	℃	PCB 最大温度	−40～125	℃
电池包出水口温度	−40～125	℃	强制切断继电器次数	0～255	km/h
BMS 状态	0～15	—	电池包累计放电容量	0～740000	A·h
均衡开启状态	0～5	—	电池包累计充电容量	0～740000	A·h
BMS 热管理请求	0～3	—			

6.1.4 高压配电系统

纯电动汽车有一套高压供电系统。高压供电系统由动力电池为电机控制器、驱动电机、电动压缩机、PTC 加热器等高压部件提供电能。此外，动力电池还有一套直流快充充电系统和一套交流慢充充电系统。这些所有的高压部件都由高压配件系统连接输送电能。

高压配电系统主要包括以下部件：车载充电机、电机控制器、电动压缩机、直流充电接口、交流充电接口、直流母线、电机三相线、PTC 高压线束。高压配电系统部件及线束位置见图 6-4，配电系统原理框图见图 6-5，高压配电系统电路见图 6-6，高压互锁电路见图 6-7。

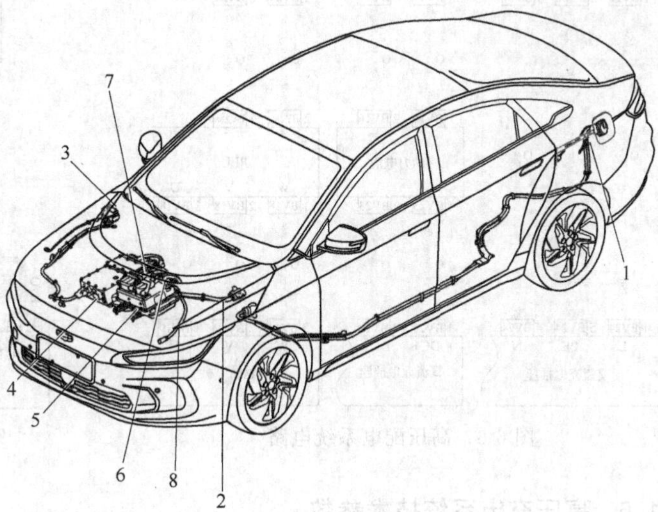

图 6-4 高压配电系统部件及线束位置

1—直流充电插座线束总成（快充）；2—直流母线总成；3—交流充电插座线束总成（慢充）；4—车载充电机总成；5—电机控制器总成；6—充电机连接线束；7—驱动电机三相线束总成；8—PTC 线束总成

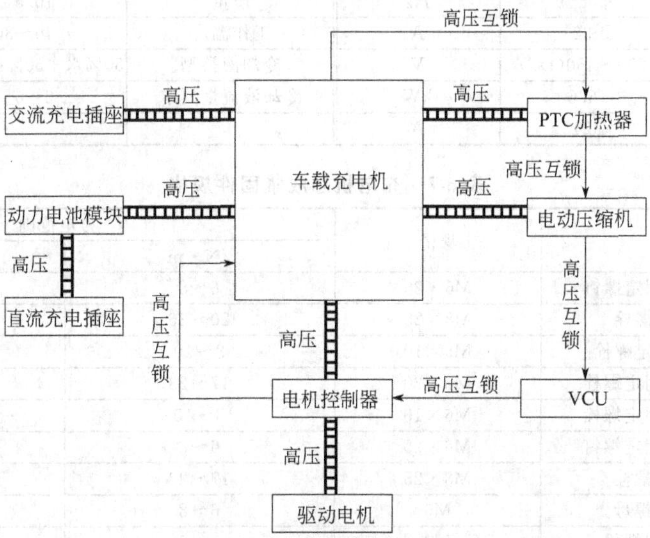

图 6-5 配电系统原理框图

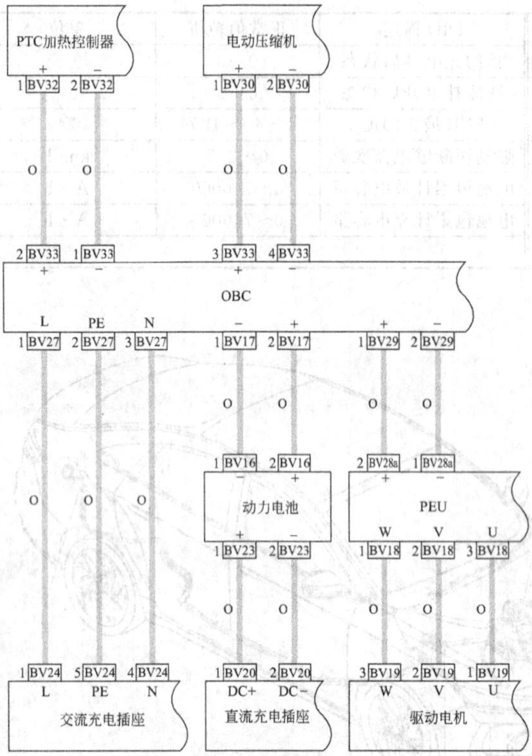

图 6-6　高压配电系统电路

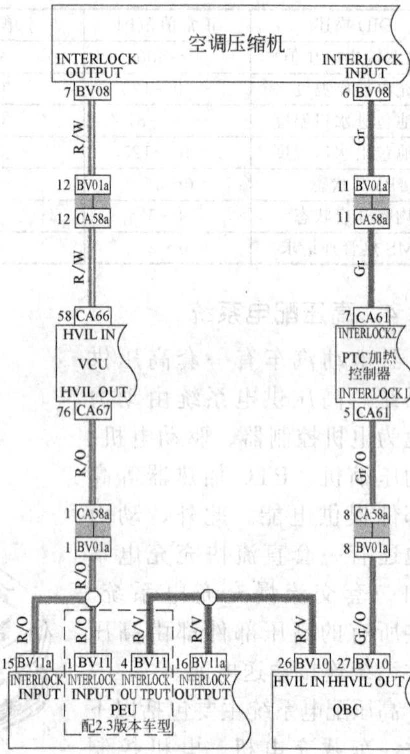

图 6-7　高压互锁电路

6.1.5　高压充电系统技术参数

车载充电机技术参数见表 6-6。充电机总成紧固件规格见表 6-7。

表 6-6　车载充电机技术参数

项目	参数	单位	项目	参数	单位
输入电压	220	V	效率	≥93	%
输入频率	50±1	Hz	质量	10.5	kg
输入最大电流	32	A	工作温度	－40～80	℃
输出电压	200～450(DC)	V	冷却液类型	50%水＋50%乙二醇	—
输出最大功率	6.6	kW	冷却液流量要求	2～6	L/min
输出最大电流	24	A			

表 6-7　充电机总成紧固件规格

紧固件名称	规格	力矩范围	
		/N·m	/lb·ft
交流充电插座总成固定螺钉	M6×25	6～8	4.4～5.9
车载充电机固定螺栓	M8×25	20～26	14.7～19.2
充电机壳体搭铁固定螺栓	M6×10	8～10	5.9～7.4
充电器进水管支架固定螺栓	M8×20	17～23	12.5～17
直流充电插座总成固定螺栓	M6×10	8～10	5.9～7.4
交流充电插座总成固定螺钉	M6×25	6～8	4.4～5.9
蓄电池托架固定螺栓	M8×25	17～23	12.5～17
蓄电池拉杆固定螺母	M6	6～8	4.4～5.9
蓄电池正负极固定螺母	M6	5～7	3.7～5.2

6.1.6 高压充电系统原理

充电系统从类型上可分为外接充电系统和内部充电系统。其中，外接充电系统包括快充充电和慢充充电；内部充电系统包括低压电源充电、智能充电及制动能量回收。

交流充电口安装在车身右前侧，直流充电口安装在车身左后侧。充电时，根据选择的充电类型，连接交流充电插头或直流充电插头到相应的充电插座，连接正确后开始充电。充电口连接后形成检测回路，当出现连接故障时，系统可以检测到该故障。高压充电系统原理框图如图 6-8 所示。车载充电系统电路如图 6-9 所示。

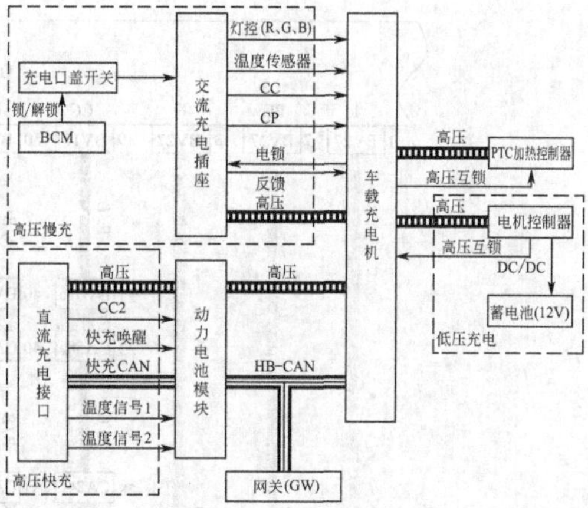

图 6-8　高压充电系统原理框图

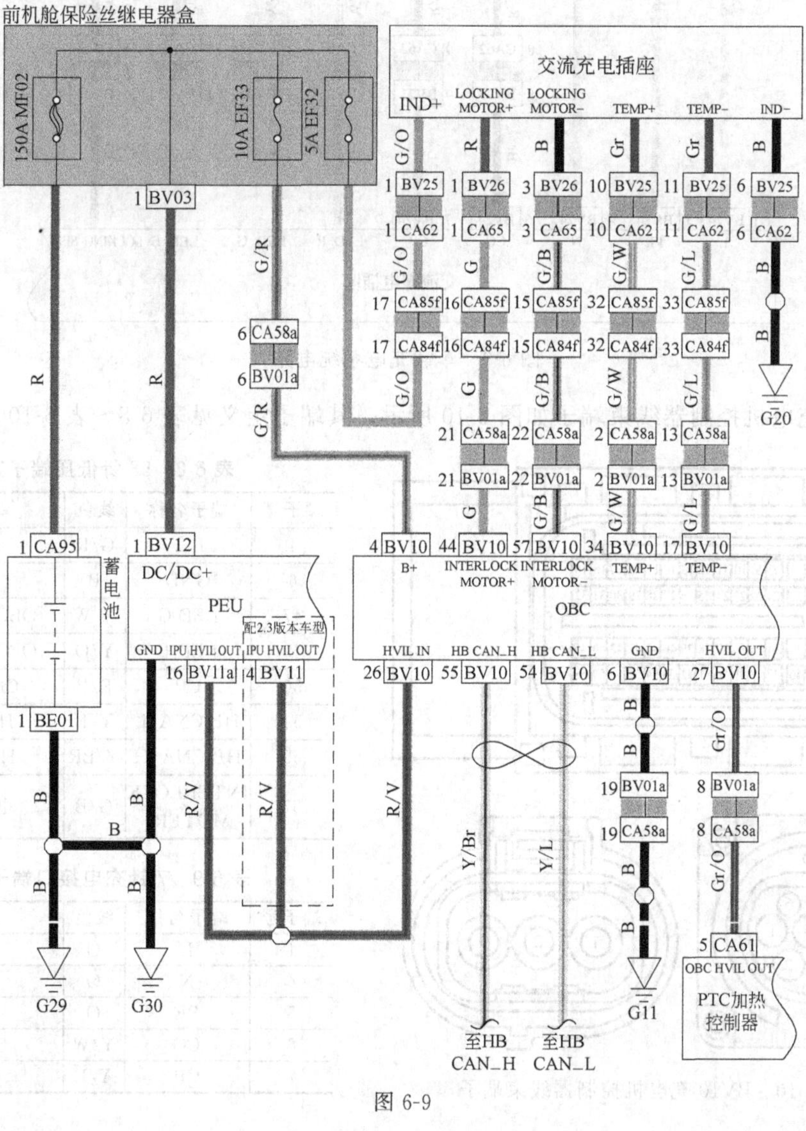

图 6-9

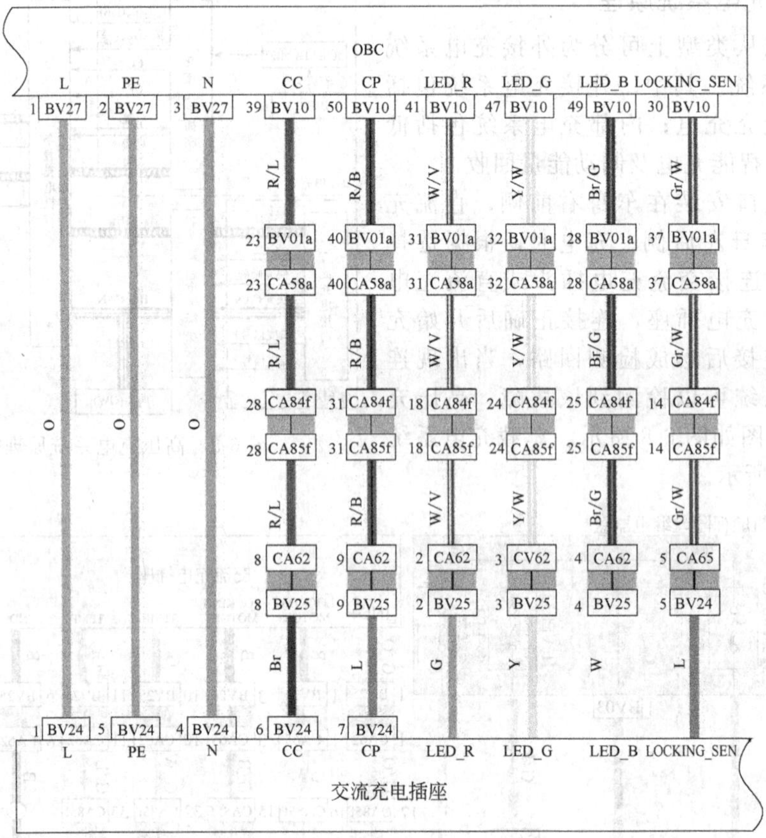

图 6-9 车载充电系统电路

BV10 充电机控制器线束端子如图 6-10 所示，其端子定义见表 6-8～表 6-10。

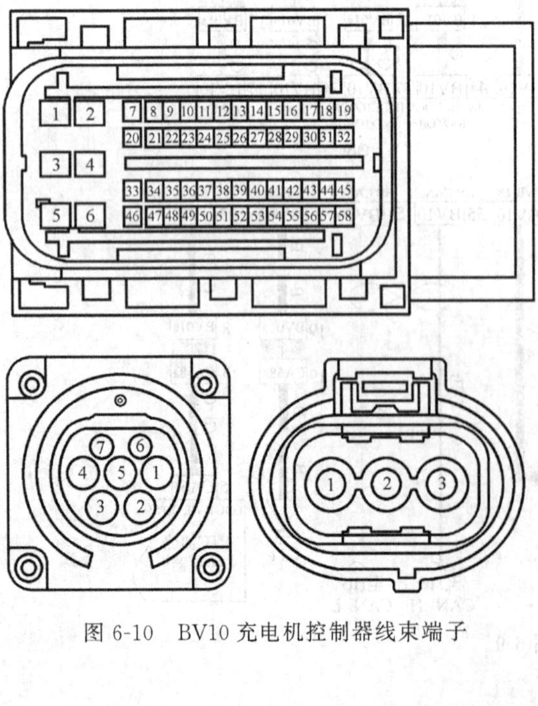

图 6-10 BV10 充电机控制器线束端子

表 6-8 58 针低压端子定义

端子号	端子名称	线色	端子说明
4	B+	G/R	B+电源
6	GND	B	接地
47	LED G	Y/W	OBC 电平信号二
49	LED B	Y/O	OBC 电平信号三
50	CP	R/B	CP 信号检测
54	HB CNA_L	Y/L	HB CAN_L
55	HB CNA_H	Y/BR	HB CAN_H
57	INTERLOCK MOTER_	G/B	电子锁负极

表 6-9 7 针充电接口端子定义

端子号	端子名称	线色	端子说明
1	L	O	L
4	N	O	N
5	PE	O	接地
6	CC	Y/W	连接信号
7	CP	Y/L	控制信号

表 6-10　3 针高压线束端子定义

端子号	端子名称	线色	端子说明	端子号	端子名称	线色	端子说明
1	L	O	L	3	N	O	N
2	PE	O	接地				

6.1.7　驱动电机技术参数与端子定义

电机的速度和转矩特性非常适合汽车驱动的需求。电机转子采用永磁体旋转磁场和定子线圈共同作用产生转矩。与传统汽油机不同，电机没有怠速。即使车辆由停止到启动的临界状态，电机也可产生最大驱动转矩，以保证车辆的正常启动。

当三相交流电被接入定子线圈中时，即产生旋转的磁场，这个旋转的磁场牵引转子内部的永磁体，产生和旋转磁场同步的旋转扭矩。

使用旋转变压器检测转子的位置和电流传感器检测线圈的电流，从而控制驱动电机的转矩输出。

驱动电机总成技术参数见表 6-11，其紧固件规格见表 6-12。

表 6-11　驱动电机总成技术参数

项目	参数	单位	项目	参数	单位
额定功率	42	kW	额定转速	4200	r/min
峰值功率	130	kW	峰值转速	12000	r/min
额定转矩	105	N·m	电机旋转方向	从轴伸端看电机逆时针旋转	—
峰值转矩	270	N·m			

表 6-12　驱动电机总成紧固件规格

紧固件名称	规格	力矩范围	
		/N·m	/lb·ft
驱动电机与减速器固定螺栓	M8×35	23～27	17～20
后支架与减速器固定螺栓	M12×50	100～120	73.8～88.5
左支架与减速器固定螺栓	M10×55	70～90	51.6～66.4
右支架与电机固定螺栓	M10×55	70～90	51.6～66.4
减速器与电池水泵支架固定螺栓	M10×20	40～50	29.5～36.9
驱动电机与动力线束总成支架固定螺栓	M6×12	8～10	6.0～7.4
驱动电机与水泵支架固定螺栓	M6×12	8～10	6.0～7.4
减速器与动力线束总成搭铁线固定螺栓	M6×10	8～10	6.0～7.4
减速器与动力线束总成支架固定螺栓	M6×12	8～10	6.0～7.4
隔振垫与动力托架固定螺栓	M12×1.25×50	100～120	73.8～88.5
后悬置支架与后隔振垫固定螺栓	M12×1.25×65	100～120	73.8～88.5
后隔振垫与副车架固定螺栓	M14×1.5×80	150～190	110.6～140.1

驱动电机部件分解如图 6-11 所示，BV13 电机端子如图 6-12 所示，其端子定义见表 6-13。

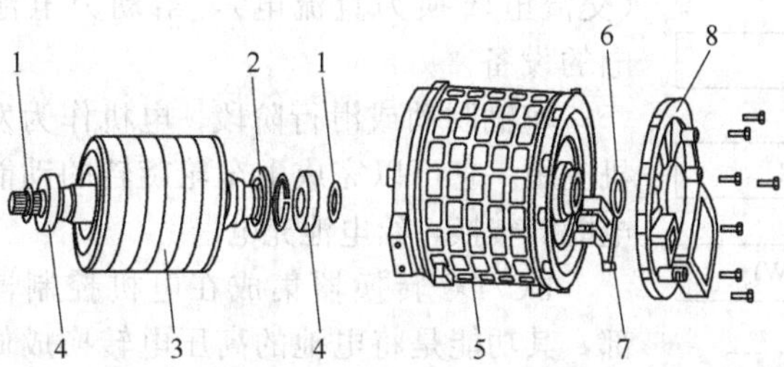

图 6-11　驱动电机部件分解

1—轴用弹性挡圈；2—旋变转子；3—转子总成；4—深沟球轴承；5—定子壳体总成；6—波形弹簧；7—圆柱销；8—后端盖总成

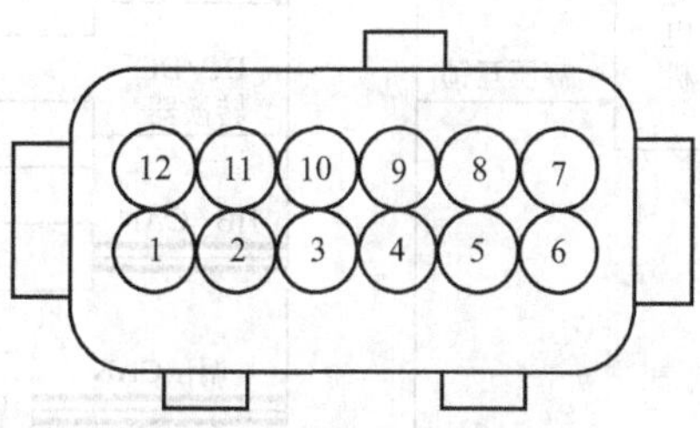

图 6-12　BV13 电机端子

表 6-13 电机端子定义

端子号	端子名称	线色	端子说明	端子号	端子名称	线色	端子说明
1	R1+	R	电机 R1+	7	cosLO	G	电机旋变 cosLO
2	R1−	R/W	电机 R1−	8	cos	O	电机旋变 cosHI
3	R2+	R/B	电机 R2+	9	sinLO	W	电机旋变 sinLO
4	R2−	B/O	电机 R2−	10	sin	Y	电机旋变 sinHI
5	GND	B	屏蔽接地	11	REFLO	L	电机旋变励磁−
6	GND	B	屏蔽接地	12	REF	P	电机旋变励磁+

6.1.8 电机控制系统原理与电路

电机控制器技术参数见表 6-14，其紧固件规格见表 6-15。

表 6-14 电机控制器技术参数

项目	参数	单位	项目	参数	单位
产品尺寸(长×宽×高)	343×324×173	mm	冷却液温度范围(降功率运行)	65～85	℃
产品质量	10±0.5	kg	冷却液流量	≤8	L/min
产品工作环境温度	−40～105	℃	防护等级	IP67	—
海拔	≤5500	m	通信方式	CAN2.0B,500kb/s	—
冷却液温度范围(全功率运行)	−40～65	℃			

表 6-15 电机控制器紧固件规格

紧固件名称	规格	力矩范围	
		/N·m	/lb·ft
驱动电机控制器固定螺栓	M8×25	22～24	16.2～17.7
电机控制器低压输出电缆固定螺母	M8	20～26	14.8～19.2
踏板支架与车身前围板固定螺母	M6	8～10	5.9～7.4
踏板与踏板支架固定螺母	M6	8～10	5.9～7.4

电机控制器是一个高功率，高电压的功率电子模块（简称 IPU），由 1 个电机控制单元和 1 个 DC/DC 转换器组成。

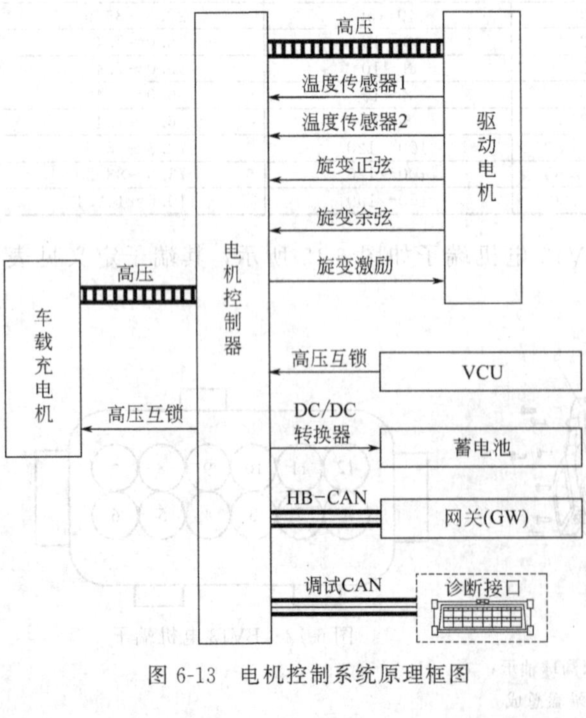

图 6-13 电机控制系统原理框图

电机控制器安装在前舱内，采用 CAN 通信控制，控制着动力电池组到电机之间能量的传输，同时采集电机位置信号和三相电流检测信号，精确地控制驱动电机运行。

电机控制器是一个既能将动力电池中的直流电转换为交流电以驱动电机，同时具备将车轮旋转的动能转换为电能(交流电转换为直流电)，给动力电池充电的设备。

车辆制动或滑行阶段，电机作为发电机应用。它可以完成由车轮旋转的动能到电能的转换，给电池充电。

DC/DC 转换器集成在电机控制器内部，其功能是将电池的高压电转换成低压电，提供整车低压系统供电。

电机控制系统原理框图如图 6-13 所示，其电路如图 6-14 所示。

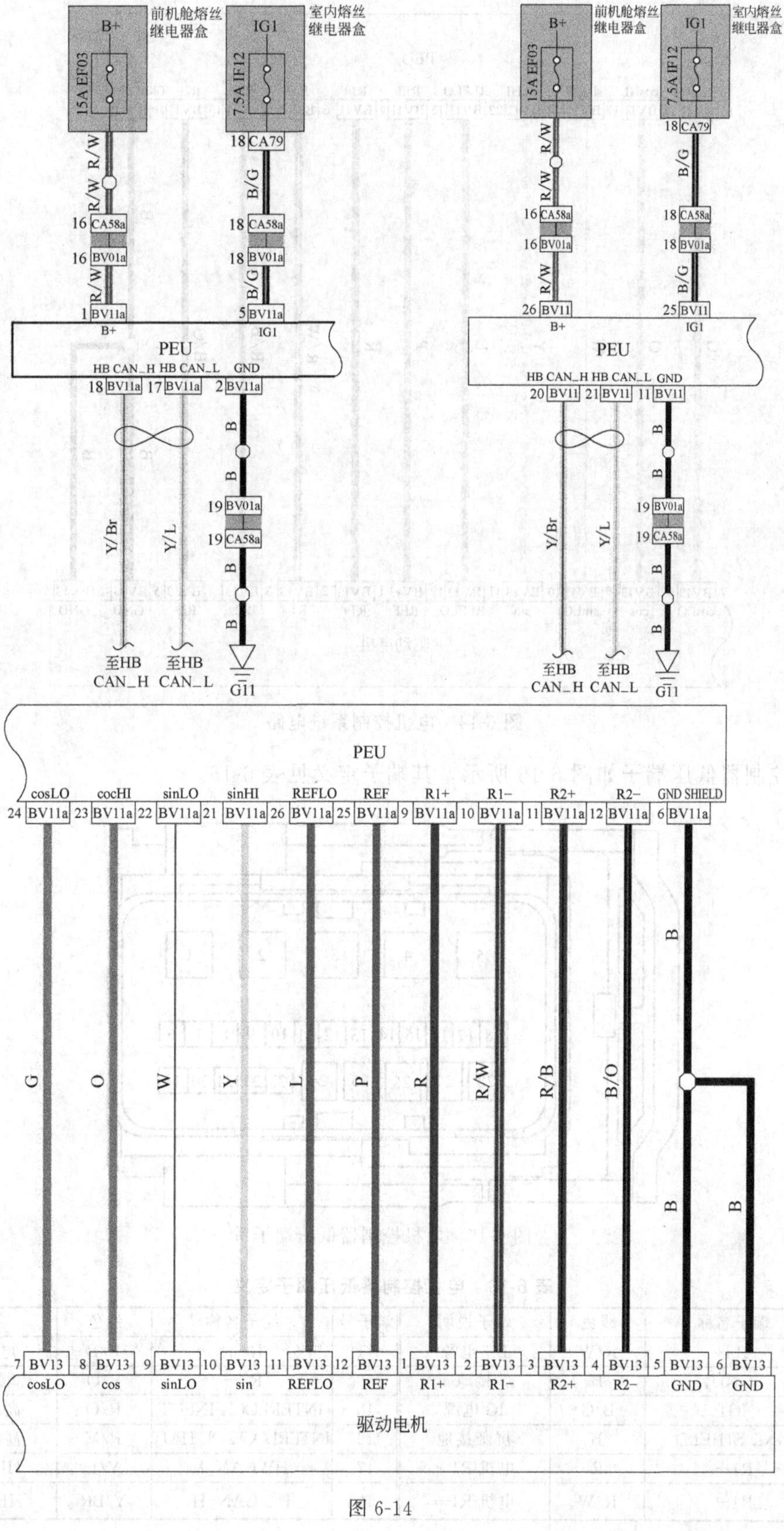

前机舱熔丝继电器盒
室内熔丝继电器盒
B+
IG1
15A EF03
7.5A IF12
R/W
B/G
CA79
CA58a
BV01a
BV11a
BV11
PEU
HB CAN_H
HB CAN_L
GND
Y/Br
Y/L
B
至HB CAN_H
至HB CAN_L
G11
cosLO
cocHI
sinLO
sinHI
REFLO
REF
R1+
R1−
R2+
R2−
GND SHIELD
G
O
W
Y
L
P
R
R/B
B/O
BV13
cos
sin
GND
驱动电机

图 6-14

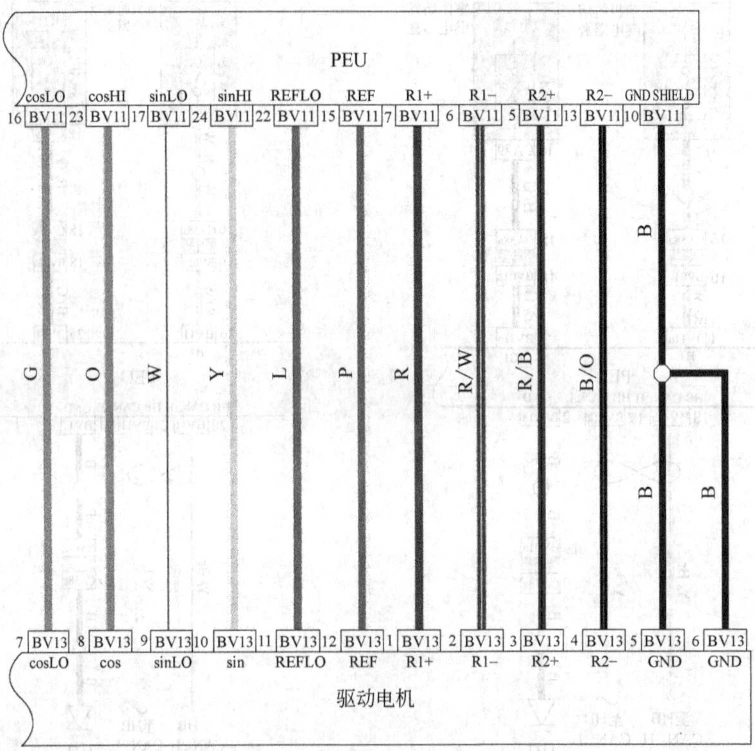

图 6-14　电机控制系统电路

电机控制器低压端子如图 6-15 所示，其端子定义见表 6-16。

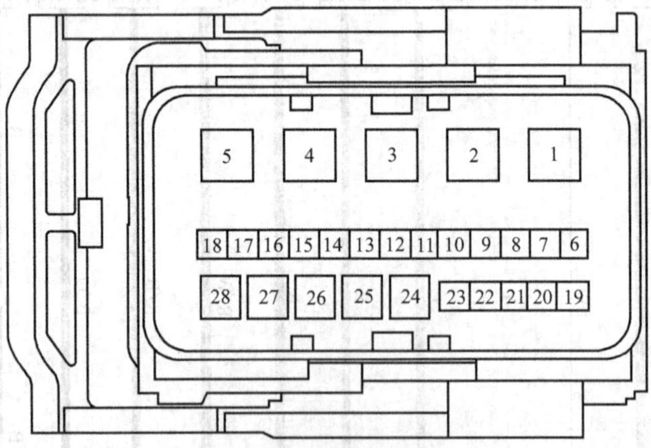

图 6-15　电机控制器低压端子

表 6-16　电机控制器低压端子定义

端子号	端子名称	线色	端子说明	端子号	端子名称	线色	端子说明
1	B＋	R/W	B＋电源	11	R2＋	R/B	电机 R2＋
2	GND	B	接地	12	R2－	B/O	电机 R2－
5	IG1	B/G	IG 电源	15	INTERLOCK INPUT	R/O	高压互锁入
6	GND SHIELD	B	屏蔽接地	16	INTERLOCK OUTPUT	R/V	高压互锁出
9	R1＋	R	电机 R1＋	17	HB CAN_L	Y/L	HB CAN_L
10	R1－	R/W	电机 R1－	18	HB CAN_H	Y/BR	HB CAN_H

续表

端子号	端子名称	线色	端子说明	端子号	端子名称	线色	端子说明
19	OBD CAN_L	Y/B	OBD CAN_L	23	cosHI	O	电机旋变 cosHI
20	OBD CAN_H	Y/R	OBD CAN_H	24	cosLO	G	电机旋变 cosLO
21	sinHI	Y	电机旋变 sinHI	25	REFLO	P	电机旋变励磁＋
22	sinLO	W	电机旋变 sinLO	26	REF	L	电机旋变励磁－

6.1.9 DC/DC 与 IPU 数据流

DC/DC 与 IPU 数据流见表 6-17 和表 6-18。

表 6-17 DC/DC 数据流

DID 描述	正常值范围	单位	DID 描述	正常值范围	单位
12V 蓄电池电压	9～16	V	DC/DC 输出被限制的原因	—	—
车速	20～120	km/h	DC/DC 输入电压	180～500	V
反馈:对于快照(snapshot),只支持存储一套	—	km	DC/DC 输入电流	0～20	A
DC/DC 实际输出电压	9～16	V	DC/DC LV MOSFET 温度	—	℃
DC/DC 实际输出电流	0～200	A	DC/DC S9 MOSFET 温度	—	℃
DC/DC 实际工作模式	—	—	HCU 发送 DC/DC 输出电流限制值	180	A
HCU 请求 DC/DC 模式	—	—	DC/DC 13.5V 驱动电压	12～15	V
HCU 发送 DC/DC 目标输出电压	—	V	DC/DC 故障码	—	—
DC/DC 控制模式(电压环,电流环)	—	—	DC/DC 故障码	—	—
DC/DC 实际移相值	—	—	DC/DC 输入功率限制	—	W

表 6-18 IPU 数据流

DID 描述	正常值范围	单位	DID 描述	正常值范围	单位
12V 蓄电池电压	9～16	V	电机工作模式	—	—
车速	20～120	km/h	VCU 请求电机模式	—	—
反馈:对于快照(snapshot),只支持存储一套	—	km	IPU 控制器温度	—	℃
DC/DC 温度	—	℃	三相电流有效值	—	A
A 相瞬时电流	—	A	请求转矩	—	N·m
B 相瞬时电流	—	A	直流母线电流值	—	A
C 相瞬时电流	—	A	电机转矩	—	N·m
高压电池电压	—	V	电机功率最大限值	—	kW
电机本体温度	—	℃	电机功率最小限值	—	kW
电机转速	—	r/min			

6.1.10 高压冷却控制系统技术参数与电路

本车冷却系统包含动力电池冷却系统及驱动电机冷却系统，组成部件有动力电池冷却系统、驱动电机、车载充电机、电机控制器、热交换集成模块、电动水泵、膨胀罐、散热器、散热器风扇。高压冷却系统部件与管路分布如图 6-16 所示。

高压冷却系统散热器风扇技术参数见表 6-19，驱动电机冷却水泵技术参数见表 6-20，动力电池冷却水泵技术参数见表 6-21，高压冷却系统紧固件规格见表 6-22。

表 6-19 高压冷却系统散热器风扇技术参数

项目	参数		单位
	左风扇	右风扇	
额定电压	13.5		V
额定电流(高速挡)	≤18		A
额定电流(低速挡)	≤14		A

续表

项目	参数		单位
	左风扇	右风扇	
额定转速(高速挡)	2200±150	2700±150	r/min
额定转速(低速挡)	1950±150	2350±150	r/min
额定噪声	带冷却模块,噪声≤68		dB(A)
额定风量	静态 100Pa,风量大于等于 2000		m^3/h
总成风扇剩余不平衡量	≤15		g·mm

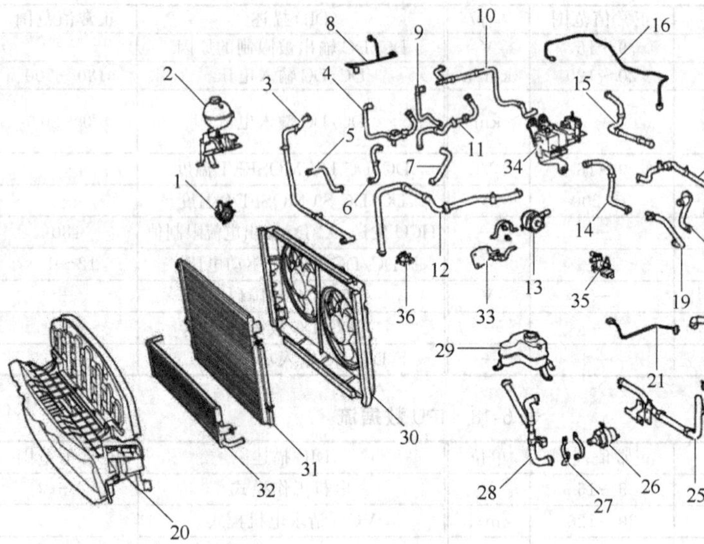

图 6-16 高压冷却系统部件与管路分布

1—驱动电机冷却水泵；2—膨胀罐总成（电机冷却）；3—散热器出水管总成；4—车载充电机进水管；5—散热器进水管；6—驱动电机出水管；7—驱动电机水泵进水管；8—驱动电机冷却通气管；9—车载充电机出水管组件；10—加水软管；11—电机控制器总成进水管；12—动力电池冷却水泵进水管；13—动力电池冷却水泵；14，17—动力电池出水管；15—动力电池冷却水泵出水管；16—电池散热器通气管；18—动力电池进水管；19—动力电池水泵进水管；20—主动进气格栅；21—电加热通气管；22—空调暖风进水管；23—空调暖风出水管；24—电加热进水管；25—电加热出水管；26—PTC 电动水泵总成；27—电加热水泵支架；28—热交换器总成热侧出水管；29—膨胀罐总成（暖风系统）；30—冷却风扇总成；31—冷凝器；32—驱动电机散热器；33—驱动电机冷却水泵支架；34—热交换器集成模块；35—电加热三通电磁阀总成；36—三通电磁阀总成

表 6-20 驱动电机冷却水泵技术参数

项目	参数	单位	项目	参数	单位
工作电压范围	8~16.5	V	流量(20kPa 水压)	600	L/h
流量(10kPa 水压)	1100	L/h	环境温度	−40~135	℃
流量(14kPa 水压)	900	L/h	调速方式	PWM/LIN 信号	—

表 6-21 动力电池冷却水泵技术参数

项目	参数	单位	项目	参数	单位
工作电压范围	8~16.5	V	流量(20kPa 水压)	600	L/h
流量(10kPa 水压)	1100	L/h	环境温度	−40~135	℃
流量(14kPa 水压)	900	L/h			

表 6-22　高压冷却系统紧固件规格

紧固件名称	规格	力矩范围	
		/N·m	/lb·ft
膨胀水壶支架固定螺栓	M6×16	8～10	5.9～7.4
暖风水管支架固定螺栓	M8×20	17～23	12.5～17
充电器进水管支架固定螺栓	M8×20	17～23	12.5～17
膨胀罐总成(暖风系统)固定螺栓	M6×20	8～10	5.9～7.4
电机水泵支架固定螺栓	M8×20	17～23	12.5～17
暖风水管支架固定螺栓	M8×20	17～23	12.5～17
驱动电机散热器水泵支架总成固定螺栓	M6×16	8～10	5.9～7.4
电池散热器水泵支架固定螺栓	M6×16	8～10	5.9～7.4
	M10×1.25×20	35～45	25.8～33.2
暖风水管支架固定螺栓	M8×20	17～23	12.5～17
水管支架固定螺栓	M6×16	8～10	5.9～7.4
暖风水管支架安装座固定螺母	M6	8～10	5.9～7.4
驱动电机散热器水泵支架总成	M6×16	8～10	5.9～7.4
热交换器固定螺母	M6	8～10	5.9～7.4
热交换器固定螺栓	M6×25	8～10	5.9～7.4
固定电加热三通电磁阀固定螺母	M6	8～10	5.9～7.4
三通阀固定螺栓	M6×20	8～10	5.9～7.4
冷却模块与散热器框架固定螺栓	M6×25	7～9	5.2～6.6
空调高压管总成与散热器框架固定螺栓	M6×25	8～10	5.9～7.4
散热器框架固定螺栓	M6×25	7～9	5.2～6.6

高压冷却系统原理框图如图 6-17 所示，其电路如图 6-18 所示。

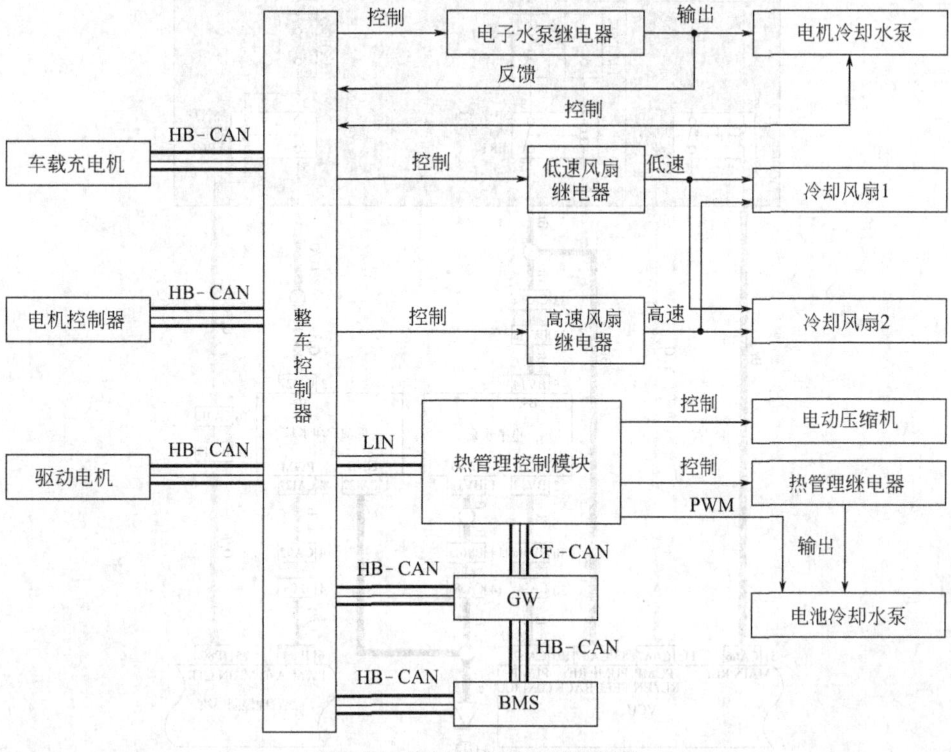

图 6-17　高压冷却系统原理框图

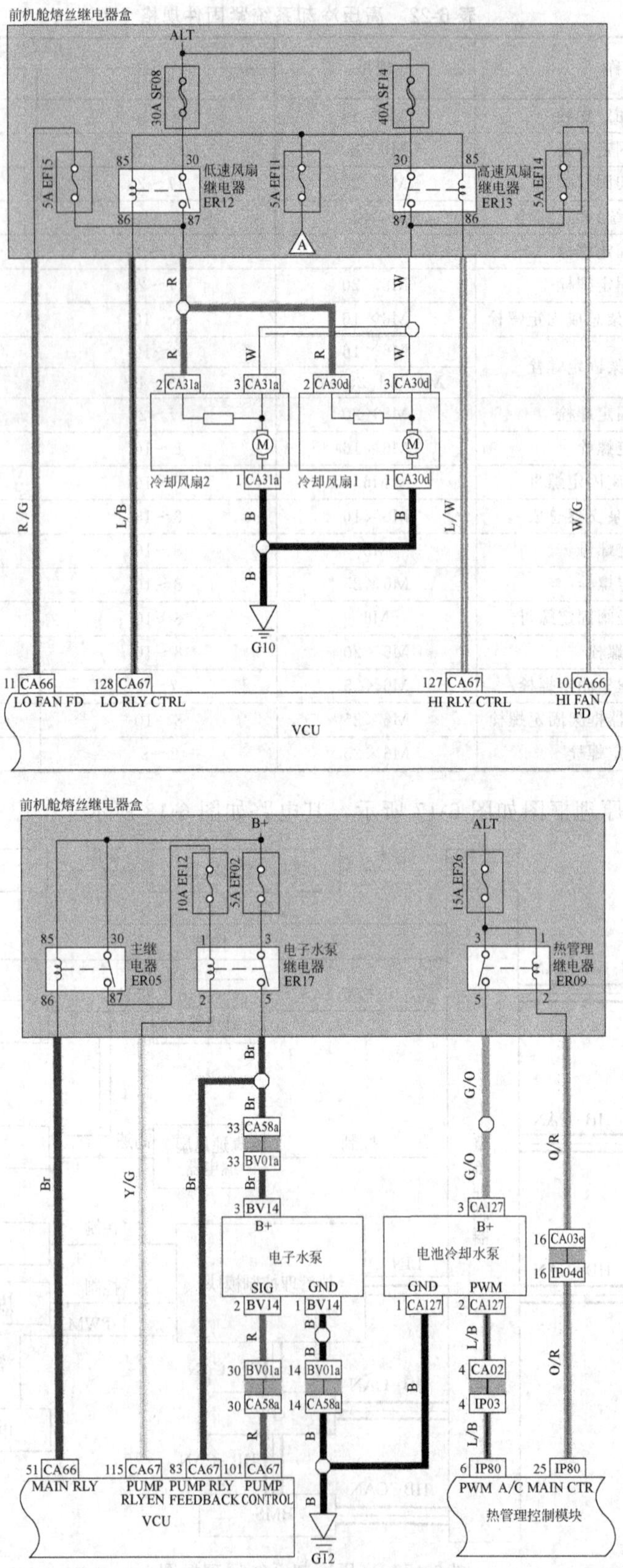

图 6-18 高压冷却系统电路

6.1.11 VCU 整车控制器电路

整车控制系统电路如图 6-19 所示。

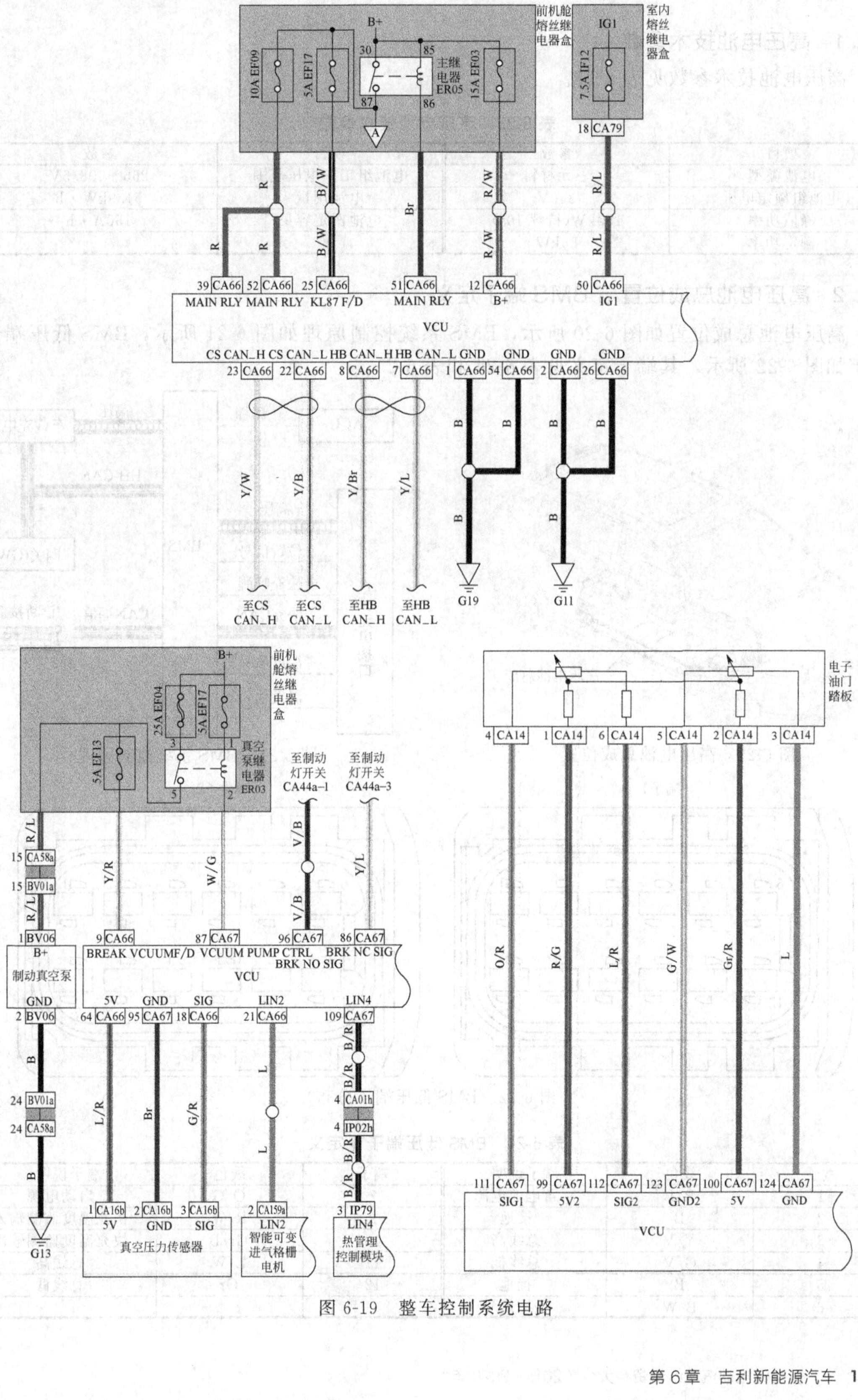

图 6-19 整车控制系统电路

6.2 帝豪 GSe（2018～ ）

6.2.1 高压电池技术参数

高压电池技术参数见表 6-23。

表 6-23 高压电池技术参数

项目	参数	项目	参数
电池类型	三元材料	电池组工作电压范围	266～408.5V
电池组额定电压	346V	电池用量	51.9kW·h
峰值功率	150kW(持续 10s)	电池额定容量	150A·h
额定功率	55kW		

6.2.2 高压电池总成位置与 BMS 端子定义

高压电池总成位置如图 6-20 所示，BMS 系统控制原理如图 6-21 所示，BMS 低压端子分布如图 6-22 所示，其端子定义见表 6-24 和表 6-25。

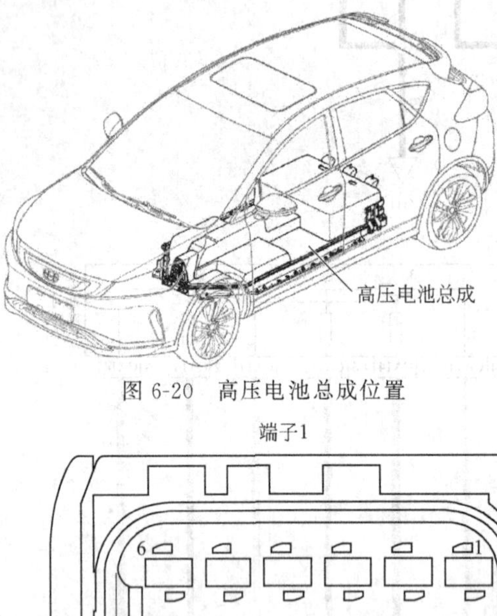

图 6-20 高压电池总成位置

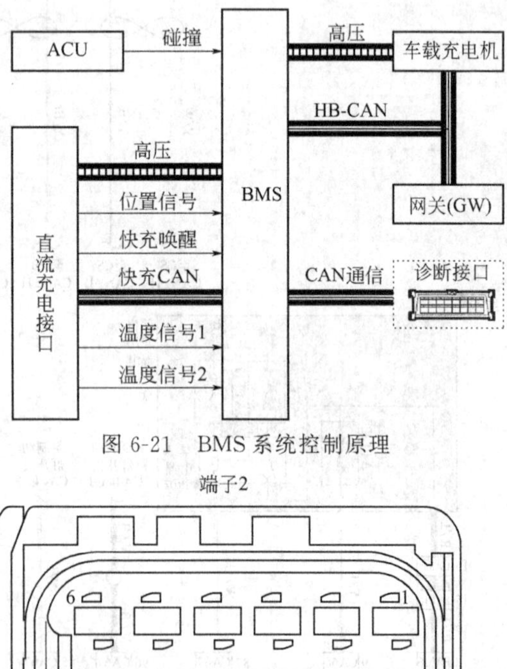

图 6-21 BMS 系统控制原理

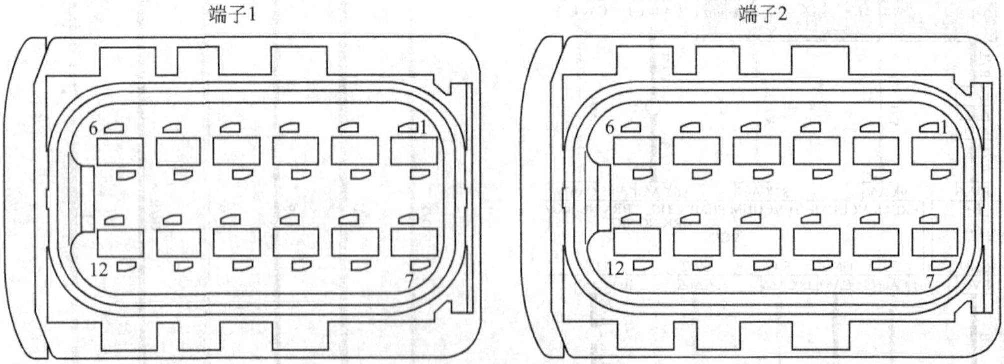

图 6-22 BMS 低压端子分布

表 6-24 BMS 低压端子 1 定义

端子	线色	端子说明	端子	线色	端子说明
1	R/L	蓄电池电源	7	O/G	启动电源
2	B	接地	9	R/W	快充温度监测输入
3	Y/V	总线高	10	Gr/B	快充温度监测输出
4	G/V	总线低	11	L/W	总线高
5	B	接地	12	Gr	总线低
6	B/W	碰撞信号			

表 6-25 BMS 低压端子 2 定义

端子	线色	端子说明	端子	线色	端子说明
1	O/G	快充总线高	5	B	快充唤醒接地
2	O/B	快充总线低	11	W/R	快充温度监测输入
3	Br	CC 信号检测	12	B/W	快充温度监测输出
4	R	快充唤醒信号			

6.2.3 车载充电机技术参数与部件位置

车载充电机技术参数见表 6-26，其部件位置如图 6-23 所示。

表 6-26 车载充电机技术参数

项目	参数
输入电压	85～265V
输入频率	50±1Hz
输入最大电流	32A
输出电压	200～450V
输出最大功率	6.6kW
输出最大电流	24A
效率	≥93%
质量	10.5kg
工作温度	－40～80℃
冷却液类型	50%水＋50%乙二醇
冷却液流量要求	2～6L/min

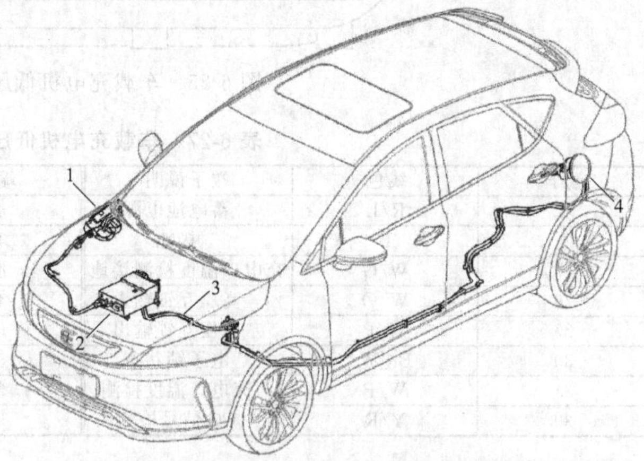

图 6-23 车载充电机部件位置

1—交流充电接口；2—车载充电机；3—直流母线；4—直流充电接口

6.2.4 车载充电机控制原理与端子定义

车载充电机控制原理如图 6-24 所示，低压端子分布如图 6-25 所示，其端子定义见表 6-27。

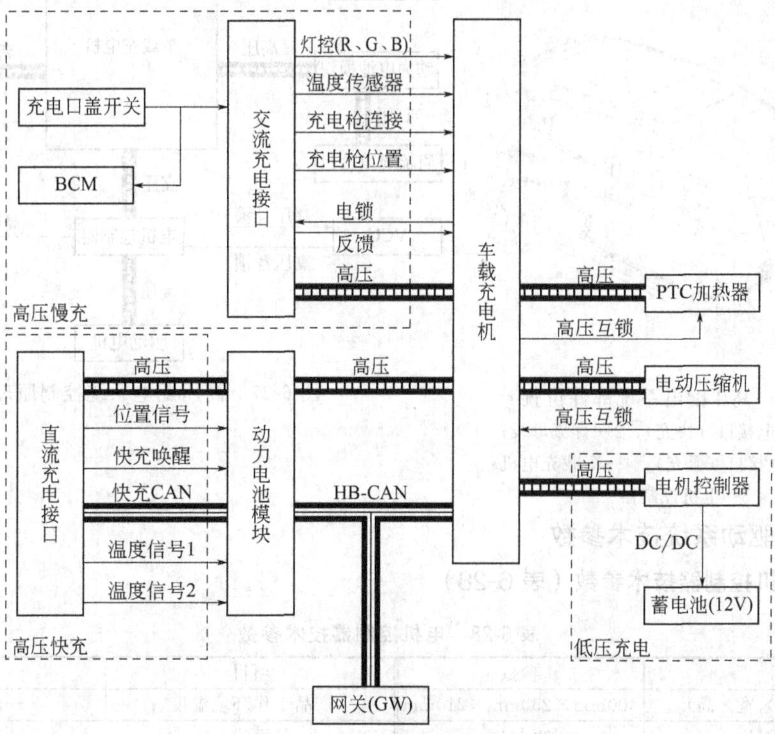

图 6-24 车载充电机控制原理

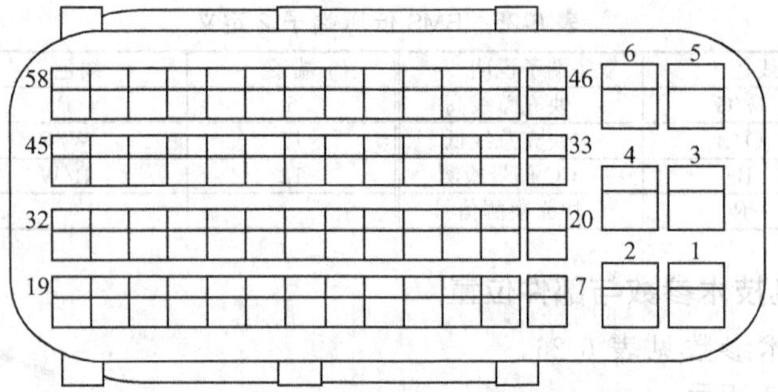

图 6-25　车载充电机低压端子分布

表 6-27　车载充电机低压端子定义

端子	线色	端子说明	端子	线色	端子说明
4	R/L	蓄电池电源	41	L/Y	对应灯具 2 端子
6	B	接地	44	Y/G	电子锁正极
17	W/G	充电口温度检测接地	47	O/L	对应灯具 3 端子
26	W/O	高压互锁输入	49	B/G	对应灯具 4 端子
27	W/P	高压互锁输出	50	O	交流充电控制输出
30	Br/W	电子锁状态	54	G/V	总线低
34	W/P	充电口温度检测	55	Y/V	总线高
39	Y/R	CC 信号检测	57	Y/R	电子锁负极

6.2.5　高压配电系统部件位置与原理

高压配电系统部件位置如图 6-26 所示，其控制原理如图 6-27 所示。

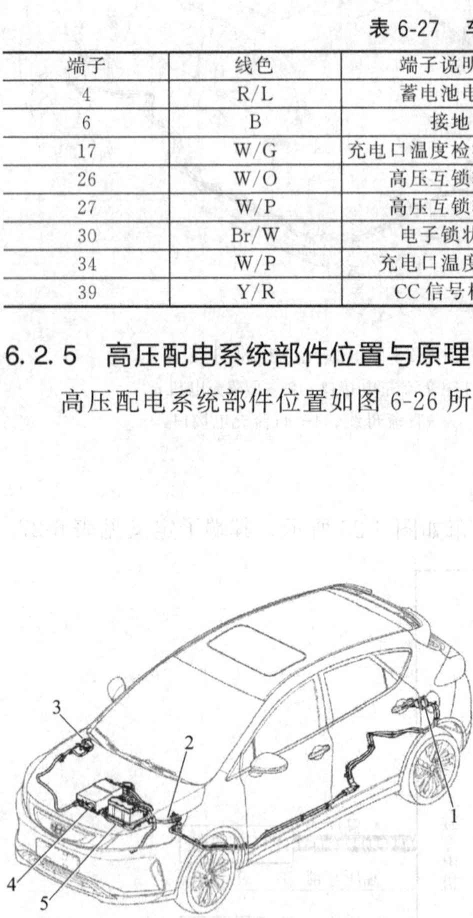

图 6-26　高压配电系统部件位置

1—直流充电接口（快充）；2—直流母线；
3—交流充电接口（慢充）；4—车载充电机；
5—电机控制器

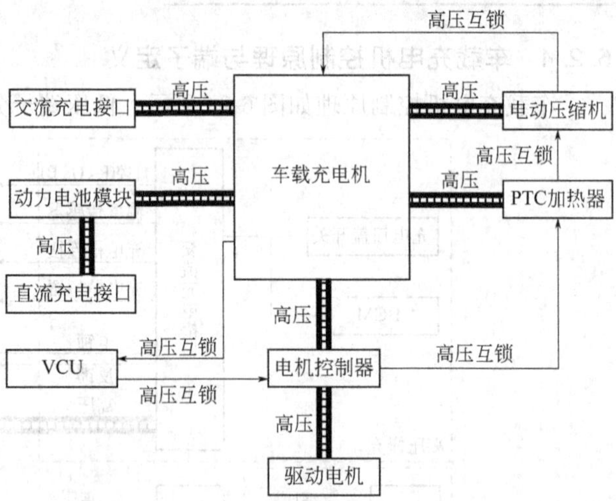

图 6-27　高压配电系统控制原理

6.2.6　电机驱动系统技术参数

（1）电机控制器技术参数（表 6-28）

表 6-28　电机控制器技术参数

项目	参数	项目	参数
产品尺寸(长×宽×高)	400mm×250mm×210mm	产品工作环境温度	−40～90℃
产品质量	约 11kg	海拔	≤3500m

续表

项目	参数	项目	参数
冷却液温度范围(全功率运行)	−40～65℃	防护等级	IP67
冷却液温度范围(降功率运行)	65～85℃	通信方式	CAN2.0B,500kbit/s
冷却液流量	≤8L/min		

(2) 驱动电机技术参数(表6-29)

表6-29 驱动电机技术参数

项目	参数	项目	参数
额定功率	42kW	额定转速	4200r/min
峰值功率	120kW	峰值转速	12000r/min
额定转矩	105N·m	电机旋转方向	从轴伸端看电视逆时针旋转
峰值转矩	250N·m		

(3) 减速器技术参数(表6-30)

表6-30 减速器技术参数

项目	参数	项目	参数
转矩	300N·m	减速器油量	(1.7±0.1)L
转速	≤14000r/min	持续工作温度	−40～125℃
主减速比	8.279∶1	储存温度	−40～125℃
减速器油牌号	Mobil Dexron Ⅵ	最高油温	150℃

(4) 输入轴花键技术参数(表6-31)

表6-31 输入轴花键技术参数

项目	参数	项目	参数
参照标准	ANSI B92.2M—1980(R1989)	模数	1mm
大径	24.75～25mm	齿数	24
小径	22.26～22.5mm	压力角	30°
作用齿厚最大值 E_{vmax}	1.571mm	分度圆直径	24mm
实际齿厚最小值 E_{vmin}	1.485mm	基圆直径	20.785mm
量棒直径 d_p	2.12mm	外花键渐开线起始圆最大直径	22.89mm
跨棒距 M 值	27.339～27.479	公差等级	6H

(5) 减速器花键技术参数(表6-32)

表6-32 减速器花键技术参数

项目	参数	项目	参数
参照标准	ANSI B92.2M—1980(R1989)	模数	1mm
大径	27.2～27.34mm	齿数	26
小径	25.22～25.41mm	压力角	45°
作用齿厚最大值 E_{vmax}	1.571mm	分度圆直径	26mm
实际齿厚最小值 E_{vmin}	1.657mm	基圆直径	18.385mm
量棒直径 d_p	2.36	外花键渐开线起始圆最大直径	27mm
跨棒距 M 值	21.837～21.895	公差等级	6H

6.2.7 冷却系统技术参数

(1) 散热器技术参数(表6-33)

表6-33 散热器技术参数

项目	参数	
	左风扇	右风扇
额定电压	13.5V	
额定电流(高速挡)	≤18A	

续表

项目	参数	
	左风扇	右风扇
额定电流(低速挡)	≤14A	
额定转速(高速挡)	(2200±150)r/min	(2700±150)r/min
额定转速(低速挡)	(1950±150)r/min	(2350±150)r/min
额定噪声	带冷却模块,噪声≤68dB(A)	
额定风量	静态 100Pa,风量大于或等于 2000m^3/h	
总成风扇剩余不平衡量	≤15g/mm	

（2）冷却水泵技术参数（表 6-34）

表 6-34 冷却水泵技术参数

项目	参数	项目	参数
额定电压	12V	峰值电流	7A
额定电流	1.3A	调速方式	PWM 信号
峰值电压	16V		

6.2.8 冷却系统部件位置与端子定义

冷却系统部件位置如图 6-28 所示，冷却系统管路分布如图 6-29 所示，冷却风扇端子分布如图 6-30 所示，水冷水泵端子分布如图 6-31 所示，制动真空泵端子分布如图 6-32 所示，VCU 模块端子分布如图 6-33 所示，其端子定义见表 6-35～表 6-38。

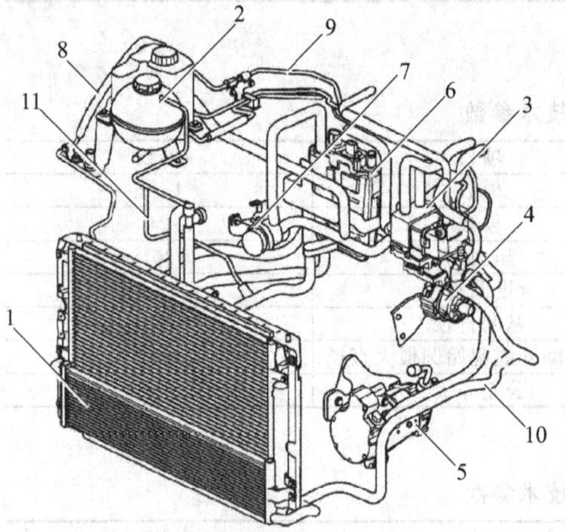

图 6-28 冷却系统部件位置

1—冷却模块；2—膨胀罐（电池冷却）；3—热交换器；4—电池水泵；5—电动压缩机；6—加热器（PTC）；7—暖风水泵；8—空调高压管；9—电加热器通气管；10—热交换器出水管；11—散热器通气管

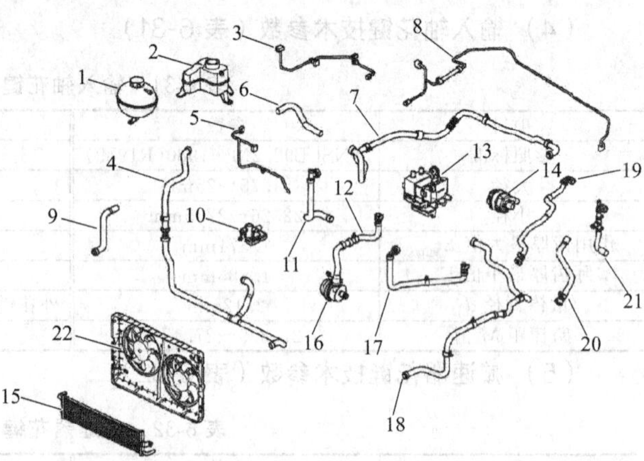

图 6-29 冷却系统管路分布

1—膨胀罐（电池冷却）；2—膨胀罐（侧置）；3—电加热器通气管；4，18—散热器出水管；5—散热器通气管；6—三通电磁阀进水管；7—三通电磁阀出水管；8—驱动电机冷却通气管；9—散热器进水管；10—三通电磁阀；11—充电机出水管；12—电机水泵出水管；13—热交换集成模块；14—电池水泵；15—散热器；16—电机水泵；17—充电机进水管；19—电池出水管；20—电池进水管；21—热交换器总成出水管；22—冷却风扇

表 6-35 冷却风扇端子定义

端子	线色	端子说明
1	B	电源正极高速
2	Br	接地
3	R	电源正极低速

表 6-36 水冷水泵端子定义

端子	线色	端子说明
1	B	电源负极
2	G/R	PWM 信号
3	B/W	电源正极

表 6-37 制动真空泵端子定义

端子	线色	端子说明
1	R/L	真空泵继电器
2	B	接地

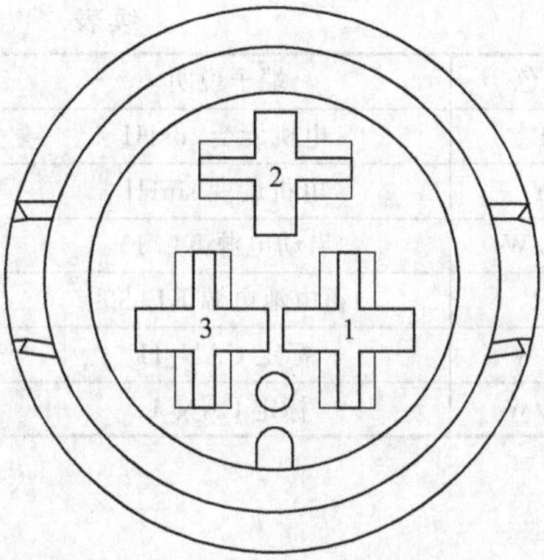

图 6-30 冷却风扇端子分布

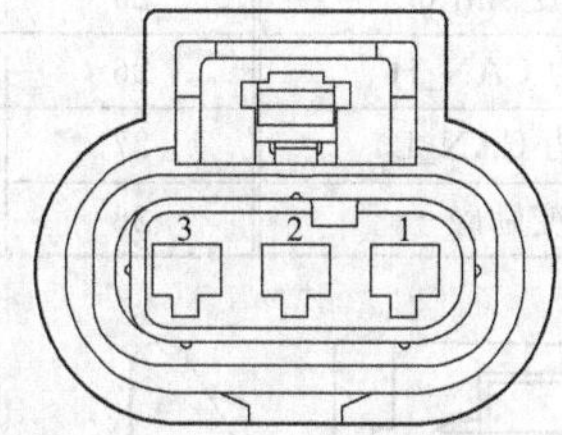

图 6-31 水冷水泵端子分布

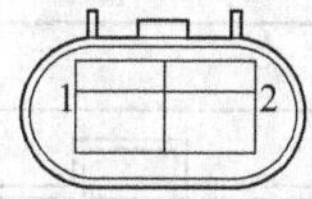

图 6-32 制动真空泵端子分布

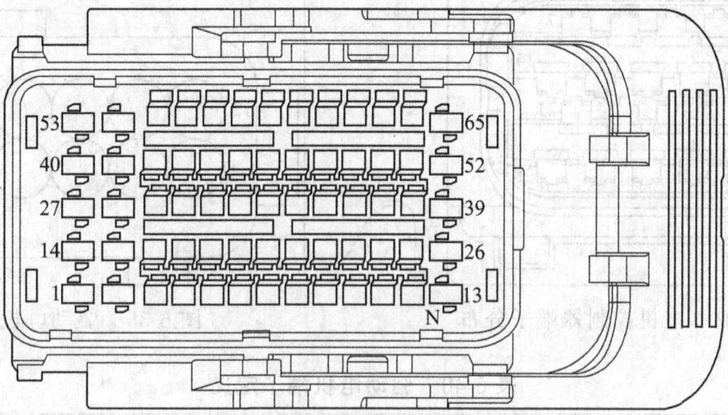

图 6-33 VCU 模块端子分布

表 6-38 VCU 模块端子定义

端子	线色	端子说明	端子	线色	端子说明
1	B	接地	22	G/B	总线高
2	B	接地	23	Y/B	总线低
4	Y	总线高	24	V/Y	PEPS 启动
5	W	总线低	25	G/R	主继电器
7	G/V	总线高	26	B	接地
8	Y/V	总线低	35	Br/R	发动机反馈
9	W/R	倒车灯电源	39	R/G	主继电器
10	G	总线高	50	O/G	启动电源
11	L	总线低	51	P/G	主继电器
12	R/G	蓄电池电源	52	R/G	主继电器
15	Gr/W	变速器控制模块	54	B	接地
18	Y/V	—	58	Br/W	加热器电源输入
20	G/W	功率放大器控制电源	64	G/V	传感器电源输出

6.2.9 电机控制器与驱动电机端子定义

电机控制器端子分布如图 6-34 所示，驱动电机端子分布如图 6-35 所示，其端子定义见表 6-39 和表 6-40。

表 6-39 电机控制器端子定义

端子	线色	端子说明	端子	线色	端子说明
1	Br	整车高压互锁输入	7	L/R	电机温度传感器 R1＋
4	W/P	整车高压互锁输出	10	B	屏蔽接地
5	Br/W	电机温度传感器 R2＋	11	B	接地
6	R	电机温度传感器 R2－	13	W/G	电机温度传感器 R1－

续表

端子	线色	端子说明	端子	线色	端子说明
15	G	电机旋变励磁＋	23	L	电机旋变 cosHI
16	P	电机旋变 cosLO	24	Y	电机旋变 sinHI
17	W	电机旋变 sinLO	25	Gr/W	启动电源 KL. 15
20	Y/V	整车动力 CAN_H	26	R	蓄电池电源 KL. 30
21	G/V	整车动力 CAN_L	27	P/W	标定 CAN_H
22	O	电机旋变励磁－	28	Br/W	标定 CAN_L

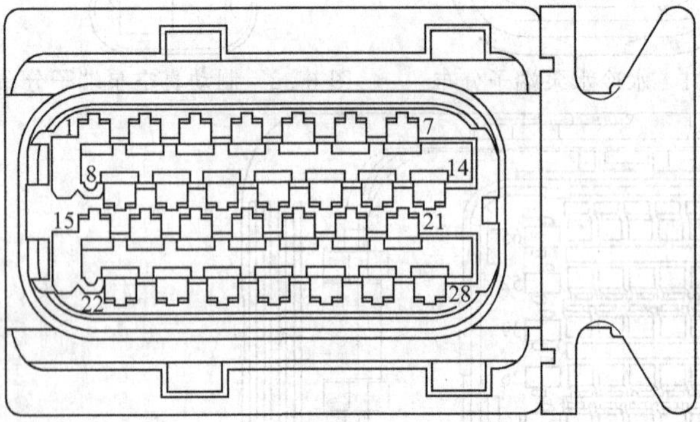

图 6-34　电机控制器端子分布

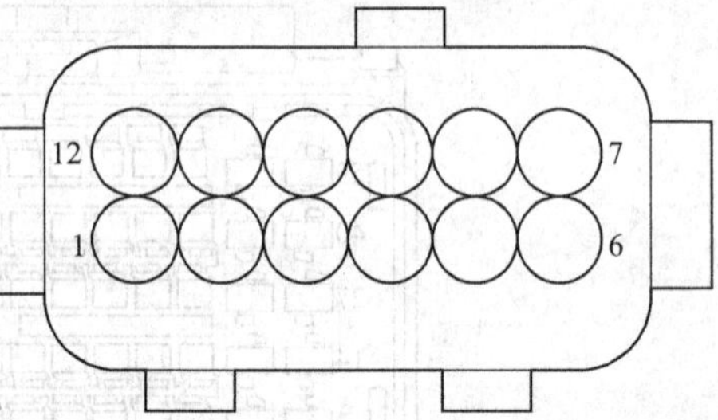

图 6-35　驱动电机端子分布

表 6-40　驱动电机端子定义

端子	线色	端子说明	端子	线色	端子说明
1	L/R	电机温度监测 1 正极	8	L	电机高速响应
2	R	电机温度监测 1 负极	9	W	电机低速响应
3	Br/W	电机温度监测 2 正极	10	Y	电机高速响应
4	W/G	电机温度监测 2 负极	11	O	驱动电机供电负
5	B	接地	12	G	驱动电机供电正
7	P	电机低速响应			

6.2.10　整车控制器端子定义

整车控制器端子分布如图 6-36 所示，其端子定义见表 6-41 和表 6-42。

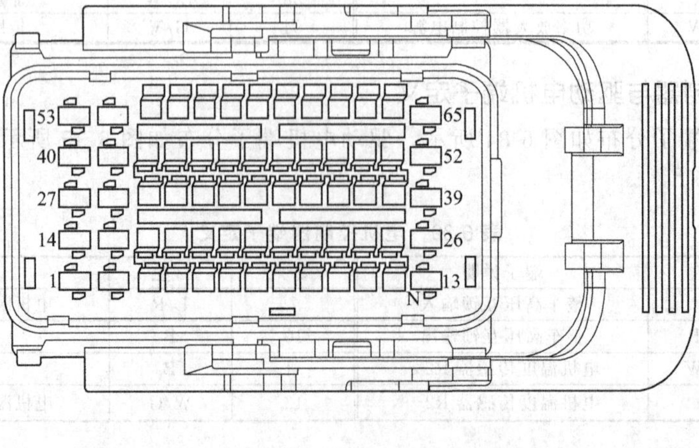

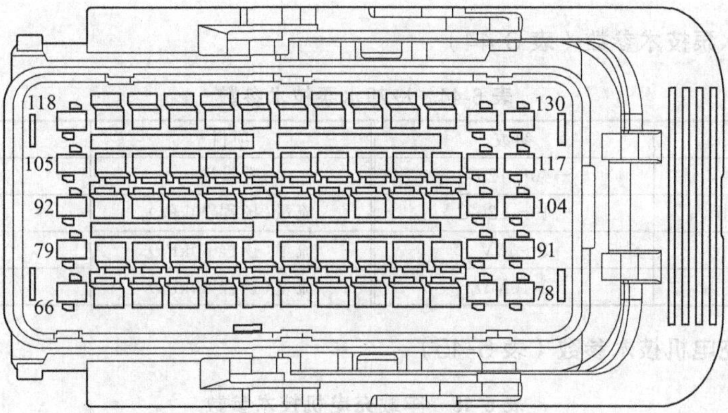

图 6-36　整车控制器端子分布

表 6-41　整车控制器端子 1 定义

端子	线色	端子说明	端子	线色	端子说明
1	B	接地	22	G/B	总线高
2	B	接地	23	Y/B	总线低
4	Y	总线高	24	V/Y	PEPS 启动
5	W	总线低	25	G/R	主继电器反馈
7	G/V	总线高	26	B	接地
8	Y/V	总线低	35	Br/R	发动机反馈
9	W/R	倒车灯电源	39	R/G	主继电器
10	G	高速风扇继电器反馈	50	O/G	启动电源
11	L	低速风扇继电器反馈	51	P/G	主继电器
12	R/G	蓄电池电源	52	R/G	主继电器反馈
15	Gr/W	TCU 唤醒	54	B	接地
18	Y/V	—	58	Br/W	高压互锁输入
20	G/W	功率放大器控制电源	64	G/V	传感器电源输出

表 6-42　整车控制器端子 2 定义

端子	线色	端子说明	端子	线色	端子说明
76	Br	高压互锁输出	109	Gr/P	LIN 总线
83	B/W	电机水泵继电器反馈	111	O/B	加速踏板信号 1
86	Y/L	制动开关 1	112	L/R	加速踏板信号 2
87	V/G	真空泵继电器	115	Br/W	电机水泵继电器
95	V	制动真空泵传感器	123	G/W	加速踏板地 2
96	V/B	制动开关 2	124	L	加速踏板地 1
99	Y/Br	加速踏板电源 2	127	Gr/P	高速风扇继电器
100	V/O	加速踏板电源 1	128	Gr/R	低速风扇继电器
101	G/R	水冷水泵控制			

6.3　博瑞 GE PHEV（2018～　）

6.3.1　高压电池系统技术参数

(1) 动力电池技术参数（表 6-43）

表 6-43　动力电池技术参数

项目	参数	项目	参数
电池类型	锂离子电池	冷却方式	水冷
额定电压	306.6V	质量	127kg
额定容量	37A・h	充电电流	16A
电池组总能量	11.3kW・h	放电电流	37A

（2）冷却水泵技术参数（表 6-44）

表 6-44　冷却水泵技术参数

项目	参数	项目	参数
工作温度	－40～125℃	泄漏量	≤3mL/min
产品介质温度范围	－40～120℃	流量(扬程 70kPa)	7.5L/min
工作电压	9～16V	流量(扬程 60kPa)	19.5L/min
绝缘电阻	≥10MΩ	流量(扬程 40kPa)	28.5L/min

（3）车载充电机技术参数（表 6-45）

表 6-45　车载充电机技术参数

项目	参数	项目	参数
输入电压	85～265AV	输出最大功率	3.3kW
输入频率	45～65Hz	输出最大电流	24A
输入最大电流(6.6kW)	32A	效率	≥93%
输入最大电流(3.3kW)	16A	质量(6.6kW)	6.6kg
输出电压(6.6kW)	200～450V (DC)	工作温度	－40～85℃
输出电压(3.3kW)	270～430V (DC)	冷却液类型	50%水＋50%乙二醇
输出最大功率	6.6kW	冷却液流量要求	6～8L/min

6.3.2　电池管理系统端子定义

电池管理控制器位置如图 6-37 所示，其端子分布如图 6-38 所示，端子定义见表 6-46。

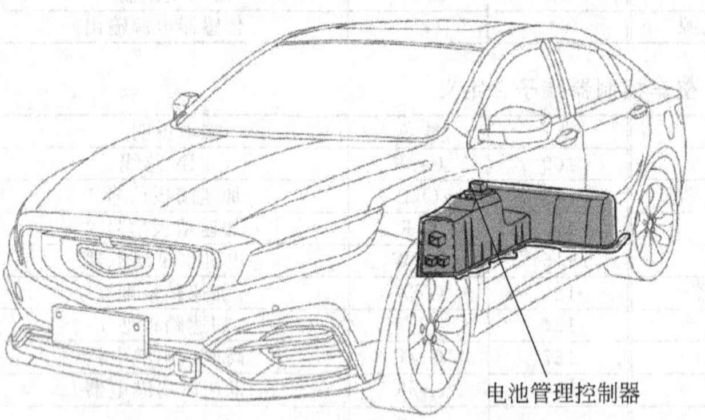

图 6-37　电池管理控制器位置

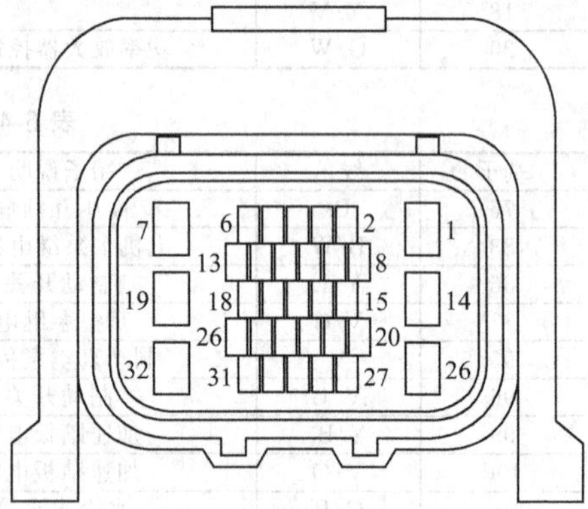

图 6-38　电池管理控制器端子分布

表 6-46　电池管理控制器端子定义

端子号	线色	端子说明	端子号	线色	端子说明
1	R/Y	蓄电池电源	16	R/Y	碰撞信号输入
2	L	主继电器非持续电源	19	B/W	接地
7	B/W	接地	24	G	HBCAN_L
9	W/L	车载充电机输入	27	Y	HBCAN_H
10	L/W	电机控制器输出			

6.3.3　高压配电系统线束分布

高压配电系统线束分布如图 6-39 所示。

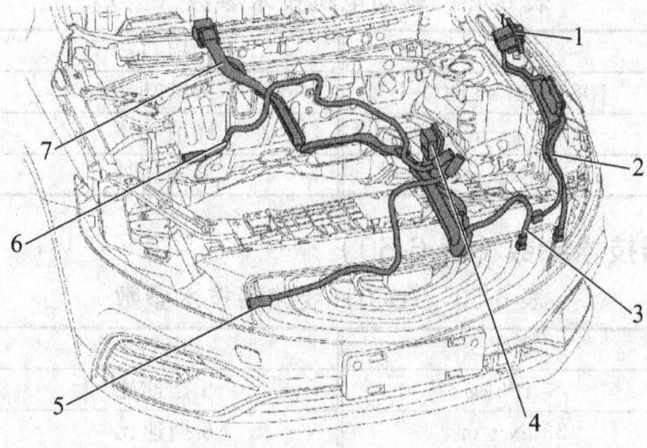

图 6-39　高压配电系统线束分布

1—交流充电接口线束连接器；2—车载充电机线束连接器 2；3—车载充电机线束连接器 1；4—电机控制器线束连接器；5—电动压缩机线束连接器；6—PTC 加热控制器线束连接器；7—动力电池线束连接器

6.3.4　车载充电机端子定义

车载充电机位置如图 6-40 所示。车载充电机端子分布如图 6-41 所示，其端子定义见表 6-47。

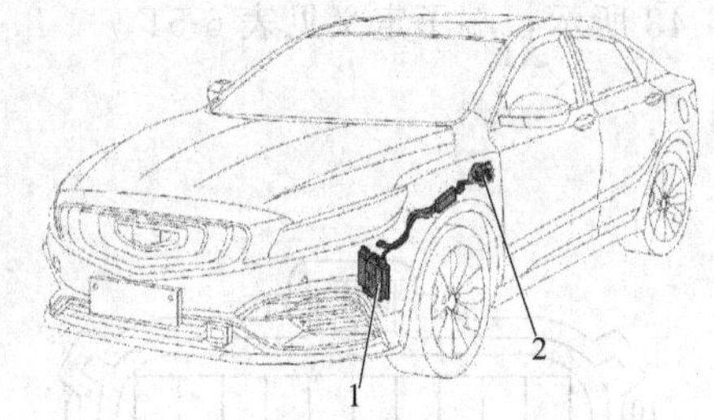

图 6-40　车载充电机位置

1—车载充电机；2—充电接口

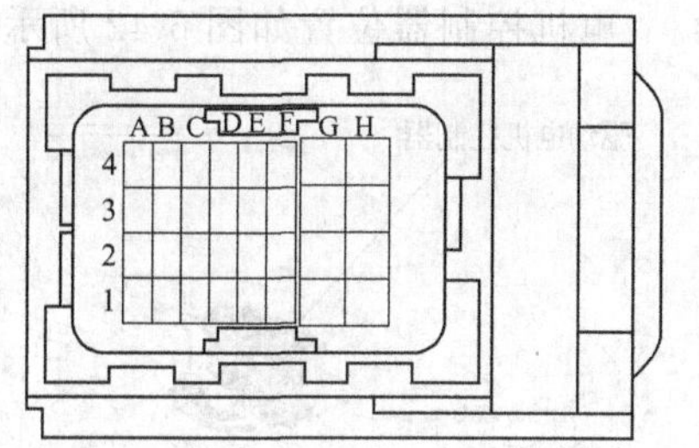

图 6-41　车载充电机端子分布

表 6-47　车载充电机端子定义

端子号	线色	端子说明	端子号	线色	端子说明
3A	Gr/R	充电感应信号	2E	Gr/L	LED 黑色
4A	Y	HBCAN_H	1F	Br/L	LED 红色
3B	W/B	充电枪电压	2F	B	LED 接地
4B	G	HBCAN_L	4F	L/Y	车载充电机充电接口锁止信号
2C	L/W	温度传感器信号	4G	B	接地
4C	Br	车载充电机输出	1H	V/W	车载充电机电源
2D	Br/W	温度传感器接地	3H	Lg/B	锁止车载充电机输入
4D	W/L	车载充电机输入	4H	Lg	锁止车载充电机输出
1E	Y/B	LED 绿色			

6.3.5　动力驱动系统技术参数

（1）驱动电机技术参数（表 6-48 和表 6-49）

表 6-48　驱动电机技术参数（一）

项目	参数	项目	参数
工作环境温度	−40～105℃	冷却液流量	<6L/min
海拔	3500m 以下	防护等级	IP6K9K
冷却方式	液冷	质量	<11kg
冷却液温度范围(全功率运行)	65℃以下		

表 6-49 驱动电机技术参数（二）

项目	参数	项目	参数
工作电压	198～387V(DC)	持续功率	25kW
持续转矩	60N·m	峰值功率	60kW
峰值转矩	130N·m	最高转速	11500r/min

（2） 7DCTH 变速器技术参数（表 6-50）

表 6-50 7DCTH 变速器技术参数

项目	参数	项目	参数
质量	≤125kg	5 挡速比	3.729
最大输入转矩	330N·m	6 挡速比	2.956
油品	Shell Spirax s5 DCT10	7 挡速比	2.492
油液加注量	4.5L	电机速比	1.593
1 挡速比	16.401	R 挡速比	13.499
2 挡速比	9.650	主减速比 1	4.647
3 挡速比	6.697	主减速比 2	3.435
4 挡速比	4.863		

6.3.6 电机控制器端子定义

电机控制器位置如图 6-42 所示，其端子分布如图 6-43 所示，端子定义见表 6-51。

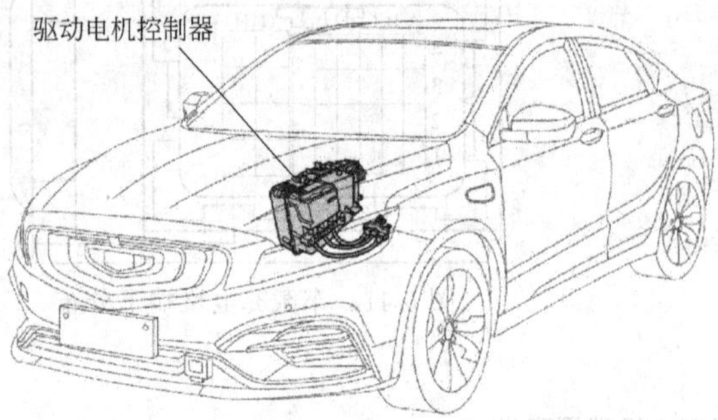

图 6-42 电机控制器位置

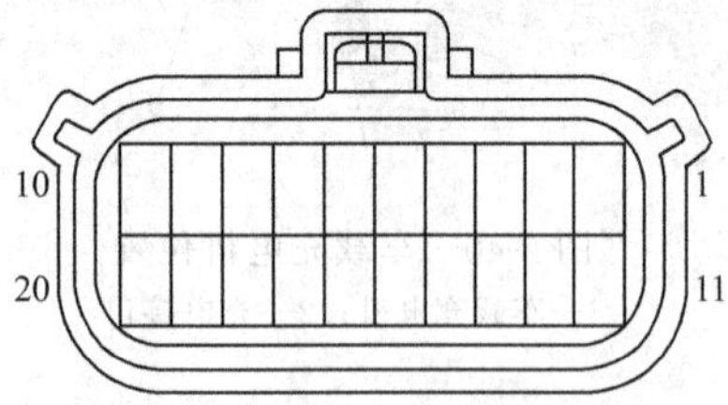

图 6-43 电机控制器端子分布

表 6-51 电机控制器端子定义

端子号	线色	端子说明	端子号	线色	端子说明
1	R	电源	12	G/B	电动变压器负余弦输出
2	L	电动变压器正正旋输入	13	W/B	驱动电机 1 电源
3	R/Y	电源	14	G/Y	驱动电机 2 电源
4	Y	HB CAN_H	16	V	电机控制器信号
5	G	HB CAN_L	17	Br/W	电动变压器负正旋输出
6	Gr/R	驱动电机 1 接地	18	Lg	电动变压器驱动电机输入
8	W	电动变压器正余弦输入	19	Lg/R	电动变压器驱动电机输出
10	L/W	高压输入	20	R/Y	驱动电机 2 接地
11	Br	PTC 加热控制器输出			

6.3.7 7DCTH 变速器部件位置

混动变速器部件位置如图 6-44 和图 6-45 所示。

6.3.8 整车控制器端子定义

整车控制器位置如图 6-46 所示。

整车控制器端子分布如图 6-47 所示，其端子定义见表 6-52 和表 6-53。

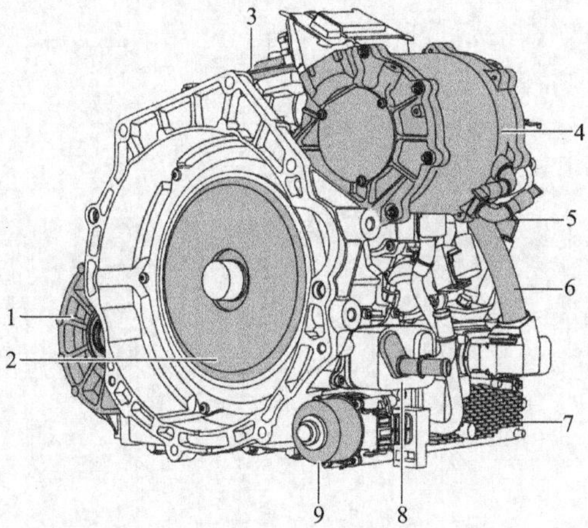

图 6-44　混动变速器部件位置（一）

1—离合器壳体；2—双离合器总成；3—电液控制器；4—驱动电机总成；5—换挡电机控制器；6—变速器线束；7—变速器控制单元（TCU）；8—油冷器；9—电子油泵

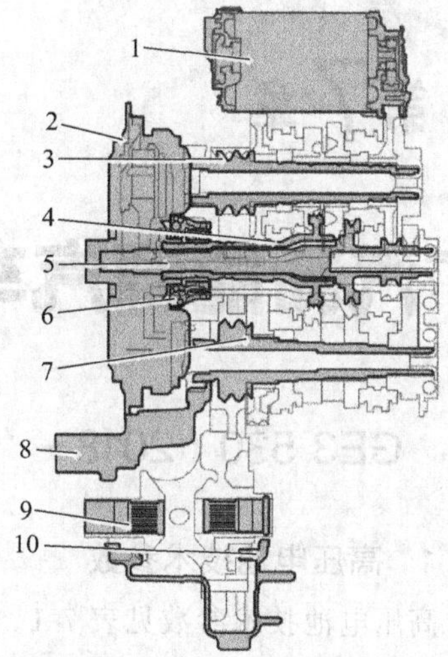

图 6-45　混动变速器部件位置（二）

1—电机总成；2—湿式双离合器（DWC）；3—输出 1 轴；4—输入 2 轴；5—输入 1 轴；6—离合器分离结构（CRS）；7—输出 2 轴；8—离合器壳体；9—差速器；10—变速器壳体

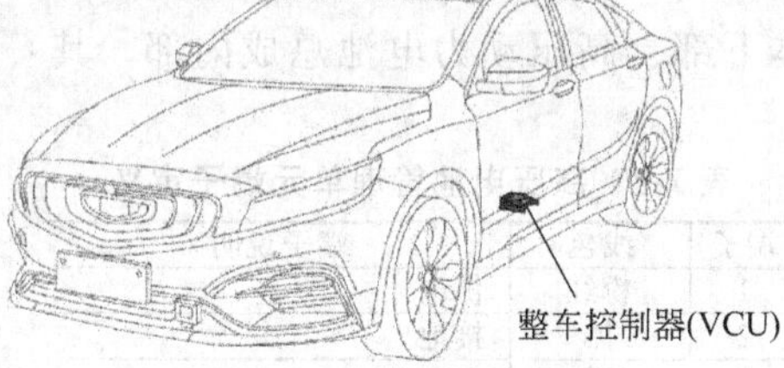

图 6-46　整车控制器位置

表 6-52　整车控制器端子 1 定义

端子	线色	端子说明	端子	线色	端子说明
1	B	接地	22	Y/B	PT CAN 低
2	B	接地	23	Lb	PT CAN 高
7	G	HB CAN 低	24	Br/Y	PEPS 控制器信号
8	Y	HB CAN 高	26	B/W	接地
12	R/Y	蓄电池供电	50	L	IG 供电
15	V	PSR 高边驱动信号	54	B/W	接地

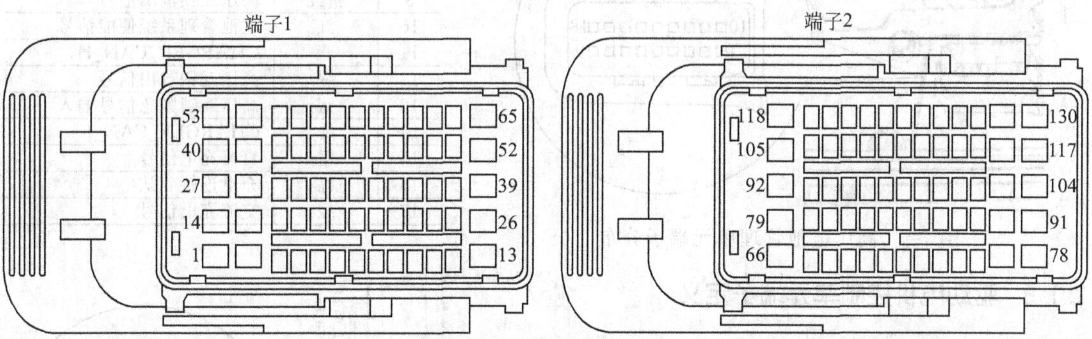

图 6-47　整车控制器端子分布

表 6-53　整车控制器端子 2 定义

端子号	线色	端子说明	端子号	线色	端子说明
66	Br	CS CAN 高	89	Y/R	冷却风扇控制
79	Gr	CS CAN 低	96	V/Y	制动灯开关信号 1
86	Y/B	制动灯开关信号 2	102	R/Y	启动低边驱动信号

第7章

广汽新能源汽车

7.1 GE3 530（2018~ ）

7.1.1 高压电池技术参数

高压电池技术参数见表 7-1。

表 7-1 高压电池技术参数

项目	参数		项目	参数	
产品型号	GAC7000BEVH0	GAC7000BEVH0A	总能量/kW·h	45.1	45.99
电池种类	三元锂离子电池	三元锂离子电池	组合方式	1 箱电池共 3 并 88 串	1 箱电池共 2 并 90 串
标称电压/V	322	328	冷却方式	水冷	水冷

7.1.2 高压电池管理单元端子定义

高压电池管理单元为 18 芯插头连接，位于整车车体下部、高压动力电池总成内部，其端子分布如图 7-1 所示，端子定义见表 7-2。

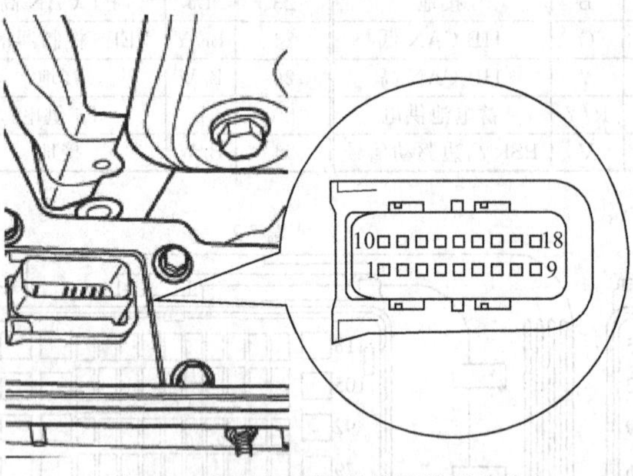

图 7-1 高压电池管理单元端子分布

表 7-2 高压电池管理单元端子定义

端子	线色	端子说明
1	粉红	供电
2	黑	接地
3	绿	ECAN_H
5	橙	ECAN_L
8	粉红	高压互锁输出信号
10	红	电池管理系统使能信号
11	蓝	CHARGER_CAN_H
12	绿	高压互锁输出信号
13	蓝	高压互锁紧急信号输入
14	绿	CHARGER_CAN_L
15	橙	直流充电信号
16	棕	充电连接确认
17	绿	交流充电信号

7.1.3 驱动电机控制单元端子定义

驱动电机控制单元为 35 芯插头连接，位于前机舱右侧、高压配电盒下方，其端子分布如图 7-2 所示，端子定义见表 7-3。

7.1.4 温度控制单元端子定义

温度控制单元为 40 芯插头连接，位于副仪表板内部、中央通道前方，其端子分布如图 7-3 所示，端子定义见表 7-4。

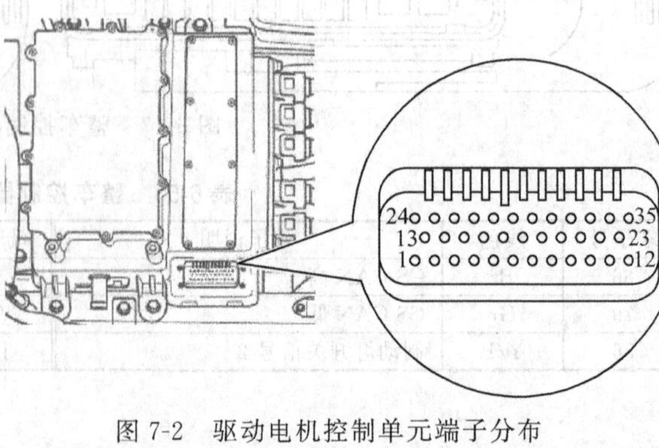

图 7-2 驱动电机控制单元端子分布

表 7-3 驱动电机控制单元端子定义

端子	线色	端子说明	端子	线色	端子说明
2	绿	ECAN_H	16	粉红	驱动电机温度信号 2－
3	橙	驱动电机温度信号 1＋	17	绿	驱动电机旋变信号 sin－
4	蓝	驱动电机温度信号 2＋	18	黄	驱动电机旋变信号 cos－
5	蓝	驱动电机旋变信号 sin＋	19	白	驱动电机励磁信号－
6	白	驱动电机旋变信号 cos＋	22	黑	接地
7	黄	驱动电机励磁信号＋	23	黑	接地
11	粉红	供电	31	紫	高压互锁输出信号
12	粉红	供电	32	灰	高压互锁输入信号
14	橙	ECAN_L	34	红	IG1 电源
15	棕	驱动电机温度信号 1－			

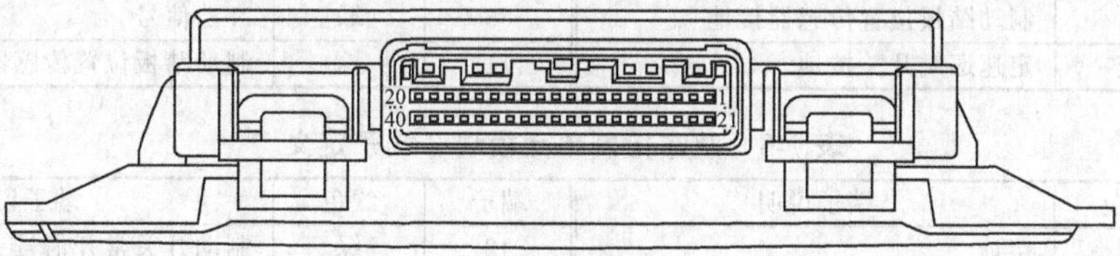

图 7-3 温度控制单元端子分布

表 7-4 温度控制单元端子定义

端子	线色	端子说明	端子	线色	端子说明
1	红	唤醒信号	21	粉红	供电
2	黑	接地	22	粉红	供电
3	绿	温度压力传感器 5V 电源	23	紫	传感器接地
4	绿	ECANF_H	24	灰	温度压力传感器压力信号
5	橙	ECANF_L	26	紫	电动水泵 2 使能信号
6	黑	接地	27	粉红	温控系统电磁阀控制信号
7	白	LIN 线	28	绿	电动水泵 1 使能信号
9	绿	慢充接插件微动开关状态 1	29	绿	电动水泵 2 占空比输入信号
10	蓝	慢充接插件微动开关状态 2	30	绿	电动水泵 1 占空比输入信号
11	棕	温度压力传感器温度信号	31	紫	充电状态信号
12	橙	充电状态指示灯	34	灰	电动水泵 1 占空比输出信号
13	橙	L1 温度传感器信号＋	35	蓝	环境温度传感器信号
16	紫	N1 温度传感器信号＋	36	红	电动水泵 2 占空比输出信号
17	灰	DC＋温度传感器信号	37	黑	M－
18	粉红	DC－温度传感器信号	38	白	M＋
19	黄	输入水温传感器信号	39	红	H 桥输出＋
20	白	输出水温传感器信号	40	棕	H 桥输出－

7.1.5 整车控制单元端子定义

整车控制单元为双 73 芯插头连接，位于左前组合灯后方，其端子分布如图 7-4 所示，

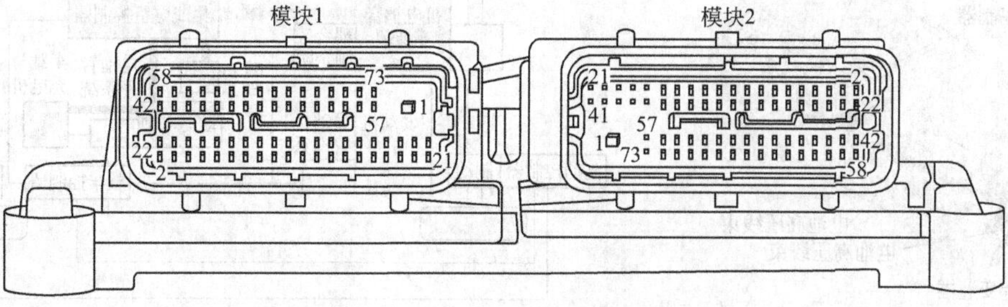

图 7-4 整车控制单元端子分布

端子定义见表 7-5 和表 7-6。

表 7-5　整车控制单元模块 1 端子定义

端子	线色	端子说明	端子	线色	端子说明
3	绿	低速风扇继电器控制信号	47	橙	大气压力传感器 5V 电源
11	粉红	大气压力传感器信号	54	蓝	D 挡信号
12	灰	高压互锁使能信号	59	橙	电机温度传感器接地
14	黄	高速风扇继电器控制信号	60	灰	加速踏板位置信号 3
23	绿	大气压力传感器接地	61	蓝	制动踏板位置传感器 5V 电源
26	黄	定速巡航开关信号	63	紫	加速踏板位置传感器 5V 电源 2
28	灰	电机温度传感器信号	65	紫	R 挡信号
43	白	制动踏板位置传感器接地	66	绿	N 挡信号
44	灰	定速巡航开关接地	71	棕	制动踏板位置传感器信号

表 7-6　整车控制单元模块 2 端子定义

端子	线色	端子说明	端子	线色	端子说明
1	黑	接地	42	绿	制动开关常开信号
9	绿	绿色充电指示灯	43	灰	制动开关常闭信号
10	红	红色充电指示灯	44	绿	P 挡驻车信号
11	棕	主继电器控制信号	45	橙	快充充电连接器
15	黄	黄色充电指示灯	46	橙	ACC 电源
16	白	电动真空泵使能信号	48	粉红	启动状态信号
25	粉红	真空度传感器 5V 电源	49	粉红	高压互锁使能反馈信号
26	灰	真空度传感器接地	56	绿	真空度传感器信号
27	粉红	加速踏板位置传感器 5V 电源 1	57	蓝	PCAN_H
28	绿	加速踏板位置传感器接地	58	红	电源
32	黑	接地	60	红	唤醒信号
33	黑	接地	66	紫	IG1 电源
35	蓝	加速踏板位置信号 1	71	绿	ECAN_H
36	白	油门踏板位置信号 2	72	橙	ECAN_L
38	绿	慢充充电连接器	73	棕	PCAN_L

7.2　GS4 PHEV（2017～　）

7.2.1　高压系统组成与原理

整车高压系统部件分布如图 7-5 所示，其控制原理如图 7-6 所示。

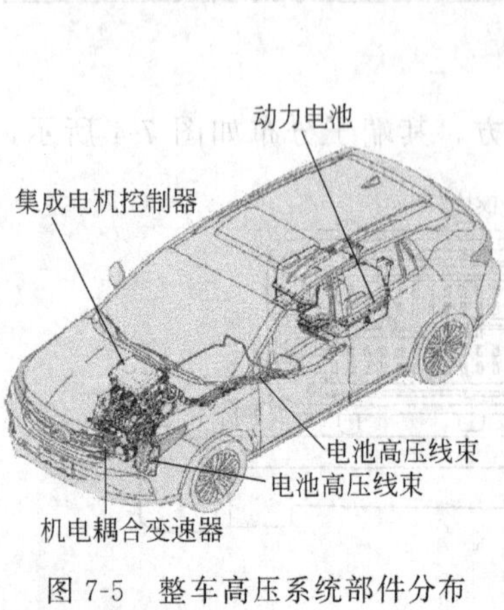

图 7-5　整车高压系统部件分布

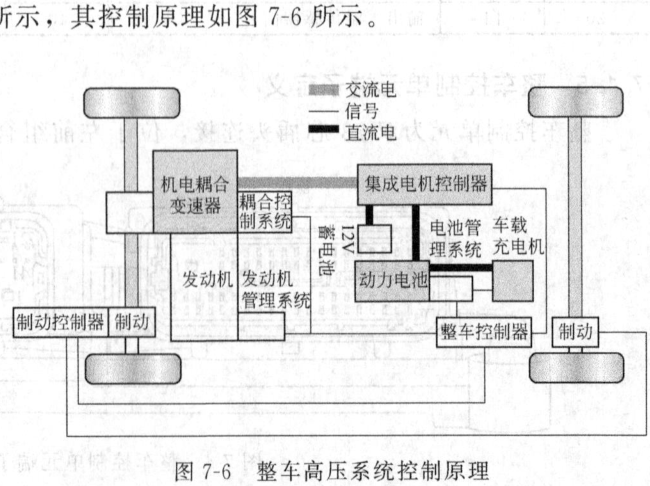

图 7-6　整车高压系统控制原理

7.2.2 高压电池充电与管理系统电路

高压电池充电与管理系统电路如图 7-7 所示

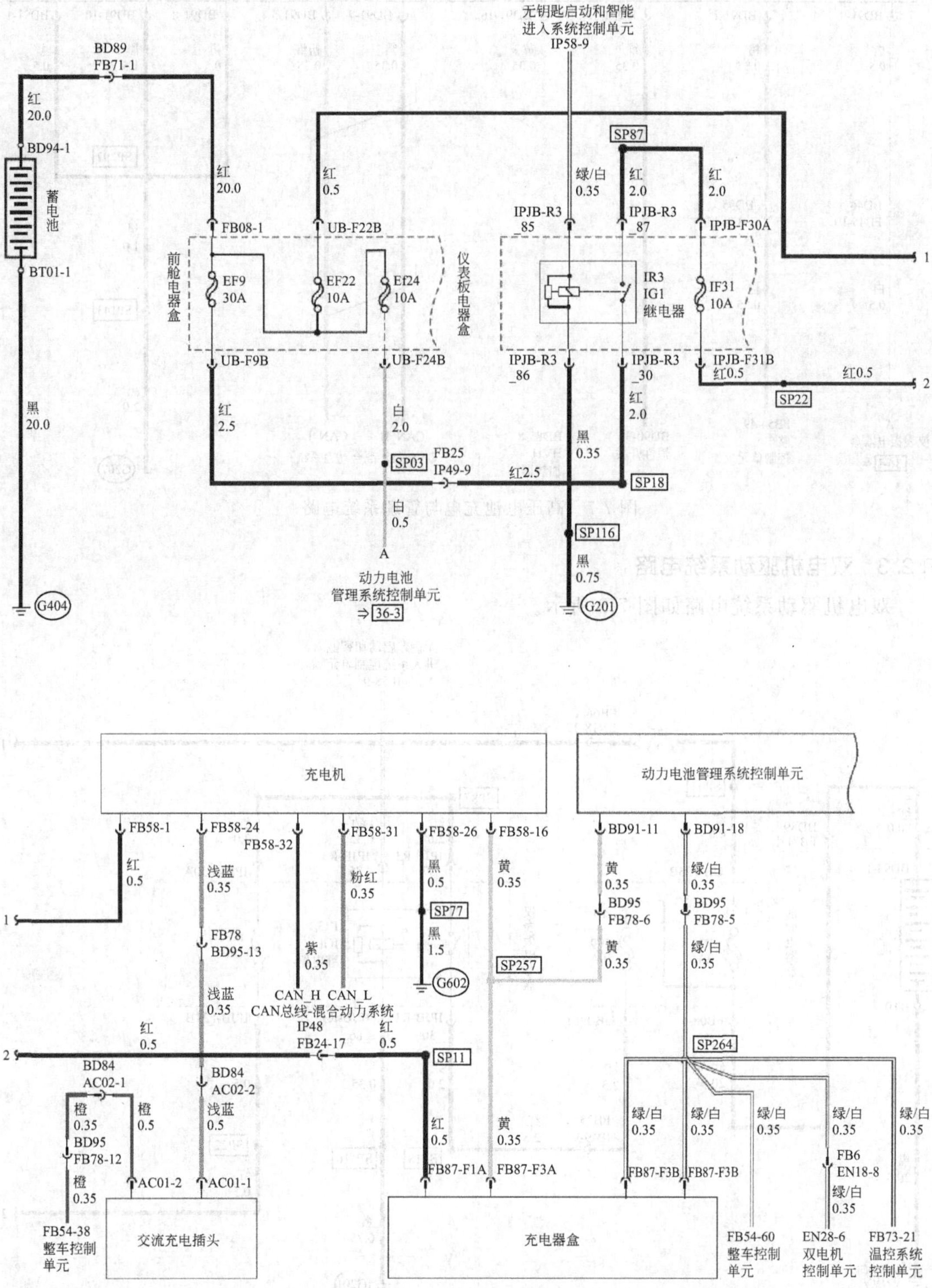

图 7-7

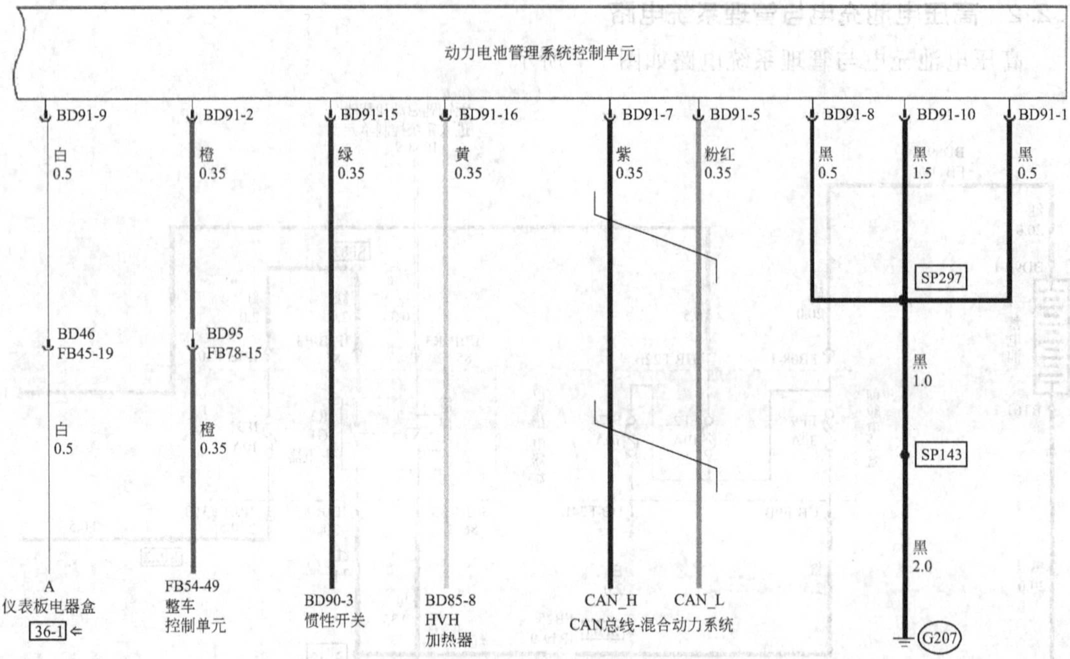

图 7-7　高压电池充电与管理系统电路

7.2.3　双电机驱动系统电路

双电机驱动系统电路如图 7-8 所示。

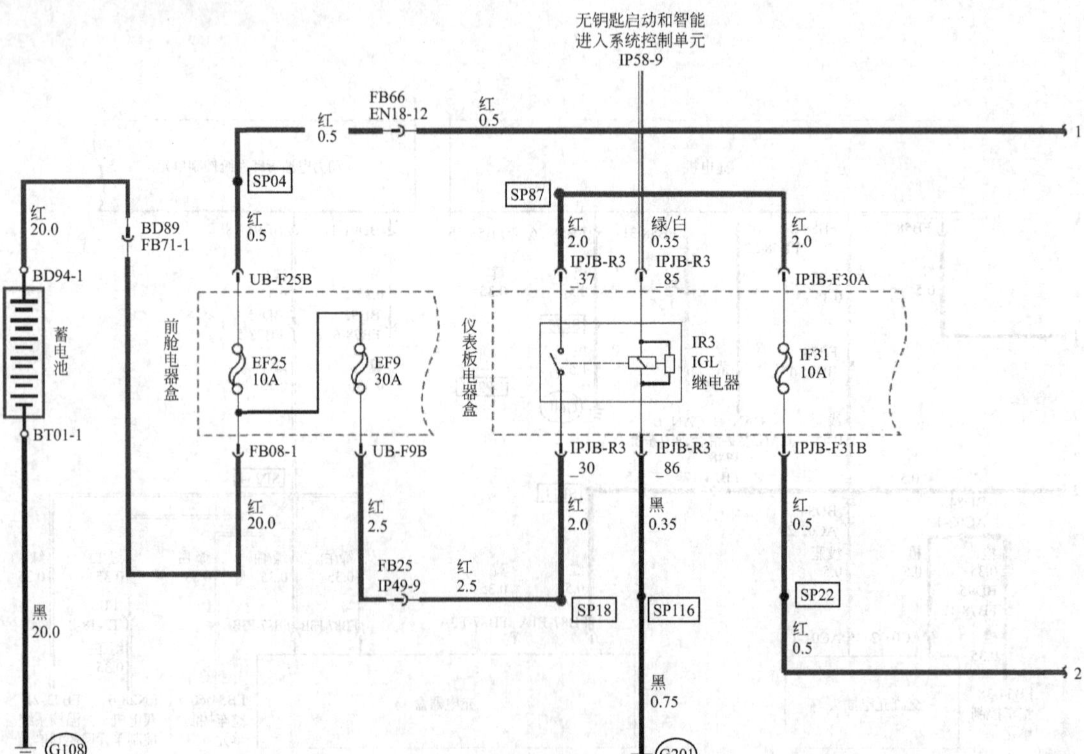

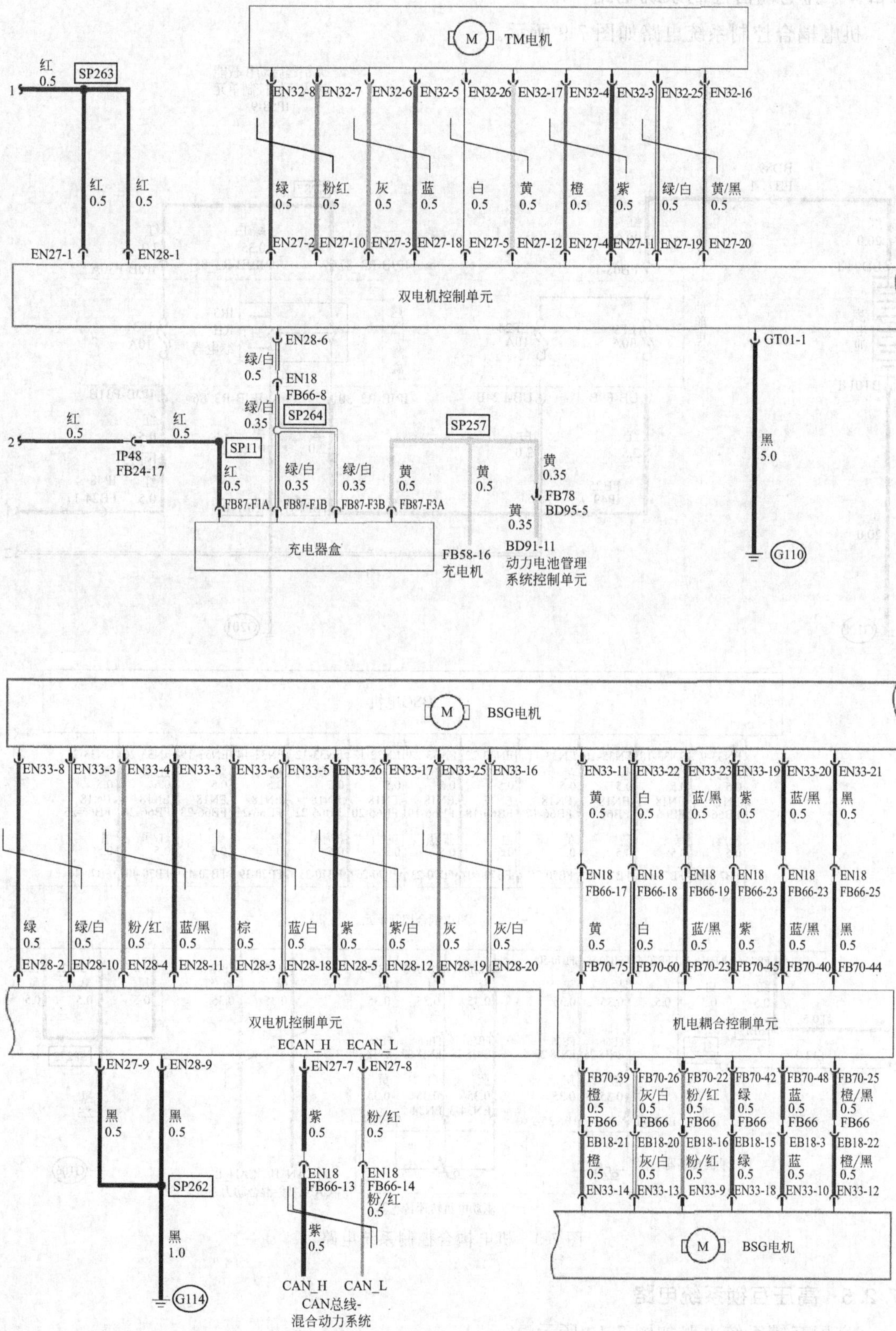

图 7-8　双电机驱动系统电路

7.2.4 机电耦合控制系统电路

机电耦合控制系统电路如图 7-9 所示。

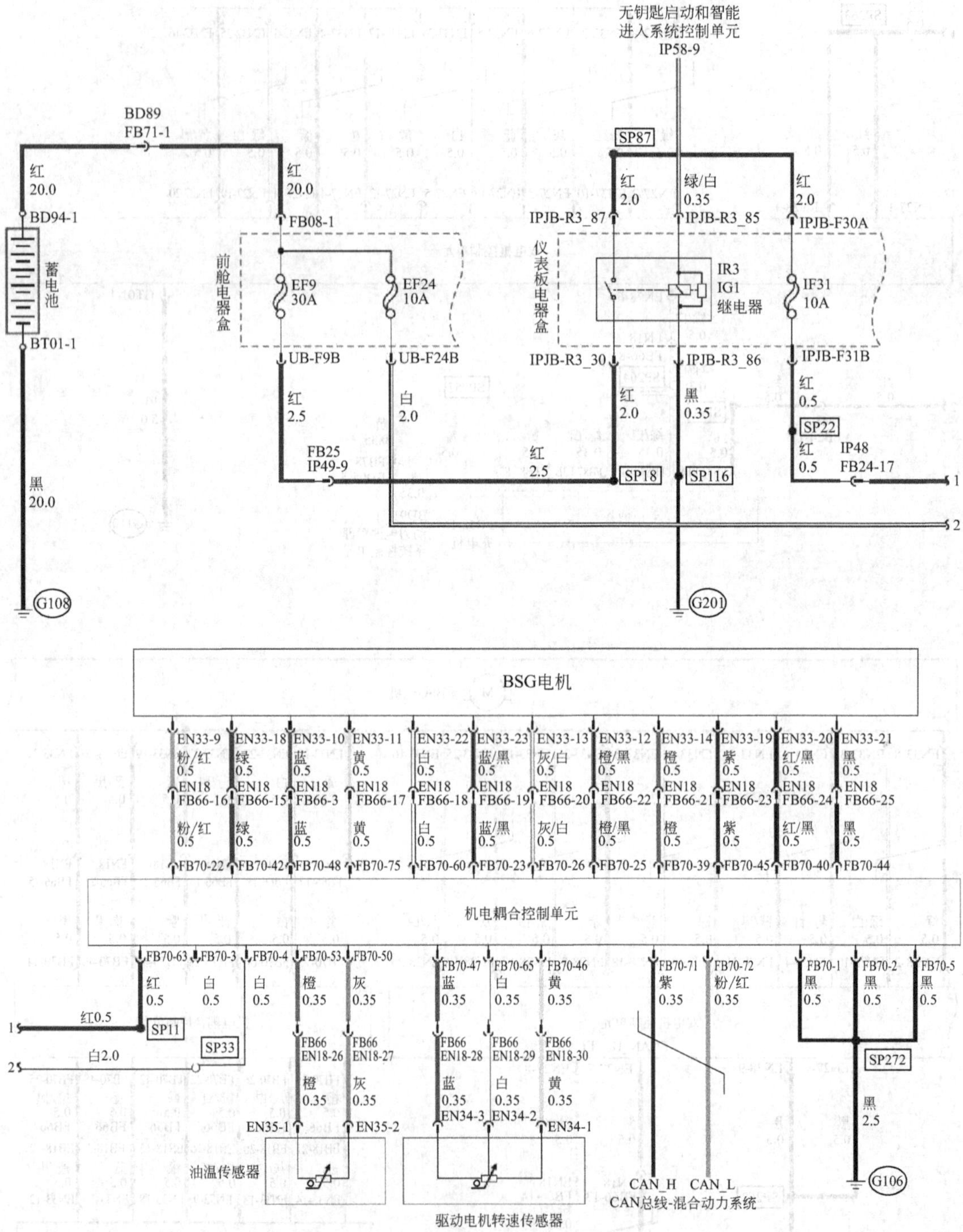

图 7-9 机电耦合控制系统电路

7.2.5 高压互锁系统电路

高压互锁系统电路如图 7-10 所示。

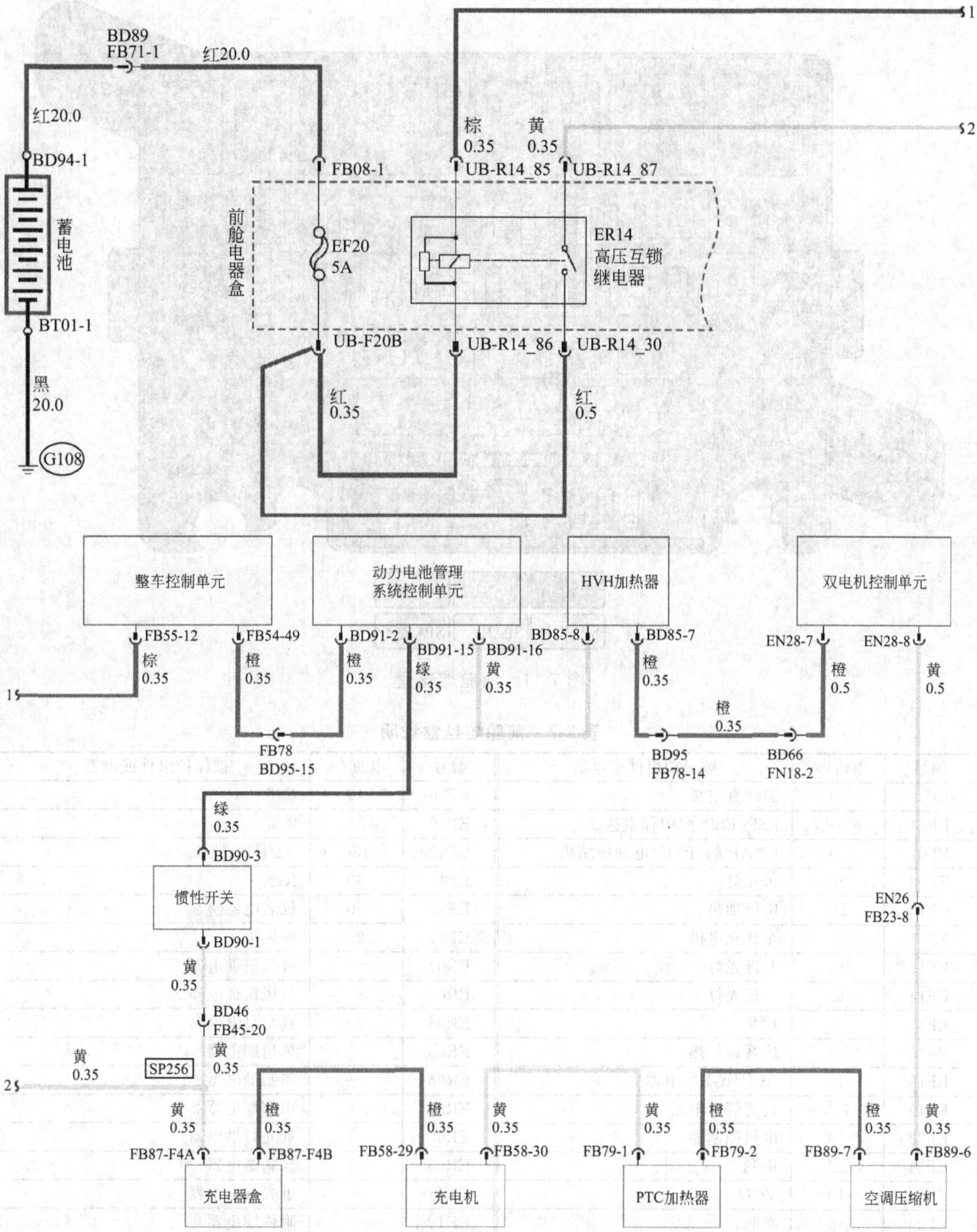

图 7-10　高压互锁系统电路

7.3　Aion S（2019～　）

7.3.1　熔丝与继电器信息

（1）前舱熔丝盒（图 7-11 和表 7-7）

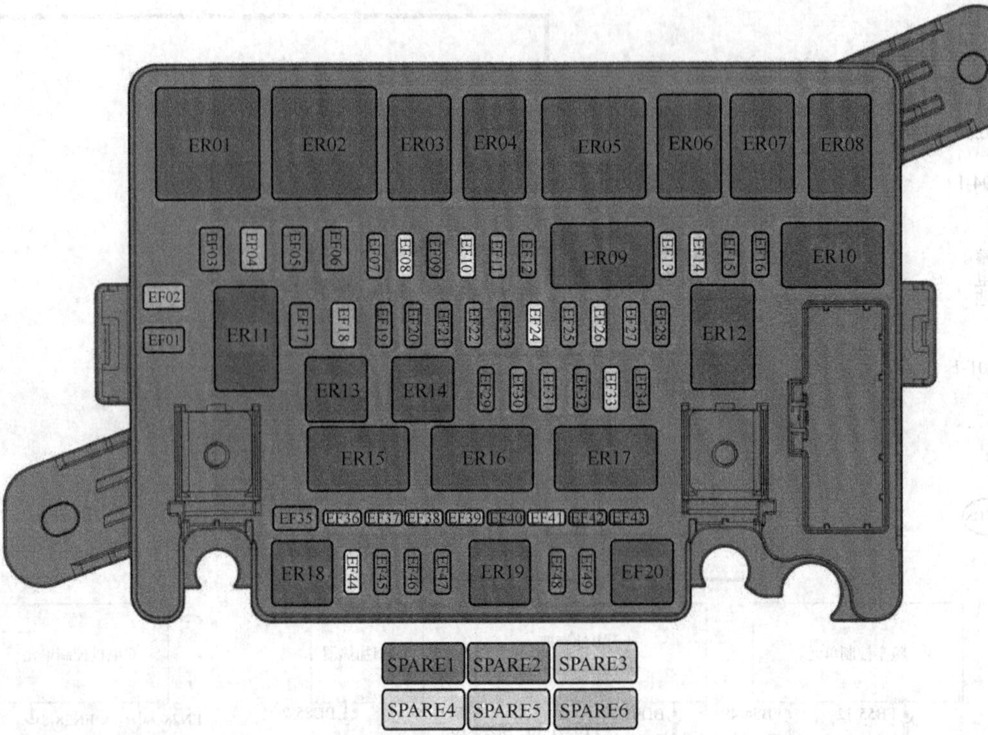

图 7-11　前舱熔丝盒

表 7-7　前舱熔丝盒说明

编号	电流/A	被保护组件或电器	编号	电流/A	被保护组件或电器
EF02	40	制动真空泵	EF38	40	ESP
EF04	40/60	ESP/ESP(配中程雷达)	EF39	40	除霜
EF07	10	EVAP 阀/PTC/电动压缩机	EF40	150	ALT-BAT
EF08	20	远光灯	EF41	30	IG2
EF10	20	座椅加热	EF43	50	仪表电器盒 2
EF11	10	车载充电机	EF44	20	鼓风机
EF13	15	左近光灯	ER01	—	鼓风机继电器
EF14	15	右近光灯	ER02	—	鼓风机继电器 2
EF15	—	预留	ER03	—	真空泵继电器
EF16	7.5	后视镜加热	ER05	—	风扇继电器
EF18	40	ACC/IG1 继电器	ER06	—	雨刮继电器 1
EF19	7.5	近光灯继电器	ER07	—	雨刮继电器 2
EF22	10	电机控制器	ER08	—	远光灯继电器
EF24	20	雨刮	ER09	—	除霜继电器
EF25	10	VCU	ER11	—	近光灯继电器
EF26	15	喇叭	ER12	—	附件继电器
EF27	10	电机控制器/VCU/BMS	ER13	—	主继电器
EF30	10	电子膨胀阀/电池加热器	ER19	—	喇叭继电器
EF31	10	三通阀	SPARE1	7.5	备用熔丝
EF32	7.5	充电指示灯	SPARE2	10	备用熔丝
EF33	15	水泵	SPARE3	15	备用熔丝
EF34	7.5	真空泵继电器/风扇继电器/VCU	SPARE4	20	备用熔丝
EF35	80	EPS	SPARE5	25	备用熔丝
EF36	40	仪表电器盒 1	SPARE6	30	备用熔丝
EF37	40	鼓风机			

（2）仪表板熔丝盒（图 7-12 和表 7-8）

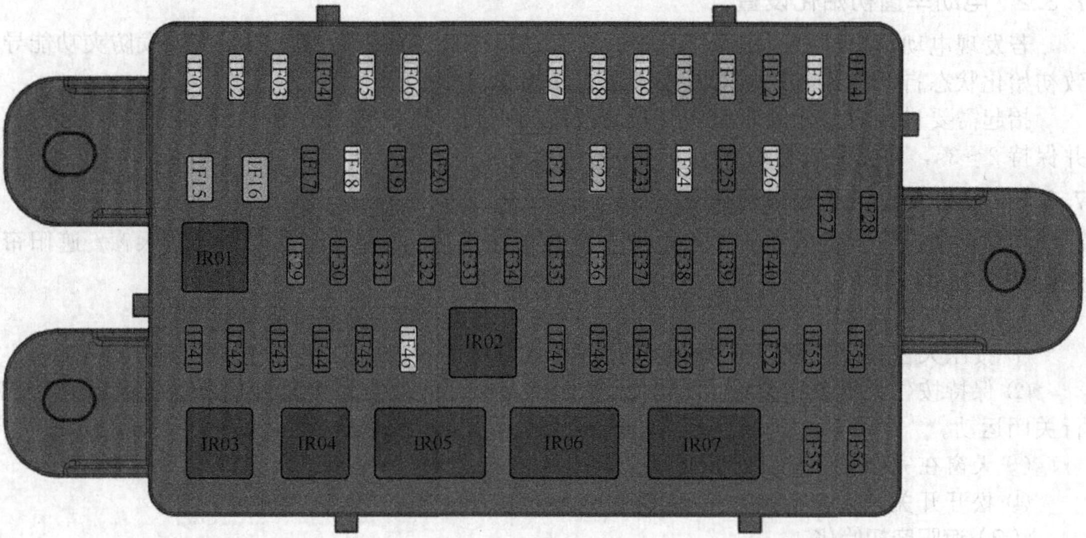

图 7-12　仪表板熔丝盒

表 7-8　仪表板熔丝盒说明

编号	电流/A	被保护组件或电器
IF01	20	副驾座椅
IF02	20	主驾座椅
IF03	20	天窗
IF04	10	电子转向柱锁
IF05	20	右前电动车窗
IF06	20	左前电动车窗
IF07	20	右后电动车窗
IF08	20	左后电动车窗
IF09	20	顶灯
IF10	15	音响系统
IF11	15	洗涤
IF12	10	外后视镜折叠
IF13	20	座椅控制模块
IF15	30	右门模块
IF16	30	左门模块
IF17	7.5	OBD 诊断接口
IF18	20	灯光 2
IF19	7.5	PEPS 2/网关
IF20	7.5	挡位开关
IF21	10	转向灯
IF22	15	车身控制器
IF23	7.5	PEPS 1/制动灯开关
IF24	20	灯光 1
IF25	7.5	高位制动灯
IF26	20	中控门锁
IF27	7.5	仪表
IF28	—	SHUNT
IF29	10	SRS 安全气囊
IF30	7.5	电机控电制机器/VCU/BMS/车载充电机/制动灯开关

编号	电流/A	被保护组件或电器
IF31	7.5	网关/车身控向制/PEPS/电子转向柱锁
IF32	7.5	仪表
IF33	7.5	转向角传感器/EPS/EPB/挡位开关
IF34	7.5	ESP
IF35	7.5	倒车雷达/车道偏移/中距雷达/音响/T-BOX
IF36	10	PTC 水泵
IF37	7.5	前大灯
IF38	7.5	阳光雨量传感器/前中央控制面板/空调控制面板/空调控制器/座椅/座椅控制器
IF41	7.5	BCM/PEPS
IF42	7.5	USB
IF44	7.5	ACC 电源
IF46	20	12V 车载电源
IF47	7.5	IG2
IF51	7.5	全景影像/车道偏移/中距雷达/座椅/低速提示音
IF52	7.5	T-BOX/自适应大灯/计价器
IF53	7.5	无线充电模块
IF54	7.5	前中央控制面板/空调控制面板/音响显示器/空调控制器/智能氛围灯控制器
IR01	—	IG1 继电器
IR02	—	IG2 继电器
IR04	—	出租车顶灯
IR05	—	ACC 继电器
IR06	—	后视镜折叠继电器
IR07	—	后视镜展开继电器

7.3.2 电动车窗初始化设置

若发现电动车窗没有一键升降功能，防夹功能失效，或因短时间内多次触发防夹功能导致初始化状态自动失效，都需对其重新进行初始化操作。

抬起需要进行初始化的车窗所对应的按键，直到车窗完全关闭后，继续抬起车窗按键，并保持 2～3s，即可完成初始化。

7.3.3 电动天窗与遮阳帘初始化

在某些情况下（蓄电池突然断电或车辆长期使用后），有可能需要手动对天窗/遮阳帘进行初始化和自学习。

（1）天窗初始化

① 按压天窗关闭按键，使天窗运动至全关位置。

② 保持按住天窗关闭按键，1s 后天窗打开，天窗运行至完全打开位置后，天窗开始执行关闭运动。

③ 天窗在完全关闭位置结束运动。

④ 松开开关，天窗初始化运动和自学习运动结束。

（2）遮阳帘初始化

① 按压遮阳帘关闭按键，使遮阳帘运动至全关位置。

② 保持按住遮阳帘关闭按键，1s 后遮阳帘打开，遮阳帘运行至完全打开位置后，遮阳帘开始执行关闭运动。

③ 遮阳帘在完全关闭位置结束运动。

④ 松开开关，遮阳帘初始化运动和自学习运动结束。

提示：在一些特殊情况下，如天窗/遮阳帘多次运行后发生错位，用户可以手动去初始化后，重新初始化来消除错位。去初始化操作如下：持续按住天窗/遮阳帘关按键 10s，即可手动去初始化。

7.3.4 车轮规格与定位参数

车轮动平衡数据见表 7-9。

四轮定位数据见表 7-10。

表 7-9 车轮动平衡数据

项目	参数	
产品型号	GAM7000BEVA0B	GAM7000BEVA0C
轮胎规格	215/55 R17 215/55 ZR17 235/45 R18	
轮胎气压/kPa	250	
车轮螺栓扭矩/N·m	125±10	
单边残余不平衡量/g	≤8	
双边平衡块使用量总和/g	≤120	

表 7-10 四轮定位数据

项目	参数
前轮前束	5′±3′
前轮外倾角	−12′± 30′
前轮主销后倾角	7°15′± 30′
前轮主销内倾角	12°5′± 30′
后轮推进线	0′± 25′
后轮外倾角	−1°41′ ± 30′
后轮总前束	10′±18′

7.3.5 油液规格与用量

油液规格与用量见表 7-11。

表 7-11 油液规格与用量

项目	规格	用量	说明
制动液	DOT4	0.8L	满足 GB 12981—2012 技术条件，平衡回流沸点（ERBP）≥230℃，湿平衡回流沸点（WERBP）≥155℃，pH 值为 7～11.5
冷媒	HFC-134A	570g	—
PTC 冷却液	G30，−35℃	2.3L	—
电池冷温却控液系统	G30，−35℃	6.1～6.8L	根据配置不同，加注量有差异
电机冷却液	G30，−35℃	4.1～4.5L	根据配置不同，加注量有差异
风窗洗涤液	Nexen B-30/B-20	3L	—

第8章

长城新能源汽车

8.1 长城 C30EV（2017~ ）

8.1.1 高压系统部件位置及总成分解

动力电池包总成位置如图 8-1 所示，动力电池包总成分解如图 8-2 所示。高压配电箱位置如图 8-3 所示，高压配电箱紧固件分布如图 8-4 所示。充电系统部件位置如图 8-5 所示，充电系统部件分解如图 8-6 所示。驱动电机总成位置如图 8-7 所示，驱动电机总成分解如图 8-8 所示。高压系统冷却部件位置如图 8-9 所示，高压系统冷却部件分解如图 8-10 所示。

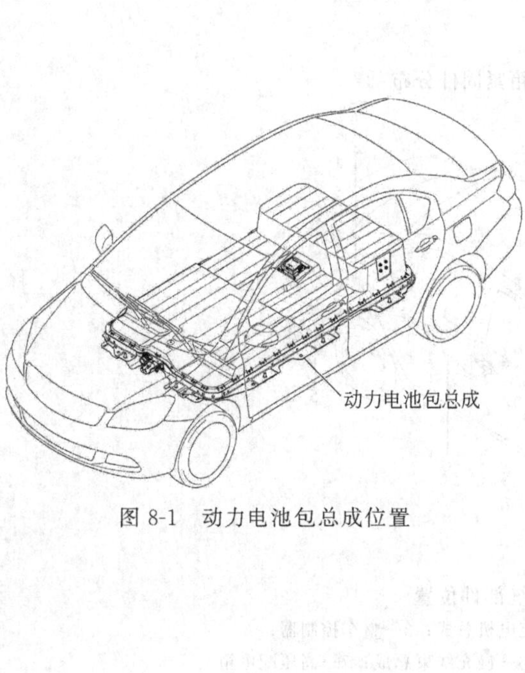

图 8-1 动力电池包总成位置

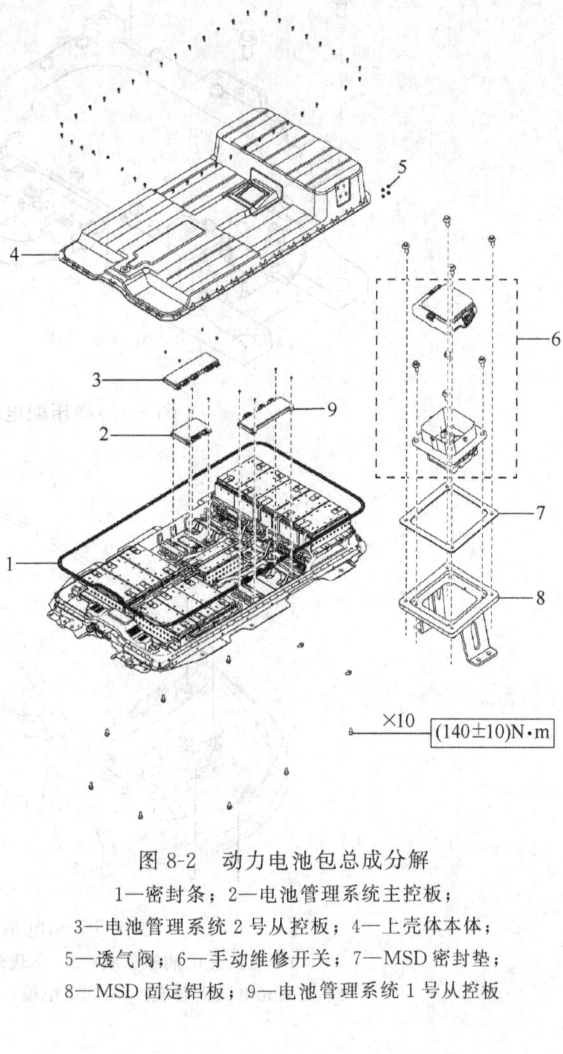

图 8-2 动力电池包总成分解

1—密封条；2—电池管理系统主控板；3—电池管理系统 2 号从控板；4—上壳体本体；5—透气阀；6—手动维修开关；7—MSD 密封垫；8—MSD 固定铝板；9—电池管理系统 1 号从控板

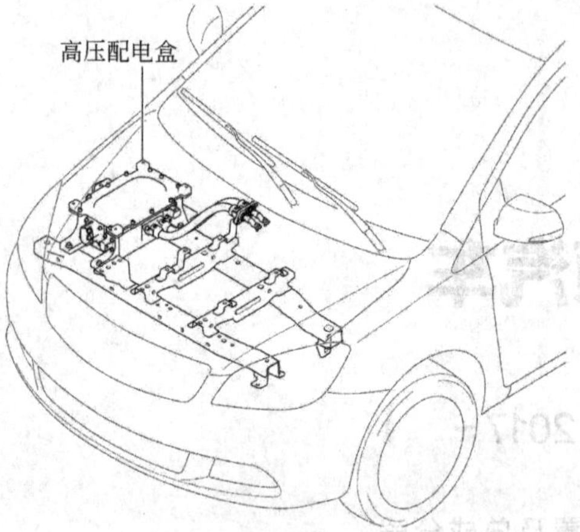

图 8-3　高压配电箱位置

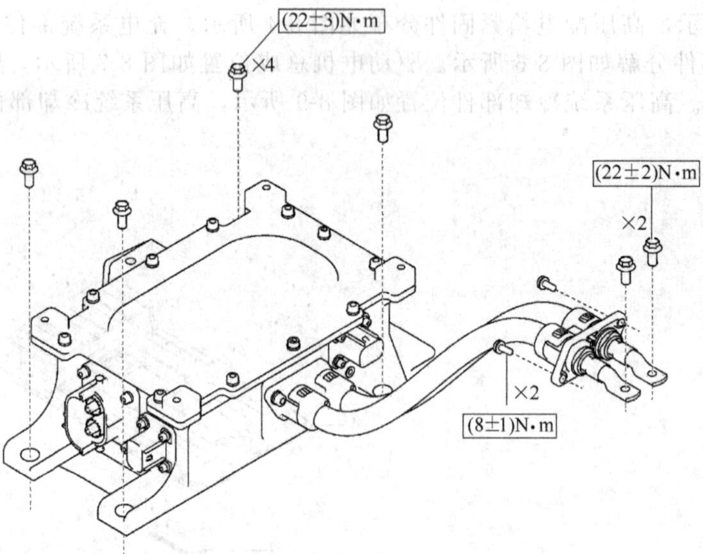

图 8-4　高压配电箱紧固件分布

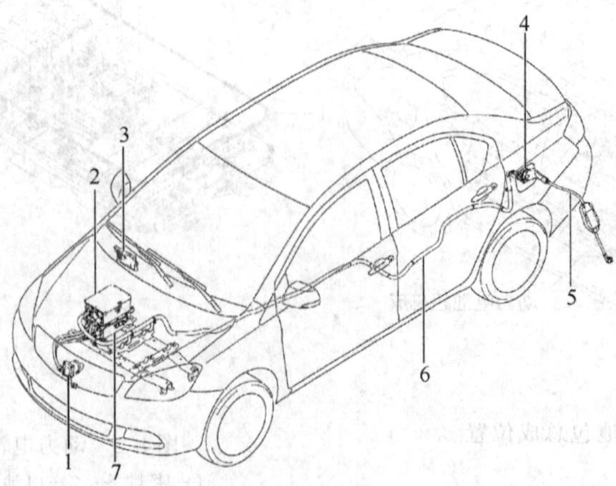

图 8-5　充电系统部件位置

1—直流充电插座总成；2—车载充电机总成；3—整车控制器；
4—交流充电插座总成；5—充电电缆；6—慢充线束总成；7—高压配电箱

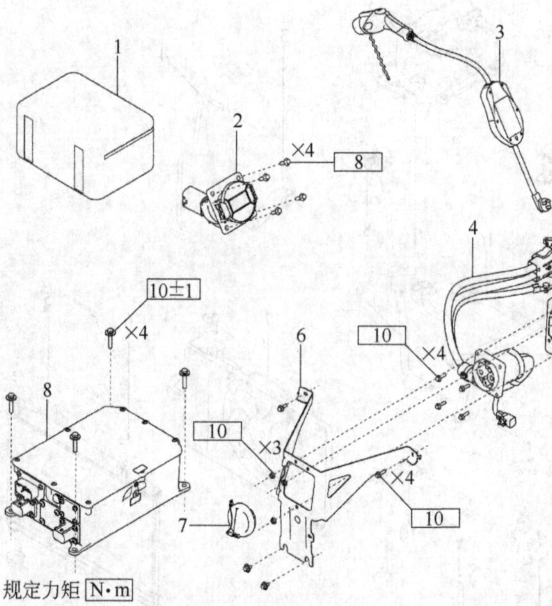

图 8-6 充电系统部件分解

1—充电电缆包；2—交流充电插座总成；3—充电电缆；4—直流充电插座总成；5—直流充电插座安装支架 2；6—直流充电插座安装支架 1；7—直流充电插座盖帽；8—车载充电机总成

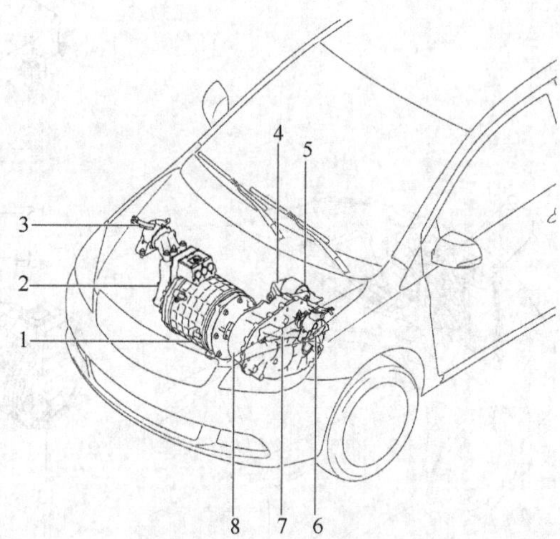

图 8-7 驱动电机总成位置

1—驱动电机总成；2—电动机右悬置支架；3—电动机右悬置本体总成；4—电动机后悬置支架；5—电动机后悬架本体总成；6—电动机左悬架本体总成；7—电动机左悬架支架；8—减速器总成

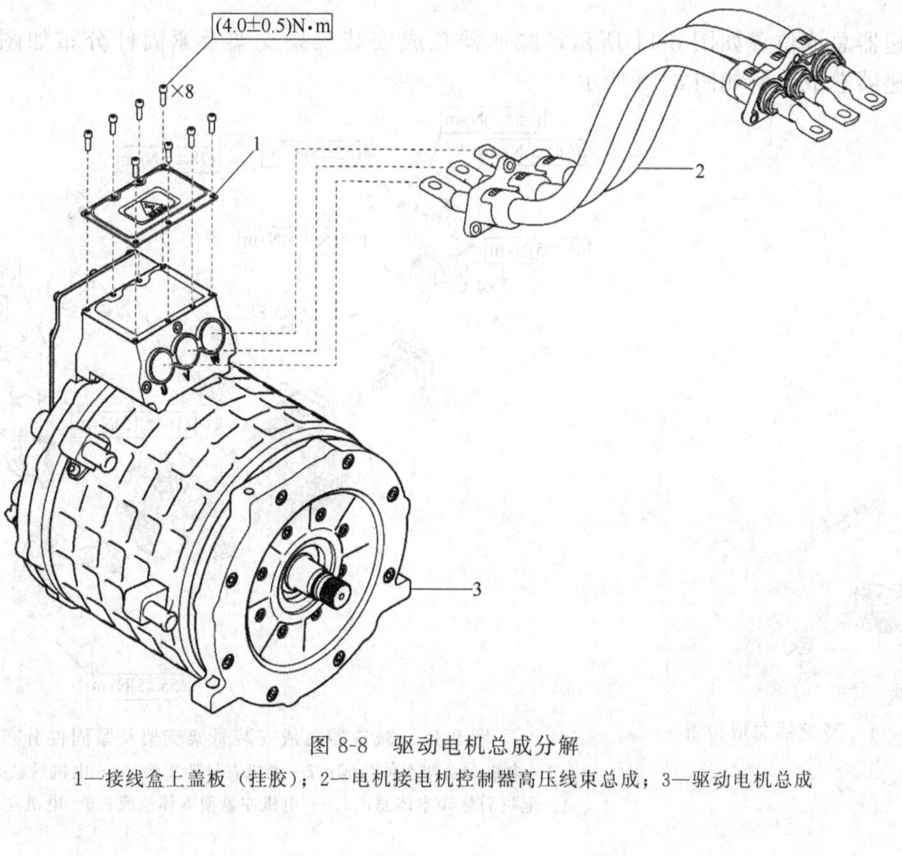

图 8-8 驱动电机总成分解

1—接线盒上盖板（挂胶）；2—电机接电机控制器高压线束总成；3—驱动电机总成

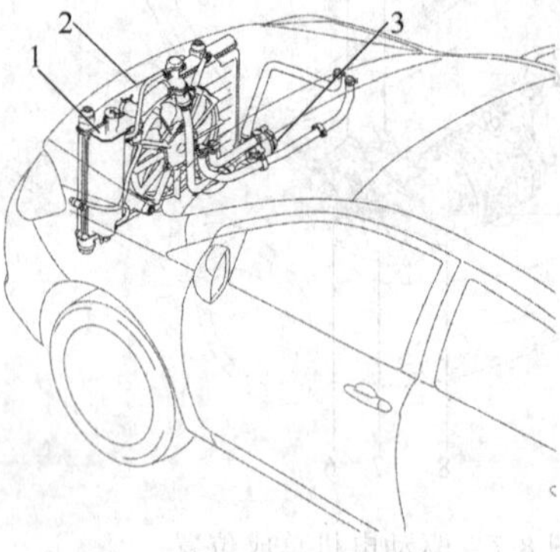

图 8-9 高压系统冷却部件位置

1—电子风扇带溢水罐总成；

2—散热器总成；3—电子水泵总成

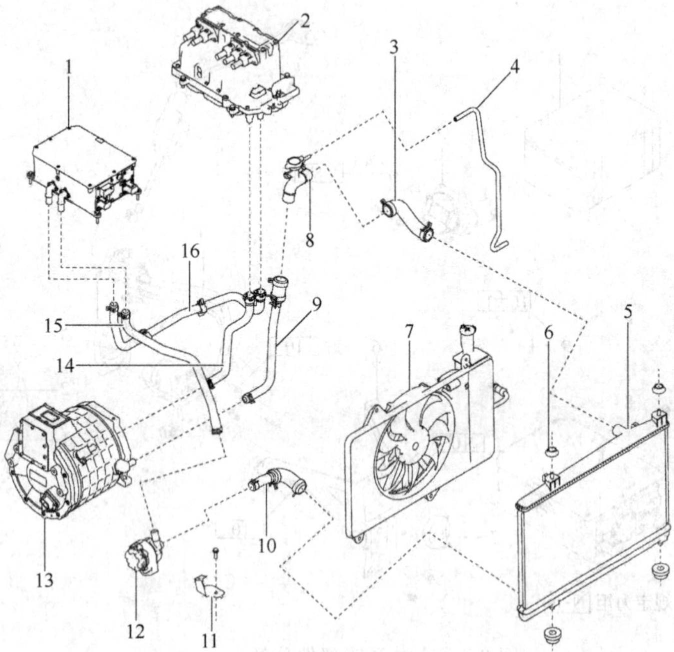

图 8-10 高压系统冷却部件分解

1—车载充电机总成；2—电机控制器总成；3—散热器进水管；4—溢水管；

5—散热器总成；6—散热器悬置；7—电子风扇带溢水罐总成；

8—散热器加水口总成；9—电机出水管；10—散热器出水管；

11—水泵安装支架总成；12—电子水泵总成；13—驱动电机总成；

14—电机进水管；15—充电机进水管；16—电机控制器进水管

减速器总成位置如图 8-11 所示，减速器总成安装悬架支架及紧固件分布如图 8-12 所示，减速器总成分解如图 8-13 所示。

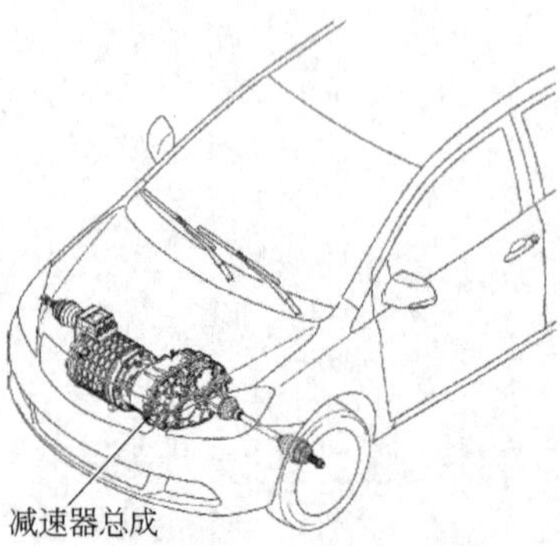

图 8-11 减速器总成位置

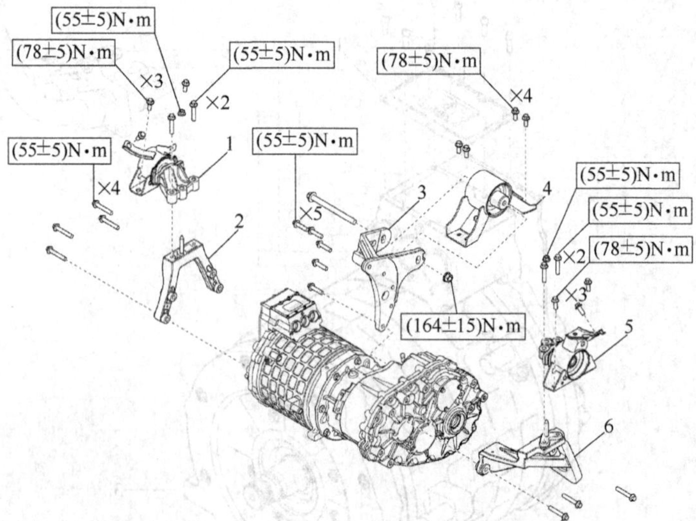

图 8-12 减速器总成安装悬架支架及紧固件分布

1—电机右悬架本体总成；2—电机右悬架支架；3—电机后悬架支架；

4—电机后悬架本体总成；5—电机左悬架本体总成；6—电机左悬架支架

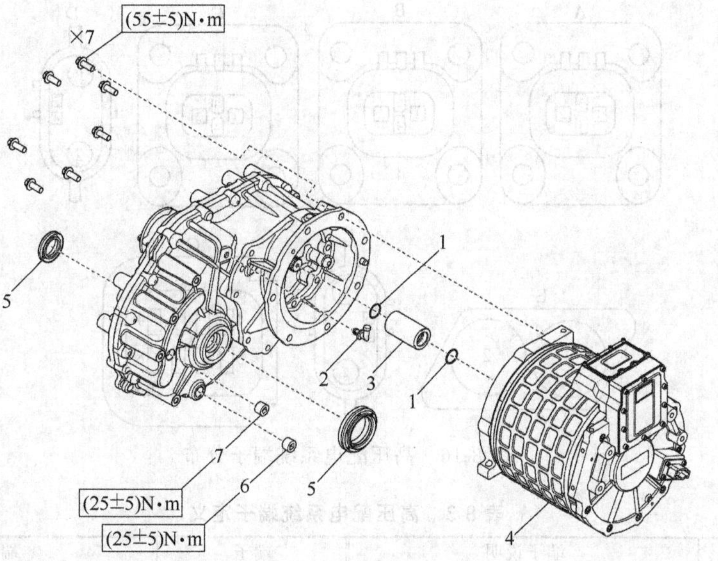

图 8-13 减速器总成分解

1—O 形圈；2—通气塞；3—花键套筒；4—驱动电机总成；5—输出油封；6—放油堵；7—加油堵

8.1.2 高压系统控制单元端子定义

动力电池包低压端子分布如图 8-14 所示，动力电池包高压端子分布如图 8-15 所示，其端子定义分别见表 8-1 和表 8-2。

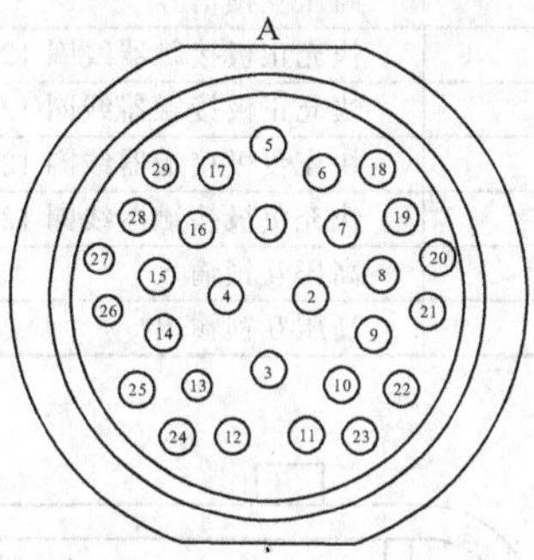

图 8-14 动力电池包低压端子分布

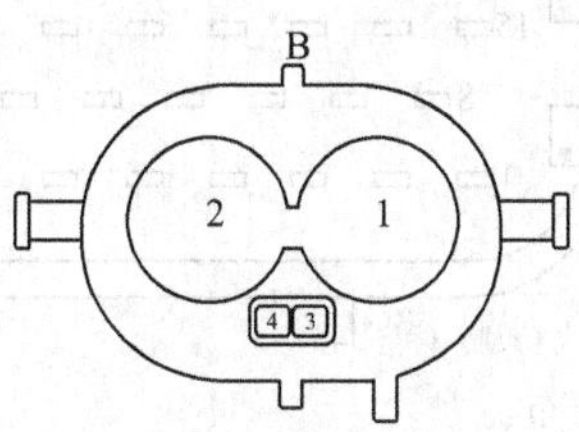

图 8-15 动力电池包高压端子分布

表 8-1 动力电池包低压端子定义

端子	端子说明	端子	端子说明
A5	整车 CAN 高	A14	快充连接确认 CC2
A6	整车 CAN 低	A15	快充负极继电器控制
A7	慢充唤醒	A16	高压互锁
A8	快充唤醒	A17	高压互锁
A9	快充 CAN 高	A19	常电
A10	快充 CAN 低	A21	IG1 信号
A11	内部 CAN 高	A22	快充正极继电器控制
A12	内部 CAN 低	A25	整车接地
A13	碰撞检测		

表 8-2 动力电池包高压端子定义

端子	端子说明
B1	动力电池包负极
B2	动力电池包正极
B3	高压互锁
B4	高压互锁

高压配电系统端子分布如图 8-16 所示，其端子定义见表 8-3。高压充电系统端子分布如图 8-17 所示，其端子定义见表 8-4。驱动电机端子分布如图 8-18 所示，其端子定义见表 8-5。驱动电机控制器端子分布如图 8-19 所示，其端子定义见表 8-6。换挡器总成端子分布如图 8-20 所示，其端子定义见表 8-7。加速踏板端子分布如图 8-21 所示，其端子定义见表 8-8。空调控制面板端子分布如图 8-22 所示，端子定义见表 8-9。

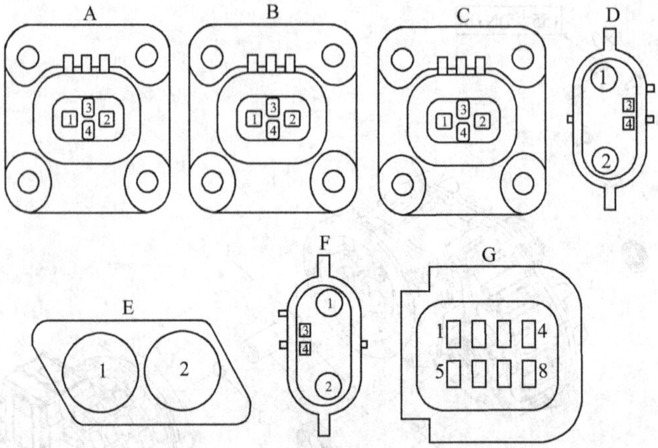

图 8-16　高压配电系统端子分布

表 8-3　高压配电系统端子定义

端子	端子说明	端子	端子说明
A1	接车载充电机正极	D3	高压互锁信号
A2	接车载充电机负极	D4	高压互锁信号
A3	高压互锁信号	E1	接电机控制器正极
A4	高压互锁信号	E2	接电机控制器负极
B1	接电加热器正极	F1	接快充接口正极
B2	接电加热器负极	F2	接快充接口负极
B3	高压互锁信号	F3	高压互锁信号
B4	高压互锁信号	F4	高压互锁信号
C1	接电动压缩机正极	G1	快充正极接触器线圈 12V＋
C2	接电动压缩机负极	G2	快充正极接触器线圈 12V－
C3	高压互锁信号	G3	快充负极接触器线圈 12V＋
C4	高压互锁信号	G4	快充负极接触器线圈 12V－
D1	接动力电池包负极	G5	高压互锁输入
D2	接动力电池包正极	G6	高压互锁输出

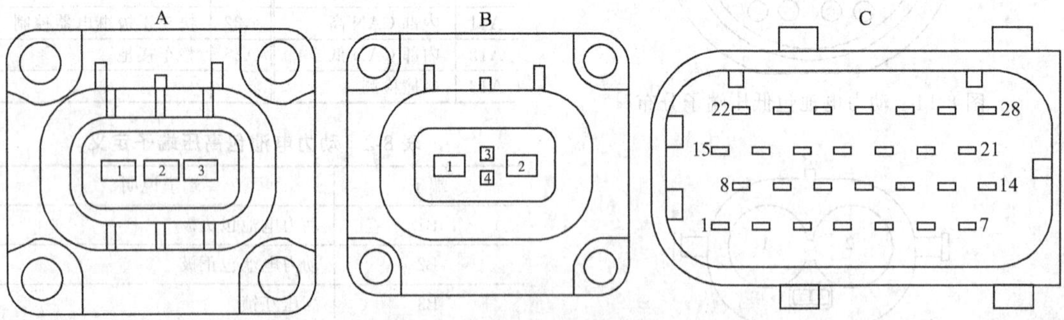

图 8-17　高压充电系统端子分布

表 8-4　高压充电系统端子定义

端子	端子定义	端子	端子定义
A1	高压交流输入火线	B3	高压互锁＋
A2	高压输入交流零线	B4	高压互锁－
A3	接地	C1	接 12V 电源＋
B1	高压直流＋	C2	接地
B2	高压直流－	C3	CAN 高

续表

端子	端子定义	端子	端子定义
C4	CAN 低	C14	交流充电枪电子锁驱动端子 2(预留)
C7	输出唤醒	C15	交流充电枪电子锁锁定反馈信号(预留)
C8	充电连接确认 CC	C16	交流充电枪电子锁锁定反馈信号接地(预留)
C9	充电引导信号 CP	C17	交流充电枪电子锁锁定反馈信号(预留)
C10	LED 显示 1(预留)	C18	交流充电枪电子锁锁定反馈信号接地(预留)
C11	LED 显示 2(预留)	C19	12V 输入唤醒(预留)
C12	LED 显示 3(预留)	C22	高压互锁信号输入
C13	交流充电枪电子锁驱动端子 1(预留)	C23	高压互锁信号输出

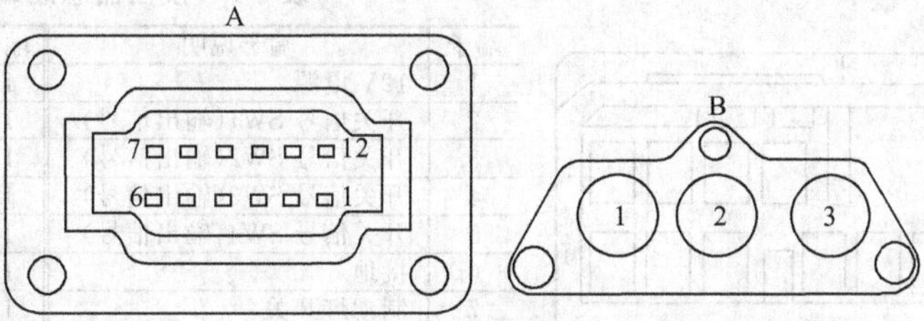

图 8-18　驱动电机端子分布

表 8-5　驱动电机端子定义

端子	端子说明	端子	端子说明
A1	驱动电机温度传感器 1＋	A9	旋变正弦反馈－
A2	驱动电机温度传感器 1－	A10	旋变正弦＋
A3	驱动电机温度传感器 2＋	A11	旋变励磁信号－
A4	驱动电机温度传感器 2－	A12	旋变励磁信号＋
A5	接地	B1	驱动电机 U 相驱动输入
A6	接地	B2	驱动电机 V 相驱动输入
A7	旋变余弦反馈＋	B3	驱动电机 W 相驱动输入
A8	旋变余弦反馈－		

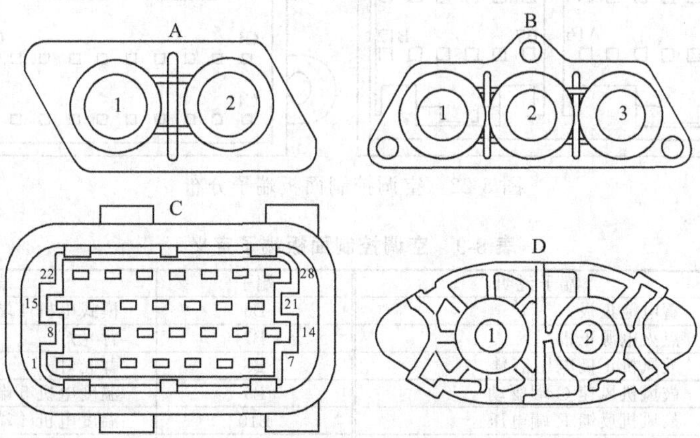

图 8-19　驱动电机控制器端子分布

表 8-6　驱动电机控制器端子定义

端子	端子说明	端子	端子说明
A1	高压直流－	B3	驱动电机 U 相驱动输出
A2	高压直流＋	C1	互锁信号输入
B1	驱动电机 W 相驱动输出	C4	互锁信号输出
B2	驱动电机 V 相驱动输出	C5	温度传感器 2 输入

续表

端子	端子说明	端子	端子说明
C6	温度传感器 1 接地	C22	驱动电机位置传感器负励磁输出
C7	温度传感器 1 输入	C23	驱动电机位置传感器余弦信号输入＋
C10	接地	C24	驱动电机位置传感器正弦信号输入＋
C13	温度传感器 2 接地	C25	KL. 15 点火开关
C15	驱动电机位置传感器正励磁输出	C26	KL. 30 低压电池＋
C16	驱动电机位置传感器余弦信号输入＋	C27	标定总线高
C17	驱动电机位置传感器正弦信号输入－	C28	标定总线低
C20	CAN 高	D1	低压输出＋
C21	CAN 低	D2	低压输出－

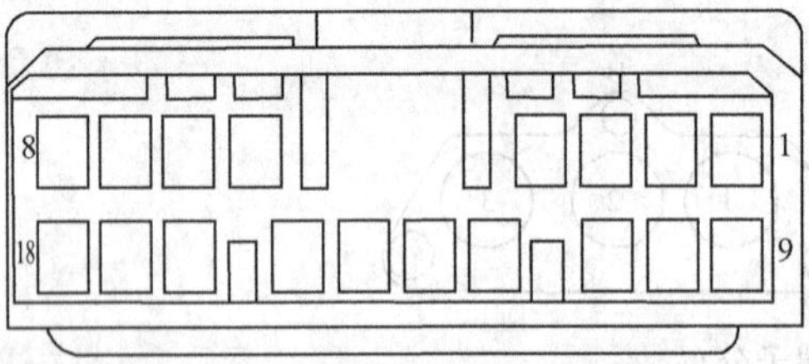

图 8-20 换挡器总成端子分布

表 8-7 换挡器总成端子定义

端子	端子说明	端子	端子说明
1	12V 电源	11	R 挡指示灯信号
2	开关信号 SW1(输出信号)	12	N 挡指示灯信号
3	开关信号 SW2(输出信号)	13	D 挡指示灯信号
4	开关信号 SW3(输出信号)	14	E＋挡指示灯信号
5	开关信号 SW4(输出信号)	15	E 挡指示灯信号
6	接地	16	E＋挡信号
7	制动灯开关	17	E 挡信号
8	背光灯电源＋	18	预留
9	背光灯接地		

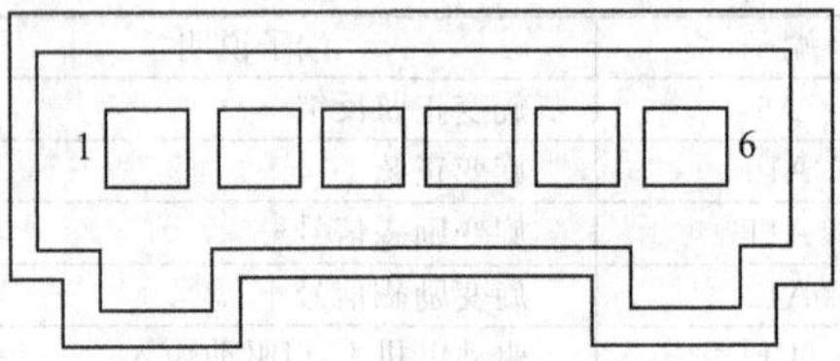

图 8-21 加速踏板端子分布

表 8-8 加速踏板端子定义

端子	端子说明
1	加速踏板位置传感器 2 供电
2	加速踏板位置传感器 1 供电
3	加速踏板位置传感器 1 接地
4	加速踏板位置传感器 1 信号输出
5	加速踏板位置传感器 2 接地
6	加速踏板位置传感器 2 信号输出

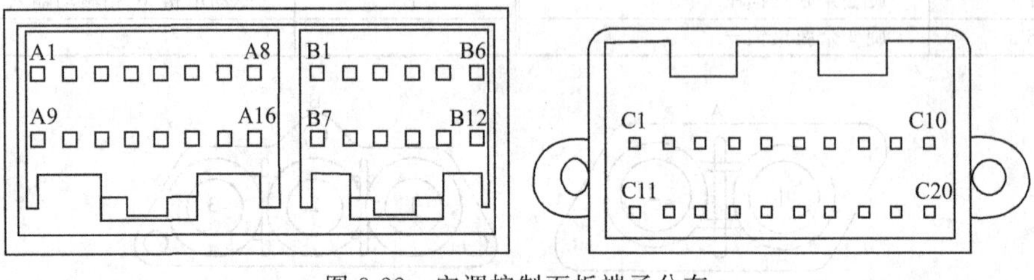

图 8-22 空调控制面板端子分布

表 8-9 空调控制面板端子定义

端子	端子说明	端子	端子说明
A1	蓄电池正极	B6	模式电机 4 端子
A2	点火电源正极	B7	背光灯－
A4	鼓风机正极电压信号	B8	背光灯＋
A5	鼓风机风速 G 端驱动	B9	温度电机 5 端子
A6	鼓风机反馈 R 端电压	B10	温度电机 4 端子
A7	鼓风机高速驱动	B11	循环电机 5 端子
A8	循环电机 1 端子	C1	HVH 低压电源，蓄电池供电
A10	模式电机反馈	C8	蒸发器温度传感器
A11	温度电机反馈	C10	CAN 总线
A12	电位器正电源	C11	中压开关
B1	电源地	C12	高低压开关
B2	传感器地	C14	水阀接口，PWM 低有效
B3	后除霜继电器驱动	C18	LIN 总线
B4	水阀电源继电器，低有效	C20	CAN 总线
B5	模式电机 5 端子		

8.1.3 高压系统控制电路

动力电池包电路如图 8-23 所示，高压配电系统电路如图 8-24 所示，高压充电系统电路如图 8-25 所示，驱动电机及其控制系统电路分别如图 8-26 和图 8-27 所示，变速器操纵机构电路如图 8-28 所示。

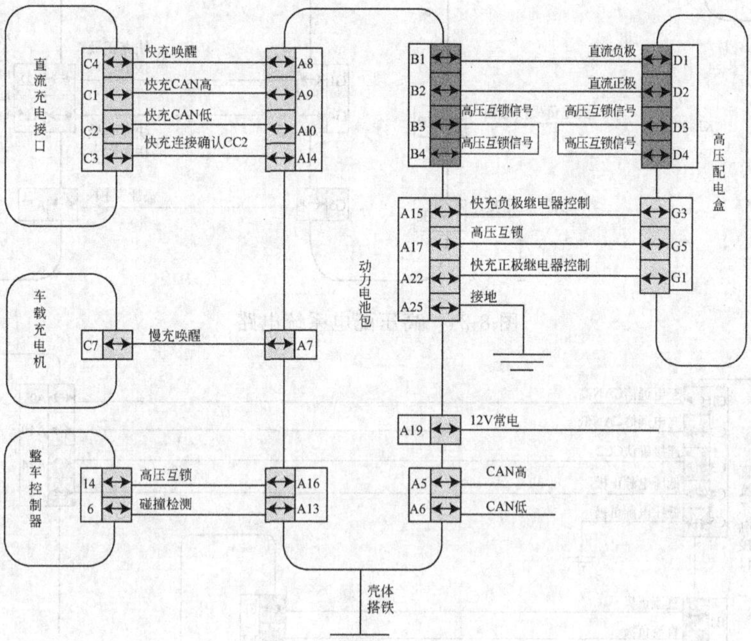

图 8-23 动力电池包电路

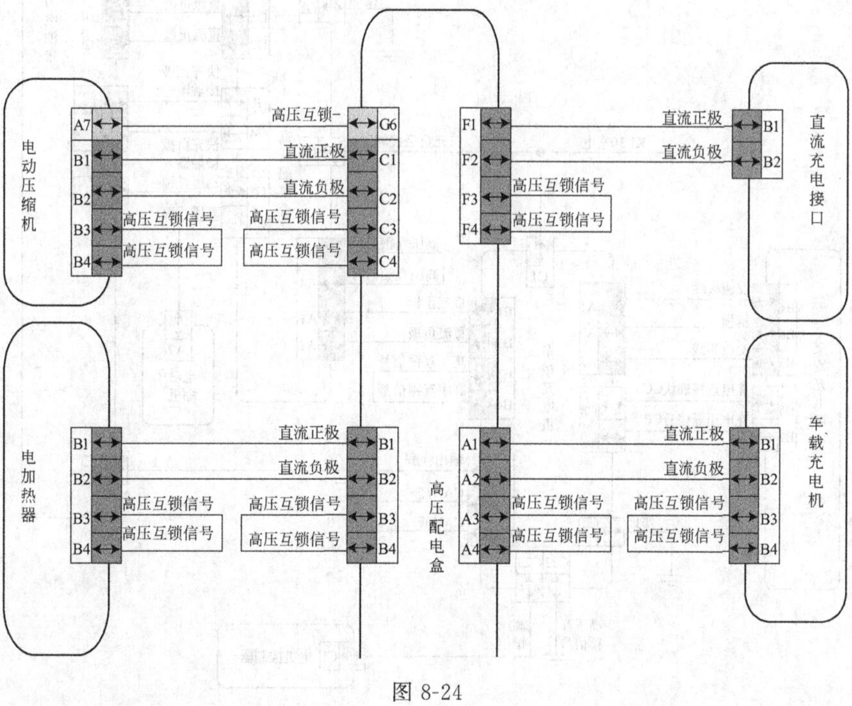

图 8-24

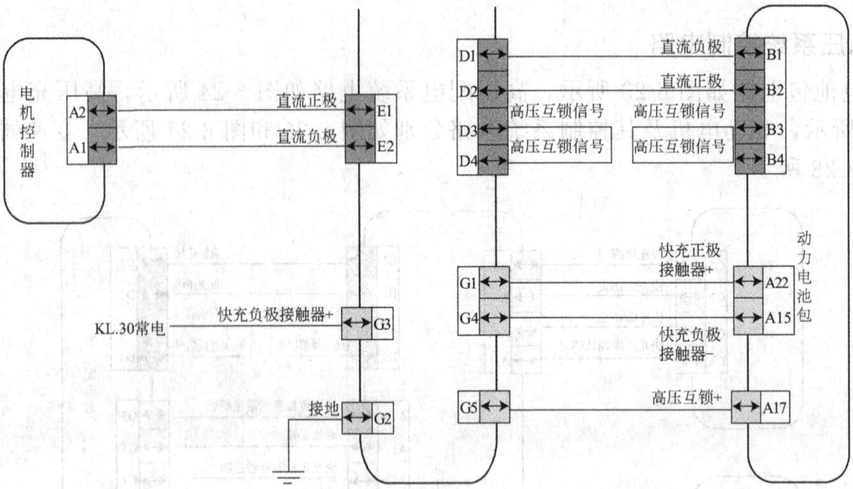

图 8-24　高压配电系统电路

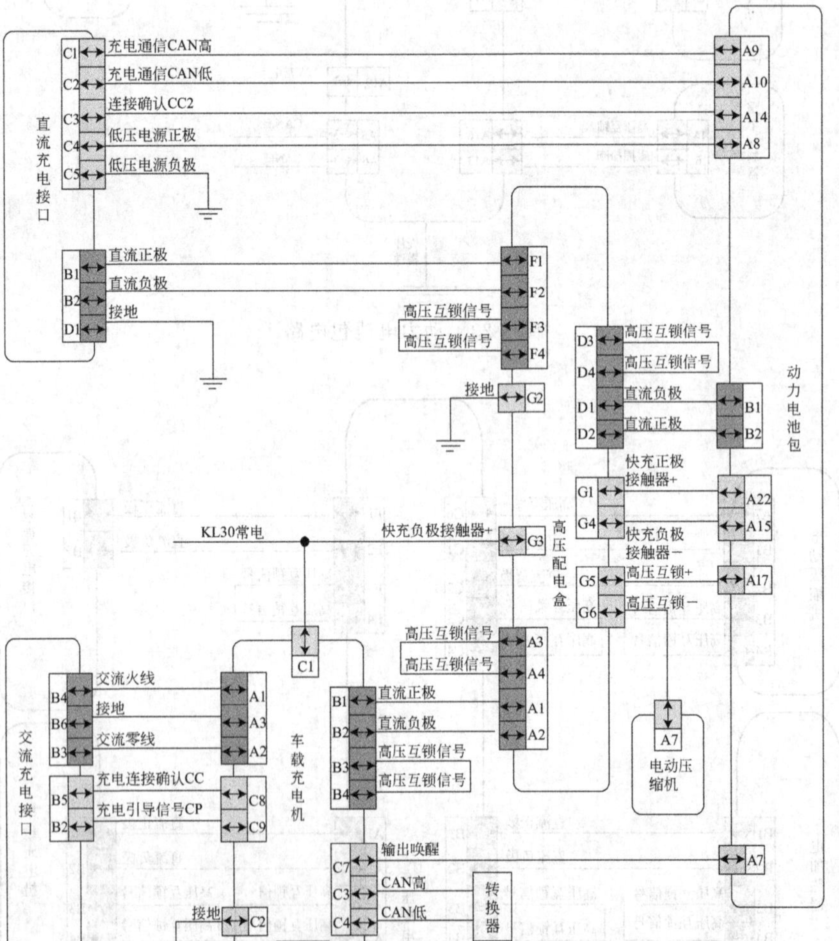

图 8-25　高压充电系统电路

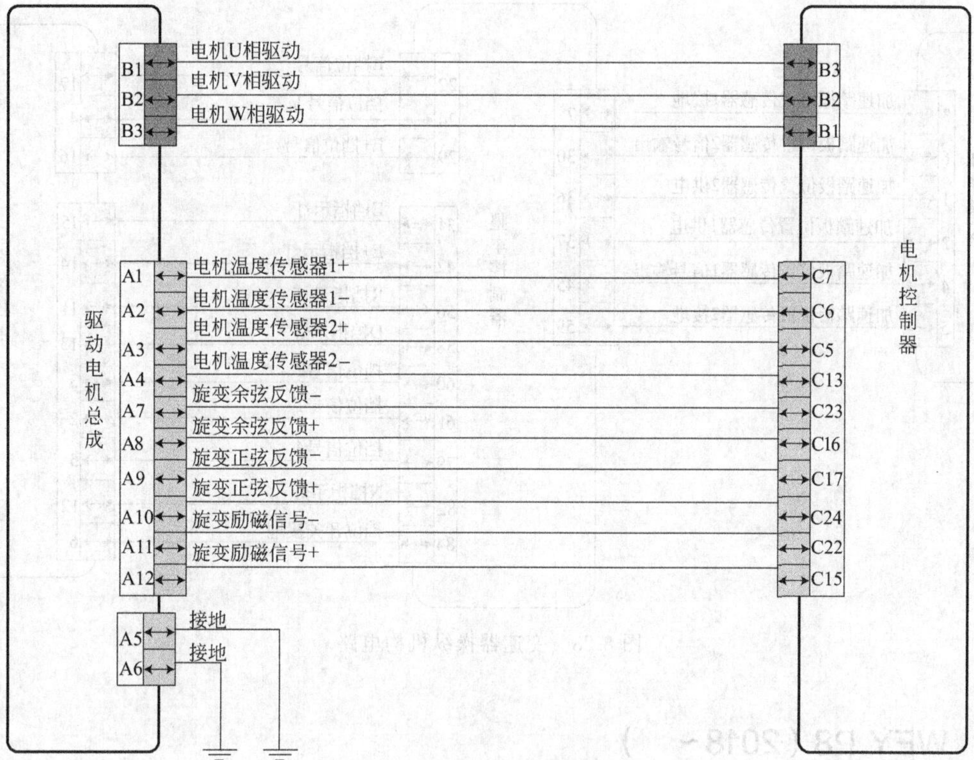

图 8-26　驱动电机电路

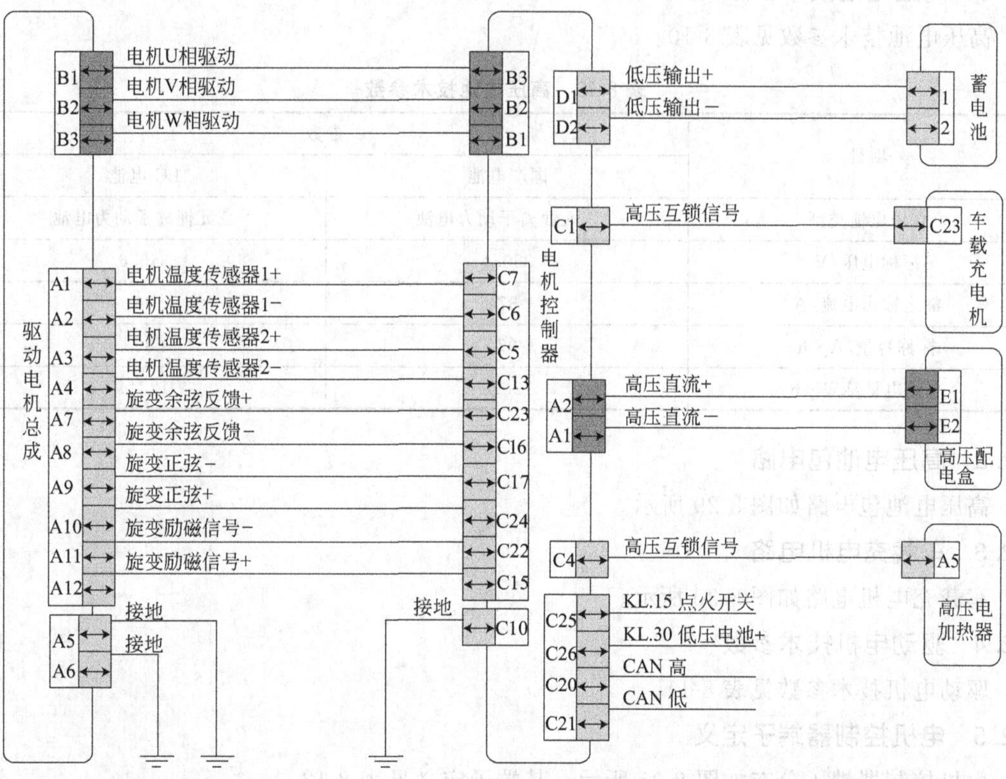

图 8-27　驱动电机控制系统电路

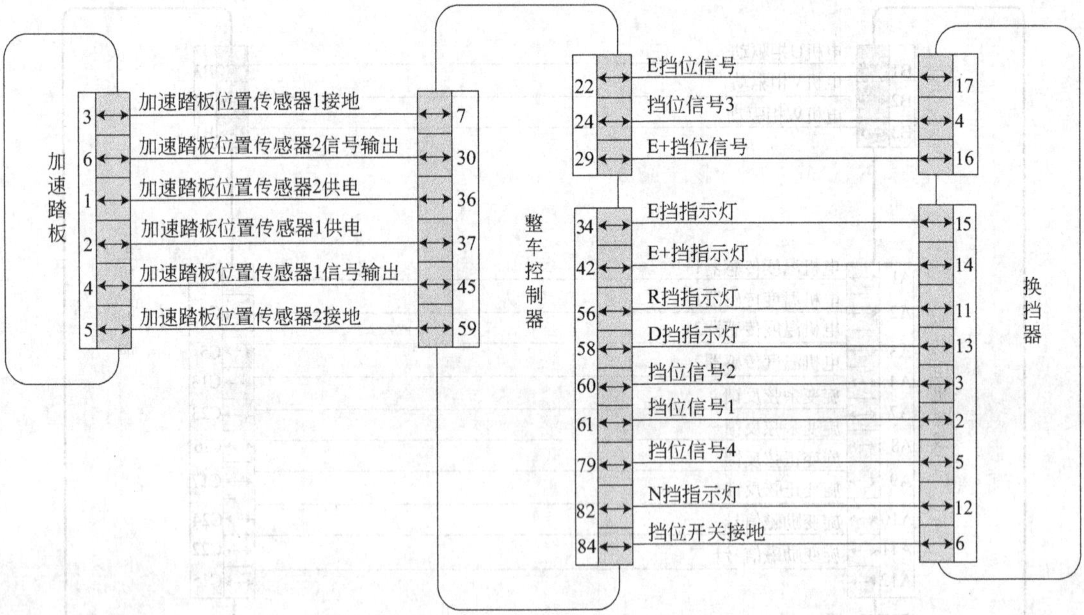

图 8-28　变速器操纵机构电路

8.2　WEY P8（2018~　）

8.2.1　高压电池技术参数

高压电池技术参数见表 8-10。

表 8-10　高压电池技术参数

项目	参数	
	国产电池	LG 电池
高压电池类型	三元锂离子动力电池	三元锂离子动力电池
标称电压/V	350.4	345.6
额定输出电流/A	37	36
标称容量/A·h	37	36
总储电量/kW·h	12.96	12.44

8.2.2　高压电池包电路

高压电池包电路如图 8-29 所示。

8.2.3　车载充电机电路

车载充电机电路如图 8-30 所示。

8.2.4　驱动电机技术参数

驱动电机技术参数见表 8-11。

8.2.5　电机控制器端子定义

电机控制器端子分布如图 8-31 所示，其端子定义见表 8-12。

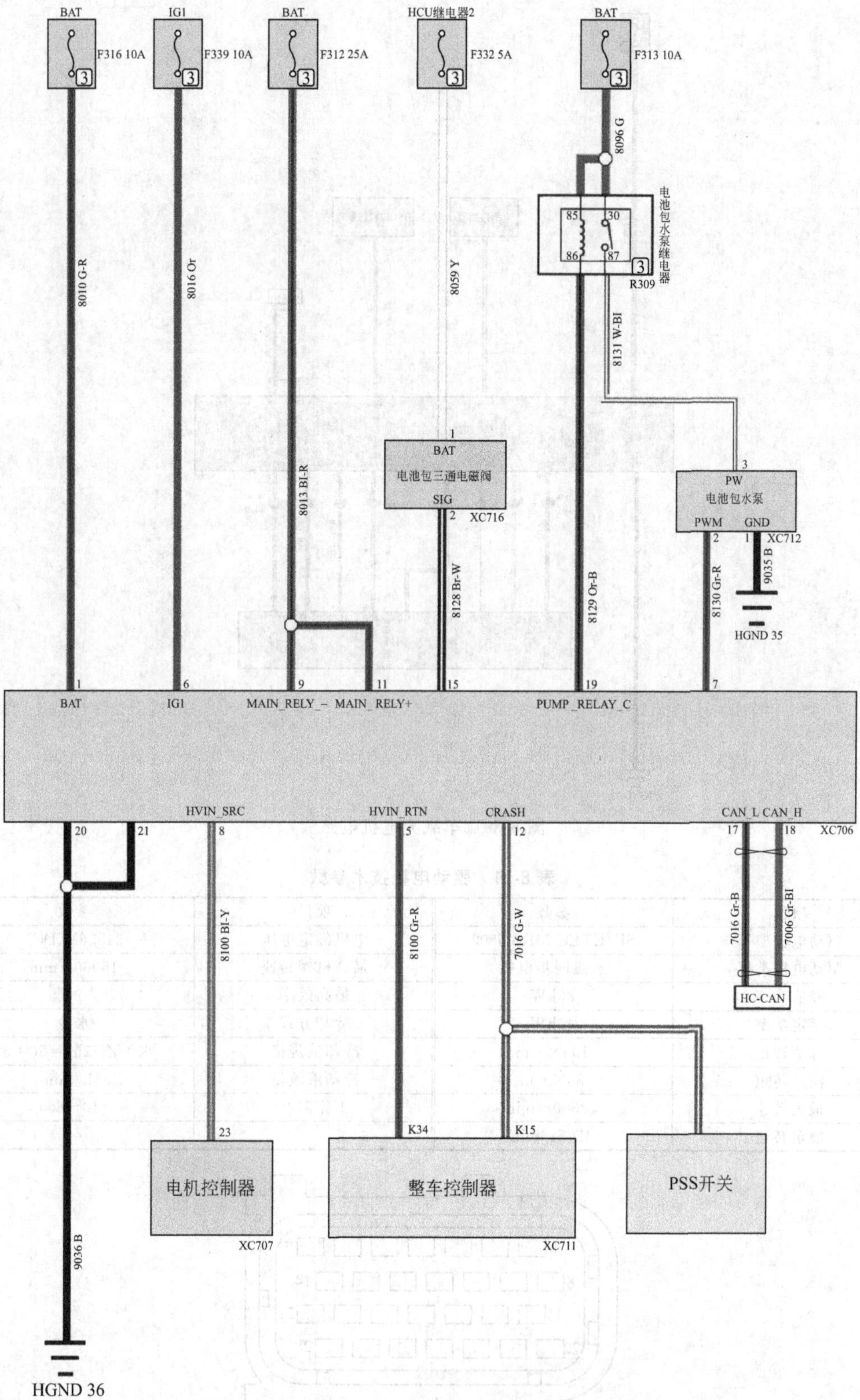

图 8-29 高压电池包电路

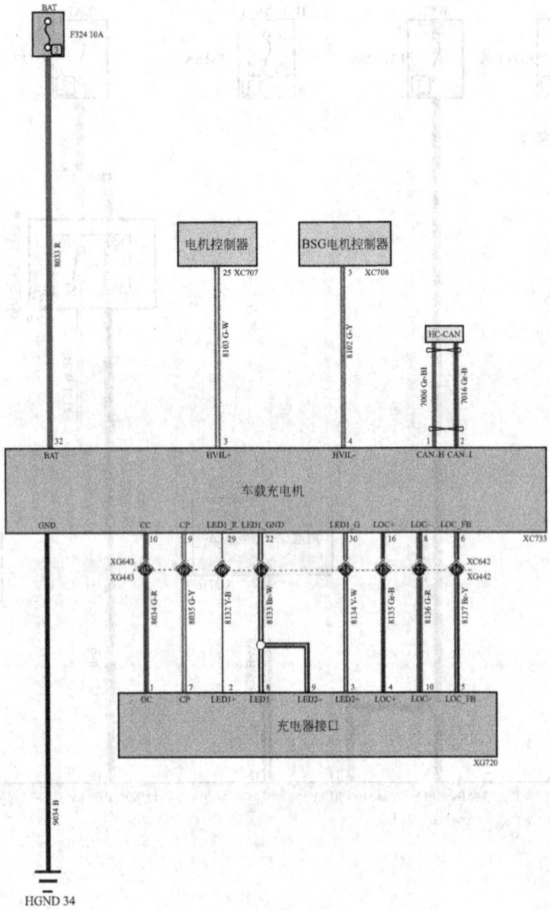

图 8-30　车载充电机电路

表 8-11　驱动电机技术参数

项目	参数	项目	参数
驱动电机型号	SIVETEC MRS 5500	电机额定电压	345.6V(DC)
驱动电机类型	永磁同步电机	最高机械转速	15960r/min
峰值功率	85kW	最高效率	≥96%
额定功率	40kW	冷却方式	水冷
峰值转矩	195N·m	冷却液规格	水∶乙二醇=50∶50
额定转矩	80N·m	冷却液流量	8L/min
最大转速	13300r/min	工作温度	−40～85℃
额定转速	4775r/min		

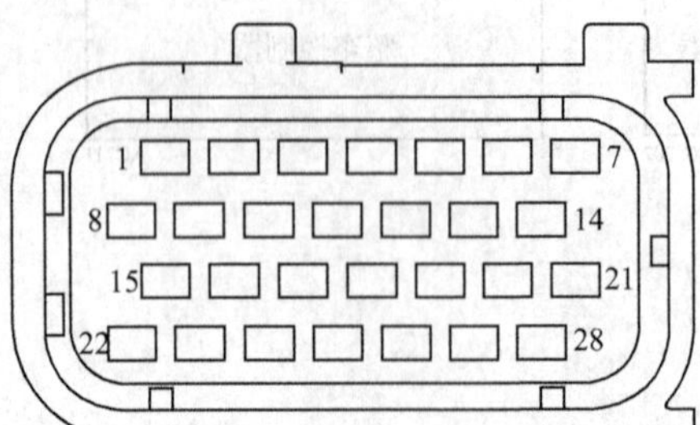

图 8-31　电机控制器端子分布

表 8-12 电机控制器端子定义

端子	端子说明	端子	端子说明
1	KL. I5(点火信号)	14	电机温度传感器 2 负极
2	高压互锁输出	15	KL. 30(低压电池正极)
3	高压互锁输入	19	旋变信号屏蔽
4	电机高压互锁输入	20	旋变余弦反馈负极
5	电机温度传感器信号屏蔽	21	旋变余弦反馈正极
6	电机温度传感器 1 正极	22	CAN 高
7	电机温度传感器 1 负极	23	CAN 低
8	碰撞信号	25	旋变正弦反馈正极
9	紧急停止信号	26	旋变正弦反馈负极
11	电机高压互锁输出	27	旋变励磁正极
13	电机温度传感器 2 正极	28	旋变励磁负极

8.2.6 BSG 电机端子定义

BSG 电机端子分布如图 8-32 所示，其端子定义见表 8-13。

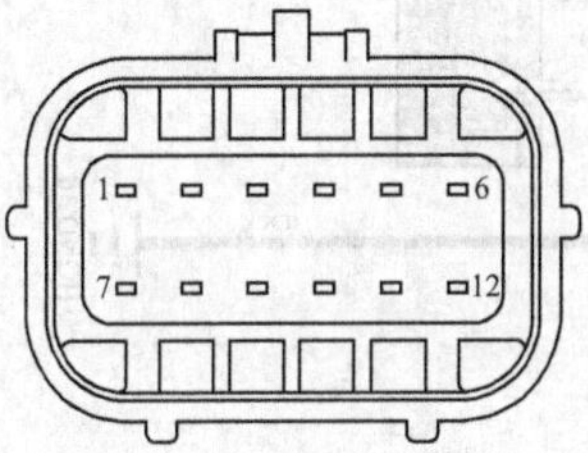

图 8-32 BSG 电机端子分布

表 8-13 BSG 电机端子定义

端子	端子说明	端子	端子说明
1	BSG 电机温度传感器 1 正极	7	BSG 电机温度传感器 2 正极
2	BSG 电机温度传感器 1 负极	8	BSG 电机温度传感器 2 负极
3	高压互锁输入	9	高压互锁输出
4	旋变励磁正	10	旋变励磁负
5	旋变正弦反馈正	11	旋变正弦反馈负
6	旋变余弦反馈正	12	旋变余弦反馈负

8.2.7 电机驱动系统故障码

电机驱动系统故障码见表 8-14。

表 8-14 电机驱动系统故障码

故障码	故障描述	故障码	故障描述
P113519	INV 相电流过流	U040186	请求转矩超出范围
P0A4400	电机过速	U029387	与 HCU 失去通信
P114017	HV-DC 端过压	P117494	安全信号相关故障
P114016	HV-DC 端欠压	P119000	Crash 使能
P117198	IGBT 过温	P119100	Crash PWM 信号超过范围
P117298	I2T 故障	P117700	resolver 标定故障
P0A2F98	电机过温	P117800	resolver offset 不可信
P112164	三相电流可信度校对	P117900	主动放电故障
P118A12	U 相电流采样电路故障	P117348	inverter 内部故障
P118B12	V 相电流采样电路故障	P117494	安全信号相关故障
P118C12	W 相电流采样电路故障	U012087	节点丢失故障
P0A3F00	resolver 位置传感器校对	U100087	与 ABM 失去通信
P11801C	IGBT 温度检测故障	U011187	与 BMS 失去通信
P0A2A1C	电机温度传感器故障	U012287	与 ABS 失去通信
P11841C	HV-DC 电压传感器校对	U015587	与 IP 失去通信
P0A5101	HV-DC 电流传感器校对	U110116	通信电压过低
P113064	实际转矩和请求转矩校对	U110017	通信电压过高

8.2.8 驱动电机与 BSG 电机控制器电路

驱动电机控制器电路如图 8-33 所示，BSG 电机控制器电路如图 8-34 所示。

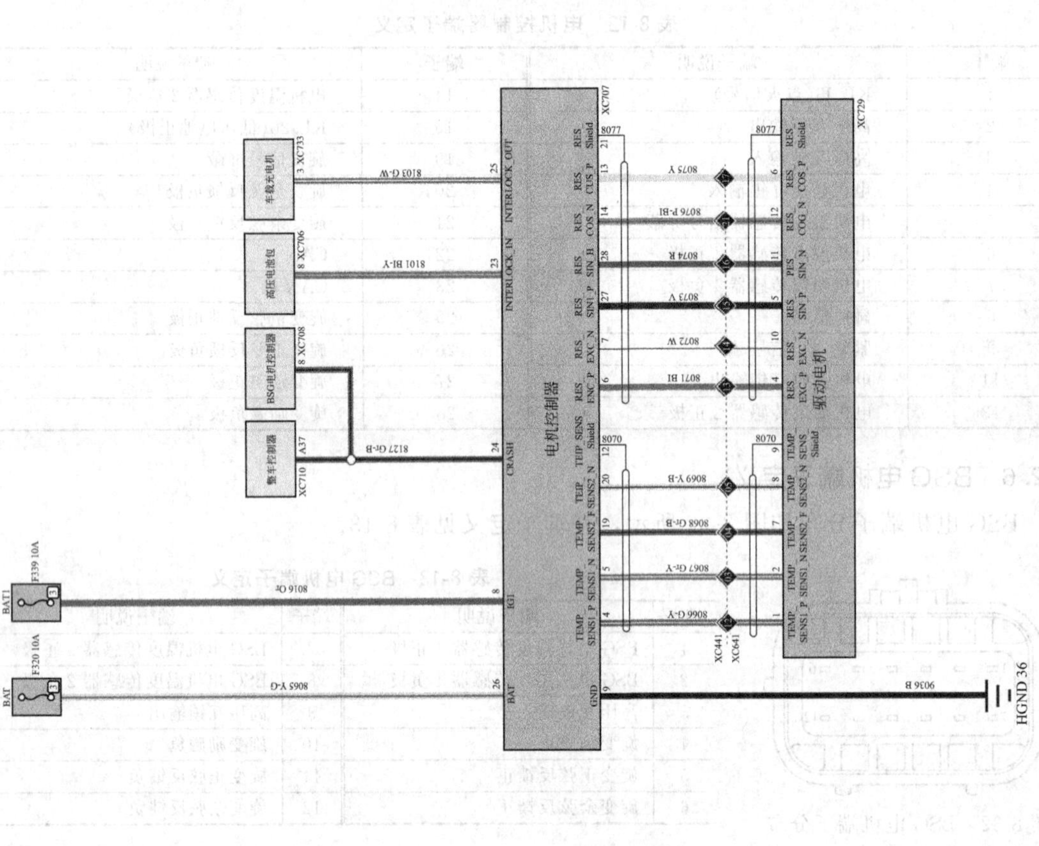

图 8-33 驱动电机控制器电路

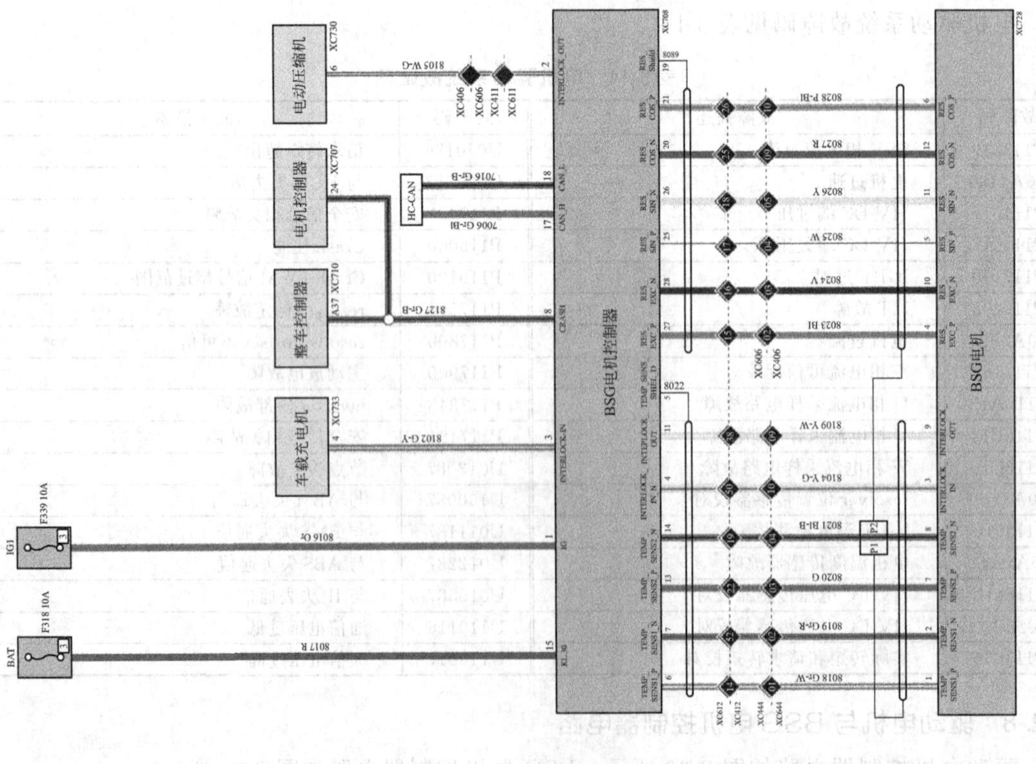

图 8-34 BSG 电机控制器电路

8.2.9 整车控制器端子定义

整车控制器端子分布如图 8-35 所示，其端子定义见表 8-15。

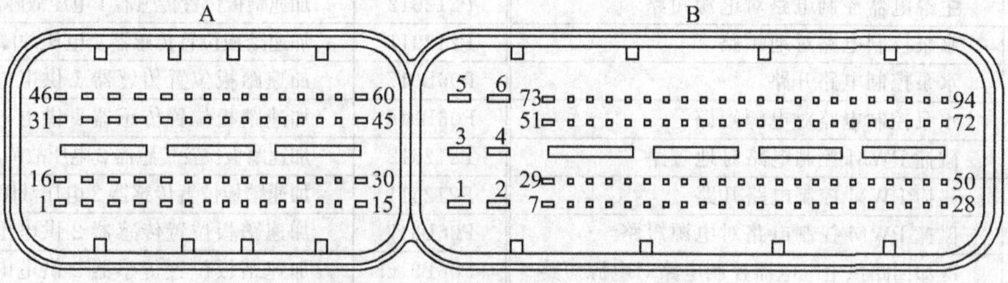

图 8-35 整车控制器端子分布

表 8-15 整车控制器端子定义

端子	端子说明	端子	端子说明
A1	HCU 供电继电器控制	B9	加速踏板位置传感器 1 接地
A2	驾驶室暖风回路三通阀控制	B10	加速踏板位置传感器 1 电源
A10	冷却回路继电器反馈	B11	加速踏板 1
A11	AVH 开关	B12	高压互锁检测高边
A16	冷却装置开关阀控制	B13	温度传感器输入
A22	高压回路水泵 1 控制	B15	碰撞信号输入
A25	制动开关 2	B21	EMS 唤醒
A37	碰撞后输出给 TM、BSG	B26	HC CAN 高
A40	制动开关 1	B27	HC CAN 低
A41	PATA 开关	B29	12V 蓄电池电源
A42	P 挡开关	B34	高压互锁检测低边
A43	KL15	B41	冷却回路继电器控制
A46	蒸发器回路开关阀控制	B48	PT CAN 高
A55	HDC 开关	B49	PT CAN 低
A57	压缩机继电器反馈	B51	加速踏板位置传感器 2 接地
B1	负载电源	B52	加速踏板位置传感器 2 电源
B2	负载电源	B55	加速踏板 2
B3	接地	B63	压缩机继电器控制
B4	负载电源	B70	HP CAN 高
B5	接地	B71	HP CAN 低
B6	接地	B73	温度传感器接地
B7	12V 蓄电池电源	B92	LIN

8.2.10 整车控制系统故障码

整车控制系统故障码见表 8-16。

表 8-16 整车控制系统故障码

故障码	故障描述	故障码	故障描述
P1ADB12	HV 主正继电器控制电路对电源短路	P1CE713	3/2 通阀驱动电路开路
P1ADB13	HV 主正继电器控制电路开路	P1CE712	3/2 通阀驱动电路对电源短路
P1ADB92	HV 主正继电器控制电路开路/对电源短路	P1CE311	冷却阀控制电路对地短路
P1ADB19	HV 主正继电器控制电路过流	P1CE313	冷却阀控制电路开路
P1ADD12	HV 主负继电器输出端对电源短路	P1CE312	冷却阀控制电路对电源短路
P1ADD13	HV 主负继电器控制电路开路	P153811	蒸发器阀控制电路对地短路
P1ADD92	HV 主负继电器控制电路开路/对电源短路	P153813	蒸发器阀控制电路开路
P1ADD19	HV 主负继电器控制电路过流	P153812	蒸发器阀控制电路对电源短路
P1CE711	3/2 通阀驱动电路对地短路	P168711	主继电器控制电路对地短路

续表

故障码	故障描述	故障码	故障描述
P168713	主继电器控制电路开路	P157A92	制动开关不一致
P168712	主继电器控制电路对电源短路	P212012	加速踏板位置传感器1电压故障/对电源短路
P0A0511	水泵控制电路对地短路	P212011	加速踏板位置传感器1电压故障/对地短路
P0A0513	水泵控制电路开路	P06B017	加速踏板位置传感器1供电电压高
P0A0512	水泵控制电路对电源短路	P06B016	加速踏板位置传感器1供电电压低
P1E5211	碰撞PWM控制电路对地短路	P212512	加速踏板位置传感器2电压故障/对电源短路
P1E5213	碰撞PWM控制电路开路	P212511	加速踏板位置传感器2电压故障/对地短路
P1E5212	碰撞PWM控制电路对电源短路	P06B317	加速踏板位置传感器2供电电压高
P1CE912	冷却回路供电继电器控制电路对电源短路	P06B316	加速踏板位置传感器2供电电压低
P1CE913	冷却回路供电继电器控制电路开路	P213849	加速踏板位置传感器1和2不一致
P1CE911	冷却回路供电继电器控制电路对地短路	P0A0017	水温传感器电路电压低于门限值
P16A112	CMP供电继电器对电源短路	P0A0016	水温传感器电路电压高于门限值
P16A113	CMP供电继电器开路	P0A0012	水温传感器电压故障/对电源短路
P16A111	CMP供电继电器对地短路	P0A0011	水温传感器电压故障/对地短路
P1E5412	EMS唤醒信号对电源短路	P060741	BSW check sum 故障
P1E5413	EMS唤醒信号开路	P060742	ASW check sum 故障
P1E5411	EMS唤醒信号对地短路	P060743	NVM故障标志位被清除
P0A0A1C	老化或对其他信号短路	P06751	HCU not programmed 故障
P0A0A12	HVIL对电源短路	P0602A3	系统电压高
P0A0A11	HVIL对地短路	P0602A2	系统电压低
P0A0A1F	HVIL电路接触不良	P0602A2	参考电压低
P0CE994	水泵干转	P080492	参考电压不合理
P0CE997	水泵堵转	P060648	HCU内部故障
P0CE998	水泵过温	U007388	HP CAN总线关闭
P0CE91C	水泵未定义	U000188	PT CAN总线关闭
P0CE900	水泵故障	U009188	HC CAN总线关闭
P0CE909	水泵异常	U3FFFF2	PT CAN失去通信
P056100	系统电压不稳定	U3FFFF0	HP CAN失去通信
P0561A2	系统电压过低	U3FFFF1	HC CAN失去通信
P0561A3	系统电压过高		

8.2.11 油液规格及用量

油液规格及用量见表8-17。

表8-17 油液规格及用量

项目	容量	规格
发动机润滑油	(4.9±0.1)L(换机油滤清器) (4.9±0.1)L(不换机油滤清器)	见发动机润滑油油品推荐
变速器润滑油	(7.8±0.1)L	B0T341
后桥变速器润滑油	(0.80±0.05)L	Total Transmission Gear 8 75W-80
发动机冷却液	(9.5±0.5)L	乙二醇基-35号(高寒地区以外地区) 乙二醇基-45号(高寒地区)
电机电池冷却系统冷却液	(9.5±0.5)L	乙二醇基-35号(高寒地区以外地区) 乙二醇基-45号(高寒地区)
制动液	(0.90±0.08)L	DOT4合成制动液
制冷剂	(800±10)g	HFC-134a(欧盟以外地区) HF0-1234yf(欧盟地区)
风窗玻璃清洗液	3L	−35℃
汽油	(45±2)L	92号及以上无铅汽油

第9章

江淮新能源汽车

9.1 iEV6E（2017~ ）

9.1.1 高压电池包组成部件

动力电池总成安装在车体下部，该总成包括左前模组总成、右前模组总成、后部模组总成、电池控制器（LBC）、电池切断单元（BDU）、维修开关和快插管路总成等部件。

左前模组总成及右前模组总成均由 2 个 4 并 12 串模组组成，后部模组总成由 5 个 4 并 12 串模组组成。高压电池总成部件位置如图 9-1 所示。

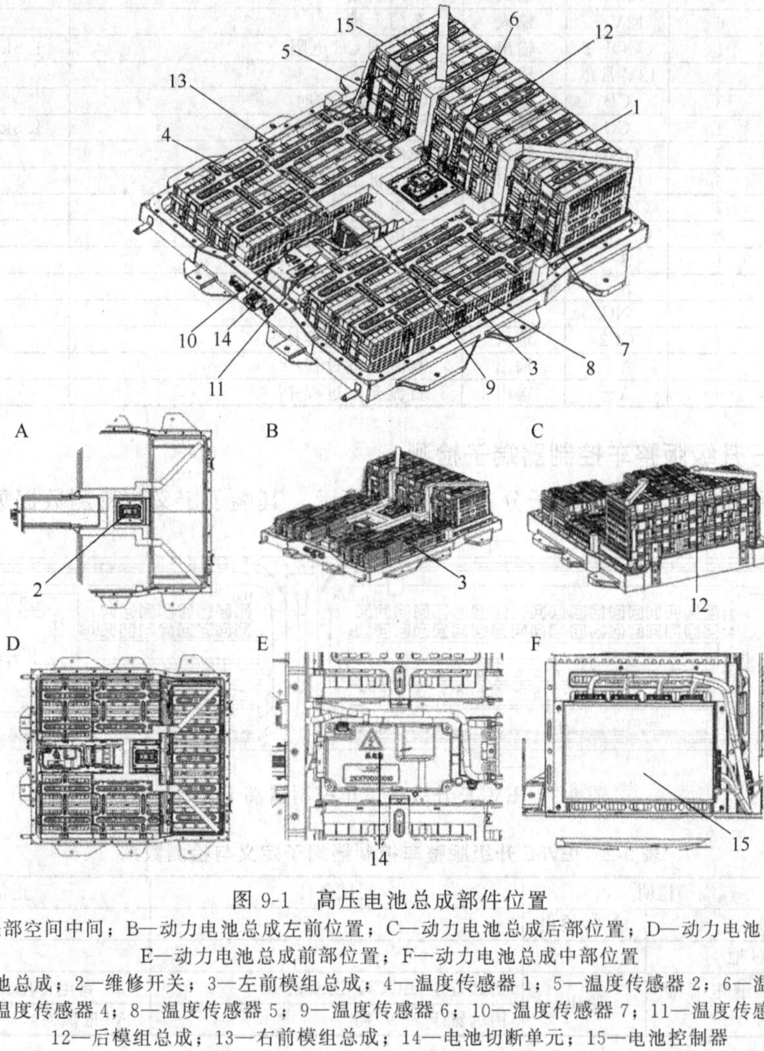

图 9-1 高压电池总成部件位置

A—后座椅腿部空间中间；B—动力电池总成左前位置；C—动力电池总成后部位置；D—动力电池总成中间位置；E—动力电池总成前部位置；F—动力电池总成中部位置

1—动力电池总成；2—维修开关；3—左前模组总成；4—温度传感器 1；5—温度传感器 2；6—温度传感器 3；7—温度传感器 4；8—温度传感器 5；9—温度传感器 6；10—温度传感器 7；11—温度传感器 8；12—后模组总成；13—右前模组总成；14—电池切断单元；15—电池控制器

9.1.2 高压充电系统端子数据

高压充电系统低压端子分布如图 9-2 所示，其端子定义见表 9-1。

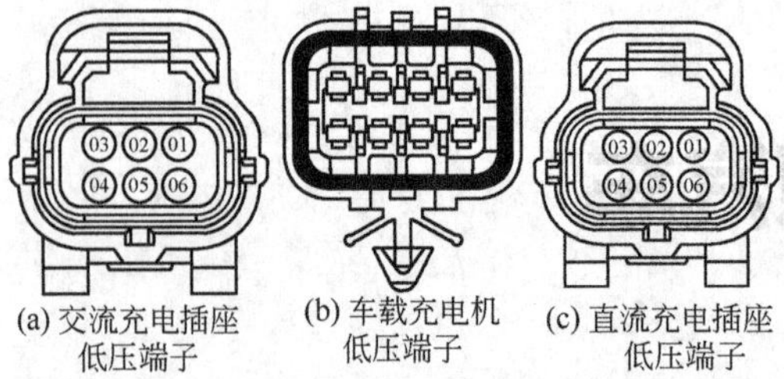

图 9-2 高压充电系统低压端子分布

表 9-1 高压充电系统端子数据

插件名称	端子	功能描述		条件	数值
		信号名称	输入/输出		
交流充电插座低压端子	3	CC	输出	车辆与充电插头连接，正常充电过程中	充电桩 1.8～2.2V 家用充电 2.8～3.2V
	4	CP	输出	车输与充电插头连接，正常充电	—
	5	12V+	输入	车门上锁	12V+
	6	12V−	输入	车门上锁	12V−
车载充电机低压端子	1	CCOUT	输出	检测到 CC 电阻	1.5kΩ/680Ω/220Ω
	2	12V 常电	输入	常电输入	12V
	3	CP	输入	CP 连接正常时	—
	4	CC	输入	CC 连接正常时	1.5kΩ/680Ω/220Ω
	5	GND	输出	充电机工作时	12V−
	6	12V+	输出	充电机工作时	12V+
	7	CAN_L	输入/输出	充电机工作时	—
	8	CAN_H	输入/输出	充电机工作时	—
直流充电插座低压端子	1	S+	输入/输出	直流充电时	—
	2	S−	输入/输出	直流充电过程中	—
	3	NC		—	—
	4	CC2	输入	车辆充电连接检测	2.3～2.7V
	5	A+	输出	直流充电过程中	12V+
	6	A−	输出	直流充电过程中	12V−

9.1.3 iEV6E 升级版整车控制器端子检测

iEV6E 升级版整车控制器端子分布如图 9-3 所示，其端子定义与检测数据见表 9-2。

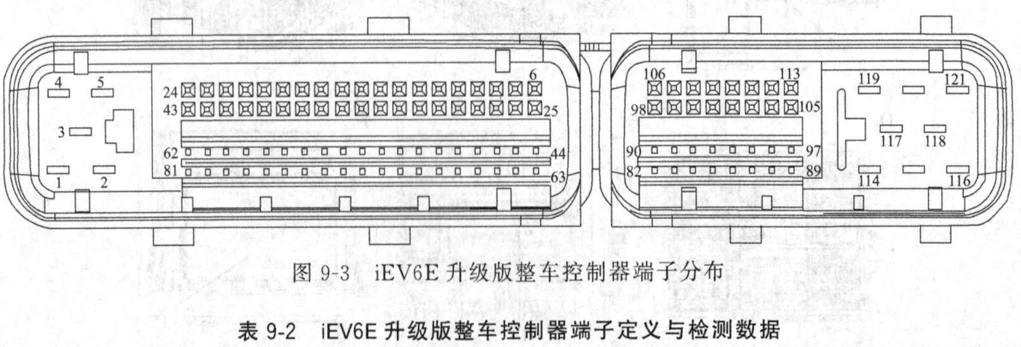

图 9-3 iEV6E 升级版整车控制器端子分布

表 9-2 iEV6E 升级版整车控制器端子定义与检测数据

端子		端子说明		测试条件	正常值
+	−	信号	输入/输出		
1	—	VCU 地	—	—	—
8	GND	MC 继电器低边驱动	输出	钥匙置于“LOCK”挡或拔出	12V 蓄电池电压(13～14V)
				钥匙置于“ON”挡	0V(近似值)

续表

端子		端子说明		测试条件	正常值
9	—	VCU 地	—	—	—
10	GND	蓄电池电源供给	输入	钥匙置于"ON"挡	12V 蓄电池电压(13～14V)
12	GND	充电功率检查	输入	车辆以慢充方式充电	PWM 信号 幅值为+12V,频率为 1kHz 占空比为 1%～100%
13	GND	充电连接状态	输入	车辆通过充电插头连接至慢充充电桩	1.953～2.096V
				车辆通过充电插头连接至家用电源	2.928～3.072V
				整车通过充电插头连接至直流充电桩	2.425～2.575V
14	GND	挡位电压信号 1	输入	·钥匙置于"ON"挡 ·换挡操纵杆挂至"D"挡	1.3～1.9V
				·钥匙置于"ON"挡 ·换挡操纵杆挂至"R"挡	2.9～3.4V
				·钥匙置于"ON"挡 ·换挡操纵杆挂至"N"挡	2.9～3.4V
15	72	加速踏板开度 2	输入	·钥匙置于"ON"挡 ·未踩下加速踏板	0.375V(近似值)
				·钥匙置于"ON"挡 ·完全踩下加速踏板	2.225V(近似值)
17	75	制动踏板开度 2	输入	·钥匙置于"ON"挡 ·未踩下制动踏板	0.375V(近似值)
				·钥匙置于"ON"挡 ·完全踩下制动踏板	1.92V(近似值)
21	GND	远程唤醒	输入	TBOX 发出远程唤醒请求	12V 蓄电池电压(13～14V)
				TBOX 不发远程唤醒请求	0V
22	GND	立即充电取消请求	输入	立即充电取消开关按下	0V
				立即充电取消开关释放	5.16V(近似值)
23	GND	制动灯开启	输入	·钥匙置于"ON"挡 ·未踩下制动踏板	0V
				·钥匙置于"ON"挡 ·踩下制动踏板	12V 蓄电池电压(13～14V)
24	GND	慢充唤醒	输入	车辆通过充电插头连接至慢充充电桩或家用电源	12V 蓄电池电压(13～14V)
				车辆未连接至慢充充电桩或家用电源	0V
27	GND	倒车灯继电器驱动	输出	·钥匙置于"ON"挡 ·换挡操纵杆挂至"R"挡	0V
				·钥匙置于"ON"挡 ·换挡操纵杆没有挂至"R"挡	12V 蓄电池电压(13～14V)
29	GND	蓄电池电源供给	输入	钥匙置于"ON"挡	12V 蓄电池电压(13～14V)
33	GND	挡位电压信号 2	输入	·钥匙置于"ON"挡 ·换挡操纵杆挂至"D"挡	2.9～3.4V
				·钥匙置于"ON"挡 ·换挡操纵杆挂至"R"挡	2.9～3.4V
				·钥匙置于"ON"挡 ·换挡操纵杆挂至"N"挡	1.3～1.9V
34	72	加速踏板开度 1	输入	·钥匙置于"ON"挡 ·未踩下加速踏板	0.75V(近似值)
				·钥匙置于"ON"挡 ·完全踩下加速踏板	4.45V(近似值)

续表

端子		端子说明		测试条件	正常值
36	75	制动踏板开度1	输入	·钥匙置于“ON”挡 ·未踩下制动踏板	0.75V(近似值)
				·钥匙置于“ON”挡 ·完全踩下制动踏板	3.84V(近似值)
39	GND	高压互锁	输入	·钥匙置于“ON”挡 ·高压线束连接正常	12V 蓄电池电压(13～14V)
				·钥匙置于“ON”挡 ·高压线束连接不正常	0V
40	GND	S模式开关	输入	·钥匙置于“ON”挡 ·ECO模式开关按下	12V 蓄电池电压(13～14V)
				·钥匙置于“ON”挡 ·ECO模式开关释放	0V
41	GND	LBC故障	输入	·钥匙置于“ON”挡 ·LBC发生故障	0V
				·钥匙置于“ON”挡 ·LBC未发生故障	3.18V(近似值)
43	GND	钥匙“ON”挡	输入	钥匙置于“ON”挡	12V 蓄电池电压(13～14V)
47	—	VCU地	—	—	—
48	GND	蓄电池电源供给	输入	钥匙置于“ON”挡	12V 蓄电池电压(13～14V)
52	GND	挡位电压信号3	输入	·钥匙置于“ON”挡 ·换挡操纵杆挂至“D”挡	1.3～1.9V
				·钥匙置于“ON”挡 ·换挡操纵杆挂至“R”挡	1.3～1.9V
				·钥匙置于“ON”挡 ·换挡操纵杆挂至“N”挡	1.3～1.9V
53	—	加速踏板开度2回路	—	—	—
54	GND	钥匙置于“START”挡	输入	钥匙旋至“START ”挡	12V 蓄电池电压(13～14V)
55	GND	冷却风扇控制	输出	车辆处于行驶状态	占空比为55%～100%
				·车辆处于充电状态 ·空调开启	占空比为65%～100%
65	GND	行人警示	输入	—	—
66	—	VCU地	—	—	—
67	GND	蓄电池电源供给	输入	钥匙置于“ON”挡	12V 蓄电池电压(13～14V)
71	GND	挡位电压信号4	输入	·钥匙置于“ON”挡 ·换挡操纵杆挂至“D”挡	2.9～3.4V
				·钥匙置于“ON”挡 ·换挡操纵杆挂至“R”挡	1.3～1.9V
				·钥匙置于“ON”挡 ·换挡操纵杆挂至“N”挡	2.9～3.4V
72	—	加速踏板开度1回路	—	—	—
73	—	水温传感器信号回路	—	—	—
75	—	制动踏板开度1回路	—	—	—
76	GND	安全气囊	输入	·钥匙置于“ON”挡 ·碰撞输出信号有效	0V
				·钥匙置于“ON”挡 ·碰撞输出信号无效	6.8V(近似值)

续表

端子		端子说明		测试条件	正常值
77	GND	制动开关	输入	·钥匙置于“ON”挡 ·未踩下制动踏板	12V 蓄电池电压(13～14V)
				·钥匙置于“ON”挡 ·踩下制动踏板	0V
79	GND	手刹	输入	·钥匙置于“ON”挡 ·手刹拉起	0V
				·钥匙置于“ON”挡 ·手刹未拉起	1.83V(近似值)
81	GND	直流充电唤醒	输入	车辆通过充电插头连接至直流充电桩	12V 蓄电池电压(13～14V)
				车辆未连接至直流充电桩	0V
83	GND	自保持 SSO 控制信号	输出	钥匙置于“ON”挡	0V
				钥匙置于“LOCK”挡或拔出后的 1s(近似值)时间内	12V 蓄电池电压(13～14V)
85	—	制动踏板开度 2 回路	—	—	—
86	GND	充电指示灯 1(黄色)	输出	车辆通过充电插头连接至快/慢充充电桩或家用电源	4.8V(近似值,持续)
				立即充电取消开关按下	4.8V(近似值,跳变)
				其他工况	0V
91	GND	直流充电继电器控制	输出	·钥匙置于“LOCK”挡或拔出 ·车辆通过充电插头连接至直流充电桩,刷卡确认车辆进入直流充电过程	12V 蓄电池电压(13～14V)
				其他工况	0V
92	GND	DC/DC 使能	输出	钥匙置于“ON”挡	12V 蓄电池电压(13～14V)
96	1	制动踏板位置传感器 1 供电	输出	钥匙置于“ON”挡	(5.0± 0.1)V
98	1	制动踏板位置传感器 2 供电	输出	钥匙置于“ON”挡	(5.0±0.1)V
99	GND	总负继电器控制(12V)	输出	钥匙置于“ON”挡	12V 蓄电池电压(13～14V)
100	GND	预充继电器控制(12V)	输出	钥匙置于“ON”挡	12V 蓄电池电压(13～14V)
101	GND	AC 继电器控制	输出	·空调开启请求有效	0V
				·空调开启请求无效	12V 蓄电池电压(13～14V)
104	1	加速踏板位置传感器 2 供电	输出	钥匙置于“ON”挡	(5.0±0.1)V
106	GND	充电指示灯 2(绿色)	输出	直流充电或慢充过程中	4.8V(近似值,持续)
				直流充电或慢充完成	4.8V(近似值,跳变)
				其他工况	0V
107	GND	总正继电器控制位置(12V)	输出	钥匙置于“ON”挡	12V 蓄电池电压(13～14V)
112	1	加速踏板位置传感器 1 供电	输出	钥匙置于“ON”挡	(5.0±0.1)V
115	1	直流充 CAN2_H	输入/输出	VCU 上电	查看是否有 CAN 报文
116	1	直流充 CAN2_L			
120	1	整车 CAN2_H			
121	1	整车 CAN1_L			

9.1.4 空调控制器连接控制面板端子定义

空调控制器连接控制面板端子如图 9-4 所示，其端子定义见表 9-3。

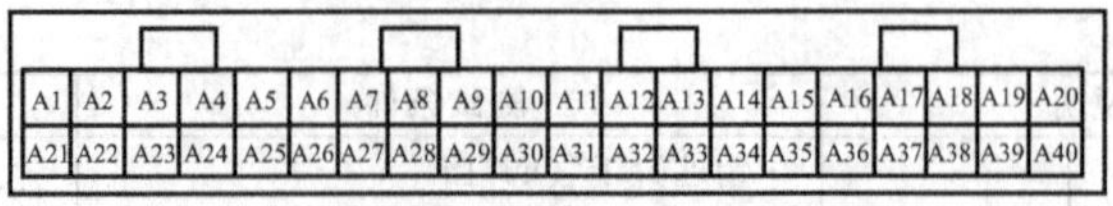

图 9-4 空调控制器连接控制面板端子

表 9-3 空调控制器连接控制面板端子定义

端子	线色	信号名称	端子	线色	信号名称
1	R	IGN2	20	YR	传感器及电机参考地
3	Br/B	背光正极	21	R0	BATT＋
4	L	背光负极	25	BrV	后除霜请求
5	R	PTC 开启一路	26	WB	后除霜反馈
6	L	PTC 开启二 路	27	G	PTC 温度开关正
7	R/W	CAN 高	28	WB	PTC 温度开关负
8	R/Y	CAN 低	29	LW	PTC 温度传感器＋
9	—	二元压力开关信号	30	BW	PTC 温度传感器－
10	B	整车功率地线	31	LR	室外温度传感器＋
12	Y/R	通风扇－	33	GR	5V 参考电压
13	L	温度电机正	34	GrR	温度电机位置
14	G	温度电机负	35	Y	模式电机位置
15	R/B	模式电机正	36	W	GND
16	R/W	模式电机负	38	GR	室内温度传感器＋
17	G/B	新回风电机＋	39	LW	鼓风机开启信号
18	G/R	新回风电机－	40	BrR	风速调节(无级调速)
19	0	蒸发器温度传感器＋			

9.1.5 iEV6E 油品规格及用量

iEV6E 油品规格及用量见表 9-4。

表 9-4 iEV6E 油品规格及用量

名称	规格	用量	名称	规格	用量
减速器齿轮油	APIGL-5(或 CLE)，北方地区冬季 SAE75W/90，北方地区夏季或南方地区全年 SAE85W/90	1.7～2.0L	制动液	DOT4	0.55～0.65L
			制冷剂	R134a	(400±20)g
			空调冷冻油	RL68H	120mL

9.2 iEVA50(2018～)

9.2.1 高压系统部件分布与关键紧固件规格

高压系统部件安装位置如图 9-5 所示，各关键部位紧固件规格见表 9-5。

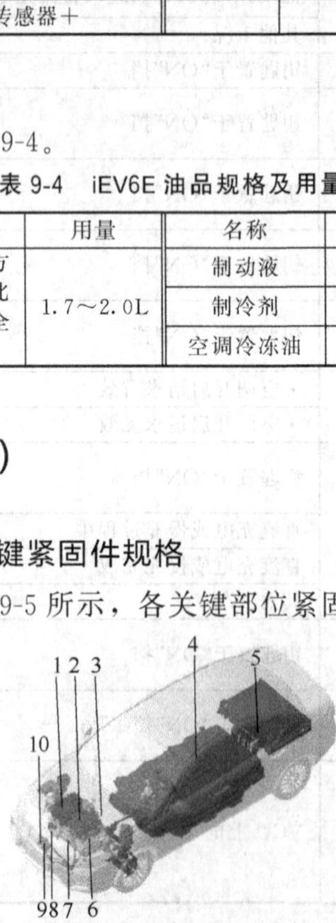

图 9-5 高压系统部件安装位置

1—电机控制器；2—高压接线盒；3—水加热器；4—前箱电池；5—后箱电池；6—车载充电机；7—驱动电机总成；8—空调压缩机；9—直流充电插座；10—交流充电插座

表 9-5 各关键部位紧固件规格

名称	拧紧力矩/N·m	名称	拧紧力矩/N·m
变速操纵机构固定螺栓	30～35	稳定杆与稳定拉杆连接螺母	2～3 牙(自锁螺母)
驱动轴自锁螺母	240～260		
后悬架与副车架固定螺栓	130±10	稳定杆拉杆与下摆臂	2～3 牙(自锁螺母)
后置架支架与减速器连接螺栓	60±10		
后置架支架与后悬架连接螺栓	130±10	摆臂球销与转向节固定(槽形螺母)	60～72
左悬架与左纵梁连接螺栓	60±10	前减振器与车身连接螺母	60～72
左悬架支架与动力总成梁连接螺栓(螺母)	60±10	副车架与车身安装螺栓(前)	110～130
右悬架支架与动力总成梁连接螺栓(螺母)	60±10	副车架与车身安装螺栓(中)	130～150
右悬架与右纵梁连接螺栓	60±10	副车架与车身安装螺栓(后)	60～72
电子油门踏板固定	7～11	轮毂单元和扭转梁连接螺栓	60～72
转向器总成固定在副车架上	95～105	后扭转梁前点与车身连接螺栓	130～150
转向器拉杆球销与转向节连接	40～50	后减振器滑柱与车身连接螺母	30～45
拉杆长度调整锁止螺母拧紧	45～55	减振器下端与扭转梁连接螺栓	60～72
转向管柱总成和转向轴带万向节总成	30～35	轮胎螺母	90～110
转向管柱上部与仪表台骨架连接螺母	20～25	随车工具固定装置固定	25～35
管柱支架下端与仪表台骨架固定螺栓	20～30	高压接线盒固定螺栓	9～13
转向轴带万向节与转向器万向节安装	30～35	压缩机固定螺栓	30～40
转向盘拧紧	42～52	膨胀阀固定螺栓	10～15
制动踏板底板与真空助力器固定螺母	20～25	控制器支架固定螺栓	25～30
制动踏板上端与仪表台骨架固定螺栓	20～25	控制器固定螺栓	25～30
ABS 液压调节器连接的制动管路接头	16～18	电机与减速器连接螺栓	45～50
制动管路装配	M6 螺栓	电机减速器总成与横梁连接锁紧螺母	85～90
	10～15	动力电池总成与安装支架Ⅰ安装螺栓	62～78
	M8 螺栓	定位销装配	18～21
	20～25	动力电池总成与车体安装螺栓(8 个)	87～109
制动盘与前轮毂固定钉	7～11	动力电动总成安装支架Ⅱ与车体安装螺栓	36～55
制动钳紧固螺栓	65～75	动力电池总成安装支架Ⅰ与支架Ⅱ安装螺栓	62～78
驻车操纵手柄与车身地板安装	20～25	车载充电机安装与横梁安装螺栓	15～20
ABS 轮速传感器固定螺栓	10～15	充电插座总成线缆搭铁端子固定螺栓	15～20
前减振器与转向节固定螺栓(母)	110～130	驻车 ECU 支架与车身地板安装螺栓	20～25
摆臂与副车架连接螺栓(X 向安装)	130～150	驻车 ECU 总成与驻车 ECU 支架固定螺母	18～20
稳定杆与副车架固定螺栓/螺母	60～72		

9.2.2 高压充电系统低压端子数据

高压充电系统低压端子分布如图 9-6 所示，其端子定义见表 9-6。

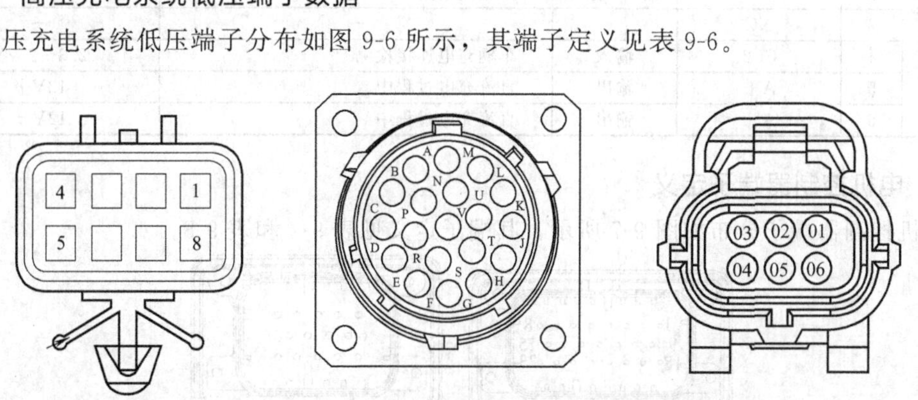

(a) 交流充电插座低压端子　(b) 车载充电机低压端子　(c) 直流充电插座低压端子

图 9-6 高压充电系统低压端子分布

表 9-6　高压充电系统低压端子定义

插件名称	端子	功能描述		条件	数值
		信号名称	输入/输出		
交流充电插座低压端子	1	热敏电阻 1	输出	—	—
	2	热敏电阻 2	输出	—	—
	3	充电连接确认	输出	车辆与充电插头连接,正常充电过程中	—
	4	充电控制确认	输出	车辆与充电插头连接,正常充电	—
	5	NC	—	—	—
	6	电子锁反馈 1 脚	输出	—	—
	7	电子锁供电 2 脚	输入	车门上锁	12V+
	8	电子锁供电 1 脚	输入	车门上锁	12V−
车载充电机低压端子	A	CCOUT(接原 VCU 采集 CC 电阻端子)	输出	检测到 CC 电阻	100Ω
	B	NC(空脚)	—	—	—
	C	CP	输入	CP 连接正常时	—
	D	CC	输入	CC 连接正常时	1.5KΩ/680Ω/220Ω/100Ω
	E	GND	输出	充电机工作时	12V−
	F	12V 输出唤醒信号	输出	充电机工作时	12V+
	G	CAN_L	输入/输出	充电机工作时	—
	H	CAN_H	输入/输出	充电机工作时	—
	J	NC(空脚)	—	—	—
	K	NC(空脚)	—	—	—
	L	热敏电阻 1 正端	输入	充电机工作时	电阻
	M	热敏电阻 1 负端	输入	充电机工作时	电阻
	N	NC(空脚)	—	—	—
	P	NC(空脚)	—	—	—
	R	NC(空脚)	—	—	—
	S	电子锁反馈 1 脚(接电子锁 PIN2)	输入	充电机工作时	导通
	T	电子锁供电 2 脚(接电子锁 PIN3)	输入	充电机工作时	12V
	U	电子锁供电 1 脚(接电子锁 PIN1)	输入	充电机工作时	12V
	V	12V 常电输入	输入	常输入	12V
直流充电插座低压端子	1	S+	输入/输出	直流充电时	—
	2	S−	输入/输出	直流充电过程中	—
	3	NC	—	—	—
	4	CC2	输入	车辆充电连接检测	2.3～2.7V
	5	A+	输出	直流充电过程中	12V+
	6	A−	输出	直流充电过程中	12V−

9.2.3　电机控制器端子定义

电机控制器端子分布如图 9-7 所示，其端子定义见表 9-7 和表 9-8。

(a) 23针端子　　(b) 14针端子

图 9-7　电机控制器端子分布

表 9-7　电机控制器 23 针端子定义

端子		描述		端子		描述	
		信号名称	输入/输出			信号名称	输入/输出
1	12V	12V 电源	—	16	GND_12V	12V 电源地	—
2	12V	12V 电源	—	17	GND_12V	12V 电源地	—
10	DC/DC_EN	DC/DC 使能信号	输入	21	CAN_L	PCU CAN_L	输入/输出
11	DC/DC_FB	DC/DC 故障信号	输出	22	CNA_H	PCU CAN_H	输入/输出
12	DC/DC_RT1	DC/DC 热敏电阻	输出	23	CANshield	CAN 屏蔽地	—
13	DC/DC_RT2	DC/DC 热敏电阻	输出				

表 9-8　电机控制器 14 针端子定义

端子		描述		端子		描述	
		信号名称	输入/输出			信号名称	输入/输出
1	S4	旋变信号	输入	7	S3	旋变信号	输入
2	NTC_GND	电机温度	—	8	232OUT	烧写口	输出
3	S2	旋变信号	输入	10	BOOTEN	烧写口	—
4	NTC	电机温度	—	12	CAN_GND	烧写口	—
5	S1	旋变信号	输入	13	R1	旋变信号	输出
6	232IN	烧写口	输入	14	R2	旋变信号	输出

9.2.4　整车控制器端子定义

整车控制器端子分布如图 9-8 所示，其端子定义见表 9-9。

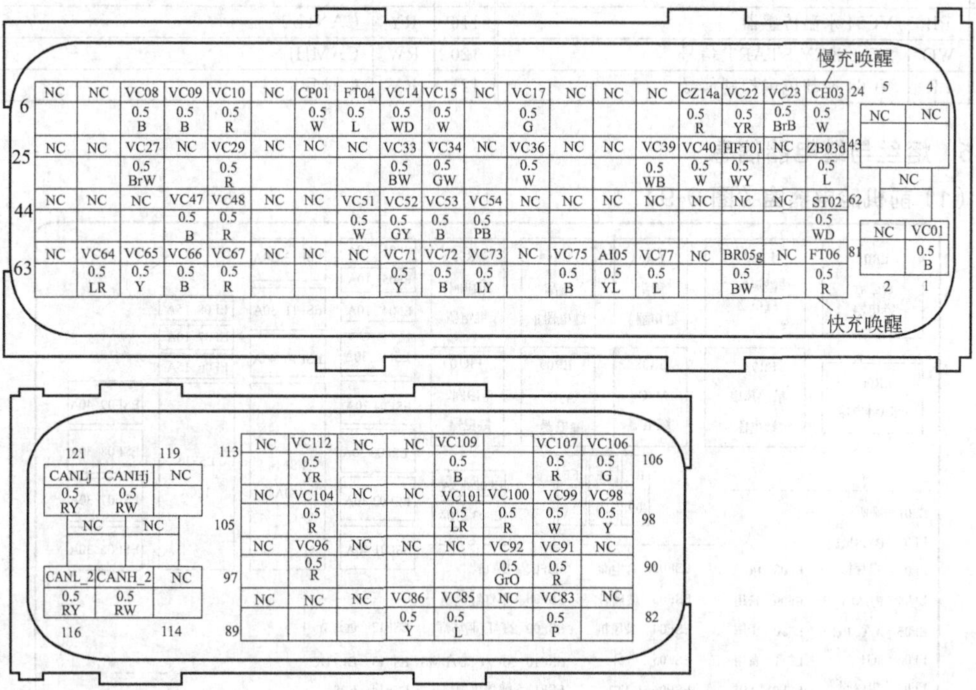

图 9-8　整车控制器端子分布

表 9-9 整车控制器端子定义

端子	线色	信号名称	端子	线色	信号名称
1	B	VC01 电源地	65	Y	VC65 VCU 硬线数据输入
8	B	VC08 M/C 继电器控制	66	B	VC66 电源地
9	B	VC09 电源地	67	R	VC67 电源正
10	R	VC10 电源正	71	Y	VC71 电子换挡开关信号 4
12	W	CP01 充电功率检查	72	B	VC72 加速踏板电源负
13	W	FT04 充电连接状态信号	73	LY	VC73 水温传感器信号
14	WO	VC14 电子换挡开关信号 1	75	B	VC75 制动踏板电源负
15	W	VC15 信号输出 2	76	YL	AI05 安全气囊开启信号(0V)
17	G	VC17 制动信号输出 2	77	L	VC77 制动开关状态信号
21	R	CZ14a 远程唤醒信号	79	BW	BR05g 手刹信号
22	YR	VC22 立即充电取消请求信号	81	R	FT06 快充唤醒信号
23	G	VC23 制动灯开启信号	83	P	VC83 自保持 SSO 控制信号
24	W	CH03 慢充唤醒信号	85	L	VC85 制动踏板传感器 2 地
27	BrW	VC27 倒车灯继电器控制信号	86	Y	VC86 充电指示灯 1(黄色)
29	R	VC29 电源正	91	R	VC91 快充继电器控制信号
33	BW	VC33 电子换挡开关信号 2	92	GrO	VC92 DC/DC 使能
34	GW	VC34 信号输出 1	96	R	VC96 制动踏板传感器 1 供电
36	W	VC36 制动信号输出 1	98	Y	VC98 制动踏板传感器 2 供电
39	WB	VC39 高压互锁信号 2	99	W	VC99 总负继电器控制(12V)
40	W	VC40 ECO 模式开关信号	100	R	VC100 预充继电器控制(12V)
41	WY	HFT01 LBC 故障信号	101	LR	VC101 AC 继电器控制(0V)
43	L	ZB03d IG1	104	R	VC104 加速踏板传感器 2 供电
47	B	VC47 电源地	106	G	VC106 充电指示灯 2(绿色)
48	R	VC48 电源正	107	R	VC107 总正继电器控制(12V)
51	W	VC51 快充口温度传感器	109	B	VC109 冷却水泵控制信号
52	GY	VC52 电子换挡开关信号 3	112	RY	VC112 加速踏板传感器 1 供电
53	B	VC53 加速踏板电源负	115	RW	CANL-2
54	PB	VC54 水温传感器	116	RY	CANH-2
62	WO	ST02 KEY START 信号	120	RW	CAMHj
64	LR	VC64 冷却风扇控制信号	121	RY	CAMLj

9.2.5 熔丝与继电器信息

(1) 前机舱电器盒（图 9-9）

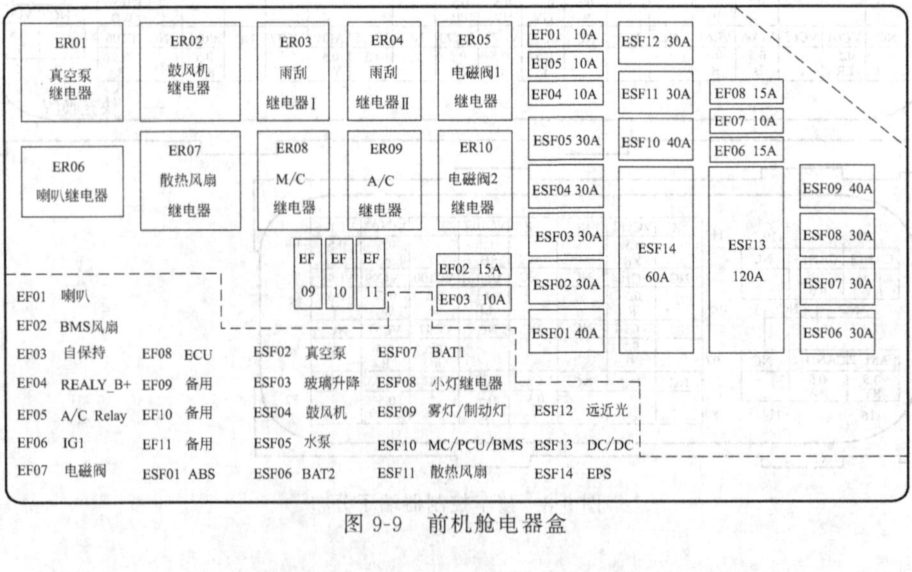

图 9-9 前机舱电器盒

（2）仪表架电器盒（图 9-10）

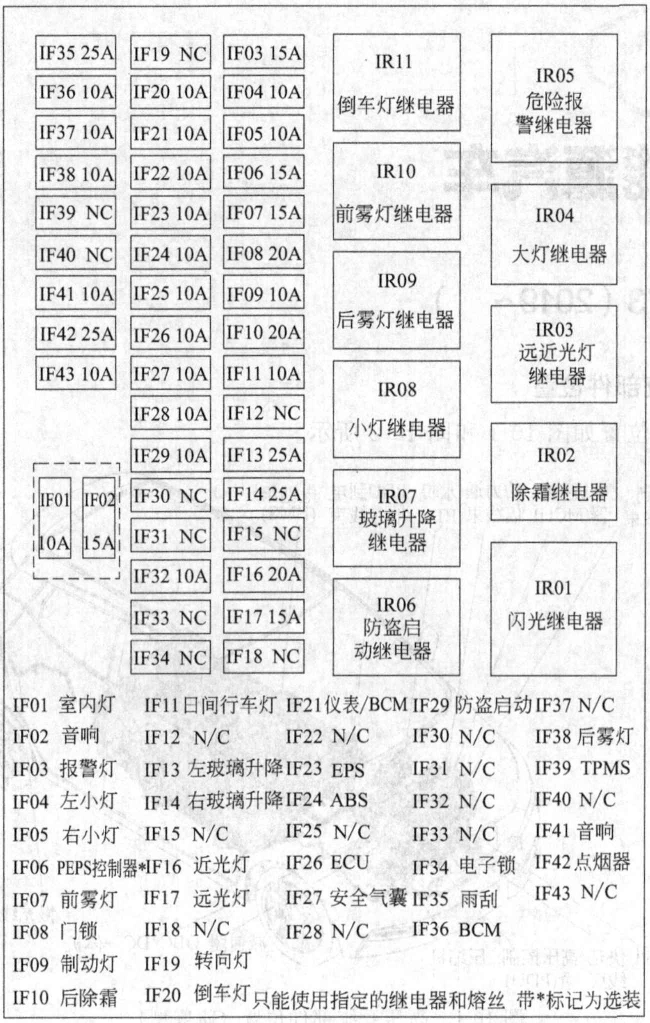

图 9-10 仪表架电器盒

第10章

江铃新能源汽车

10.1 易至 EV3（2019~ ）

10.1.1 高压系统部件位置

高压系统部件位置如图 10-1 和图 10-2 所示。

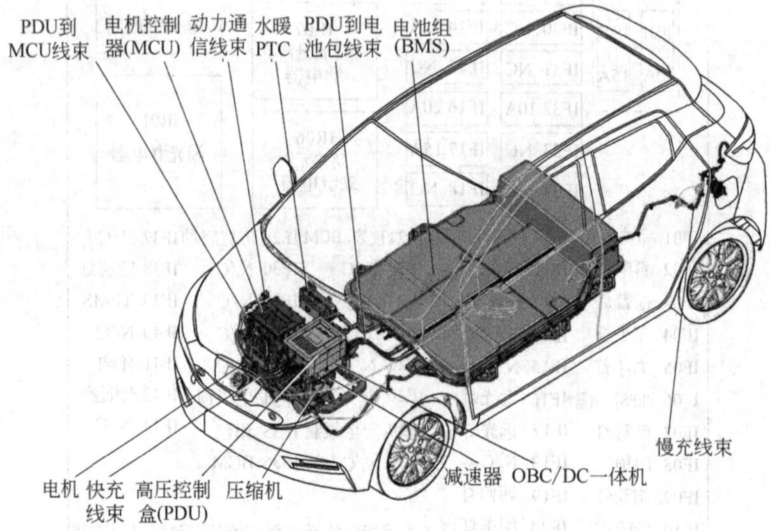

图 10-1 高压系统部件位置（旗舰型）

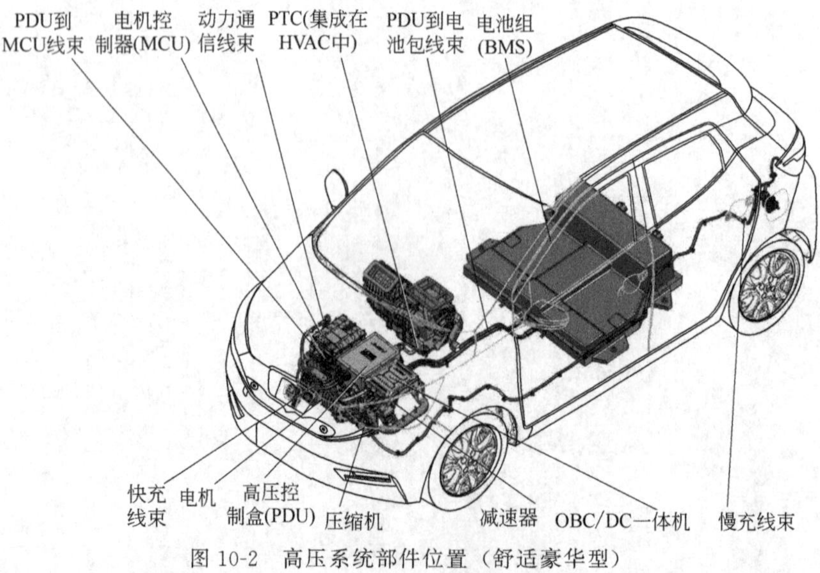

图 10-2 高压系统部件位置（舒适豪华型）

10.1.2 高压配电系统电路

高压配电系统电路如图 10-3 所示。

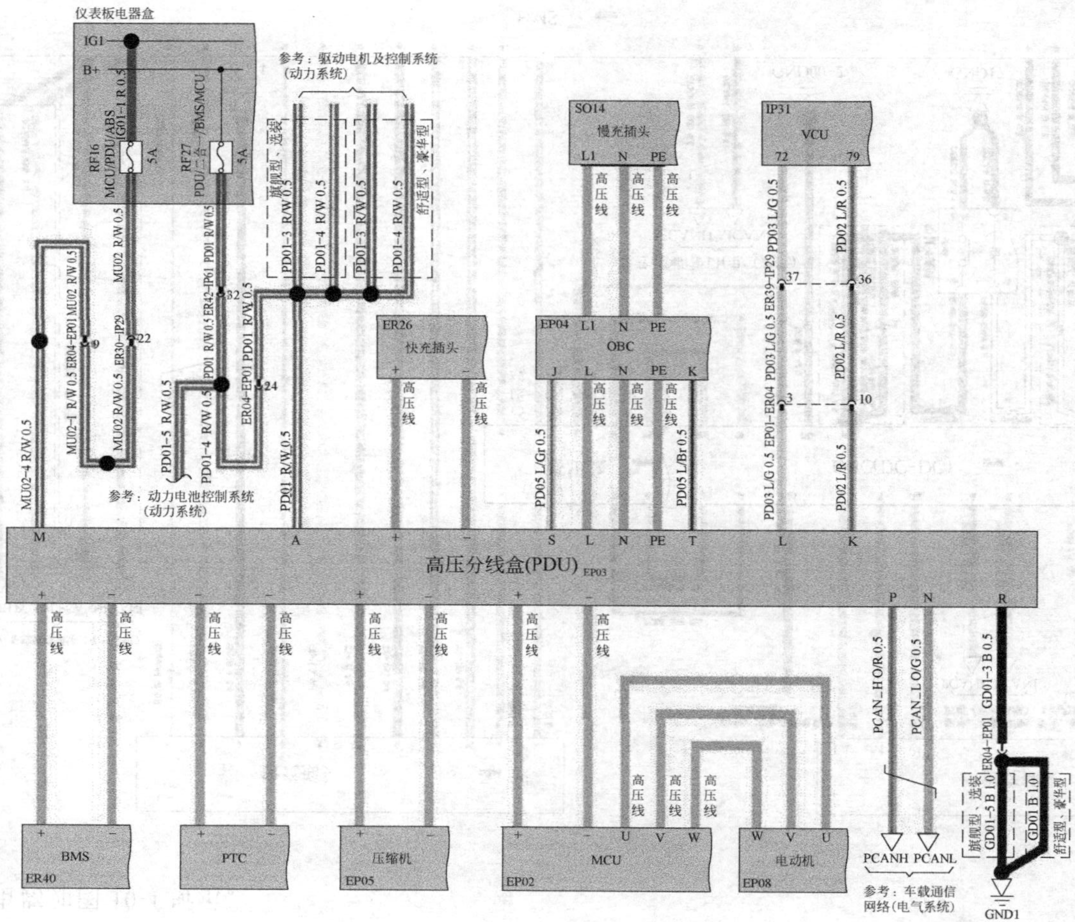

图 10-3　高压配电系统电路

10.1.3 高压电池管理系统电路

高压电池管理系统电路如图 10-4 所示。

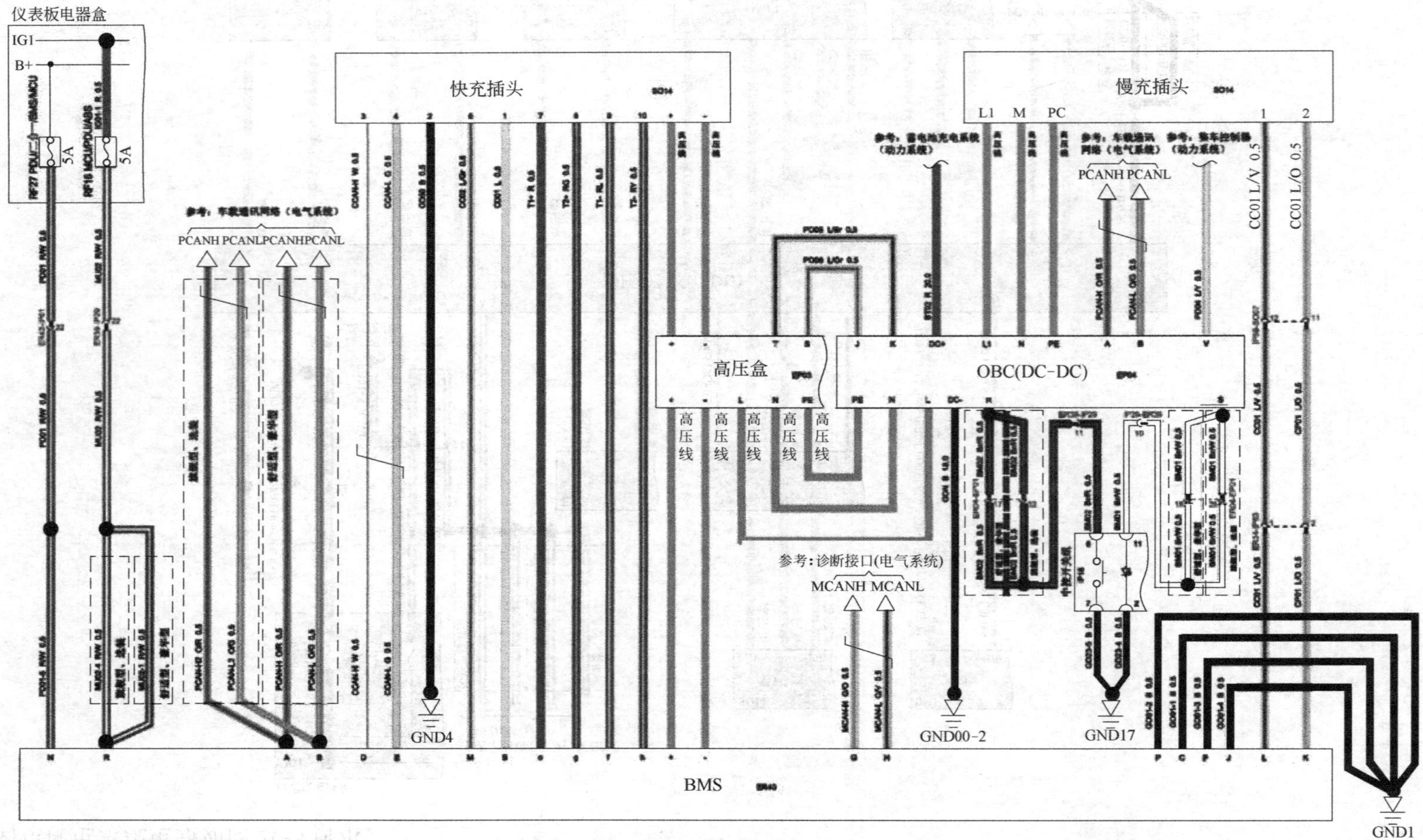

图 10-4　高压电池管理系统电路

10.1.4 驱动电机控制系统电路

驱动电机控制系统电路如图 10-5 和图 10-6 所示。

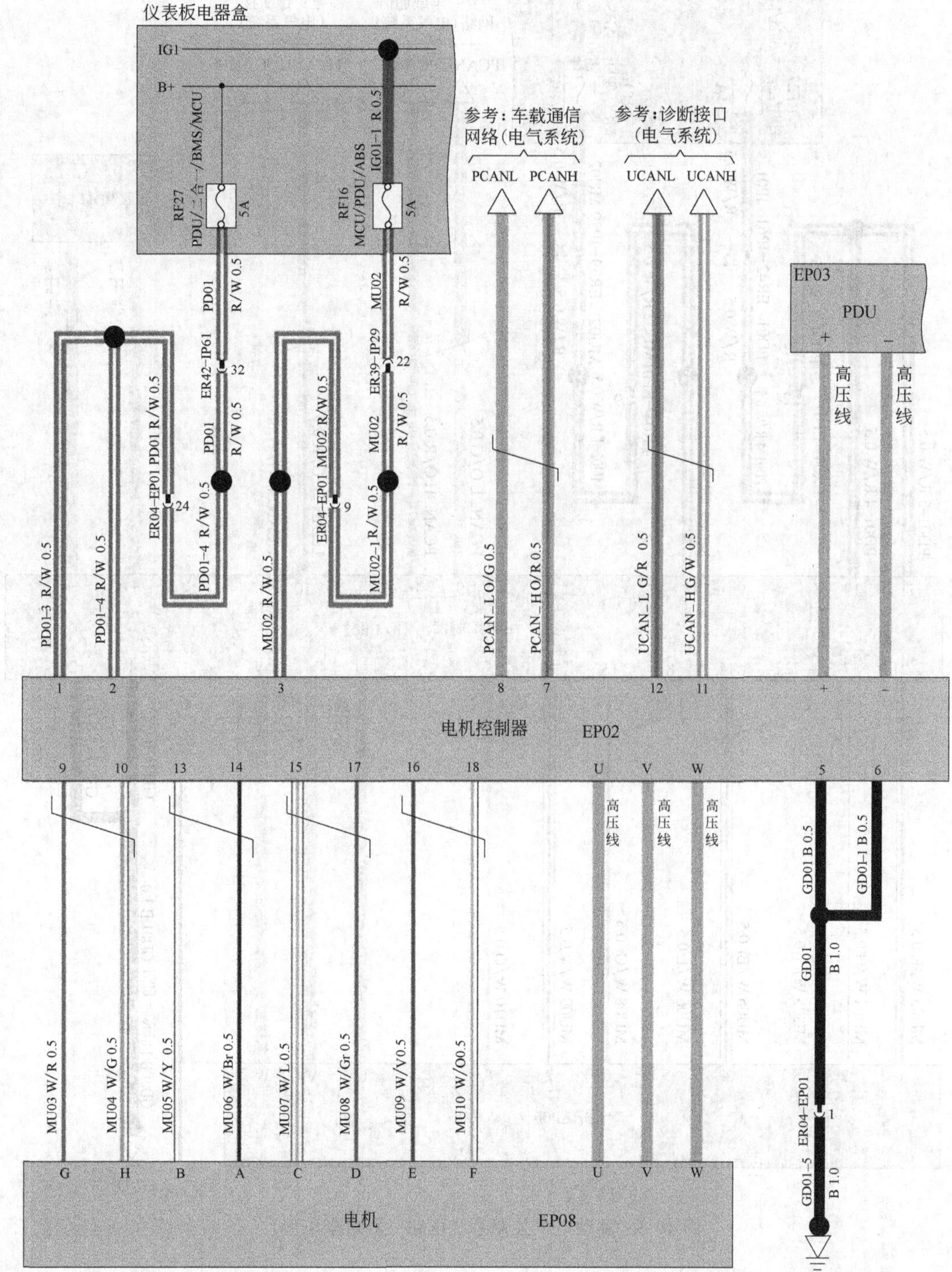

图 10-5 驱动电机控制系统电路（旗舰型）

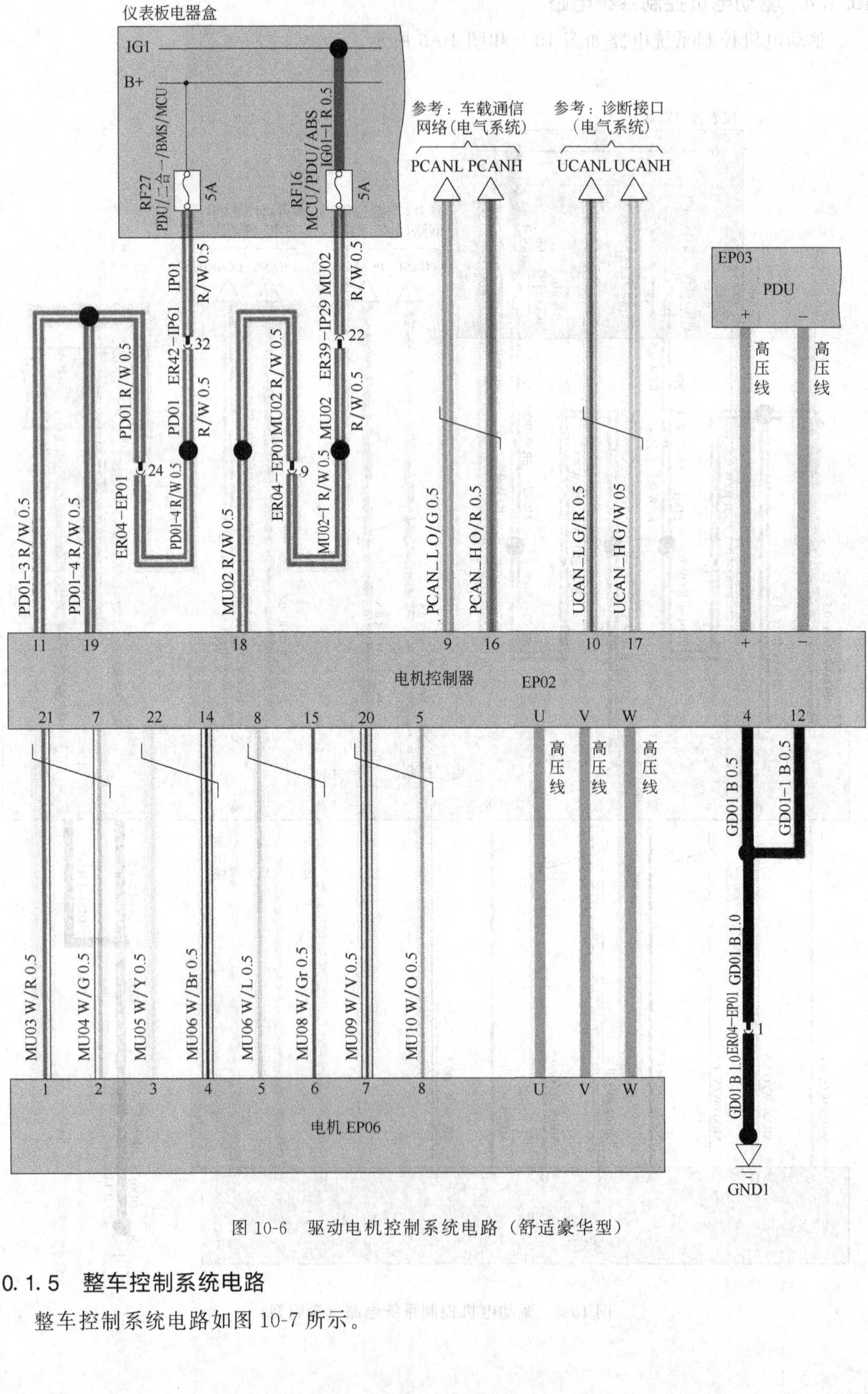

图 10-6　驱动电机控制系统电路（舒适豪华型）

10.1.5　整车控制系统电路

整车控制系统电路如图 10-7 所示。

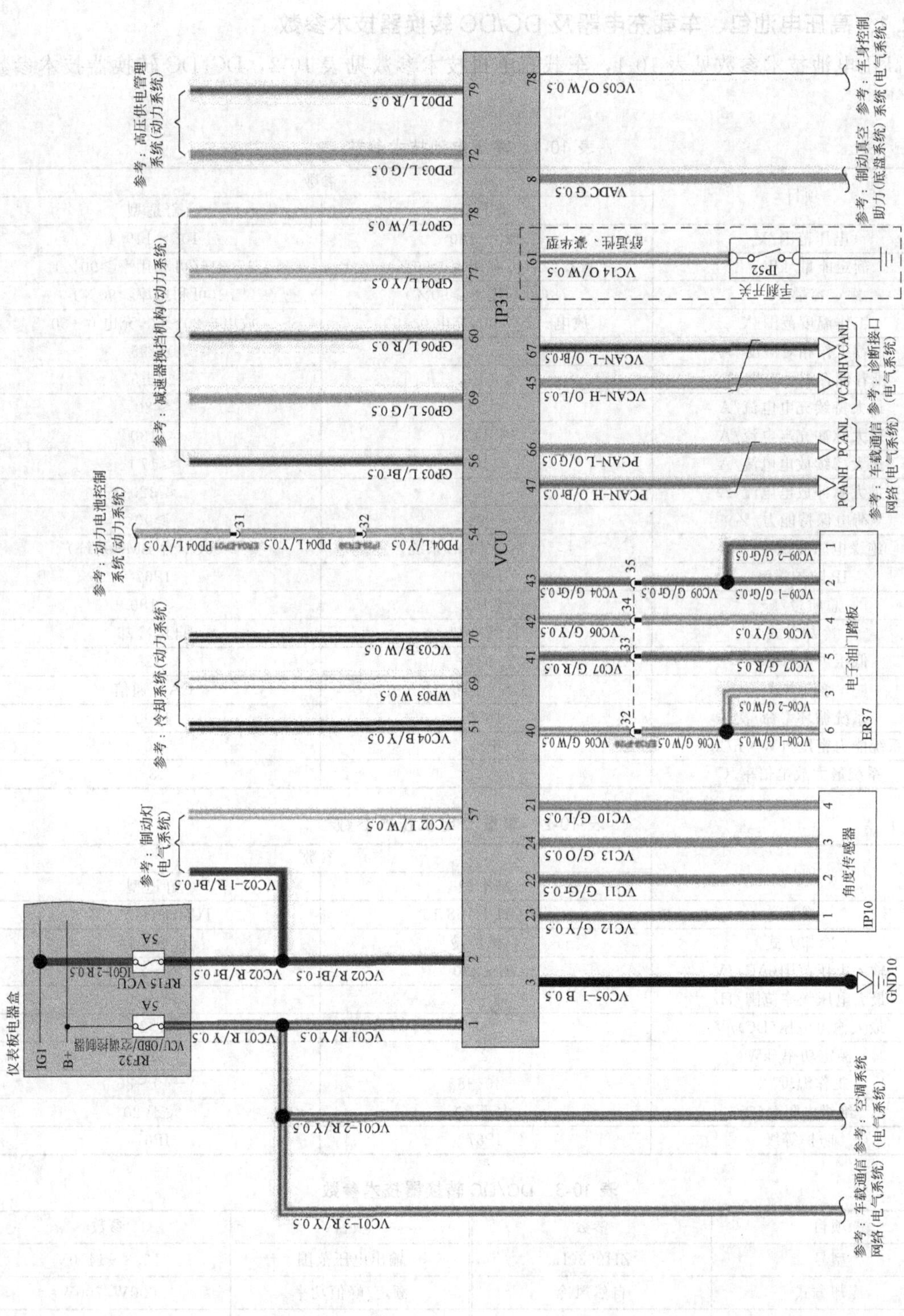

图 10-7 整车控制系统电路

10.2 E200（2016～　）

10.2.1 高压电池包、车载充电器及 DC/DC 转换器技术参数

高压电池技术参数见表 10-1，车载充电机技术参数见表 10-2，DC/DC 转换器技术参数见表 10-3。

表 10-1 高压电池技术参数

项目	参数	
	基本型	舒适型
电压范围/V	120～160	108～149.4
额定能量/kW·h	17.228(可利用率≥90%)	17.316(可利用率≥90%)
额定容量/A·h	78(可利用率≥90%)	78(可利用率≥90%)
工作温度范围/℃	放电－20～60，充电 0～50	放电－20～60，充电 0～50
推荐工作相对湿度/%	0～95	0～95
推荐储存温度范围/℃	20±5	20±5
最大持续充电电流/A	≤59	≤80
最大脉冲充电电流/A	≤118	≤130
最大持续放电电流/A	≤180	≤170
最大脉冲放电电流/A	≤280	≤320
荷电保持能力/%	≥90	≥90
绝缘电阻测试值/MΩ	≥50(不含 BMS 系统)	≥50(不含 BMS 系统)
IP 防护等级	IP67	IP67
总质量/kg	≤167	≤180
冷却方式	自然冷却	自然冷却
低压供电(DC)/V	12	12
通讯方式	CAN 通信	CAN 通信
系统循环寿命/次	1000	1000
系统能力密度/(W·h/kg)	103	96
系统最大放电倍率/C	3	3

表 10-2 车载充电机技术参数

项目	参数	
	基本型	舒适型
型号	TCCH-H168-15	TCCH-H152-15
冷却方式	自然风冷	自然风冷
输入电压范围(AC)/V	85～280	85～280
最大电压频率范围/Hz	40～70	40～70
最大输出电压(DC)/V	168	152
额定功率/kW	2	2
工作温度/℃	－40～85	－40～85
绝缘电阻/MΩ	大于 20	大于 20
防护等级	IP67	IP67

表 10-3 DC/DC 转换器技术参数

项目	参数	项目	参数
型号	ZH9630Li	输出电压范围	13.3～14.0V
冷却方式	自然风冷	额定/峰值功率	600W/700W
输入电压范围	112.5～195V	工作环境温度	－30～55℃
额定电压	144V	防护等级	IP66

10.2.2 高压电池充电电路

高压电池充电电路如图 10-8 所示。

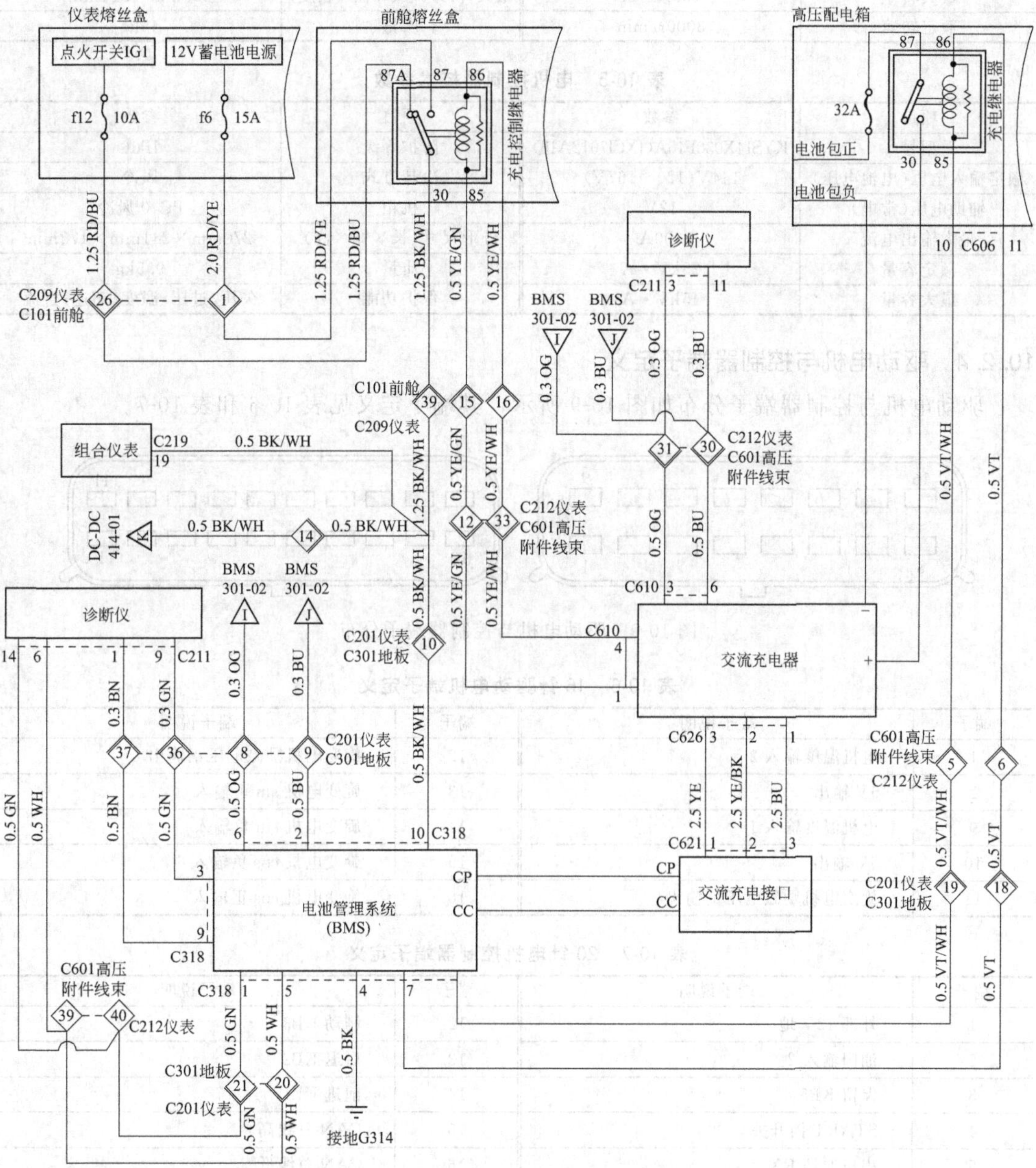

图 10-8 高压电池充电电路

10.2.3 驱动电机与控制器技术参数

驱动电机技术参数见表 10-4，电机控制器技术参数见表 10-5。

表 10-4 驱动电机技术参数

项目	参数	项目	参数
型号	YS190XB32(JXMI15A4)	最大转速	7000r/min
额定功率	15kW	绝缘等级	H
最大功率	30kW	冷却方式	自然风冷

续表

项目	参数	项目	参数
额定转矩	43N·m	防护等级	IP66
最大转矩	130N·m	最大外形尺寸(外径×长度)	230mm×314mm
额定转速	3000r/min	质量	45kg

表 10-5 电机控制器技术参数

项目	参数	项目	参数
型号	KYS14X030F15A(JXCI7012A15)	防护等级	IP66
额定输入电压(电池电压)	144V(120～167V)	冷却方式	风冷
辅助电压(常电)	12V	机箱	PC40 风冷
最大输出电流	300A	外形尺寸(长×宽×高)	270mm×241mm×172mm
额定容量	25kV·A	质量	9.5kg
最大容量	45kV·A	保护功能	欠压/过压/温度/超速/过流

10.2.4 驱动电机与控制器端子定义

驱动电机与控制器端子分布如图 10-9 所示，其端子定义见表 10-6 和表 10-7。

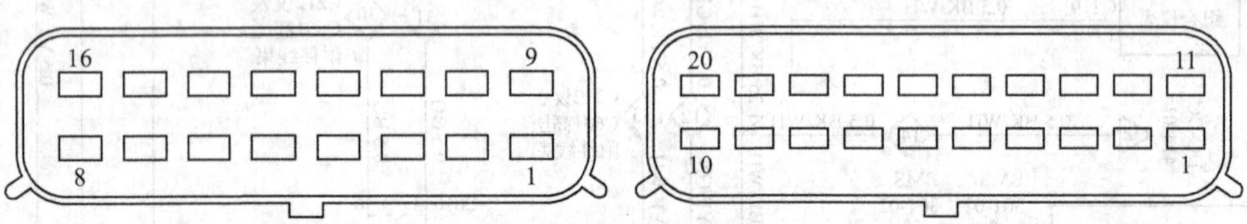

图 10-9 驱动电机与控制器端子分布

表 10-6 16 针驱动电机端子定义

端子	端子说明	端子	端子说明
1	电机温度输入 2	12	旋变电机励磁电压正输出
2	5V 输出	13	旋变电机 sin 正输入
9	电机温度输入 1	14	旋变电机 sin 负输入
10	5V 输出	15	旋变电机 cos 负输入
11	旋变电机励磁电压负输出	16	旋变电机 cos 正输入

表 10-7 20 针电机控制器端子定义

端子	端子说明	端子	端子说明
1	外部 12V 地	12	制动 KB3
2	油门输入 2	13	后退 KB2
3	保留 KB5	14	前进 KB1
4	START 挡开关	15	CAN 总线高
5	串口通信 RX	16	CAN 总线低
6	串口通信 TX	17	电机转速脉冲输出
7	5V 地	18	油门输入 1
8	5V	19	保留 KB7
10	高压正	20	继电器输出
11	外部 12V		

10.2.5 动力驱动系统电路

动力驱动系统电路如图 10-10 所示。

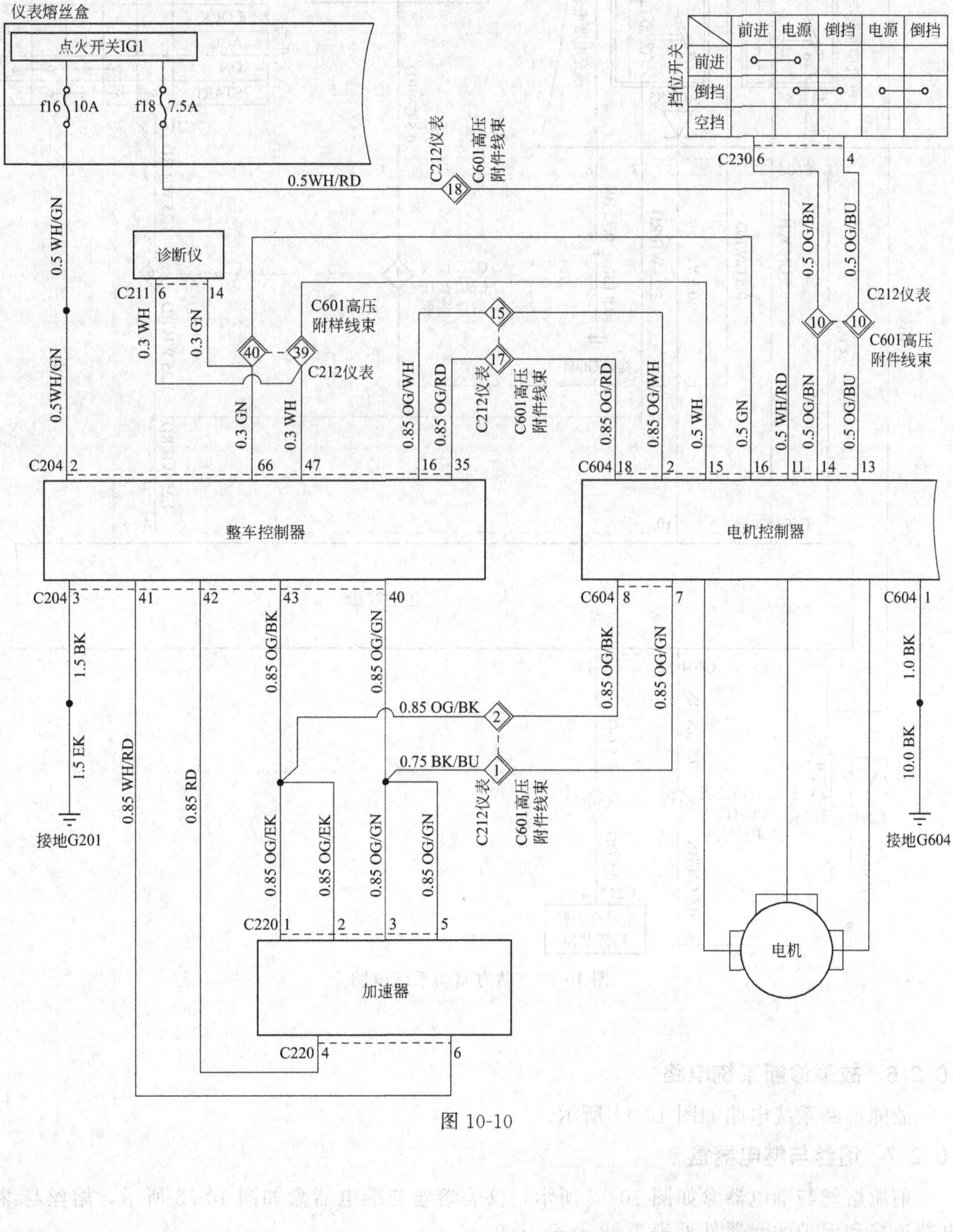
仪表熔丝盒
点火开关IG1
f16 10A
f18 7.5A
0.5 WH/GN
0.5WH/GN
0.5WH/RD
C212仪表
C601高压附件线束
18
诊断仪
C211 6 14
0.3 WH
0.3 GN
40
39
C601高压附样线束
C212仪表
15
17
0.85 OG/WH
0.85 OG/RD
挡位开关
前进
电源
倒挡
空挡
C230 6
4
0.5 OG/BN
0.5 OG/BU
10
0.5 WH
0.5 GN
0.5 WH/RD
C204 2 66 47 16 35
C604 18 2 15 16 11 14 13
整车控制器
电机控制器
C204 3 41 42 43 40
C604 8 7
C604 1
1.5 BK
1.5 EK
接地G201
0.85 WH/RD
0.85 RD
0.85 OG/BK
0.85 OG/GN
0.75 BK/BU
2
1
1.0 BK
10.0 BK
接地G604
0.85 OG/EK
C220 1 2 3 5
加速器
C220 4 6
电机

图 10-10

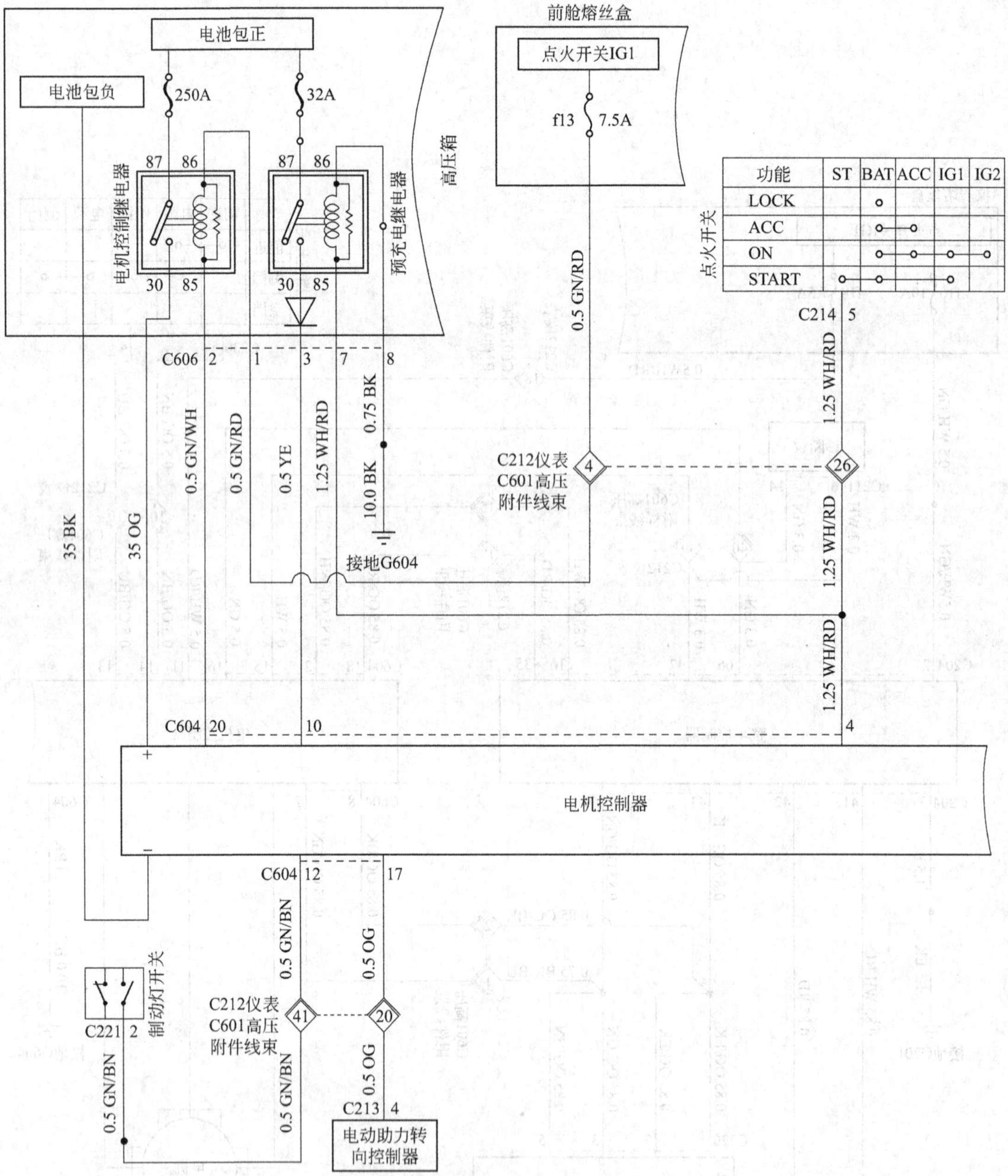

图 10-10　动力驱动系统电路

10. 2. 6　故障诊断系统电路

故障诊断系统电路如图 10-11 所示。

10. 2. 7　熔丝与继电器盒

前舱熔丝与继电器盒如图 10-12 所示，仪表熔丝与继电器盒如图 10-13 所示，熔丝与继电器连接和保护的元器件见表 10-8 及表 10-9。

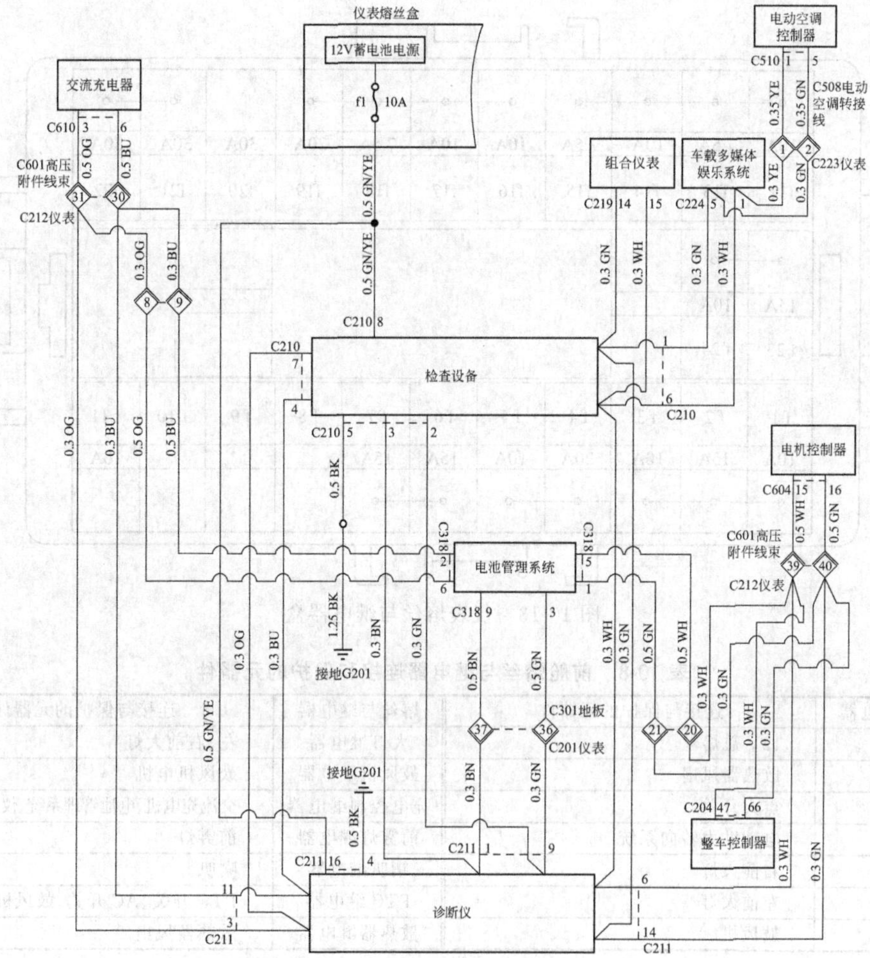

图 10-11 故障诊断系统电路

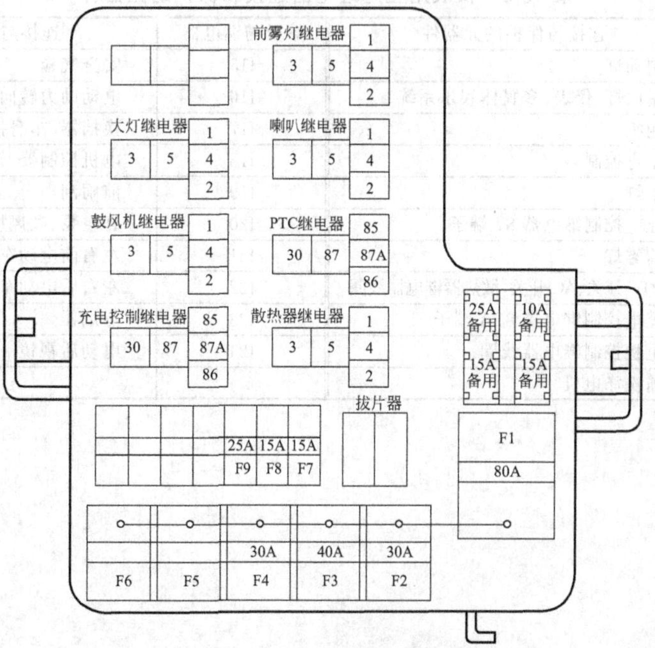

图 10-12 前舱熔丝与继电器盒

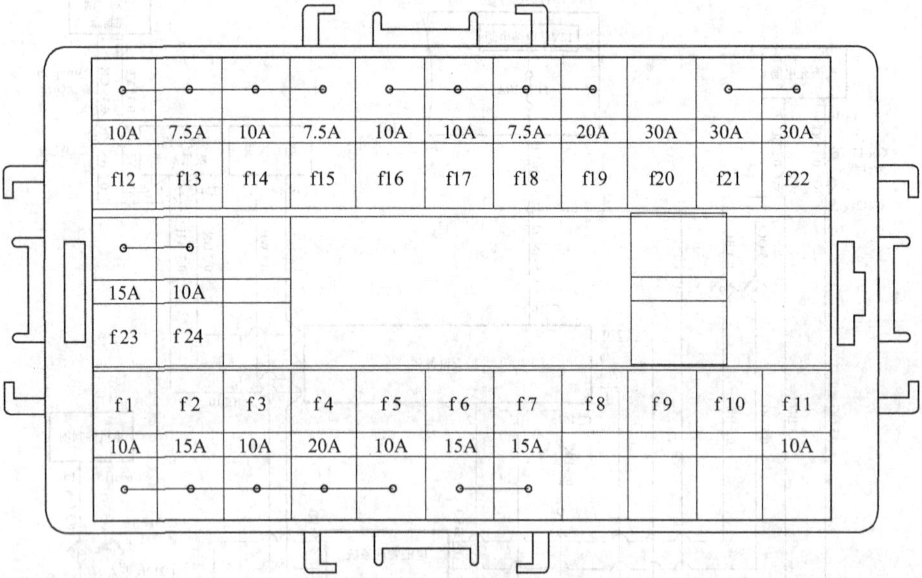

图 10-13 仪表熔丝与继电器盒

表 10-8 前舱熔丝与继电器连接和保护的元器件

熔丝与继电器	连接与保护的元器件	熔丝与继电器	连接与保护的元器件
F1	12V 总熔丝	大灯继电器	左、右前大灯
F2	散热器风扇	鼓风机继电器	鼓风机电机
F3	点火开关	充电控制继电器	交流充电机、电池管理系统、仪表、DC/DC
F4	电动助力转向系统	前雾灯继电器	前雾灯
F7	右前大灯	喇叭继电器	喇叭
F8	左前大灯	PTC 继电器	PTC 开关、AC 开关、鼓风机开关
F9	鼓风机	散热器继电器	散热器风扇

表 10-9 仪表熔丝与继电器连接和保护的元器件

熔丝与继电器	连接与保护的元器件	熔丝与继电器	连接与保护的元器件
f1	制动灯	f15	安全气囊
f2	室内灯、仪表、多媒体娱乐系统	f16	电动助力转向系统、整车控制器
f3	喇叭	f17	换挡器、车身控制器
f4	车身控制器	f18	电机控制器
f5	小灯	f19	前雨刮
f6	充电控制继电器 87 端子	f20	真空泵、鼓风机继电器线圈
f7	前雾灯	f21	左右前电动车窗
f11	PTC 开关、AC 开关、散热器继电器线圈	f22	左右后电动车窗
f12	充电控制继电器 87A 端子	f23	点烟器
f13	电机控制继电器线圈	f24	电动后视镜
f14	前洗涤电机		

第11章

其他国产新能源汽车

11.1 蔚来 ES6 (2019~)

11.1.1 高压系统部件分布

高压系统部件分布如图 11-1 所示。

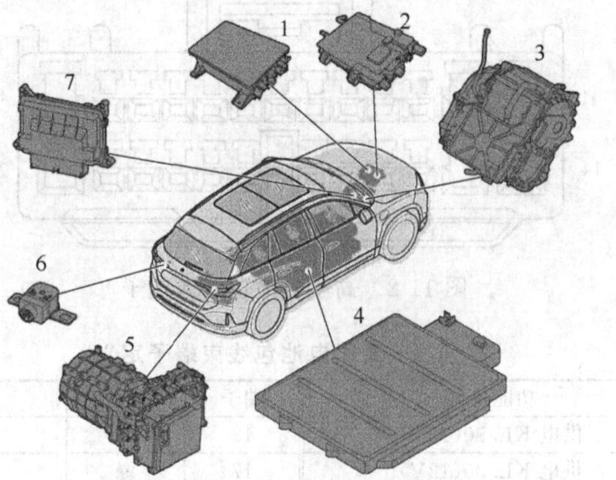

图 11-1 高压系统部件分布

1—高压配电箱；2—高压集成件；3—前电驱动系统（160kW）；4—高压电池包；5—后电驱动系统（240kW）；6—烟炎式断电开关；7—车载控制器

11.1.2 高压电池包技术参数

高压电池包技术参数见表 11-1，其紧固件规格见表 11-2。

表 11-1 高压电池包技术参数

项目	规格	
车型	HFC6483ECEV-W 84kW·h	HFC6483ECEV-W 70kW·h
额定电压/V	350	350
总电压范围/V	268.8～403.2	TBD
总能量(25℃)	(71.4kW·h,1/3C)/(70kW·h,1C)	(70kW·h,1/3C)/(67.2kW·h,1C)
最大峰值放电功率/kW	>550	>550
最大峰值充电功率/kW	>120	>120
放电窗口 SOC/%	95～5	TBD
总质量/kg	525	525
使用寿命	10 年/200000km	10 年/200000km
防护等级	IPX7	IPX7
交流充放电	12000h/10000 次	12000h/10000 次
直流充放电	500h/10000 次	500h/10000 次

表 11-2 高压电池包紧固件规格

中文名称	公制转矩值/N·m	中文名称	公制转矩值/N·m
螺栓(高压电池包外围)	110	螺母(EDM与Busbar连接处)	9.5
螺栓(高压电池包中间)	35	螺母(EDM与电池包下壳体)	6
电池包螺栓(底部锁止外齿圈)	25	螺钉(电快换插头与Busbar连接处)	9.5
螺栓(侧围铸造安装支架)	40	螺母(接地线与电池包下壳体)	6
螺栓(侧边安装支架总成)	9	螺钉(电快换插头与EDM)	14
螺栓(铸造盒总成)	9	螺栓(电池包前盖板)	9.5
电池包(通孔螺塞)	40	螺钉(水快换插头)	9.5
螺母(BMS与电池包下壳体)	6	螺栓(防爆阀)	8.5

11.1.3 高压电池包线束端子定义

高压电池包线束端子如图 11-2 所示，其端子定义见表 11-3。

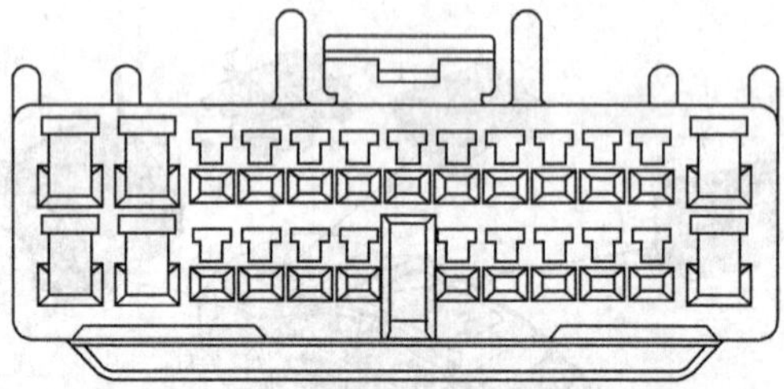

图 11-2 高压电池包线束端子

表 11-3 高压电池包线束端子定义

端子	颜色	功能定义	端子	颜色	功能定义
1	红	供电 KL.30(12V)	13	黑	接地
2	红	供电 KL.30(12V)	17	绿	唤醒信号
4	红	供电 KL.30(12V)	18	红	CAN_CAL_L
5	蓝	CAN_CAL_H	19	橙	动力电力分配 CAN_L
6	灰	动力电力分配 CAN_H	20	白	高压互锁输出
8	白	高压互锁输入	21	绿	动力驱动 CAN_L
9	蓝	动力驱动 CAN_H	22	紫	CAN_INT_L
10	粉	CAN_INT_H	25	黑	接地

11.1.4 电池管理器端子定义

电池管理器端子如图 11-3 所示，其端子定义见表 11-4 和表 11-5。

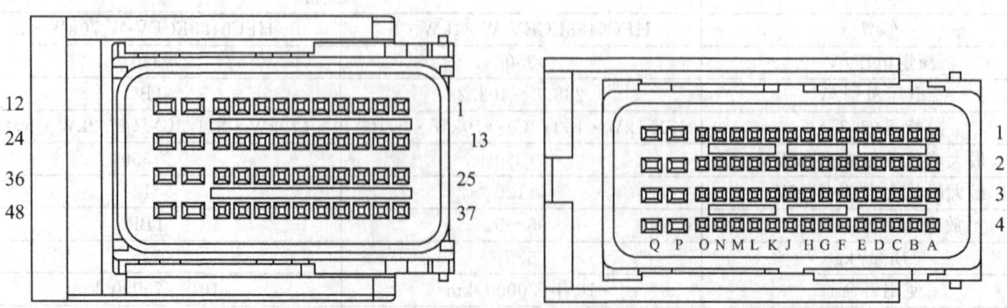

(a) 48针端子 (b) 64针端子

图 11-3 电池管理器端子

表 11-4　48 针端子定义

端子	颜色	功能定义	端子	颜色	功能定义
1	红	高压电池负极	24	茶	高压预充继电器信号
4	黑	高压总线负极	37	黑	电池管理单元接地
7	橙	高压电池正极	46	蓝	高压熔丝信号
10	紫	高压总线正极			

表 11-5　64 针端子定义

端子	颜色	功能定义	端子	颜色	功能定义
1C	黄	报警信号	2O	红	高压正极主继电器＋
1E	绿	动力驱动 CAN 低	2P	黑	内部接地
1F	蓝	动力驱动 CAN 高	3F	黄	报警信号
1J	灰	动力电力分配 CAN 高	3K	黄	出口温度信号＋
1M	黑	高压正极主继电器－	3P	红	KL. 30C
1O	红	高压负极主继电器＋	3Q	红	12V 供电
1P	红	KL. 30-2	4A	红	KL. 30-1
2C	白	高压互锁输出	4E	黄	出口温度信号－
2D	白	高压互锁输入	4F	绿	唤醒信号
2J	橙	动力电力分配 CAN 低	4J	蓝	入口温度信号－
2K	黑	预充继电器－	4M	蓝	入口温度信号＋
2L	黑	高压负极主继电器－	4P	黑	接地 1
2M	红	预充继电器＋	4Q	黑	接地 2

11.1.5　驱动电机技术数据

（1）前驱动电机技术参数（表 11-6）

表 11-6　前驱动电机技术参数

项目	规　格	项目	规　格
类型	交流永磁同步电机	额定功率	60kW
型号	TZ160S001	额定转矩	130N・m
电压范围	350～415V	额定转速	4500r/min
额定电压	350V	传动比	9.57
峰值功率	160kW	机械效率	0.92
峰值转矩	305N・m	防护等级	IP67
峰值转速	15000r/min		

（2）后驱动电机技术参数（表 11-7）

表 11-7　后驱动电机技术参数

项目	规　格	项目	规　格
类型	交流异步电机	额定转速	5500r/min
型号	YS240S001	传动比	9.599
电压范围	250～420V	机械效率	＞97％
额定电压	350V	防护等级	IP67
峰值功率	240kW	总质量	138kg
峰值转矩	420N・m	电机质量	85kg
峰值转速	15000r/min	减速箱质量	38kg
额定功率	60kW	逆变控制模块质量	15kg
额定转矩	120N・m		

11.1.6　高压互锁系统电路

高压互锁系统电路如图 11-4 和图 11-5 所示。

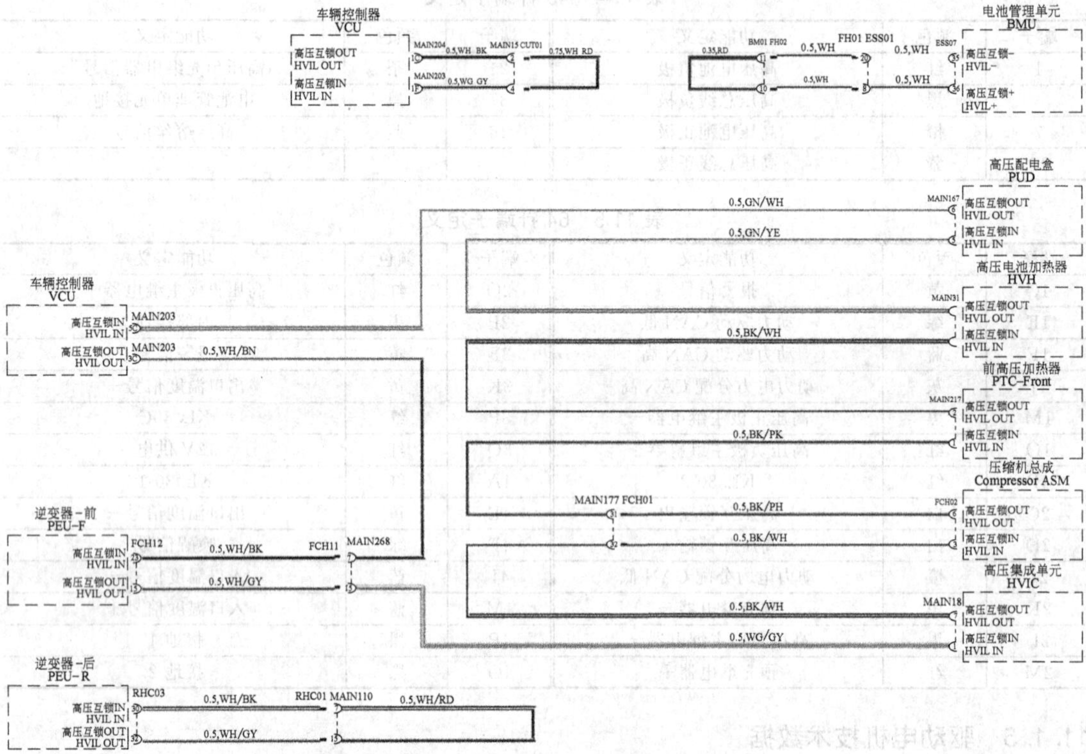

图 11-4 高压互锁系统电路

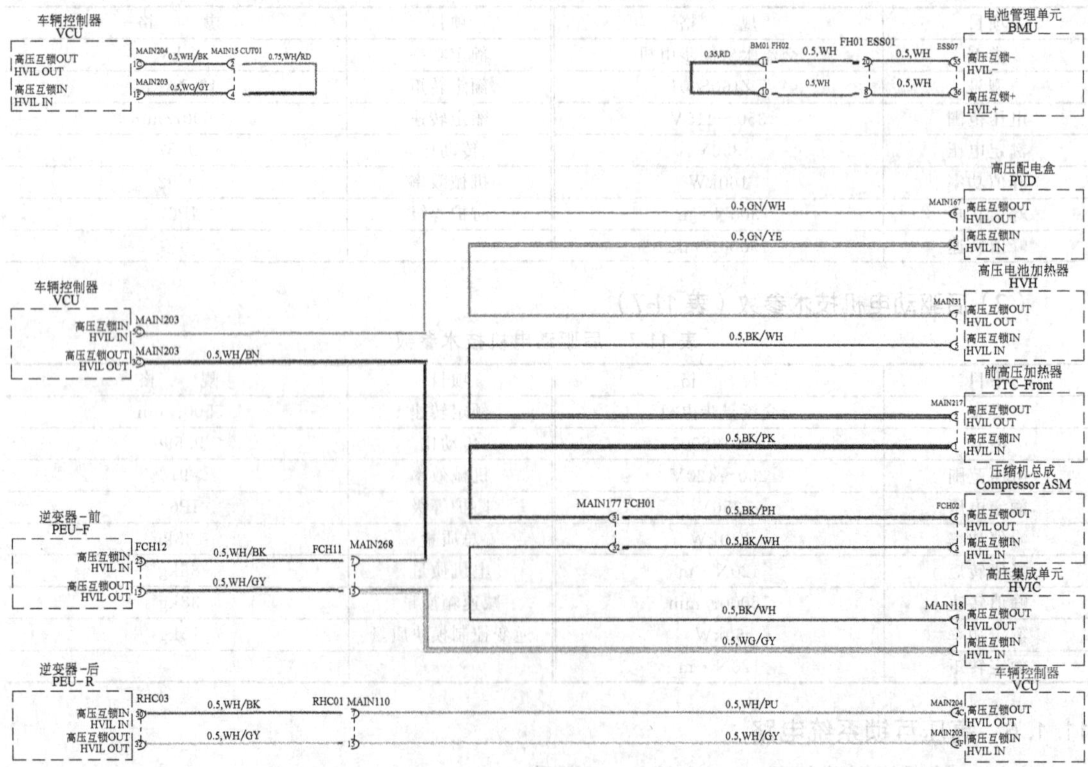

图 11-5 高压互锁系统电路（160kW 后电机配置）

11.1.7 前后驱逆变器端子定义

电机逆变器端子如图 11-6 所示，其端子定义见表 11-8 和表 11-9。

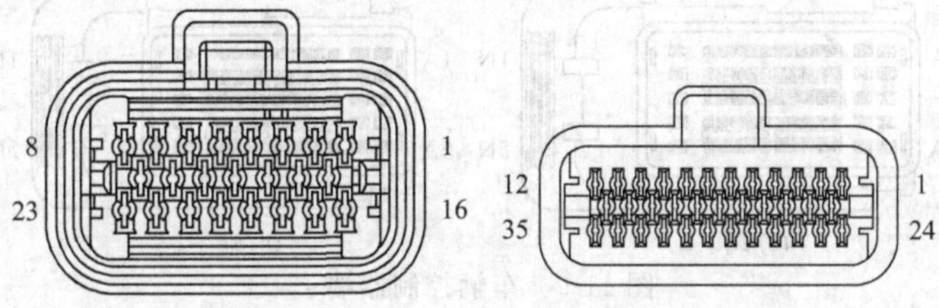

(a) 前驱　　(b) 后驱

图 11-6 电机逆变器端子

表 11-8 前驱动电机逆变器端子定义

端子	线色	功能定义	端子	线色	功能定义
2	黄/灰	KL. 30 供电 1	14	黄/褐	动力电力分配 CAN_H
3	黄/灰	KL. 30 供电 2	15	白/灰	高压互锁一
5	棕/红	唤醒信号 1	21	紫/白	动力驱动 CAN_L
6	蓝/绿	碰撞信号	22	黄/灰	动力电力分配 CAN_L
13	紫	动力驱动 CAN_H	23	白/黑	高压互锁＋

表 11-9 后驱动电机逆变器端子定义

端子	颜色	功能定义	端子	颜色	功能定义
1	黄/粉	供电 KL. 30-1	16	黄/蓝	供电 KL. 30-2
2	棕/红	唤醒	21	蓝/绿	碰撞断电信号
4	黄/褐	动力电力分配 CAN_H	24	黑	接地 1
5	黄/灰	动力电力分配 CAN_L	25	紫/白	动力 CAN_L
14	紫	动力 CAN_H	30	白/黑	高压互锁信号输入
15	黑/褐	接地 2	32	白/灰	高压互锁信号输出

11.1.8 高压电池冷却系统及电力驱动冷却系统部件分布

高压电池冷却系统及电力驱动冷却系统部件分布如图 11-7 和图 11-8 所示。

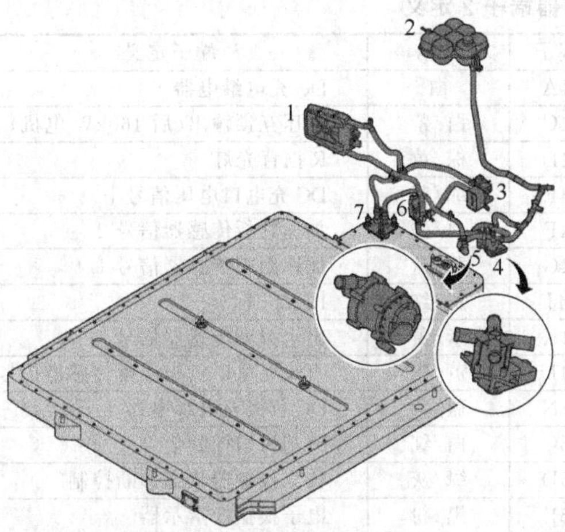

图 11-7 高压电池冷却系统部件分布

1—高压电池加热器；2—膨胀水壶总成；3—电池冷却器；
4—四通阀；5—高压电池包电子水泵；
6—高压电池包三通阀；7—插头端冷却水管接头

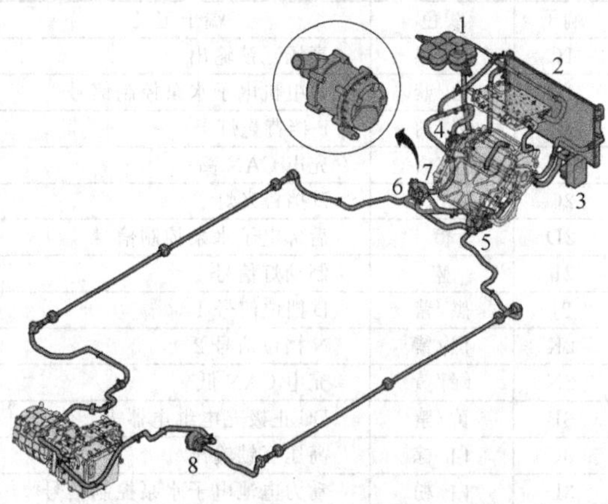

图 11-8 电力驱动冷却系统部件分布

1—膨胀水壶总成；2—散热器；3—低压热交换器；
4—散热器三通阀；5—四通阀；6—高压电池包三通阀；
7—前驱动电机电子水泵；8—后驱动电机电子水泵

11.1.9 车辆控制器端子定义

车辆控制器端子如图 11-9 所示，其端子定义见表 11-10 和表 11-11。

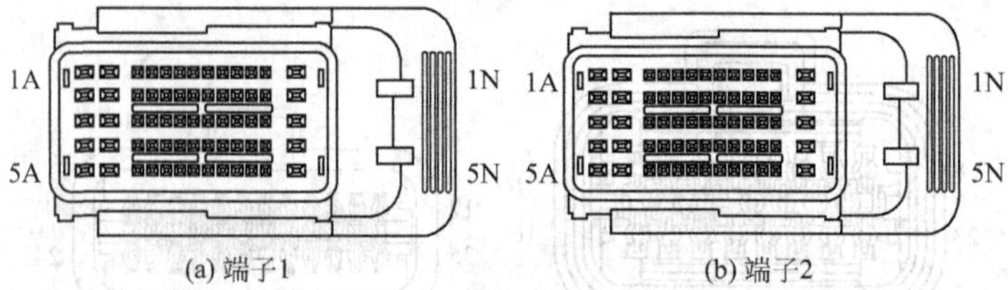

图 11-9 车辆控制器端子

表 11-10 车辆控制器端子 1 定义

端子	线色	端子定义	端子	线色	端子定义
1B	黑/黄	接地 1	3K	白/橙	控制确认信号
1F	白/灰	高压互锁输入	3N	红	供电 KL. 87-1
1H	黄/绿	AC 充电口电子锁回馈信号 2	4A	黑/棕	R 挡位信号 1
1K	棕/黑	AC 充电连接确认信号	4B	棕/红	唤醒信号
1L	红/白	DC 充电连接确认信号	4E	黄/黑	直流充电诊断信号控制
2A	白/红	电子锁＋	4H	绿/红	LIN6
2B	白/黑	电子锁－	4J	紫/白	电驱 CAN 高
2D	棕/白	传感器接地	4K	紫	电驱 CAN 低
2E	黑/棕	DC 充电口温度传感器接地	4N	黑/橙	接地 2
2G	白/棕	充电口温度信号	5A	黑/粉	接地 3
2H	黄/白	DC 充电口正极温度信号	5B	黑/棕	接地 4
2J	黄/蓝	AC 充电口电子锁信号回馈 1	5C	绿/白	高压互锁输入
2L	蓝/黄	KL. 5 供电	5F	白/灰	高压互锁输入(后 160kW 电机)
2M	白/蓝	主继电器线圈控制	5G	黄/灰	动力电力分配 CAN 低
2N	红	KL. 87 供电 2	5H	黄/褐	动力电力分配 CAN 高
3C	黑/绿	直流充电口负极温度传感器接地/出水温度传感器接地	5K	黑/褐	N 挡位信号 1
			5L	白/灰	R 挡位信号 1
3E	黑/黄	进水温度传感器接地	5M	红/灰	供电 KL. 30-1
3J	黑/蓝	D 挡位信号 2	5N	红/白	供电 KL. 30-2

表 11-11 车辆控制器端子 2 定义

端子	线色	端子定义	端子	线色	端子定义
1C	白/黑	高压互锁输出	4A	白	DC 充电继电器＋
1E	白/蓝	前电机电子水泵控制信号	4C	白/紫	高压互锁输出(后 160kW 电机)
1G	蓝/白	P 挡背光灯	4D	棕/黄	R 挡背光灯
1N	绿/白	充电 CAN 高	4E	绿/蓝	DC 充电口电压信号＋
2C	灰/黄	D 挡背光灯	4F	白/褐	加速踏板传感器信号 2
2D	橙	后部电子水泵控制信号	4G	黄/蓝	加速踏板传感器信号 1
2F	蓝	制动灯信号	4J	灰/红	LIN7
2J	黑/紫	D 挡位信号 1	4K	紫/黄	出水温度传感器信号
2K	黑/紫	N 挡位信号 2	4L	黄/黑	直流充电口负极温度传感器信号
2N	绿/黄	充电 CAN 低	4N	蓝/紫	DC 负极充电继电器－
3B	黄/紫	DC 正极充电继电器＋	5C	白/红	冷却风扇控制信号
3C	白/棕	高压互锁输出	5D	绿/灰	快充接触器状态诊断控制
3D	白/粉	动力电池电子水泵控制信号	5E	黑/粉	电子换挡杆指示器
3E	黄	加速踏板传感器供电 1	5G	灰	加速踏板传感器接地 1
3F	黄/粉	加速踏板传感器供电 2	5H	黑/白	加速踏板传感器接地 2
3J	白/黄	制动开关信号	5J	黄/红	充电确认信号＋
3K	绿/黑	充电口电压信号接地	5K	紫/黄	进水温度传感器供电
3N	蓝/黑	DC 正极充电继电器－			

11.2 威马 EX5（2019~　）

11.2.1 高压电池技术参数

高压电池技术参数见表 11-12。

表 11-12 高压电池技术参数

项目	参数		
电池类型	三元锂电池		
散热类型	主动液冷		
车型	EX5 300	EX5 400	EX5 500
电池包名称	CA45P150	CA52P150	CA56P150
重量/kg	333	384	412
串数/串	84	96	104
并数/并	1	1	1
电池组额定电压/V	306.6	350.4	379.6
峰值功率/kW	180	180	180
额定功率/kW	75	75	75
电池组截止电压/V	235.2～361.2	268.8～412.8	291.2～447.2
电池包能量密度/(W·h/kg)	140	140	140
电池组最大储能/kW·h	45.990	52.560	56.940

11.2.2 熔丝信息

（1）前舱熔丝盒（图 11-10 和表 11-13）

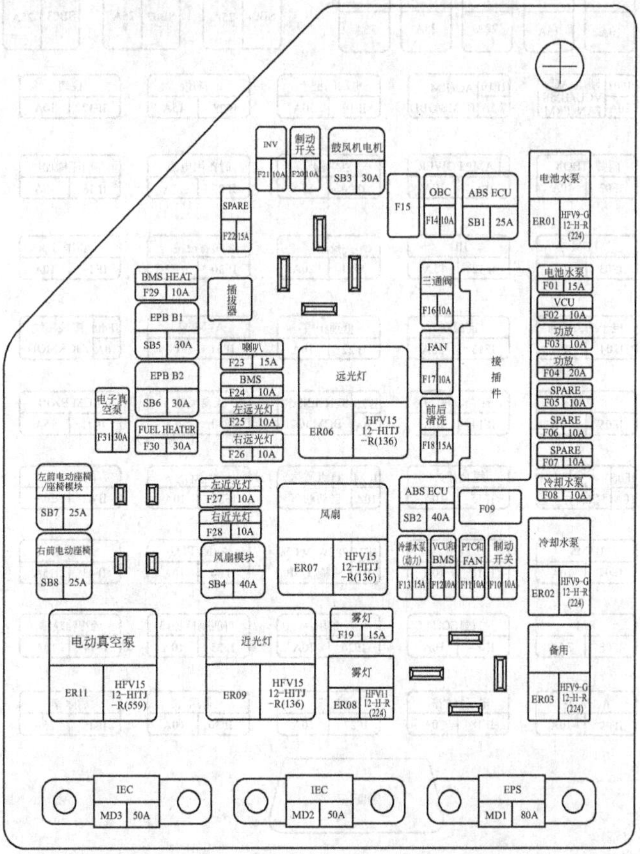

图 11-10 前舱熔丝盒熔丝分布

表 11-13　前舱熔丝盒熔丝说明

编号	名　　称	额定电流/A	编号	名　　称	额定电流/A
MD1	EPS 熔丝	80	F11	PTC 熔丝	10
MD2	IEC 熔丝	50	F12	VCU&BMS 熔丝	10
MD3	IEC 熔丝	50	F13	冷却水泵(动力)和风扇熔丝	15
SB1	ABSECU 熔丝	25	F14	OBC 熔丝	10
SB2	ABSECU 熔丝	400	F16	三通阀熔丝	10
SB3	鼓风机电机熔丝	30	F17	FAN 熔丝	10
SB4	风扇模块熔丝	40	F18	前后清洗熔丝	15
SB5	EPBB1 熔丝	30	F19	雾灯熔丝	15
SB6	EPBB2 熔丝	30	F20	制动开关熔丝	10
SB7	左前电动座椅/座椅模块熔丝	25	F21	INV 熔丝	10
SB8	右前电动座椅熔丝	25	F22	备用熔丝	15
F01	电池水泵熔丝	15	F23	喇叭熔丝	15
F02	VCU 熔丝	10	F24	BMS 熔丝	10
F03	功放熔丝	10	F25	左远光灯熔丝	10
F04	功放熔丝	20	F26	右远光灯熔丝	10
F05	备用熔丝	10	F27	左近光灯熔丝	10
F06	备用熔丝	10	F28	右近光灯熔丝	10
F07	备用熔丝	10	F29	BMSHEAT 熔丝	10
F08	冷却水泵熔丝	10	F30	FUELHEATER 熔丝	30
F10	制动开关熔丝	10	F31	电子真空泵熔丝	30

（2）仪表板熔丝盒（图 11-11 和表 11-14）

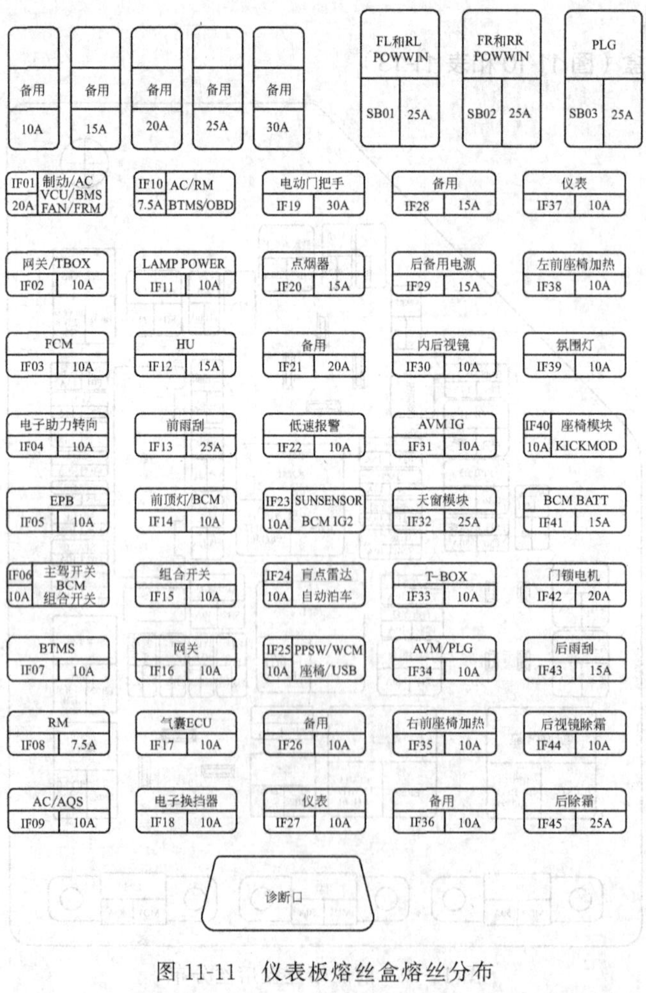

图 11-11　仪表板熔丝盒熔丝分布

表 11-14 仪表板熔丝盒熔丝说明

编号	名 称	额定电流/A	编号	名 称	额定电流/A
IF01	制动/AC/VCU/BMS/FAN/FRM熔丝	20	IF25	PPSW/WCM/座椅/USB熔丝	10
IF02	网关/TBOX熔丝	10	IF26	备用熔丝	10
IF03	FCM熔丝	10	IF27	仪表熔丝	10
IF04	电子助力转向熔丝	10	IF28	备用熔丝	15
IF05	EPB熔丝	10	IF29	后备用电源熔丝	15
IF06	主驾开关/BCM/组合开关熔丝	10	IF30	内后视镜熔丝	10
IF07	BTMS熔丝	10	IF31	AVMIG熔丝	10
IF08	RM熔丝	7.5	IF32	天窗模块熔丝	25
IF09	AC/AQS熔丝	10	IF33	T-BOX熔丝	10
IF10	AC/RM/BTMS/OBD熔丝	7.5	IF34	AVM/PLG熔丝	10
IF11	LAMPPOWER熔丝	10	IF35	右前座椅加热熔丝	10
IF12	UI熔丝	15	IF36	备用熔丝	10
IF13	前雨刮熔丝	25	IF37	仪表熔丝	10
IF14	前顶灯/BCM熔丝	10	IF38	左前座椅加热熔丝	10
IF15	组合开关熔丝	10	IF39	氛围灯熔丝	10
IF16	网关熔丝	10	IF40	座椅模块/KICKMOD熔丝	10
IF17	气囊ECU熔丝	10	IF41	BCMBATT熔丝	15
IF18	电子换挡器熔丝	10	IF42	门锁电机熔丝	20
IF19	电动门把手熔丝	30	IF43	后雨刮熔丝	15
IF20	点烟器熔丝	15	IF44	后视镜除霜熔丝	10
IF21	备用熔丝	20	IF45	后除霜熔丝	25
IF22	低速报警熔丝	10	SB01	FL和RLPOWWIN熔丝	25
IF23	SUNSENSOR/BCMIG2熔丝	10	SB02	FR和RRPOWWIN熔丝	25
IF24	盲点雷达/自动泊车熔丝	10	SB03	PLG熔丝	25

11.2.3 油液规格与用量

油液规格与用量如表 11-15 所示。

表 11-15 油液规格与用量

项目	规格/型号	容量
制动液	DOT-4	0.7L
减速器油	德士龙 6 号	1.8L
冷媒	R-134a	550g
冷却液	LEC-Ⅱ-40	9L
风窗洗涤液	使用硬度低于 205g/1000kg 的水或适量商用添加剂的水溶液	1.5L
柴油	$0^{\#}$，$-10^{\#}$，$-20^{\#}$，$-35^{\#}$	6L

11.2.4 车轮定位数据

车轮定位参数如表 11-16 所示。

表 11-16 车轮定位参数

四轮定位		空载状态	四轮定位		空载状态
前悬	总前束	25′±20′	后悬	总前束	3′±40′
	车轮外倾	−10′±45′		后轮外倾角	−46′±45′
	主销后倾角	6°13′±45′			

11.3 小鹏 G3（2019～ ）

11.3.1 高压系统部件位置

高压系统部件位置如图 11-12 所示。

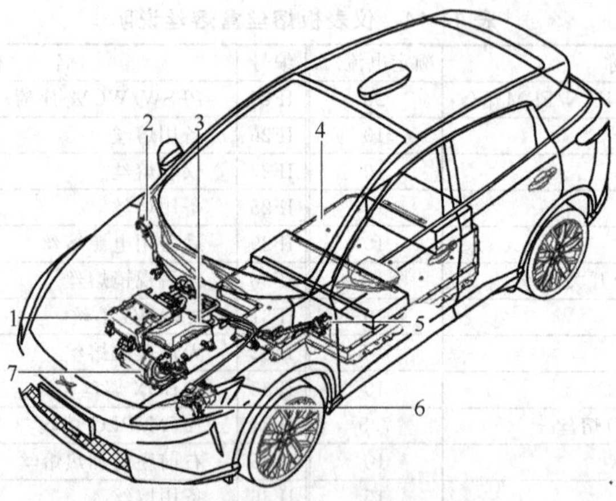

图 11-12　高压系统部件位置

1—电机控制器；2—交流充电口；3—充电机/直流转换器；4—动力电池；5—直流充电口；6—空调压缩机；7—驱动电机

11.3.2　油液规格及用量

油液规格与用量见表 11-17。

表 11-17　油液规格与用量

名称	规格/型号	加注量
变速器齿轮油	DEXRON VI/75W-90GL-4	(1.7±0.1)L
动力电池冷却液	乙二醇水溶液(根据所在地的最低气温选择不同冰点)	(6.65±0.20)L
电机冷却液	乙二醇水溶液(根据所在地的最低气温选择不同冰点)	(3.97±0.20)L
空调制冷剂	R134a	(575±20)g
制动液	DOT-4	(0.7±0.1)L
风窗玻璃清洗液	TEEC-40℃	1.5L
空调系统冷却液	乙二醇水溶液(根据所在地的最低气温选择不同冰点)	(2.3±0.2)L

11.3.3　四轮定位数据

四轮定位数据见表 11-18。

表 11-18　四轮定位数据

项目	参数	项目	参数	项目	参数
前轮外倾角	±30′	主销后倾角	5°±1°	前车轮前束	6′±6′
主销内倾角	12°38′±1°	后轮外倾角	−1°30′±30′	后车轮前束	14′±14′

11.3.4　主要总成技术参数

主要总成技术参数如表 11-19 所示。

表 11-19　主要总成技术参数

驱动型式		前置前驱	驱动型式		前置前驱
额定电压/V		374.4	驱动电机	额定功率/kW	68
动力电池	类型	三元锂电池		额定转矩/N·m	145
	额定容量/A·h	126.0/126.0 127.2/127.2 127.2		额定转速/(r/min)	4500
				峰值功率/kW	145
	额定能量/kW·h	47.1/47.1 47.6/47.6 47.6		峰值转矩/N·m	300
				峰值转速/(r/min)	12000
	质量/kg	325/325 329/329 329	主减速器	型号	EGEAR31-03/1T25KP
				挡数	1
				主减速比	8.28

11.3.5 维护开关断开操作

当车辆发生碰撞但未达到碰撞保护的触发条件或车辆出现其他故障问题需要拖车时，为安全起见，应手动断开低压维护开关。

按照以下步骤操作。

① 断开蓄电池负极。

② 沿图 11-13 所示箭头方向拨开黄色锁扣。

③ 沿图 11-14 所示箭头 A 方向按压黑色锁扣，并再次沿箭头 B 方向拨开第二道黄色锁扣。

④ 在圆孔处插入适当的工具，见图 11-15，避免其他人将低压维护开关插上或运输过程中低压维护开关抖动导致低压维护开关内部接触，高压上电造成危险。

此时高压互锁回路断开，高压接触器线圈电源回路断开。注意：断开低压维护开关时，必须佩戴橡胶绝缘手套。

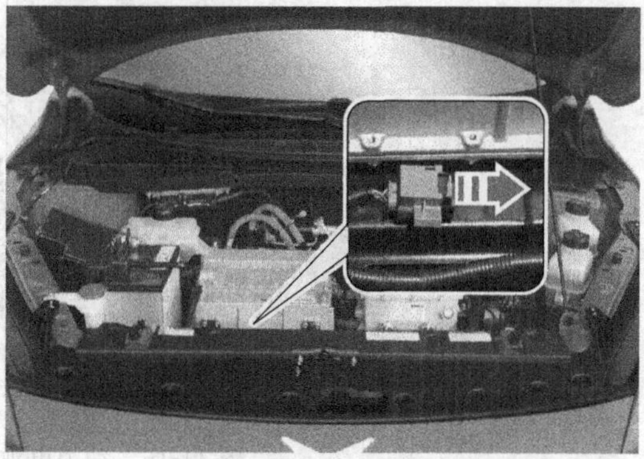

图 11-13 拨开黄色锁扣

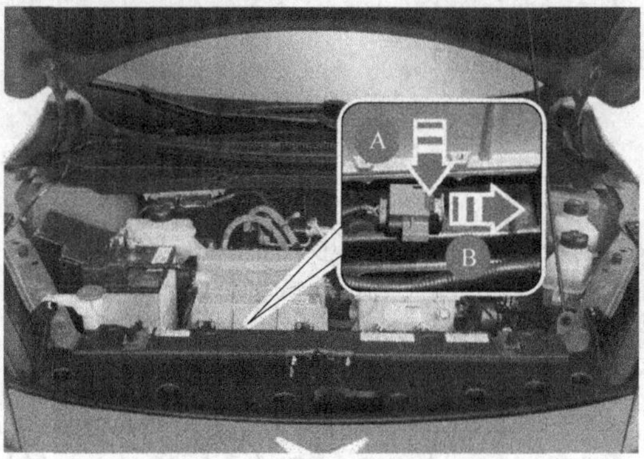

图 11-14 拨开第二道黄色锁扣

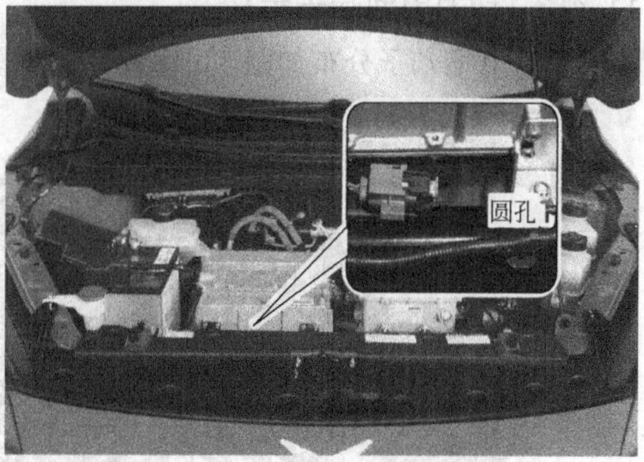

图 11-15 在圆孔处插入工具

11.4 云度 π3（2018~ ）

11.4.1 动力电池技术参数

动力电池技术参数见表 11-20。

表 11-20 动力电池技术参数

项目	参数	项目	参数
总电量	38.5kW·h	放电工作温度范围	−20~60℃
标称电压	338V	充电工作温度范围	0~50℃
标称容量	121A·h		
工作电压范围	258.5~390.1V	冷却/加热系统	内循环强制风冷/换热器带 PTC
最大持续放电功率(10~40℃，50%SOC)	40kW	防护等级	IP67、IPXXB、IPXXD
10s 峰值功率(10~40℃，50%SOC)	125kW	绝缘电阻	≥20MΩ

11.4.2 动力电池与相关部件位置

动力电池与相关部件位置如图 11-16 所示，动力电池接口分布如图 11-17 所示。

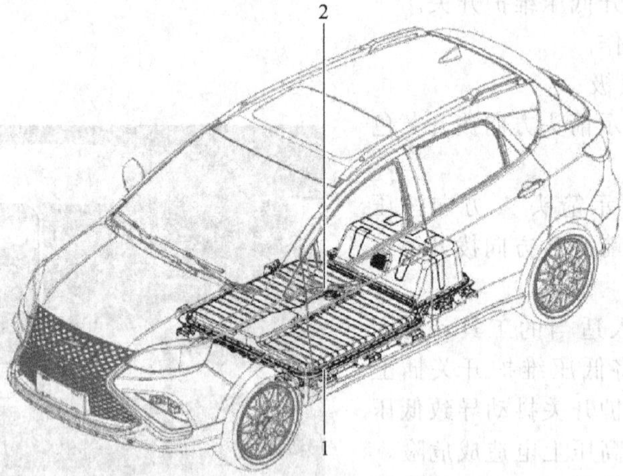

图 11-16 动力电池与相关部件位置

1—动力电池；2—维修开关

11.4.3 动力电池端子定义

动力电池端子分布如图 11-18 所示，其端子定义见表 11-21。

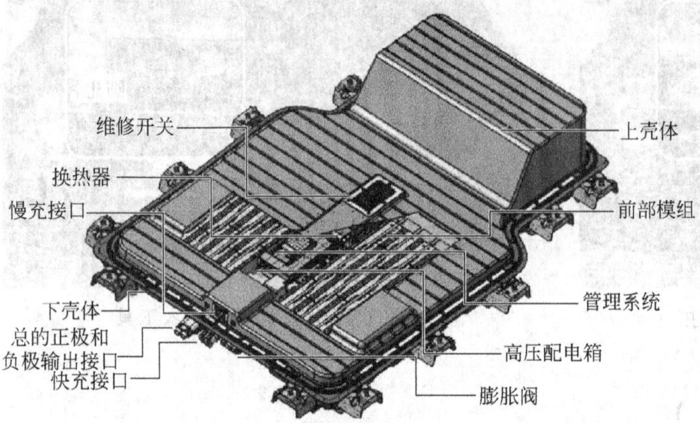

图 11-17 动力电池接口分布

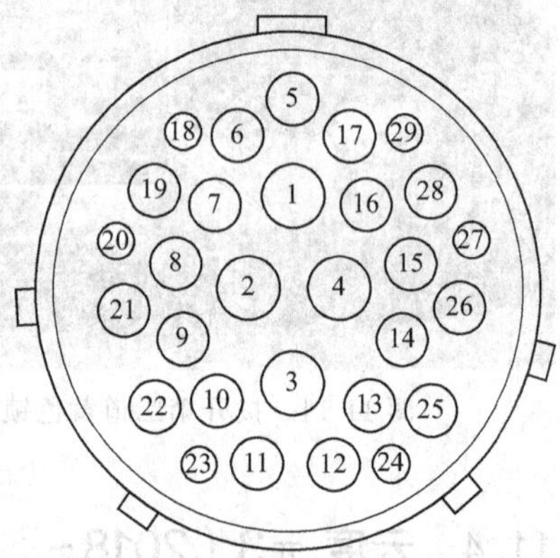

图 11-18 动力电池端子分布

表 11-21 动力电池端子定义

端子	端子说明	额定电流/A	最大电流/A
1	电池风扇电源	15	20
2	电池风扇电源	15	20
3	电池风扇电源地	15	20
4	电池风扇电源地	15	20
5	直流充电桩充电引导 CC 信号	0.05	0.05
6	交流充电桩充电引导 CC 信号	0.05	0.05
7	交流充电桩充电引导 CP 信号	0.05	0.05
8	电磁阀控制信号	1	3
9	整车点火信号	3	5
10	互锁信号进口	0.1	0.5
11	充电指示灯驱动信号 1	0.1	0.5

续表

端子	端子说明	额定电流/A	最大电流/A
12	充电指示灯驱动信号 2	0.1	0.5
13	整车 CAN 网络低	0.05	0.05
14	整车 CAN 网络高	0.05	0.05
15	充电 CAN 网络低	0.05	0.05
16	充电 CAN 网络高	0.05	0.05
17	BMS 供电 12V 电源地	3	5
19	BMS 供电 12V 电源地	3	5
21	电池 CAN 网络低	0.05	0.05
22	电池 CAN 网络高	0.05	0.05
23	慢充 12V(预留)	—	—
24	快充 12V(预留)	—	—
25	CAN 网络屏蔽信号	0.05	0.05
26	BMS 供电 12V 电源(KL.30)	3	5
28	BMS 供电 12V 电源(KL.30)	3	5

11.4.4 高压配电箱技术参数

高压配电箱技术参数见表 11-22。

表 11-22 高压配电箱技术参数

项目	参数	项目	参数	项目	参数
工作温度	−40～85℃	额定电流	180A	PIC 熔丝	30A
额定电压	380V(DC)	防护等级	IP67、IPXXB	AC 熔丝	30A

11.4.5 驱动电机与控制器技术参数

驱动电机技术参数见表 11-23，驱动电机控制器技术参数见表 11-24。

表 11-23 驱动电机技术参数

项目	参数	项目	参数
额定电压	338.4V(DC)	电机旋转方向	从轴伸端看电机逆时针旋转
额定功率	31kW	相数	3
峰值功率	90kW	工作制	S9
额定转矩	87N·m	绝缘等级	H
峰值转矩	270N·m	防护等级	IP67
额定转速	3402r/min	冷却方式	液冷
峰值转速	9300r/min		

表 11-24 驱动电机控制器技术参数

项目	参数	项目	参数	项目	参数
最大容量	154kV·A	短时工作电流	450A	控制电压	12V
额定电压	338.4V	相数	3	防护等级	IP67
持续工作电流	108A	工作制	S9	冷却方式	液冷

11.4.6 驱动电机与控制器安装位置及接口分布

驱动电机与控制器位置如图 11-19 所示，其接口分布如图 11-20 所示。

11.4.7 电机控制器端子定义

电机控制器端子分布如图 11-21 所示，旋变线束端子分布如图 11-22 所示，其端子定义见表 11-25 和表 11-26。

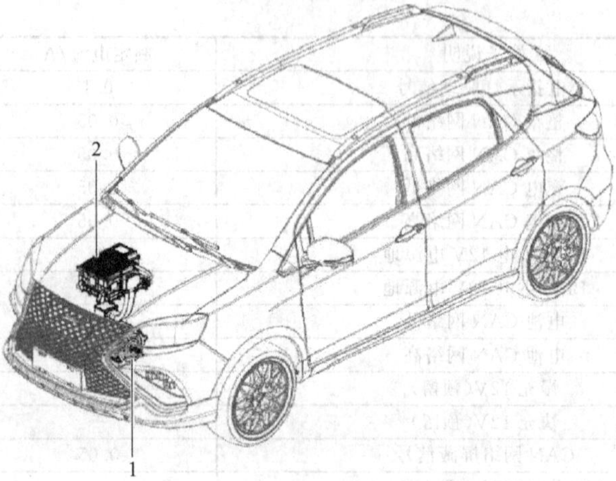

图 11-19 驱动电机与控制器位置

1—驱动电机；2—电机控制器

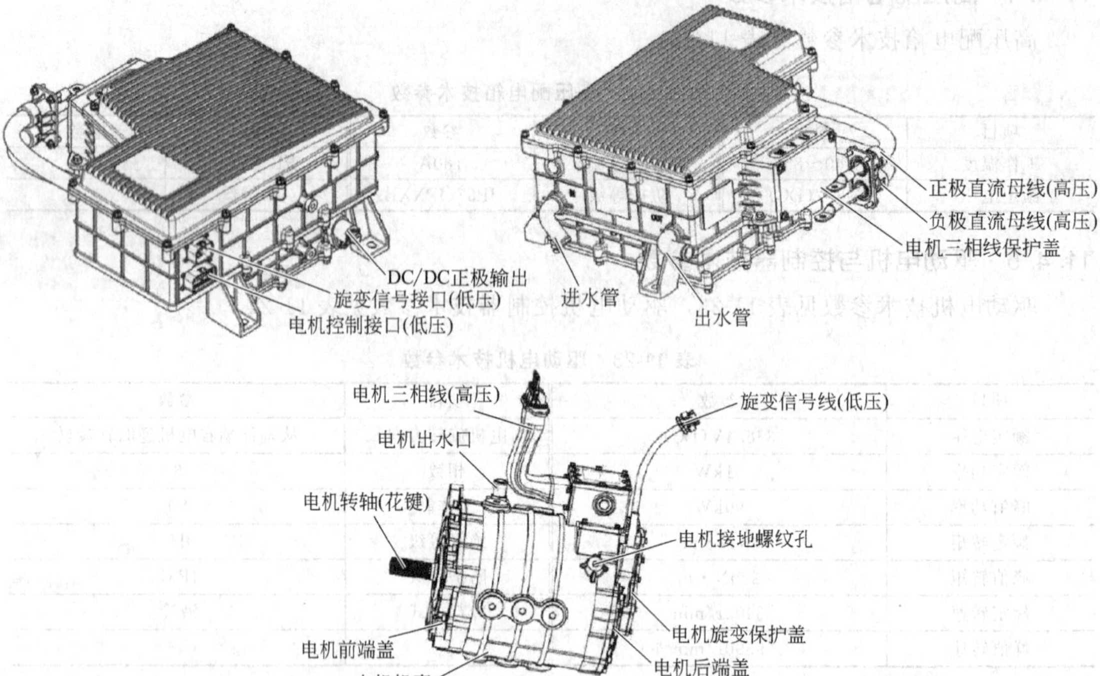

图 11-20 驱动电机与控制器接口分布

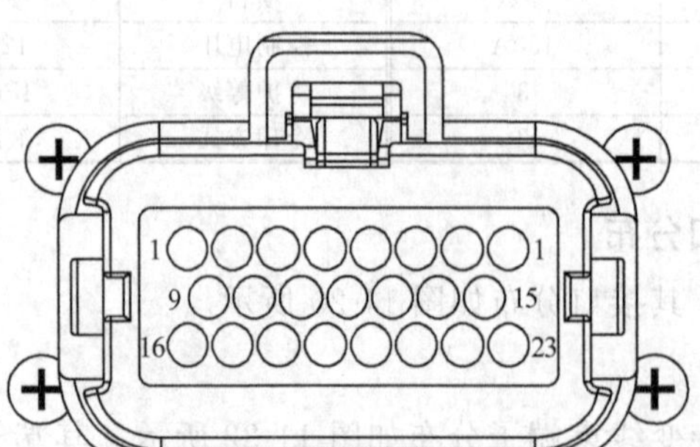

图 11-21 电机控制器端子分布

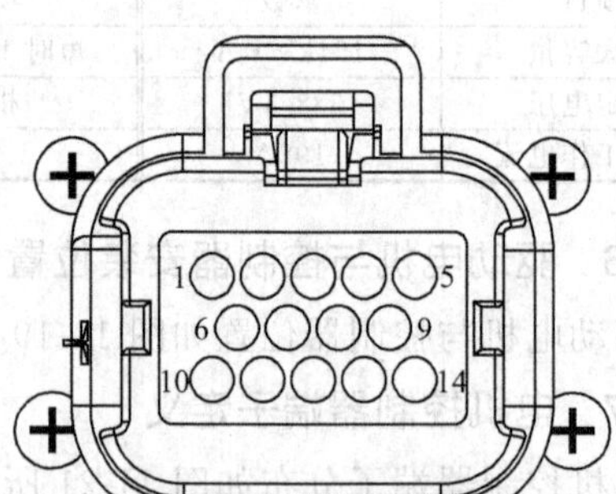

图 11-22 旋变线束端子分布

表 11-25 电机控制器端子定义

端子	端子说明	端子	端子说明
1	KL. 30+12V	16	12_GND+12V_GND
2	KL. 30+12V	17	12_GND+12V_GND
3	KL15 唤醒输入	21	CAN_L CAN 总线
10	DC/DC_EN DC/DC 使能信号	22	CAN_H CAN 总线
11	FB DC/DC 反馈信号	23	CAN_SHIELD CAN 屏蔽线

表 11-26 旋变线束端子定义

端子	端子说明	端子	端子说明
1	S4 旋变反馈信号	5	S1 旋变反馈信号
2	NTC1_GND 温度传感器	7	S3 旋变反馈信号
3	S2 旋变反馈信号	13	R1 旋变励磁信号
4	NTC1 温度传感器	14	R2 旋变励磁信号

11.4.8 整车控制器端子定义

整车控制器端子分布如图 11-23 所示，其端子定义见表 11-27。

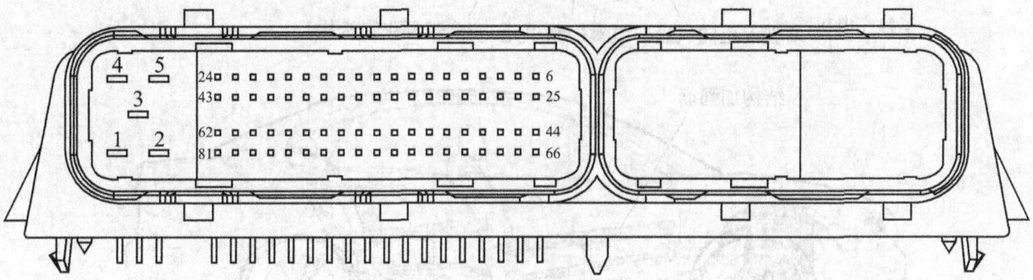

图 11-23 整车控制器端子分布

表 11-27 整车控制器端子定义

端子	端子说明	类型	端子	端子说明	类型
1	常电	输入	29	DC/DC_FB	输入
2	充电机供电	输入	30	制动常开开关	输入
3	功率地	地	31	制动真空泵继电器控制	输出
4	充电机地	地	32	冷却水泵继电器控制	输出
5	蓄电池地	地	33	主继电器控制	输出
6	CAN_H	—	34	高速冷却风扇继电器控制	输出
7	CAN_L	—	35	P 挡锁止电磁阀继电器控制	输出
10	制动真空泵压力传感器	输入	36	倒车灯继电器控制	输出
12	CAN 屏蔽地	地	38	BMS 控制	输出
14	加速踏板信号 1	输入	40	空调中压开关	输入
15	加速踏板信号 2	输入	41	传感器地 1	地
16	DC/DC 控制	输出	42	传感器地 2	地
18	启动	输入	43	传感器地 3	地
19	制动常闭开关	输入	45	附件环路互锁输入	输入
21	启动开关	输入	48	低速冷却风扇继电器控制	输出
22	5V 外部供电 1	输出	50	附件环路互锁输出	输出
23	5V 外部供电 2	输出	55	空调高低压开关	输入
24	5V 外部供电 3	输出	58	碰撞信号	输入
25	排挡信号 1	输入	65	充电口负极温度	输入
26	排挡信号 2	输入	68	巡航开关采集(高配)	—
27	排挡信号 3	输入	76	慢充 KL. 15_C	—
28	排挡信号 4	输入	77	快充 KL. 15_QC	—

11.5 风神 E70（2017～　）

11.5.1 高压系统关键部件位置

高压系统关键部件位置如图 11-24 所示。

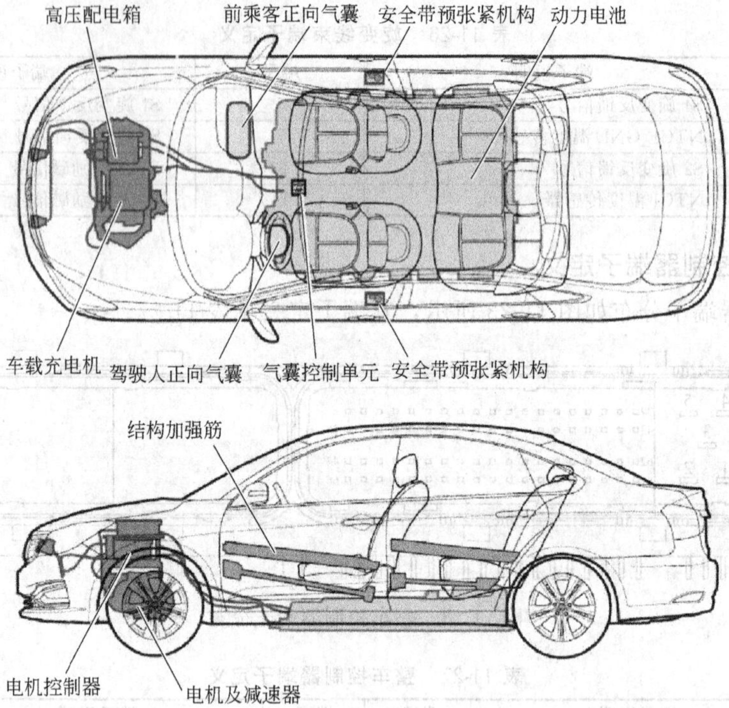

图 11-24　高压系统关键部件位置

11.5.2 整车电控单元位置

整车电控单元位置如图 11-25 所示，电控单元软硬件信息见表 11-28。

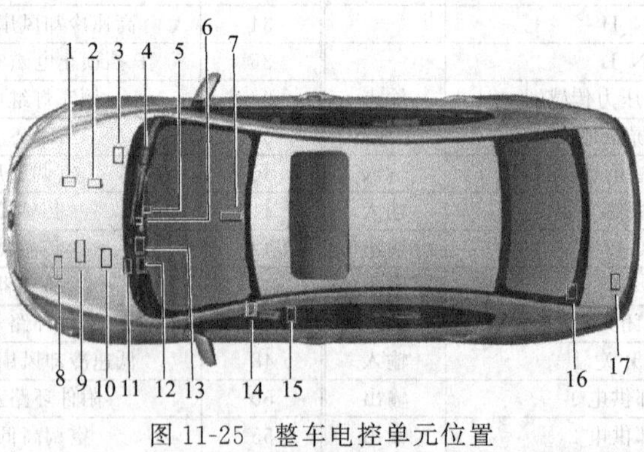

图 11-25　整车电控单元位置

1—自主电机及控制器；2—大陆电机及控制器；3—制动防抱死控制器（ABS）；4—座舱中央控制盒（BCM）；5—电动空调控制面板；6—MP5 音响主机；7—气囊电控单元；8—电机水泵控制器；9—车载充电机；10—减速器控制单元（ICU）；11—组合仪表；12—电动助力转向控制器（EPS）；13—智能进入控制器（PEPS）；14—远程监控终端总成；15—整车控制器；16—电子驻车控制器（EPB）；17—倒车雷达控制器

表 11-28 电控单元软硬件信息

<table>
<tr><th>电控零件名称</th><th>零件号</th><th>备件号</th><th>最新软件版本号</th><th>更新时间</th></tr>
<tr><td rowspan="2">自主电机及控制器</td><td>A190010J-P0900</td><td>1137000</td><td>4.0.04</td><td>2017 年 11 月 22 日</td></tr>
<tr><td>A190010J-P0902</td><td>1137001</td><td>4.2.04</td><td>2017 年 11 月 22 日</td></tr>
<tr><td>大陆电机及控制器</td><td>A360050J-G0100</td><td>2641005</td><td>VC3_01</td><td>2015 年 12 月</td></tr>
<tr><td rowspan="3">减速器控制单元(TCU)</td><td>G210200J-G0111(换挡器 E0)</td><td>—</td><td>V1.8.20</td><td>2017 年 12 月 6 日</td></tr>
<tr><td>G210200J-G0112(换挡器 E1)</td><td>—</td><td>V1.7.00</td><td>2017 年 11 月 29 日</td></tr>
<tr><td>C510055J-P0900(P 挡控制器)</td><td>3402010</td><td>DFM_EF126B11_build20170602</td><td>2017 年 6 月 2 日</td></tr>
<tr><td rowspan="2">座舱中央控制盒(BCM)</td><td>Z960010J-G0101</td><td>7671005</td><td>S0402</td><td>2016 年 5 月 15 日</td></tr>
<tr><td>Z960010J-G0103</td><td>7671006</td><td>S0400</td><td>2016 年 1 月 15 日</td></tr>
<tr><td rowspan="2">组合仪表</td><td>Z410010J-G0120-DH</td><td>7341038DH</td><td>V3.0.00</td><td>2017 年 10 月 17 日</td></tr>
<tr><td>Z410010J-G0121-DH</td><td>7341039DH</td><td>4.0.01</td><td>2017 年 11 月 28 日</td></tr>
<tr><td>智能进入控制器(PEPS)</td><td>Z870010J-G0106</td><td>—</td><td>V2.0.00</td><td>2016 年 10 月 12 日</td></tr>
<tr><td>电动空调控制面板</td><td>V2A0021J-G0100
V2A0021J-G0104</td><td>—</td><td>V4.1.12</td><td>2017 年 11 月 14 日</td></tr>
<tr><td>倒车雷达控制器</td><td>Z460010J-G0101</td><td>7761001</td><td>V4.1.00</td><td>2014 年 11 月 6 日</td></tr>
<tr><td>气囊电控单元</td><td>U410010J-G0109</td><td>8521031</td><td>V2.0.00</td><td>2015 年 2 月 15 日</td></tr>
<tr><td>MP5 音响主机</td><td>Z7100B0J-G0105</td><td>7703024</td><td>V4.1.02</td><td>2017 年 11 月 30 日</td></tr>
<tr><td>电动助力转向控制器(EPS)</td><td>E470010J-G0104</td><td>—</td><td>V4.0.01</td><td>2017 年 9 月 13 日</td></tr>
<tr><td>制动防抱死控制器(ABS)</td><td>F6A0010J-G0110</td><td>—</td><td>3.0.04</td><td>2017 年 6 月 2 日</td></tr>
<tr><td rowspan="2">电水泵控制器</td><td>A160020J-G0100</td><td>—</td><td>A360147J-G0107_V4.0.00</td><td>2017 年 9 月 28 日</td></tr>
<tr><td>A160020J-G0101</td><td>—</td><td>A360147J-G0108_V4.0.00</td><td>2017 年 9 月 28 日</td></tr>
<tr><td>电子驻车控制器(EPB)</td><td>F720040J-G0102</td><td>—</td><td>V4.0.01</td><td>2017 年 11 月 24 日</td></tr>
<tr><td>远程监控终端总成</td><td>Z750011J-G0100</td><td>—</td><td>V4.0.00</td><td>2017 年 11 月 3 日</td></tr>
<tr><td>整车控制器</td><td>A360130J-G0110</td><td>7821003</td><td>V4.0.02</td><td>2017 年 10 月 12 日</td></tr>
<tr><td>电池管理器(EMS)</td><td>Z110030J-P0900</td><td>—</td><td>V4.0.04</td><td>2017 年 12 月 8 日</td></tr>
<tr><td>车载充电机</td><td>Z110083J-G0101</td><td>—</td><td>4.5.00</td><td>2017 年 6 月 22 日</td></tr>
</table>

11.5.3 油液规格及用量

油液规格及用量见表 11-29。

表 11-29 油液规格及用量

<table>
<tr><th colspan="2">部件及型号</th><th colspan="2">液体名称及牌号或级别</th><th>每车用量</th></tr>
<tr><td rowspan="2">电机</td><td>DFM7000G1F2BEV</td><td rowspan="2">驱动电机冷却液</td><td rowspan="2">DF-3</td><td>(4.8±0.3)L</td></tr>
<tr><td>DFM7000G1F3BEV
DFM7000G1F4BEV</td><td>(5.3±0.3)L</td></tr>
<tr><td rowspan="2">变速器</td><td>DFM7000G1F2BEV</td><td rowspan="2">变速器润滑油</td><td>ETL8997B 或 Castrol SAF-PD 或 Mobilube PTX 75W-90</td><td>(0.6±0.02)L</td></tr>
<tr><td>EFM7000G1F3BEV
DFM7000G1F4BEV</td><td>75W-90</td><td>(1±0.1)L</td></tr>
<tr><td colspan="2">制动储液器</td><td>合成制动液</td><td>DOT4</td><td>0.85L</td></tr>
<tr><td colspan="2">风窗洗涤器</td><td>风窗玻璃清洗液</td><td>金玻 002</td><td>3.5L(最大容量)</td></tr>
<tr><td colspan="2" rowspan="2">空调</td><td>制冷剂</td><td>R134a</td><td>0.52kg</td></tr>
<tr><td>冷却液</td><td>DF-3</td><td>(2.2±0.1)L</td></tr>
</table>

11.5.4 车轮定位数据

车轮定位数据见表 11-30。

表 11-30 车轮定位数据

项目		参数
前轮定位	车轮外倾	−0°05′±45′
	主销内倾	9°50′±45′
	主销后倾	4°45′±45′
	前束	车轮前端内倾 1mm
后轮定位	车轮外倾	−1°30′±30′
	前束	车轮前端内倾 8.5mm

11.5.5 维护保养技术参数

维护保养技术参数见表 11-31。

表 11-31 维护保养技术参数

项目	测量	条件	标准值	极限值
附件皮带	张紧度	—	(520±30)N·m	—
蓄电池	电压	静态电压	>12V	—
		总动电压	>10V	—
		发电量	>13.8V	—
转向盘	间隙	游隙	—	30mm
制动盘	厚度	前/后	24.0mm/9.0mm	22.0mm/8.0mm
	外径	前/后	280mm/292mm	—
	跳动量	前/后	—	0.035mm/0.1mm
制动片	厚度	前/后	9.5mm/8.5mm	2.0mm/2.0mm

11.6 知豆 D2(2016~)

11.6.1 高压电池技术参数

高压电池技术参数见表 11-32。

表 11-32 高压电池技术参数

项目	参数	项目	参数
电池种类	锂离子电池	电池总成标称电压	146V
单体标称电压	3.65V	电池总成工作电压	120~166V
单体充电截止电压	4.19V	电池总成额定容量	120A·h
单体放电截止电压	3.05V	电池可用电量	≥17.52kW·h
电池包防护等级	IP67	慢充特性	6~8h 充满电
电池单体组合方式	12 并 40 串	运输或储存温度范围	−30~60℃
工作温度范围	−20~60℃	电池系统冷却类型	自然冷却
循环寿命(90%DOD)	≥2000 次		

11.6.2 DC/DC 转换器技术参数

DC/DC 转换器技术参数见表 11-33。

表 11-33 DC/DC 转换器技术参数

项目	参数	项目	参数
转换器类型	隔离型	效率	额定工况不低于 90%
工作模式	限压限流	额定输出功率	0.8kW
输入电压	110~180V(DC)	输出电压范围	(14.0±0.2)V(DC)
启动冲击电流	小于 20A	输出电压误差	1%

续表

项目	参数	项目	参数
电压纹波系统	5%	工作环境温度	－40～65℃
输出电流范围	0～70A	储存环境温度	－40～95℃
输出电流误差	5%	相对湿度	5%～95%
绝缘性能	10MΩ	IP 等级	IP66
介电强度	1500V(AC)	冷却功能	自然冷却
工作噪声	小于 45dB	质量	小于 4kg

11.6.3 电机与控制器技术参数

（1）驱动电机技术参数（表 11-34）

表 11-34 驱动电机技术参数

名称	永磁同步电机	型号	RTZ14X45DYA
连接方式	Y 形	冷却方式	自然冷却
额定输出功率	15kW	额定电压	144V(AC)
额定转矩	25N·m	额定转速	5200r/min
最大转矩	85N·m	最高转速	7300r/min
防护等级	IP67	峰值功率	28kW
相数	三相		

（2）电机控制器技术参数（表 11-35）

表 11-35 电机控制器技术参数

名称	电机控制器	型号	TZ175X15DYA
额定电压	148V	冷却方式	自然冷却
运行电压范围	115～178V	额定容量	25kV·A
最大电流	440A	额定电流	115A
防护等级	IP66		

11.6.4 电机控制器故障码

电机控制器故障码见表 11-36。

表 11-36 电机控制器故障码

故障码	故障描述	故障原因	维修建议
01110110	电机角度传感器断路	传感器输出小于 0.1V	重启，电压恢复到 0.2～4.8V
10010010	电机角度传感器初始化故障	传感器输出小于 0.1V	重启，电压恢复到 0.2～4.8V
10001001	电机角度传感器其他故障	内部信号故障	重启，信号恢复正常
01110111	12V 欠压	＜8V	重启，电压恢复到 8V 以上
01111000	过流硬件保护	相电流超过 850A，母线电流超过 700A	重启，相电流，母线电流恢复正常
01111001	主蓄电池丢失	＜20V	重启
10000001	接触器、熔丝故障	输入电压与母线电压相差 10V	重启，信号恢复正常
10000010	主蓄电池电压过高	＜蓄电池最大电压值	重启，电压恢复到最大电压值以内
00010011	控制器温度高	＞70℃	重启，温度恢复到 70℃以下
10000011	控制器过温	＞85℃	重启，温度恢复到 85℃以下
00010110	电机温度高	＞85℃	重启，温度恢复到 85℃以下
10001000	电机过温	＞100℃	重启，温度恢复到 100℃以下
00010111	电机温度传感器断路	电机温度线信号＜0.1V 或＞3.2V	重启，电机温度线信号恢复正常
00011000	控制器温度传感器断路	内部信号故障	重启，信号恢复正常
10000100	电流传感器故障	内部信号故障	重启，信号恢复正常
10000101	电机相电流异常过流	相电流超过 800A	重启，电流恢复到正常水平
10000111	电机过速	＞6300r/min	降额运行(＜6300r/min)
10010001	电流传感器初始化故障	内部信号故障	重启，信号恢复正常
10010011	参数配置错误	内部信号故障	重启，信号恢复正常
00010010	油门误开	油门信号超过油门开启电压	油门复位
00010100	挡位、油门未复位	挡位、油门未复位	挡位、油门复位

11.7 康迪 EX3（2018~ ）

11.7.1 高压配电盒线路与端子定义

高压配电盒线路连接如图 11-26 所示。

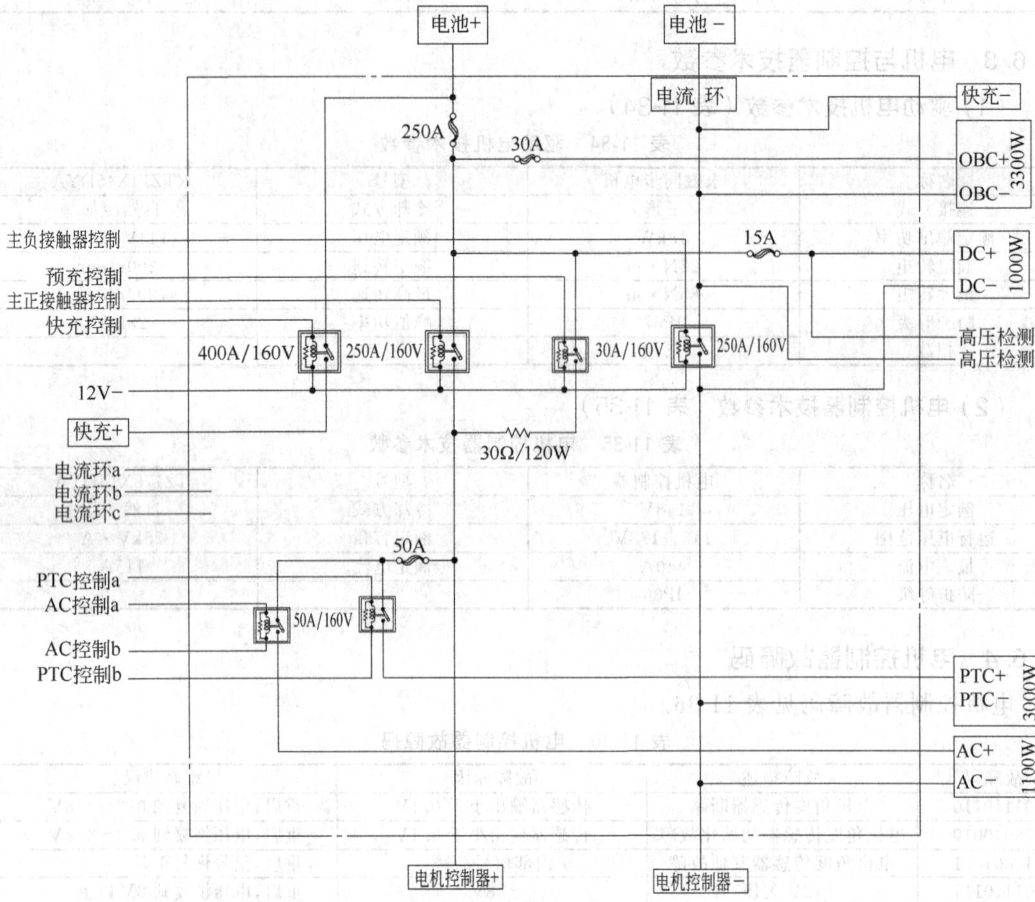

图 11-26 高压配电盒线路连接

高压配电盒低压端子如图 11-27 所示，其端子定义见表 11-37，故障快速维修见表 11-38。

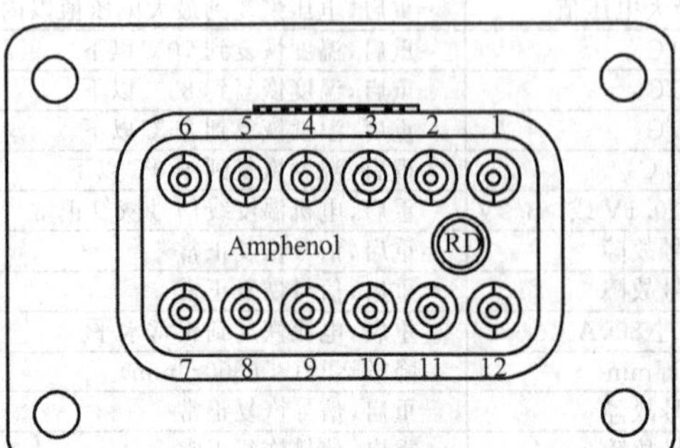

图 11-27 高压配电盒低压端子

表 11-37 高压配电盒低压端子定义

端子	端子定义
1	主负继电器 12V＋控制
2	主正继电器 12＋控制
3	空调 AC 控制 a
4	空调 PTC 控制 a
5	空调 PTC 控制 b
6	电源环输入正极
7	电流环接地
8	电流环信号输出
9	空调 AC 控制 b
10	直流快充 12＋控制
11	高压检测＋
12	高压检测－

表 11-38　高压配电盒故障快速维修

<table>
<tr><th>故障</th><th>处理建议</th><th>故障</th><th>处理建议</th></tr>
<tr><td>空调制热不工作</td><td>(1)检查熔断器(250A 和 50A)是否损坏
(2)检查正极接触器控制线束是否断开
(3)检查正极接触器(250A)是否损坏
(4)检查空调制热控制线束是否断开
(5)检查空调制热接触器是否损坏</td><td>电机控制器不工作</td><td>(1)检查熔断器(250A)是否损坏
(2)检查正极接触器控制线束是否断开
(3)检查正极接触器(250A)是否损坏
(4)检查负极接触器(250A)是否损坏
(5)检查负极接触器控制线束是否断开</td></tr>
<tr><td rowspan="2">空调制冷不工作</td><td rowspan="2">(1)检查熔断器(250A 和 50A)是否损坏
(2)检查正极接触器控制线束是否断开
(3)检查正极接触器(250A)是否损坏
(4)检查空调制冷控制线束是否断开
(5)检查空调制冷接触器是否损坏</td><td>动力电池不充电</td><td>检查熔断器(250A 和 250A)是否损坏</td></tr>
<tr><td>DC 不工作</td><td>(1)检查熔断器(250A 和 15A)是否损坏
(2)检查负极接触器控制线束是否断开
(3)检查负极接触器(250A)是否损坏</td></tr>
</table>

11.7.2　车载充电机与 DC/DC 总成技术参数

车载充电机技术参数如表 11-39 所示，DC/DC 总成技术参数见表 11-40。

表 11-39　车载充电机技术参数

项目	参数
额定电压	160V
输入电压范围	90～265V(AC)
工作温度	−35～85℃
存储温度	−55～11.2℃
过热保护	当充电机内部温度超过 85℃时，充电电流自动减少；超过 90℃时，充电机保护性关机；温度下降后，自动恢复充电
抗震等级	符合 QC/T 895—2011 中 7.8.1 和 7.8.2 的要求
防护等级	IP67
额定功率	3.3kW
频率范围	40～70Hz
充电机输出特性	输出电压范围为 58～198V，输出最大电流为 23A
绝缘电阻	大于 20MΩ

表 11-40　DC/DC 总成技术参数

项目	参数
型号	HWZ25-108-13.8-500W
额定功率效率	≥92%
纹波系数	＜1%
负载率	0～100% 连续
峰值功率	120%额定功率 6min
工作环境温度	−20～60℃
存储温度	−40～85℃
抗震等级	符合 SAEJ1378
盐雾	GB/T 2423.17—2008《电工电子产品环境试验　第 2 部分：试验方法　试验 Ka：盐雾》
输入对输出耐压	1500V(AC)[2100V(DC)]/10s 漏电流＜10mA
输入对外壳耐压	1500V(AC)[2100V(DC)]/10s 漏电流＜10mA
输出对外壳耐压	500V(AC)[700V(DC)]/10s 漏电流＜10mA
输入对输出在 500V(DC)测试	绝缘电阻＞50MΩ

11.7.3　空调控制面板端子定义

空调控制面板端子如图 11-28 所示，端子定义见表 11-41。

11.7.4　整车控制器电路

整车控制器电路如图 11-29 所示。

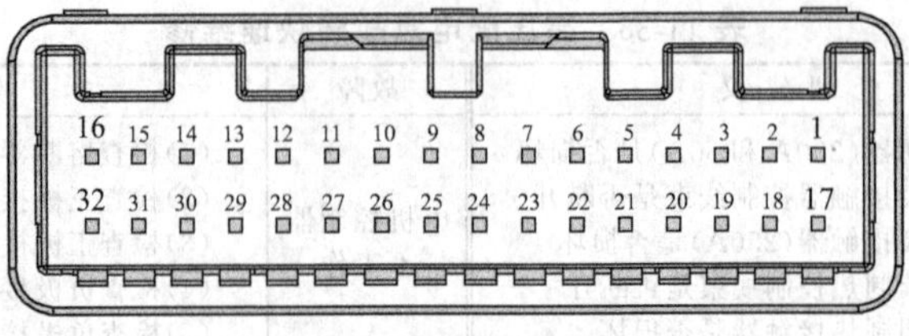

图 11-28 空调控制面板端子

表 11-41 空调控制面板端子定义

端子	端子名称	端子定义	端子	端子名称	端子定义
1	5V	5V 参考电压	17	V-V-UBD	电池电源＋
2	O-V-MSP	模式驱动－/前除霜方向	18	O-A-IG1	IG1 点火线/KL. 15
3	O-VMSN	模式驱动＋/吹脸方向	19	I-A-NTC-FAN＋	室内温度传感器风扇电源 12V
4	O-V-LNP	冷暖驱动－/冷风方向	21	V-V-ILL	背光灯电源＋
5	O-V-LNN	冷暖驱动＋/暖风方向	22	N/C	程序烧录脚(预留)
6	O-V-XHP	循环驱动－/外循环	23	N/C	程序烧录脚(预留)
7	O-V-XHN	循环驱动＋/内循环	24	O-PTC-L	PTC 输出
8	I-A-MSF	模式信号反馈	25	I-A-CSF	后除霜反馈
9	O-V-LNF	冷暖信号反馈	26	O-A-CS	后除霜输出
10	V-VIGND	模拟地	27	O-A-GF	鼓风机风速反馈信号
12	N/C	PTC 温度传感器(预留)	28	O-A-SP	调速模块控制信号
13	I-A-ZFQ	蒸发器温度传感器信号	30	I-A-AC	AC 请求信号
14	I-A-NTC	室内温度采集	31	CAN_H	CAN 高
15	I-A-NTC-FAN－	室内温度传感器风扇负极	32	CAN_L	CAN 低
16	V-GND	电源地			

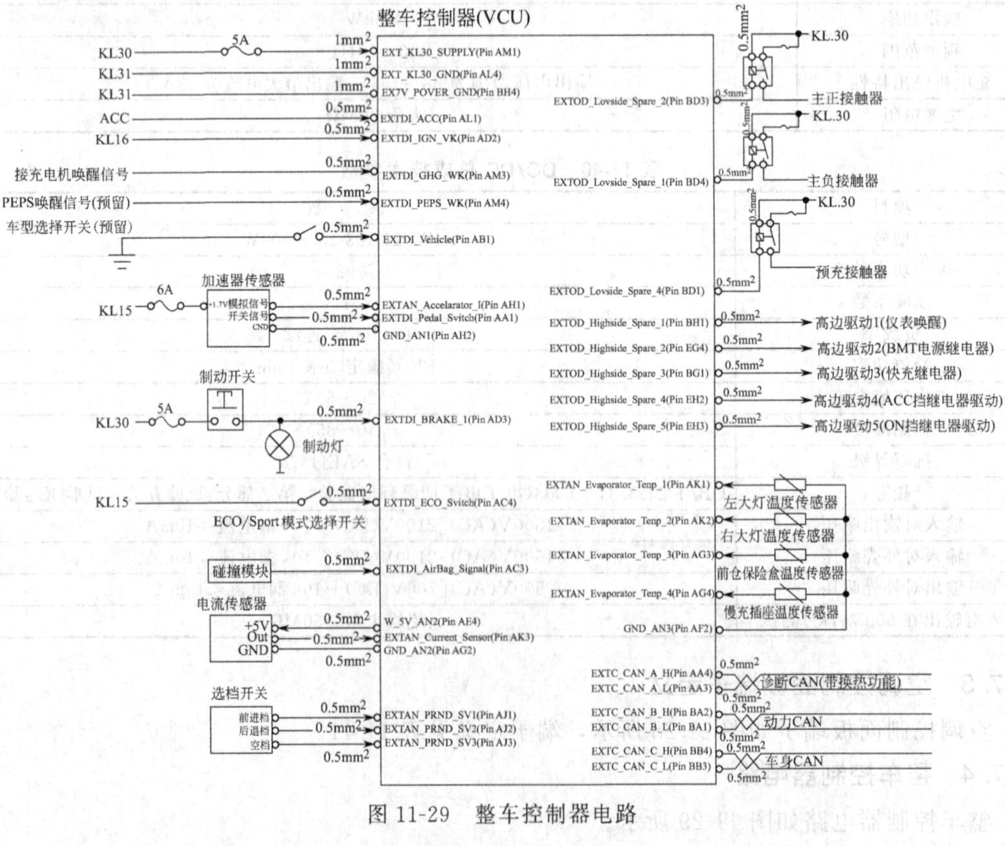

图 11-29 整车控制器电路

11.8 众泰云100系列（2016~ ）

11.8.1 车载充电机接口分布及端子定义

车载充电机接口分布如图11-30所示，其端子定义见表11-42。

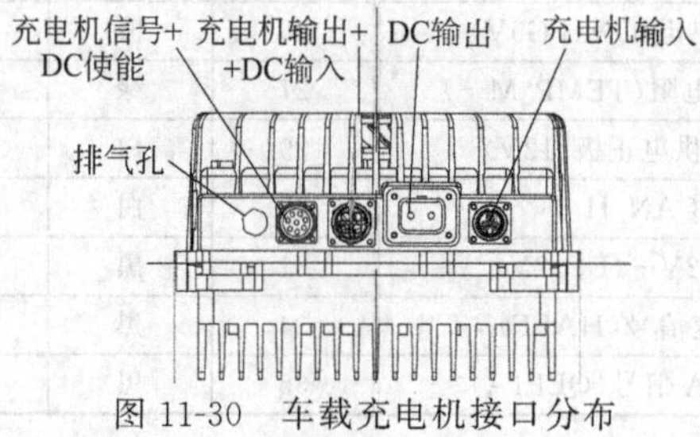

图11-30 车载充电机接口分布

表11-42 车载充电机端子定义

接口	功能	端子	端子说明	接口	功能	端子	端子说明
充电机输入	交流电220V输入充电机	1	地线	DC输出	DC/DC输出正负极线	1	DC输出正
		2	火线			2	DC输出负
		3	零线	充电机信号＋DC使能	8针控制信号	A	CAN_H
充电机输出＋DC输入	充电机高压直流输给DC/DC	A	充电机输出正			B	CAN_L
		B	充电机输出负			C	13V电源＋
		C	DC输入正			D	13V电源－
		D	DC输入负			E	DC使能

11.8.2 驱动电机控制器端子定义及电路

驱动电机控制器电路如图11-31所示，其端子定义见表11-43。

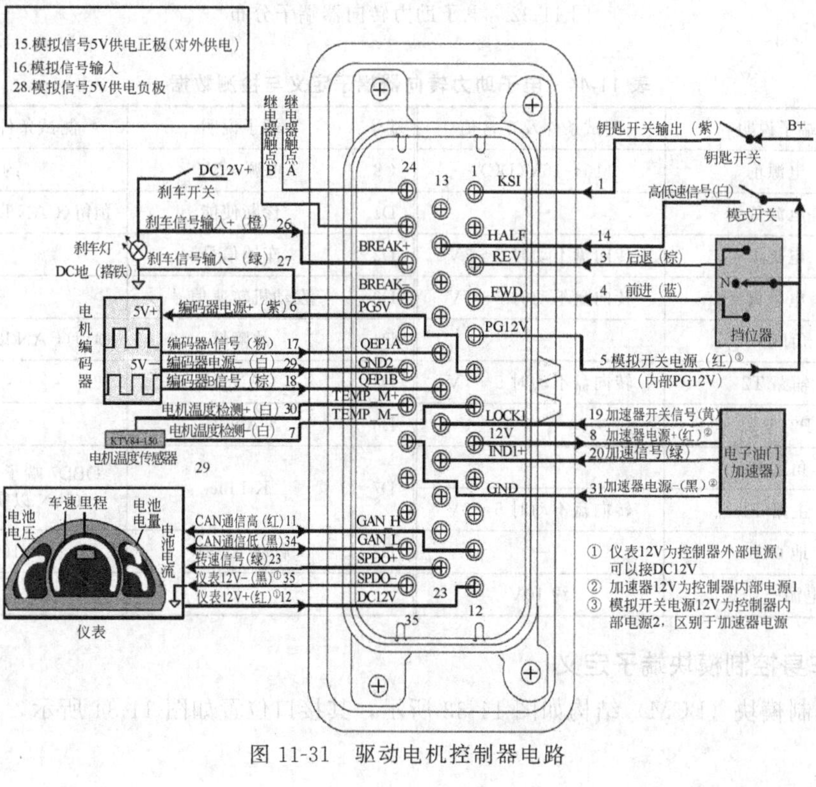

图11-31 驱动电机控制器电路

表 11-43 驱动电机控制器端子定义

端子	线色	端子说明	端子	线色	端子说明
1	紫	钥匙开关信号(KSI)	18	棕	编码器 B 信号(QEP1B)
3	棕	后退信号线(REV)	19	黄	加速器开关信号(LOCK1)
4	蓝	前进信号线(FWD)	20	绿	加速信号(IND1＋)
5	红	开关信号供电正极(PG12V)	23	绿	转速信号(SPDO＋)
6	紫	编码器供电正极(PG5V)	26	橙	接刹车信号(BREAK＋)
7	白	电机温度电阻(TEMP_M－)	27	绿	接车载 DC 地线(BREAK－)
8	红	加速器供电正极(12V)	29	白	编码器供电负极(GND2)
11	红	CAN_H	30	白	电机温度电阻(TEMP_M＋)
12	红	仪表 12V＋(DC12V)	31	黑	加速器供电负极(GND)
14	白	高低速信号(HALF)	34	黑	CAN_L
17	棕	编码器 A 信号(QEP1A)	35	黑	仪表 12V－(SPDO－)

11.8.3 电子助力转向器端子定义

电子助力转向器端子分布如图 11-32 所示，其端子定义与检测数据见表 11-44。

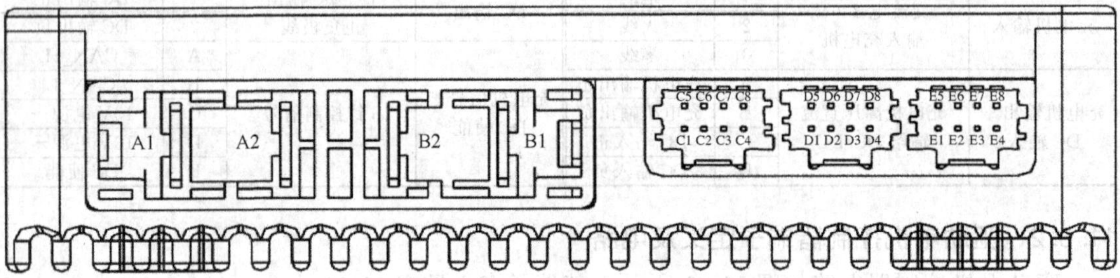

图 11-32 电子助力转向器端子分布

表 11-44 电子助力转向器端子定义与检测数据

端子	端子说明	测试条件及正常值	端子	端子说明	测试条件及正常值
A1	电源正	10～16V(DC)	C8	电源＋5V	约 5V
A2	电源负	—	D1	诊断使能	预留(CAN 以实现此功能)
B1	电机正	转向盘不动时 5～7V	D2	车速信号	—
B2	电机负	转向盘不动时 5～7V	D3	发动机转速信号	—
C1	角度 P1	—	D4	故障灯	预留(CAN 以实现此功能)
C2	辅路 T2	转向盘不动时 5～7V	D5	CAN_H	—
C3	角度 P2/电源＋5V	—	D6	CAN_L	—
C4	角度 P3	—	D7	K-Line	OBD7 端子，诊断仪诊断(CAN 以实现此功能)
C5	主路 T1	转向盘不动时 5～7V			
C6	地 GND	—	D8	启动 IG SW	6～16V(DC)
C7	电源＋10V	约 10V			

11.8.4 车身控制模块端子定义

车身控制模块（BCM）结构如图 11-33 所示，其接口位置如图 11-34 所示，端子定义见表 11-45。

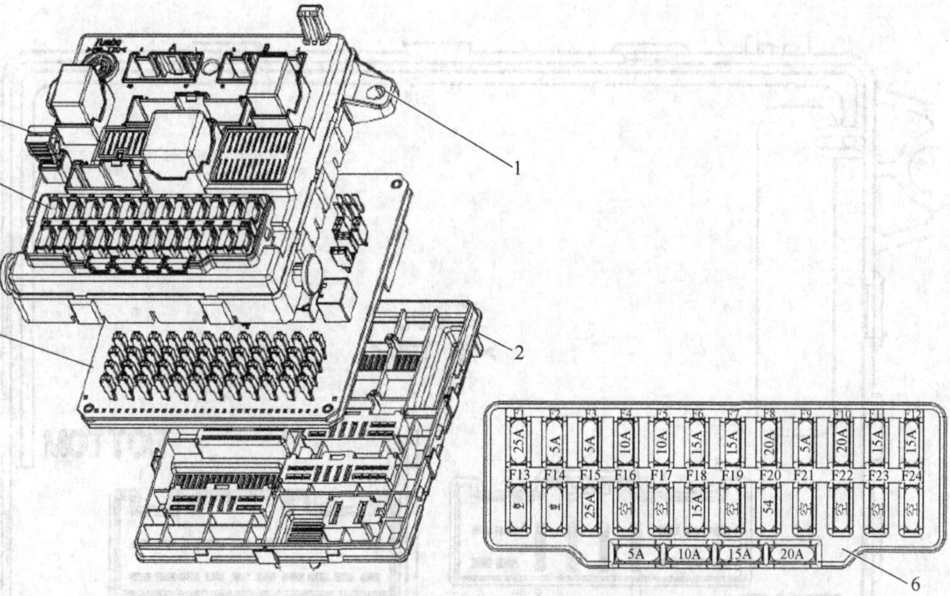

图 11-33　车身控制模块结构

1—上壳体；2—下壳体；3—拨片器；4—片式熔丝；5—线路板总成；6—熔断器盖总成

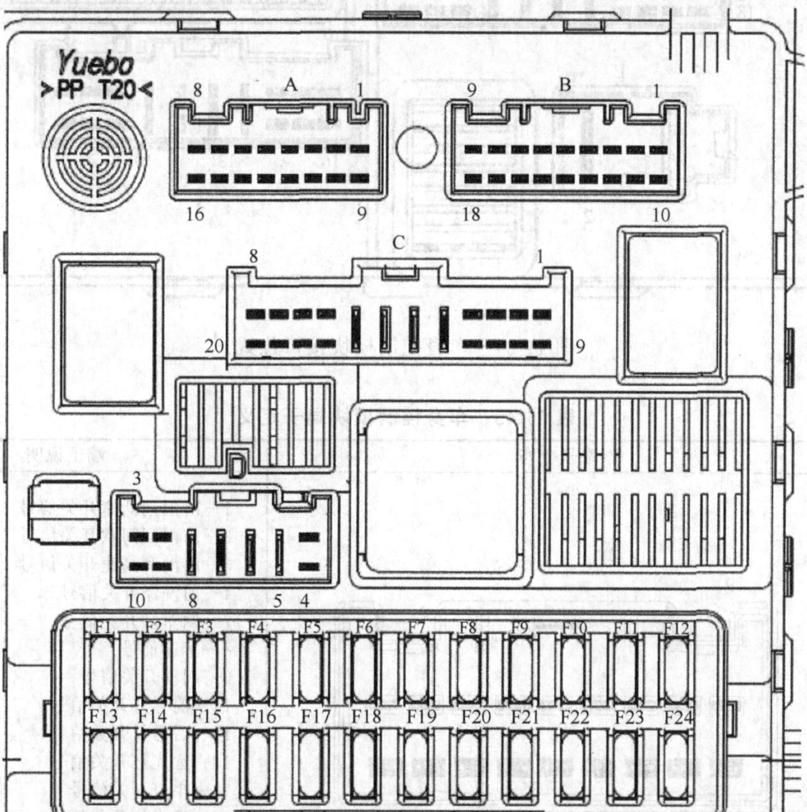

图 11-34

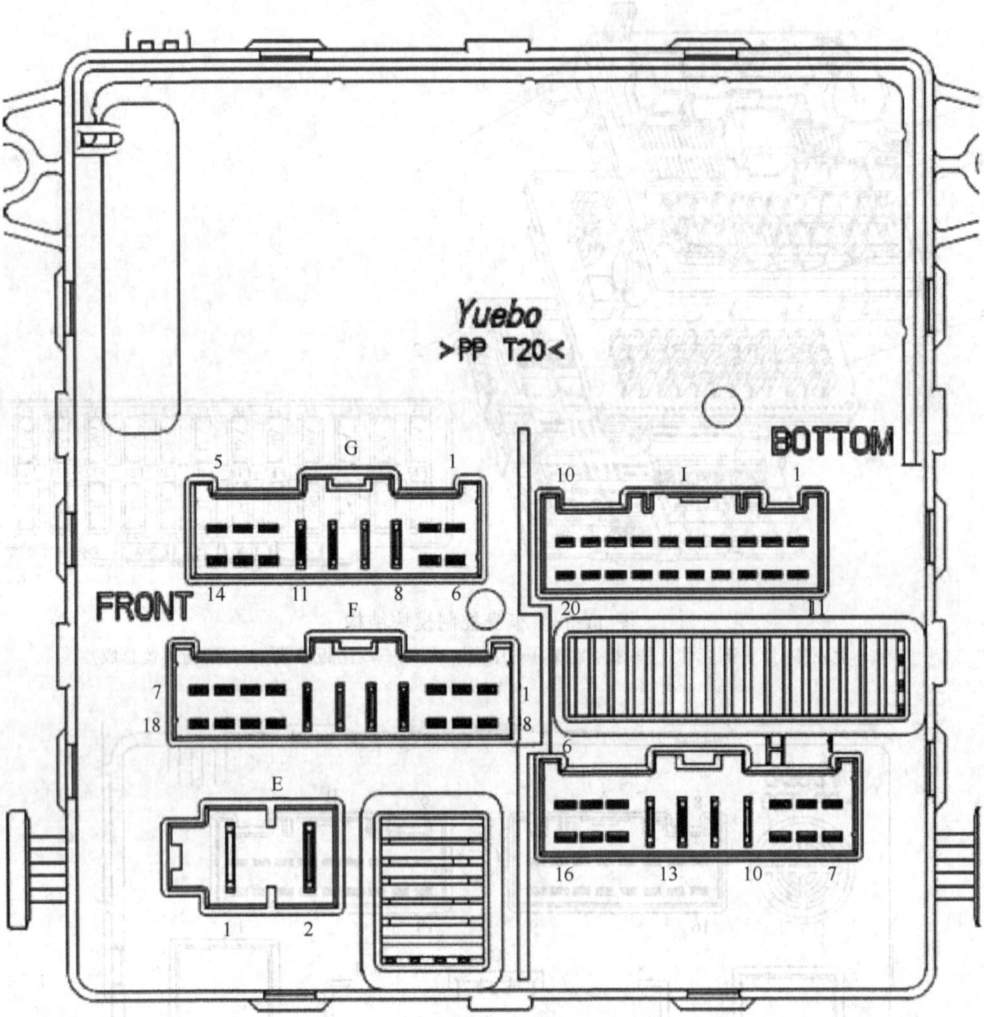

图 11-34 车身控制模块接口位置

表 11-45 车身控制模块端子定义

接口	端子分布	端子说明
B	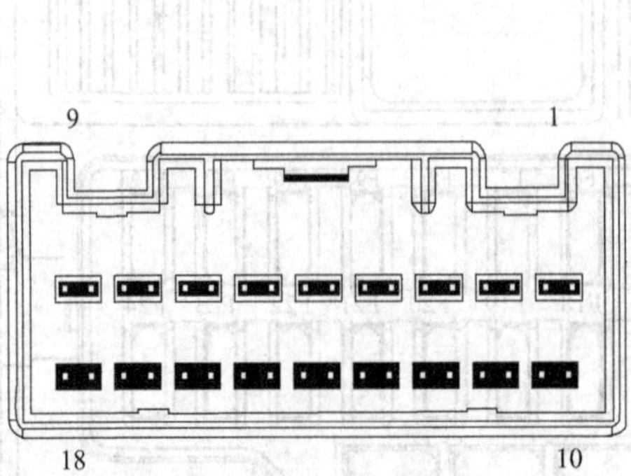	1—前雨刮低速开关信号 2—前雨刮间歇开关信号 3—前雨刮高速开关信号 4—前洗涤开关信号 7—倒车灯开关信号 8—车速信号 9—制动开关信号 11—前雾灯开关信号 12—后雾灯开关信号 13—远光灯开关信号 14—小灯开关信号 15—近光灯开关信号 16—危险报警开关信号 17—右转向灯开关信号 18—左转向灯开关信号

接口	端子分布	端子说明
C	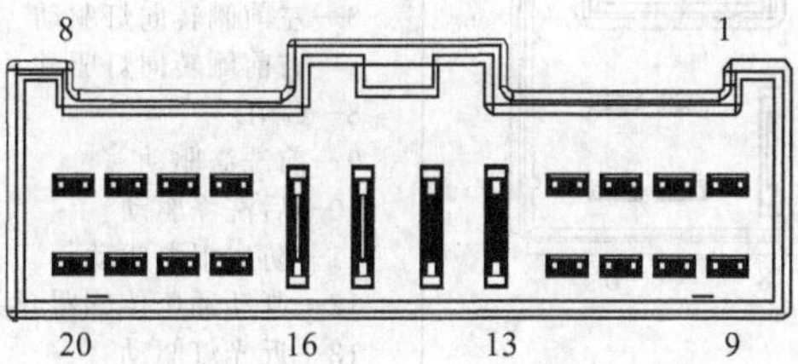	1—ABS 诊断 3—门灯电源 4—安全气囊碰撞开锁信号 6—防盗指示灯 7—倒车雷达 8—背景灯驱动 9—喇叭开关信号 11—仪表电源 12—防盗控制器 13—暖风机电源 14—起动机 16—GND 18—诊断口 19—燃油过低指示 20—燃油传感器
D	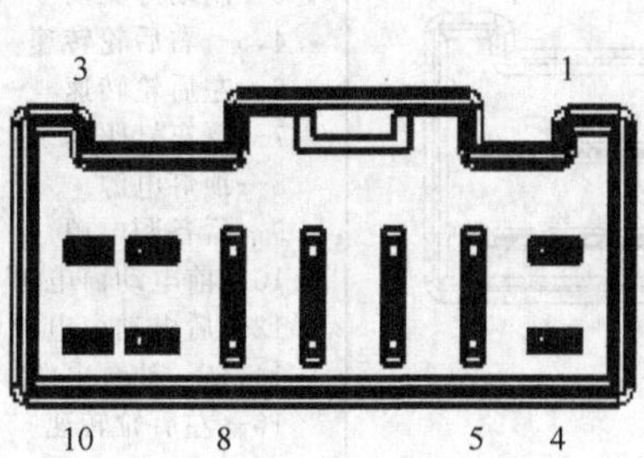	1—点烟器 2—车速传感器 3—电子钟 4—碰撞开关信号 5—点火开关电源 6—IG1 7—IG2 8—ACC 9—收放机 10—发动机电子防盗控制器
E	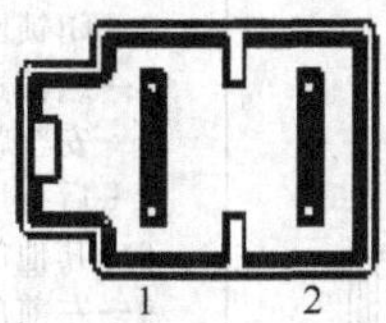	1—电源 1 2—电源 2
F	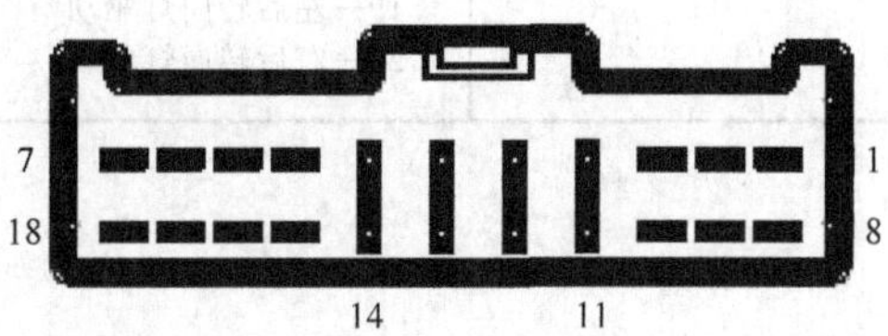	1—前小灯驱动 2—右后轮转速信号 3—左后轮转速信号 4—前雨刮复位信号 5—前雾灯驱动 6—机油压力开关信号 7—喇叭控制 8—ABS 控制 9—右后轮转速信号 10—左后轮转速信号 12—油泵电源 13—IG1 14—暖风机电源 15—发电机充电指示 16—前雨刮高速驱动 17—ABS 诊断 18—前雨刮低速驱动

续表

接口	端子分布	端子说明
G	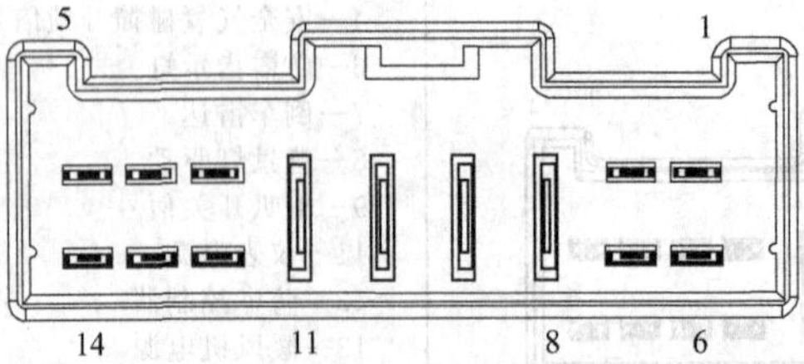	1—CAN_H 2—车速信号 4—故障控制(ABS)信号 5—EBD信号 6—左前侧转向灯驱动 7—右前侧转向灯驱动 8—GND 9—前洗涤驱动 10—后洗涤驱动 11—防盗报警驱动 12—制动油压传感器开关 13—近光灯驱动 14—远光灯驱动
H	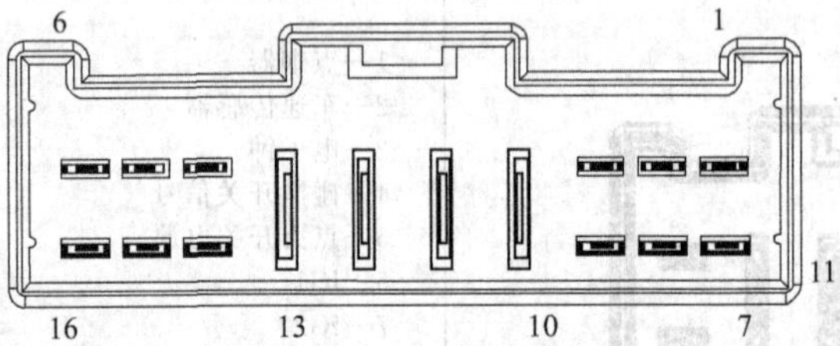	1—后尾灯驱动 2—后雾灯驱动 3—制动灯驱动 4,5—右后轮转速 6—左后轮转速 7—倒车灯驱动 8—顶灯电源 9—后备厢电源 10—前电动窗电源 12—后电动窗电源 14,15—油泵电源 16—左后轮转速
I	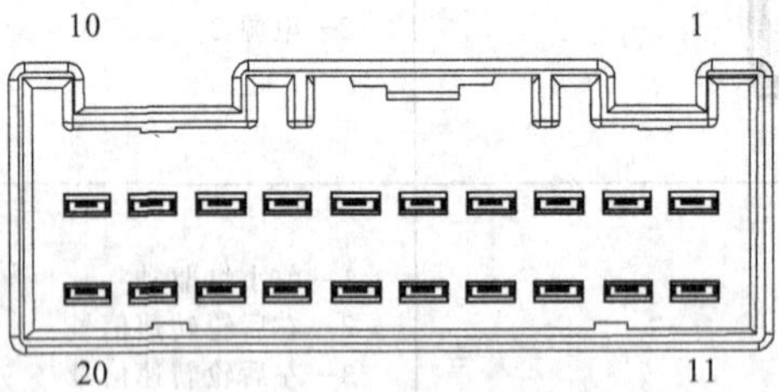	1—开锁驱动 2—闭锁驱动 3—燃油过低指示 6—安全带报警开关 7—后备厢开关信号 8—其他门触开关 9—左前门触开关 10—LIN 11—后雨刮驱动 12—后雨刮复位电源 13—燃油传感器 14—GND 16—门钥匙开关 18—驻车开关 19—左后转向灯驱动 20—右后转向灯驱动

第12章

特斯拉新能源汽车

12.1 MODEL S（2016～ ）

12.1.1 高压系统部件位置

高压系统部件位置如图 12-1 所示。

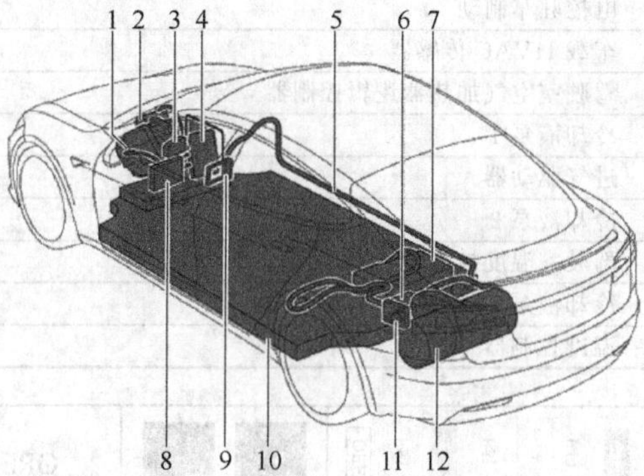

图 12-1 高压系统部件位置

1—前驱单元（如果配备）；2—A/C 压缩机；3—电池冷却液加热器；4—前接线盒；5—高压电缆；6—快速分离器；7—充电机；8—DC/DC 转换器；9—前舱加热器；10—高压电池；11—充电端子；12—后驱单元

12.1.2 2014～2016 年款车型熔丝与继电器信息

三个熔丝盒位于前舱内的维护板下方，如图 12-2 所示。各熔丝盒熔丝分布如图 12-3～图 12-5 所示，熔丝信息见表 12-1～表 12-3。

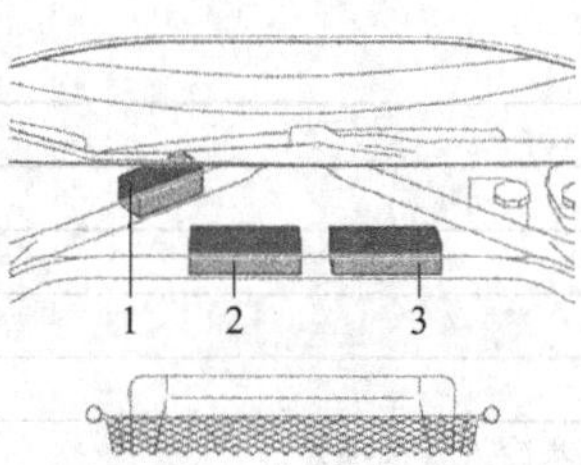

图 12-2 熔丝盒位置

1—熔丝盒 1；2—熔丝盒 2；3—熔丝盒 3

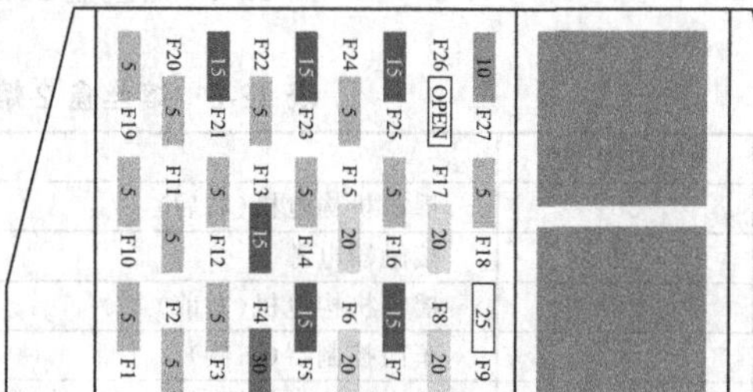

图 12-3 熔丝盒 1 熔丝分布

表 12-1 熔丝盒 1 熔丝信息

熔丝	额定电流/A	保护电路
F1	5	辅助传感器、收音机、USB 设备集线器
F2	5	头灯调平系统（仅限欧盟和我国采用螺旋悬架弹簧设计的轿车）

熔丝	额定电流/A	保护电路
F3	5	阅读灯、后视镜
F4	30	后排外侧座椅加热器(寒冷天气选项)
F5	15	座椅加热器(驾驶人座椅)
F6	20	基础音频放大器
F7	15	座椅加热器(前乘客座椅)
F8	20	高级音频放大器
F9	25	天窗
F10	5	被动安全辅助系统
F11	5	转向盘开关
F12	5	驱动模式传感器及偏航率传感器(车身稳定/牵引力控制系统)
F13	15	雨刮复位开关
F14	5	驱动变流器
F15	20	电控驻车制动
F16	5	停车传感器
F17	20	电控驻车制动
F19	5	车载 HVAC 传感器
F20	5	驾驶室空气加热器逻辑控制器
F21	15	冷却液泵 1
F22	5	进气驱动器
F23	15	冷却液泵 2
F24	5	驾驶室温度控制器
F25	15	冷却液泵 3
F27	10	温度控制器

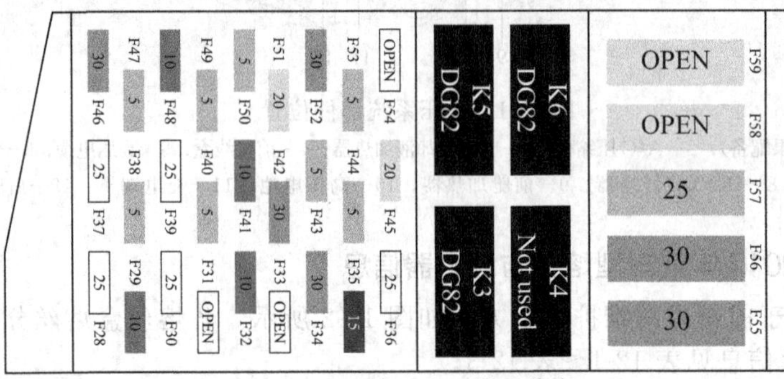

图 12-4 熔丝盒 2 熔丝分布

表 12-2 熔丝盒 2 熔丝信息

熔丝	额定电流/A	保护电路
F28	25	摇窗机构电机(右后)
F29	10	接触器电源
F30	25	摇窗机构电机(右前)
F32	10	车门控制器(右侧)
F34	30	后中座椅加热器、挡风玻璃清洗器/雨刷除霜器(寒冷天气选项)
F35	15	12V 电源插座
F36	25	空气悬架
F37	25	摇窗机构电机(左后)
F38	5	驾驶人座椅记忆模块
F39	25	摇窗机构电机(左前)
F40	5	后车门把手
F41	10	车门控制器(左侧)

续表

熔丝	额定电流/A	保护电路
F42	30	电动后备厢盖
F43	5	功率传感器、制动开关
F44	5	充电机(充电接口)
F45	20	被动门禁系统(喇叭)
F46	30	车身控制模块(第2组)
F47	5	杂物箱灯
F48	10	车身控制模块(第1组)
F49	5	仪表板
F50	5	警报器、侵入/倾斜传感器(仅限欧洲)
F51	20	触摸屏
F52	30	加热后窗器
F53	5	电池组管理系统
F55	30	左前电动座椅
F56	30	右前电动座椅
F57	25	驾驶室风扇

表 12-3　熔丝盒 3 熔丝信息

熔丝	额定电流/A	保护电路
F71	40	冷凝器风扇(左)
F72	40	冷凝器风扇(右)
F73	40	真空泵
F74	20	12V 电源(驾驶室)
F75	5	动力转向系统
F76	5	ABS
F77	25	车身稳定控制系统
F78	20A	大灯(远光/近光)
F79	30	车灯(外部/内部)

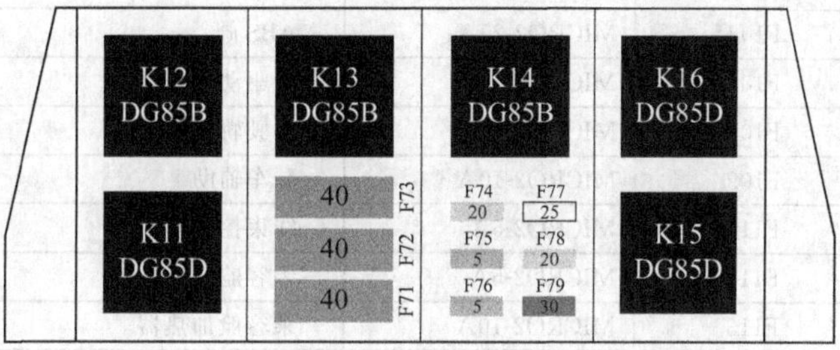

图 12-5　熔丝盒 3 熔丝分布

如果 MODEL S 配有寒冷天气选项，会有一个附加的熔丝盒 4 位于驾驶人侧饰板下方，其熔丝分布如图 12-6 所示，熔丝信息见表 12-4。

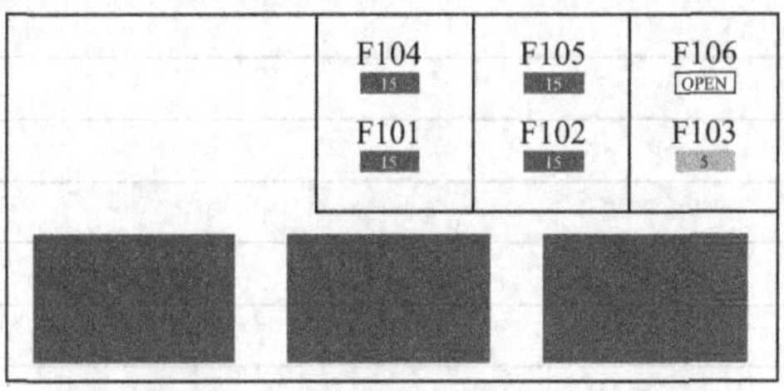

图 12-6　熔丝盒 4 熔丝分布

表 12-4　熔丝盒 4 熔丝信息

熔丝	额定电流/A	保护电路
F101	15	左后座椅加热器
F102	15	右后座椅加热器
F103	5	中后座椅加热器控制器
F104	15	中后座椅加热器
F105	15	雨刮除霜器

12.1.3　2017～2018 年款车型熔丝与继电器信息

前舱熔丝与继电器盒如图 12-7 所示，仪表板熔丝与继电器盒如图 12-8 所示，熔丝与继

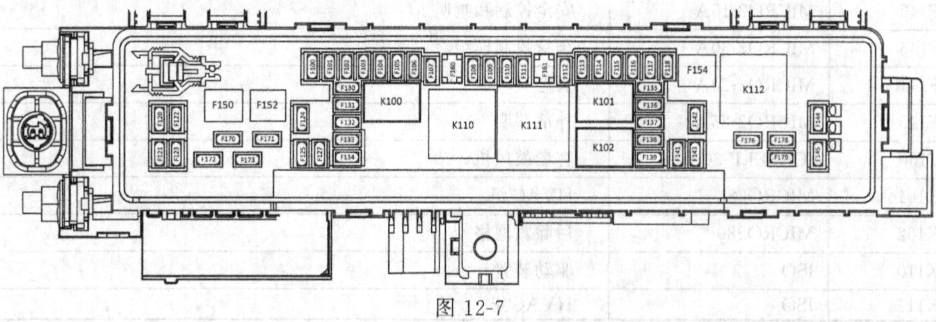

图 12-7

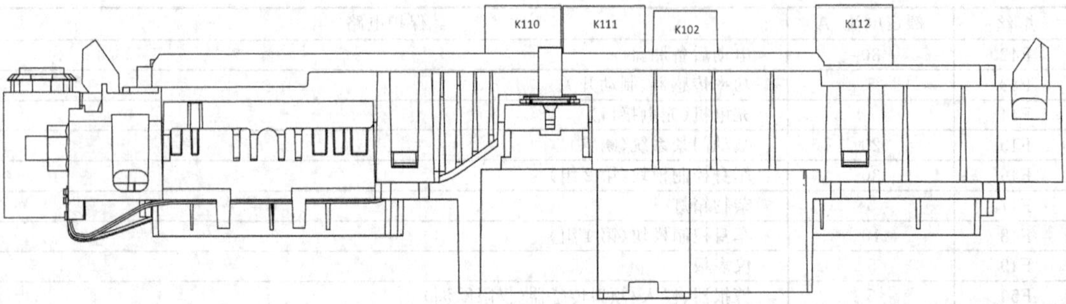

图 12-7　前舱熔丝与继电器盒

电器信息见表 12-5 和表 12-6。

表 12-5　前舱熔丝与继电器信息

熔丝与继电器	规格	保护电路
F100	MICRO2-5A	警报器和入侵传感器
F103	MICRO2-25A	ABS 阀
F107	MICRO2-5A	后驱动逆变器
F108	MICRO2-5A	驾驶轨道感应器
F109	MICRO2-10A	驻车辅助
F110	MICRO2-5A	线束控制模块
F112	MICRO2-5A	乘客舱舒适系统
F113	MICRO2-10A	乘客舱加热器
F114	MICRO2-10A	热控制器；电池加热器；进气口冷却阀
F116	MICRO2-10A	车身控制模组 1
F117	MICRO2-10A	空气悬架控制阀
F122	MICRO2-15A	冷却液泵(PT1)
F123	MICRO2-15A	冷却液泵(BA2)
F124	MICRO2-10A	刮水器
F125	MICRO2-10A	接触器功率
F127	MICRO2-10A	自动驾驶 ECU 2
F130	MICRO2-5A	前端雷达
F132	MICRO2-5A	前驱动逆变器
F135	MICRO2-10A	前端摄像头除雾
F136	MICRO2-15A	冷却液泵(PT2)
F137	MICRO2-15A	冷却液泵(BA1)
F138	MICRO2-30A	后除霜网格
F142	MICRO2-15A	安全控制和喇叭
F143	MICRO2-30A	车身控制模组 2
F144	MICRO2-20A	头灯
F145	MICRO2-25A	外部照明
F160	JCASELP-30A	客舱鼓风机
K101	MICRO280	HVAC 组
K102	MICRO280	后除霜网格
K110	ISO	驱动装置
K111	ISO	HVAC 组

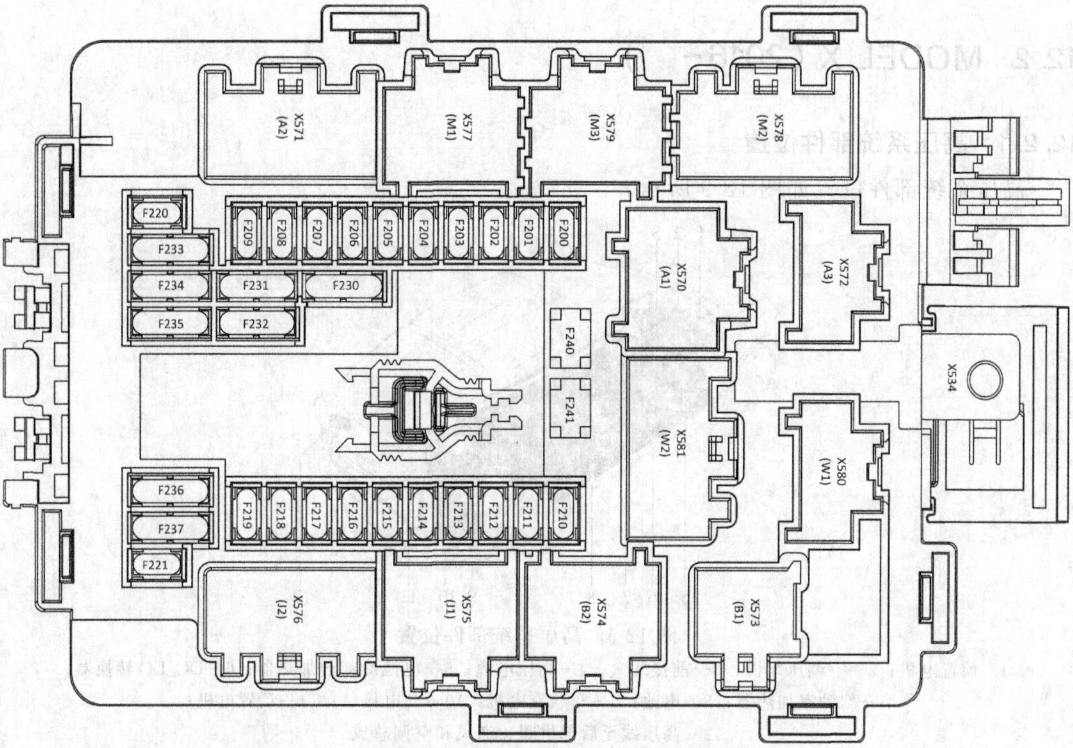

图 12-8 仪表板熔丝与继电器盒

表 12-6 仪表板熔丝与继电器信息

熔丝	规格	保护电路
F200	MICRO2-5A	记忆座椅模块
F201	MICRO2-25A	左后车窗电机
F203	MICRO2-20A	中控台 12V 电源插座
F204	MICRO2-25A	右前车窗电机
F205	MICRO2-25A	左前车窗电机
F206	MICRO2-25A	天窗，转向柱调节
F207	MICRO2-15A	12V USB 插座
F210	MICRO2-30A	电动掀背门
F211	MICRO2-25A	右后车窗电机
F214	MICRO2-30A	自动驾驶 ECU(主)
F215	MICRO2-10A	转向盘加热器
F216	MICRO2-25A	电动驻车制动(主)
F217	MICRO2-20A	高级音频放大器
F218	MICRO2-20A	基础音频放大器
F219	MICRO2-5A	杂物箱灯，诊断接口
F220	MICRO2-5A	制动开关
F221	MICRO2-5A	BMS 电池管理系统
F230	MICRO3-15A×2	第二排右座椅加热器，12V 附件电源插座
F231	MICRO3-15A×2	第二排左座椅加热器，第二排中间座椅加热器
F232	MICRO3-15A×2	左前座椅加热器，右前座椅加热器
F233	MICRO3-10A×2	左前车门手柄控制，右前车门手柄控制
F234	MICRO3-5A×2	左后车门手柄控制，右后车门手柄控制
F235	MICRO3-10A×2	网关，充电系统，中央显示屏，后驱动逆变器
F236	MICRO3-5A×2	转向角/转向柱，后视镜，收音机，TPMS
F237	MICRO3-5A×2	智能助力器，仪表盘
F240	JCASEM-15A	右前电动座椅
F241	JCASEM-15A	左前电动座椅

12.2 MODEL X（2016～ ）

12.2.1 高压系统部件位置

高压系统部件位置如图 12-9 所示。

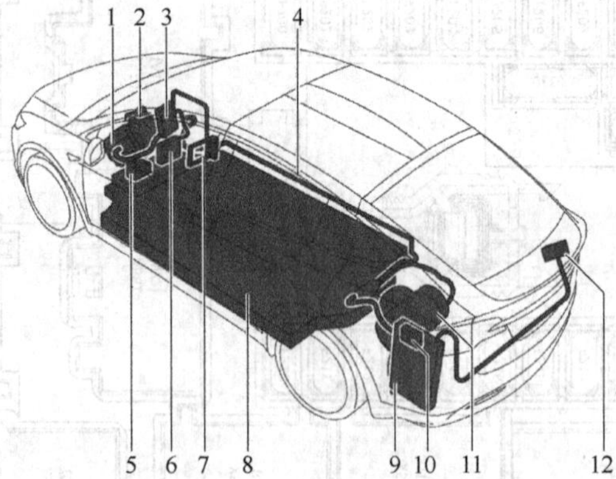

图 12-9 高压系统部件位置

1—前置电机；2—空调压缩机；3—前接线盒；4—高压电缆；5—电池冷却剂加热器；6—DC/DC 转换器；7—驾驶室加热器；8—电池；9—车载充电机；10—充电接口；11—后置电机；12—高压线至后部供暖、通风和空调总成

12.2.2 四轮定位数据

四轮定位数据见表 12-7。

表 12-7 四轮定位数据

项目	空气悬架	
	前轮	后轮
车轮外倾角	−0.75°±0.35°	不适用
车轮外倾角分割	0.00°±0.20°	0.00°±0.50°
后倾角	4.20°±0.50°	不适用
后倾角分割	0.00°±0.20°	不适用
单车轮前束角	外侧 0.05° $^{+0.05°}_{-0.15°}$	内侧 0.20°±0.05°
推力角	不适用	0.00°±0.30°
悬挂螺栓高度(设计值)	(258.5±5.0)mm	90D 和 P90D 车型：(189±5)mm

12.2.3 制动系统检修数据

四轮防抱死制动系统（ABS）带电子制动力分配，集成高级稳定性控制和电子加速踏板激活的能量回收制动系统。制动系统检修数据见表 12-8。

表 12-8 制动系统检修数据

项目	数据
制动钳	四活塞固定
转盘直径(风冷)	前：13.98in/355mm 后：14.37in/365mm
前转盘厚度	新品：1.26in/32mm 使用极限：1.18in/30mm
后转盘直径	新品：1.10in/28mm 使用极限：1.02in/26mm
前刹车片厚度(不包括背板)	新品：0.354in/9.0mm 使用极限：0.078in/2mm
后刹车片厚度(不包括背板)	新品：0.315in/8.0mm 使用极限：0.078in/2mm

续表

项目	数据
电子驻车制动(EPB)块厚度(不包括背板)(电子制动钳自调整,适应制动块磨损)	新品:0.216in/5.5mm　使用极限:0.039in/1mm
驻车制动器	电动驻车制动钳
制动踏板自由行程	0.47in/12mm
制动盘摩擦副	前:0.31in/8mm　后:0.28in/7mm

12.2.4 熔丝与继电器信息

前舱熔丝与继电器盒如图 12-10 所示，仪表板熔丝与继电器盒如图 12-11 所示，后乘客舱辅助熔丝盒如图 12-12 所示，熔丝与继电器信息见表 12-9～表 12-11。

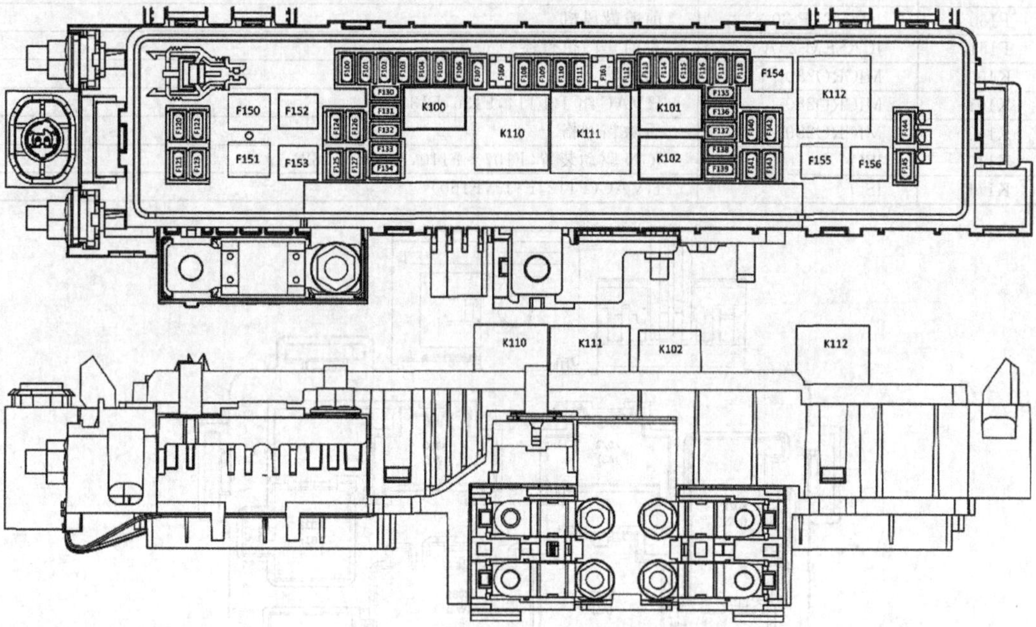

图 12-10　前舱熔丝与继电器盒

表 12-9　前舱熔丝与继电器信息

熔丝与继电器	规格	保护电路
F100	MICRO2-5A	警报器和入侵传感器
F103	MICRO2-25A	ABS 阀
F105	MICRO2-15A	拖车灯
F107	MICRO2-5A	后驱动逆变器
F108	MICRO2-5A	IGN 感应器
F110	MICRO2-5A	安全气囊系统
F111	MICRO2-20A	拖车制动控制器(客户提供的控制器)
F112	MICRO2-5A	前乘客舱空调控制
F113	MICRO2-10A	前舱加热器,后座空调控制,空气质量传感器
F114	MICRO2-10A	热控制器,电池加热器,进气口冷却阀
F117	MICRO2-10A	空气悬架
F122	MICRO2-15A	冷却液泵 3(PT1)
F123	MICRO2-15A	冷却液泵 2(BA1)
F125	MICRO2-10A	接触器功率
F127	MICRO2-5A	自动驾驶 ECU2.5
F130	MICRO2-15A	前端雷达
F131	MICRO2-15A	IGN 拖车控制器
F132	MICRO2-5A	前驱动逆变器

续表

熔丝与继电器	规格	保护电路
F133	MICRO2-30A	电动掀背门
F134	MICRO2-20A	右大灯
F135	MICRO2-10A	前端摄像头除雾
F136	MICRO2-15A	冷却液泵 4(PT2)
F137	MICRO2-15A	冷却液泵 1(BA1)
F138	MICRO2-30A	后除霜网格
F139	MICRO2-15A	喇叭
F143	MICRO2-20A	中央车身控制器
F144	MICRO2-20A	左大灯
F145	MICRO2-15A	前车身控制器
F150	JCASELP-25A	左前车门执行器
F152	JCASELP-25A	后舱鼓风机
F160	JCASELP-30A	前舱鼓风机
F161	JCASEM-25A	右前车门执行器
K100	MICRO280	刮水器
K101	MICRO280	HVAC 组 1(F114,F136,F137)
K102	MICRO280	后除霜网格
K110	ISO	IGN 驱动装置(F107～F110,F130～F132)
K111	ISO	HVAC(F112,F113,F160)

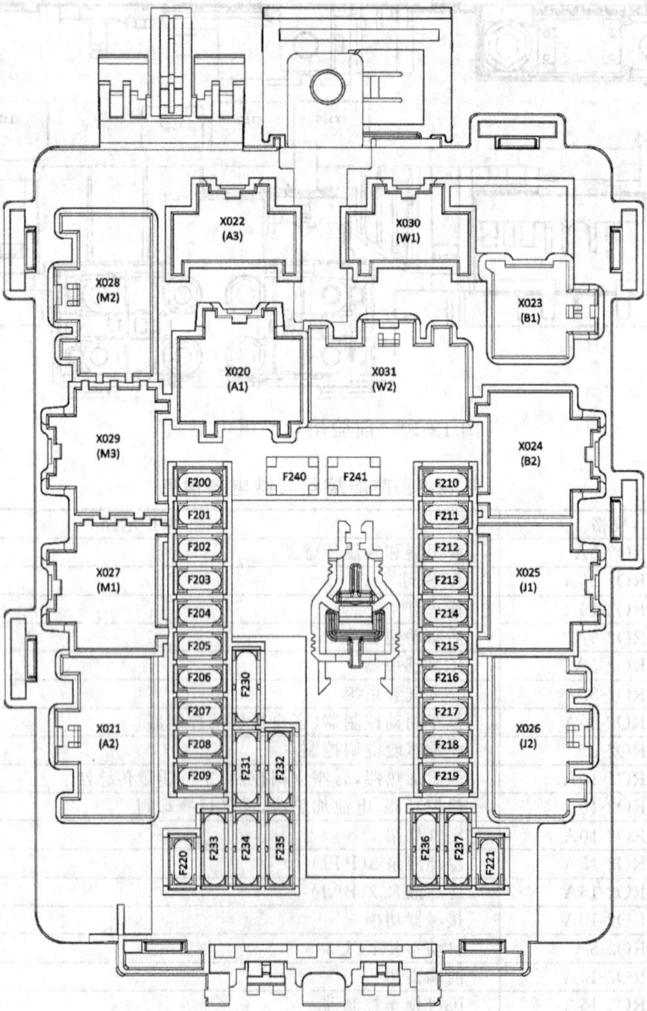

图 12-11　仪表板熔丝与继电器盒

表 12-10　仪表板熔丝与继电器信息

熔丝与继电器	规格	保护电路
F200	MICRO2-5A	记忆座椅
F201	MICRO2-25A	左后车窗电机
F203	MICRO2-20A	中控台 12V 电源插座
F204	MICRO2-25A	右前车窗电机
F205	MICRO2-25A	左前车窗电机
F206	MICRO2-25A	中央车身控制器(转向柱调节)
F207	MICRO2-15A	刮水器
F208	MICRO2-20A	刮水器
F210	MICRO2-30A	电动掀背门
F211	MICRO2-25A	右后车窗电机
F214	MICRO2-30A	自动驾驶 ECU(主)
F215	MICRO2-10A	转向盘加热器
F216	MICRO2-25A	电动驻车制动(主)
F217	MICRO2-20A	高级音频放大器
F218	MICRO2-20A	基础音频放大器
F219	MICRO2-5A	诊断接口
F220	MICRO2-5A	制动开关
F221	MICRO2-5A	BMS 电池管理系统
F230	MICRO3-15A	USB 集线器第三排 USB12V 插座
F231	MICRO3-15A	后置 12V 附件电源插座
F232	MICRO3-15A	左前座椅加热器,右前座椅加热器
F234	MICRO3-15A	左后车门控制,右后车门控制
F235	MICRO3-10A	充电系统,中央显示屏
F236	MICRO3-5A	SCCM,智能助力器,IGN,ACC 传感器,后视镜,收音机,TPMS
F237	MICRO3-5A	智能助力器,仪表盘
F240	JCASEM-15A	右前电动座椅
F241	JCASEM-15A	左前电动座椅

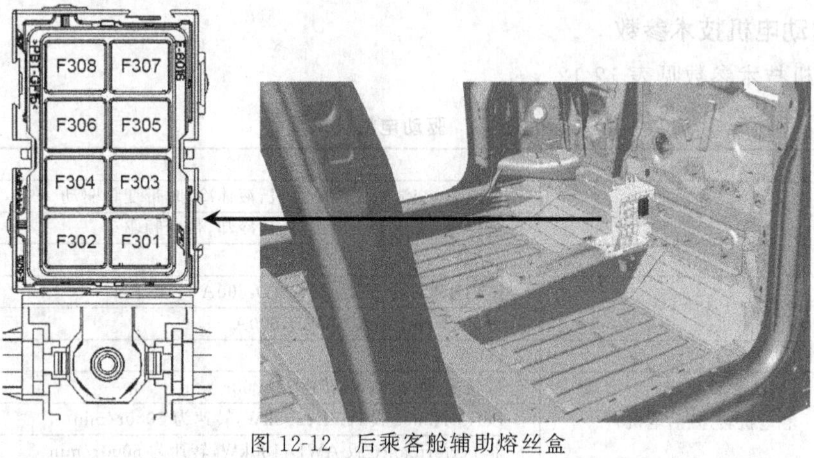

图 12-12　后乘客舱辅助熔丝盒

表 12-11　后乘客舱辅助熔丝盒熔丝信息

熔丝	规格	保护电路
F301	JCASE-50A	左后车门执行器
F302	JCASE-50A	右后车门执行器
F303	JCASE-50A	右后车门执行器
F304	JCASE-50A	左后车门执行器
F305	JCASE-30A	第二排座椅动力(左)
F306	JCASE-30A	第二排座椅动力(中)
F307	JCASE-30A	第二排座椅动力(右)
F308	JCASE-30A	拖车制动器动力

12.3 MODEL 3（2019~ ）

12.3.1 高压系统部件分布

高压系统部件分布如图 12-13 所示。

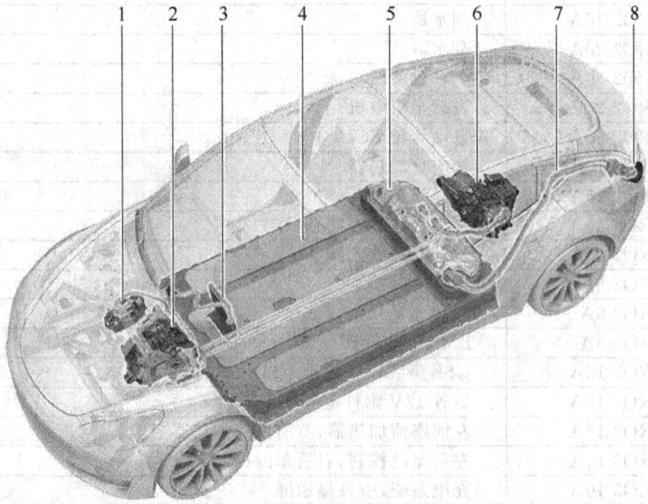

图 12-13 高压系统部件安装位置

1—空调压缩机；2—前侧电机（仅限双电机车辆）；3—驾驶室加热器；4—高压电池；5—高压电池维修面板；6—后置电机；7—高压电缆；8—充电端子

12.3.2 驱动电机技术参数

驱动电机技术参数见表 12-12。

表 12-12 驱动电机技术参数

项 目	参 数
类型	后电机：交流永磁同步电机，液体冷却，带变频驱动
	前电机：交流感应电机，液体冷却，带变频驱动
标称电压	320V
最大电流（后电机）	RWD，Performance 版 AWD：800A
	非 Performance 版 AWD：600A
最大电流（前电机）	600A
最高净功率*和电机转速（后电机）	后轮驱动：202kW，转速为 5000r/min
	Performance 版 AWD：202kW，转速为 5000r/min
	非 performance 版 AWD：180kW，转速为 6000r/min
最高净功率*和电机转速（前电机）	137kW，转速为 6380r/min
最高转速	17900r/min
最大转矩（后电机）	后轮驱动：404N·m
	Performance 版 AWD：404N·m
	非 performance 版 AWD：327N·m
最大转矩（前电机）	219N·m

注：“*”表示依据 ECE R85 测试。

12.3.3 制动器技术参数

制动器技术参数见表 12-13。

表 12-13　制动器技术参数

项　　目	参　　数
类型	四轮防抱死制动系统(ABS)带电子制动力分配,集成高级稳定性控制和电子油门踏板激活的能量回收制动系统
制动钳	前:四活塞固定
	后:集成式电子驻车制动器滑动
制动盘直径(通风)	前(非 Performance):12.6in/320mm
	前(Performance):13.98in/355mm
	后(非 Performance):13.2in/335mm
	后(Performance):13.2in/335mm
前转盘厚度	新品:0.98in/25mm
	使用极限:0.91in/23mm
后转盘直径	新品:0.79in/20mm
	使用极限:0.71in/18mm
非 Performance 版前刹车片厚度(不包括垫板)	新品:0.393in/10mm
	使用极限:0.110in/2.8mm
非 Performance 版后刹车片厚度(不包括垫板)	新品:0.354in/9mm
	使用极限:0.078in/2mm
Performance 版前刹车片厚度(不包括垫板)	新品:0.63in/16mm
	使用极限:0.320in/8.15mm
Performance 版后刹车片厚度(不包括垫板)	新品:0.643in/16.33mm
	使用极限:0.320in/8.15mm
驻车制动器	电动驻车制动器集成在后制动钳中

12.3.4　四轮定准数据

四轮定位数据见表 12-14。

表 12-14　四轮定位数据

项　　目	前轮参数	后轮参数
车轮外倾角/(°)	−0.50±0.45	−1.00±1.0
车轮外倾分割/(°)	±0.60	±0.80
后倾角/(°)	5.70±1.0	不适用
后倾角分割/(°)	±1.0	不适用
单独前束角/(°)	出:0.05±0.15	入:0.20±0.15
前束分割/(°)	±0.10	±0.10
轮距宽(车轮中心高度)/mm	1580	1580
非性能线圈行驶高度(未载货)/mm (注:测量螺旋弹簧行驶高度时,从电池每个角的顶托孔向内测量 75mm)	153±5	157±5
性能线圈行驶高度(未载货)/mm (注:测量螺旋弹簧行驶高度时,从电池每个角的顶托孔向内测量 75mm)	151±3	155±3
轮距/mm	2875	

第13章

宝马新能源汽车

13.1 i3（2018～　）

13.1.1 高压系统部件位置

高压系统部件位置如图 13-1 所示。

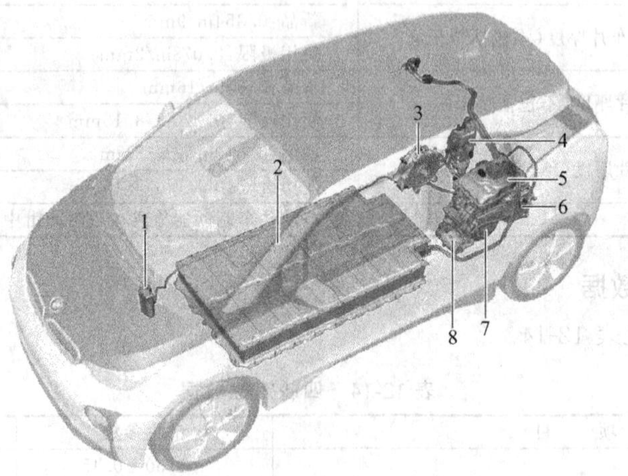

图 13-1　高压系统部件位置

1—电气加热装置；2—高压电池；3—增程电机；4—增程电机电子装置；5—电机电子装置；6—便捷充电电子装置；7—电机；8—电动制冷剂压缩机

13.1.2 高压电池位置与部件分解

高压电池位置如图 13-2 所示，高压电池单元模块分布如图 13-3 所示，高压电池温度控制系统部件如图 13-4 所示。

13.1.3 高压电池系统电路

高压电池单元除汇集在 8 个电池模块内的电池外，还包括以下电气/电子部件：高压电池管理电子装置（SME）控制单元；8 个电池监控电子装置［电池监控电路（CSC)］；带接触器、传感器和过电流熔丝的安全盒；电气加热装置控制装置（选装）。高压电池系统电路如图 13-5 所示。

除电气组件外，高压电池单元还包括制冷剂管路、冷却通道以及电池模块的机械固定元件。

13.1.4 高压电池管理电子装置电路与端子定义

高压电池管理电子装置（SME）电路如图 13-6 所示，高压电池管理电子装置（SME）位置如图 13-7 所示，其端子分布如图 13-8 和图 13-9 所示，其端子定义见表 13-1 和表 13-2。

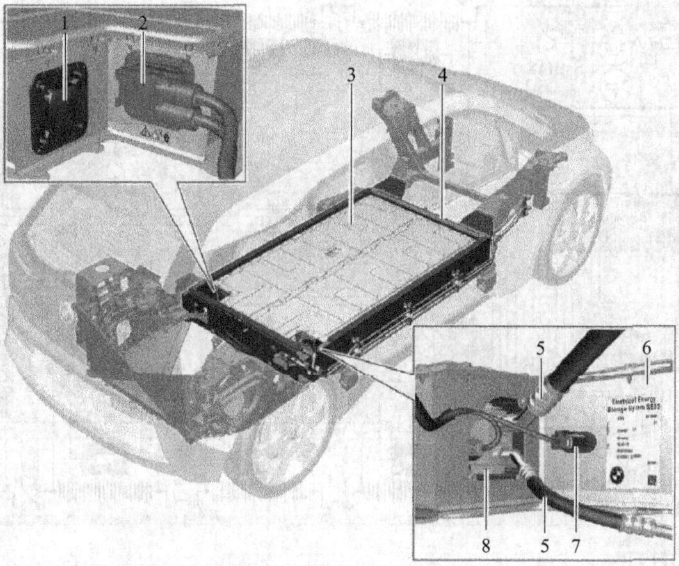

图 13-2　高压电池位置

1—排气口；2—高压接口；3—高压电池单元；4—框架（驱动模块）；5—制冷剂管路；6—提示牌；7—低压接口；8—膨胀和截止组合阀

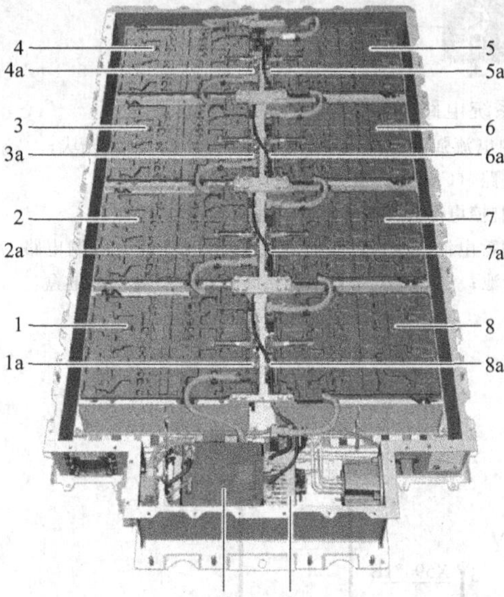

图 13-3　高压电池单元模块分布

1—电池模块 1；1a—电池监控电子装置 1；2—电池模块 2；2a—电池监控电子装置 2；3—电池模块 3；3a—电池监控电子装置 3；4—电池模块 4；4a—电池监控电子装置 4；5—电池模块 5；5a—电池监控电子装置 5；6—电池模块 6；6a—电池监控电子装置 6；7—电池模块 7；7a—电池监控电子装置 7；8—电池模块 8；8a—电池监控电子装置 8；9—安全盒；10—高压电池管理电子装置（SME）

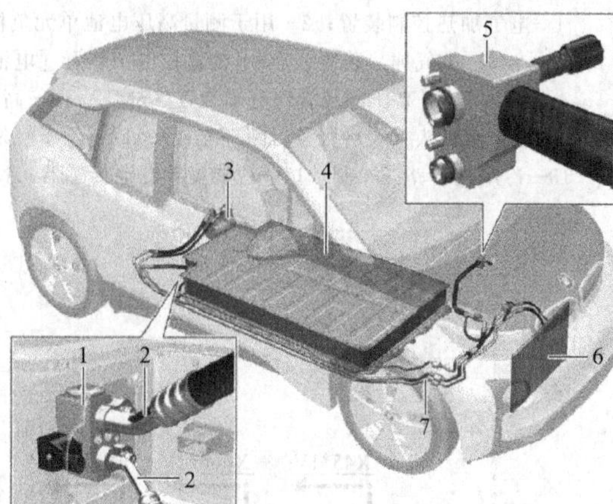

图 13-4　高压电池温度控制系统部件

1—膨胀和截止组合阀；2—用于冷却高压电池单元的制冷剂管路；3—电动制冷剂压缩机；4—高压电池单元；5—用于车内冷却的膨胀阀；6—制冷剂循环回路内的冷凝器；7—制冷剂管路

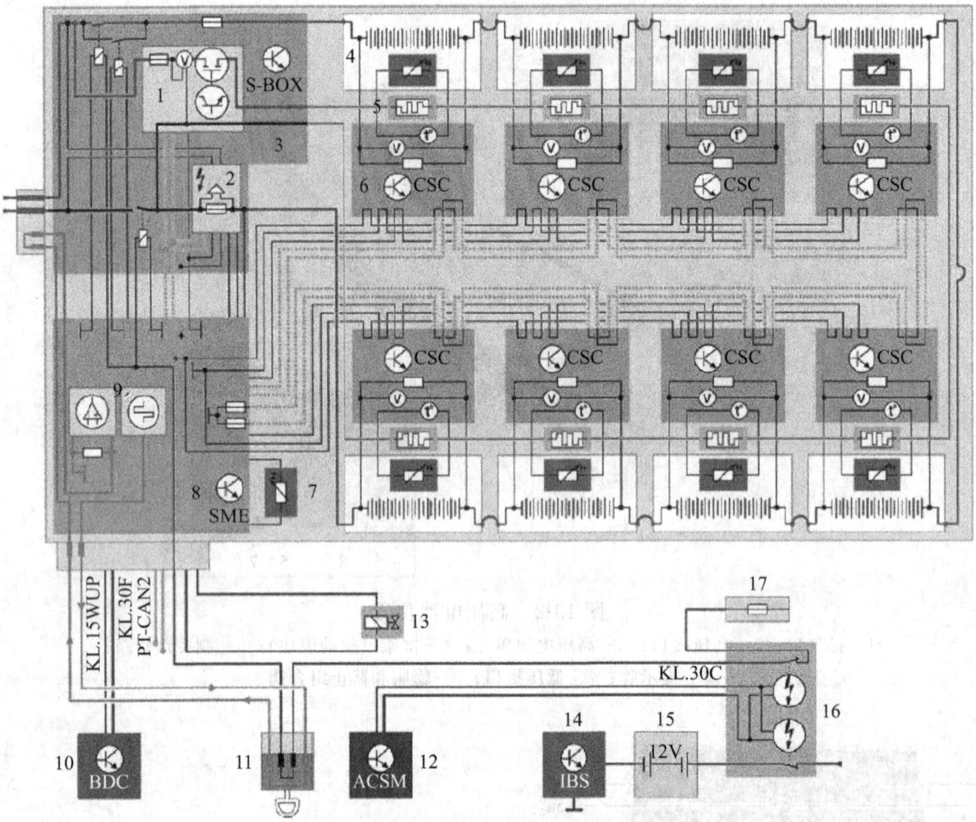

图 13-5　高压电池系统电路

1—电气加热控制装置；2—用于测量高压电池单元负极导线内电流强度的传感器；3—安全盒；4—电池模块；5—电气加热装置；6—电池监控电子装置［电池监控电路（CSC）］；7—制冷剂管路温度传感器；8—高压电池管理电子装置（SME）；9—高压触点监控电路控制装置；10—车身控制器；11—高压安全插头（售后服务时断开连接）；12—用于触发安全型蓄电池接线柱的碰撞安全模块（ACSM）控制电路；13—冷却液管路截止阀；14—智能型蓄电池传感器；15—蓄电池；16—安全型蓄电池接线柱；17—前部配电盒

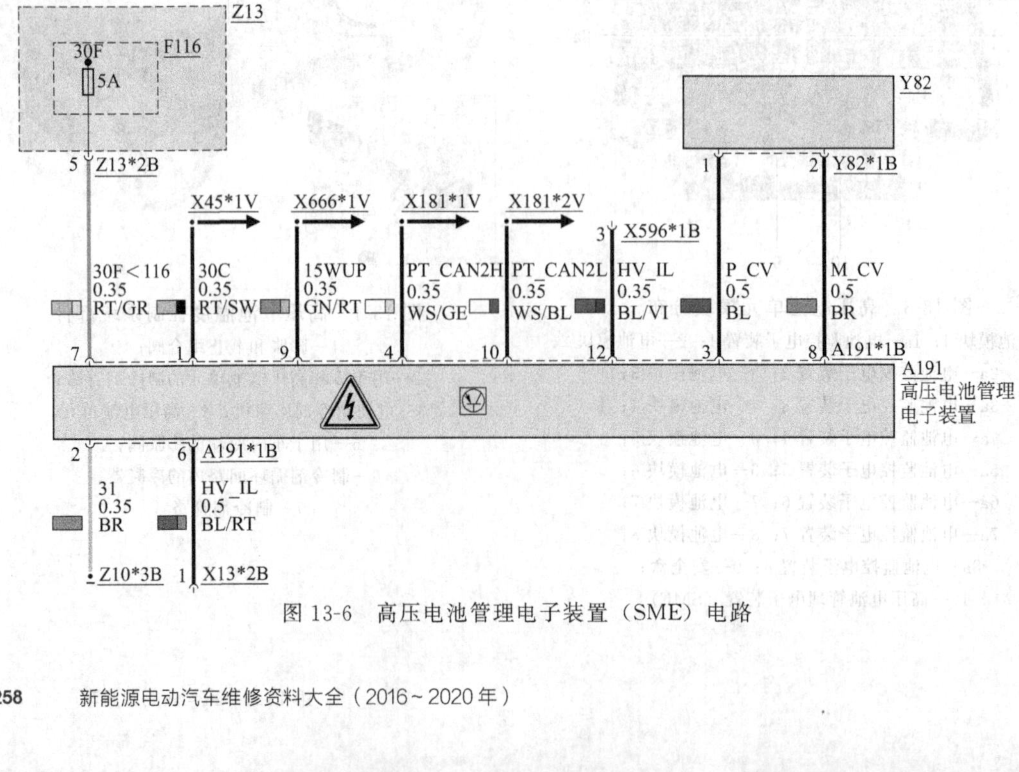

图 13-6　高压电池管理电子装置（SME）电路

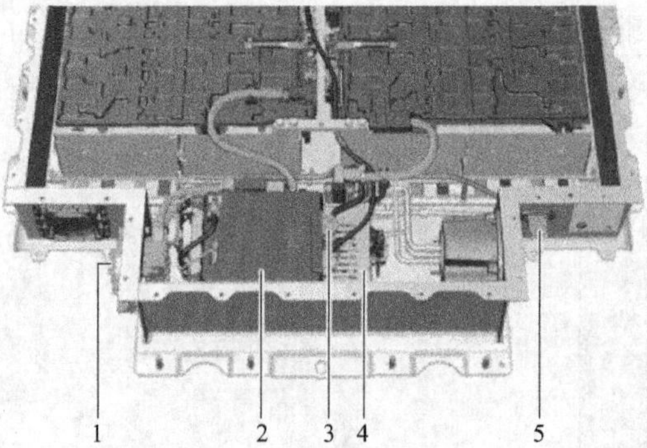

图 13-7　高压电池管理电子装置（SME）位置

1—高压接口；2—高压电池管理电子装置（SME）；3—18 芯插头连接；4—熔丝盒；5—12 芯插头连接

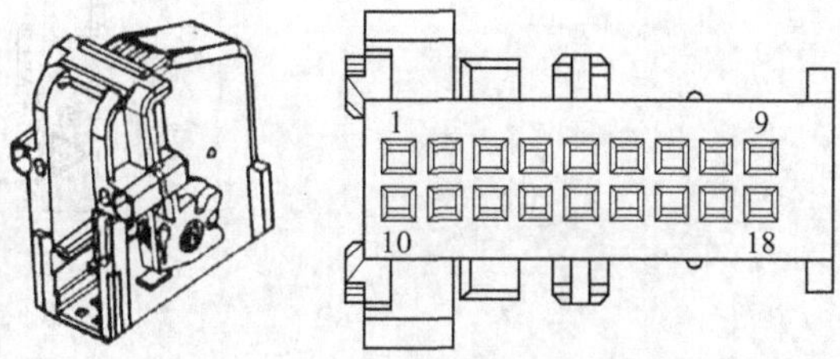

图 13-8　A191* 01B（黑色）18 针高压电池管理电子装置（SME）端子分布

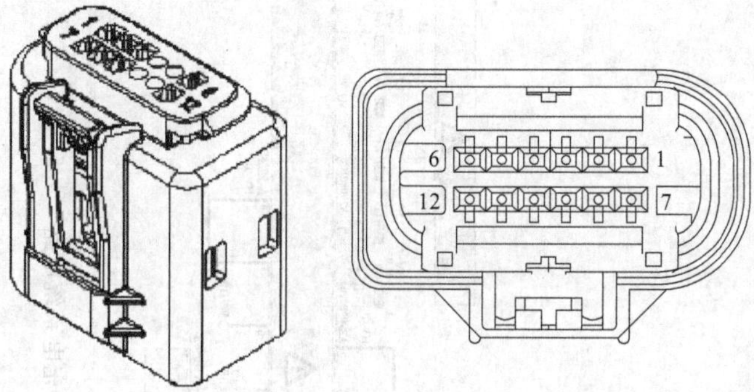

图 13-9　A191* 1B（黑色）12 针高压电池管理电子装置（SME）端子分布

表 13-1　A191* 01B（黑色）18 针高压电池管理电子装置（SME）端子定义

端子	端子说明	端子	端子说明
1	Life 模块（乘客舱控制模块，下同）配电盒熔丝 F116，总线端 KL. 30F 电源	10	高压安全插头总线端 KL. 30C 信号
		13	高压安全插头高压触点监测装置信号
3	总线端 KL. 15 连接器唤醒信号	14	温度传感器接地
5	接地	15	温度传感器控制
6	驱动系统 CAN2 总线连接 PT-CAN 总线信号	16	电机电子装置高压触点监测装置信号
7	驱动系统 CAN2 总线连接 PT-CAN 总线信号	18	高压电池单元制冷剂单向阀控制
9	高压电池单元制冷剂单向阀控制		

表 13-2　A191* 1B（黑色）12 针高压电池管理电子装置（SME）端子定义

端子	端子说明	端子	端子说明
1	高压安全插头总线端 KL. 30C 信号	6	带增程设备且不带快速充电功能，增程设备电机电子装置高压触点监测装置信号
2	接地		
3	高压电池单元制冷剂单向阀控制	7	Life 模块配电盒熔丝 F116，总线端 KL. 30F 电源
4	驱动系统 CAN2 总线连接 PT-CAN 总线信号	8	高压电池单元制冷剂单向阀控制
6	带快速充电功能，便捷充电系统高压触点监测装置信号	9	总线端 KL. 15 连接器唤醒信号
		10	驱动系统 CAN2 总线连接 PT-CAN 总线信号
	无增程设备且不带快速充电功能，电机电子装置高压触点监测装置信号	12	高压安全插头高压触点监测装置信号

13.1.5　便捷充电系统电路和端子定义

便捷充电系统电路如图 13-10 所示，各接口位置如图 13-11 所示，A290* 1B 端子分布如图 13-12 所示，其端子定义见表 13-3～表 13-10。

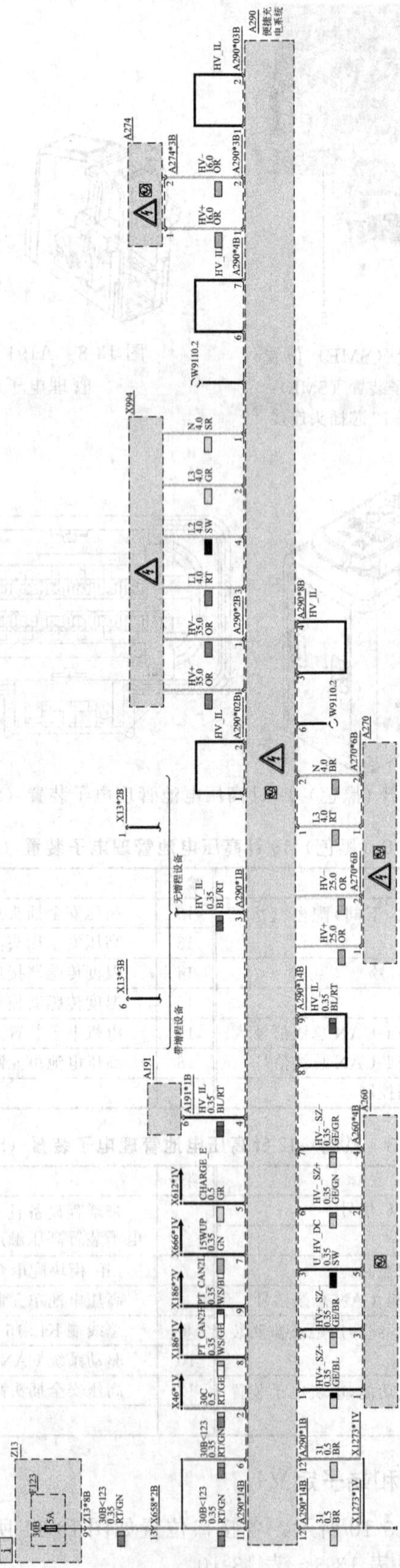

图 13-10 便捷充电系统电路

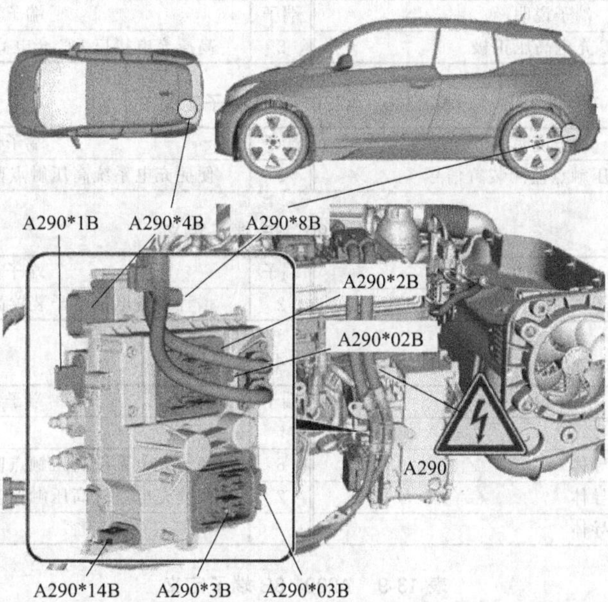

图 13-11　便捷充电系统各接口位置

A290*1B—12 针黑色部件接口；A290*02B—2 针黑色高压触点监测装置接口；A290*2B—2 针橙色高压接口；A290*03B—2 针黑色高压触点监测装置接口；A290*3B—2 针橙色高压接口带增程设备；A290*4B—7 针橙色高压接口；A290*8B—5 针橙色高压接口；A290*14B—12 针黑色部件接口

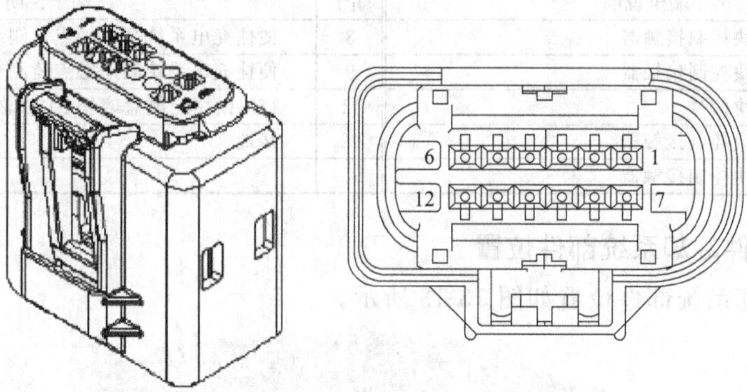

图 13-12　A290*1B 端子分布

表 13-3　A290*1B 端子定义

端子	端子说明	端子	端子说明
2	总线端 KL. 30C 信号	5	便捷充电系统充电接口模块充电信号
3	无增程设备，电机电子装置高压触点监测装置信号	6	Life 模块配电盒熔丝 F123 总线端 KL. 30B 电源
		7	总线端 KL. 15 连接器唤醒信号总线端 KL. 15
	带增程设备，增程设备电机电子装置高压触点监测装置信号	8	驱动系统 CAN2 总线连接 PT-CAN 总线信号
		9	驱动系统 CAN2 总线连接 PT-CAN 总线信号
4	高压电池管理电子装置高压触点监测装置信号	12	接地

表 13-4　A290*02B 端子定义

端子	端子说明	端子	端子说明
1	便捷充电系统高压触点监测装置信号	2	便捷充电系统高压触点监测装置信号

表 13-5　A290* 2B 端子定义

端子	端子说明	端子	端子说明
1	高压充电接口 DC 充电高压正极	2	高压充电接口 DC 充电高压负极

表 13-6　A290* 03B 端子定义

端子	端子说明	端子	端子说明
1	便捷充电系统高压触点监测装置信号	2	便捷充电系统高压触点监测装置信号

表 13-7　A290* 3B 端子定义

端子	端子说明	端子	端子说明
1	增程设备电机电子装置高压正极	2	增程设备电机电子装置高压负极

表 13-8　A290* 4B 端子定义

端子	端子说明	端子	端子说明
1	高压充电接口零线	5	屏蔽
2	高压充电接口外导体	6	便捷充电系统高压触点监测装置信号
3	高压充电接口外导体	7	便捷充电系统高压触点监测装置信号
4	高压充电接口外导体		

表 13-9　A290* 8B 端子定义

端子	端子说明	端子	端子说明
1	电机电子装置外导体	4	便捷充电系统高压触点监测装置信号
2	电机电子装置零线	5	屏蔽
3	便捷充电系统高压触点监测装置信号		

表 13-10　A290* 14B 端子定义

端子	端子说明	端子	端子说明
1	充电接口模块控制接触器	8	便捷充电系统高压触点监测装置信号
2	充电接口模块控制接触器	9	便捷充电系统高压触点监测装置信号
3	充电接口模块信号	11	Life 模块配电盒熔丝 F123 总线端 KL. 30B 电源
6	充电接口模块控制接触器	12	接地
7	充电接口模块控制接触器		

13. 1. 6　驱动组件冷却系统部件位置

驱动组件冷却系统部件位置如图 13-13 所示。

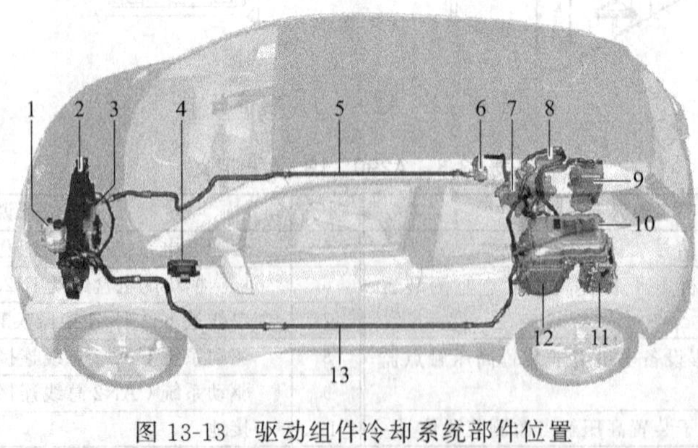

图 13-13　驱动组件冷却系统部件位置

1—驱动组件冷却液循环回路内的补液罐；2—冷却液散热器；3—用于冷却液散热器的电风扇；
4—数字式发动机电气电子系统；5—供给管路；6—电动冷却液泵（80W）；7—增程电机；
8—内燃机冷却液循环回路内的补液罐；9—增程电机电子装置（REME）；10—电机电子装置（EME）；
11—便捷充电电子装置（KLE）；12—电机；13—回流管路

13.1.7 带导线电机电子装置接口分布

带导线电机电子装置接口分布如图 13-14 所示。

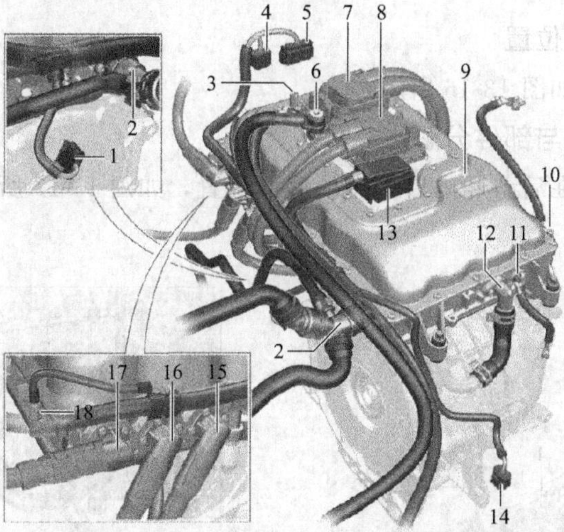

图 13-14 带导线电机电子装置接口分布

1—驻车锁模块内的电机供电和连自/连至驻车锁模块的信号导线；2—冷却液管路（供给，电机电子装置）；3—DC/DC 转换器－12V 输出端；4,5—低压接口；6—DC/DC 转换器＋12V 输出端；7—至高压电池的高压导线（DC）；8—至增程器的高压导线（DC）；9—电机电子装置壳体；10,11—电位补偿导线接口；12—冷却液管路（回流，电机电子装置，至电机）；13—电机电子装置（EME）低压接口（信号接口）；14—电动制冷压缩机（EKK）低压接口；15—至电动制冷剂压缩机的高压导线；16—至电气加热装置的高压导线；17—用于交流充电的高压导线；18—接地接口

13.1.8 全车控制单元位置

全车控制单元位置如图 13-15 所示。

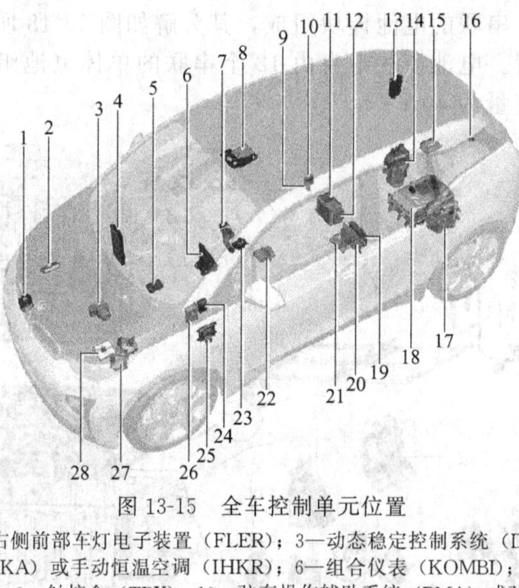

图 13-15 全车控制单元位置

1—车辆发声器（VSG）；2—右侧前部车灯电子装置（FLER）；3—动态稳定控制系统（DSC）；4—车身控制器（BDC）；5—自动恒温空调（IHKA）或手动恒温空调（IHKR）；6—组合仪表（KOMBI）；7—选挡开关（GWS）；8—车顶功能中心（FZD）；9—触控盒（TBX）；10—驻车操作辅助系统（PMA）或驻车距离监控系统（PDC）；11—主控单元（HEADUNIT）；12—选装配置系统（SAS）；13—充电接口模块（LIM）；14—增程电机电子装置（REME）；15—增程器数字式发动机电子系统（RDME）；16—顶部后方侧视摄像机（TRSVC）；17—便捷充电电子装置（KLE）；18—电机电子装置（EME）；19—放大器（AMP）；20—远程通信系统盒（TCB）；21—高压电池管理电子装置（SME）；22—碰撞和安全模块（ACSM）；23—控制器（CON）；24—燃油箱功能电子系统（TFE）；25—数字式发动机电气电子系统（EDME）；26—基于摄像机的驾驶人辅助系统（KAFAS）；27—电子助力转向系统（EPS）；28—左侧前部车灯电子装置（FLEL）

13.2 530LE（2018～ ）

13.2.1 高压系统部件位置

高压系统部件位置如图 13-16 所示。

13.2.2 高压电池位置与部件分解

高压电池单元安装在后备厢内后排座椅后面位置，如图 13-17 所示。

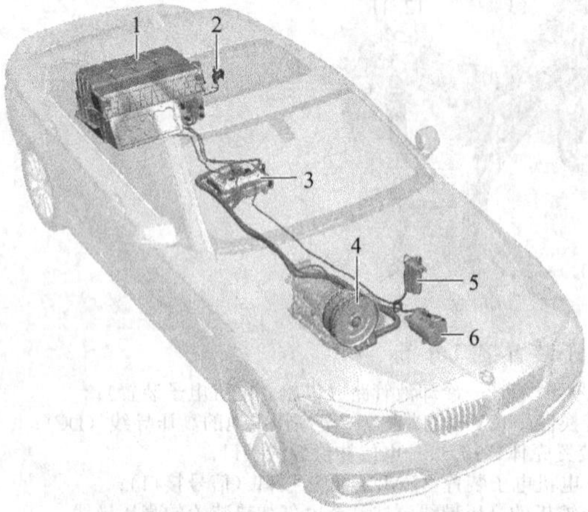

图 13-16 高压系统部件位置

1—高压电池单元；2—高压充电接口；
3—电机电子装置（EME）；4—电机；
5—电加热装置；6—电动制冷压缩机（EKK）

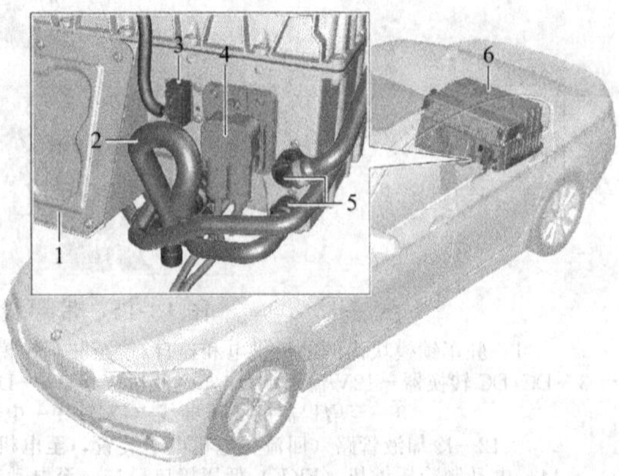

图 13-17 高压电池位置

1—维修盖板；2—排气管；
3—高压电池管理电子装置（SME）信号接口；
4—高压接口；5—冷却液管路接口；6—高压电池单元

高压电池单元由 8 个串联的电池模块组成，其分解如图 13-18 所示。每个电池模块分配有一个电池监控电子装置。电池模块本身由 12 个串联的单体电池组成。每个单体电池的额定电压为 3.78V，额定容量为 40A·h。

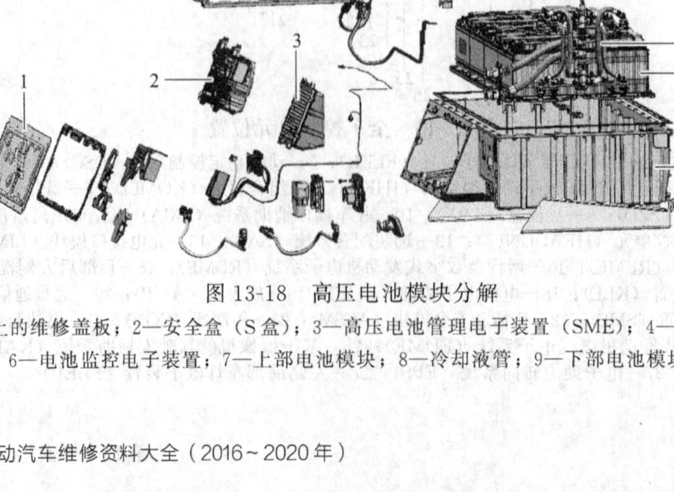

图 13-18 高压电池模块分解

1—高压电池单元上的维修盖板；2—安全盒（S 盒）；3—高压电池管理电子装置（SME）；4—上部电池模块支撑架；
5—上部壳体；6—电池监控电子装置；7—上部电池模块；8—冷却液管；9—下部电池模块；10—下部壳体

高压电池温度管理单元部件分布和高压电池电动冷却液泵位置分别如图 13-19 及图 13-20 所示。

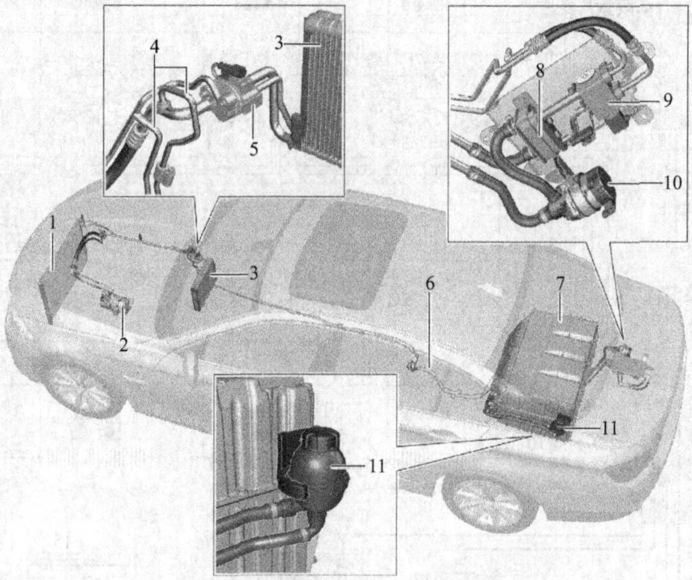

图 13-19　高压电池温度管理单元部件分布

1—冷凝器；2—电动制冷压缩机（EKK）；3—车内蒸发器；4—至冷却装置的制冷剂管路支路；5—组合式膨胀阀和单向阀（车内）；6—至冷却装置的制冷剂管路；7—高压电池单元；8—冷却装置（冷却液-制冷剂热交换器）；9—组合式膨胀阀和单向阀；10—电动冷却液泵（50W）；11—冷却液热膨胀平衡罐

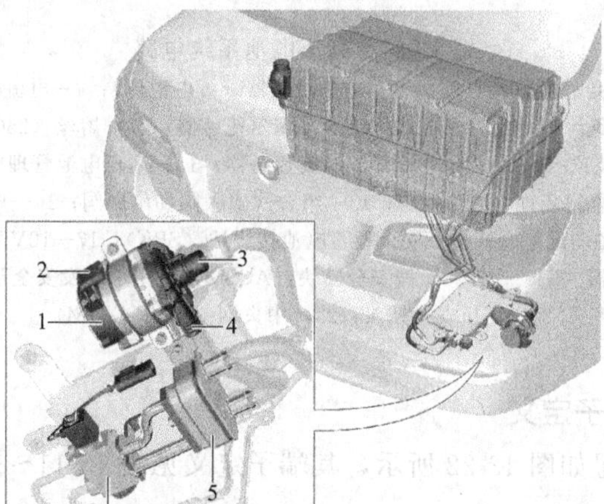

图 13-20　高压电池电动冷却液泵位置

1—电气接口；2—电动冷却液泵；3—进气侧冷却液管接口；4—压力侧冷却液管接口；5—冷却装置（冷却液-制冷剂热交换器）；6—组合式膨胀阀和单向阀

13.2.3　高压电池系统电路

高压电池单元除了集中在 8 个电池模块中本身的单体电池外，还包含以下电气/电子部件：高压电池管理电子装置（SME）；8 个电池监控电子装置（CSC）；带接触器和传感器的安全盒。高压电池系统电路如图 13-21 所示。

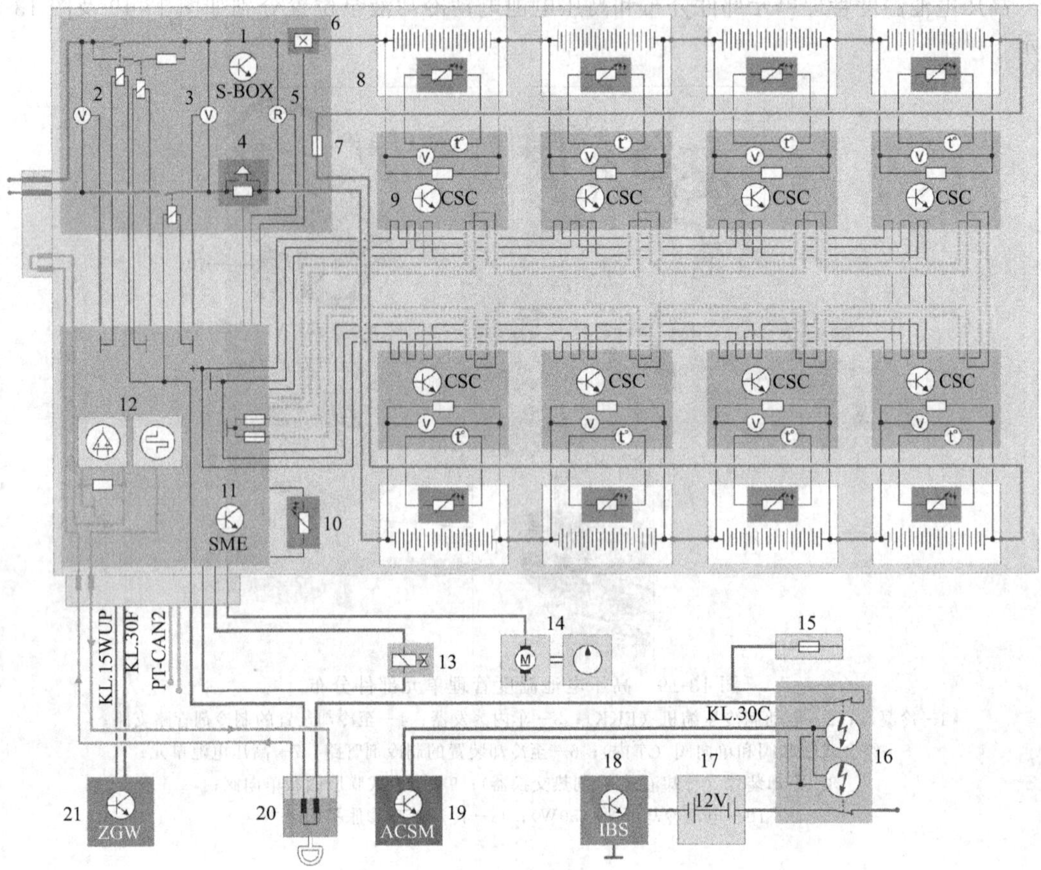

图 13-21　高压电池系统电路

1—安全盒；2—电压传感器（车辆侧）；3—电压传感器（蓄电池侧）；4—电流传感器（并联电阻）；5—电阻测量（用于绝缘监控）；6—电流传感器（霍尔传感器）；7—熔丝（250A）；8—电池模块；9—电池监控电子装置（CSC）；10—冷却液温度传感器；11—高压电池管理电子装置（SME）；12—高压触点监测装置的电路控制；13—组合式膨胀阀和单向阀；14—电动冷却液泵；15—后备厢配电盒；16—安全型蓄电池接线柱（SBK）；17—12V 蓄电池；18—智能型蓄电池传感器（IBS）；19—碰撞安全模块（ACSM）及用于触发安全蓄电池接线柱的控制线；20—高压安全插头；21—中央网关模块（ZGM）

13.2.4　车载充电器端子定义

车载充电机接口位置如图 13-22 所示，其端子定义见表 13-11～表 13-15。

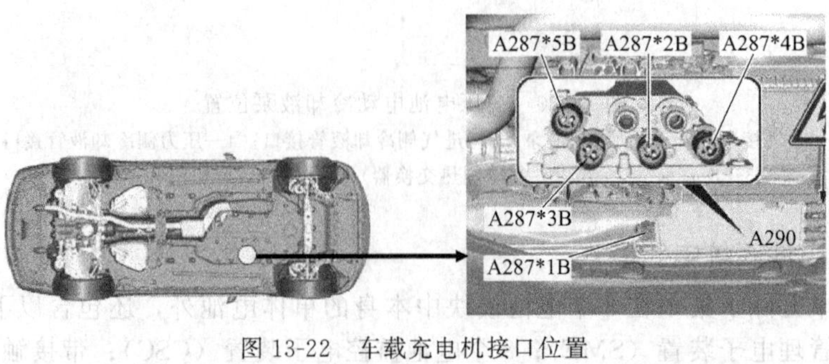

图 13-22　车载充电机接口位置

A287*1B—48 针黑色接口；A287*2B～A287*5B—5 针橙色高压接口

表 13-11　A287*1B 端子定义

端子	端子说明	端子	端子说明
1(1L)	熔丝 F280 供电	32(3F)	高压充电接口信号
10(1H)	充电接口盖中控锁驱动装置信号	34(3H)	充电接口盖中控锁驱动装置信号
13(2L)	充电接口盖中控锁驱动装置控制	36(3K)	充电过程状态显示 LED 指示灯控制
14(2M)	充电接口盖中控锁驱动装置控制	37(4L)	充电过程状态显示接地
20(2F)	便捷充电系统信号	38(4M)	接地
21(2G)	便捷充电系统信号	39(4A)	PT-CAN 总线信号
24(2K)	充电过程状态显示 LED 指示灯控制	43(4E)	屏蔽
25(3L)	充电接口中控锁驱动装置控制	46(4H)	充电接口中控锁驱动装置信号
26(3M)	充电接口中控锁驱动装置控制	48(4K)	充电过程状态显示 LED 指示灯控制
27(3A)	PT-CAN 总线信号		

表 13-12　A287*2B 端子定义

端子	端子说明
1	空调压缩机(电动)高压正极
2	空调压缩机(电动)高压负极
3	便捷充电系统高压触点监测装置信号
4	便捷充电系统高压触点监测装置信号
5	屏蔽

表 13-13　A287*3B 端子定义

端子	端子说明
1	电机电子装置高压正极
2	电机电子装置高压负极
3	便捷充电系统高压触点监测装置信号
4	便捷充电系统高压触点监测装置信号
5	屏蔽

表 13-14　A287*4B 端子定义

端子	端子说明
1	电控辅助加热器高压正极
2	电控辅助加热器高压负极
3	便捷充电系统高压触点监测装置信号
4	便捷充电系统高压触点监测装置信号
5	屏蔽

表 13-15　A287*5B 端子定义

端子	端子说明
1	高压充电接口外导体
2	高压充电接口零线
3	便捷充电系统高压触点监测装置信号
4	便捷充电系统高压触点监测装置信号
5	屏蔽

13.2.5　驱动电机位置与结构

混合动力组件作为单独的组件集成在变速器钟形罩中，占据了液压变矩器在变速器壳体中的安装空间。电机主要组件有转子和定子、接口、转子位置传感器、冷却装置，驱动电机位置与构造如图 13-23 所示。

驱动电机内部结构如图 13-24 所示，驱动电机接口与传感器位置如图 13-25 所示，驱动

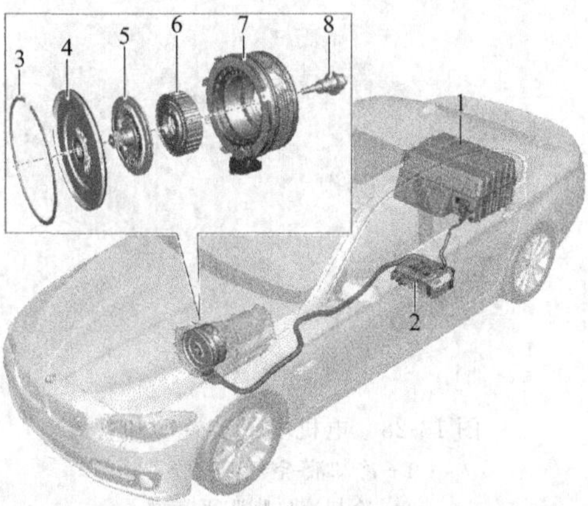

图 13-23　驱动电机位置与构造

1—高压电池单元；2—电机电子装置；3—防松环；4—电机盖板；5—辅助扭转减振器；6—分离离合器；7—电机；8—空心轴

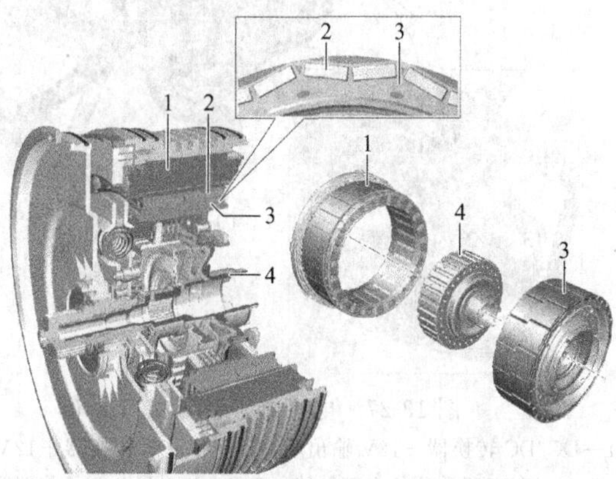

图 13-24　驱动电机内部结构

1—定子；2—永久磁铁；3—转子；4—带分离离合器外壳的空心轴

电机冷却部件及管路如图 13-26 所示。

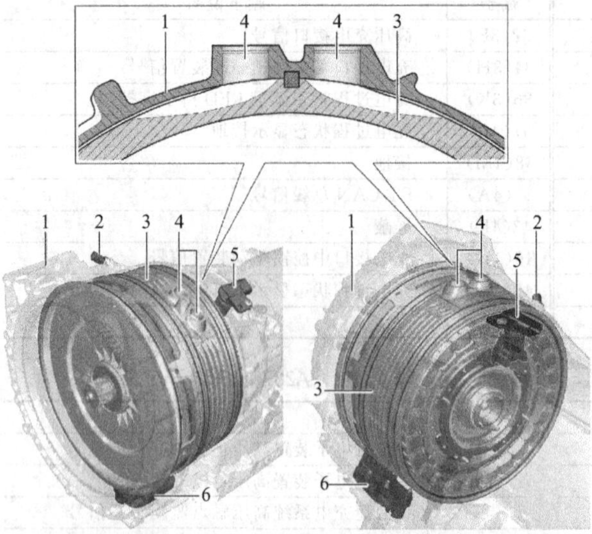

图 13-25 驱动电机接口与传感器位置

1—变速器钟形罩；2—温度传感器；
3—冷却液通道；4—冷却液接口；
5—转子位置传感器电气接口；6—高压接口

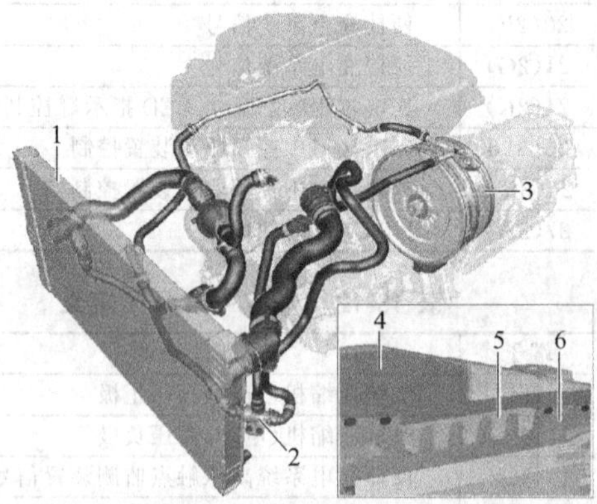

图 13-26 驱动电机冷却部件及管路

1—冷却液-空气热交换器；2—电机节温器；
3—电机；4—自动变速器壳体；
5—电机冷却液管路；6—定子支架

13.2.6 电机电子装置接口分布

电机电子装置安装在后桥前的左侧底板上。电机电子装置上的接口可分为四类，即低压接口、高压接口、电位平衡导线接口、冷却液管路接口，其接口分布如图 13-27 所示。电机电子装置冷却管路如图 13-28 所示。

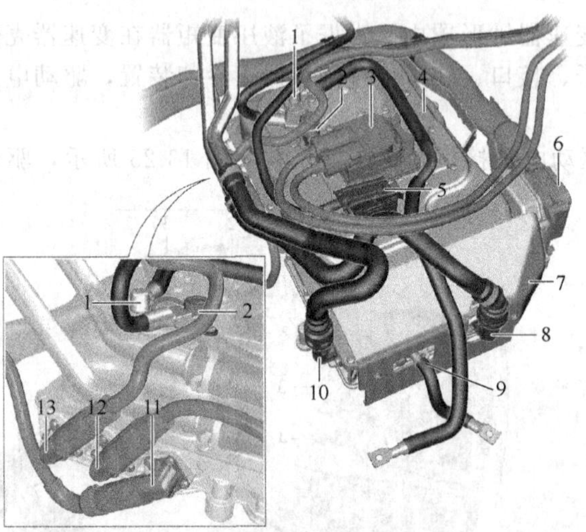

图 13-27 电机电子装置接口分布

1—DC/DC 转换器－12V 输出端；2—DC/DC 转换器＋12V 输出端；
3—至高压电池的高压导线（DC）；4—电机电子装置壳体；
5—低压接口；6—至电机的高压导线（AC）；7—防冲击装置；
8—冷却液回流管路接口；9—电位平衡导线接口；
10—冷却液供给管路接口；11—至电动制冷压缩机的高压接口；
12—至电加热装置的高压接口；13—充电接口的交流充电高压接口

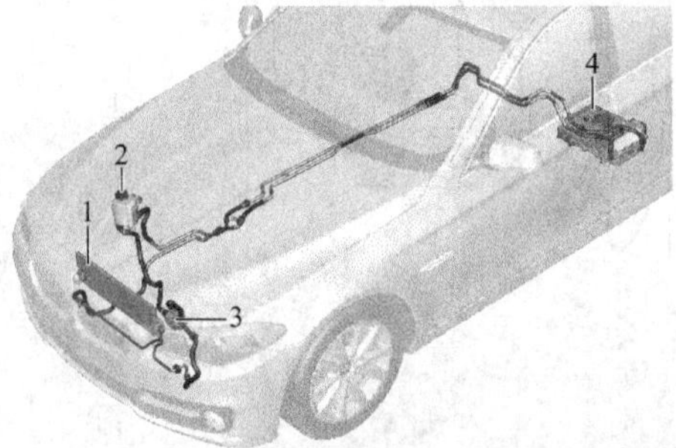

图 13-28 电机电子装置冷却管路

1—冷却液-空气热交换器；
2—冷却液热膨胀平衡罐；
3—电动冷却液泵（80W）；
4—电机电子装置（EME）

13.2.7 电机驱动装置端子定义

电机驱动装置位置与接口分布如图 13-29 所示，其端子定义见表 13-16～表 13-20。

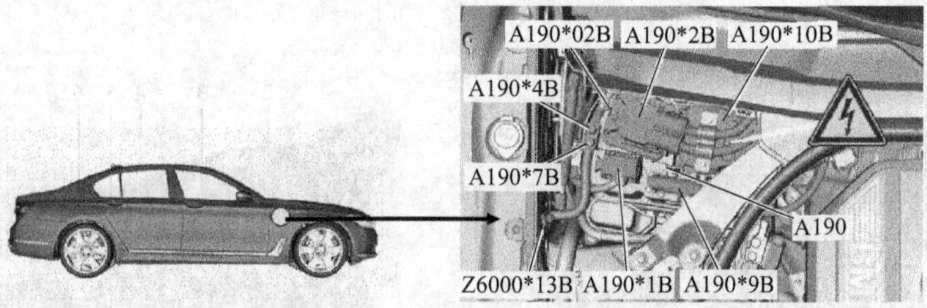

图 13-29 电机驱动装置位置与接口分布

A190*1B—58 针黑色接口；A190*2B—2 针橙色高压接口；A190*02B—2 针黑色接口；
A190*4B，A190*7B—电位平衡引线；A190*9B—5 针橙色高压接口；
A190*10B—3 针橙色高压接口；Z6000*13B—搭铁点

表 13-16 A190*1B 端子定义

端子	端子说明	端子	端子说明
1	总线端 KL.30 电源	27	电机位置传感器接地
6	电动真空泵控制	28	电机位置传感器信号
7	总线端 KL.30C 信号	34	高压电池单元高压触点监测装置信号
8	总线端 KL.30 电源	38	电机电子装置 FlexRay 总线信号
10	局域网总线信号-智能型蓄电池传感器 2	39	电机电子装置 FlexRay 总线信号
12	电机温度传感器信号	42	驱动系统 PT-CAN 总线信号
13	电机位置传感器信号	43	驱动系统 PT-CAN 总线信号
14	电机位置传感器供电	47	高压安全插头高压触点监测装置信号
15	电机位置传感器信号	49	电机电子装置 FlexRay 总线信号
17	接地	50	电机电子装置 FlexRay 总线信号
18	车厢内部制冷剂单向阀供电	51	主域控制器 FlexRay 总线信号
19	车厢内部制冷剂单向阀控制	52	主域控制器 FlexRay 总线信号
25	电机温度传感器接地	57	PT-CAN 总线信号
26	电机位置传感器信号	58	PT-CAN 总线信号

表 13-17 A190*2B 端子定义

端子	端子说明	端子	端子说明
1	高压电池单元高压正极	2	高压电池单元高压负极

表 13-18 A190*02B 端子定义

端子	端子说明	端子	端子说明
1	电机电子装置高压触点监测装置信号	2	电机电子装置高压触点监测装置信号

表 13-19 A190*9B 端子定义

端子	端子说明	端子	端子说明
1	便捷充电系统高压正极	4	电机电子装置高压触点监测装置信号
2	便捷充电系统高压负极	5	屏蔽
3	电机电子装置高压触点监测装置信号		

表 13-20 A190*10B 端子定义

端子	端子说明	端子	端子说明
1	电机高压相位 U	3	电机高压相位 W
2	电机高压相位 V		

13.2.8 带电机的变速器结构

带驱动电机的变速器（宝马 GA8P75HZ 变速器）装置内部结构如图 13-30 和图 13-31 所示。

图 13-30 宝马 GA8P75HZ 变速器

1—双质飞轮（带扭转减振器和离心力摆）；2—辅助扭转减振器；3—分离离合器；4—电机；5—多片式制动器 B；6—电动辅助机油泵

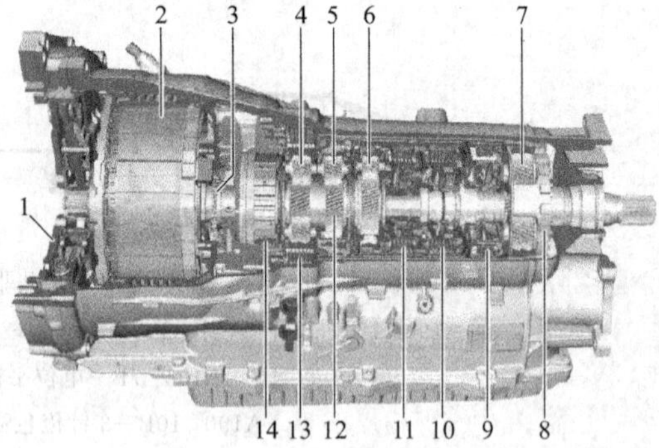

图 13-31 变速器内部结构

1—双质飞轮；2—电机；3—机械式油泵驱动链条；4—齿轮组 1；5—齿轮组 2；6—齿轮组 3；7—齿轮组 4；8—驻车锁止器；9—多片式离合器 D；10—多片式离合器 C；11—多片式离合器 E；12—齿轮组 1 和 2 共用中心齿轮；13—多片式制动器 B；14—多片式制动器 A

第14章

大众新能源汽车

14.1 朗逸 EV（2019~ ）

14.1.1 高压系统重要部件位置

高压系统重要部件位置如图 14-1 所示。

14.1.2 高压电池安装位置

高压电池安装位置如图 14-2 所示。

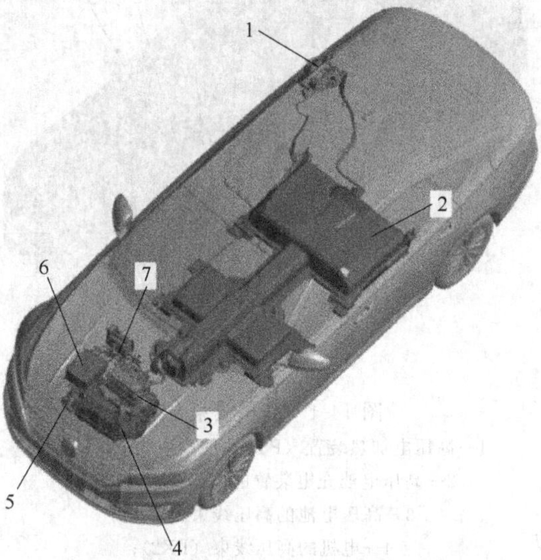

图 14-1 高压系统部件位置

1—高压电池充电插座 1（UX4）；2—高压电池 1（AX2）；3—功率电子（JX1），包括电驱动控制单元（J841）、中间电容 1（C25）、变压器（A19）、电动机的逆变器（A37）、高压系统熔丝 3（S353）；4—三相电流驱动装置（VX54），包括电力驱动牵引电机（V141）、电机温度传感器（G712）、电机转子位置传感器 1（G713）；5—空调压缩机（V470）；6—高压电池的充电装置 1（AX4），包括高压电池的充电装置控制单元（J1050）；7—高压电加热装置（PTC）（Z115）

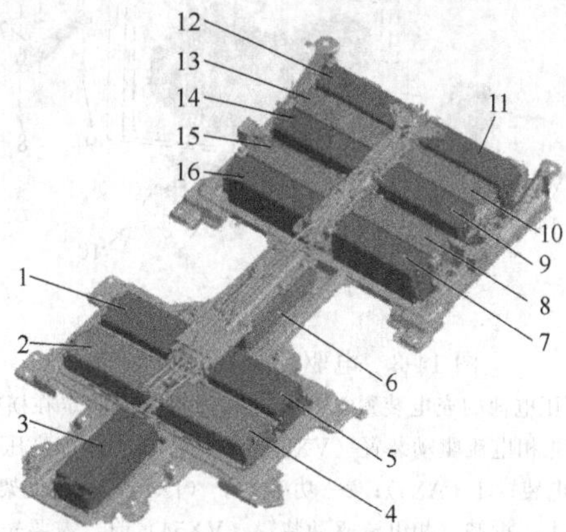

图 14-2 高压电池安装位置

1—模组 1（J991）与蓄电池模式控制单元（J1208）相连；
2—模组 2（J992）与蓄电池模式控制单元（J1208）相连；
3—模组 3（J993）与蓄电池模式控制单元（J1208）相连；
4—模组 4（J994）与蓄电池模式控制单元（J1208）相连；
5—模组 5（J995）与蓄电池模式控制单元（J1208）相连；
6—模组 6（J996）与蓄电池模式控制单元（J1208）相连；
7—模组 7（J997）与蓄电池模式控制单元（J1208）相连；
8—模组 8（J998）与蓄电池模式控制单元（J1208）相连；
9—模组 9（J999）与蓄电池模式控制单元 5（J1212）相连；
10—模组 10（J1000）与蓄电池模式控制单元 5（J1212）相连；
11—模组 11（J1001）与蓄电池模式控制单元 5（J1212）相连；
12—模组 12（J1002）与蓄电池模式控制单元 5（J1212）相连；
13—模组 13（J1045）与蓄电池模式控制单元 5（J1212）相连；
14—模组 14（J1046）与蓄电池模式控制单元 5（J1212）相连；
15—模组 15（J1047）与蓄电池模式控制单元 5（J1212）相连；
16—模组 16（J1048）与蓄电池模式控制单元 5（J1212）相连

14.1.3　电驱动装置部件分解

电驱动装置部件分解如图 14-3 所示。

14.1.4　高压线束分布

高压部件由下列高压线束相互连接：高压电池的高压线束（PX1）；电机的高压线束（PX2）；高压电加热装置（PTC）的高压线束（P11）；空调压缩机的高压线束（P3）；高压电池的充电装置 1（AX4）的高压线束；高压电池充电插座 1（UX4）的高压线束。高压线束分布如图 14-4 所示。

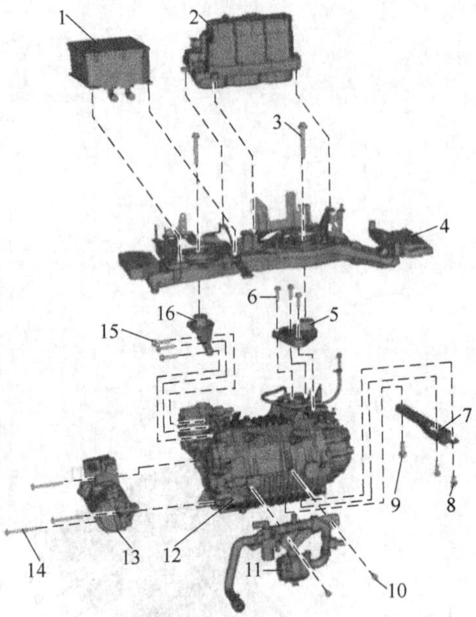

图 14-3　电驱动装置部件分解

1—高压电池的充电装置 1（AX4），通过支架固定在横梁上，拆卸三相电流驱动装置（VX54）前，需要先拆卸高压电池的充电装置 1（AX4）；2—功率电子（JX1），通过支架固定在横梁上，拆卸三相电流驱动装置（VX54）前，需要先拆卸功率电子（JX1）；3—螺栓，用于将变速箱固定在横梁上，拆卸后更换，共 2 个，拧紧力矩为 60N·m＋继续旋转 90°；4—横梁；5—左侧支架；6—螺栓，用于将左侧支架固定在变速箱上，拆卸后更换，共 3 个，拧紧力矩为 40N·m＋继续旋转 90°；7—摆动支承；8—螺栓，拆卸后更换，共 2 个；9—螺栓，拆卸后更换；10—螺栓，共 2 个，拧紧力矩为 20N·m；11—电驱动模式的功率和控制电子装置冷却液循环泵（V508）；12—三相电流驱动装置（VX54），包括电力驱动牵引电机（V141），电机温度传感器（G712），电机转子位置传感器 1（G713）；13—空调压缩机（V470）；14—螺栓，3 个；15—螺栓用于将右侧支架固定在三相电流驱动装置（VX54）上，拆卸后更换，共 3 个，拧紧力矩为 40N·m＋继续旋转 90°；16—右侧支架

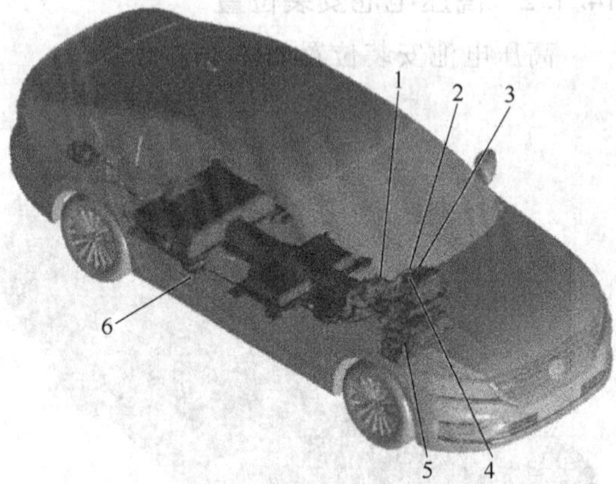

图 14-4　高压线束分布

1—高压电加热装置（PTC）的高压线束（P11）；2—高压电池充电装置的高压线束（P25）；3—高压电池的高压线束（PX1）；4—电机的高压线束（PX2）；5—空调压缩机的高压线束（P3）；6—高压电池充电插座 1（UX4）的高压线束，只能与充电插座一起拆卸

14.1.5　高压系统冷却部件与管路分布

高压冷却系统部件连接如图 14-5 所示，高压冷却系统冷却液循环如图 14-6 所示。

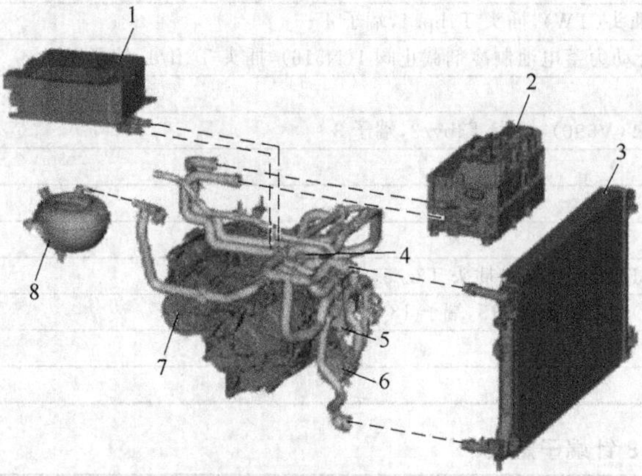

图 14-5 高压冷却系统部件连接

1—高压电池的充电装置 1（AX4）；2—功率电子（JX1）；3—散热器；4—电驱动电机后的温度传感器（G788）；5—二位三通阀；6—电驱动模式的功率和控制电子装置冷却液循环泵（V508）；7—三相电流驱动装置（VX54）；8—冷却液补偿罐

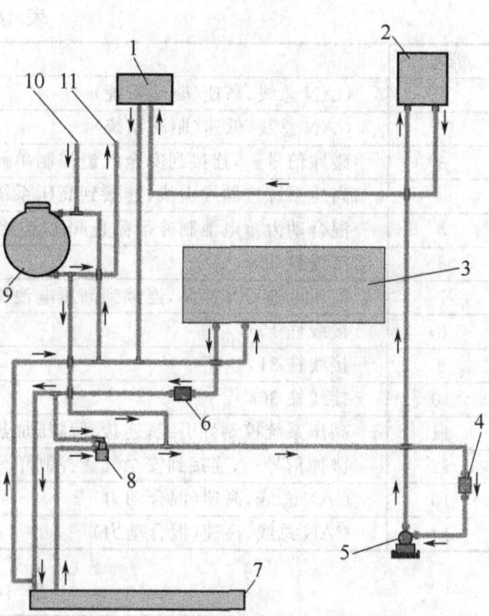

图 14-6 高压冷却系统冷却液循环

1—高压电池的充电装置 1（AX4），包括高压电池的充电装置控制单元（J1050）；2—功率电子（JX1），包括电驱动控制单元（J841）；3—三相电流驱动装置（VX54），连接到冷却回路中；4—散热器出口上的冷却液温度传感器（G83）；5—电驱动模式的功率和控制电子装置冷却液循环泵（V508）；6—电驱动电机后的温度传感器（G788）；7—散热器；8—二位三通阀；9—冷却液补偿罐；10—从暖风回路；11—至暖风回路

14.2 帕萨特 PHEV（2018~ ）

14.2.1 高压电池低压端子定义

高压电池低压端子分布如图 14-7 所示，其端子定义见表 14-1 和表 14-2；高压电池模块监控控制单元端子分布如图 14-8 所示，其端子定义见表 14-3 和表 14-4；高压电池调节控制单元端子分布如图 14-9 所示，其端子定义见表 14-5。

表 14-1 6 针端子定义

端子	端子说明
1	蓄电池高压线＋
1s	高压线屏蔽＋
2	蓄电池高压线－
2s	高压线屏蔽－
3P	高压系统控制导引线，连接到混合动力蓄电池单元(AX1)，插头 T6au/4P，端子 4P
4P	高压系统控制导引线，连接到混合动力蓄电池单元(AX1)，插头 T6au/3P，端子 3P

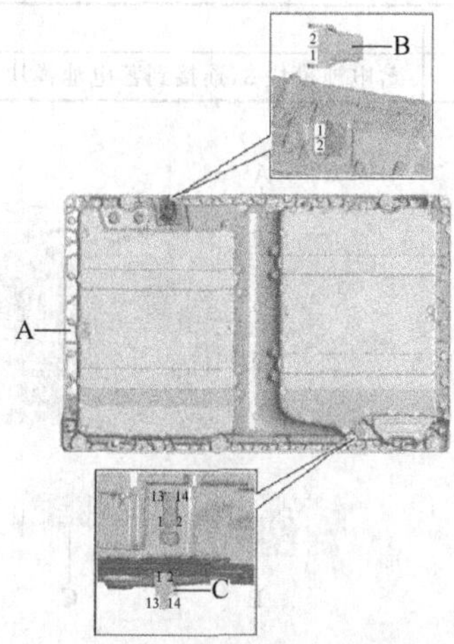

图 14-7 高压电池低压端子分布

A—混合动力蓄电池单元（AX1）；B—混合动力蓄电池单元 6 针橙色插头连接（T6au）；C—混合动力蓄电池单元 14 针黑色插头连接（T14j）

表 14-2　14 针端子定义

端子	端子说明
1	CAN 总线，高速(驱动系统)
2	CAN 总线，低速(驱动系统)
3	碰撞信号＋，连接到安全气囊控制单元(J234)，插头 T90a/17，端子 17
4	高压系统控制导引线，连接到高压系统维护插头(TW)，插头 T4bp/4，端子 4
5	混合动力蓄电池制冷剂截止阀 1，连接到混合动力蓄电池制冷剂截止阀 1(N516)，插头 T2ff/1，端子 1
6	接线柱 30a
7	高压电池冷却液泵，连接到高压电池冷却液泵(V590)，插头 T3bv/3，端子 3
8	接线柱 15a
9	接线柱 31
10	接线柱 30a
11	高压系统控制导引线，连接到高压加热装置(PTC)(Z115)，插头 T8z/5，端子 5
12	碰撞信号－，连接到安全气囊控制单元(J234)，插头 T90a/18，端子 18
13	CAN 总线，高速(混合动力)
14	CAN 总线，高速(混合动力)

表 14-3　18 针端子定义

端子	端子说明
1	接线柱 30a
2	接线柱 30a
4	蓄电池调节控制单元，连接到蓄电池调节控制单元(J840)，插头 T32e/20，端子 20
6	接线柱 31
8	接线柱 31
9	接线柱 31
10	接线柱 30a
13	CAN 总线，低速
14	CAN 总线，高速
16	接线柱 15a
18	接线柱 31

表 14-4　4 针端子定义

端子	端子说明
1	蓄电池模块 3，连接到蓄电池模块 3(J993)，插头 T10ag/2，端子 2

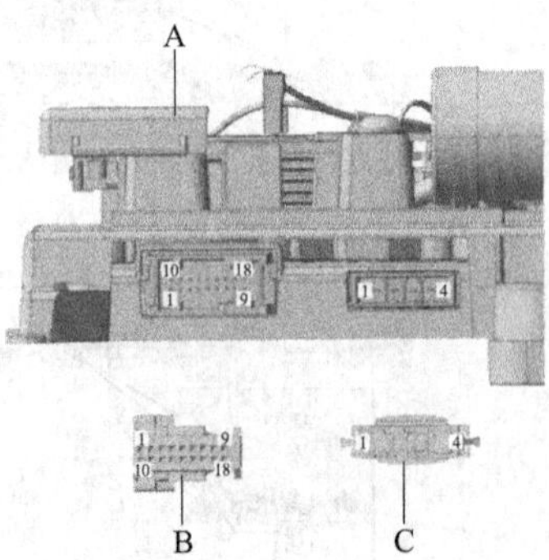

图 14-8　高压电池模块监控控制单元端子分布

A—蓄电池模块监控控制单元 (J497)；

B—蓄电池模块监控控制单元 18 针黑色插头连接 (T18g)；

C—蓄电池模块监控控制单元 4 针黑色插头连接 (T4bx)

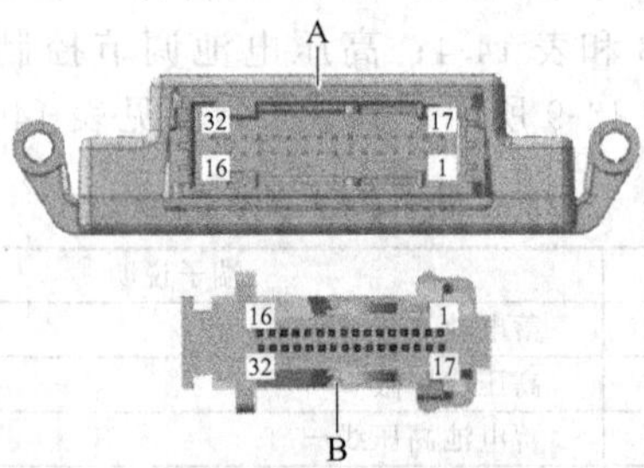

图 14-9　高压电池调节控制单元端子分布

A—蓄电池调节控制单元 (J840)；

B—蓄电池调节控制单元 32 针白色插头连接 (T32e)

表 14-5　32 针端子定义

端子	端子说明
1	CAN 总线,高速
2	CAN 总线,低速
3	CAN 总线,高速(驱动系统)
4	CAN 总线,低速(驱动系统)
5	高压系统控制导引线,连接到高压系统维护插头(TW),插头 T4bp/4,端子 4
6	混合动力蓄电池制冷剂截止阀 1 控制端,连接到混合动力蓄电池制冷剂截止阀 1(N516),插头 T2ff/1,端子 1
7	高压电池冷却液泵控制端,连接到高压电池冷却液泵(V590),插头 T3bv/3,端子 3
8	高压电池冷却液温度传感器 1 信号,连接到高压电池冷却液温度传感器 1(G898),插头 T2fa/1,端子 1
9	高压电池冷却液温度传感器 1 信号,连接到高压电池冷却液温度传感器 1(G898),插头 T2fa/2,端子 2
10	接线柱 30
12	蓄电池模块 0,连接到蓄电池模块 0(J1068),插头 T2fa/2,端子 2
13	碰撞信号+,连接到安全气囊控制单元(J234),插头 T90a/17,端子 17
14	接线柱 15a
15	接线柱 31
16	接线柱 31
17	接线柱 30a
18	CAN 总线,高速(混合动力)
19	CAN 总线,低速(混合动力)
20	蓄电池模块监控控制单元,连接到蓄电池模块监控控制单元(J497),插头 T18g/4,端子 4
21	高压系统控制导引线,连接到 PTC 高压加热装置(Z115),插头 T18z/5 后,端子 5
24	高压电池冷却液温度传感器 2 信号,连接到高压电池冷却液温度传感器 2(G899),插头 T2fv/2,端子 2
25	高压电池冷却液温度传感器 2 信号,连接到高压电池冷却液温度传感器 2(G899),插头 T2fv/1,端子 1
28	蓄电池模块 7,连接到蓄电池模块 7(J997),插头 T10ad/4,端子 4
29	碰撞信号-,连接到安全气囊控制单元(J234),插头 T90a/18,端子 18
30	接线柱 31
32	接线柱 30a

14.2.2　电驱动控制模块端子定义

电驱动控制模块端子分布如图 14-10 所示，其端子定义见表 14-6 和表 14-7。

表 14-6　5 针端子定义

端子	端子说明
1	高压系统控制导引线,连接到车载充电装置(A11),插头 T5at/1,端子 1
2	高压系统控制导引线,连接到车载充电装置(A11),插头 T5at/2,端子 2
3	高压系统控制导引线,连接到电驱动装置的功率及控制电子系统(JX1).插头 T5au/4,端子 4
4	高压系统控制导引线,连接到电驱动装置的功率及控制电子系统(JX1),插头 T5au/3,端子 3
5	车载充电装置,连接到车载充电装置(A11),插头 T5at/5s,端子 5s

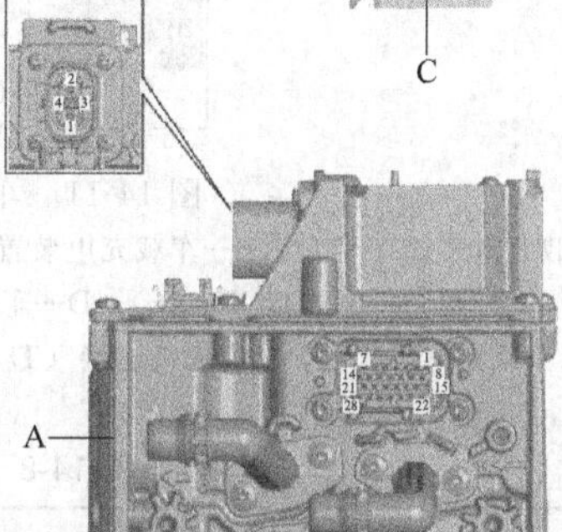

图 14-10　电驱动控制模块端子分布

A—电驱动装置的功率及控制电子系统（JX1）；
B—电驱动装置的功率及控制电子系统 5 针橙色插头连接（T5au）；
C—电驱动装置的功率及控制电子系统 80 针黑色插头连接（T80a）
（控制单元侧端子是 1～28，线束侧端子是 53～80）

表 14-7　80 针端子定义

端子	端子说明
53	CAN 总线，低速(混合动力)
54	CAN 总线，高速(混合动力)
55	接线柱 30a
56	接线柱 15a
57	电驱动装置牵引电机，连接到电驱动装置牵引电机(V141)，插头 T10aa/5，端子 5
58	电驱动装置牵引电机，连接到电驱动装置牵引电机(V141)，插头 T10aa/7，端子 7
59	电驱动装置牵引电机，连接到电驱动装置牵引电机(V141)，插头 T10aa/4，端子 4
60	CAN 总线，低速(驱动系统)
61	CAN 总线，高速(驱动系统)
64	电驱动装置牵引电机，连接到电驱动装置牵引电机(V141)，插头 T10aa/6，端子 6
65	电驱动装置牵引电机，连接到电驱动装置牵引电机(V141)，插头 T10aa/8，端子 8
66	电驱动装置牵引电机，连接到电驱动装置牵引电机(V141)，插头 T10aa/3，端子 3
74	电驱动装置牵引电机温度传感器信号，连接到电驱动装置牵引电机(V141)，插头 T10aa/1，端子 1
75	电驱动装置牵引电机温度传感器接地，连接到电驱动装置牵引电机(V141)，插头 T10aa/2，端子 2
77	高压系统控制导引线，连接到车载充电装置(A11)，插头 T60b/13，端子 13
80	高压系统控制导引线，连接到高压加热装置(PTC)(Z115)，插头 T8z/7，端子 7

14.2.3　车载充电机端子定义

车载充电机端子分布如图 14-11 所示，其端子定义见表 14-8～表 14-12。

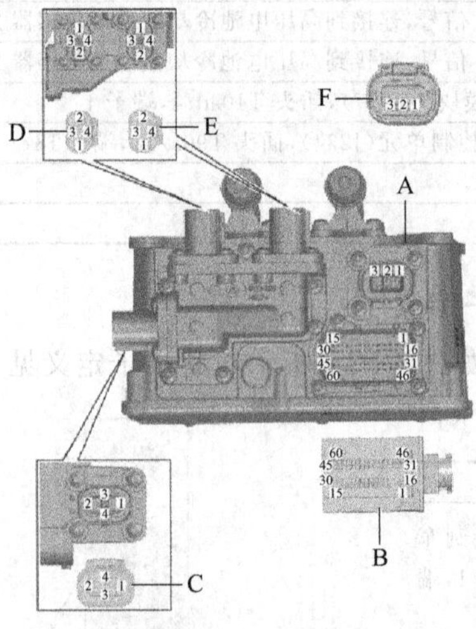

图 14-11　车载充电机端子分布

A—车载充电装置（A11）；B—车载充电装置 60 针黑色插头连接（T60b）；C—车载充电装置 5 针橙色插头连接（T5aw）；D—车载充电装置 5 针橙色插头连接（T5ay）；E—车载充电装置 5 针橙色插头连接（T5at）；F—车载充电装置 4 针橙色插头连接（T4bs）

表 14-8　60 针端子定义

端子	端子说明
1	接线柱 30a
4	LED 指示灯，红色，连接到蓄电池充电按钮模块(EX32)，插头 T8ab/6，端子 6
5	LED 指示灯，绿色，连接到蓄电池充电按钮模块(EX32)，插头 T8ab/7，端子 7
9	CAN 总线，高速(驱动系统)
10	CAN 总线，低速(驱动系统)
11	CAN 总线，高速(混合动力)
12	CAN 总线，低速(混合动力)

续表

端子	端子说明
13	高压系统控制导引线，连接到电驱动装置的功率及控制电子系统(JX1)，插头 T80a/77，端子 77
15	高压系统控制导引线，连接到高压系统维护插头(TW)，插头 T4bp/3，端子 3
21	蓄电池充电按钮模块，连接到蓄电池充电按钮模块(EX32)，插头 T8ab/3，端子 3
22	蓄电池充电按钮模块，连接到蓄电池充电按钮模块(EX32)，插头 T8ab/5，端子 5
23	控制引导，连接到高压电池充电插座 2(UX5)，插头 T9a/7，端子 7
24	充电连接确认，连接到高压电池充电插座 2(UX5)，插头 T9a/6，端子 6
25	蓄电池充电按钮模块按键接通信号，连接到蓄电池充电按钮模块(EX32)，插头 T8ab/2，端子 2
27	充电插座的温度传感器信号－，连接到高压电池充电插座 2(UX5)，插头 T9a/9，端子 9
28	充电插座的温度传感器信号＋，连接到高压电池充电插座 2(UX5)，插头 T9a/8，端子 8
31	高压充电盖板锁止装置 1 的伺服元件控制端，连接到高压充电盖板锁止装置 1 的伺服元件(F496)，插头 T4br/4，端子 4
32	高压充电盖板锁止装置 1 的伺服元件控制端，连接到高压充电盖板锁止装置 1 的伺服元件(F496)，插头 T4br/3，端子 3
33	高压充电盖板锁止装置 1 的伺服元件信号，连接到高压充电盖板锁止装置 1 的伺服元件(F496)，插头 T4br/1，端子 1
34	高压充电盖板锁止装置 1 的伺服元件信号，连接到高压充电盖板锁止装置 1 的伺服元件(F496)，插头 T4br/2，端子 2
51	蓄电池充电按钮模块信号，连接到蓄电池充电按钮模块(EX32)，插头 T8ab/4，端子 4
60	接线柱 31

表 14-9　5 针端子定义（C）

端子	端子说明
1	空调压缩机高压线＋，连接到空调压缩机(V454)，插头 T5av/1，端子 1
2	空调压缩机高压线－，连接到空调压缩机(V454)，插头 T5av/2，端子 2
3	高压系统控制导引线，连接到空调压缩机(V454)，插头 T5av/3，端子 3
4	高压系统控制导引线，连接到空调压缩机(V454)，插头 T5av/4，端子 4
5s	空调压缩机屏蔽线，连接到空调压缩机(V454)，插头 T5av/5s，端子 5s

表 14-10　5 针端子定义（D）

端子	端子说明
1	高压系统控制导引线，连接到高压加热装置(PTC)(Z115)，插头 T5ax/1，端子 1
2	高压系统控制导引线，连接到高压加热装置(PTC)(Z115)，插头 T5ax/2，端子 2
3	高压系统控制导引线，连接到车载充电装置(A11)，插头 T5ay/4，端子 4
4	高压系统控制导引线，连接到车载充电装置(A11)，插头 T5ay/3，端子 3
5s	高压加热装置(PTC)，连接到高压加热装置(PTC)(Z115)，插头 T5ax/5s，端子 5s

表 14-11　5 针端子定义（E）

端子	端子说明
1	高压系统控制导引线，连接到电驱动装置的功率及控制电子系统(JX1)，插头 T5au/1，端子 1
2	高压系统控制导引线，连接到电驱动装置的功率及控制电子系统(JX1)，插头 T5au/2，端子 2
3	高压系统控制导引线，连接到车载充电装置(A11)，插头 T5at/4，端子 4
4	高压系统控制导引线，连接到车载充电装置(A11)，插头 T5at/3，端子 3
5s	电驱动装置的功率及控制电子系统，连接到电驱动装置的功率及控制电子系统(JX1)，插头 T5au/5s，端子 5s

表 14-12　4 针端子定义

端子	端子说明
1	高压电池充电插座 2，连接到高压电池充电插座 2(UX5)，插头 T9a/3，端子 3
2	高压电池充电插座 2，连接到高压电池充电插座 2(UX5)，插头 T9a/2，端子 2
3	高压电池充电插座 2，连接到高压电池充电插座 2(UX5)，插头 T9a/1，端子 1
4s	高压电池充电插座 2

14.2.4 全车控制器安装位置

全车控制器位置如图 14-12～图 14-14 所示。

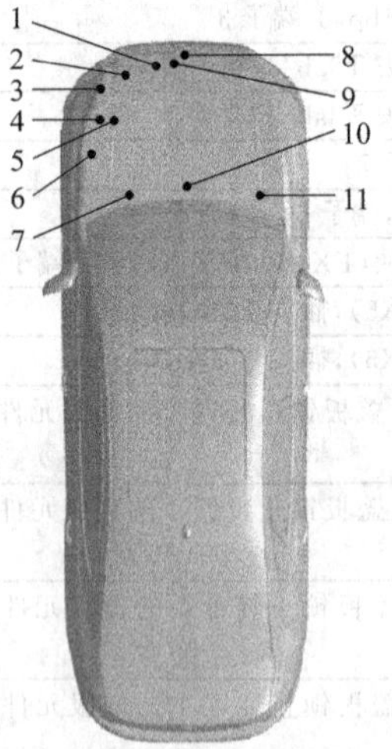

图 14-12 汽车前部控制器

1—节气门控制单元（GX3）（用于带 1.4L 发动机的汽车）；2—双离合器变速器机电装置（J743）；3—车载充电装置（A11）（用于带混合动力驱动的汽车）；4—发动机控制单元（J623）；5—电驱动装置的功率及控制电子系统（JX1）（用于带混合动力驱动的汽车）；6—蓄电池监控控制单元（J367）（用于不带混合动力驱动的汽车）；7—制动助力控制单元（J539）（用于带混合动力驱动的汽车）；8—车距调节控制单元（J428）［用于带自动车距控制（ADR）的汽车］；9—节气门控制单元（GX3）；10—转向辅助控制单元（J500）；11—ABS 控制单元（J104）

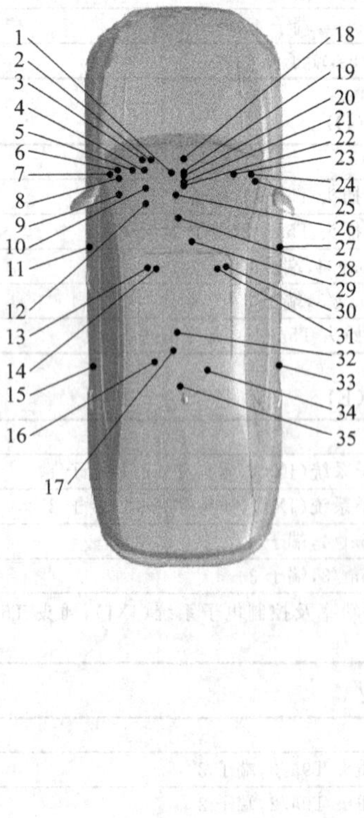

图 14-13 汽车中部控制器

1—进入及启动系统接口（J965）；2—弯道灯和大灯照明距离调节控制单元（J745）（用于带自动大灯照明距离调节的汽车/用于带混合动力驱动的汽车）；3—数据总线诊断接口（J533）；4—仪表板中的控制单元（J285）；5—紧急呼叫模块和通信单元控制单元（J949）（用于带混合动力驱动的汽车）；6—驻车辅助控制单元（J446）；7—车载电网控制单元（J519）；8—前窗玻璃投影（平视显示器）控制单元（J898）（用于带前窗玻璃投影的汽车）；9—诊断接口（U31）；10—转向柱电子装置控制单元（J527）；11—驾驶人侧车门控制单元（J386）；12—多功能转向盘控制单元（J453）（用于带多功能转向盘的汽车）；13—左前座椅调节控制单元（J1112）（带有记忆功能的驾驶人座椅）；14—数字式声音处理系统控制单元（J525）（用于带音响系统的汽车）；15—左后车门控制单元（J388）；16—混合动力蓄电池单元（AX1）（用于带混合动力驱动的汽车）；17—蓄电池调节控制单元（J840）（用于带混合动力驱动的汽车）；18—安全气囊控制单元（J234）；19—全自动空调控制单元（J255）（用于带全自动空调的汽车）；20—空调器控制单元元（J301）（用于带电动调节风门的空调器）；21—前部信息显示和操作单元控制单元的显示单元（J685）（9.2″MIB STD Navi）；22—电子通信信息设备 1 控制单元（J794）［8″Entry Navi（China Navigation System 2.0）/6.5″MIB G STD Plus］；23—电子通信信息设备 1 控制单元（J794）（9.2″MIB STD Navi）；24—新鲜空气鼓风机控制单元（J126）；25—发动机噪声形成控制单元（J943）（用于带混合动力驱动的汽车）；26—换挡杆传感器控制单元（J587）；27—前乘客侧车门控制单元（J387）；28—驾驶人辅助系统的前部摄像机（R242）（用于带驾驶辅助特殊装备的汽车）；29—滑动天窗控制单元（J245）（用于带滑动/外翻式天窗的汽车）；30—按摩功能控制单元（J740）（用于带按摩功能的座椅调节）；31—全景摄像头控制单元（J928）（用于带全景摄像头的车辆）；32—蓄电池模块监控控制单元（J497）（用于带混合动力驱动的汽车）；33—右后车门控制单元（J389）；34—燃油泵控制单元（J538）（用于不带混合动力驱动的汽车）；35—滑动天窗控制单元（J245）（用于带全景滑动天窗的汽车）

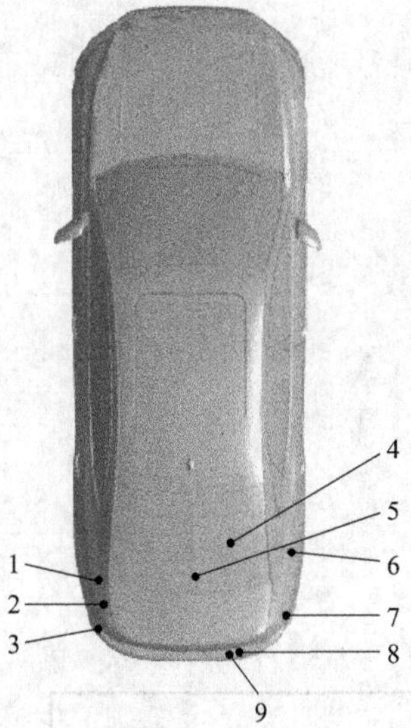

图 14-14 汽车后部控制器

1—后备厢盖控制单元（J605）（用于带传感器控制后备厢盖开启装置的汽车）；2—蓄电池监控控制单元（J367）（用于带混合动力驱动的汽车）；3—盲区识别控制单元 2（J1087）（用于带换道辅助系统的汽车）；4—燃油泵控制单元（J538）（用于带混合动力驱动的汽车）；5—后窗遮阳卷帘控制单元（J262）（用于带电动后窗遮阳卷帘的汽车）；6—油箱泄漏诊断控制单元（J909）（适用于排放标准 C6）；7—盲区识别控制单元（J1086）（用于带换道辅助系统的汽车）；8—后备厢盖开启装置控制单元（J938）（用于带传感器控制后备厢盖开启装置的汽车）；9—轮胎压力监控控制单元（J502）（用于带轮胎充气压力监控的汽车/依汽车装备而定）

第15章

通用新能源汽车

15.1 别克 VELITE 6（2019~ ）

15.1.1 熔丝与继电器盒信息

（1）前舱熔丝盒（图 15-1 和表 15-1）

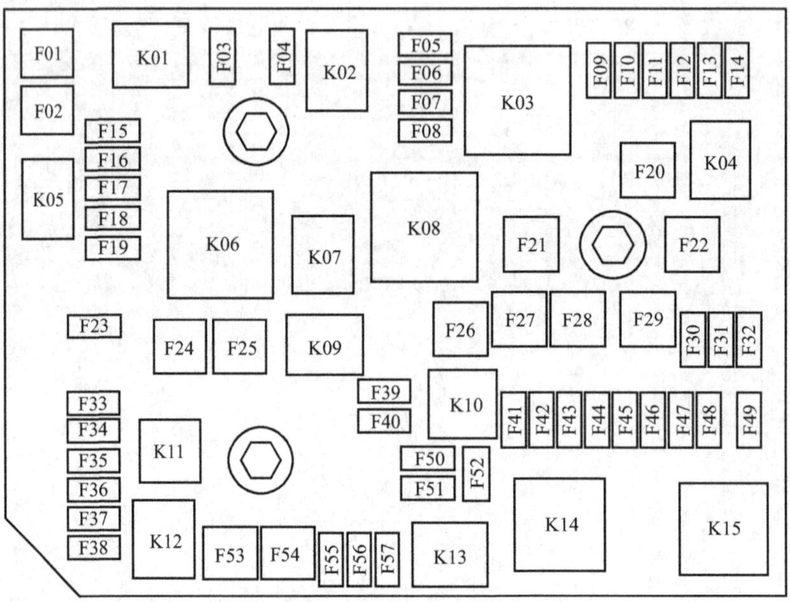

图 15-1 前舱熔丝盒

表 15-1 前舱熔丝盒说明

熔丝	功能	熔丝	功能
F03	动力转换	F20	电动车身控制阀
F04	空调电动加热	F21	刹车
F05	IEC 供电	F22	ABS 刹车
F07	辅助电源	F27	除雾
F08	数据连接	F28	座椅调节
F09	前照灯调节	F29	鼓风机
F10	电动后视镜摄像头	F30	警报器
F11	整车集成控制模块	F31	车联模块
F12	刹车控制	F32	前摄像头
F13	换挡	F35	电泵
F14	车身控制模块 3	F39	后视镜加热
F16	充电模块	F40	充电枪
F18	空调控制模块	F41	前座椅加热

续表

熔丝	功 能	熔丝	功 能
F42	后雨刮	F48	遮阳
F43	车身控制模块 6	F49	超声波停车辅助
F44	车身控制模块 7	F52	中央网关
F45	车身控制模块 8	F54	预留
F46	车身控制模块 9	F56	舱泵
F47	车辆控制		
继电器	用 法	继电器	用 法
K03	运行及启动信号	K08	后除雾
K07	充电门锁电机上锁	K09	充电门锁电机解锁

（2）仪表板熔丝盒（图 15-2 和表 15-2）

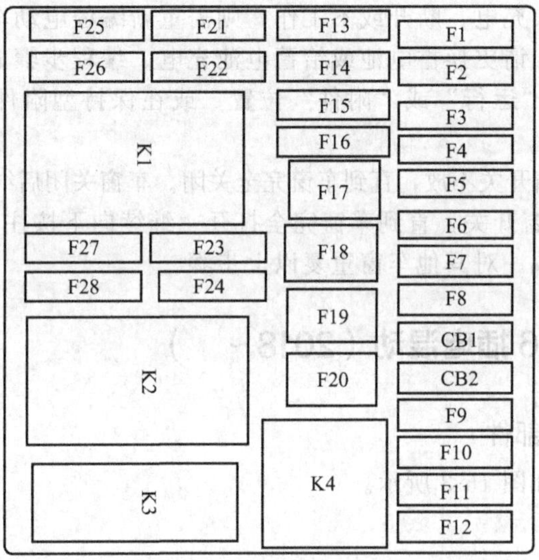

图 15-2 仪表板熔丝盒

表 15-2 仪表板熔丝盒说明

熔丝	用 法	熔丝	用 法
F1	车身控制模块 1	F13	安全气囊
F2	防火墙模块	F14	电池系统
F3	环境灯	F18	车身控制模块 5
F4	空调控制	F21	中央网关
F5	车身控制模块 4	F22	电子转换
F6	洗涤电机	F23	车身控制模块 2
F7	空调控制	F24	仪表
F8	转向控制	F25	抬头显示指示灯
F9	显示	F26	电子启停
F10	音响	F27	点烟器
F11	柱锁	F28	充电枪
F12	车联网盒		
继电器	用 法	继电器	用 法
K1	运行	K2	点烟器

15.1.2 车轮定位数据

车轮定位数据见表 15-3。

表 15-3 车轮定位数据

项目		参数 SGM7008LFBEV
前轮(出厂)	外倾角	−0.15±0.75
	主销后倾角	4.20±0.75
	前束角(左+右)	0.12±0.15
后轮(出厂)	外倾角	−0.8±0.6
	前束角(左+右)	0.18±0.20
	推进角	0±0.2

15.1.3 电动车窗初始化编程方法

如果车辆蓄电池再次充电、断开或不工作，则需重新编程电动车窗的快速升起功能以使其工作。重新编程之前，请更换蓄电池或给蓄电池充电。编程步骤如下。

① 在电源开关置于“运行”或“附件”位置，或在保持型附件电源开启时，关闭所有车门。

② 向上拉起电动车窗开关不放，直到车窗完全关闭。车窗关闭后继续向上拉住开关约 2s。

③ 向下按住电动车窗开关，直到车窗完全打开。继续向下按住开关 2s。

此时，车窗编程完成。对其他车窗重复以上步骤。

15.2 凯迪拉克 CT6 插电混动（2018~ ）

15.2.1 混合动力系统部件

混合动力系统部件如图 15-3 所示。

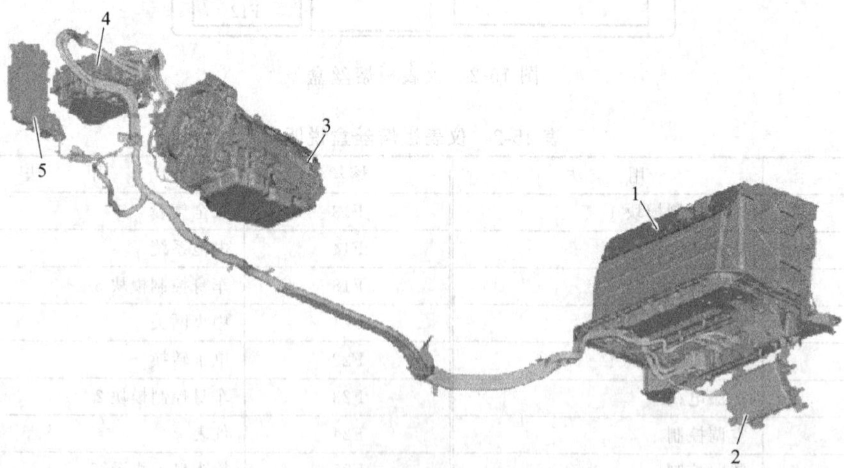

图 15-3 混合动力系统部件

1—高压电池；2—T18 高压电池充电机；3—T12 自动变速器总成；4—T6 电源逆变器模块；5—K1 14V 电源模块

15.2.2 充电控制模块端子定义

充电控制模块端子分布如图 15-4 所示，其端子定义见表 15-4。

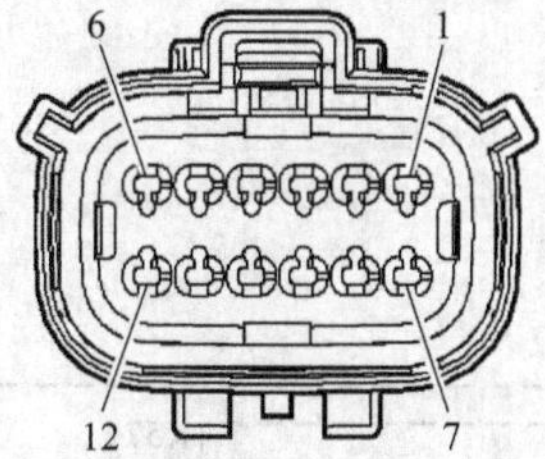

图 15-4　充电控制模块端子分布

表 15-4　充电控制模块端子定义

端子	端子说明	端子	端子说明
2	搭铁	9	蓄电池正极电压
3	高压车载充电直流电压感应信号	10	高压车载充电交流电压感应信号
4	高压车载充电控制	11	高压车载充电启用

15.2.3　高压电池充电控制电路

高压电池充电控制电路如图 15-5～图 15-7 所示。

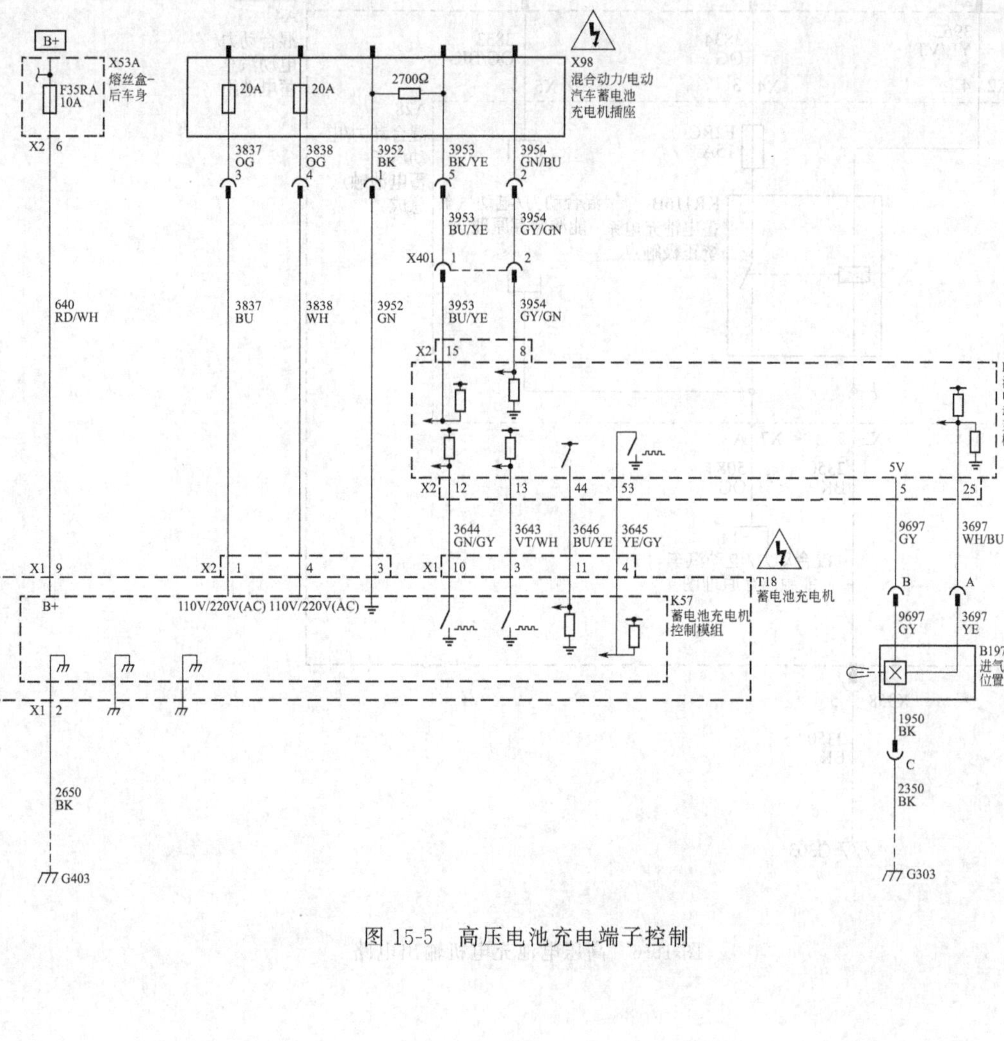

图 15-5　高压电池充电端子控制

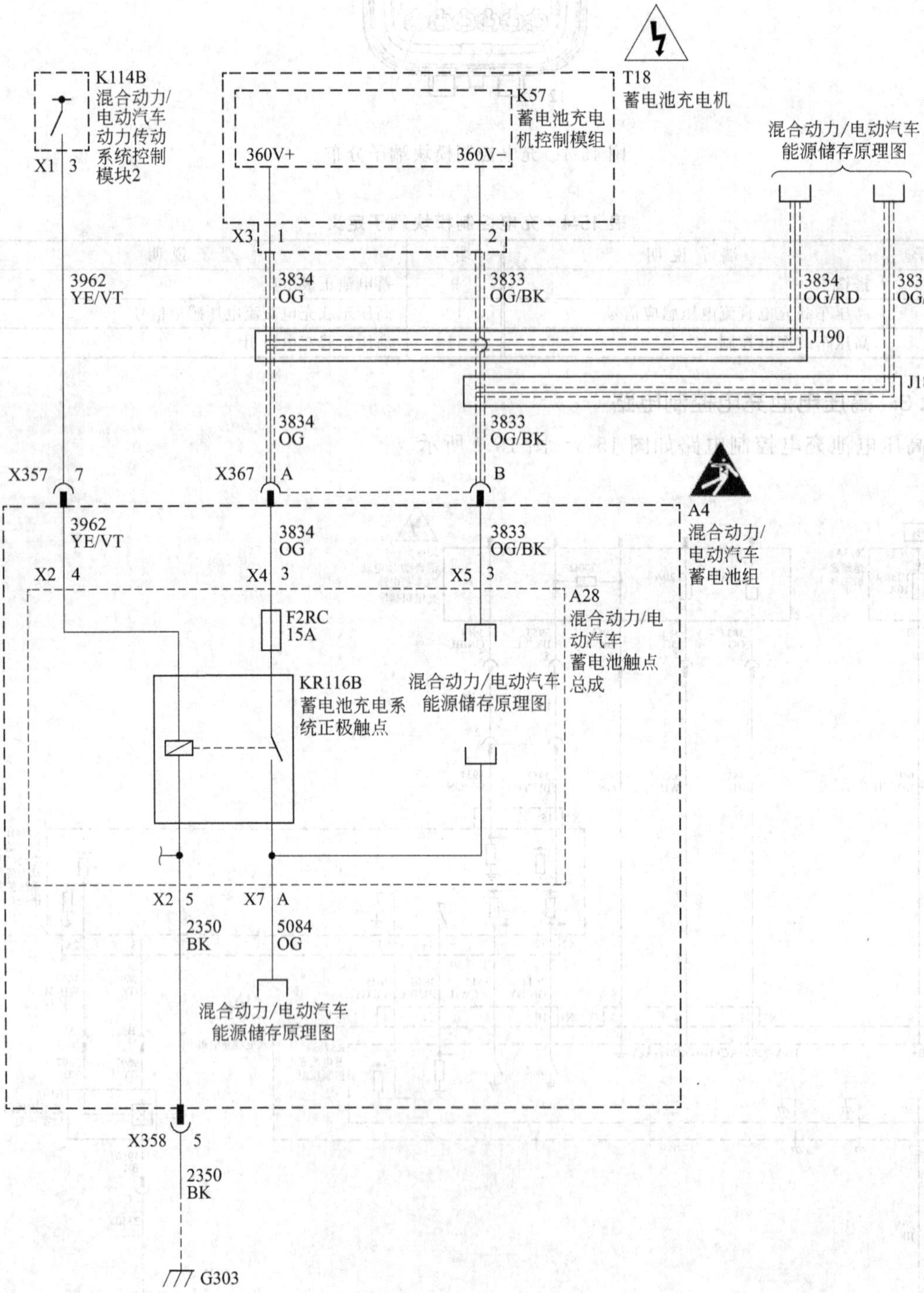

图 15-6 高压电池充电机输出电路

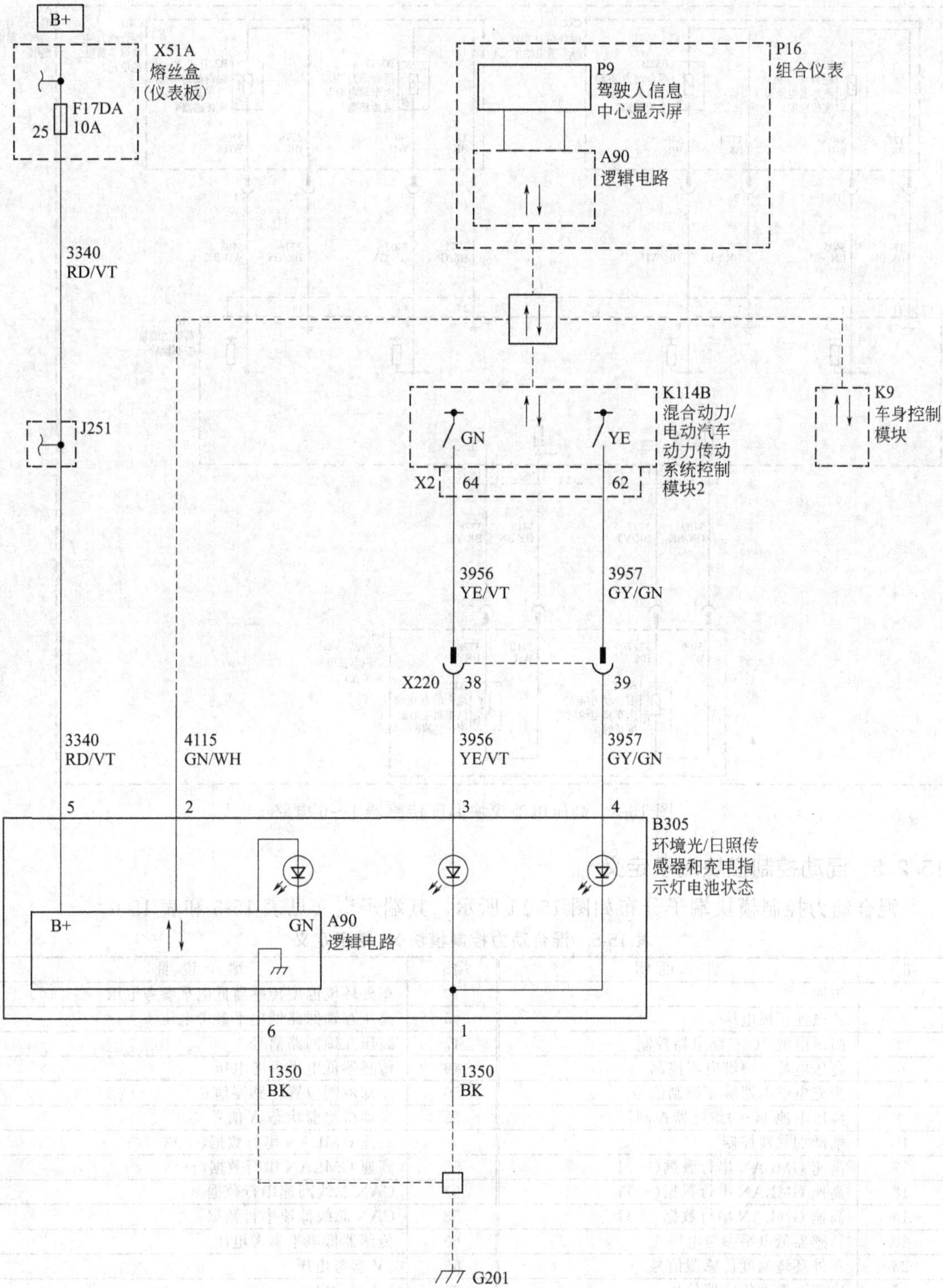

图 15-7　高压电池充电状态电路

15.2.4　高压系统冷却控制电路

高压系统冷却控制电路如图 15-8～图 15-10 所示。

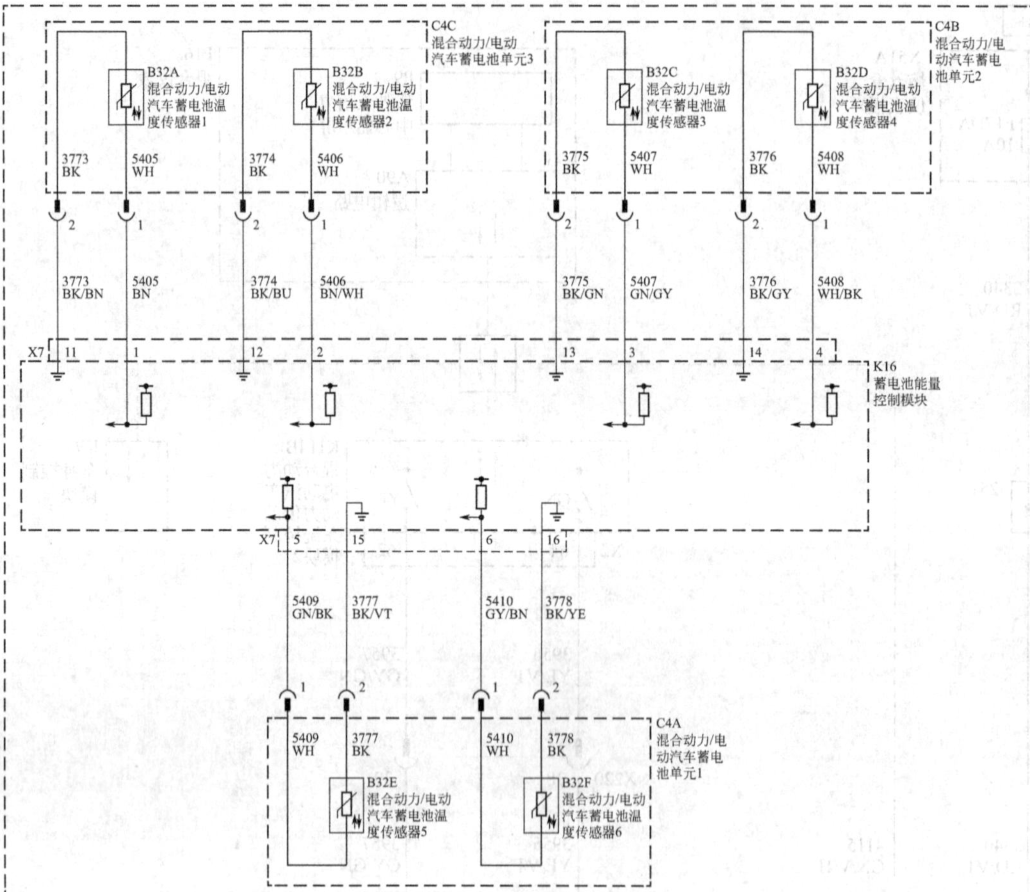

图 15-8　高压电池模块温度传感器 1～6 电路

15.2.5　混动控制模块端子定义

混合动力控制模块端子分布如图 15-11 所示，其端子定义见表 15-5 和表 15-6。

表 15-5　混合动力控制模块 X1 端子定义

端子	端子说明	端子	端子说明
1	搭铁	40	车外环境温度传感器低电平参考电压
2	蓄电池正极电压	45	高压互锁回路低电平参考电压 1
3	高压电池 3(＋)继电器控制	47	高压互锁回路信号 1
6	高压电池(－)继电器控制	49	传感器低电平参考电压
8	预充电继电器脉宽调制信号	50	冷却液阀位置传感器信号
9	高压电池 1(＋)继电器控制	52	发动机舱盖状态 A 信号
10	辅助加热器控制	54	高速 GMLAN 串行数据(＋)3
17	高速 GMLAN 串行数据(＋)1	55	高速 GMLAN 串行数据(－)3
18	高速 GMLAN 串行数据(－)1	57	CAN 总线高速串行数据
19	高速 GMLAN 串行数据(＋)1	58	CAN 总线低速串行数据
20	传感器低电平参考电压	60	传感器低电平参考电压
26	车外环境温度传感器信号	63	5V 参考电压
27	冷却液温度传感器信号	64	5V 参考电压
31	空调低压传感器信号	70	加油口盖释放开关信号
32	冷却液液位过低指示灯控制	72	燃油加注口门打开信号
33	传感器低电平参考电压	74	高速 GMLAN 串行数据(＋)3
37	高速 GMLAN 串行数据(＋)1	75	高速 GMLAN 串行数据(－)3
38	高速 GMLAN 串行数据(－)1	77	CAN 总线高速串行数据
39	高速 GMLAN 串行数据(－)1	78	CAN 总线低速串行数据

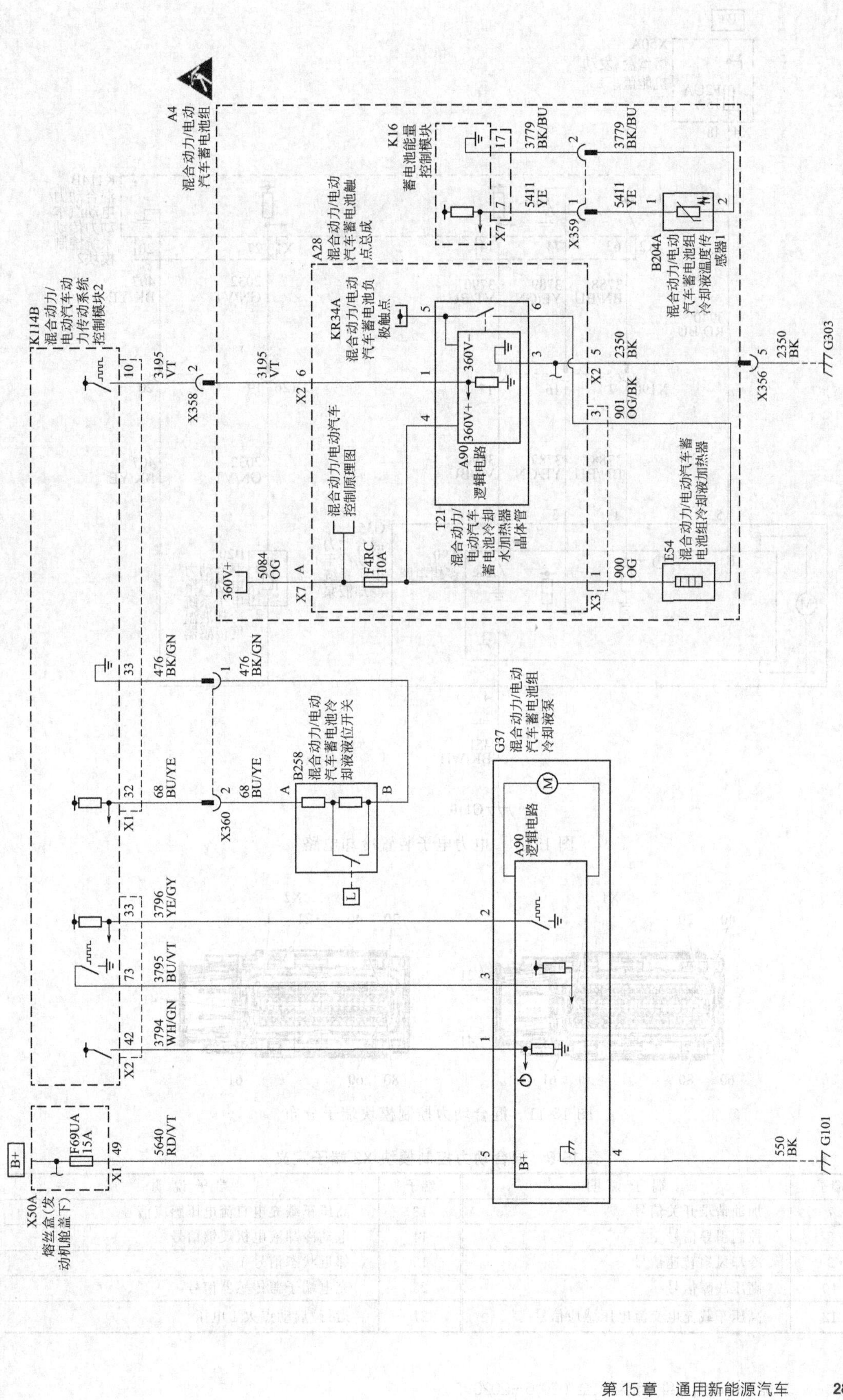

图 15-9 高压电池冷却电路

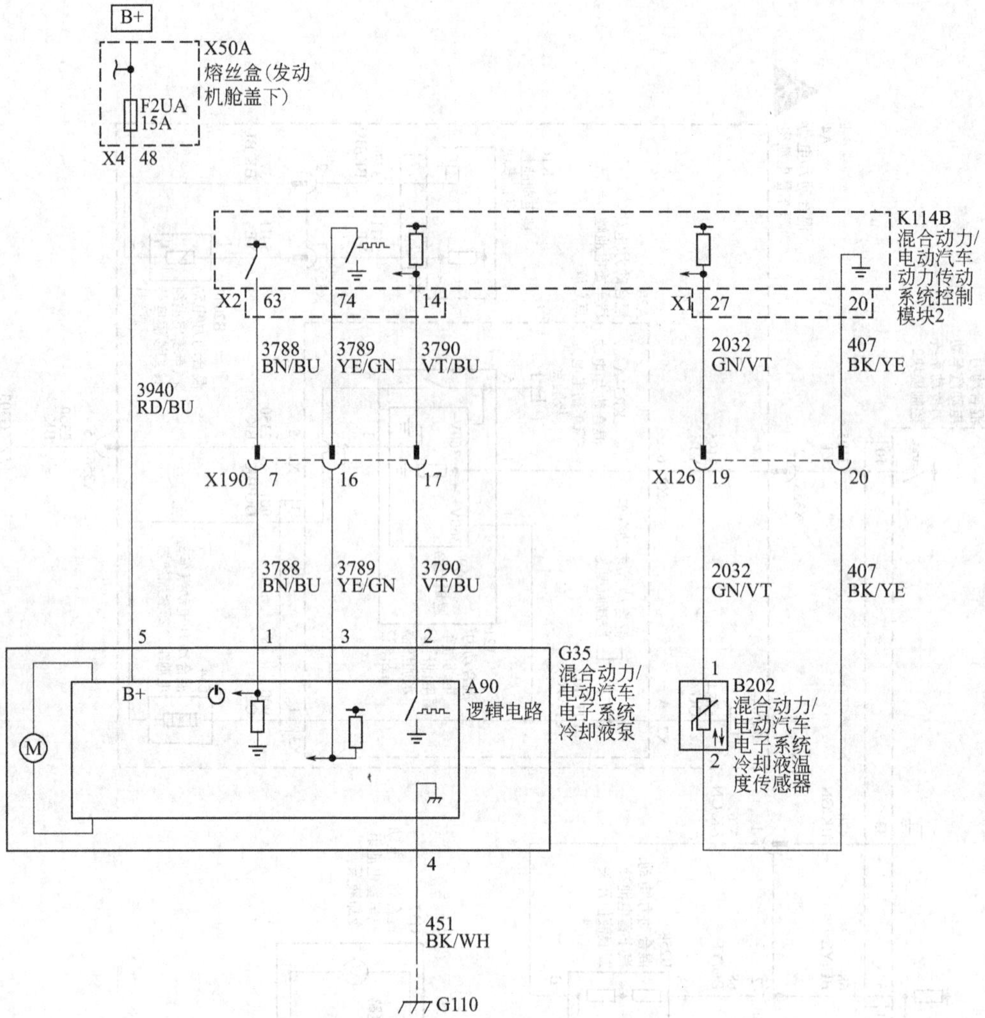

图 15-10 电力电子装置冷却电路

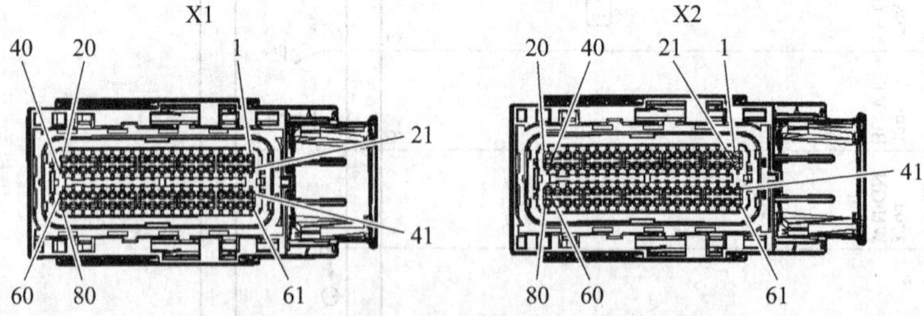

图 15-11 混合动力控制模块端子分布

表 15-6 混合动力控制模块 X2 端子定义

端子	端子说明	端子	端子说明
7	加油请求开关信号	13	高压车载充电直流电压感应信号
8	控制引导信号 1	14	电动冷却液电机反馈信号
9	冷却风扇转速信号	15	邻近状态信号 1
10	高压故障信号	25	充电端子盖传感器信号
12	高压车载充电交流电压感应信号	27	运行/启动点火 1 电压

续表

端子	端子说明	端子	端子说明
33	可充电储能系统1冷却液电机反馈信号	61	燃油加注口门锁止/解锁1信号
38	低速GMLAN串行数据	62	充电监控信号指示灯控制
41	燃油加注口门锁止/解锁1参考电压	63	电动冷却液电机控制
42	可充电储能系统1冷却液电机控制	64	充电状态指示灯控制
43	附件唤醒串行数据2	65	高压能量管理通信控制
44	高压车载充电启用	67	附件唤醒串行数据
52	冷却风扇控制信号	73	可充电储能系统1冷却液电机控制
53	高压车载充电控制	74	电动冷却液电机控制
59	可充电储能系统冷却液暖风、通风和空调系统(HVAC)模式电机高电平控制	79	可充电储能系统冷却液暖风、通风和空调系统(HVAC)模式电机低电平控制

15.2.6 电源逆变器端子定义

电源逆变器端子分布如图15-12所示，其端子定义见表15-7。

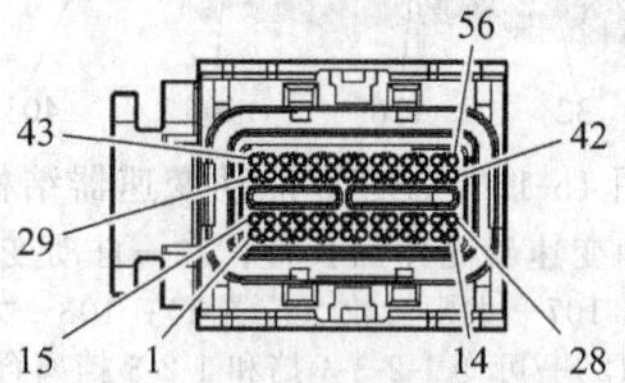

图15-12 电源逆变器端子分布

表15-7 电源逆变器端子定义

端子	端子说明	端子	端子说明
1	高速GMLAN串行数据(－)1	19	高速GMLAN串行数据(－)2
2	高速GMLAN串行数据(＋)1	20	高速GMLAN串行数据(＋)2
3	高速GMLAN串行数据(－)3	21	牵引电源逆变器模块旋转变压器1励磁信号负极
4	高速GMLAN串行数据(＋)3		
5	高速GMLAN串行数据(－)2	22	牵引电源逆变器模块旋转变压器1 S3信号
6	高速GMLAN串行数据(＋)2	23	牵引电源逆变器模块旋转变压器1 S4信号
7	牵引电源逆变器模块旋转变压器1励磁信号正极	24	牵引电机位置转速方向2信号A输出(－)
		25	牵引电机位置转速方向2信号B输出(－)
8	牵引电源逆变器模块旋转变压器1 S1信号	38	变速器内部模式开关(IMS)模式开关R1位信号
9	牵引电源逆变器模块旋转变压器1 S2信号	39	变速器内部模式开关(IMS)模式开关R2位信号
10	位置转速方向传感器2信号A	40	变速器内部模式开关(IMS)模式开关D1位信号
11	位置转速方向传感器2信号B		
12	曲轴位置传感器复制信号	41	蓄电池正极电压
13	附件唤醒串行数据2	52	变速器内部模式开关(IMS)模式开关低电平参考电压
14	运行/启动点火1电压		
15	高速GMLAN串行数据(－)1	53	变速器内部模式开关(IMS)模式开关D2位信号
16	高速GMLAN串行数据(＋)1		
17	高速GMLAN串行数据(－)3	54	变速器内部模式开关(IMS)模式开关S位信号
18	高速GMLAN串行数据(＋)3	56	蓄电池正极电压

15.2.7 4EL70混动变速器结构

4EL70混动变速器结构如图15-13所示。

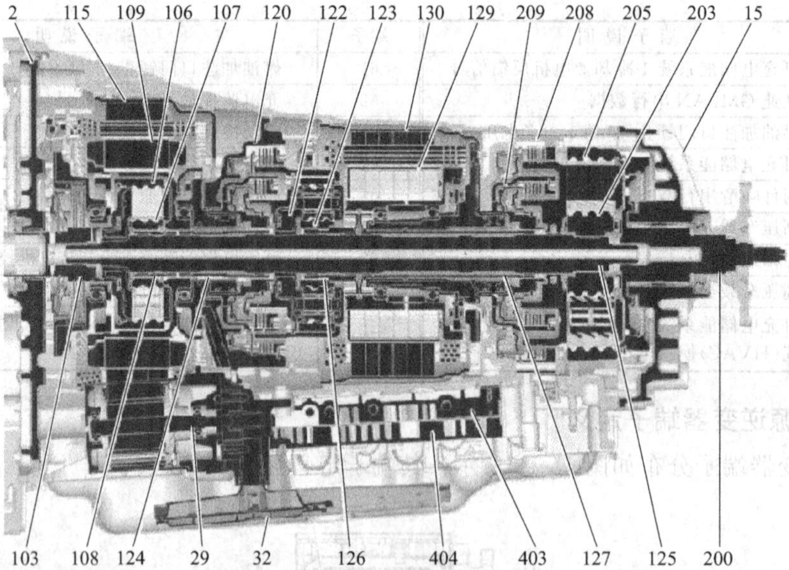

图 15-13 4EL70 混动变速器结构

2—自动变速器扭转减振器壳体；15—自动变速器壳体加长件；29—自动变速器油泵；32—自动变速器机油滤清器；103—输入轴；106—太阳齿轮架（位置 1）；107—太阳齿轮（位置 1）；108—太阳齿轮轴（位置 1）；109—驱动电机转子（位置 1）；115—驱动电机定子（位置 1）；120—可变 1-2-3-4 挡和 1-2-3 挡离合器；122—太阳齿轮架（位置 2）；123—太阳齿轮（位置 2）；124—可变 2-3 挡和 1-2-3 挡离合器轴；125—主轴；126—太阳齿轮轴（位置 2）；127—可变 3-4 挡和 2-3 挡离合器轴；129—驱动电机转子（位置 2）；130—驱动电机定子（位置 2）；200—输出轴；203—太阳齿轮（位置 3）；205—太阳齿轮架（位置 3）；208—可变 1-2 挡和 1-2 挡离合器壳体；209—可变 3-4 挡和 2-3 挡离合器壳体；403—上控制阀体；404—控制阀电磁阀体

15.2.8 4EL70 混动变速器轴承与垫圈位置

4EL70 混动变速器轴承与垫圈位置如图 15-14 所示。

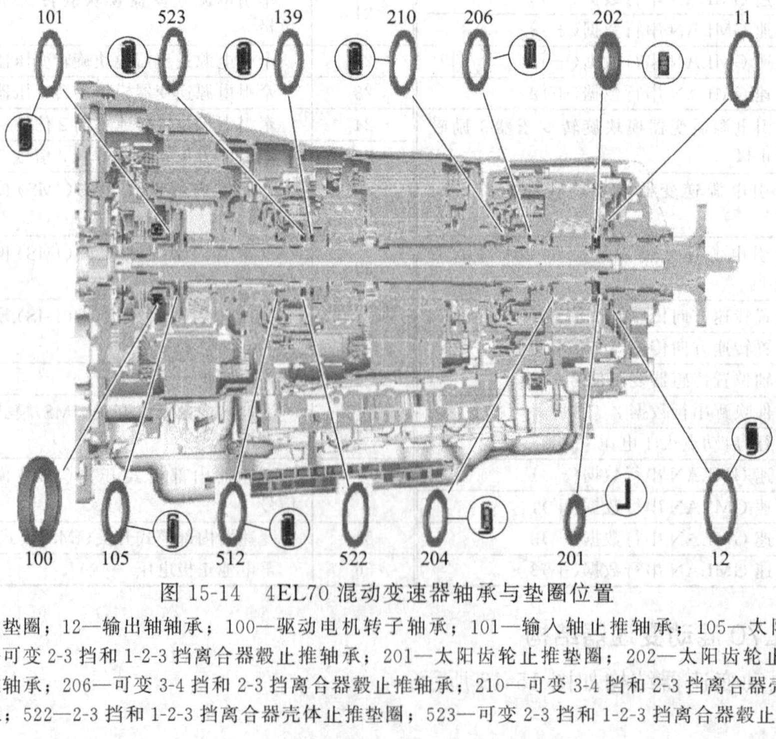

图 15-14 4EL70 混动变速器轴承与垫圈位置

11—输出轴止推垫圈；12—输出轴轴承；100—驱动电机转子轴承；101—输入轴止推轴承；105—太阳齿轮架止推轴承；139，512—可变 2-3 挡和 1-2-3 挡离合器毂止推轴承；201—太阳齿轮止推垫圈；202—太阳齿轮止推轴承；204—太阳齿轮架止推轴承；206—可变 3-4 挡和 2-3 挡离合器毂止推轴承；210—可变 3-4 挡和 2-3 挡离合器壳体止推轴承；522—2-3 挡和 1-2-3 挡离合器壳体止推垫圈；523—可变 2-3 挡和 1-2-3 挡离合器毂止推轴承

15.2.9 4EL70混动变速器部件分解

4EL70混动变速器部件分解如图15-15～图15-25所示。

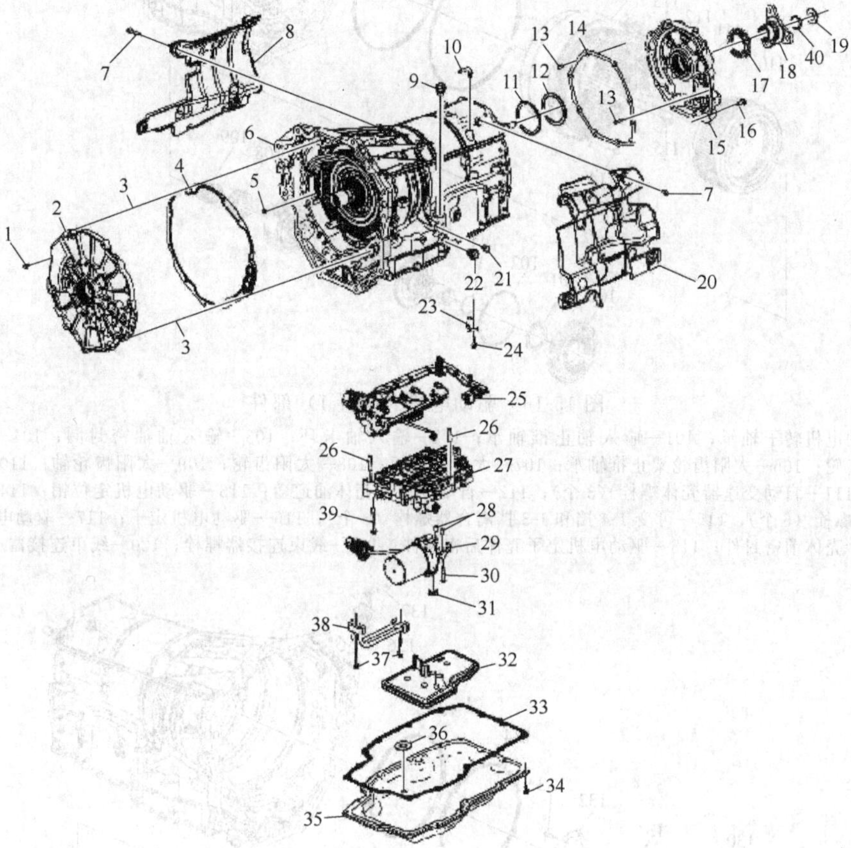

图15-15 壳体和相关零件

1—自动变速器壳体螺栓（10个）；2—自动变速器扭转减振器壳体；3，13—变速器壳体定位销（2个）；4—自动变速器扭转减振器壳体衬垫；5—线束连接器螺栓（6个）；6—自动变速器壳体；7—自动变速器壳体螺栓（8个）；8，20—变速器壳体隔声器；9—变速器加油口塞；10—自动变速器通风管；11—止推垫圈；12—输出轴轴承；14—自动变速器壳体加长件衬垫；15—自动变速器壳体加长件；16—自动变速器壳加长件螺栓（9个）；17—传动轴前滑动叉油封；18—传动轴法兰；19—前传动轴法兰螺母；21—自动变速器机油压力测试孔塞；22—变速器放油口塞；23—自动变速器输出轴转速传感器；24—自动变速器输出轴转速传感器螺栓；25—自动变速器控制线束；26—阀体定位销（2个）；27—控制阀；28—自动变速器油泵定位销；29—自动变速器油泵；30—自动变速器油泵螺栓（4个）；31—自动变速器机油滤清器密封件；32—自动变速器机油滤清器；33—自动变速器储油盘衬垫；34—自动变速器储油盘螺栓（16个）；35—自动变速器储油盘；36—自动变速器储油盘磁铁；37—阀体螺栓（2个）；38—控制阀体油液歧管；39—自动变速器控制螺栓（4个）；40—变速器传动轴法兰密封件

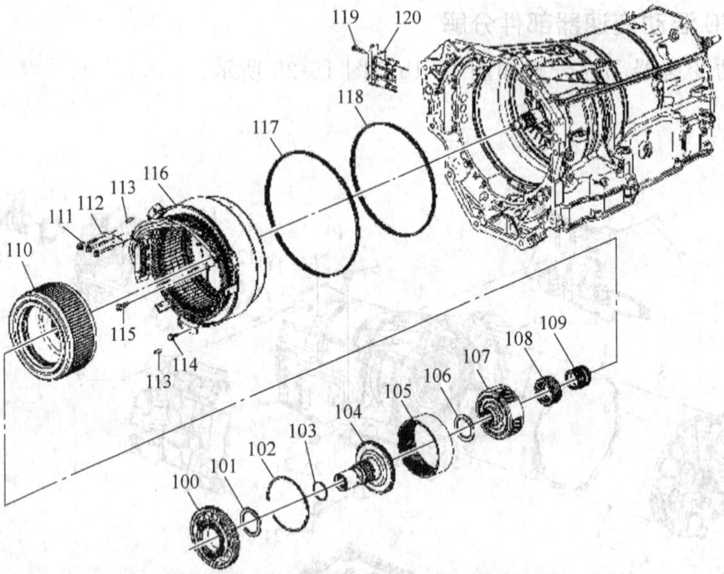

图 15-16　驱动电机（位置 1）部件

100—驱动电机转子轴承；101—输入轴止推轴承；102—输入轴卡环；103—输入轴油密封圈；104—输入轴；105—内齿轮；106—太阳齿轮架止推轴承；107—太阳齿轮架；108—太阳齿轮；109—太阳齿轮轴；110—驱动电机转子；111—自动变速器壳体螺栓（3 个）；112—自动变速器壳体油道盖；113—驱动电机定位销；114—自动变速器壳体螺栓（6 个）；115—可变 1-4 挡和 1-3 挡离合器螺栓（8 个）；116—驱动电机定子；117—驱动电机定子壳体前密封件；118—驱动电机定子壳体后密封件；119—线束连接器螺栓；120—线束连接器

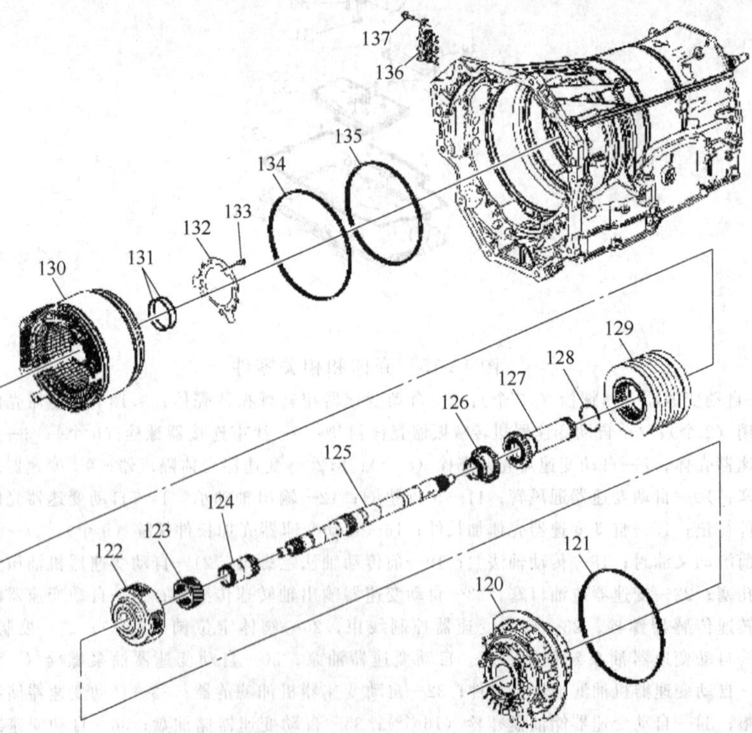

图 15-17　驱动电机（位置 2）部件

120—可变 1-2-3-4 挡和 1-2-3 挡离合器；121—离合器壳体密封件；122—太阳齿轮架；123—太阳齿轮；124—可变 2-3 挡和 1-2-3 挡离合器轴；125—主轴；126—太阳齿轮轴；127—可变 3-4 挡和 2-3 挡离合器轴；128—驱动电机发电机转子轴承卡环；129—驱动电机转子；130—驱动电机定子；131—可变 3-4 挡和 2-3 挡离合器壳体油封环（2 个）；132—可变 3-4 挡和 2-3 挡离合器壳体油道毂衬垫；133—自动变速器壳体螺栓（7 个）；134—驱动电机定子壳体前密封件；135—驱动电机定子壳体后密封件；136—线束连接器；137—线束连接器螺栓

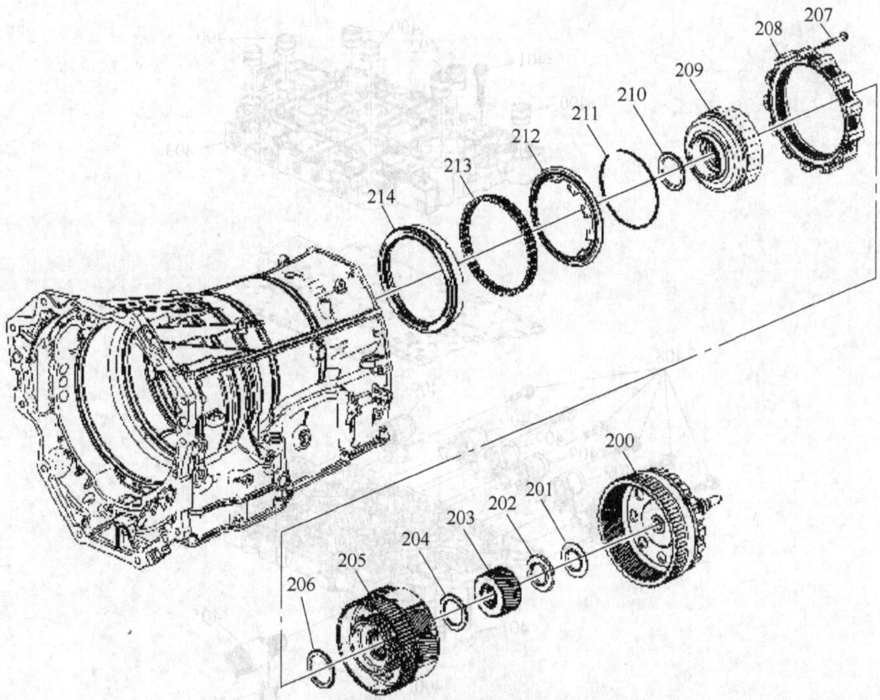

图 15-18 内部部件

200—输出轴；201—止推垫圈；202—太阳齿轮止推轴承；203—太阳齿轮；204—太阳齿轮架止推轴承；205—太阳齿轮架；206—可变 3-4 挡和 2-3 挡离合器毂止推轴承；207—自动变速器壳体螺栓（13 个）；208—可变 1-2 挡和 1-2 挡离合器壳体；209—可变 3-4 挡和 2-3 挡离合器壳体；210—可变 3-4 挡和 2-3 挡离合器壳体止推轴承；211—可变 1-2 挡和 1-2 挡离合器活塞回位弹簧卡环；212—可变 1-2 挡和 1-2 挡离合器活塞回位弹簧板；213—可变 1-2 挡和 1-2 挡离合器活塞回位弹簧；214—可变 1-2 挡和 1-2 挡离合器活塞

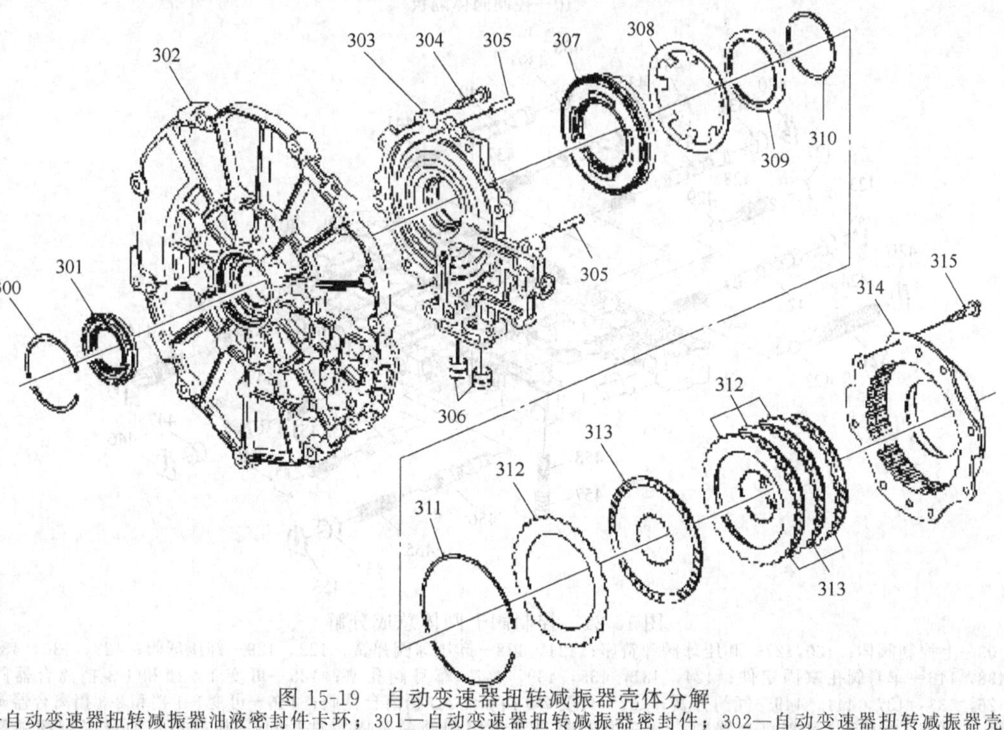

图 15-19 自动变速器扭转减振器壳体分解

300—自动变速器扭转减振器油液密封件卡环；301—自动变速器扭转减振器密封件；302—自动变速器扭转减振器壳体；303—可变 1-2-3-4 挡离合器壳体；304—自动变速器扭转减振器壳体螺栓（4 个）；305—自动变速器扭转减振器销（2 个）；306—可变 1-2-3-4 挡离合器活塞壳体密封件（2 个）；307—可变 1-2-3-4 挡离合器活塞；308—可变 1-2-3-4 挡离合器活塞回位弹簧；309—可变 1-2-3-4 挡离合器活塞回位弹簧板；310—可变 1-2-3-4 挡离合器壳体环；311—可变 1-2-3-4 挡离合器底板卡环；312—可变 1-2-3-4 挡离合器片（4 个）；313—可变 1-2-3-4 挡离合器摩擦片（4 个）；314—可变 1-2-3-4 挡离合器底板；315—自动变速器扭转减振器壳体螺栓（8 个）

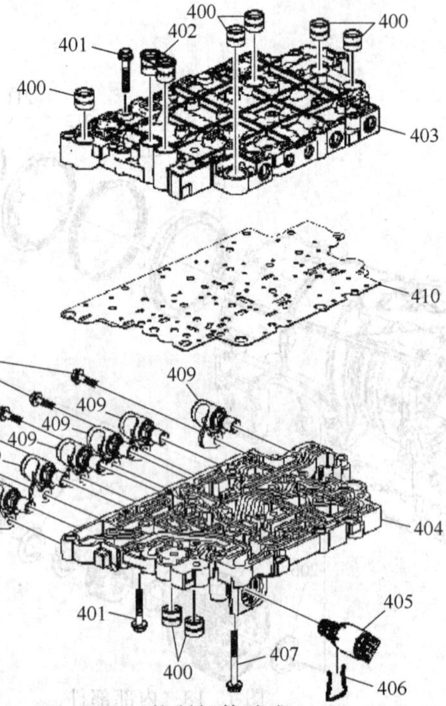

图 15-20　控制阀体总成

400—自动变速器混合动力直接挡 2-3-4 挡离合器调节阀密封件（7 个）；401—阀体螺栓（18 个）；402—自动变速器混合动力直接挡 2-3-4 挡离合器调节阀密封件（2 个）；403—上控制阀体；404—控制阀电磁阀体；405—离合器压力控制电磁阀；406—控制电磁阀固定件；407—控制阀体螺栓（3 个）；408—换挡电磁阀螺栓（6 个）；409—换挡电磁阀（6 个）；410—控制阀体隔板

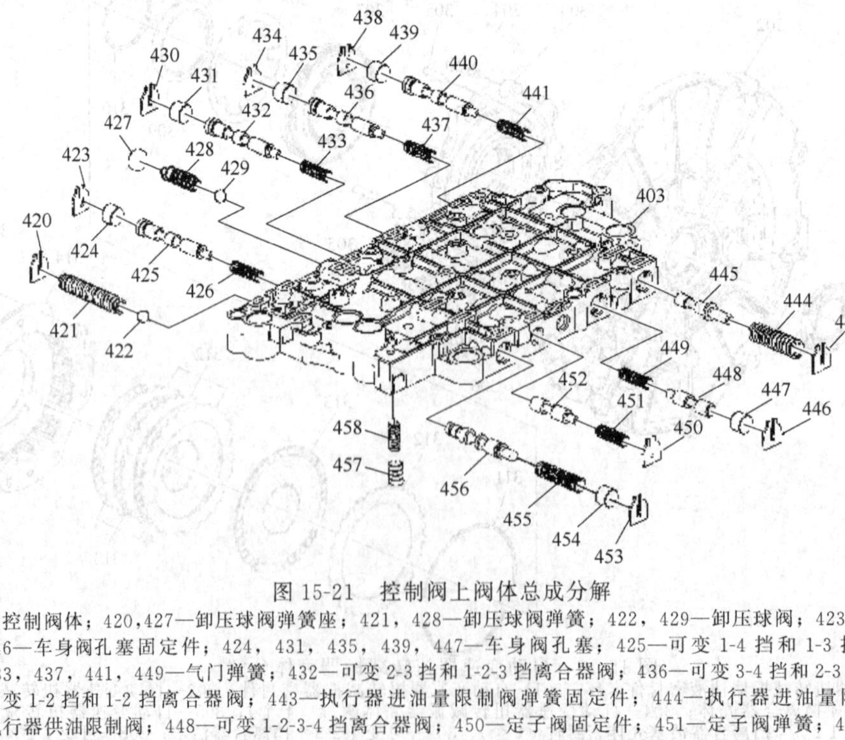

图 15-21　控制阀上阀体总成分解

403—上控制阀体；420，427—卸压球阀弹簧座；421，428—卸压球阀弹簧；422，429—卸压球阀；423，430，434，438，446—车身阀孔塞固定件；424，431，435，439，447—车身阀孔塞；425—可变 1-4 挡和 1-3 挡离合器阀；426，433，437，441，449—气门弹簧；432—可变 2-3 挡和 1-2-3 挡离合器阀；436—可变 3-4 挡和 2-3 挡离合器阀；440—可变 1-2 挡和 1-2 挡离合器阀；443—执行器进油量限制阀弹簧固定件；444—执行器进油量限制阀弹簧；445—执行器供油限制阀；448—可变 1-2-3-4 挡离合器阀；450—定子阀固定件；451—定子阀弹簧；452—定子阀；453—压力调节阀孔塞固定件；454—压力调节阀塞；455—压力调节阀弹簧；456—压力调节阀；457—信号蓄能器活塞；458—信号蓄能器活塞弹簧

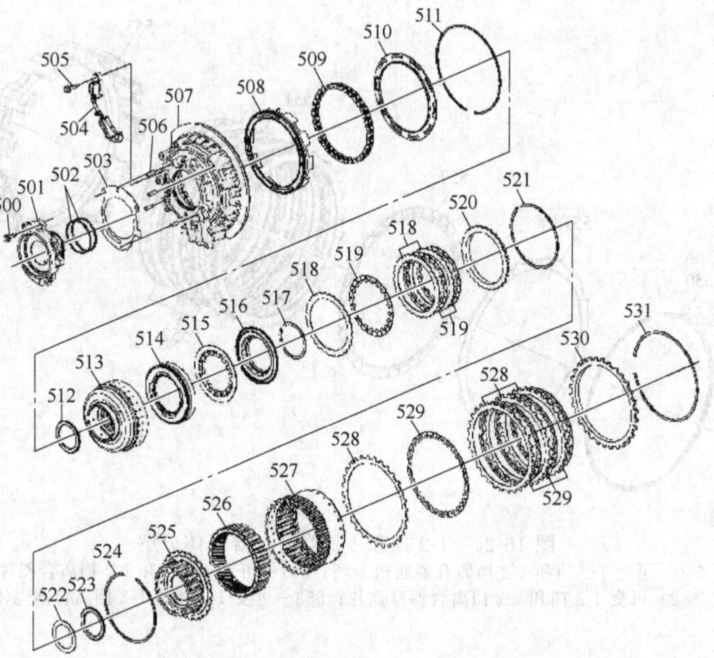

图 15-22　1-4 挡和 1-3 挡离合器壳体分解

500—可变 1-4 挡和 1-3 挡离合器螺栓（4 个）；501—可变 2-3 挡和 1-2-3 挡离合器壳体油道毂；502—可变 2-3 挡和 1-2-3 挡离合器壳体油封环（2 个）；503—可变 1-4 挡和 1-3 挡离合器壳体油道毂衬垫；504—驱动电机转速与方向传感器；505—自动变速器转速传感器螺栓；506—可变 1-4 挡和 1-3 挡离合器壳体油道毂定位销（3 个）；507—可变 1-4 挡和 1-3 挡离合器壳体；508—可变 1-4 挡和 1-3 挡离合器活塞；509—可变 1-4 挡和 1-3 挡离合器回位弹簧；510—可变 1-4 挡和 1-3 挡离合器活塞回位弹簧板；511—可变 1-4 挡和 1-3 挡离合器回位弹簧环；512—可变 2-3 挡和 1-2-3 挡离合器毂止推轴承；513—可变 2-3 挡和 1-2-3 挡离合器壳体；514—可变 2-3 挡和 1-2-3 挡离合器活塞；515—可变 2-3 挡和 1-2-3 挡离合器回位弹簧；516—可变 2-3 挡和 1-2-3 挡离合器活塞挡板；517—可变 2-3 挡和 1-2-3 挡离合器活塞挡板环；518—可变 2-3 挡和 1-2-3 挡离合器片；519—可变 2-3 挡和 1-2-3 挡离合器摩擦片；520—可变 2-3 挡和 1-2-3 挡离合器底板；521—可变 2-3 挡和 1-2-3 挡离合器底板卡环；522—2-3 挡和 1-2-3 挡离合器壳体止推垫圈；523—可变 2-3 挡和 1-2-3 挡离合器毂止推轴承；524—可变 1-2-3-4 挡和 1-2-3 挡离合器毂卡环；525—可变 2-3 挡和 1-2-3 挡离合器毂；526—内齿轮；527—离合器壳体至内部齿轮鼓；528—可变 1-4 挡和 1-3 挡离合器片；529—可变 1-4 挡和 1-3 挡离合器摩擦片；530—可变 1-4 挡和 1-3 挡离合器底板；531—可变 1-4 挡和 1-3 挡离合器底板卡环

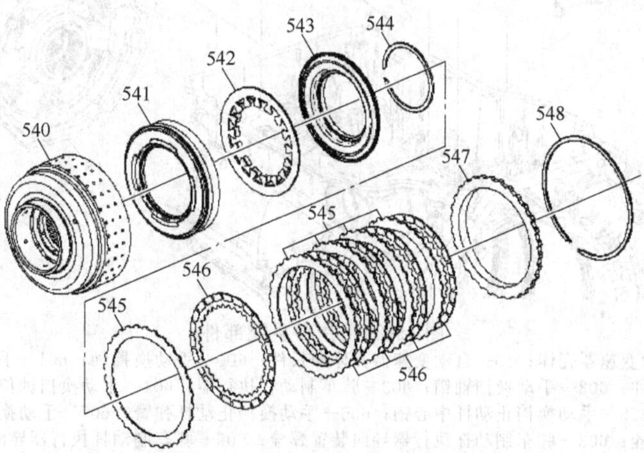

图 15-23　3-4 挡和 2-3 挡离合器壳体分解

540—可变 3-4 挡和 2-3 挡离合器壳体；541—可变 3-4 挡和 2-3 挡离合器活塞；542—可变 3-4 挡和 2-3 挡离合器活塞回位弹簧；543—可变 3-4 挡和 2-3 挡离合器活塞挡板；544—可变 3-4 挡和 2-3 挡离合器活塞挡板卡环；545—可变 3-4 挡和 2-3 挡离合器片；546—可变 3-4 挡和 2-3 挡离合器摩擦片；547—可变 3-4 挡和 2-3 挡离合器底板；548—可变 3-4 挡和 2-3 挡离合器底板卡环

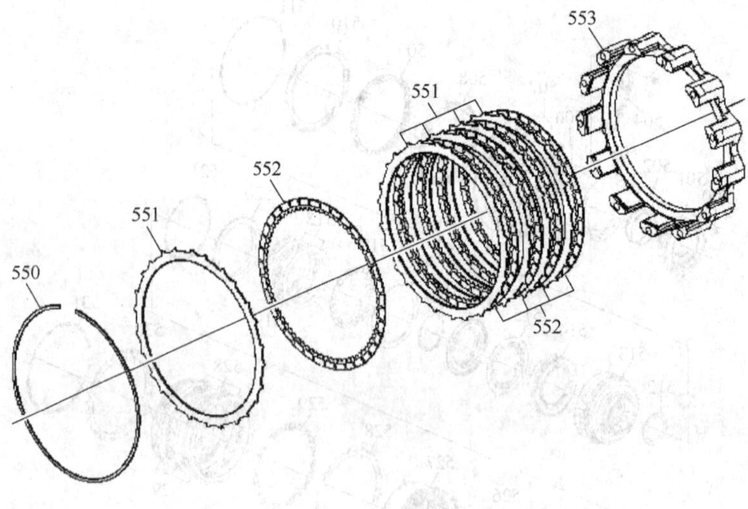

图 15-24　1-2 挡和 1-2 挡离合器壳体分解

550—可变 1-2 挡和 1-2 挡离合器底板卡环；551—可变 1-2 挡和 1-2 挡离合器片；552—可变 1-2 挡和 1-2 挡离合器摩擦片；553—可变 1-2 挡和 1-2 挡离合器壳体

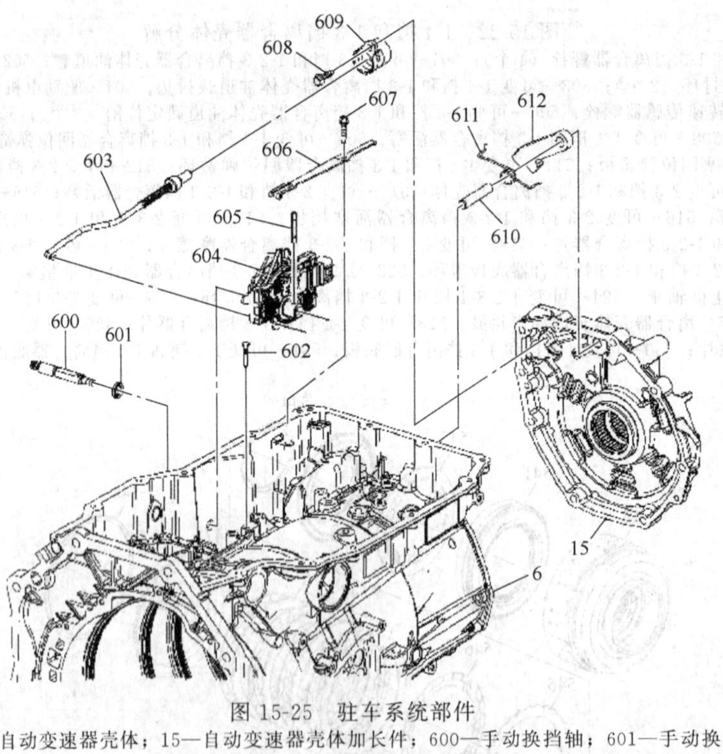

图 15-25　驻车系统部件

6—自动变速器壳体；15—自动变速器壳体加长件；600—手动换挡轴；601—手动换挡轴密封件；602—手动换挡轴销；603—驻车制动杆执行器；604—手动换挡轴位置开关总成；605—手动换挡止动杆中心销；606—手动换挡止动杆弹簧；607—手动换挡止动弹簧螺栓；608—驻车制动杆执行器导向装置螺栓；609—驻车制动杆执行器导向装置；610—驻车棘爪轴；611—驻车棘爪弹簧；612—驻车棘爪

15.2.10　机油寿命系统复位

系统计算出机油寿命快要结束时，会指示需要更换机油，并显示“CHANGE ENGINE OIL SOON”（尽快更换发动机机油）的信息。尽早地在下一个 600mile（1000km）行程内更换发动机机油。如果车辆一直在最佳条件下行驶，发动机机油寿命系统可能一年多也不会指示需要更换机油。但是，发动机机油和滤清器每年至少应更换一次，更换时应复位发动机机油寿命系统。如果系统意外复位，则在上次更换发动机机油后行驶 3000mile（5000km）时再次更换机油。

复位发动机机油寿命系统的方法如下。

① 踩下制动踏板后，按下并保持发动机启动/停止按钮，直到进入点火开关打开/运行发动机关闭模式。

② 使用右侧转向盘控制装置 SEL（选择）按钮浏览菜单，直到机油寿命监测器出现。在此监测器处于激活状态时，按下并保持 SEL（选择）按钮，直到监测器复位。

③ 按下并保持复位按钮，直到驾驶人信息中心显示“ACKNOWLEDGED”（已确认）。

④ 按下启动/停止按钮一次，以关闭点火开关。

当信息“CHANGE ENGINE OIL SOON”（尽快更换发动机机油）消失后，表明系统已复位。

启动车辆时，如果再次显示“CHANGE ENGINE OIL SOON”（尽快更换发动机机油）信息，则发动机机油寿命系统没有复位，应重复本程序。

替代方法如下。

① 踩下制动踏板后，按下并保持发动机启动/停止按钮，直到进入点火开关打开/运行发动机关闭模式。

② 踩下并释放加速踏板三次。

③ 机油寿命监测器显示的读数应为 100%。

④ 按下启动/停止按钮一次，以关闭点火开关。

15.3 雪佛兰迈锐宝 XL 全混动（2018～ ）

15.3.1 混动动力系统电子部件

混合动力系统电子部件如图 15-26 所示。

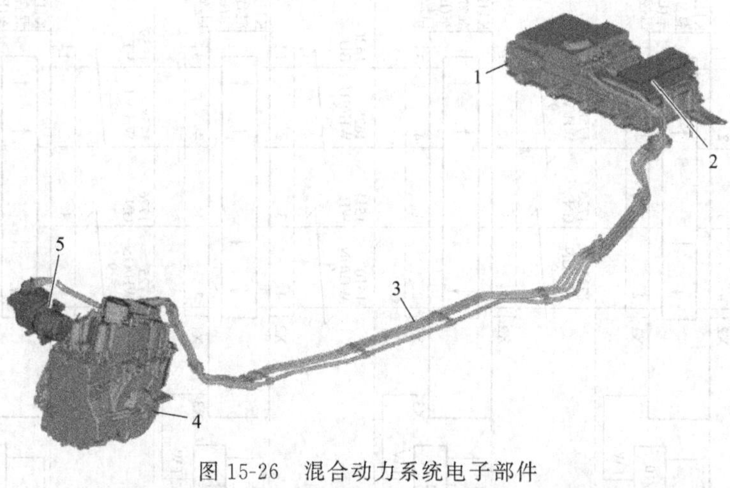

图 15-26 混合动力系统电子部件

1—高压电池总成；2—14V 电源模块；3—300V 蓄电池正极和负极电缆；4—5ET50 变速器和 T6 电源逆变器模块；5—G1 空调压缩机

15.3.2 高压电池管理系统电路

高压电池管理系统电路如图 15-27～图 15-34 所示。

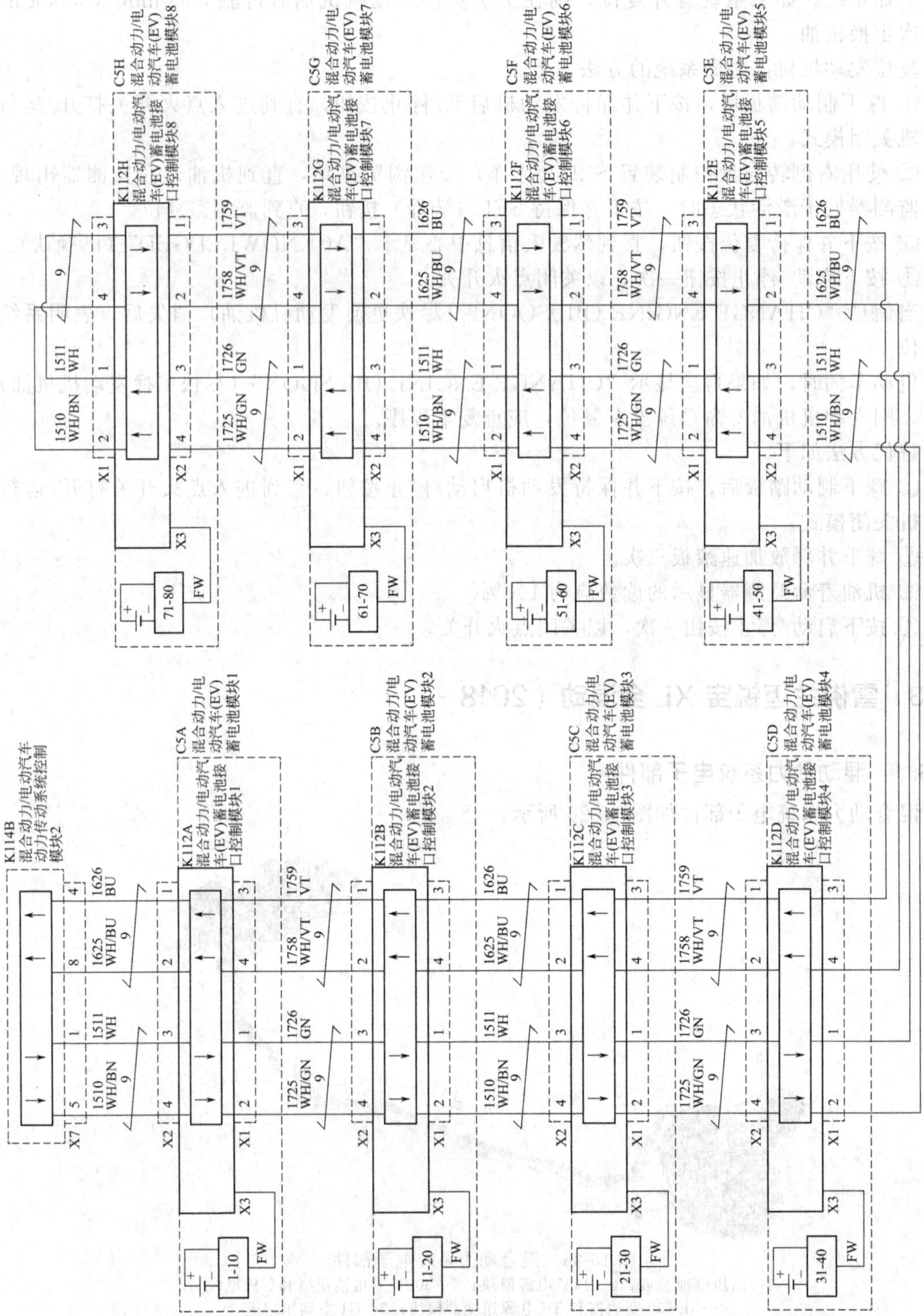

图15-27 内部蓄电池通信电路

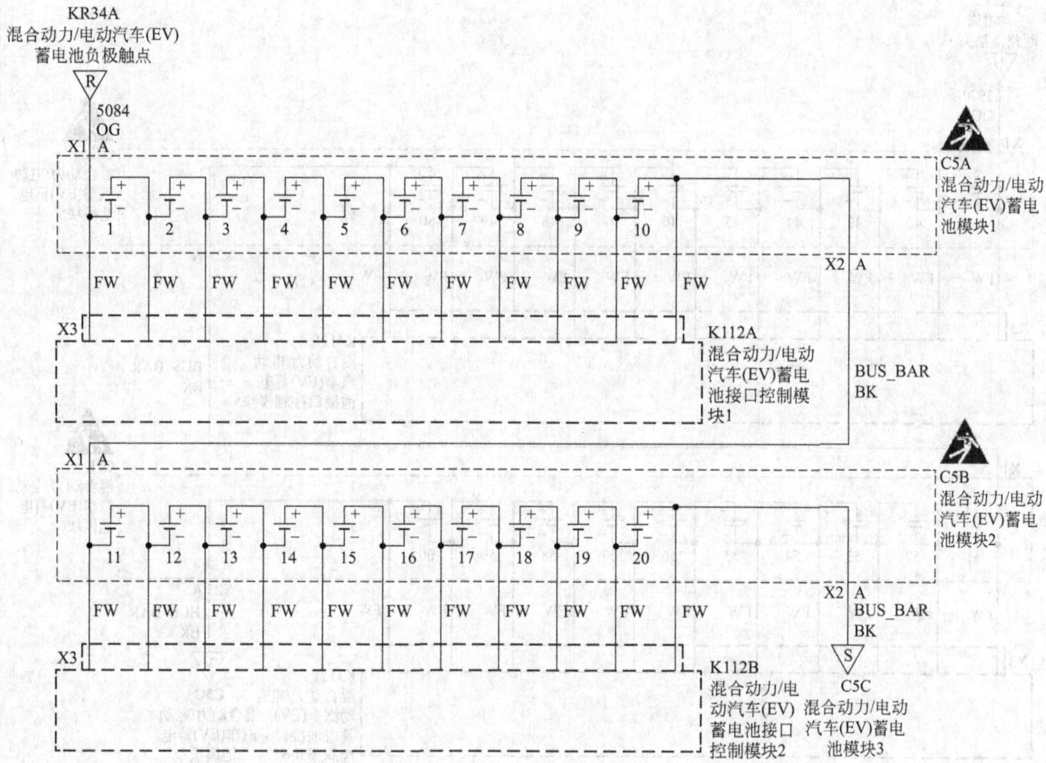

图 15-28 高压电池模块 1 和 2 电路

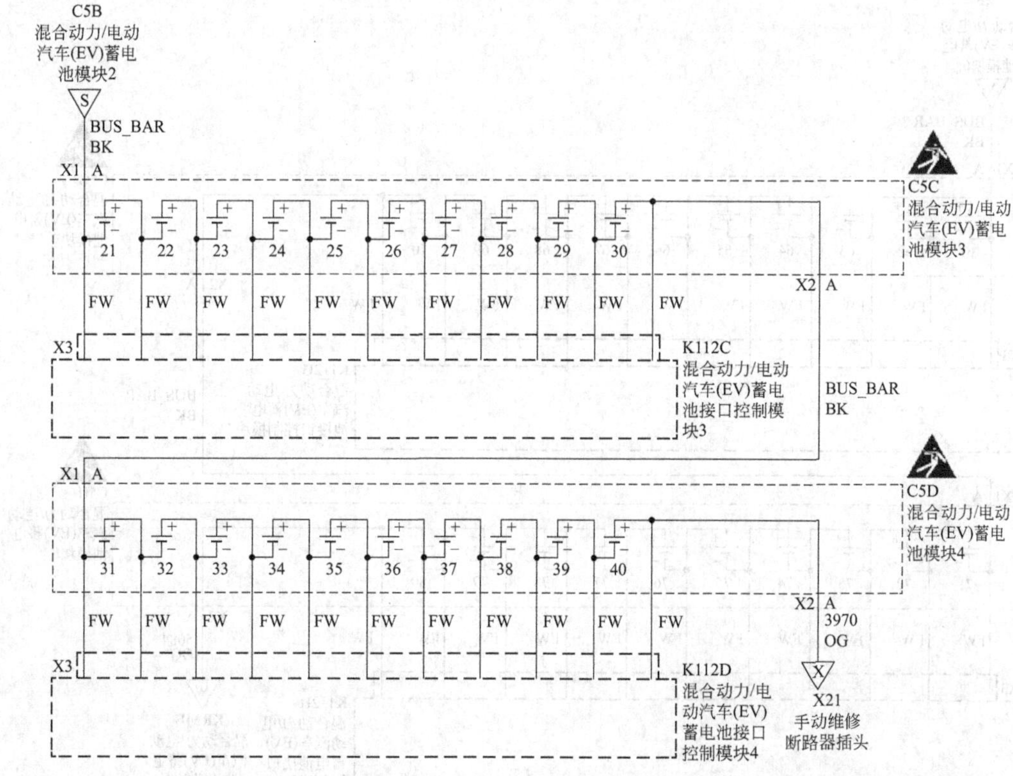

图 15-29 高压电池模块 3 和 4 电路

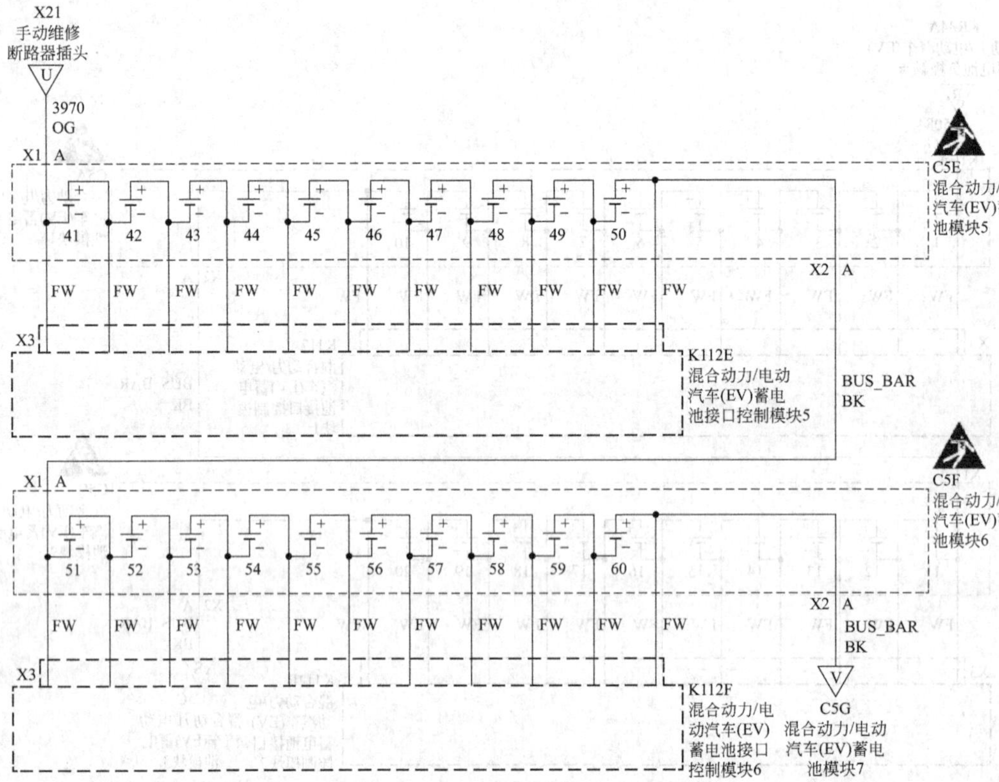

图 15-30　高压电池模块 5 和 6 电路

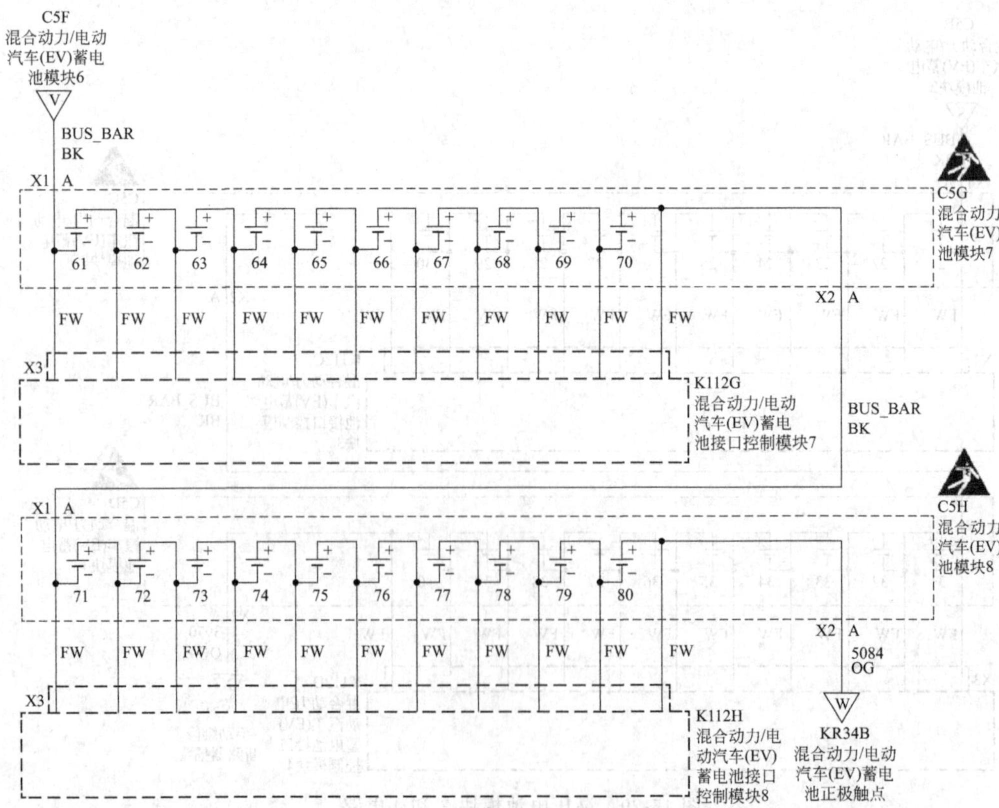

图 15-31　高压电池模块 7 和 8 电路

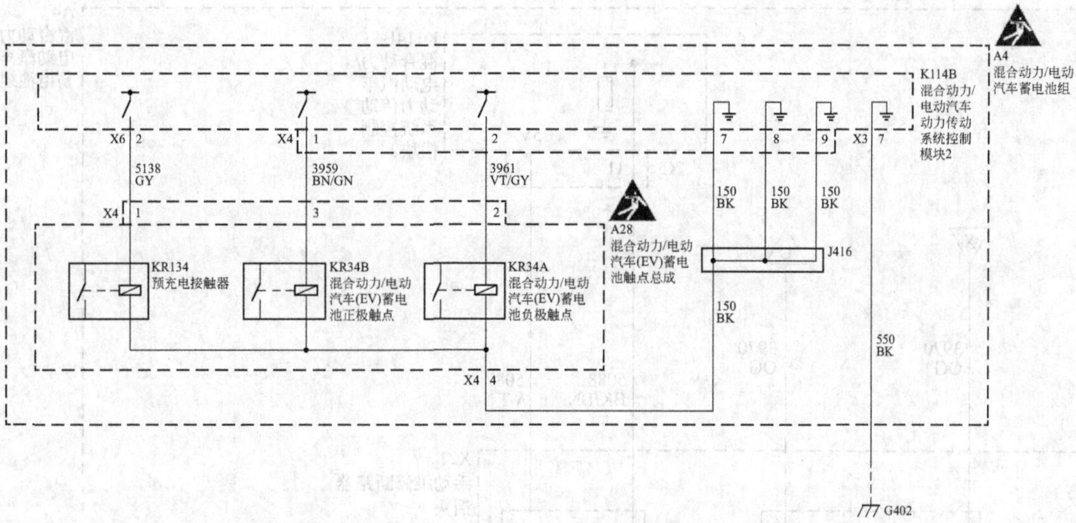

图 15-32　高压电池接触器控制电路

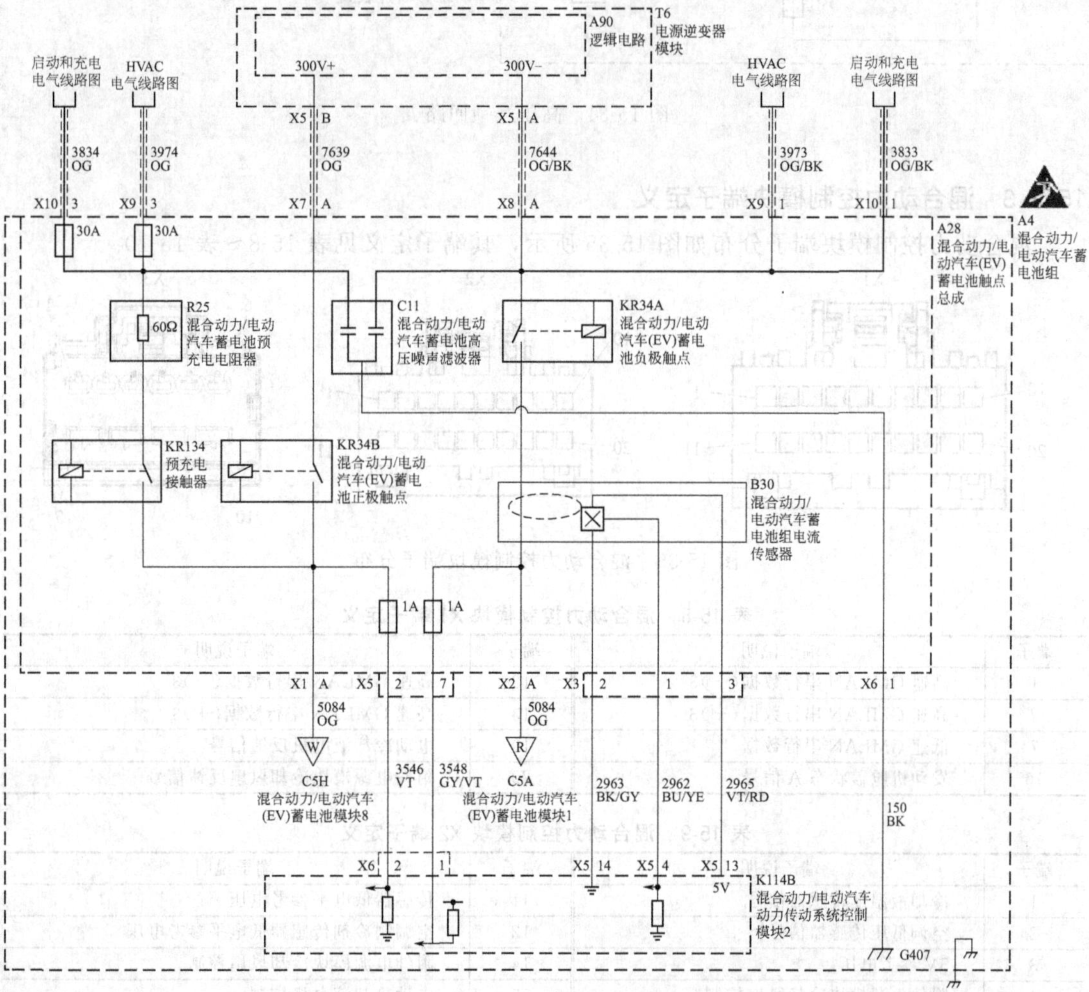

图 15-33　高压电池接触器电路

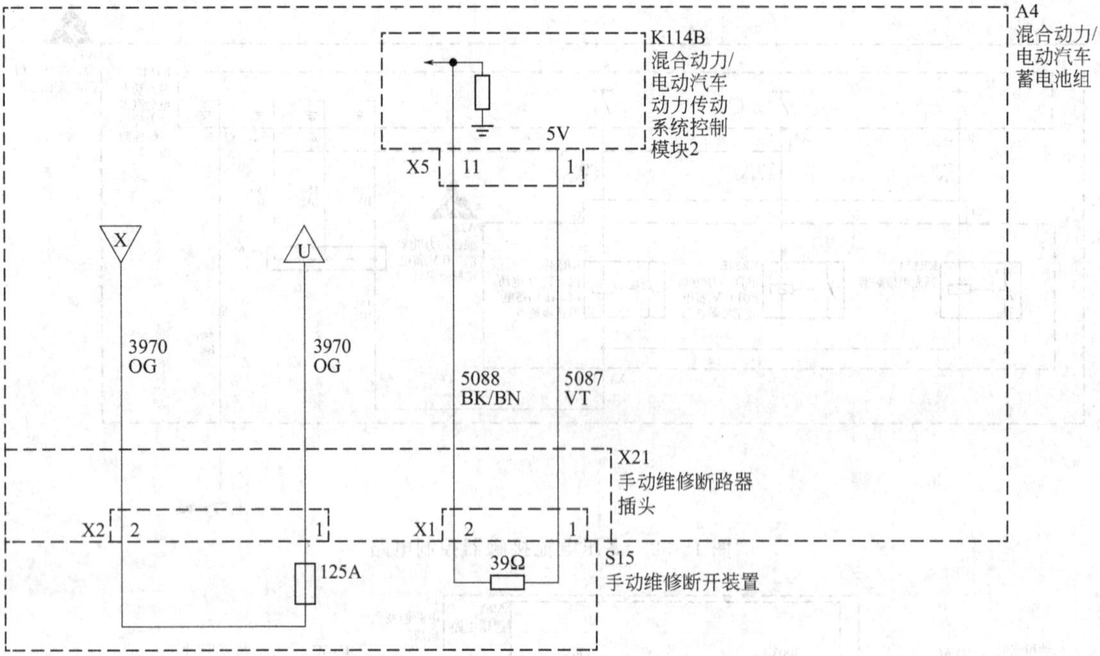

图 15-34　高压互锁回路

15.3.3　混合动力控制模块端子定义

混合动力控制模块端子分布如图 15-35 所示，其端子定义见表 15-8～表 15-10。

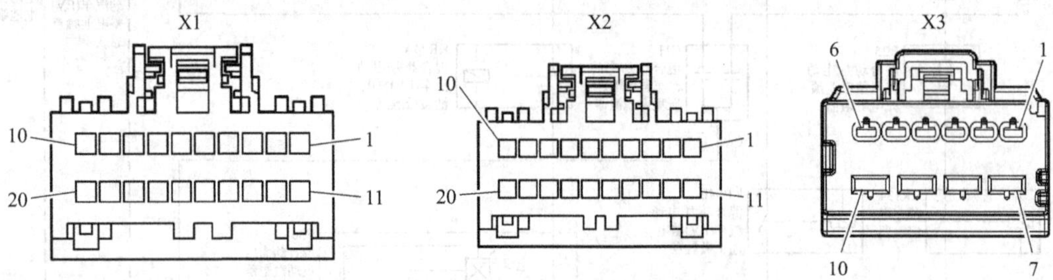

图 15-35　混合动力控制模块端子分布

表 15-8　混合动力控制模块 X1 端子定义

端子	端子说明	端子	端子说明
1	高速 GMLAN 串行数据(－)3	12	高速 GMLAN 串行数据(－)3
2	高速 GMLAN 串行数据(＋)3	13	高速 GMLAN 串行数据(＋)3
7	低速 GMLAN 串行数据	19	电动冷却液电机反馈信号
10	发动机舱盖状态 A 信号	20	附件电源模块冷却风扇反馈信号

表 15-9　混合动力控制模块 X2 端子定义

端子	端子说明	端子	端子说明
1	冷却液温度传感器信号	11	传感器低电平参考电压
2	空调低压传感器信号	12	空调制冷剂传感器低电平参考电压
3	5V 参考电压	14	附件电源模块冷却风扇控制
4	附件电源模块冷却风扇控制	15	电动冷却液电机控制
9	运行/启动点火 1 电压	19	局域互联网串行数据总线 26
10	电动冷却液电机控制		

表 15-10　混合动力控制模块 X3 端子定义

端子	端子说明	端子	端子说明
1	高速 GMLAN 串行数据(－)1	6	高速 GMLAN 串行数据(＋)1
2	高速 GMLAN 串行数据(－)1	7	搭铁
3	高速 GMLAN 串行数据(＋)1	8	附件唤醒串行数据 2
4	高速 GMLAN 串行数据(＋)1	9	附件唤醒串行数据
5	高速 GMLAN 串行数据(－)1	10	蓄电池正极电压

15.3.4　电源逆变器模块端子定义

电源逆变器端子分布如图 15-36 所示，其端子定义见表 15-11。

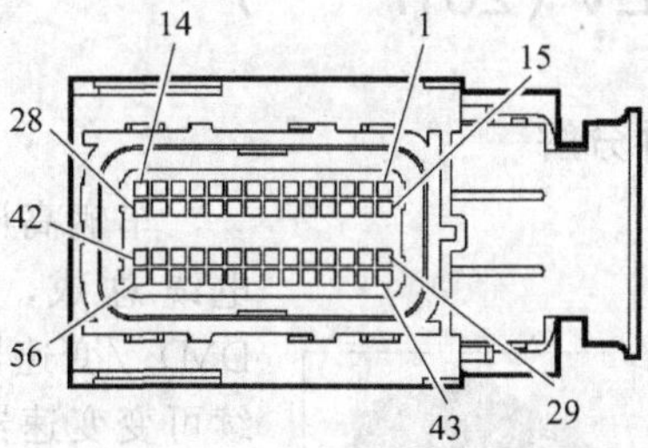

图 15-36　电源逆变器端子分布

表 15-11　电源逆变器端子定义

端子	端子说明	端子	端子说明
1	信号搭铁	31	高速 GMLAN 串行数据(＋)1
2	蓄电池正极电压	32	高速 GMLAN 串行数据(－)1
3	运行/启动点火 1 电压	33	高速 GMLAN 串行数据(＋)3
4	附件唤醒串行数据 2	34	高速 GMLAN 串行数据(－)3
6	高速 GMLAN 串行数据(＋)2	45	高速 GMLAN 串行数据(＋)1
7	高速 GMLAN 串行数据(－)2	46	高速 GMLAN 串行数据(－)1
8	高速 GMLAN 串行数据(＋)2	47	高速 GMLAN 串行数据(＋)3
9	高速 GMLAN 串行数据(－)2	48	高速 GMLAN 串行数据(－)3
20	高速 GMLAN 串行数据(＋)2	50	蓄电池正极电压
21	高速 GMLAN 串行数据(－)2	51	信号搭铁
29	曲轴位置传感器复制信号		

第16章

福特-林肯新能源汽车

16.1 福特新蒙迪欧 PHEV（2017~ ）

16.1.1 高压电池位置与部件分解

图 16-1 高压电池安装位置

车辆高压系统由以下部件组成：高压电缆总成，辅助随车诊断模块（SOBDM）/变速器控制模块（TCM），电控连续可变变速器（eCVT），位于发动机缸体空调控制模块（ACCM）下方的空调（A/C）和电动 RH（车辆右侧）压缩机总成，车厢冷却液加热器，高压电池组总成。高压电池安装位置如图 16-1 所示。

高压电池组由以下部件组成：高压电池维修隔离开关，高压电池 RH 冷却进气管，高压电池 LH（车辆左侧）冷却进气管，高压电池冷却风扇和出口管，高压电池进气温度传感器，高压电池电子设备盖，高压电池电子设备线束（14F654），车厢冷却液加热器跨接线束（10B694），SOBDM，SOBDM 外风道，SOBDM 冷却风扇，高压电池控制模块（BECM），DC/DC 转换器控制模块，高压电池插线盒，高压低电流熔丝（×3）（安装在高压电池插线盒中），高压高电流熔丝，高压电池单元阵列盖（不可维修，勿拆卸），高压电池单元阵列（不可维修），高压电池线束（不可维修）。

高压电池控制模块（BECM）负责管理高压电池的使用情况，以控制其充电和放电。此外，BECM 还通过控制连接到高压电池组冷却出口管的风扇来管理高压电池的散热。BECM 负责监测各个电池单元的电压和电池阵列内部的温度传感器。此外，BECM 还通过位于高压电池插线盒内部的传感器来监测电池电流。BECM 需要该信息来控制高压电池并确定其接收和向车辆供电的能力。BECM 将与 HS-CAN 网络上的其他车辆模块通信。高压电池部件分解如图 16-2 所示。

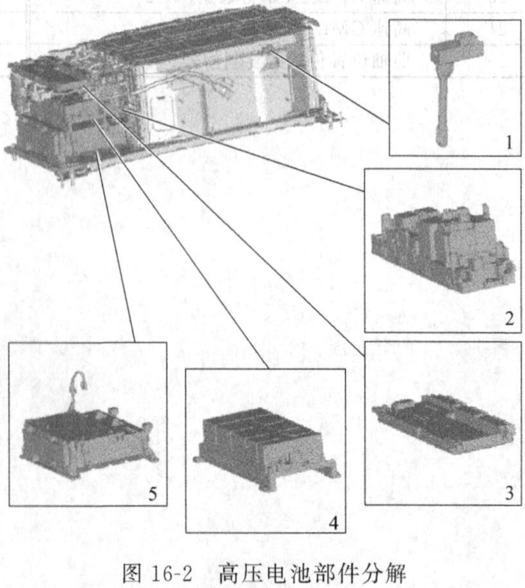

图 16-2 高压电池部件分解

1—高压电池进气温度传感器；2—高压电池插线盒；3—BECM；4—DC/DC 转换器控制模块；5—SOBDM

16.1.2 高压电池控制模块故障码

高压电池控制模块故障码见表16-1。

表16-1 高压电池控制模块故障码

故障码	故障描述
B11D5:68	碰撞事件通知:车辆已禁用,事件信息
B11D8:11	碰撞事件通知:电路接地短路
B11D8:15	碰撞事件通知:电路蓄电池短路或开路
B11D8:36	碰撞事件通知:信号频率过低
B11D8:37	碰撞事件通知:信号频率过高
B11D8:38	碰撞事件通知:信号频率不正确
P0562:00	系统电压低:无子类型信息
P0A0C:00	高压系统互锁电路电压低:无子类型信息
P0A7D:00	混合动力蓄电池组充电不足:无子类型信息
P0A7E:00	混合动力蓄电池组温度过高:无子类型信息
P0A7F:00	混合动力/EV蓄电池组老化:无子类型信息
P0A81:00	混合动力蓄电池组冷却风扇1控制电路/开路:无子类型信息
P0A82:00	混合动力蓄电池组冷却风扇1性能/卡滞:无子类型信息
P0A8B:64	14V电源模块系统电压:信号真实性故障
P0A9D:00	混合动力蓄电池温度传感器"A"电路电压低:无子类型信息
P0A9E:00	混合动力蓄电池温度传感器"A"电路电压高:无子类型信息
P0AA0:00	混合动力/EV蓄电池正极接触器电路:无子类型信息
P0AA1:00	混合动力蓄电池正极接触器电路卡在闭路位置:无子类型信息
P0AA2:00	混合动力蓄电池正极接触器电路卡在开路位置:无子类型信息
P0AA3:00	混合动力/EV蓄电池负极接触器电路:无子类型信息
P0AA4:00	混合动力蓄电池负极接触器电路卡在闭路位置:无子类型信息
P0AA5:00	混合动力蓄电池负极接触器电路卡在开路位置:无子类型信息
P0AA6:00	混合动力蓄电池电压系统隔离故障:无子类型信息
P0AA7:00	混合动力蓄电池电压隔离传感器电路:无子类型信息
P0AAE:00	混合动力蓄电池组空气温度传感器"A"电路电压低:无子类型信息
P0AAF:00	混合动力蓄电池组空气温度传感器"A"电路电压高:无子类型信息
P0ABC:00	混合动力蓄电池组电压感应"A"电路电压低:无子类型信息
P0ABD:00	混合动力蓄电池组电压感应"A"电路电压高:无子类型信息
P0AC0:00	混合动力/EV蓄电池组电流传感器"A":无子类型信息
P0AC1:00	混合动力/EV蓄电池组电流传感器"A"电路电压低:无子类型信息
P0AC2:00	混合动力/EV蓄电池组电流传感器"A"电路电压高:无子类型信息
P0AC3:00	混合动力/EV蓄电池组电流传感器"A"电路间歇性故障/不稳定:无子类型信息
P0AC7:00	混合动力蓄电池温度传感器"B"电路电压低:无子类型信息
P0AC8:00	混合动力蓄电池温度传感器"B"电路电压高:无子类型信息
P0ACC:00	混合动力蓄电池温度传感器"C"电路电压低:无子类型信息
P0ACD:00	混合动力蓄电池温度传感器"C"电路电压高:无子类型信息
P0AD9:00	混合动力蓄电池正极接触器控制电路/开路GM:无子类型信息
P0ADA:00	混合动力蓄电池正极接触器控制电路范围/性能:无子类型信息
P0ADC:00	混合动力蓄电池正极接触器控制电路电压高:无子类型信息

续表

故障码	故障描述
P0ADD:00	混合动力蓄电池负极接触器控制电路/开路:无子类型信息
P0AE0:00	混合动力蓄电池负极接触器控制电路电压高:无子类型信息
P0AE1:00	混合动力蓄电池预充电接触器电路:无子类型信息
P0AE5:00	混合动力蓄电池预充电接触器电路范围/性能:无子类型信息
P0AE7:00	混合动力蓄电池预充电接触器电路电压高:无子类型信息
P0AEA:00	混合动力蓄电池温度传感器"D"电路电压低:无子类型信息
P0AEB:00	混合动力蓄电池温度传感器"D"电路电压高:无子类型信息
P0AFB:00	混合动力蓄电池系统电压高:无子类型信息
P0AFD:00	混合动力蓄电池组温度过低:无子类型信息
P0B13:00	混合动力/EV 蓄电池组电流传感器"A"/"B"相关性:无子类型信息
P0B16:00	混合动力/EV 蓄电池组电压感应"B"电路电压低:无子类型信息
P0B17:00	混合动力/EV 蓄电池组电压感应"B"电路电压高:无子类型信息
P0B1B:00	混合动力蓄电池组电压感应"C"电路电压低:无子类型信息
P0B1C:00	混合动力蓄电池组电压感应"C"电路电压高:无子类型信息
P0B24:00	混合动力蓄电池 A 电压不稳定:无子类型信息
P0B25:00	混合动力蓄电池 A 电压低:无子类型信息
P0B37:00	高压蓄电池维修隔离开路:无子类型信息
P0B3B:00	混合动力/EV 蓄电池电压感应"A"电路:无子类型信息
P0B40:00	混合动力/EV 蓄电池电压感应"B"电路:无子类型信息
P0B45:00	混合动力/EV 蓄电池电压感应"C"电路:无子类型信息
P0B4A:00	混合动力/EV 蓄电池电压感应"D"电路:无子类型信息
P0B4F:00	混合动力/EV 蓄电池电压感应"E"电路:无子类型信息
P0B54:00	混合动力/EV 蓄电池电压感应"F"电路:无子类型信息
P0B59:00	混合动力/EV 蓄电池电压感应"G"电路:无子类型信息
P0B5E:00	混合动力/EV 蓄电池电压感应"H"电路:无子类型信息
P0B63:00	混合动力/EV 蓄电池电压感应"I"电路:无子类型信息
P0B68:00	混合动力/EV 蓄电池电压感应"J"电路:无子类型信息
P0B6D:00	混合动力/EV 蓄电池电压感应"K"电路:无子类型信息
P0B72:00	混合动力/EV 蓄电池电压感应"L"电路:无子类型信息
P0B77:00	混合动力/EV 蓄电池电压感应"M"电路:无子类型信息
P0B7C:00	混合动力/EV 蓄电池电压感应"N"电路:无子类型信息
P0BC4:00	混合动力/EV 蓄电池温度传感器"E"电路电压低:无子类型信息
P0BC5:00	混合动力/EV 蓄电池温度传感器"E"电路电压高:无子类型信息
P0C30:00	混合动力/EV 蓄电池组过充电:无子类型信息
P0C35:00	混合动力/EV 蓄电池温度传感器"F"电路电压低:无子类型信息
P0C36:00	混合动力/EV 蓄电池温度传感器"F"电路电压高:无子类型信息
P0C7E:00	混合动力/EV 蓄电池温度传感器"G"电路电压低:无子类型信息
P0C7F:00	混合动力/EV 蓄电池温度传感器"G"电路电压高:无子类型信息
P0C83:00	混合动力/EV 蓄电池温度传感器"H"电路电压低:无子类型信息
P0C84:00	混合动力/EV 蓄电池温度传感器"H"电路电压高:无子类型信息
P0C8A:00	混合动力/EV 蓄电池温度传感器"I"电路电压低:无子类型信息
P0C8B:00	混合动力/EV 蓄电池温度传感器"I"电路电压高:无子类型信息

续表

故障码	故 障 描 述
P0C8F:00	混合动力/EV 蓄电池温度传感器"J"电路电压低:无子类型信息
P0C90:00	混合动力/EV 蓄电池温度传感器"J"电路电压高:无子类型信息
P0C94:00	混合动力/EV 蓄电池温度传感器"K"电路电压低:无子类型信息
P0C95:00	混合动力/EV 蓄电池温度传感器"K"电路电压高:无子类型信息
P0C99:00	混合动力/EV 蓄电池温度传感器"L"电路电压低:无子类型信息
P0C9A:00	混合动力/EV 蓄电池温度传感器"L"电路电压高:无子类型信息
P0D08:00	蓄电池充电系统正极接触器卡在闭路位置:无子类型信息
P0D09:00	蓄电池充电系统正极接触器卡在开路位置:无子类型信息
P0D0A:00	蓄电池充电系统正极接触器控制电路/开路:无子类型信息
P0D0B:00	蓄电池充电系统正极接触器控制电路范围/性能:无子类型信息
P0D0D:00	蓄电池充电系统正极接触器控制电路电压过高:无子类型信息
P0D0F:00	蓄电池充电系统负极接触器卡在闭路位置:无子类型信息
P0D14:00	蓄电池充电系统负极接触器控制电路电压过高:无子类型信息
P0D24:00	蓄电池充电器温度过高:无子类型信息
P0D59:00	接近检测电路电压过高:无子类型信息
P0D67:00	蓄电池充电器控制模块性能:无子类型信息
P0D80:00	蓄电池充电器输入电路/开路:无子类型信息
P0DAA:00	蓄电池充电系统隔离故障:无子类型信息
P0DAD:00	混合动力/EV 蓄电池电池平衡电路"A"卡在开路位置:无子类型信息
P0DAE:00	混合动力/EV 蓄电池电池平衡电路"A"卡在闭路位置:无子类型信息
P0DB1:00	混合动力/EV 蓄电池电池平衡电路"B"卡在开路位置:无子类型信息
P0DB2:00	混合动力/EV 蓄电池电池平衡电路"B"卡在闭路位置:无子类型信息
P0DB5:00	混合动力/EV 蓄电池电池平衡电路"C"卡在开路位置:无子类型信息
P0DB6:00	混合动力/EV 蓄电池电池平衡电路"C"卡在闭路位置:无子类型信息
P0DB9:00	混合动力/EV 蓄电池电池平衡电路"D"卡在开路位置:无子类型信息
P0DBA:00	混合动力/EV 蓄电池电池平衡电路"D"卡在闭路位置:无子类型信息
P0DBD:00	混合动力/EV 蓄电池电池平衡电路"E"卡在开路位置:无子类型信息
P0DBE:00	混合动力/EV 蓄电池电池平衡电路"E"卡在闭路位置:无子类型信息
P0DC1:00	混合动力/EV 蓄电池电池平衡电路"F"卡在开路位置:无子类型信息
P0DC2:00	混合动力/EV 蓄电池电池平衡电路"F"卡在闭路位置:无子类型信息
P0DC5:00	混合动力/EV 蓄电池电池平衡电路"G"卡在开路位置:无子类型信息
P0DC6:00	混合动力/EV 蓄电池电池平衡电路"G"卡在闭路位置:无子类型信息
P0DC9:00	混合动力/EV 蓄电池电池平衡电路"H"卡在开路位置:无子类型信息
P0DCA:00	混合动力/EV 蓄电池电池平衡电路"H"卡在闭路位置:无子类型信息
P0DCD:00	混合动力/EV 蓄电池电池平衡电路"I"卡在开路位置:无子类型信息
P0DCE:00	混合动力/EV 蓄电池电池平衡电路"I"卡在闭路位置:无子类型信息
P0DD1:00	混合动力/EV 蓄电池电池平衡电路"J"卡在开路位置:无子类型信息
P0DD2:00	混合动力/EV 蓄电池电池平衡电路"J"卡在闭路位置:无子类型信息
P0DD5:00	混合动力/EV 蓄电池电池平衡电路"K"卡在开路位置:无子类型信息
P0DD6:00	混合动力/EV 蓄电池电池平衡电路"K"卡在闭路位置:无子类型信息
P0DD9:00	混合动力/EV 蓄电池电池平衡电路"L"卡在开路位置:无子类型信息
P0DDA:00	混合动力/EV 蓄电池电池平衡电路"L"卡在闭路位置:无子类型信息

续表

故障码	故障描述
P0DDD:00	混合动力/EV 蓄电池电池平衡电路"M"卡在开路位置:无子类型信息
P0DDE:00	混合动力/EV 蓄电池电池平衡电路"M"卡在闭路位置:无子类型信息
P0DE1:00	混合动力/EV 蓄电池电池平衡电路"N"卡在开路位置:无子类型信息
P0DE2:00	混合动力/EV 蓄电池电池平衡电路"N"卡在闭路位置:无子类型信息
P1A0F:68	混合动力控制模块-车辆已禁用,事件信息
P1A2F:00	蓄电池充电器新鲜空气风门控制电路电压过低:无子类型信息
P1A30:00	蓄电池充电器新鲜空气风门控制电路电压过高:无子类型信息
P1A31:00	蓄电池充电器新鲜空气风门卡在打开位置:无子类型信息
P1A34:00	蓄电池充电器新鲜空气风门位置电路:无子类型信息
P1A39:00	混合动力/EV 蓄电池温度传感器系统-多重传感器相关性
U0100:00	与 ECM/PCM"A"的通信中断:无子类型信息
U0151:00	与乘员保护系统控制模块的通信中断:无子类型信息
U019B:00	与蓄电池充电器控制模块的通信中断:无子类型信息
U0256:00	与网关"A"的通信中断:无子类型信息
U0293:00	混合动力/电动汽车动力系统控制模块断开通信:无子类信息
U0298:00	与 DC/DC 转换器控制模块"A"的通信中断:无子类型信息
U0300:05	内部控制模块软件不兼容:系统编程故障
U0401:00	接收到来自 ECM/PCM A 的无效数据:无子类型信息
U0452:00	接收到来自约束系统控制模块的无效数据:无子类型信息
U0452:86	接收到来自约束系统控制模块的无效数据:信号无效
U0594:00	从混合/EV 动力系统控制模块收到无效数据:无子类型信息
U0599:00	从 DC-DC 转换器控制模块"A"收到无效数据:无子类型信息
U1003:49	系统时钟:内部电子故障
U200D:12	控制模块输出电源 A:电路蓄电池短路
U200D:13	控制模块输出电源 A:电路断路
U3000:04	控制模块:系统内部故障
U3000:41	控制模块:一般校验和故障
U3000:46	控制模块:校准/参数存储器故障
U3001:00	控制模块不当关闭:无子类型信息
U3003:16	蓄电池电压:电路电压低于阈值
U3003:17	蓄电池电压:电路电压高于阈值
U3012:00	控制模块唤醒性能不佳:无子类型信息

16.1.3 高压电池控制器端子定义

与 MKZ HEV 车型相同，相关内容请参考 16.2.3 小节。

16.1.4 高压电池与充电控制电路

高压电池与充电控制电路如图 16-3～图 16-14 所示。

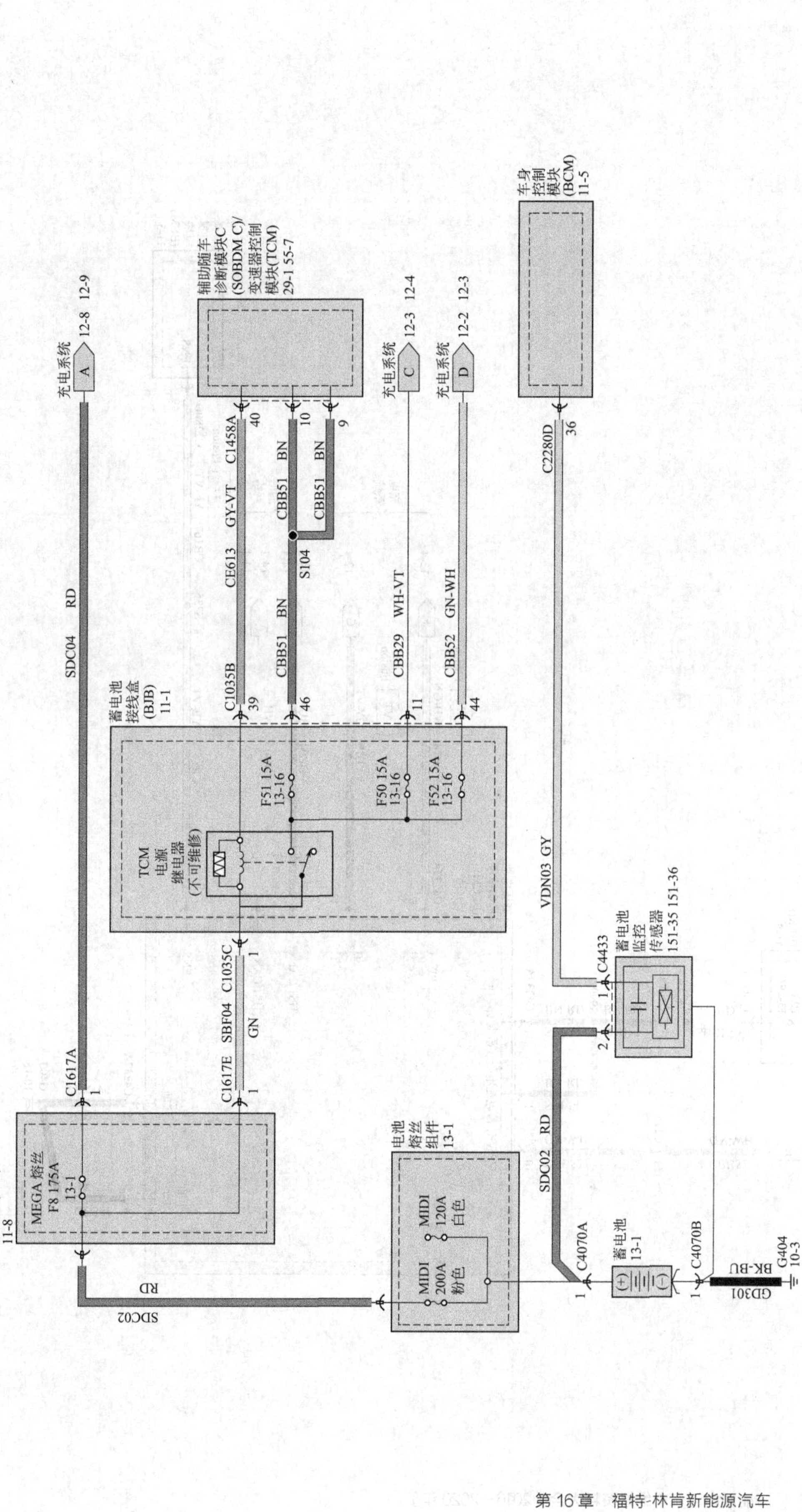

图 16-3 高压电池与充电控制电路（一）

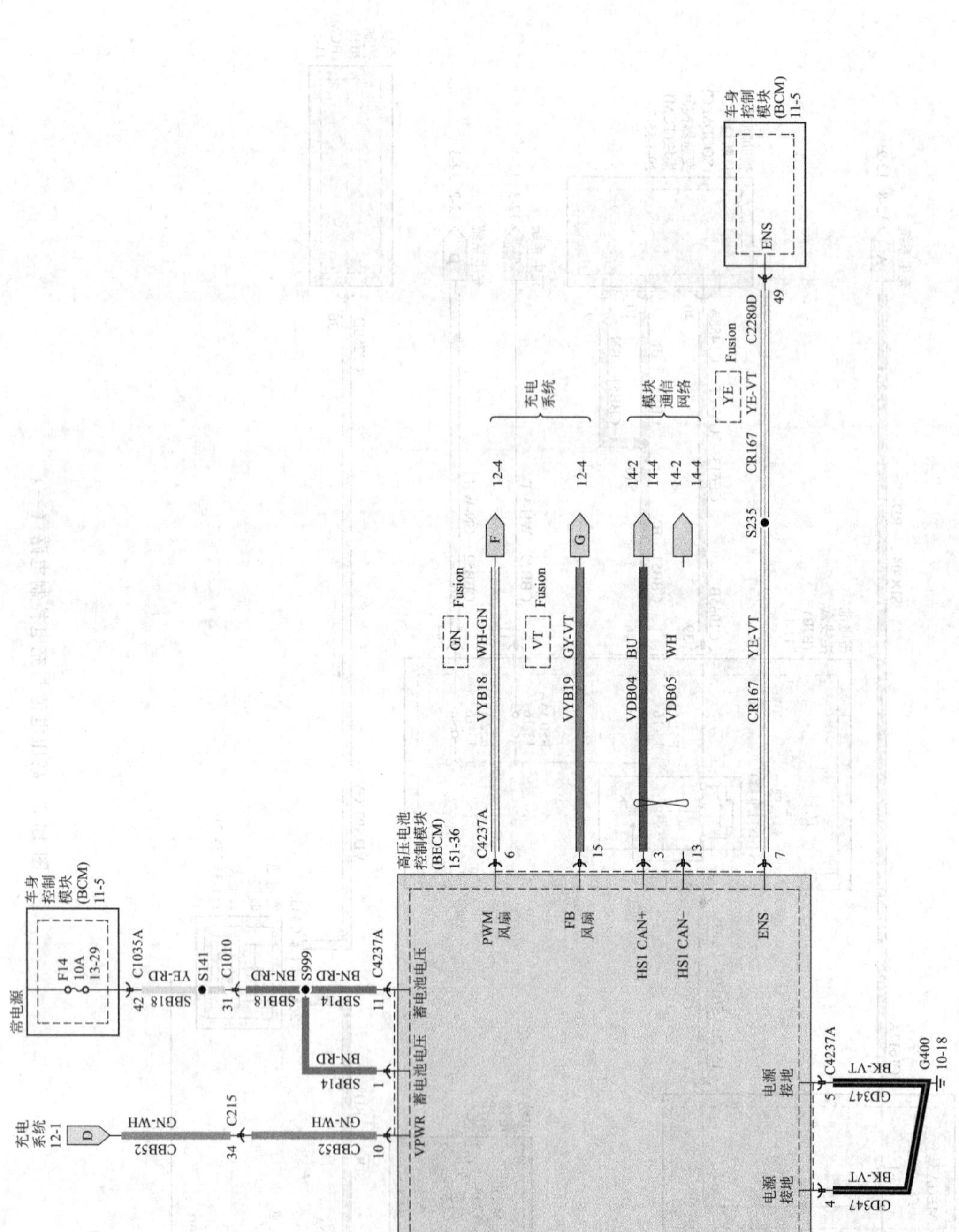

图 16-4　高压电池与充电控制电路（二）

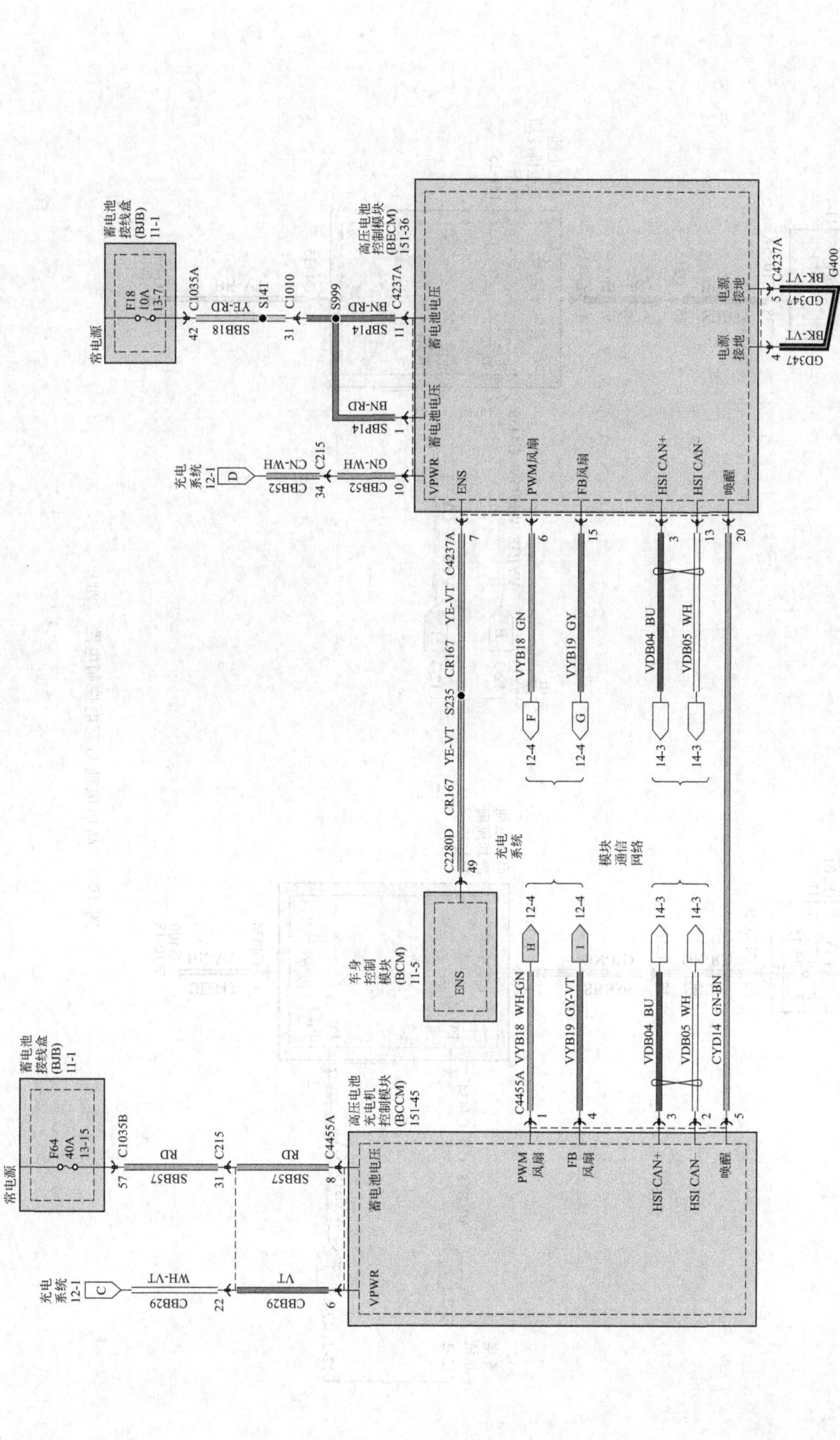

图 16-5 高压电池与充电控制电路（三）

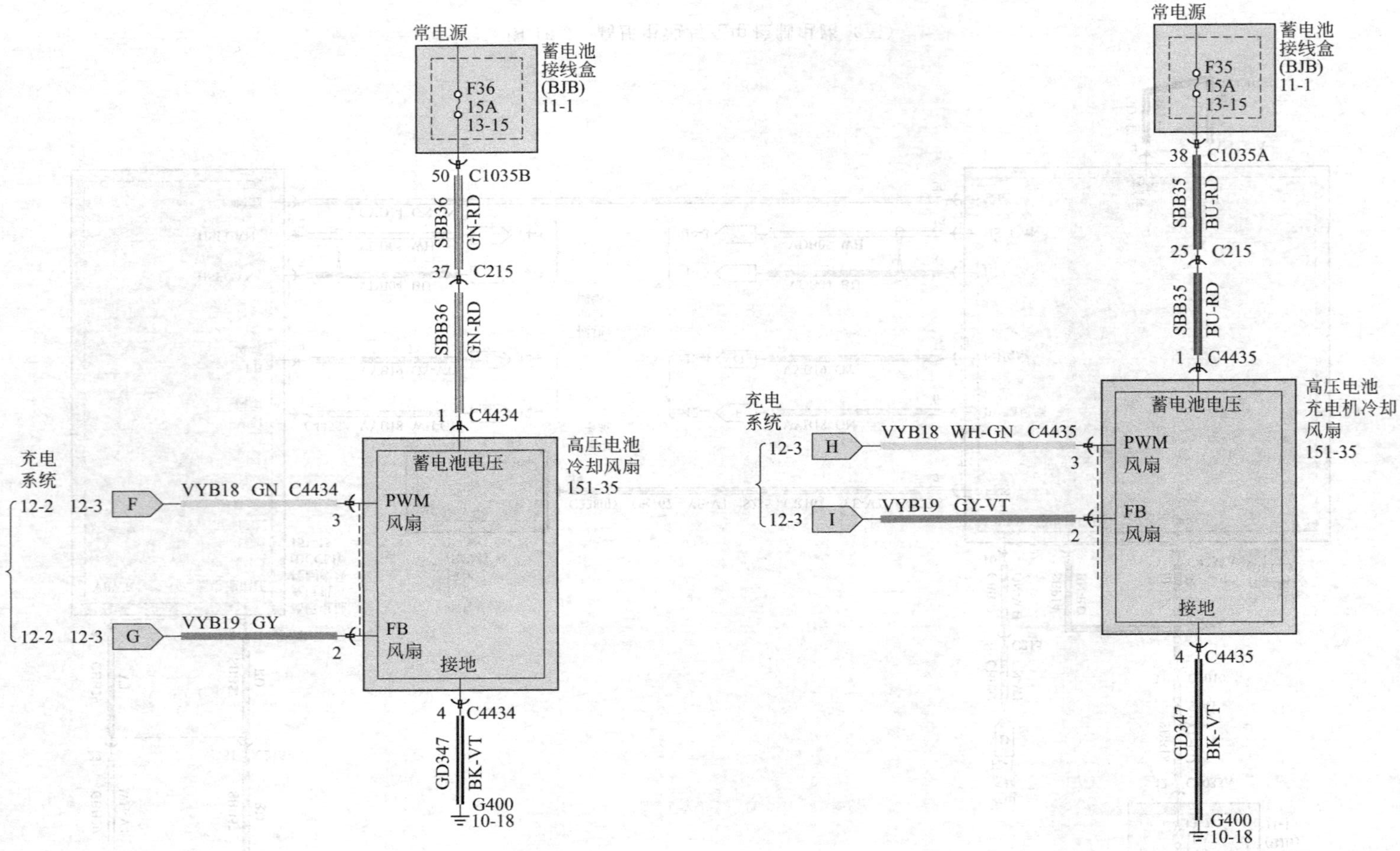

图 16-6　高压电池与充电控制电路（四）

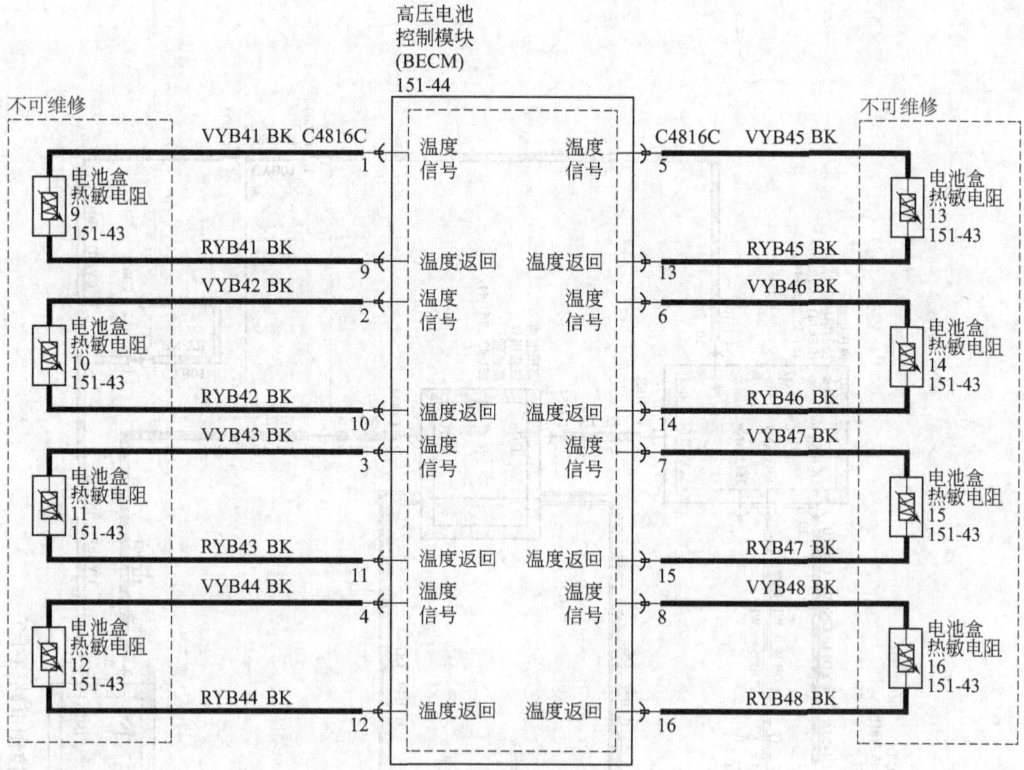

图 16-7 高压电池与充电控制电路（五）

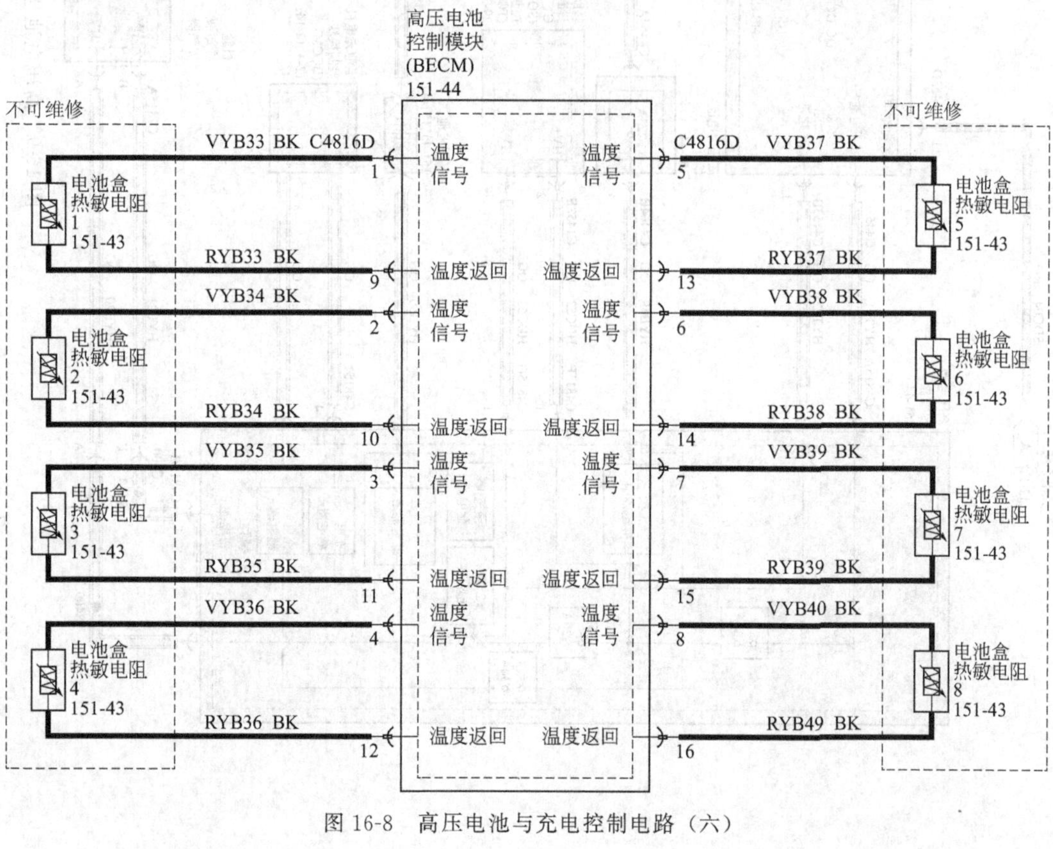

图 16-8 高压电池与充电控制电路（六）

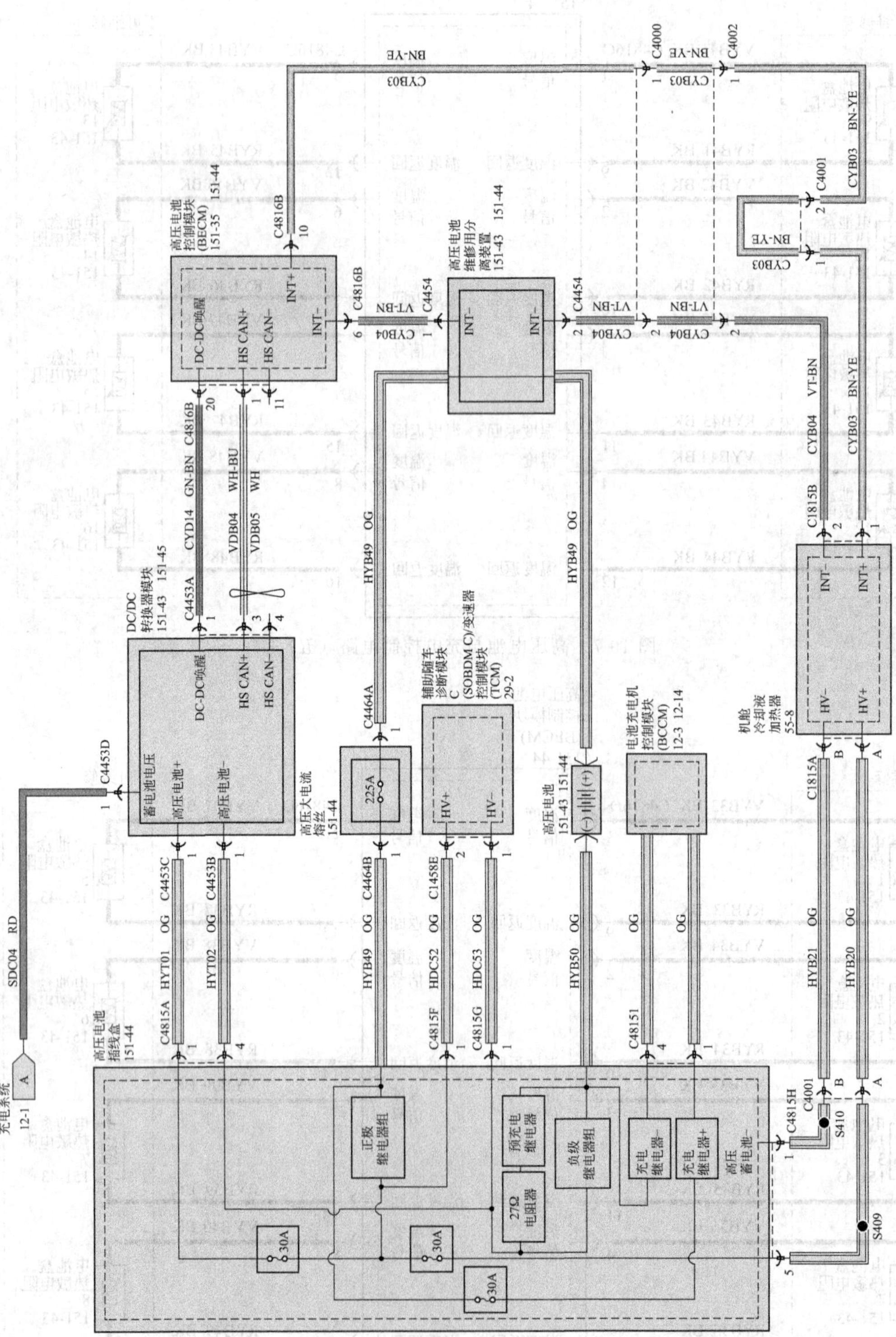

图 16-9 高压电池与充电控制电路（七）

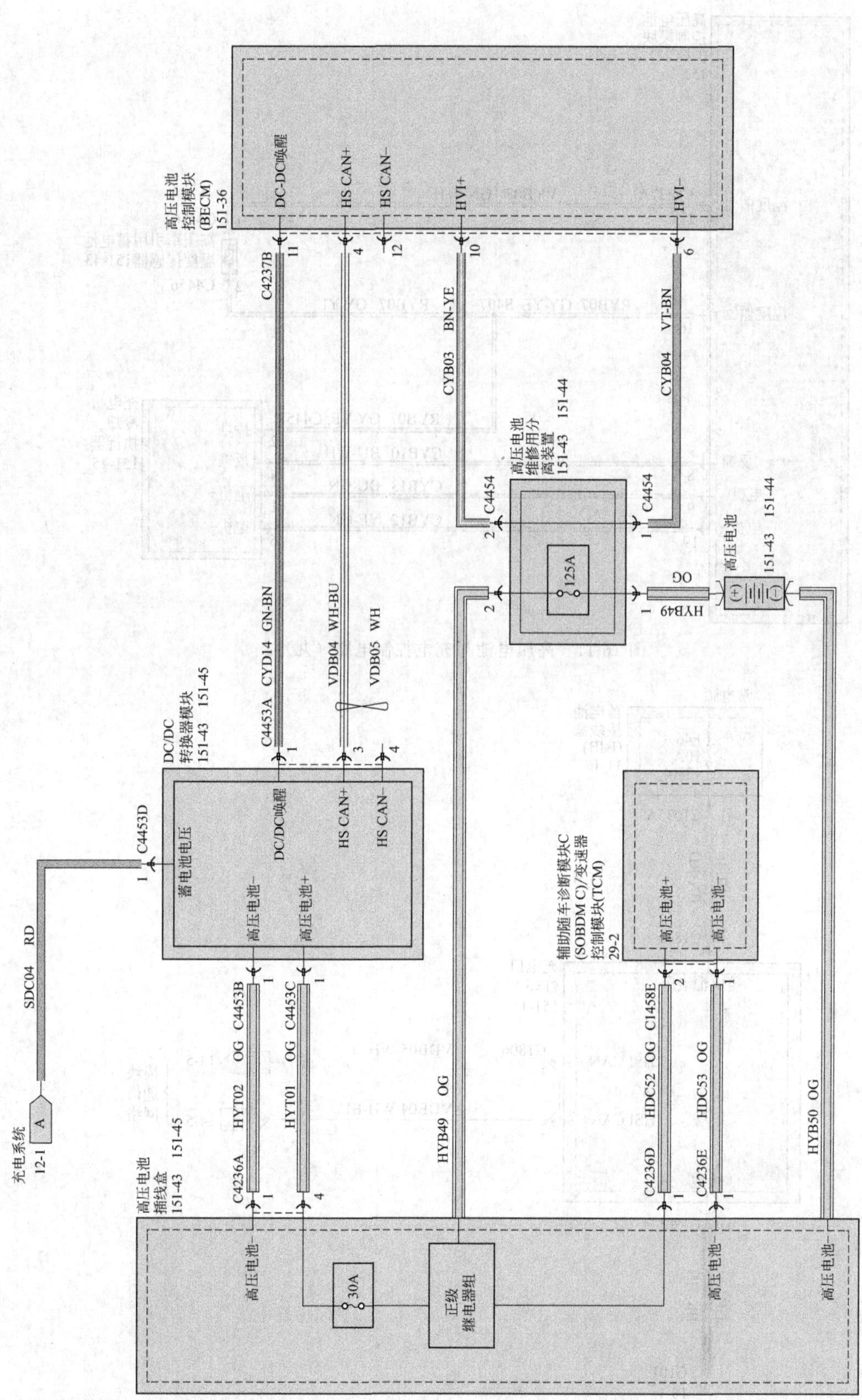

图 16-10 高压电池与充电控制电路（八）

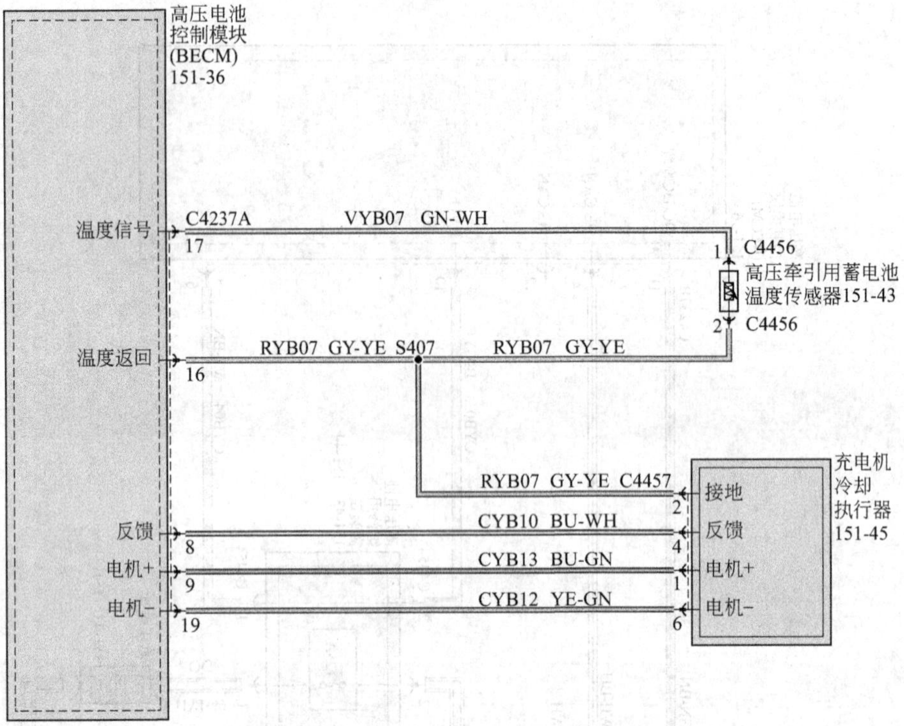

图 16-11 高压电池与充电控制电路（九）

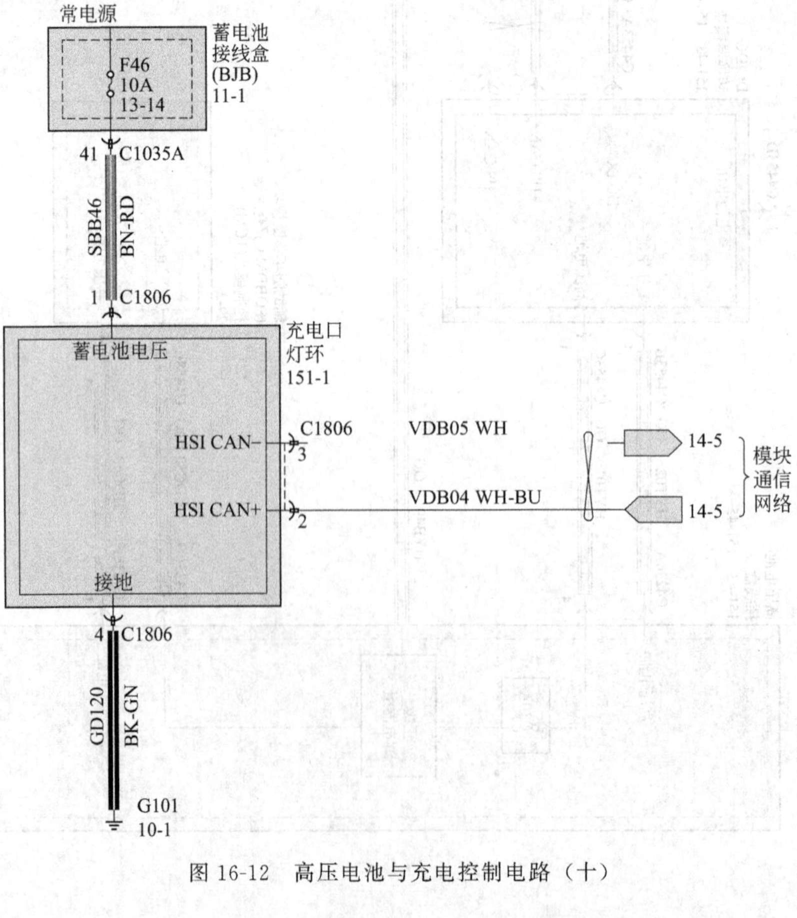

图 16-12 高压电池与充电控制电路（十）

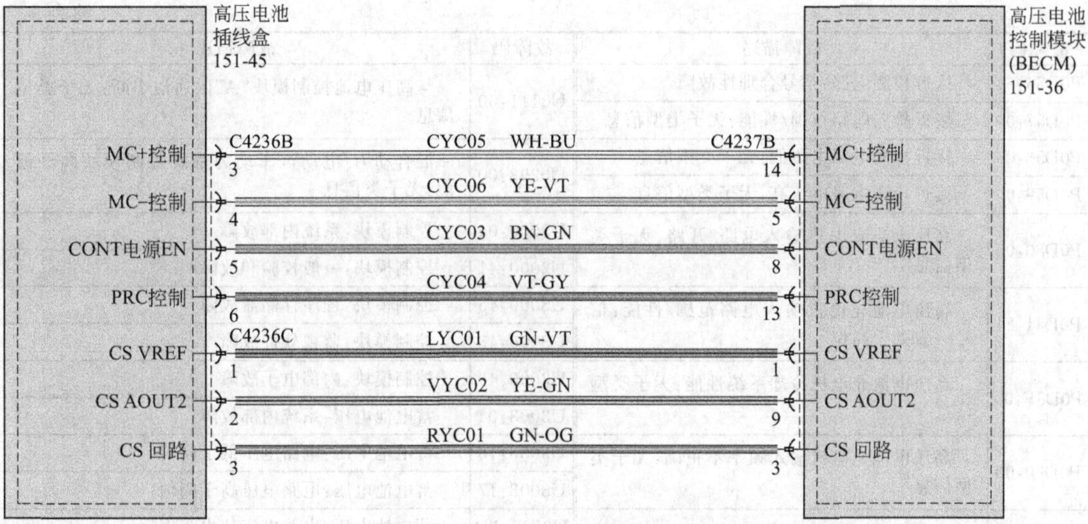

图 16-13　高压电池与充电控制电路（十一）

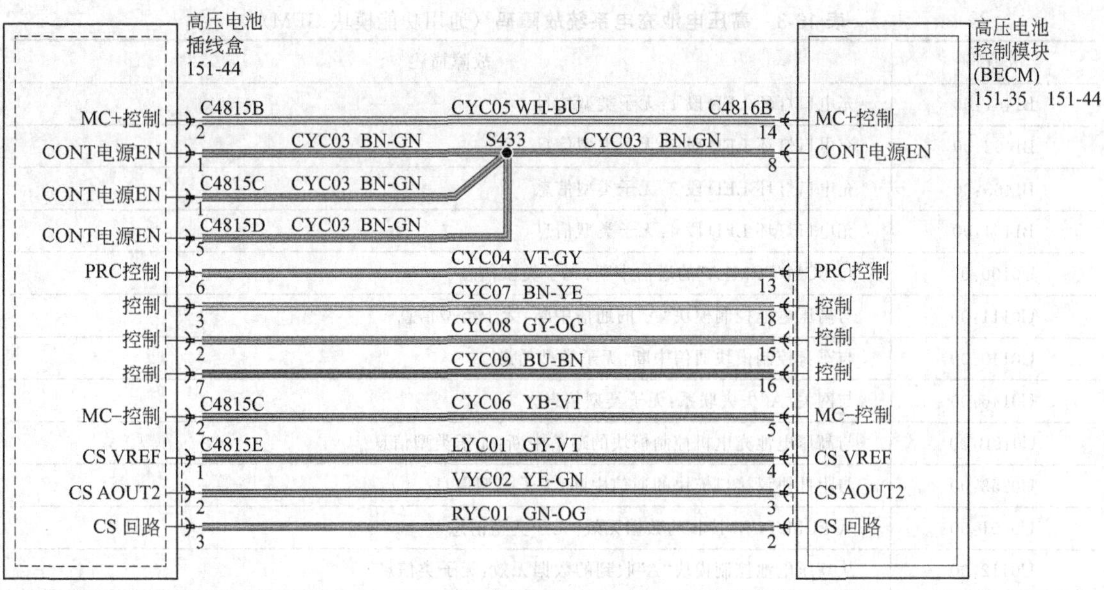

图 16-14　高压电池与充电控制电路（十二）

16.1.5　高压电池充电系统故障码

高压电池充电系统故障码见表 16-2 和表 16-3。

表 16-2　高压电池充电系统故障码（辅助随车诊断模块 SOBDM）

故障码	故障描述	故障码	故障描述
P0483:00	风扇性能:无子类型信息	P0CF7:00	控制导频电路间歇性故障/不稳定:无子类型信息
P0A1F:00	高压电池控制模块:无子类型信息		
P0CF3:00	控制导频电路/开路:无子类型信息	P0D24:00	高压电池充电机温度过高:无子类型信息
P0CF4:77	控制导频电路范围/性能:无法到达指定位置	P0D27:00	高压电池充电机输入电压过低:无子类型信息
		P0D28:00	高压电池充电机输入电压过高:无子类型信息
P0CF5:00	控制导频电路电压低:无子类型信息	P0D2B:38	控制导频指示灯控制电路:信号频率不正确
P0CF6:00	控制导频电路电压高:无子类型信息	P0D56:24	接近检测电路:信号一直处于高位

续表

故障码	故障描述	故障码	故障描述
P0D56:64	接近检测电路:信号合理性故障	U0111:00	与高压电池控制模块"A"的通信中断:无子类型信息
P0D57:00	接近检测电路范围/性能:无子类型信息		
P0D58:00	接近检测电路电压低:无子类型信息	U0293:00	混合动力/电动汽车动力系统控制模块断开通信:无子类信息
P0D59:00	接近检测电路电压高:无子类型信息		
P0D80:00	高压电池充电机输入电路/开路:无子类型信息	U3000:04	控制模块:系统内部故障
		U3000:41	控制模块:一般校验和故障
P0D81:24	高压电池充电机输入电路范围/性能:信号一直处于高位	U3000:45	控制模块:程序存储器故障
		U3000:48	控制模块:监视软件故障
P0D8F:00	高压电池充电机冷却系统性能:无子类型信息	U3000:49	控制模块:内部电子故障
		U3003:04	蓄电池电压:系统内部故障
P0D90:00	高压电池充电机输入频率不正确:无子类型信息	U3003:16	蓄电池电压:电路电压低于阈值
		U3003:17	蓄电池电压:电路电压高于阈值
U0100:00	与发动机控制模块/动力系统控制模块"A"的通信中断:无子类型信息	U3003:1D	蓄电池电压:电路电流超出范围
		U3003:62	蓄电池电压:信号比较故障

表 16-3 高压电池充电系统故障码(通用功能模块 GFM)

故障码	故障描述
B1461:00	充电口灯环 LED 段 1:无子类型信息
B1462:00	充电口灯环 LED 段 2:无子类型信息
B1463:00	充电口灯环 LED 段 3:无子类型信息
B1464:00	充电口灯环 LED 段 4:无子类型信息
U0100:00	与 ECM/PCM"A"的通信中断:无子类型信息
U0111:00	与高压电池控制模块"A"的通信中断:无子类型信息
U0140:00	与车身控制模块通信中断:无子类型信息
U0146:00	与网关"A"失去联系:无子类型信息
U019B:00	与高压电池充电机控制模块的通信中断:无子类型信息
U0253:00	与附件协议接口模块的通信中断:无子类型信息
U0401:00	从 ECM/PCM 接收的数据无效:无子类型信息
U0412:00	从高压电池控制模块"A"收到的数据无效:无子类信息
U0422:00	接收到来自车身控制模块的无效数据:无子类型信息
U0447:00	从网关接收的数据无效:无子类型信息
U049C:00	从高压电池充电机控制模块接收的数据无效:无子类型信息
U0554:00	接收到来自附件协议接口模块的无效数据:无替代信息
U3000:41	控制模块:一般校验和故障
U3003:16	蓄电池电压:电路电压低于阈值
U3003:17	蓄电池电压:电路电压高于阈值
U3003:1C	蓄电池电压:电路电压超出范围

16.1.6 驱动电机与变速器控制电路

驱动电机与变速器控制电路如图 16-15~图 16-18 所示。

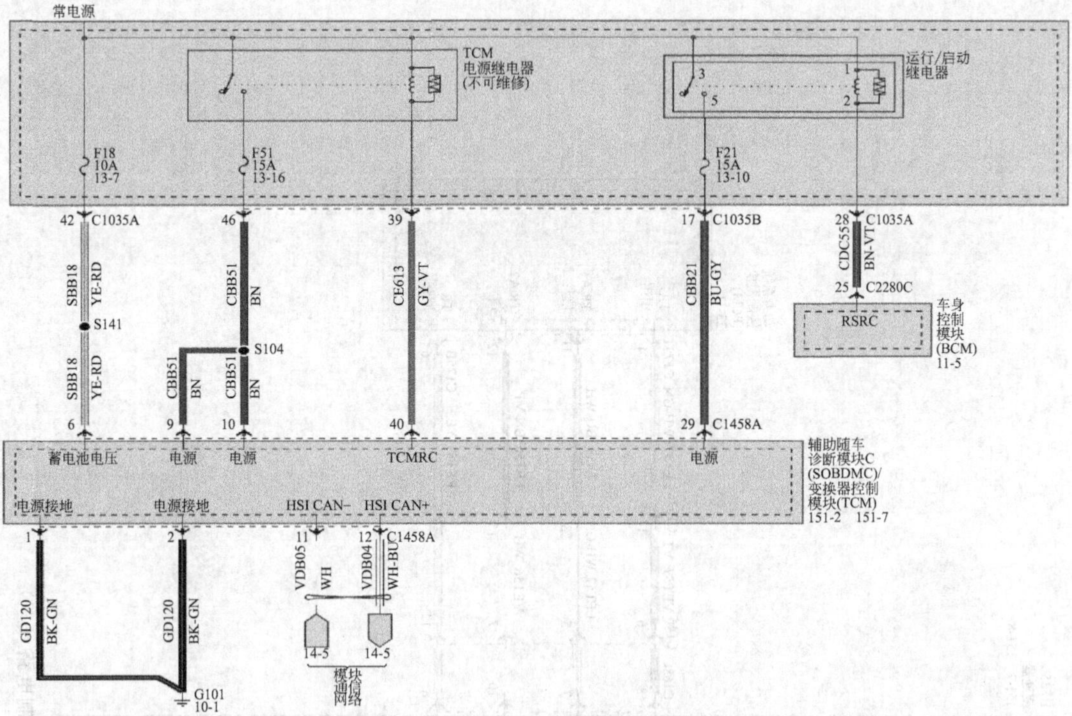

图 16-15 驱动电机与变速器控制电路（一）

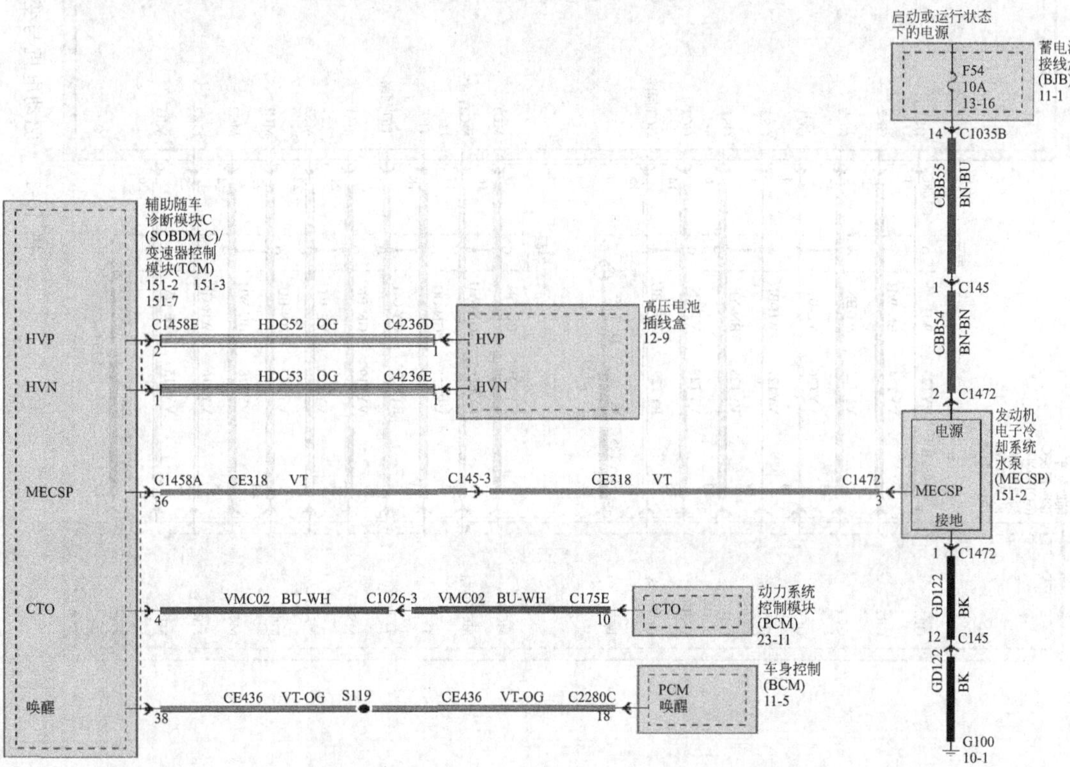

图 16-16 驱动电机与变速器控制电路（二）

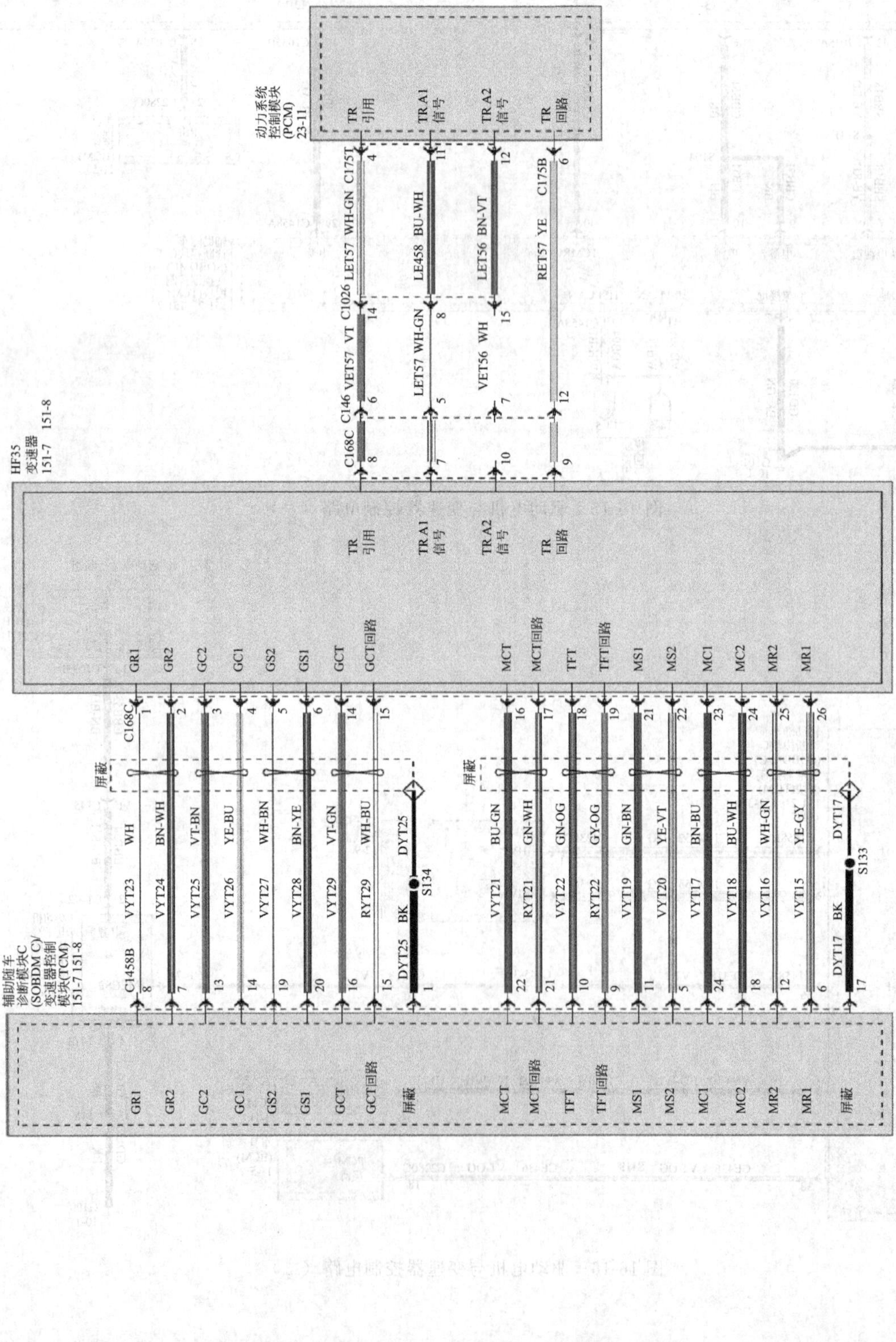

图 16-17　驱动电机与变速器控制电路（三）

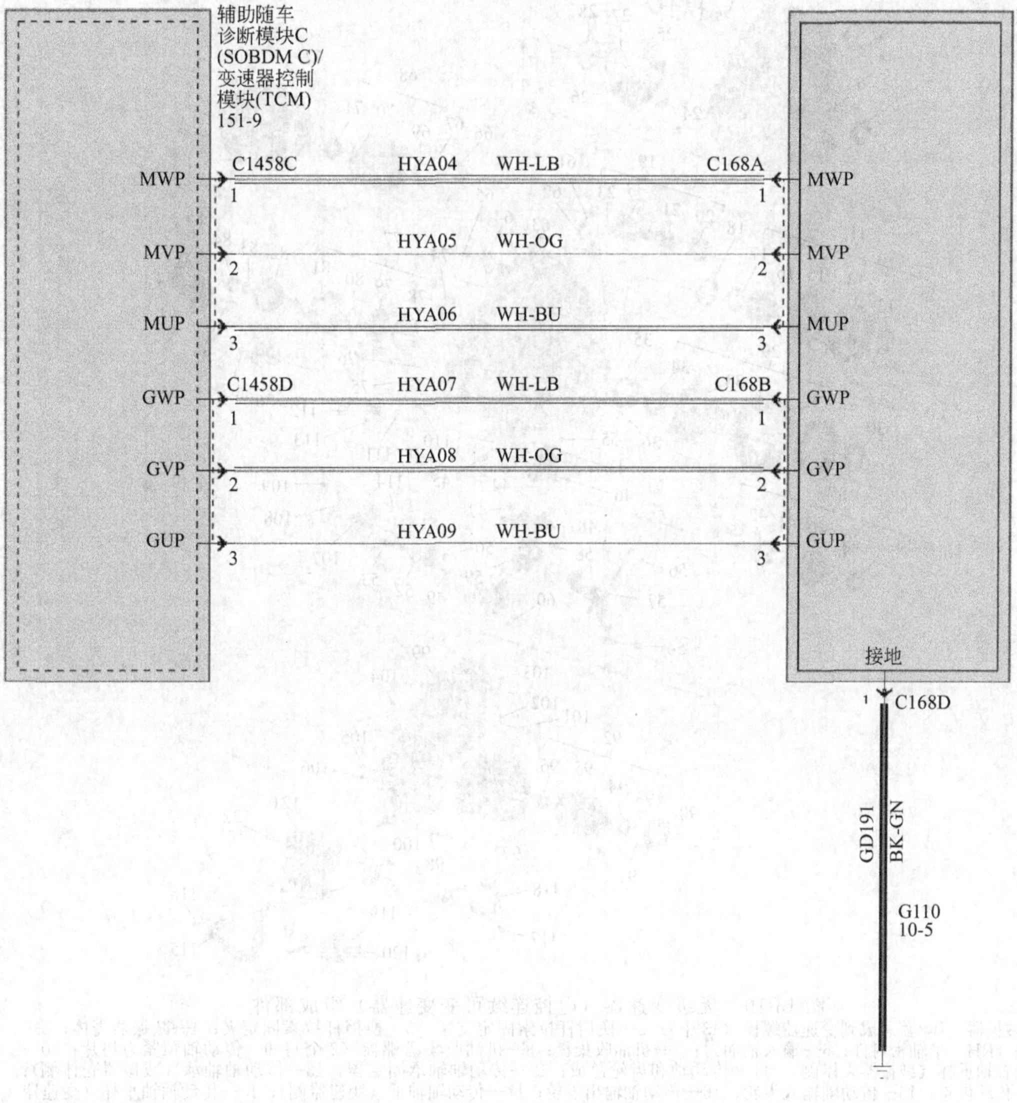

图 16-18 驱动电机与变速器控制电路（四）

16.1.7 HF35 无级变速器部件分解

电控连续可变变速器（eCVT）内置发电机和电动机如图 16-19 及图 16-20 所示。

电控连续可变变速器（eCVT）发电机能够产生高压电来为高压电池充电和/或向电动机提供电力。此外，发电机还用于启动汽油发动机。该发电机是电控连续可变变速器（eCVT）的内置器件，无法维修，只能随总成换新。

当在电动模式下驾车时，电控连续可变变速器（eCVT）电动机用于使车辆从静止开始加速。此外，在再生制动期间，电动机还可用于回收能量。在制动和减速器间，再生制动系统使用混合动力传动系统的电动机部分作为发电机来产生和存储电力。存储的电力用于为高压电池充电。如果高压电池电力充足，则将存储的能量用于燃气发动机制动，以使车辆减速。

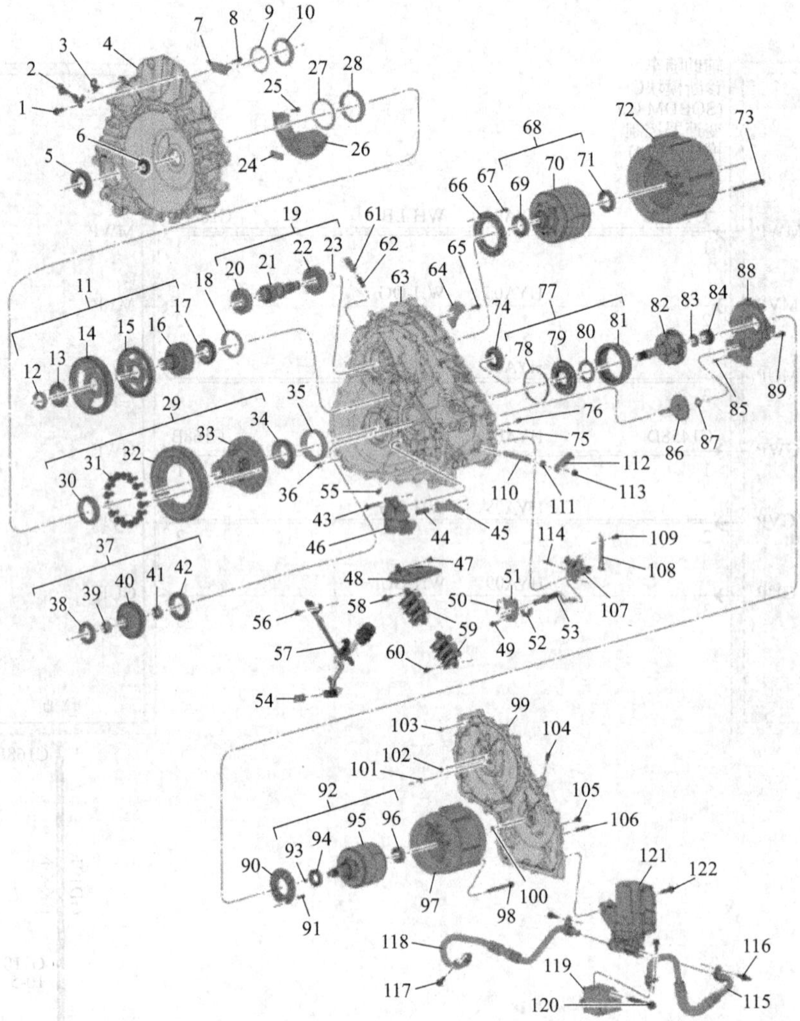

图 16-19　无级变速器（电控连续可变变速器）组成部件

1—减振器壳体/盖总成到变速器螺栓（43 个）；2—换挡杆拉索固定支架；3—换挡杆拉索固定夹；4—减振器壳体；5—右侧（RH）半轴密封件；6—输入轴油封；7—机油收集盘；8—机油收集盘螺栓（2 个）；9—传动轴预紧力垫片；10—传动轴轴承杯（减振器壳体侧）；11—传动轴和齿轮总成；12—传动轴轴承固定器；13—传动轴轴承（减振器壳体侧）；14—传动齿轮；15—传动轴输入齿轮；16—传动轴输出齿轮；17—传动轴轴承（变速器侧）；18—传动轴轴承杯（变速器侧）；19—牵引电机驱动齿轮总成；20—牵引电机驱动齿轮前轴承；21—牵引电机驱动齿轮；22—牵引电机驱动齿轮后轴承；23—牵引电机驱动齿轮油封；24—磁体；25—变速器油液槽挡板螺栓（2 个）；26—变速器油液槽挡板；27—差速器预紧力垫片；28—差速器轴承杯（减振器壳体侧）；29—差速器托架和齿轮总成；30—差速器轴承（减振器壳体侧）；31—齿圈到差速器托架螺栓（16 个）；32—差速器齿圈；33—差速器壳；34—差速器轴承（变速器侧）；35—差速器轴承杯（变速器侧）；36，76—合销（2 个）；37—最终传动输入齿轮总成；38—最终传动输入齿轮轴承（减振器壳体侧）；39—输入轴轴承；40—最终传动输入齿轮；41—输入轴轴承；42—最终传动输入齿轮轴承（变速器壳体侧）；43—变速器油液泵螺栓（3 个）；44—驻车制动爪轴；45—驻车制动爪；46—泵组件；47—滤清器螺栓；48—滤清器总成；49—驻车制动爪执行器导向螺栓（2 个）；50—驻车制动爪弹簧；51—驻车制动爪执行器导件；52—驻车制动爪支承座；53—驻车制动爪制动杆；54—变速器油液温度（TFT）传感器；55，104—塞（3 个）；56—接线隔板螺栓（4 个）；57—接线隔板；58—高压端子螺栓（4 个）；59—高压端子（2 个）；60—高压电缆到端子螺栓（6 个）；61—通风孔总成；62—通气管；63—变速器总成；64—变速器通风板；65—变速器通风板螺栓；66—牵引电机转速传感器；67—牵引电机转速传感器螺栓（3 个）；68—牵引电机转子总成；69—牵引电机转子总成前轴承；70—牵引电机转子总成；71—牵引电机转子总成后轴承；72—牵引电机定子；73—牵引电机螺栓（3 个）；74—左侧（LH）半轴密封件；75—穿孔杯塞；77—齿圈总成；78—齿圈开口卡环；79—齿圈轮毂；80—行星齿轮架止推轴承；81—环形齿轮；82—行星齿轮架；83—太阳齿轮止推轴承；84—太阳齿轮；85—行星齿轮架支撑定位销；86—泵驱动齿轮；87—泵驱动齿轮止推垫圈；88—行星齿轮架支撑；89—行星齿轮架支撑螺栓（4 个）；90—发电机/起动机转速传感器；91—发电机/起动机转速传感器螺栓（3 个）；92—发电机/起动机转子总成；93—油塞；94—发电机/起动机转子总成前轴承；95—发电机/起动机转子；96—发电机/起动机转子总成后轴承；97—发电机/起动机；98—发电机/起动机螺栓（3 个）；99—变速器端盖总成；100—发电机/起动机嵌接切割密封件；101—牵引电机嵌接切割密封件；102—塞（2 个）；103—塞（4 个）；105—加注塞；106—柱头螺栓；107—变速器挡位（TR）传感器；108—变速器挡位（TR）传感器棘爪弹簧；109—变速器挡位（TR）传感器棘爪弹簧螺栓；110—手动控制杆轴；111—手动控制杆轴密封件；112—排挡杆；113—手动杆螺母；114—手动轴固定销；115—变速器油液辅助泵歧管；116—变速器油液冷却器管道双头螺栓；117—变速器油液冷却器管道螺栓（3 个）；118—变速器至辅助泵管道；119—变速器油液冷却器管道歧管；120—变速器油液冷却器管道歧管螺栓；121—变速器油液辅助泵；122—变速器油液辅助泵螺栓（3 个）

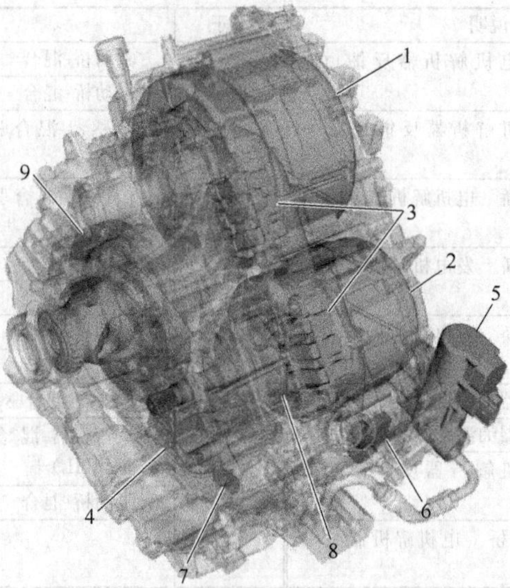

图 16-20　无级变速器内部总成部件结构

1—牵引电机；2—发电机/起动机；3—高压端子；4—泵和滤清器总成；5—变速器油液辅助泵；6—变速器挡位（TR）传感器；7—变速器油液温度（TFT）传感器；8—行星齿轮架；9—差速器壳

16.1.8　带电机的变速器控制模块端子定义

变速器控制模块端子分布如图 16-21 所示，端子定义见表 16-4 和表 16-5。

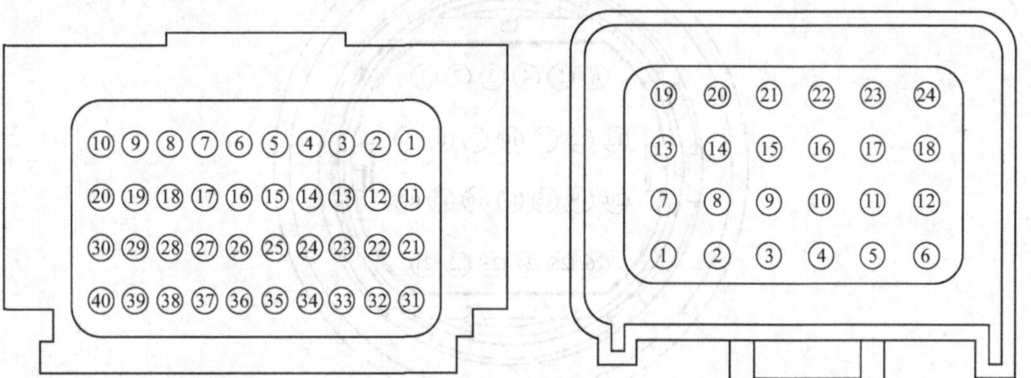

图 16-21　变速器控制模块端子分布

表 16-4　40 针端子定义

端子	端子说明	端子	端子说明
1	接地-左前挡泥板	27	开关-ECON 控制(ECO)＋
2	接地-左前挡泥板	28	开关-ECON 控制(ECO)＋
4	控制模块-动力系统　规则转速输出(CTO)	29	熔丝 21 或断路器
6	熔丝 18 或断路器	33	泵-变速器辅助装置　诊断(TAPR_DI)
9	熔丝 51 或断路器	34	控制模块-变速器辅助泵 PWM 控制(TAPR_CT)
10	熔丝 51 或断路器	36	控制模块-动力系统　电机电子冷却泵(MECP)
11	接头-诊断　高速 CAN 总线低	38	控制模块唤醒 PCM
12	连接器-诊断　高速 CAN 总线高	40	继电器-动力系控制模块 2
26	控制模块-PTC 加热器		

表 16-5　24 针端子定义

端子	端子说明	端子	端子说明
1	驱动桥-混合　发电机解析器反馈(G_SHIELD)	13	驱动桥-混合　发电机解析器反馈余弦＋(GS1)
		14	驱动桥-混合　发电机解析器反馈余弦－(GS3)
5	驱动桥-混合　电机解析器反馈正弦－(MS4)	15	传感器-混合驱动桥　发电机线圈温度(TG-COIL)－
6	控制模块-混合驱动桥　电机解析器激发信号 1(MR1)	16	传感器-混合驱动桥　发电机线圈温度(TG-COIL)＋
7	控制模块-混合驱动桥　发电机解析器激发信号 2(GR2)	17	驱动桥-混合　电机解析器反馈(M_SHIELD)
		18	驱动桥-混合　电机解析器反馈余弦－(MS3)
8	控制模块-混合驱动桥　发电机解析器激发信号 1(GR1)	19	驱动桥-混合　发电机解析器反馈正弦＋(GS2)
		20	驱动桥-混合　发电机解析器反馈正弦－(GS4)
9	传感器-混合　变速器油温度(TOIL)－	21	传感器-混合驱动桥　电机线圈温度(TMCOIL)－
10	传感器-混合　变速器油温度(TOIL)＋	22	传感器-混合驱动桥　电机线圈温度(TMCOIL)＋
11	驱动桥-混合　电机解析器反馈正弦＋(MS2)	24	驱动桥-混合　电机解析器反馈余弦＋(MS1)
12	控制模块-混合驱动桥　电机解析器激发信号 2(MR2)		

16.1.9　HF35 变速器端子定义

HF35 变速器端子分布如图 16-22 所示，其端子定义见表 16-6。

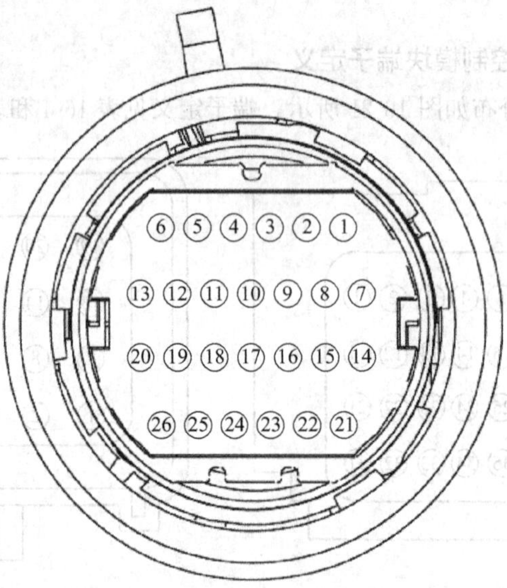

图 16-22　HF35 变速器端子分布

表 16-6　变速器端子定义

端子	端子说明	端子	端子说明
1	控制模块-混合驱动桥　发电机解析器激发信号 1(GR1)	5	驱动桥-混合　发电机解析器反馈正弦＋(GS2)
2	控制模块-混合驱动桥　发电机解析器激发信号 2(GR2)	6	驱动桥-混合　发电机解析器反馈正弦－(GS4)
		7	控制模块-动力系统　传输范围模拟 1(TR-A1BVREF)
3	驱动桥-混合　发电机解析器反馈余弦＋(GS1)	8	传感器-变速器范围　模拟 1(TR-A1)
4	驱动桥-混合　发电机解析器反馈余弦－(GS3)	9	控制模块-动力系统　传输范围模拟 1(TR-A1RTN)

续表

端子	端子说明
10	传感器-变速器范围　模拟 2(TR-A2)
14	传感器-混合驱动桥　发电机线圈温度(TG-COIL)＋
15	传感器-混合驱动桥　发电机线圈温度(TG-COIL)－
16	传感器-混合驱动桥　电机线圈温度(TM-COIL)＋
17	传感器-混合驱动桥　电机线圈温度(TM-COIL)－
18	传感器-混合　变速器油温度(TOIL)＋
19	传感器-混合　变速器油温度(TOIL)－
21	驱动桥-混合　电机解析器反馈正弦＋(MS2)
22	驱动桥-混合　电机解析器反馈正弦－(MS4)
23	驱动桥-混合　电机解析器反馈余弦＋(MS1)
24	驱动桥-混合　电机解析器反馈余弦－(MS3)
25	控制模块-混合驱动桥　电机解析器激发信号2(MR2)
26	控制模块-混合驱动桥　电机解析器激发信号1(MR1)

16.2 林肯 MKZ HEV（2018～　）

16.2.1 高压电池位置与部件分解

高压电池由以下部件组成：高压电池维修隔离开关，高压电池 RH 冷却进气管，高压电池 LH 冷却进气管，高压电池冷却风扇和出口管，高压电池进气温度传感器，高压电池电子设备盖，高压电池电子设备线束（14F654），高压电池控制模块（BECM），DC/DC 转换器控制模块，高压电池插线盒，高压低电流熔丝（安装在高压电池插线盒中），高压电池单元阵列盖（不可维修，请勿拆卸），高压电池单元阵列（不可维修），高压电池线束（不可维修）。

除了高压电池单元阵列盖、高压电池单元阵列和高压电池线束以外，上面列出的其他高压电池部件均可单独进行维修。这些部件作为整个高压电池组的一部分进行维修。如果更换高压电池组，它包括上面列出的所有部件，但是高压电池冷却风扇、冷却导管和维修隔离开关除外。通过拆下电子设备盖，可以单独维修电子设备线束（14F654）、BECM、DC/DC 转换器控制模块、高压电池插线盒和高压低电流熔丝（安装在高压电池插线盒中）。高压电池位置如图 16-23 所示，其部件分解如图 16-24 所示。

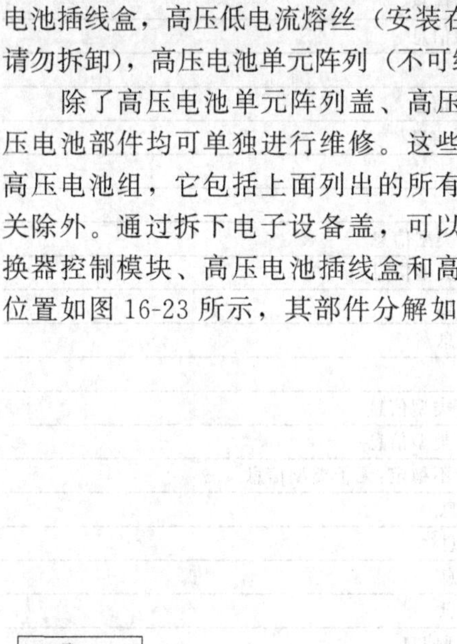

图 16-23　高压电池位置

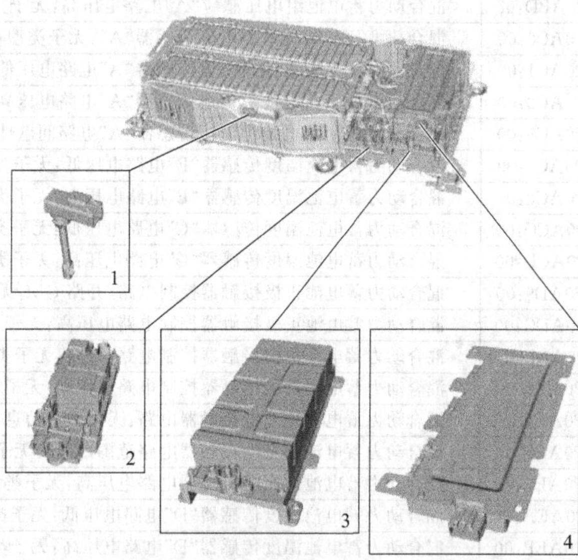

图 16-24　高压电池部件分解

1—高压电池进气温度传感器；2—高压电池插线盒；3—DC/DC 转换器控制模块；4—BECM

16.2.2 高压电池控制模块故障码

高压电池控制模块故障码见表16-7。

表16-7 高压电池控制模块故障码

故障码	故障描述
B11D5:68	碰撞事件通知:车辆已禁用,事件信息
B11D8:11	碰撞事件通知:电路接地短路
B11D8:15	碰撞事件通知:电路蓄电池短路或开路
B11D8:36	碰撞事件通知:信号频率过低
B11D8:37	碰撞事件通知:信号频率过高
B11D8:38	碰撞事件通知:信号频率不正确
P0A0C:00	高压系统互锁电路电压低:无子类型信息
P0A7D:00	混合动力蓄电池组充电不足:无子类型信息
P0A7E:00	混合动力蓄电池组温度过高:无子类型信息
P0A7F:00	混合动力/EV蓄电池组老化:无子类型信息
P0A81:00	混合动力蓄电池组冷却风扇1控制电路/开路:无子类型信息
P0A82:00	混合动力蓄电池组冷却风扇1性能/卡滞:无子类型信息
P0A8B:64	14V电源模块系统电压:信号真实性故障
P0A9D:00	混合动力蓄电池温度传感器“A”电路电压低:无子类型信息
P0A9E:00	混合动力蓄电池温度传感器“A”电路电压高:无子类型信息
P0AA0:00	混合动力/EV蓄电池正极接触器电路:无子类型信息
P0AA1:00	混合动力蓄电池正极接触器电路卡在闭路位置:无子类型信息
P0AA2:00	混合动力蓄电池正极接触器电路卡在开路位置:无子类型信息
P0AA3:00	混合动力/EV蓄电池负极接触器电路:无子类型信息
P0AA4:00	混合动力蓄电池负极接触器电路卡在闭路位置:无子类型信息
P0AA5:00	混合动力蓄电池负极接触器电路卡在开路位置:无子类型信息
P0AA6:00	混合动力蓄电池电压系统隔离故障:无子类型信息
P0AA7:00	混合动力蓄电池电压隔离传感器电路:无子类型信息
P0AAE:00	混合动力蓄电池组空气温度传感器“A”电路电压低:无子类型信息
P0AAF:00	混合动力蓄电池组空气温度传感器“A”电路电压高:无子类型信息
P0ABC:00	混合动力蓄电池组电压感应“A”电路电压低:无子类型信息
P0ABD:00	混合动力蓄电池组电压感应“A”电路电压高:无子类型信息
P0AC0:00	混合动力/EV蓄电池组电流传感器“A”:无子类型信息
P0AC1:00	混合动力/EV蓄电池组电流传感器“A”电路电压低:无子类型信息
P0AC2:00	混合动力/EV蓄电池组电流传感器“A”电路电压高:无子类型信息
P0AC3:00	混合动力/EV蓄电池组电流传感器“A”电路间歇性故障/不稳定:无子类型信息
P0AC7:00	混合动力蓄电池温度传感器“B”电路电压低:无子类型信息
P0AC8:00	混合动力蓄电池温度传感器“B”电路电压高:无子类型信息
P0ACC:00	混合动力蓄电池温度传感器“C”电路电压低:无子类型信息
P0ACD:00	混合动力蓄电池温度传感器“C”电路电压高:无子类型信息
P0AD9:00	混合动力蓄电池正极接触器控制电路/开路GM:无子类型信息
P0ADC:00	混合动力蓄电池正极接触器控制电路电压高:无子类型信息
P0ADD:00	混合动力蓄电池负极接触器控制电路/开路:无子类型信息
P0AE0:00	混合动力蓄电池负极接触器控制电路电压高:无子类型信息
P0AE1:00	混合动力蓄电池预充电接触器电路:无子类型信息
P0AE5:00	混合动力蓄电池预充电接触器电路范围/性能:无子类型信息
P0AE7:00	混合动力蓄电池预充电接触器电压高:无子类型信息
P0AEA:00	混合动力蓄电池温度传感器“D”电路电压低:无子类型信息
P0AEB:00	混合动力蓄电池温度传感器“D”电路电压高:无子类型信息
P0AFB:00	混合动力蓄电池系统电压高:无子类型信息
P0AFD:00	混合动力蓄电池组温度过低:无子类型信息
P0B16:00	混合动力/EV蓄电池组电压感应“B”电路电压低:无子类型信息

续表

故障码	故障描述
P0B17:00	混合动力/EV 蓄电池组电压感应“B”电路电压高:无子类型信息
P0B1B:00	混合动力蓄电池组电压感应“C”电路电压低:无子类型信息
P0B1C:00	混合动力蓄电池组电压感应“C”电路电压高:无子类型信息
P0B24:00	混合动力蓄电池 A 电压不稳定:无子类型信息
P0B25:00	混合动力蓄电池 A 电压低:无子类型信息
P0B37:00	高压蓄电池维修隔离开路:无子类型信息
P0B3B:00	混合动力/EV 蓄电池电压感应“A”电路:无子类型信息
P0B40:00	混合动力/EV 蓄电池电压感应“B”电路:无子类型信息
P0B45:00	混合动力/EV 蓄电池电压感应“C”电路:无子类型信息
P0B4A:00	混合动力/EV 蓄电池电压感应“D”电路:无子类型信息
P0B4F:00	混合动力/EV 蓄电池电压感应“E”电路:无子类型信息
P0B54:00	混合动力/EV 蓄电池电压感应“F”电路:无子类型信息
P0B59:00	混合动力/EV 蓄电池电压感应“G”电路:无子类型信息
P0B5E:00	混合动力/EV 蓄电池电压感应“H”电路:无子类型信息
P0B63:00	混合动力/EV 蓄电池电压感应“I”电路:无子类型信息
P0B68:00	混合动力/EV 蓄电池电压感应“J”电路:无子类型信息
P0B6D:00	混合动力/EV 蓄电池电压感应“K”电路:无子类型信息
P0B72:00	混合动力/EV 蓄电池电压感应“L”电路:无子类型信息
P0B77:00	混合动力/EV 蓄电池电压感应“M”电路:无子类型信息
P0BC4:00	混合动力/EV 蓄电池温度传感器“E”电路电压低:无子类型信息
P0BC5:00	混合动力/EV 蓄电池温度传感器“E”电路电压高:无子类型信息
P0C30:00	混合动力/EV 蓄电池组过充电:无子类型信息
P0C35:00	混合动力/EV 蓄电池温度传感器“F”电路电压低:无子类型信息
P0C36:00	混合动力/EV 蓄电池温度传感器“F”电路电压高:无子类型信息
P0DAD:00	混合动力/EV 蓄电池电池平衡电路“A”卡在开路位置:无子类型信息
P0DAE:00	混合动力/EV 蓄电池电池平衡电路“A”卡在闭路位置:无子类型信息
P0DB1:00	混合动力/EV 蓄电池电池平衡电路“B”卡在开路位置:无子类型信息
P0DB2:00	混合动力/EV 蓄电池电池平衡电路“B”卡在闭路位置:无子类型信息
P0DB5:00	混合动力/EV 蓄电池电池平衡电路“C”卡在开路位置:无子类型信息
P0DB6:00	混合动力/EV 蓄电池电池平衡电路“C”卡在闭路位置:无子类型信息
P0DB9:00	混合动力/EV 蓄电池电池平衡电路“D”卡在开路位置:无子类型信息
P0DBA:00	混合动力/EV 蓄电池电池平衡电路“D”卡在闭路位置:无子类型信息
P0DBD:00	混合动力/EV 蓄电池电池平衡电路“E”卡在开路位置:无子类型信息
P0DBE:00	混合动力/EV 蓄电池电池平衡电路“E”卡在闭路位置:无子类型信息
P0DC1:00	混合动力/EV 蓄电池电池平衡电路“F”卡在开路位置:无子类型信息
P0DC2:00	混合动力/EV 蓄电池电池平衡电路“F”卡在闭路位置:无子类型信息
P0DC5:00	混合动力/EV 蓄电池电池平衡电路“G”卡在开路位置:无子类型信息
P0DC6:00	混合动力/EV 蓄电池电池平衡电路“G”卡在闭路位置:无子类型信息
P0DC9:00	混合动力/EV 蓄电池电池平衡电路“H”卡在开路位置:无子类型信息
P0DCA:00	混合动力/EV 蓄电池电池平衡电路“H”卡在闭路位置:无子类型信息
P0DCD:00	混合动力/EV 蓄电池电池平衡电路“I”卡在开路位置:无子类型信息
P0DCE:00	混合动力/EV 蓄电池电池平衡电路“I”卡在闭路位置:无子类型信息
P0DD1:00	混合动力/EV 蓄电池电池平衡电路“J”卡在开路位置:无子类型信息
P0DD2:00	混合动力/EV 蓄电池电池平衡电路“J”卡在闭路位置:无子类型信息
P0DD5:00	混合动力/EV 蓄电池电池平衡电路“K”卡在开路位置:无子类型信息
P0DD6:00	混合动力/EV 蓄电池电池平衡电路“K”卡在闭路位置:无子类型信息
P0DD9:00	混合动力/EV 蓄电池电池平衡电路“L”卡在开路位置:无子类型信息
P0DDA:00	混合动力/EV 蓄电池电池平衡电路“L”卡在闭路位置:无子类型信息
P0DDD:00	混合动力/EV 蓄电池电池平衡电路“M”卡在开路位置:无子类型信息
P0DDE:00	混合动力/EV 蓄电池电池平衡电路“M”卡在闭路位置:无子类型信息

续表

故障码	故障描述
P1A0F:68	混合动力控制模块-车辆已禁用:事件信息
U0100:00	与 ECM/PCM“A”的通信中断:无子类型信息
U0151:00	与乘员保护系统控制模块的通信中断:无子类型信息
U0256:00	与网关“A”的通信中断:无子类型信息
U0293:00	与混合动力/EV 动力系统控制模块的通信中断:无子类信息
U0298:00	与 DC-DC 转换器控制模块“A”的通信中断:无子类型信息
U0300:05	内部控制模块软件不兼容:系统编程故障
U0401:00	接收到来自 ECM/PCM A 的无效数据:无子类型信息
U0452:00	接收到来自约束系统控制模块的无效数据:无子类型信息
U0452:86	接收到来自约束系统控制模块的无效数据:信号无效
U0594:00	从混合/EV 动力系统控制模块收到无效数据:无子类型信息
U0599:00	从 DC/DC 转换器控制模块“A”收到无效数据:无子类信息
U1003:49	系统时钟:内部电子故障
U1030:00	与混合动力/EV 蓄电池存在软件不兼容:无子类型信息
U200D:12	控制模块输出电源 A:电路蓄电池短路
U200D:13	控制模块输出电源 A:电路断路
U3000:04	控制模块:系统内部故障
U3000:41	控制模块:一般校验和故障
U3000:46	控制模块:校准/参数存储器故障
U3001:00	控制模块不当关闭:无子类型信息
U3003:16	蓄电池电压:电路电压低于阈值
U3003:17	蓄电池电压:电路电压高于阈值
U3012:00	控制模块唤醒性能不佳

16.2.3 高压电池控制模块端子定义

高压电池控制模块端子分布如图 16-25 所示，端子定义见表 16-8～表 16-11。

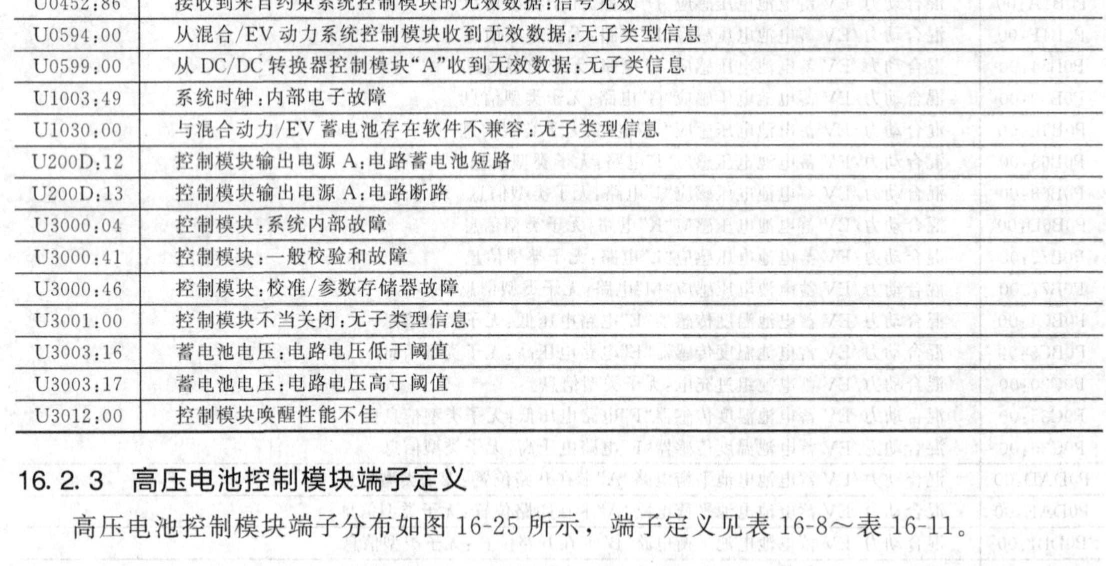

图 16-25 高压电池控制模块端子分布

表 16-8 X1 端子定义

端子	端子说明	备注
1	熔丝 14 或断路器	—
3	连接器-诊断 高速 CAN 总线高	MKZ/PHEV
	连接器-诊断 高速 CAN 总线高	FUSION
4	接地-左侧 C 柱或翼子板	MKZ
	接地-左侧 C 柱或翼子板	FUSION
	接地-左侧 C 柱或翼子板	PHEV
5	接地-左侧 C 柱或翼子板	MKZ
	接地-左侧 C 柱或翼子板	FUSION
	接地-左侧 C 柱或翼子板	PHEV

续表

端子	端子说明	备注
6	控制模块-牵引力控制蓄电池　冷却风扇 PWM	FUSION
	控制模块-牵引力控制蓄电池　冷却风扇 PWM	MKZ
7	控制模块-燃油切断事件通知信号	FUSION
	控制模块-燃油切断事件通知信号	MKZ
8	控制模块-牵引用蓄电池控制　蓄电池风门位置传感器＋	PHEV
9	控制模块-牵引用蓄电池控制　蓄电池风门电机关闭(如果配备)	PHEV
10	熔丝 52 或断路器	FUSION
	熔丝 52 或断路器	MKZ
11	熔丝 14 或断路器	—
13	接头-诊断　CAN BUS 高速低位	FUSION
	接头-诊断　CAN BUS 高速低位	MKZ
15	传感器-牵引力蓄电池控制　冷却风扇反馈	PHEV
	传感器-牵引力蓄电池控制　冷却风扇反馈	MKZ
	传感器-牵引力蓄电池控制　冷却风扇反馈	FUSION
16	控制模块-牵引力蓄电池控制　蓄电池舱热敏电阻器	MKZ
	控制模块-牵引力蓄电池控制　蓄电池舱热敏电阻器	FUSION/PHEV
17	控制模块-牵引力蓄电池控制　蓄电池舱热敏电阻器	MKZ
	控制模块-牵引力蓄电池控制　蓄电池舱热敏电阻器	FUSION/PHEV
19	控制模块-牵引用蓄电池控制　蓄电池风门电机打开(如果配备)	PHEV
20	控制模块-DC/DC 转换器　DC/DC 唤醒(DC/DC_WKUP)	PHEV

表 16-9　X2 端子定义

端子	端子说明	端子	端子说明
1	CS VREF	10	控制模块-牵引用蓄电池控制　联锁正极(INT＋)
3	CS 回路	11	控制模块-DC/DC 转换器　DC/DC 唤醒(DC/DC_WKUP)
4	连接器-诊断　高速 CAN 总线高	12	接头-诊断　CAN BUS 高速低位
5	控制模块-接触器高压电池负极(MC－_CTRL)	13	控制模块-接触器高压电池预充电(PRC_CTRL)
6	控制模块-牵引用蓄电池控制　联锁负极(INT－)	14	控制模块-接触器高压电池正极(MC＋_CTRL)
8	CONT 电源 EN		
9	CS AOUT2		

表 16-10　X3 端子定义

端子	端子说明
1	热敏电阻器-高压电池 1
2	热敏电阻器-高压电池 2
3	热敏电阻器-高压电池 3
4	热敏电阻器-高压电池 4
5	热敏电阻器-高压电池 5
7	热敏电阻器-高压电池 1
8	热敏电阻器-高压电池 2
9	热敏电阻器-高压电池 3
10	热敏电阻器-高压电池 4
11	热敏电阻器-高压电池 5

表 16-11　X4 端子定义

端子	端子说明
1	热敏电阻器-高压电池 6
2	热敏电阻器-高压电池 7
3	热敏电阻器-高压电池 8
4	热敏电阻器-高压电池 9
5	热敏电阻器-高压电池 10
7	热敏电阻器-高压电池 6
8	热敏电阻器-高压电池 7
9	热敏电阻器-高压电池 8
10	热敏电阻器-高压电池 9
11	热敏电阻器-高压电池 10

16.2.4　DC/DC 转换器模块故障码

DC/DC 转换器模块故障码见表 16-12。

表 16-12 DC/DC 转换器模块故障码

故障码	故障描述
P0A12:16	DC/DC 转换器启动电路电压低:电路电压低于阈值
P0A94:4B	DC/DC 转换器性能:温度过高
P0AF7:00	14V 电源模块内部温度过高:无子类型信息
P0AFA:13	混合动力/EV 蓄电池系统电压低:电路开路
P0AFA:16	混合动力/EV 蓄电池系统电压低:电路电压低于阈值
P0AFB:17	混合动力/EV 蓄电池系统电压高:电路电压高于阈值
U0001:88	高速控制器局域网通信总线:总线关闭
U0100:00	与发动机控制模块/动力系统控制模块“A”的通信中断:无子类型信息
U0111:00	与高压电池控制模块“A”的通信中断:无子类型信息
U0140:00	与车身控制模块的通信中断:无子类型信息
U0146:00	与网关“A”通信中断
U0293:00	混合动力/电动汽车动力系统控制模块断开通信:无子类信息
U0412:00	从高压电池控制模块“A”收到的数据无效:无子类信息
U0594:00	接收来自混合/电力动力控制模块的无效数据:无子类信息
U3000:04	控制模块:系统内部故障
U3000:41	控制模块:一般校验和故障
U3000:42	控制模块:一般存储器故障
U3000:45	控制模块:程序存储器故障
U3000:49	控制模块:内部电子故障
U3000:96	控制模块:部件内部故障
U3003:16	蓄电池电压:电路电压低于阈值
U3003:17	蓄电池电压:电路电压高于阈值

16.2.5 HF35 变速器行星齿轮与主减速器结构

该变速器有一个简单的行星齿轮组，如图 16-26 所示。行星齿轮组用于将车速匹配到所需的发动机转速，以实现最高的效率。齿圈通过传动轴上的中间齿轮连接到变速器最终传动齿轮。车辆移动时，齿圈转动。

行星齿轮架通过花键与变速器输入轴相连，并连接到发动机上。行星齿轮架随着发动机曲轴的转动而转动。此外，行星齿轮架还用于驱动液压泵。

太阳齿轮通过花键与发电机/起动机相连。

最终传动齿轮与传动轴啮合，并通过螺栓连接至差速器壳体，如图 16-27 所示。齿圈螺栓为一次性螺栓。安装齿圈时，应使用新的螺栓。

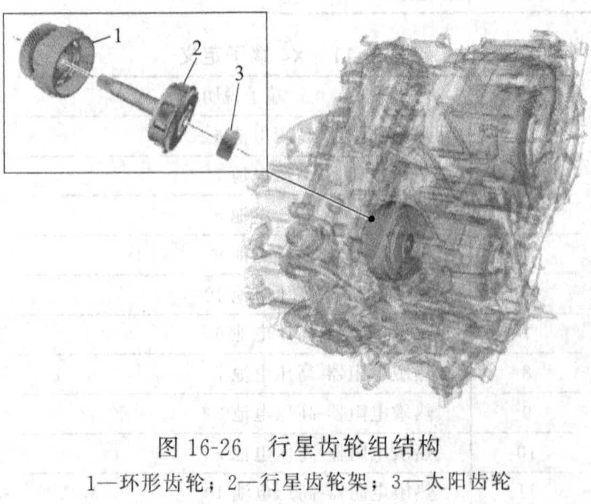

图 16-26 行星齿轮组结构

1—环形齿轮；2—行星齿轮架；3—太阳齿轮

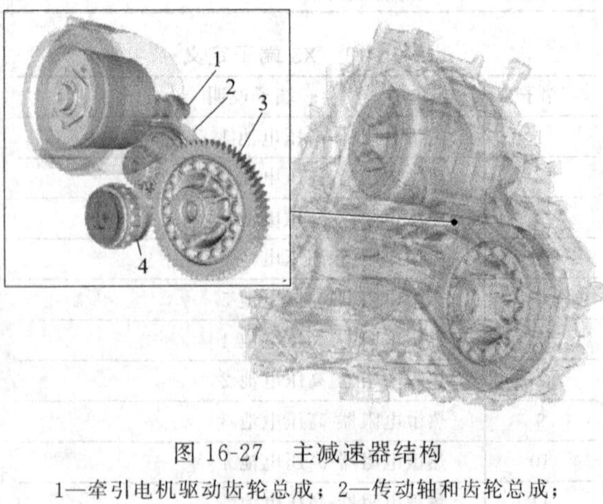

图 16-27 主减速器结构

1—牵引电机驱动齿轮总成；2—传动轴和齿轮总成；3—差速器托架和齿轮总成；4—齿圈总成

第17章

丰田新能源汽车

17.1 卡罗拉-雷凌 e+ PHEV（2019~ ）

17.1.1 高压电池管理器端子定义

高压电池管理器端子分布如图 17-1 所示，其端子定义与检测参考值见表 17-1。

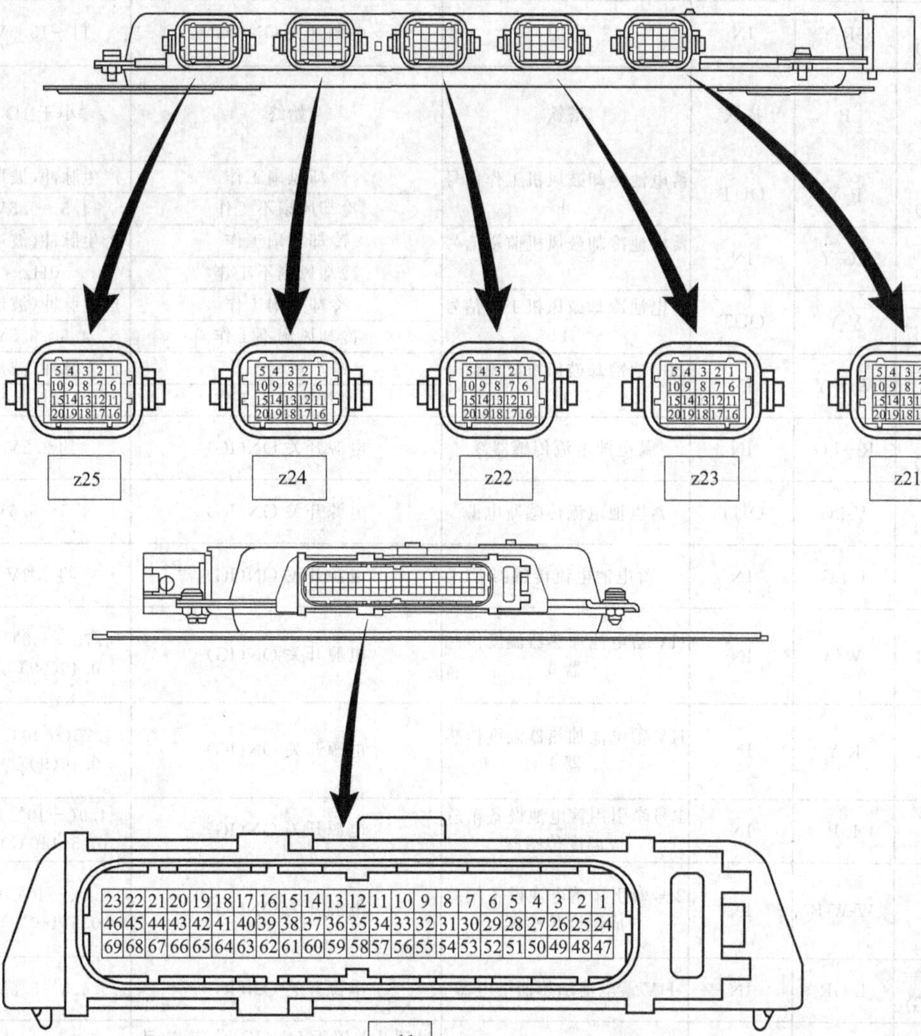

图 17-1 高压电池管理器端子分布

表 17-1 高压电池管理器端子定义与检测参考值

端子(符号)	配线颜色	输入/输出	端子描述	条件	规定状态
z11-1(AM)—z11-9(GND)	B-Y	IN	稳压电源	始终	11～14V
z11-2(CA2H)—z11-9(GND)	L-Y	IN/OUT	CAN 通信线路	电源开关 ON(IG)	产生脉冲(波形 1)
z11-3(CA2L)—z11-9(GND)	G-Y	IN/OUT	CAN 通信线路	电源开关 ON(IG)	产生脉冲(波形 1)
z11-5(CA1H)—z11-9(GND)	B-Y	IN/OUT	CAN 通信线路	电源开关 ON(IG)	产生脉冲(波形 2)
z11-6(CA1L)—z11-9(GND)	W-Y	IN/OUT	CAN 通信线路	电源开关 ON(IG)	产生脉冲(波形 2)
z11-9(GND)—车身搭铁	Y	搭铁	搭铁	始终	小于 1Ω
z11-24(IGCT)—z11-9(GND)	W-Y	IN	电源	电源开关 ON(IG)	11～15.5V
z11-47(IGC2)—z11-9(GND)	GR-Y	IN	电源	电源开关 ON(IG)	11～15.5V
z11-29(GND1)—车身搭铁	P	搭铁	搭铁	始终	小于 1Ω
z11-25(S10)—z11-9(GND)	R-Y	OUT	蓄电池冷却鼓风机工作信号 0	冷却风扇工作	产生脉冲(波形 3)
				冷却风扇不工作	4.5～5.5V
z11-26(FP0)—z11-9(GND)	LG-Y	IN	蓄电池冷却鼓风机监视信号 0	冷却风扇工作	产生脉冲(波形 4)
				冷却风扇不工作	0Hz
z11-27(SI1)—z11-9(GND)	V-Y	OUT	蓄电池冷却鼓风机工作信号 1	冷却风扇工作	产生脉冲(波形 5)
				冷却风扇不工作	4.5～5.5V
z11-4(FP1)—z11-9(GND)	W-B-Y	IN	蓄电池冷却鼓风机监视信号 1	冷却风扇工作	产生脉冲(波形 6)
				冷却风扇不工作	0Hz
z11-7(IB0)—z11-31(GIB)	R—LG	IN	蓄电池电流传感器 0	电源开关 ON(IG)	约 2.2V
Z11-8(VIB)—z11-31(GIB)	V-LG	OUT	蓄电池电流传感器电源	电源开关 ON(IG)	4.5～5.5V
z11-30(IB1)—z11-31(GIB)	L-LG	IN	蓄电池电流传感器 1	电源开关 ON(IG)	约 2.2V
z11-58(TBH0)—z11-59(GBH0)	W-B	IN	HV 蓄电池加热器温度传感器 0	电源开关 ON(IG)	4.75(−40℃)～0.46(90℃)V
z11-56(TBH1)—z11-57(GBH1)	R-Y	IN	HV 蓄电池加热器温度传感器 1	电源开关 ON(IG)	4.75(−40℃)～0.46(90℃)V
z11-68(TJBB)—z11-67(GBB)	L-P	IN	1 号牵引用蓄电池设备箱总成温度传感器	电源开关 ON(IG)	4.9(−40℃)～0.5(140℃)V
z11-54(TJBG)—z11-48(ERTH)	W-W-B	IN	2 号牵引用蓄电池设备箱总成温度传感器	电源开关 ON(IG)	4.9(−40℃)～0.5(140℃)V
z11-50(BHR)—z11-28(BHRG)	L-GR	IN	HV 蓄电池加热器继电器	电源开关 ON(IG)	4.5～5.5V
z11-51(CHRP)—z11-53(GND2)	R-W-B	OUT	CHRP 继电器工作信号	电源开关置于 ON(IG)位置，电动车辆充电器电缆总成未连接	0～1.5V
				插电式充电	10～14V

续表

端子(符号)	配线颜色	输入/输出	端子描述	条件	规定状态
z11-49(CHRG)—z11-53(GND2)	Y-W-B	OUT	CHRG 继电器工作信号	电源开关置于 ON(IG)位置,电动车辆充电器电缆总成未连接	0～1.5V
				插电式充电	10～14V
z11-52(CHRB)—z11-53(GND2)	G-W-B	OUT	CHRB 继电器工作信号	电源开关置于 ON(IG)位置,电动车辆充电器电缆总成未连接	0～1.5V
				插电式充电	10～14V
z11-60(TC0)—z11-61(GC0)	V-V	IN	进气温度传感器 0	电源开关 ON(IG) HV 蓄电池温度:－40～90℃	4.75(－40℃)～0.46(90℃)V
z11-62(TC1)—z11-63(GC1)	G-G	IN	进气温度传感器 1	电源开关 ON(IG) HV 蓄电池温度:－40～90℃	4.75(－40℃)～0.46(90℃)V
z11-23(TB0)—z11-55(GBA)	GR-P	IN	蓄电池温度传感器 0	电源开关 ON(IG) HV 蓄电池温度:－40～90℃	4.75(－40℃)～0.46(90℃)V
z11-22(TB1)—z11-55(GBA)	R-P	IN	蓄电池温度传感器 1	电源开关 ON(IG) HV 蓄电池温度:－40～90℃	4.75(－40℃)～0.46(90℃)V
z11-46(TB2)—z11-55(GBA)	G-P	IN	蓄电池温度传感器 2	电源开关 ON(IG) HV 蓄电池温度:－40～90℃	4.75(－40℃)～0.46(90℃)V
z11-21(TB3)—z11-55(GBA)	V-P	IN	蓄电池温度传感器 3	电源开关 ON(IG) HV 蓄电池温度:－40～90℃	4.75(－40℃)～0.46(90℃)V
z11-44(TB4)—z11-55(GBA)	LG-P	IN	蓄电池温度传感器 4	电源开关 ON(IG) HV 蓄电池温度:－40～90℃	4.75(－40℃)～0.46(90℃)V
z11-20(TB5)—z11-55(GBA)	B-P	IN	蓄电池温度传感器 5	电源开关 ON(IG) HV 蓄电池温度:－40～90℃	4.75(－40℃)～0.46(90℃)V
z11-19(TB6)—z11-55(GBA)	W-B-P	IN	蓄电池温度传感器 6	电源开关 ON(IG) HV 蓄电池温度:－40～90℃	4.75(－40℃)～0.46(90℃)V
z11-42(TB7)—z11-55(GBA)	Y-P	IN	蓄电池温度传感器 7	电源开关 ON(IG) HV 蓄电池温度:－40～90℃	4.75(－40℃)～0.46(90℃)V
z11-18(TB8)—z11-55(GBA)	P-P	IN	蓄电池温度传感器 8	电源开关 ON(IG) HV 蓄电池温度:－40～90℃	4.75(－40℃)～0.46(90℃)V
z11-17(TB9)—z11-55(GBA)	LG-P	IN	蓄电池温度传感器 9	电源开关 ON(IG) HV 蓄电池温度:－40～90℃	4.75(－40℃)～0.46(90℃)V
z11-40(TB10)—z11-55(GBA)	L-P	IN	蓄电池温度传感器 10	电源开关 ON(IG) HV 蓄电池温度:－40～90℃	4.75(－40℃)～0.46(90℃)V
z11-16(TB11)—z11-55(GBA)	GR-P	IN	蓄电池温度传感器 11	电源开关 ON(IG) HV 蓄电池温度:－40～90℃	4.75(－40℃)～0.46(90℃)V
z11-15(TB12)—z11-55(GBA)	W-P	IN	蓄电池温度传感器 12	电源开关 ON(IG) HV 蓄电池温度:－40～90℃	4.75(－40℃)～0.46(90℃)V

续表

端子(符号)	配线颜色	输入/输出	端子描述	条件	规定状态
z11-38(TB13)—z11-55(GBA)	P-P	IN	蓄电池温度传感器 13	电源开关 ON(IG) HV 蓄电池温度：-40～90℃	4.75(-40℃)～0.46(90℃)V
z11-14(TB14)—z11-55(GBA)	L-P	IN	蓄电池温度传感器 14	电源开关 ON(IG) HV 蓄电池温度：-40～90℃	4.75(-40℃)～0.46(90℃)V
z11-13(TB15)—z11-55(GBA)	Y-P	IN	蓄电池温度传感器 15	电源开关 ON(IG) HV 蓄电池温度：-40～90℃	4.75(-40℃)～0.46(90℃)V
z11-36(TB16)—z11-55(GBA)	G-P	IN	蓄电池温度传感器 16	电源开关 ON(IG) HV 蓄电池温度：-40～90℃	4.75(-40℃)～0.46(90℃)V
z11-12(TB17)—z11-55(GBA)	P-P	IN	蓄电池温度传感器 17	电源开关 ON(IG) HV 蓄电池温度：-40～90℃	4.75(-40℃)～0.46(90℃)V
z11-11(TB18)—z11-55(GBA)	GR-P	IN	蓄电池温度传感器 18	电源开关 ON(IG) HV 蓄电池温度：-40～90℃	4.75(-40℃)～0.46(90℃)V
z11-34(TB19)—z11-55(GBA)	W-B-P	IN	蓄电池温度传感器 19	电源开关 ON(IG) HV 蓄电池温度：-40～90℃	4.75(-40℃)～0.46(90℃)V
z11-10(TB20)—z11-55(GBA)	L-P	IN	蓄电池温度传感器 20	电源开关 ON(IG) HV 蓄电池温度：-40～90℃	4.75(-40℃)～0.46(90℃)V
z11-32(TB21)—z11-55(GBA)	G-P	IN	蓄电池温度传感器 21	电源开关 ON(IG) HV 蓄电池温度：-40～90℃	4.75(-40℃)～0.46(90℃)V
z11-64(TH0)—z11-55(GBA)	W-P	IN	HV 蓄电池排气温度传感器 0	电源开关 ON(IG) HV 蓄电池温度：-40～90℃	4.75(-40℃)～0.46(90℃)V
z11-66(TH1)—z11-55(GBA)	R-P	IN	HV 蓄电池排气温度传感器 1	电源开关 ON(IG) HV 蓄电池温度：-40～90℃	4.75(-40℃)～0.46(90℃)V
z11-33(TH2)—z11-55(GBA)	B-P	IN	HV 蓄电池排气温度传感器 2	电源开关 ON(IG) HV 蓄电池温度：-40～90℃	4.75(-40℃)～0.46(90℃)V
z11-35(TH3)—z11-55(GBA)	LG-P	IN	HV 蓄电池排气温度传感器 3	电源开关 ON(IG) HV 蓄电池温度：-40～90℃	4.75(-40℃)～0.46(90℃)V
z11-37(TH4)—z11-55(GBA)	R-P	IN	HV 蓄电池排气温度传感器 4	电源开关 ON(IG) HV 蓄电池温度：-40～90℃	4.75(-40℃)～0.46(90℃)V
z11-39(TH5)—z11-55(GBA)	B-P	IN	HV 蓄电池排气温度传感器 5	电源开关 ON(IG) HV 蓄电池温度：-40～90℃	4.75(-40℃)～0.46(90℃)V
z11-41(TH6)—z11-55(GBA)	V-P	IN	HV 蓄电池排气温度传感器 6	电源开关 ON(IG) HV 蓄电池温度：-40～90℃	4.75(-40℃)～0.46(90℃)V
z11-43(TH7)—z11-55(GBA)	GR-P	IN	HV 蓄电池排气温度传感器 7	电源开关 ON(IG) HV 蓄电池温度：-40～90℃	4.75(-40℃)～0.46(90℃)V

续表

端子(符号)	配线颜色	输入/输出	端子描述	条件	规定状态
z21-1(GA0)—z21-6(VA1)	W-P	IN	混合动力蓄电池格电压	始终	1.9~4.1V
z21-6(VA1)—z21-11(VA2)	P-R	IN	混合动力蓄电池格电压	始终	1.9~4.1V
z21-11(VA2)—z21-16(VA3)	R-GR	IN	混合动力蓄电池格电压	始终	1.9~4.1V
z21-16(VA3)—z21-2(VA4)	GR-LG	IN	混合动力蓄电池格电压	始终	1.9~4.1V
z21-2(VA4)—z21-7(GA1)	LG-B	IN	混合动力蓄电池格电压	始终	1.9~4.1V
z21-7(GA1)—z21-12(VA5)	B-L	IN	混合动力蓄电池格电压	始终	1.9~4.1V
z21-12(VA5)—z21-17(VA6)	L-V	IN	混合动力蓄电池格电压	始终	1.9~4.1V
z21-17(VA6)—z21-3(VA7)	V-G	IN	混合动力蓄电池格电压	始终	1.9~4.1V
z21-3(VA7)—z21-8(VA8)	G-BR	IN	混合动力蓄电池格电压	始终	1.9~4.1V
z21-8(VA8)—z21-13(GA2)	BR-W	IN	混合动力蓄电池格电压	始终	1.9~4.1V
z21-13(GA2)—z21-18(VA9)	W-P	IN	混合动力蓄电池格电压	始终	1.9~4.1V
z21-18(VA9)—z21-4(VA10)	P-R	IN	混合动力蓄电池格电压	始终	1.9~4.1V
z21-4(VA10)—z21-9(VA11)	R-GR	IN	混合动力蓄电池格电压	始终	1.9~4.1V
z21-9(VA11)—z21-14(VA12)	GR-LG	IN	混合动力蓄电池格电压	始终	1.9~4.1V
z21-14(VA12)—z21-19(GA3)	LG-B	IN	混合动力蓄电池格电压	始终	1.9~4.1V
z21-19(GA3)—z21-5(VA13)	B-L	IN	混合动力蓄电池格电压	始终	1.9~4.1V
z21-5(VA13)—z21-10(VA14)	L-V	IN	混合动力蓄电池格电压	始终	1.9~4.1V
z21-10(VA14)—z21-15(VA15)	V-G	IN	混合动力蓄电池格电压	始终	1.9~4.1V
z21-15(VA15)—z21-20(VA16)	G-BR	IN	混合动力蓄电池格电压	始终	1.9~4.1V
z23-1(GA4)—z23-6(VA17)	W-P	IN	混合动力蓄电池格电压	始终	1.9~4.1V
z23-6(VA17)—z23-11(VA18)	P-R	IN	混合动力蓄电池格电压	始终	1.9~4.1V

续表

端子(符号)	配线颜色	输入/输出	端子描述	条件	规定状态
z23-11(VA18)—z23-16(VA19)	R-GR	IN	混合动力蓄电池格电压	始终	1.9～4.1V
z23-16(VA19)—z23-2(VA20)	GR-LG	IN	混合动力蓄电池格电压	始终	1.9～4.1V
z23-2(VA20)—z23-7(GA5)	LG-B	IN	混合动力蓄电池格电压	始终	1.9～4.1V
z23-7(GA5)—z23-12(VA21)	B-L	IN	混合动力蓄电池格电压	始终	1.9～4.1V
z23-12(VA21)—z23-17(VA22)	L-V	IN	混合动力蓄电池格电压	始终	1.9～4.1V
z23-17(VA22)—z23-3(VA23)	V-G	IN	混合动力蓄电池格电压	始终	1.9～4.1V
z23-3(VA23)—z23-8(VA24)	G-BR	IN	混合动力蓄电池格电压	始终	1.9～4.1V
z23-8(VA24)—z23-13(GA6)	BR-W	IN	混合动力蓄电池格电压	始终	1.9～4.1V
z23-13(GA6)—z23-18(VA25)	W-P	IN	混合动力蓄电池格电压	始终	1.9～4.1V
z23-18(VA25)—z23-4(VA26)	P-R	IN	混合动力蓄电池格电压	始终	1.9～4.1V
z23-4(VA26)—z23-9(VA27)	R-GR	IN	混合动力蓄电池格电压	始终	1.9～4.1V
z23-9(VA27)—z23-14(VA28)	GR-LG	IN	混合动力蓄电池格电压	始终	1.9～4.1V
z23-14(VA28)—z23-19(GA7)	LG-B	IN	混合动力蓄电池格电压	始终	1.9～4.1V
z23-19(GA7)—z23-5(VA29)	B-L	IN	混合动力蓄电池格电压	始终	1.9～4.1V
z23-10(VA30)—z23-15(VA31)	V-G	IN	混合动力蓄电池格电压	始终	1.9～4.1V
z23-15(VA31)—z23-20(VA32)	G-BR	IN	混合动力蓄电池格电压	始终	1.9～4.1V
z23-20(VA32)—z22-1(GA8)	BR-W	IN	混合动力蓄电池格电压	始终	1.9～4.1V

续表

端子(符号)	配线颜色	输入/输出	端子描述	条件	规定状态
z22-1(GA8)—z22-6(VA33)	W-P	IN	混合动力蓄电池格电压	始终	1.9～4.1V
z22-6(VA33)—z22-11(VA34)	P-R	IN	混合动力蓄电池格电压	始终	1.9～4.1V
z22-11(VA34)—z22-16(VA35)	R-GR	IN	混合动力蓄电池格电压	始终	1.9～4.1V
z22-16(VA35)—z22-2(VA36)	GR-LG	IN	混合动力蓄电池格电压	始终	1.9～4.1V
z22-2(VA36)—z22-7(GA9)	LG-B	IN	混合动力蓄电池格电压	始终	1.9～4.1V
z22-7(GA9)—z22-12(VA37)	B-L	IN	混合动力蓄电池格电压	始终	1.9～4.1V
z22-12(VA37)—z22-17(VA38)	L-V	IN	混合动力蓄电池格电压	始终	1.9～4.1V
z22-17(VA38)—z22-3(VA39)	V-G	IN	混合动力蓄电池格电压	始终	1.9～4.1V
z22-3(VA39)—z22-8(VA40)	G-BR	IN	混合动力蓄电池格电压	始终	1.9～4.1V
z22-13(GA10)—z22-18(VA41)	W-P	IN	混合动力蓄电池格电压	始终	1.9～4.1V
z22-18(VA41)—z22-4(VA42)	P-R	IN	混合动力蓄电池格电压	始终	1.9～4.1V
z22-4(VA42)—z22-9(VA43)	R-GR	IN	混合动力蓄电池格电压	始终	1.9～4.1V
z22-9(VA43)—z22-14(VA44)	GR-LG	IN	混合动力蓄电池格电压	始终	1.9～4.1V
z22-14(VA44)—z22-19(GA11)	LG-B	IN	混合动力蓄电池格电压	始终	1.9～4.1V
z22-19(GA11)—z22-5(VA45)	B-L	IN	混合动力蓄电池格电压	始终	1.9～4.1V
z22-5(VA45)—z22-10(VA46)	L-V	IN	混合动力蓄电池格电压	始终	1.9～4.1V
z22-10(VA46)—z22-15(VA47)	V-G	IN	混合动力蓄电池格电压	始终	1.9～4.1V

续表

端子(符号)	配线颜色	输入/输出	端子描述	条件	规定状态
z22-15(VA47)—z22-20(VA48)	G-BR	IN	混合动力蓄电池格电压	始终	1.9～4.1V
z22-20(VA48)—z24-1(GA12)	BR-W	IN	混合动力蓄电池格电压	始终	1.9～4.1V
z24-1(GA12)—z24-6(VA49)	W-P	IN	混合动力蓄电池格电压	始终	1.9～4.1V
z24-6(VA49)—z24-11(VA50)	P-R	IN	混合动力蓄电池格电压	始终	1.9～4.1V
z24-11(VA50)—z24-16(VA51)	R-GR	IN	混合动力蓄电池格电压	始终	1.9～4.1V
z24-16(VA51)—z24-2(VA52)	GR-LG	IN	混合动力蓄电池格电压	始终	1.9～4.1V
z24-2(VA52)—z24-7(GA13)	LG-B	IN	混合动力蓄电池格电压	始终	1.9～4.1V
z24-7(GA13)—z24-12(VA53)	B-L	IN	混合动力蓄电池格电压	始终	1.9～4.1V
z24-12(VA53)—z24-17(VA54)	L-V	IN	混合动力蓄电池格电压	始终	1.9～4.1V
z24-17(VA54)—z24-3(VA55)	V-G	IN	混合动力蓄电池格电压	始终	1.9～4.1V
z24-3(VA55)—z24-8(VA56)	G-BR	IN	混合动力蓄电池格电压	始终	1.9～4.1V
z24-8(VA56)—z24-13(GA14)	BR-W	IN	混合动力蓄电池格电压	始终	1.9～4.1V
z24-13(GA14)—z24-18(VA57)	W-P	IN	混合动力蓄电池格电压	始终	1.9～4.1V
z24-18(VA57)—z24-4(VA58)	P-R	IN	混合动力蓄电池格电压	始终	1.9～4.1V
z24-4(VA58)—z24-9(VA59)	R-GR	IN	混合动力蓄电池格电压	始终	1.9～4.1V
z24-9(VA59)—z24-14(VA60)	GR-LG	IN	混合动力蓄电池格电压	始终	1.9～4.1V

续表

端子(符号)	配线颜色	输入/输出	端子描述	条件	规定状态
z24-14(VA60)—z24-19(GA15)	LG-B	IN	混合动力蓄电池格电压	始终	1.9～4.1V
z24-19(GA15)—z24-5(VA61)	B-L	IN	混合动力蓄电池格电压	始终	1.9～4.1V
z24-5(VA61)—z24-10(VA62)	L-V	IN	混合动力蓄电池格电压	始终	1.9～4.1V
z24-10(VA62)—z24-15(VA63)	V-G	IN	混合动力蓄电池格电压	始终	1.9～4.1V
z24-15(VA63)—z24-20(VA64)	G-BR	IN	混合动力蓄电池格电压	始终	1.9～4.1V
z25-1(GA16)—z25-6(VA65)	W-P	IN	混合动力蓄电池格电压	始终	1.9～4.1V
z25-6(VA65)—z25-11(VA66)	P-R	IN	混合动力蓄电池格电压	始终	1.9～4.1V
z25-11(VA66)—z25-16(VA67)	R-GR	IN	混合动力蓄电池格电压	始终	1.9～4.1V
z25-16(VA67)—z25-2(VA68)	GR-LG	IN	混合动力蓄电池格电压	始终	1.9～4.1V
z25-2(VA68)—z25-7(GA17)	LG-B	IN	混合动力蓄电池格电压	始终	1.9～4.1V
z25-7(GA17)—z25-12(VA69)	B-L	IN	混合动力蓄电池格电压	始终	1.9～4.1V
z25-12(VA69)—z25-17(VA70)	L-V	IN	混合动力蓄电池格电压	始终	1.9～4.1V
z25-17(VA70)—z25-3(VA71)	V-G	IN	混合动力蓄电池格电压	始终	1.9～4.1V
z25-3(VA71)—z25-8(VA72)	G-BR	IN	混合动力蓄电池格电压	始终	1.9～4.1V
z25-8(VA72)—z25-13(GA18)	BR-W	IN	混合动力蓄电池格电压	始终	1.9～4.1V
z25-13(GA18)—z25-18(VA73)	W-P	IN	混合动力蓄电池格电压	始终	1.9～4.1V
z25-18(VA73)—z25-4(VA74)	P-R	IN	混合动力蓄电池格电压	始终	1.9～4.1V

续表

端子(符号)	配线颜色	输入/输出	端子描述	条件	规定状态
z25-4(VA74)—z25-9(VA75)	R-GR	IN	混合动力蓄电池格电压	始终	1.9～4.1V
z25-9(VA75)—z25-14(VA76)	GR-LG	IN	混合动力蓄电池格电压	始终	1.9～4.1V
z25-14(VA76)—z25-19(GA19)	LG-B	IN	混合动力蓄电池格电压	始终	1.9～4.1V
z25-19(GA19)—z25-5(VA77)	B-L	IN	混合动力蓄电池格电压	始终	1.9～4.1V
z25-5(VA77)—z25-10(VA78)	L-V	IN	混合动力蓄电池格电压	始终	1.9～4.1V
z25-10(VA78)—z25-15(VA79)	V-G	IN	混合动力蓄电池格电压	始终	1.9～4.1V
z25-15(VA79)—z25-20(VA80)	G-BR	IN	混合动力蓄电池格电压	始终	1.9～4.1V

17.1.2 高压电池充电器总成端子定义

高压电池充电器总成端子分布如图 17-2 所示，其端子定义与检测值见表 17-2。

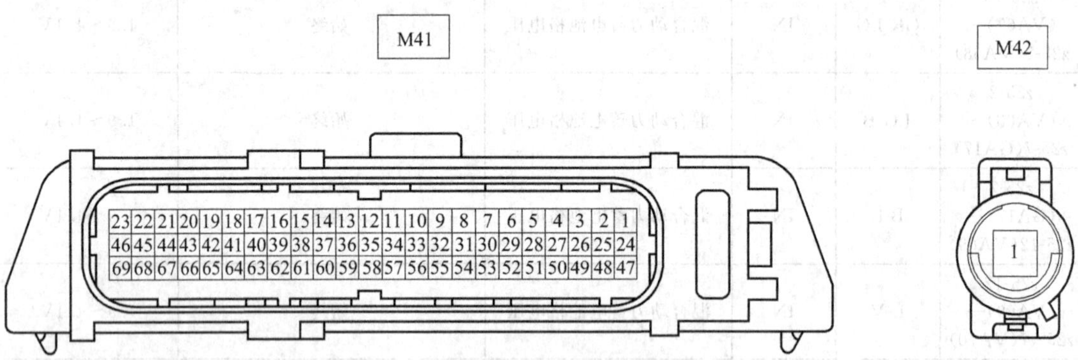

图 17-2 高压电池充电器总成端子分布

表 17-2 高压电池充电器总成端子定义与检测值

端子(符号)	配线颜色	输入/输出	端子描述	条件	规定状态/V
M41-1(CHEN)—车身搭铁	G	OUT	充电许可信号	电源开关 ON(IG)	低于 1.5
M41-3(PISW)—车身搭铁	R	IN	充电连接器连接信号	电源开关置于 ON(IG)位置，电动车辆充电器电缆总成未连接	5.0
				电源开关置于 ON(IG)位置，电动车辆充电器电缆总成连接且锁栓解锁按钮(PI 开关)按下	4.55

续表

端子(符号)	配线颜色	输入/输出	端子描述	条件	规定状态/V
M41-3(PISW)—车身搭铁	R	IN	充电连接器连接信号	电源开关置于ON(IG)位置,电动车辆充电器电缆总成连接和锁栓解锁按钮(PI开关)未按下(10A)	4.1
				电源开关置于ON(IG)位置,电动车辆充电器电缆总成连接和锁栓解锁按钮(PI开关)未按下(20A)	3.37
				电源开关置于ON(IG)位置,电动车辆充电器电缆总成连续和锁栓解锁按钮(PI开关)未按下(32A)	2.0
				电源开关置于ON(IG)位置,电动车辆充电器电缆总成连接和锁栓解锁按钮(PI开关)未按下(63A)	1.16
M41-7(CPLT)—车身搭铁	L	IN/OUT	充电电压判断及允许安培数识别信号	插电式充电	产生脉冲(波形1)
M41-8(IGCT)—车身搭铁	P	IN	IGCT电源	电源开关ON(IG)	11~14
M41-11(PTMS)—车身搭铁	L	IN	定时充电开关信号	电源开关置于ON(IG)位置,按下定时充电开关	0~1.5
				电源开关置于ON(IG)位置,未按下定时充电开关	11~14
M41-12(LDLP)—车身搭铁	SB	OUT	充电插孔指示灯	电源开关置于ON(IG)位置,充电口盖关闭	0~1.5
				电源开关置于ON(IG)位置,充电口盖开启,满足熄灭指示灯的条件	11~14
				电源开关置于ON(IG)位置,充电口盖开启,满足点亮指示灯的条件	0~4.0
M41-13(PIL)—车身搭铁	GR	OUT	充电指示灯	电源开关置于ON(IG)位置,充电指示灯不亮	0~1.5
				正在进行插电式充电,充电指示灯点亮	8.0~14.0
M41-18(CA4L)—车身搭铁	W	IN/OUT	CAN通信信号	电源开关ON(IG)	产生脉冲(波形2)
M41-19(CA4H)—车身搭铁	LG	IN/OUT	CAN通信信号	电源开关ON(IG)	
M41-20(CBMN)—车身搭铁	B	OUT	充电连接器锁电动机反向操作	电源开关置于ON(IG)位置,充电连接器锁/充电口盖锁未工作	0~1.5

续表

端子(符号)	配线颜色	输入/输出	端子描述	条件	规定状态/V
M41-20(CBMN)—车身搭铁	B	OUT	充电连接器锁电动机反向操作	电源开关置于ON(IG)位置，充电连接器锁/充电口盖锁工作(解锁)	10.5～14.0
M41-21(CA1L)—车身搭铁	P	IN/OUT	CAN通信信号	电源开关ON(IG)	产生脉冲(波形3)
M41-22(CA1H)—车身搭铁	LG	IN/OUT	CAN通信信号	电源开关ON(IG)	
M41-50(TIL2)—M41-48(GTI2)	SB-P	IN	交流充电插孔温度2(负极侧)	电源开关置于ON(IG)位置，充电插孔温度为0℃	3.677
				电源开关置于ON(IG)位置，充电插孔温度为25℃	2.5
M41-51(TIL1)—M41-49(GTI1)	B-W	IN	交流充电插孔温度1(正极侧)	电源开关置于ON(IG)位置，充电插孔温度为0℃	3.677
				电源开关置于ON(IG)位置，充电插孔温度为25℃	2.5
M41-56(LDSW)—车身搭铁	R	IN	充电口盖门控灯开关信号	电源开关置于ON(IG)位置，充电口盖关闭	0～1.5
				电源开关置于ON(IG)位置，充电口盖打开	11～14
M41-58(CBSW)—车身搭铁	LG	IN	充电连接器锁检测开关信号	电源开关置于ON(IG)位置，充电连接器锁销伸长	0～1.5
				电源开关置于ON(IG)位置，充电连接器锁销未伸长	4.5～5.5
M41-59(LDO1)—车身搭铁	L	IN	充电口盖解锁开关	电源开关置于ON(IG)位置，EV充电口盖开关总成的推杆(充电口盖门控灯开关)按入	0～1.5
				电源开关置于ON(IG)位置，EV充电口盖开关总成的推杆(充电口盖门控灯开关)伸长	11～14
M41-60(CBO)—车身搭铁	V	IN	充电连接器锁止解除开关	电源开关置于ON(IG)位置，操作充电连接器锁止解除开关(EV充电口盖指示灯总成)	0～1.5
				电源开关置于ON(IG)位置，未操作充电连接器锁止解除开关(EV充电口盖指示灯总成)	11～14
M41-61(FTLS)—车身搭铁	W	IN	充电器冷却鼓风机转速信号	充电器冷却鼓风机工作[正在进行插电式充电，数据表项目"PFC Boosting Circuit Temperature"或"DC/DC Converter Temperature (for Charging)"的值为55℃或更高]	产生脉冲(波形4)

续表

端子(符号)	配线颜色	输入/输出	端子描述	条件	规定状态/V
M41-62(FCTL)—车身搭铁	B	OUT	充电器冷却鼓风机工作信号	充电器冷却鼓风机工作[正在进行插电式充电，数据表项目"PFC Boosting Circuit Temperature"或"DC/DC Converter Temperature(for Charging)"的值为55℃或更高]	产生脉冲(波形5)
M41-64(FANB)—车身搭铁	G	OUT	冷却风扇电源	充电器冷却鼓风机工作[正在进行插电式充电，数据表项目"PFC Boosting Circuit Temperature"或"DC/DC Converter Temperature(for Charging)"的值为55℃或更高]	最高1.28
M41-65(FANG)—车身搭铁	R	OUT	冷却风扇本体搭铁	电源开关ON(IG)	0～1.5
M41-66(CBMP)—车身搭铁	W	OUT	充电连接器锁电动机正向操作	电源开关置于ON(IG)位置，充电连接器锁/充电口盖锁未工作	0～1.5
				电源开关置于ON(IG)位置，充电连接器锁/充电口盖锁工作(锁止)	10.5～14.0
M42-1(AMD2)—车身搭铁	L	IN	电源	始终	11～14

17.1.3 电动机-发电机控制系统端子定义

电动机-发电机控制系统端子分布如图17-3所示，带转换器的逆变器总成端子定义与检测值见表17-3。

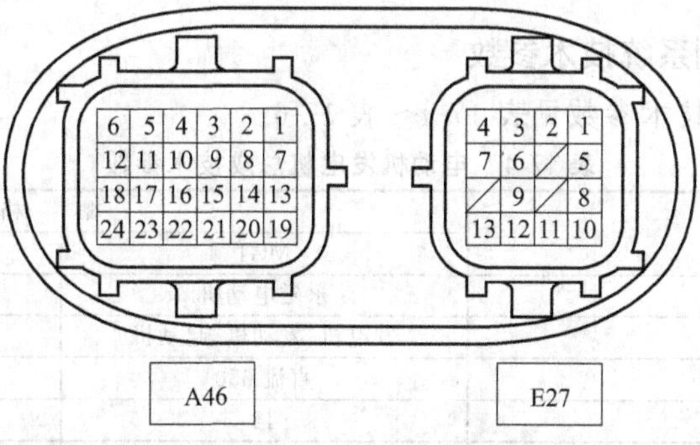

图17-3 电动机-发电机控制系统端子分布

表17-3 带转换器的逆变器总成端子定义与检测值

端子(符号)	配线颜色	输入/输出	端子描述	条件	标准状态/V
A46-1(CAN-H)—A46-24(GND1)	L-W-B	输入/输出	CAN通信信号	电源开关ON(IG)	产生脉冲(波形1)
A46-5(+B2)—A46-24(GND1)	R-W-B	输入	电动机-发电机控制ECU(MG ECU)电源	电源开关ON(IG)	11～14

续表

端子(符号)	配线颜色	输入/输出	端子描述	条件	标准状态/V
A46-6(+B)—A46-24(GND1)	R-W-B	输入	电动机-发电机控制ECU(MG ECU)电源	电源开关ON(IG)	11～14
A46-7(CAN-L)—A46-24(GND1)	SB-W-B	输入/输出	CAN通信信号	电源开关ON(IG)	产生脉冲(波形1)
A46-10(GI)—A46-24(GND1)	B-W-B	输入	凸轮轴位置传感器信号	电源开关ON(READY),发动机运转	产生脉冲(波形2)
A46-12(IGCT)—A46-24(GND1)	V-W-B	输入	电动机-发电机控制ECU(MG ECU)电源	电源开关ON(IG)	11～14
A46-17(NE)—A46-24(GND1)	G-W-B	输入	曲轴位置传感器信号	电源开关ON(READY),发动机运转	产生脉冲(波形3)
A46-19(HMCL)—A46-24(GND1)	W-W-B	输入/输出	通信信号	电源开关ON(READY)	产生脉冲(波形4)
A46-20(HMCH)—A46-24(GND1)	B-W-B	输入/输出	通信信号	电源开关ON(READY)	产生脉冲(波形4)
A46-22(HSDN)—A46-24(GND1)	G-W-B	输入	MG切断信号	电源开关ON(READY)	0～1
E27-1(MSN)—E27-2(MSNG)	L-R	输入	电动机解析器信号	电动机解析器运行	产生脉冲(波形5)
E27-3(MCSG)—E27-4(MCS)	Y-W	输入	电动机解析器信号	电动机解析解运行	产生脉冲(波形5)
E27-5(MRF)—E27-6(MRFG)	B-G	输出	电动机解析器参考信号	电动机解析器运行	产生脉冲(波形5)
E27-8(GRF)—E27-9(GRFG)	W-Y	输出	发电机解析器参考信号	发电机解析器运行	产生脉冲(波形6)
E27-10(GSN)—E27-11(GSNG)	B-G	输入	发电机解析器信号	发电机解析器运行	产生脉冲(波形6)
E27-12(GCSG)—E27-13(GCS)	R-L	输入	发电机解析器信号	发电机解析器运行	产生脉冲(波形6)

17.1.4 混合动力控制系统技术参数

混合动力控制系统技术参数见表17-4～表17-6。

表17-4 电动机发电机总成技术参数

项目	规格	
	MG1	MG2
类型	永磁电动机	永磁电动机
功能	发电机、发动机、起动机	发电机、驱动车轮
系统最高电压/V	直流650	直流650
最大输出功率/kW	42	53
最大转矩/N·m	40	207
冷却系统	水冷型	风冷型

表17-5 带转换器的逆变器总成技术参数

项目		规格
增压转换器	额定电压(逆变器侧)/V	直流650
	额定电压(HV蓄电池侧)/V	直流296
DC/DC转换器	额定输出电压/V	直流11.0～15.0
	最大输出电流/A	120

表 17-6　高压冷却系统技术参数

项目			规格
逆变器水泵总成	电动机类型		无刷
	排量		10L/min 或更大
冷却液	类型		丰田原厂超级长效冷却液(SLLC)
	颜色		粉色
	容量/L		2.1
	保养周期/km	第一次	240000
		之后	每 80000

17. 1. 5　混合动力控制模块端子定义

混合动力控制模块端子分布如图 17-4 所示，其端子定义与检测参考值见表 17-7。

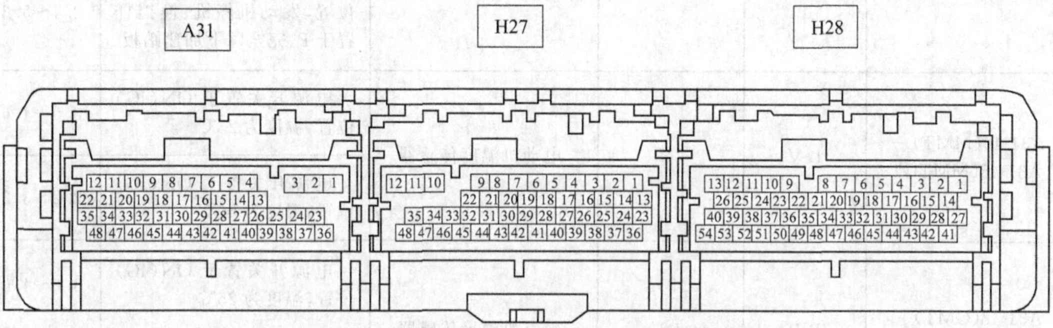

图 17-4　混合动力控制模块端子分布

表 17-7　混合动力控制模块端子定义与检测参考值

端子(符号)	配线颜色	输入/输出	端子描述	条件	规定状态/V
A31-4(HMCH)—H28-3(E1)	B-BR	IN/OUT	CAN 通信信号	电源开关 ON(READY)	产生脉冲(波形 1)
A31-5(MREL)—H28-3(E1)	B-BR	OUT	IGCT-SCENE 继电器	电源开关 ON(IG)	11～14
A31-6(HSDN)—H28-3(E1)	G-BR	OUT	MG ECU 切断信号	电源开关 ON(READY)	0～1.5
A31-7(STP)—H28-3(E1)	L-BR	IN	刹车灯开关	踩下制动踏板	11～14
				松开制动踏板	0～1.5
A31-8(LIN3)—H28-3(E1)	B-BR	IN/OUT	LIN 通信信号	电源开关 ON(READY)	产生脉冲
A31-11(+B1)—H28-3(E1)	L-BR	IN	电源	电源开关 ON(IG)	11～14
A31-14(HMCL)—H28-3(E1)	W-BR	IN/OUT	CAN 通信信号	电源开关 ON(READY)	产生脉冲(波形 1)
A31-20(BL)—H28-3(E1)	G-BR	OUT	倒车灯	电源开关置于 ON(IG)位置，换挡杆置于 R	11～14
A31-24(VCPA)—A31-37(EPA)	Y-BR	OUT	加速踏板传感器总成电源(VPA)	电源开关 ON(IG)	4.5～5.5
A31-26(VCP2)—A31-25(EPA2)	W-B	OUT	加速踏板传感器总成电源(VPA2)	电源开关 ON(IG)	4.5～5.5
A31-33(NIWP)—H28-3(E1)	P-BR	IN	逆变器水泵总成信号	电源开关 ON(READY)	产生脉冲(波形 2)
A31-34(IWP)—H28-3(E1)	G-BR	OUT	逆变器水泵总成信号	电源开关 ON(READY)	产生脉冲(波形 2)

续表

端子(符号)	配线颜色	输入/输出	端子描述	条件	规定状态/V
A31-36(VPA)—A31-37(EPA)	L-BR	IN	加速踏板传感器总成(加速踏板位置检测)	电源开关置于ON(IG)位置,松开加速踏板	0.4～1.4
				电源开关置于ON(IG)位置,发动机停机,换挡杆置于P、完全踩下加速踏板	2.6～4.5
A31-38(VPA2)—A31-25(EPA2)	V-B	IN	加速踏板传感器总成(加速踏板传感器故障检测)	电源开关置于ON(IG)位置,松开加速踏板	1.0～2.2
				电源开关置于ON(IG)位置,发动机停机、换挡杆置于P、完全踩下加速踏板	3.4～5.3
A31-46(MMT)—A31-45(MMTG)	L-V	IN	电动机温度传感器	电源开关置于ON(IG)位置,温度为25℃	3.6～4.6
				电源开关置于ON(IG)位置,温度为60℃	2.2～3.2
A31-48(GMT)—A31-47(GMTG)	B-R	IN	发电机温度传感器	电源开关置于ON(IG)位置,温度为25℃	3.6～4.6
				电源开关置于ON(IG)位置,温度为60℃	2.2～3.2
H27-5(ILK)—H28-3(E1)	LG-BR	IN	互锁开关	电源开关置于ON(IG)位置,维修塞把手安装正确	0～1.5
				电源开关置于ON(IG)位置,维修塞把手未安装	11～14
H27-7(CA3P)—H28-3(E1)	P-BR	IN/OUT	CAN通信信号	电源开关ON(IG)	产生脉冲(波形3)
H27-8(CA1L)—H28-3(E1)	SB-BR	IN/OUT	CAN通信信号	电源开关ON(IG)	产生脉冲(波形4)
H27-9(CA4H)—H28-3(E1)	R-BR	IN/OUT	CAN通信信号	电源开关ON(IG)	产生脉冲(波形6)
H27-13(SMRG)—H27-12(E01)	Y-W-B	OUT	系统主继电器工作信号	电源开关ON(IG)→电源开关ON(READY)	产生脉冲(波形5)
H27-15(SMRP)—H27-12(E01)	W-W-B	OUT	系统主继电器工作信号	电源开关ON(IG)→电源开关ON(READY)	产生脉冲(波形5)
H27-16(SMRB)—H27-12(E01)	SB-W-B	OUT	系统主继电器工作信号	电源开关ON(IG)→电源开关ON(READY)	产生脉冲(波形5)
H27-20(CA3N)—H28-3(E1)	W-BR	IN/OUT	CAN通信信号	电源开关ON(IG)	产生脉冲(波形3)
H27-21(CA1H)—H28-3(E1)	R-BR	IN/OUT	CAN通信信号	电源开关ON(IG)	产生脉冲(波形4)
H27-22(CA4L)—H28-3(E1)	W-BR	IN/OUT	CAN通信信号	电源开关ON(IG)	产生脉冲(波形6)
H27-24(CHEN)—H28-3(E1)	G-BR	OUT	充电许可信号	电源开关ON(IG)	0～1.5

续表

端子(符号)	配线颜色	输入/输出	端子描述	条件	规定状态/V
H27-25(IGBD)—H28-3(E1)	V-BR	OUT	IGB继电器	电源开关ON(IG)	11～14
H27-28(ST1-)[①]—H28-3(E1)	R-BR	IN	制动取消开关	电源开关置于ON(IG)位置,踩下制动踏板	0～1.5
				电源开关置于ON(IG)位置,松开制动踏板	11～14
H27-32(MRL2)—H28-3(E1)	B-BR	OUT	IGCT-IG继电器	电源开关ON(IG)	11～14
H27-35(IG2)—H28-3(E1)	G-BR	IN	电源	电源开关ON(IG)	11～14
H27-38(WSTB)—H28-3(E1)	B-BR	OUT	电加热器分总成工作许可信号	允许操作电加热器分总成	0～1.5
				禁止操作电加热器分总成	11～14
H28-1(+B2)—H28-3(E1)	L-BR	IN	电源	电源开关ON(IG)	11～14
H28-4(ST2)—H28-3(E1)	R-BR	IN	起动机信号	电源开关ON(IG)	0～1.5
H28-13(P1)—H28-3(E1)	Y-BR	IN	P位置开关信号	电源开关置于ON(IG)位置,未按下P位置开关(变速器换挡主开关)	7～12
				电源开关置于ON(IG)位置,按下P位置开关(变速器换挡主开关)	3～5
H28-27(BATT)—H28-3(E1)	W-BR	IN	稳压电源	始终	10～14
H28-29(ABFS)—H28-3(E1)	B-BR	IN	空气囊激活信号	电源开关ON(READY)	产生脉冲(波形7)
H28-30(TC)—H28-3(E1)	P-BR	IN	诊断端子	电源开关ON(IG)	11～14
H28-31(LIN)—H28-3(E1)	L-BR	IN/OUT	LIN通信信号	电源开关ON(IG)	产生脉冲
H28-33(EVHV)—H28-3(E1)	G-BR	IN	HV/EV模式开关(组合开关总成)信号	电源开关置于ON(IG)位置,未操作HV/EV模式开关(组合开关总成)	11～14
				电源开关置于ON(IG)位置,操作HV/EV模式开关(组合开关总成)	0～1.5
H28-34(EVMS)—H28-3(E1)	W-BR	IN	EV城市开关(组合开关总成)信号	电源开关置于ON(IG)位置,未操作EV城市开关(组合开关总成)	11～14
				电源开关置于ON(IG)位置,操作EV城市开关(组合开关总成)	0～1.5

续表

端子(符号)	配线颜色	输入/输出	端子描述	条件	规定状态/V
H28-37(PDRV)—H28-3(E1)	B-BR	IN	行驶模式选择开关(组合开关总成)信号	电源开关置于ON(IG)位置,未操作行驶模式选择开关(组合开关总成)	11～14
				电源开关置于ON(IG)位置,操作行驶模式选择开关(组合开关总成)	0～1.5
H28-44(IGB)—H28-3(E1)	W-BR	IN	电源	电源开关置于ON(IG)位置	11～14
H28-46(VSI4)—H28-49(E2X2)	LG-Y	IN	换挡传感器(VSX4)	电源开关置于ON(IG)位置,换挡杆置于原始位置	0.68～1.62
				电源开关置于ON(IG)位置,换挡杆置于D	4.47～4.75
				电源开关置于ON(IG)位置,换挡杆置于N	3.53～4.47
				电源开关置于ON(IG)位置,换挡杆置于R	2.75～3.52
				电源开关置于ON(IG)位置,换挡杆置于B	0.40～0.67
H28-48(VSI3)—H28-49(E2X2)	P-Y	IN	换挡传感器(VSX3)	电源开关ON(IG),换挡杆置于原始位置	1.63～2.70
				电源开关置于ON(IG)位置,换挡杆置于D	3.53～4.17
				电源开关置于ON(IG)位置,换挡杆置于N	2.45～3.52
				电源开关置于ON(IG)位置,换挡杆置于R	1.63～2.45
				电源开关置于ON(IG)位置,换挡杆置于B	0.98～2.45
H28-50(VSI2)—H28-51(E2X1)	L-W	IN	换挡传感器(VSX2)	电源开关置于ON(IG)位置,换挡杆置于原始位置	2.45～3.52
				电源开关置于ON(IG)位置,换挡杆置于D	2.70～3.52
				电源开关置于ON(IG)位置,换挡杆置于N	1.63～2.70
				电源开关置于ON(IG)位置,换挡杆置于R	0.98～1.62
				电源开关置于ON(IG)位置,换挡杆置于B	1.63～2.45

续表

端子(符号)	配线颜色	输入/输出	端子描述	条件	规定状态/V
H28-52(VSI1)—H28-51(E2X1)	W-W	IN	换挡传感器(VSX1)	电源开关置于 ON(IG),换挡杆置于原始位置	3.53～4.47
	W-W	IN	换挡传感器(VSX1)	电源开关置于 ON(IG)位置,换挡杆置于 D	1.63～2.40
	W-W	IN	换挡传感器(VSX1)	电源开关置于 ON(IG)位置,换挡杆置于 N	0.68～1.62
	W-W	IN	换挡传感器(VSX1)	电源开关置于 ON(IG)位置,换挡杆置于 R	0.40～0.67
	W-W	IN	换挡传感器(VSX1)	电源开关 ON(IG),换挡杆置于 B	2.75～3.52
H28-53(VCX2)—H28-49(E2X2)	G-Y	OUT	换挡传感器电源(VCX2)	电源开关 ON(IG)	4.5～5.5
H28-54(VCX1)—H28-51(E2X1)	R-W	OUT	换挡传感器电源(VCX1)	电源开关 ON(IG)	4.5～5.5

① 表示带巡航控制系统。

17.2 凯美瑞 HEV(2018～)

17.2.1 A25B-FXS 混动发动机 ECM 端子检测

以广汽丰田 2018 年款凯美瑞混动车型为例，A25B-FXS 混动发动机 ECM 端子分布如图 17-5 所示，其检测数据见表 17-8。

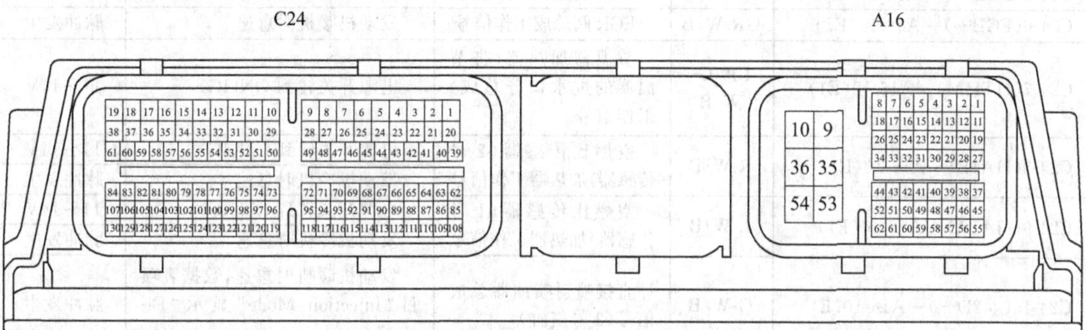

图 17-5 A25B-FXS 混动发动机 ECM 端子分布

表 17-8 A25B-FXS 混动发动机 ECM 端子检测数据

端 子	线色	端子说明	检测条件	规定状态
A16-1(BATT)—A16-10(E1)	G-W/B	辅助蓄电池(测量辅助蓄电池电压和 ECM 存储器)节气门执行器电源	始终	11～16V
A16-2(IGSW)—A16-10(E1)	B-W/B	电源开关信号	电源开关转到 ON(IG)	11～14V
A16-6(FPC)—A16-10(E1)	R-W/B	燃油泵控制	电源开关转到 ON(IG)	小于 1.5V
A16-7(CAN+)—A16-10(E1)	P-W/B	CAN 通信线路	发动机停止,电源开关转到 ON(IG)	脉冲发生

续表

端　子	线色	端子说明	检测条件	规定状态
A16-8(CANH)—A16-10(E1)	B-W/B	CAN 通信线路	发动机停止，电源开关转到 ON(IG)	脉冲发生
A16-9(+B)—A16-10(E1)	L-W/B	ECM 电源	电源开关转到 ON(IG)	11～14V
A16-10(E1)—车身接地	W/B—	接地	始终	小于 1Ω
A16-15(MREL)—A16-10(E1)	W-W/B	1 号 EFI-MAIN 继电器工作信号	电源开关转到 ON(IG)	小于 1.5V
A16-16(NEO)—A16-10(E1)	B-W/B	曲轴转速信号	发动机暖机时怠速	脉冲发生
A16-17(CAN—)—A16-10(E1)	W-W/B	CAN 通信线路	发动机停止，电源开关转到 ON(IG)	脉冲发生
A16-18(CANL)—A16-10(E1)	W-W/B	CAN 通信线路	发动机停止，电源开关转到 ON(IG)	脉冲发生
A16-24(G2O)—A16-10(E1)	W-W/B	凸轮轴转速信号	发动机暖机时怠速	脉冲发生
A16-32(RFC)—A16-10(E1)	LG-W/B	冷却风扇控制信号	电源开关转到 ON(IG)，空调开关打开(最冷)	脉冲发生
A16-34(IREL)—A16-10(E1)	P-W/B	DINJ 继电器工作信号	电源开关转到 ON(IG)	11～14V
A16-35(+B2)—A16-10(E1)	L-W/B	ECM 电源	电源开关转到 ON(IG)	11～14V
A16-36(E2)—车身接地	W/B—	接地	始终	小于 1Ω
A16-53(+BD1)—A16-10(E1)	W-W/B	ECU 电源(喷油器驱动器)	电源开关转到 ON(IG)	11～14V
A16-54(E1D1)—车身接地	W/B—	接地	始终	小于 1Ω
C24-1(M—)—A16-10(E1)	L-W/B	节气门执行器工作信号(负极)	发动机暖机时怠速	脉冲发生
C24-2(M+)—A16-10(E1)	B-W/B	节气门执行器工作信号(正极)	发动机暖机时怠速	脉冲发生
C24-3(EGA+)—A16-10(E1)	R-W/B	EGR 阀总成工作信号	发动机暖机时怠速	脉冲发生
C24-4(EGA—)—A16-10(E1)	L-W/B	EGR 阀总成工作信号	发动机暖机时怠速	脉冲发生
C24-5(EGB—)—A16-10(E1)	V-W/B	EGR 阀总成工作信号	发动机暖机时怠速	脉冲发生
C24-6(EGB+)—A16-10(E1)	GR-W/B	EGR 阀总成工作信号	发动机暖机时怠速	脉冲发生
C24-7(HTHM)—A16-10(E1)	LA/G-W/B	节温器加热器(带节温器的进水口分总成)工作信号	电源开关转到 ON(IG)	11～14V
C24-8(HA1B)—A16-10(E1)	R-W/B	空燃比传感器(2 号传感器)加热器工作信号	电源开关转到 ON(IG)	11～14V
			发动机冷机时怠速	脉冲发生
C24-9(HA1A)—A16-10(E1)	L-W/B	空燃比传感器(1 号传感器)加热器工作信号	电源开关转到 ON(IG)	11～14V
			发动机冷机时怠速	脉冲发生
C24-10(#2D—)—A16-10(E1)	G-W/B	直接喷射喷油器总成信号(2 号气缸)	发动机暖机时怠速，数据表项目"Injection Mode"显示"Direct"	脉冲发生
C24-11(#2D+)—A16-10(E1)	L-W/B	直接喷射喷油器总成信号(2 号气缸)	发动机暖机时怠速，数据表项目"Injection Mode"显示"Direct"	脉冲发生
C24-12(#3D+)—A16-10(E1)	W-W/B	直接喷射喷油器总成信号(3 号气缸)	发动机暖机时怠速，数据表项目"Injection Mode"显示"Direct"	脉冲发生
C24-13(#3D—)—A16-10(E1)	R-W/B	直接喷射喷油器总成信号(3 号气缸)	发动机暖机时怠速，数据表项目"Injection Mode"显示"Direct"	脉冲发生
C24-14(#4D—)—A16-10(E1)	V-W/B	直接喷射喷油器总成信号(4 号气缸)	发动机暖机时怠速，数据表项目"Injection Mode"显示"Direct"	脉冲发生

续表

端　　子	线色	端子说明	检测条件	规定状态
C24-15(♯4D＋)—A16-10(E1)	P-W/B	直接喷射喷油器总成信号(4 号气缸)	发动机暖机时怠速,数据表项目“Injection Mode”显示“Direct”	脉冲发生
C24-16(♯1D＋)—A16-10(E1)	W-W/B	直接喷射喷油器总成信号(1 号气缸)	发动机暖机时怠速,数据表项目“Injection Mode”显示“Direct”	脉冲发生
C24-17(♯1D－)—A16-10(E1)	BR-W/B	直接喷射喷油器总成信号(1 号气缸)	发动机暖机时怠速,数据表项目“Injection Mode”显示“Direct”	脉冲发生
C24-18(FP1－)—A16-10(E1)	L-W/B	燃油泵总成信号(高压侧)	发动机暖机时怠速,数据表项目“Injection Mode”显示“Direct”	脉冲发生
C24-19(FP1＋)—A16-10(E1)	G-W/B	燃油泵总成信号(高压侧)	发动机暖机时怠速,数据表项目“Injection Mode”显示“Direct”	脉冲发生
C24-20(VOP－)—A16-10(E1)	P-W/B	机油压力控制阀工作信号	发动机暖机时怠速	脉冲发生
C24-21(VOP＋)—A16-10(E1)	G-W/B	机油压力控制阀工作信号	发动机暖机时怠速	脉冲发生
C24-26(OE1＋)－C24-25(OE1－)	LA/B-LA/W	凸轮轴正时机油控制电磁阀总成工作信号	怠速运转	脉冲发生
C24-28(EDT1)—A16-10(E1)	P-W/B	带 EDU 的凸轮轴正时控制电机总成信号	发动机暖机时怠速	脉冲发生
C24-42(WSV1)—A16-10(E1)	LA/W-W/B	水流关闭阀工作信号	电源开关转到 ON(IG)	11～14V
C24-46(IGT4)—A16-10(E1)	B-W/B	4 号点火线圈总成信号(点火信号)	发动机暖机时怠速	脉冲发生
C24-47(IGT3)—A16-10(E1)	P-W/B	3 号点火线圈总成信号(点火信号)	发动机暖机时怠速	脉冲发生
C24-48(IGT2)—A16-10(E1)	V-W/B	2 号点火线圈总成信号(点火信号)	发动机暖机时怠速	脉冲发生
C24-49(IGT1)—A16-10(E1)	W-W/B	1 号点火线圈总成信号(点火信号)	发动机暖机时怠速	脉冲发生
C24-50(WPO)—A16-10(E1)	LA/G-W/B	电动水泵总成信号	发动机暖机时怠速	脉冲发生
C24-51(WPI)—A16-10(E1)	LA/B-W/B	电动水泵总成信号	发动机暖机时怠速	脉冲发生
C24-66(PRG)—A16-10(E1)	P-W/B	净化 VSV 工作信号	电源开关转到 ON(IG)	11～14V
			发动机暖机时怠速,净化控制下	脉冲发生
C24-70(EMR1)—A16-10(E1)	LG-W/B	带 EDU 的凸轮轴正时控制电机总成信号	发动机暖机时怠速	脉冲发生
C24-71(EMF1)—A16-10(E1)	B-W/B	带 EDU 的凸轮轴正时控制电机总成信号	发动机暖机时怠速	小于 5.0V
C24-72(EMD1)—A16-10(E1)	L-W/B	带 EDU 的凸轮轴正时控制电机总成信号	发动机暖机时怠速	脉冲发生

续表

端子	线色	端子说明	检测条件	规定状态
C24-73(♯40)—A16-10(E1)	P-W/B	进气口喷射喷油器总成信号(4号气缸)	发动机暖机时怠速(数据表项目"Injection Mode"显示"Port")	脉冲发生
C24-74(♯30)—A16-10(E1)	W-W/B	进气口喷射喷油器总成信号(3号气缸)	发动机暖机时怠速(数据表项目"Injection Mode"显示"Port")	脉冲发生
C24-75(♯20)—A16-10(E1)	G-W/B	进气口喷射喷油器总成信号(2号气缸)	发动机暖机时怠速(数据表项目"Injection Mode"显示"Port")	脉冲发生
C24-76(♯10)—A16-10(E1)	B-W/B	进气口喷射喷油器总成信号(1号气缸)	发动机暖机时怠速(数据表项目"Injection Mode"显示"Port")	脉冲发生
C24-78(VCVG)—A16-10(E1)	R-W/B	质量空气流量计分总成电源(规定电压)	电源开关转到ON(IG)	4.8～5.2V
C24-84(VCPF)—A16-10(E1)	LG-W/B	燃油压力传感器电源(带传感器的输油管总成)(低压侧)(规定电压)	电源开关转到ON(IG)	4.5～5.5V
C24-87(VTA2)—C24-110(ETA)	V-G	节气门位置传感器信号(传感器故障检测)	发动机停止,将电源开关转到ON(IG),完全松开加速踏板	2.1～3.1V
C24-88(VCV1)—A16-10(E1)	L-W/B	凸轮轴位置传感器电源(进气凸轮轴)(规定电压)	电源开关转到ON(IG)	4.5～5.5V
C24-90(VV1+)—C24-89(VV1−)	B-LG	凸轮轴位置传感器信号(进气凸轮轴)	发动机暖机时怠速	脉冲发生
C24-91(EV1+)—C24-114(EV1−)	V-G	凸轮轴位置传感器信号(排气凸轮轴)	发动机暖机时怠速	脉冲发生
C24-93(NE+)—C24-115(NE−)	L-P	曲轴位置传感器信号	发动机暖机时怠速	脉冲发生
C24-94(A1A−)—A16-10(E1)	G-W/B	空燃比传感器信号(1号传感器)	电源开关转到ON(IG)	1.24～4.22V
C24-95(A1A+)—A16-10(E1)	R-W/B	空燃比传感器信号(1号传感器)	电源开关转到ON(IG)	1.46～4.22V
C24-97(PR)—C24-96(EPR)	L-V	燃油压力传感器信号(高压侧)	发动机暖机时怠速	0.5～4.5V
C24-98(VCPR)—C24-96(EPR)	LG-V	燃油压力传感器电源(高压侧)(规定电压)	电源开关转到ON(IG)	4.75～5.25V
C24-99(VCPE)—C24-100(EPEO)	R-G	发动机机油压力传感器电源(规定电压)	电源开关转到ON(IG)	4.5～5.5V
C24-101(VG)—C24-79(E2G)	W-G	质量空气流量计分总成信号	电源开关转到ON(IG)	脉冲发生
C24-102(THA)—C24-79(E2G)	V-G	进气温度传感器信号(质量空气流量计分总成)	怠速,进气温度为0～80℃(32～176℉)	0.5～3.4V
C24-107(PFL)—C24-61(EPFL)	V-L	燃油压力传感器信号(带传感器的输油管总成)(低压侧)	发动机暖机时怠速	0.75～4.5V
C24-108(VTA1)—C24-110(ETA)	P-G	节气门位置传感器信号(发动机控制)	发动机停止,将电源开关转到ON(IG),完全松开加速踏板	0.6～1.1V
C24-109(VCTA)—C24-110(ETA)	R-G	节气门位置传感器电源(规定电压)	发动机停止,将电源开关转到ON(IG)	4.5～5.5V
C24-111(KNK1)—C24-112(EKNK)	B-W	爆震控制传感器信号	发动机暖机后,保持2500r/min的转速	脉冲发生
C24-113(VCE1)—A16-10(E1)	L-W/B	凸轮轴位置传感器电源(排气凸轮轴)(规定电压)	电源开关转到ON(IG)	4.5～5.5V
C24-116(VCNE)—A16-10(E1)	V-W/B	曲轴位置传感器电源(规定电压)	电源开关转到ON(IG)	4.5～5.5V
C24-117(A1B−)—A16-10(E1)	W-W/B	空燃比传感器信号(2号传感器)	电源开关转到ON(IG)	1.17～4.49V

续表

端子	线色	端子说明	检测条件	规定状态
C24-118(A1B+)—A16-10(E1)	B-W/B	空燃比传感器信号(2号传感器)	电源开关转到 ON(IG)	1.53～5.96V
C24-120(PIM)—C24-119(EPIM)	P-G	歧管绝对压力传感器信号	电源开关转到 ON(IG)	3.0～4.5V
C24-121(VCPM)—C24-119(EPIM)	B-G	歧管绝对压力传感器电源(规定电压)	电源开关转到 ON(IG)	4.75～5.25V
C24-122(PEO)—C24-100(EPEO)	W-G	机油压力传感器信号	发动机暖机时怠速	0.5～4.5V
C24-123(THEO)—C24-104(ETHE)	V-W	发动机机油温度传感器信号	电源开关转到 ON(IG)	0.14～4.93V
C24-125(THW)—C24-124(ETHW)	L-P	发动机冷却液温度传感器信号	怠速,发动机冷却液温度为75～100℃(167～212℉)	0.2～1.0V

17.2.2 混合动力控制系统部件位置

丰田混合动力系统（THS-Ⅱ）主要由发动机、混合动力车辆传动桥总成、带转换器的逆变器总成和 HV 蓄电池组成，采用混联式混合动力系统，对 A25B-FXS 发动机、提供卓越传输性能的 P710 混合动力车辆传动桥总成内的 1 号电机（MG1）和 2 号电机（MG2）执行最佳的协同控制。该系统采用了可变电压系统，包括大功率 HV 蓄电池［公称电压为 244.8V（DC）］、将 MG1 和 MG2 的工作电压增至最高 650V（DC）的增压转换器和将直流转换为交流的逆变器。混合动力车辆未配备常规交流发电机，使用 DC/DC 转换器将来自 HV 蓄电池的高电压降至约 14V（DC）以对辅助蓄电池充电。混合动力系统组成部件如图 17-6～图 17-9 所示。

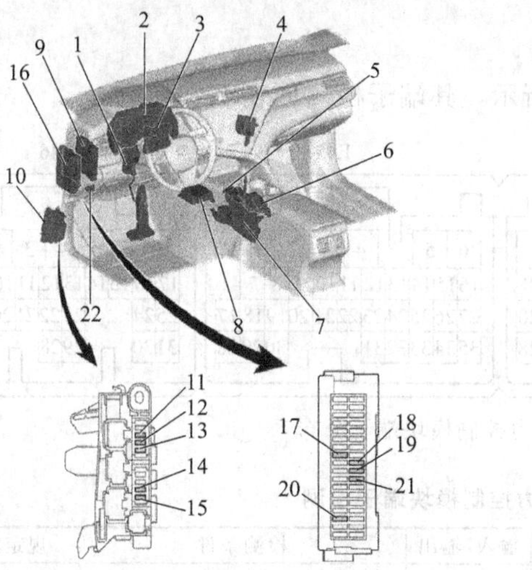

图 17-6 2018 年款凯美瑞 HEV 车型混动控制系统部件

1—加速踏板位置传感器总成位置；2—组合仪表总成；3—空调放大器总成；4—6 号继电器盒（IGCT 继电器）；5—换挡杆位置指示灯；6—电动驻车制动开关总成（EV 行驶模式开关、环保模式开关、运动模式开关、正常模式开关）；7—换挡锁止控制单元总成；8—气囊传感器总成；9—混合动力车辆控制 ECU 总成；10—4 号继电器盒；11—PCU-FR 熔丝；12—2 号 IGCT 熔丝；13—PM-IGCT 熔丝；14—BATT FAN 熔丝；15—INV W/PMP 熔丝；16—仪表板接线盒总成；17—ECU-B2 号熔丝；18—BKUP LP 熔丝；19—ECU-IG1 1 号熔丝；20—ECU-ACC 熔丝；21—ECU-IG1 3 号熔丝；22—DLC3

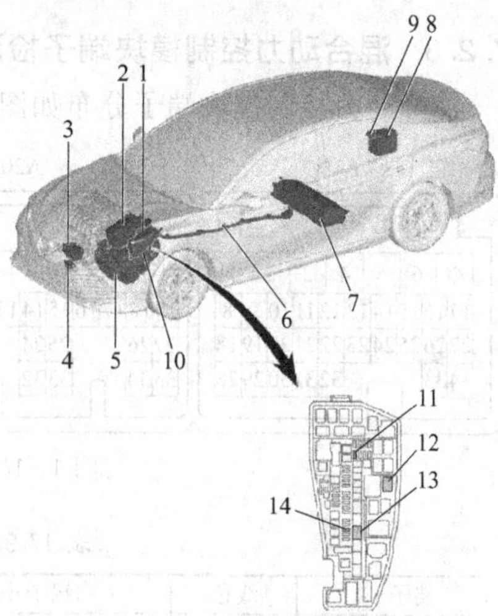

图 17-7 混合动力系统部件

1—ECM；2—带转换器的逆变器总成；3—带电机的压缩机总成；4—逆变器水泵总成；5—混合动力车辆传动桥总成；6—HV 地板底部导线；7—HV 蓄电池；8—辅助蓄电池；9—熔丝盒总成（IGCT 熔丝、MAIN 熔丝）；10—发动机舱 1 号继电器盒和 1 号接线盒总成；11—ECU-IG2 1 号熔丝；12—1 号 IG2 继电器；13—DC/DC 熔丝；14—IG2-MAIN 熔丝

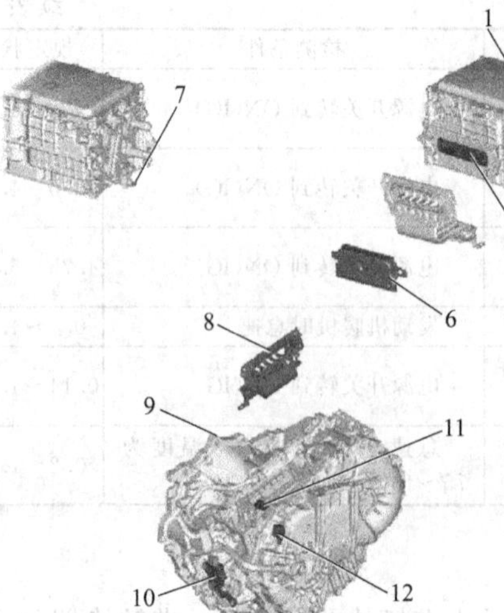

图 17-8　动力系统部件

1—带转换器的逆变器总成；2—低压连接器；
3—空调线束连接器；4—HV 地板底部导线连接器；
5—电机电缆连接器；6—逆变器盖/互锁装置；
7—AMD 端子；8—电机电缆；9—混合动力车辆传动桥总成；
10—换挡杆位置传感器；11—电动机温度传感器/发电机温度传感器；
12—电动机解析器/发电机解析器/变速器油温度传感器

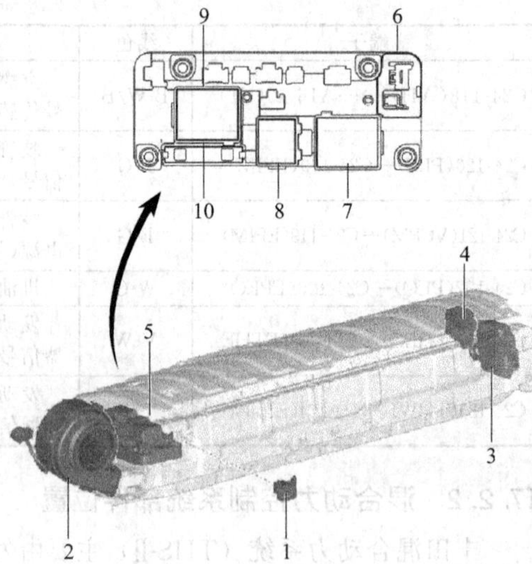

图 17-9　高压蓄电池部件

1—维修开关；2—蓄电池冷却鼓风机总成；
3—蓄电池电压传感器；4—混合动力蓄电池端子盒；
5—HV 蓄电池接线盒总成；6—蓄电池电流传感器；
7—SMRB；8—SMRP；9—SMRG；
10—系统主电阻

17.2.3　混合动力控制模块端子检测

混合动力控制模块端子分布如图 17-10 所示，其端子检测见表 17-9。

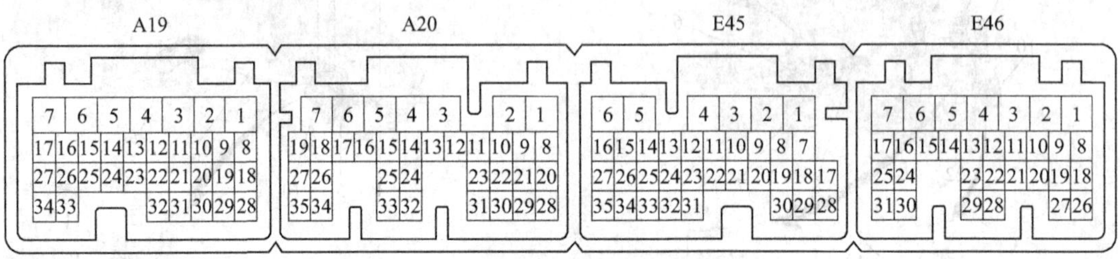

图 17-10　混合动力控制模块端子分布

表 17-9　混合动力控制模块端子检测

端子	线色	端子说明	输入/输出	检测条件	规定状态/V
A19-1(+B2)—E45-6(E1)	W-W/B	电源	输入	电源开关转到 ON(IG)	11～14
A19-3(IG2)—E45-6(E1)	B-W/B	电源	输入	电源开关转到 ON(IG)	11～14
A19-8(VCP2)—A19-18(EPA2)	SB-P	加速踏板位置传感器总成电源(VPA2)	输出	电源开关转到 ON(IG)	4.5～5.5
A19-9(VCPA)—A19-20(EPA)	BE-L	加速踏板位置传感器总成电源(VPA1)	输出	电源开关转到 ON(IG)	4.5～5.5
A19-13(IWP)—E45-6(E1)	L-W/B	带电机的逆变器水泵总成信号	输出	电源开关转到 ON(READY)	脉冲发生
A19-14(NIWP)—E45-6(E1)	W-W/B	带电机的逆变器水泵总成信号	输入	电源开关转到 ON(READY)	脉冲发生

续表

端子	线色	端子说明	输入/输出	检测条件	规定状态/V
A19-15(STP)—E45-6(E1)	LA/G-W/B	刹车灯开关	输入	踩下制动踏板	11～14
				松开制动踏板	0～1.5
A19-17(LIN3)—E45-6(E1)	L-W/B	LIN 通信信号(空调逆变器、辅助蓄电池)	输入/输出	电源开关转到 ON(READY)	脉冲发生
A19-21(TTA)—A19-31(ETTA)	GR-SB	变速器油温度传感器	输入	电源开关转到 ON(IG),温度为 25℃	3.6～4.6
				电源开关转到 ON(IG),温度为 60℃	2.2～3.2
A19-22(ACCI)—E45-6(E1)	P-W/B	ACC 继电器	输入	电源开关转到 ON(ACC)	11～14
A19-24(MMT)—A19-23(MMTG)	G-R	电动机温度传感器	输入	电源开关转到 ON(IG),温度为 25℃	3.6～4.6
				电源开关转到 ON(IG),温度为 60℃	2.2～3.2
A19-26(GMT)—A19-27(GMTG)	P-V	发电机温度传感器	输入	电源开关转到 ON(IG),温度为 25℃	3.6～4.6
				电源开关转到 ON(IG),温度为 60℃	2.2～3.2
A19-28(VPA2)—A19-18(EPA2)	GR-P	加速踏板位置传感器总成(加速踏板位置检测)	输入	电源开关转到 ON(IG),松开加速踏板	1.0～2.2
				电源开关转到 ON(IG),发动机停止,换挡杆置于 P,完全踩下加速踏板	3.4～5.3
A19-30(VPA)—A19-20(EPA)	G-L	加速踏板位置传感器总成(加速踏板位置检测)	输入	电源开关转到 ON(IG),松开加速踏板	0.4～1.4
				电源开关转到 ON(IG),发动机停止,换挡杆置于 P,完全踩下加速踏板	2.6～4.5
A20-1(PSFT)—E45-6(E1)	L-W/B	换挡杆位置传感器电源	输出	电源开关转到 ON(ACC)	7.5～14
A20-2(BL)—E45-6(E1)	BE-W/B	倒车灯	输出	电源开关转到 ON(IG),换挡杆置于 R	11～14
A20-4(+B1)—E45-6(E1)	R-W/B	电源	输入	电源开关转到 ON(IG)	11～14
A20-6(MREL)—E45-6(E1)	G-W/B	主继电器	输出	电源开关转到 ON(IG)	11～14
A20-7(IGB)—E45-6(E1)	B-W/B	电源	输入	电源开关转到 ON(IG)	8.5～14
A20-12(HSDN)—E45-6(E1)	W-W/B	MG ECU 切断信号	输出	电源开关转到 ON(READY)	0～1.5
A20-13(ILK)—E45-6(E1)	GR-W/B	互锁开关	输入	电源开关转到 ON(IG),维修开关安装正确	0～1.5
				电源开关转到 ON(IG),维修开关未安装	11～14
A20-14(DB2)—E45-6(E1)	V-W/B	换挡杆位置信号	输入	电源开关转到 ON(IG),换挡杆置于 D 或 S	7.5～14
				电源开关转到 ON(IG),换挡杆未置于 D 或 S	0～1.5
A20-15(R)—E45-6(E1)	LG-W/B	换挡杆位置信号	输入	电源开关转到 ON(IG),换挡杆置于 R	7.5～14
				电源开关转到 ON(IG),换挡杆未置于 R	0～1.5

续表

端子	线色	端子说明	输入/输出	检测条件	规定状态/V
A20-17(PR)—E45-6(E1)	R-W/B	换挡杆位置信号	输入	电源开关转到 ON(IG),换挡杆置于 P 或 R	7.5～14
				电源开关转到 ON(IG),换挡杆未置于 P 或 R	0～1.5
A20-20(N)—E45-6(E1)	G-W/B	换挡杆位置信号	输入	电源开关转到 ON(IG),换挡杆置于 N	7.5～14
				电源开关转到 ON(IG),换挡杆未置于 N	0～1.5
A20-21(P)—E45-6(E1)	BE-W/B	换挡杆位置信号	输入	电源开关转到 ON(IG),换挡杆置于 P	7.5～14
				电源开关转到 ON(IG),换挡杆未置于 P	0～1.5
A20-26(DB1)—E45-6(E1)	W-W/B	换挡杆位置信号	输入	电源开关转到 ON(IG),换挡杆置于 D 或 S	7.5～14
				电源开关转到 ON(IG),换挡杆未置于 D 或 S	0～1.5
A20-28(ST1—)—E45-6(E1)	LG-W/B	刹车灯开关信号	输入	电源开关转到 ON(IG),踩下制动踏板	0～1.5
				电源开关转到 ON(IG),松开制动踏板	11～14
A20-30(HMCL)—E45-6(E1)	W-W/B	MG ECU 通信请求信号	输入/输出	电源开关转到 ON(IG)	脉冲发生
A20-31(HMCH)—E45-6(E1)	B-W/B	MG ECU 通信请求信号	输入/输出	电源开关转到 ON(IG)	脉冲发生
A20-34(PNB)—E45-6(E1)	B-W/B	换挡杆位置信号	输入	电源开关转到 ON(IG),换挡杆置于 P 或 N	7.5～14
E45-1(SMRG)—E45-5(E01)	B-W/B	系统主继电器工作信号	输出	电源开关转到 ON(IG)→电源开关转到 ON(READY)	脉冲发生
E45-3(SMRP)—E45-5(E01)	W-W/B	系统主继电器工作信号	输出	电源开关转到 ON(IG)→电源开关转到 ON(READY)	脉冲发生
E45-4(SMRB)—E45-5(E01)	GR-W/B	系统主继电器工作信号	输出	电源开关转到 ON(IG)→电源开关转到 ON(READY)	脉冲发生
E45-8(INDR)—E45-6(E1)	V-W/B	换挡杆位置指示灯信号	输入	电源开关转到 ON(IG),换挡杆置于 R	0～3.2
				电源开关转到 ON(IG),换挡杆未置于 R	11～14
E45-9(ST2)—E45-6(E1)	L-W/B	起动机信号	输入	电源开关转到 ON(IG)	0～1.5
E45-10(NORM)—E45-6(E1)	LG-W/B	正常模式开关(电动驻车制动开关总成)信号	输入	电源开关转到 ON(IG),正常模式开关(电动驻车制动开关总成)未操作	11～14
				电源开关转到 ON(IG),正常模式开关(电动驻车制动开关总成)操作	0～1.5
E45-32(BTH+)—E45-6(E1)	P-W/B	自蓄电池电压传感器至混合动力车辆 ECU 总成的通信信号	输入	电源开关转到 ON(IG)	脉冲发生
E45-33(BTH-)—E45-6(E1)	W-W/B	自蓄电池电压传感器至混合动力车辆 ECU 总成的通信信号	输入	电源开关转到 ON(IG)	脉冲发生
E46-1(M)—E45-6(E1)	B-W/B	变速器控制	输入	电源开关转到 ON(IG),换挡杆置于 S	11～14
				电源开关转到 ON(IG),换挡杆未置于 S	0～1.5

续表

端子	线色	端子说明	输入/输出	检测条件	规定状态/V
E46-3(BATT)—E45-6(E1)	V-W/B	稳压电源	输入	电源开关转到 ON(IG)	11～14
				电源开关转到 ON(READY)	11～15.5
E46-6(SPRT)—E45-6(E1)	R-W/B	运动模式开关(电动驻车制动开关总成)信号	输入	电源开关转到 ON(IG),运动模式开关(电动驻车制动开关总成)未操作	11～14
				电源开关转到 ON(IG),运动模式开关(电动驻车制动开关总成)操作	0～1.5
E46-7(PLKC)—E45-6(E1)	V-W/B	换挡锁止释放请求信号	输出	电源开关转到 ON(READY),踩下制动踏板	11～14
				电源开关转到 ON(READY),松开制动踏板	0～1.5
E46-8(SFTD)—E45-6(E1)	G-W/B	变速器控制	输入	电源开关转到 ON(IG),换挡杆置于 S	11～14
				电源开关转到 ON(IG),换挡杆置于(—)	0～1.5
E46-9(SFTU)—E45-6(E1)	L-W/B	变速器控制	输入	电源开关转到 ON(IG),换挡杆置于 S	11～14
				电源开关转到 ON(IG),换挡杆置于(+)	0～1.5
E46-10(INDM)—E45-6(E1)	GR-W/B	换挡杆位置指示灯信号	输入	电源开关转到 ON(IG),换挡杆置于 S	0～3.2
				电源开关转到 ON(IG),换挡杆未置于 S	11～14
E46-11(INDD)—E45-6(E1)	W-W/B	换挡杆位置指示灯信号	输入	电源开关转到 ON(IG),换挡杆置于 D	0～3.2
				电源开关转到 ON(IG),换挡杆未置于 D	11～14
E46-12(INDN)—E45-6(E1)	R-W/B	换挡杆位置指示灯信号	输入	电源开关转到 ON(IG),换挡杆置于 N	0～3.2
				电源开关转到 ON(IG),换挡杆未置于 N	11～14
E46-13(INDP)—E45-6(E1)	P-W/B	换挡杆位置指示灯信号	输入	电源开关转到 ON(IG),换挡杆置于 P	0～3.2
				电源开关转到 ON(IG),换挡杆未置于 P	11～14
E46-14(ABFS)—E45-6(E1)	B-W/B	气囊激活信号	输入	电源开关转到 ON(READY)	脉冲发生
E46-15(EVSW)—E45-6(E1)	G-W/B	EV 行驶模式开关(电动驻车制动开关总成)信号	输入	电源开关转到 ON(IG),EV 行驶模式开关(电动驻车制动开关总成)未操作	11～14
				电源开关转到 ON(IG),EV 行驶模式开关(电动驻车制动开关总成)操作	0～1.5
E46-24(CA1L)—E45-6(E1)	W-W/B	CAN 通信信号	输入/输出	电源开关转到 ON(IG)	脉冲发生
E46-25(CA1H)—E45-6(E1)	L-W/B	CAN 通信信号	输入/输出	电源开关转到 ON(IG)	脉冲发生
E46-28(TC)—E45-6(E1)	LG-W/B	诊断端子	输入	电源开关转到 ON(IG)	11～14

续表

端子	线色	端子说明	输入/输出	检测条件	规定状态/V
E46-29(SI0)—E45-6(E1)	L-W/B	蓄电池冷却鼓风机总成工作信号	输出	冷却风扇工作	脉冲发生
				冷却风扇不工作	4.5～5.5
E46-30(CA3N)—E45-6(E1)	W-W/B	CAN 通信信号	输入/输出	电源开关转到 ON(IG)	脉冲发生
E46-31(CA3P)—E45-6(E1)	P-W/B	CAN 通信信号	输入/输出	电源开关转到 ON(IG)	脉冲发生

17.2.4 带转换器的逆变器总成端子检测

带转换器的逆变器总成端子分布如图 17-11 所示，其端子检测数据见表 17-10。

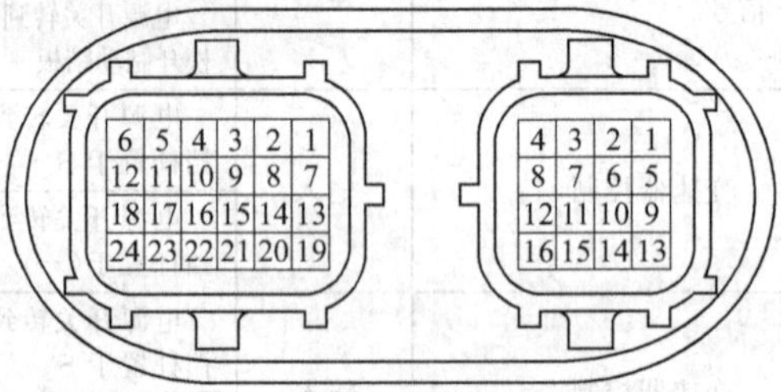

图 17-11 带转换器的逆变器总成端子分布

表 17-10 带转换器的逆变器总成端子检测数据

端子	线色	输入/输出	端子说明	检测条件	规定状态/V
A34-1(CANH)—A34-24(GND1)	V-W/B	输入/输出	CAN 通信信号	电源开关转到 ON(IG)	脉冲发生(波形 1)
A34-5(+B2)—A34-24(GND1)	GR-W/B	输入	电机控制 ECU (MG ECU)电源	电源开关转到 ON(IG)	11～14
A34-6(+B)—A34-24(GND1)	W-W/B	输入	电机控制 ECU (MG ECU)电源	电源开关转到 ON(IG)	11～14
A34-7(CANL)—A34-24(GND1)	W-W/B	输入/输出	CAN 通信信号	电源开关转到 ON(IG)	脉冲发生(波形 1)
A34-10(GI)—A34-24(GND1)	W-W/B	输入	凸轮轴位置传感器信号	电源开关转到 ON(READY),发动机运转	脉冲发生(波形 2)
A34-12(IGCT)—A34-24(GND1)	BE-W/B	输入	电机控制 ECU (MG ECU)电源	电源开关转到 ON(IG)	11～14
A34-17(NE)—A34-24(GND1)	B-W/B	输入	曲轴位置传感器信号	电源开关转到 ON(READY),发动机运转	脉冲发生
A34-19(HMCL)—A34-24(GND1)	W-W/B	输入/输出	通信信号	电源开关转到 ON(IG)	脉冲发生
A34-20(HMCH)—A34-24(GND1)	B-W/B	输入/输出	通信信号	电源开关转到 ON(IG)	脉冲发生
A34-22(HSDN)—A34-24(GND1)	W-W/B	输入	MG 切断信号	电源开关转到 ON(READY)	0～1
C25-1(MSN)—C25-2(MSNG)	G-Y	输入	电动机解析器信号	电动机解析器运行	脉冲发生
C25-3(MCSG)—C25-4(MCS)	B-L	输入	电动机解析器信号	电动机解析器运行	脉冲发生
C25-5(MRF)—C25-7(MRFG)	W-R	输出	电动机解析器参考信号	电动机解析器运行	脉冲发生
C25-9(GRF)—C25-11(GRFG)	SB-V	输出	发电机解析器参考信号	发电机解析器运行	脉冲发生
C25-13(GSN)—C25-14(GSNG)	GR-P	输入	发电机解析器信号	发电机解析器运行	脉冲发生
C25-15(GCSG)—C25-16(GCS)	BR-LG	输入	发电机解析器信号	发电机解析器运行	脉冲发生

17.2.5 P710混动变速器技术参数与结构

P710混合动力车辆传动桥总成主要由发电机（MG1）、电动机（MG2）、动力分配行星齿轮机构、中间轴齿轮、减速齿轮、差速器齿轮机构和油泵组成。传动桥包括电动机（MG2）（用于驱动车辆）和发电机（MG1）（用于发电），采用带复合齿轮机构的无级变速器装置，传动桥具有四轴结构。动力分配行星齿轮机构、油泵和发电机（MG1）安装在主轴上。MG2减速齿轮和电动机（MG2）安装在第二轴上。中间轴从动齿轮和减速主动齿轮安装在第三轴上。减速从动齿轮和差速器齿轮机构安装在第四轴上。变速器技术参数见表17-11，其结构如图17-12所示。

表 17-11 P710混动变速器技术参数

项目		规格
传动桥类型		P710
换挡杆位置		P/R/N/D/S
动力分配行星齿轮机构	太阳齿轮齿数/个	30
	小齿轮齿数/个	23
	齿圈齿数/个	78
MG2减速齿轮	主动齿轮齿数/个	16
	从动齿轮齿数/个	49
中间轴齿轮	主动齿轮齿数/个	53
	从动齿轮齿数/个	49
减速齿轮	主动齿轮齿数/个	21
	从动齿轮齿数/个	77
总减速比①		3.389
油液类型		丰田纯正 ATF WS
油液容量/L		3.9
质量(参考)②/kg		93.1

① 中间轴齿轮和减速齿轮的总减速比。
② 加满油液时的质量。

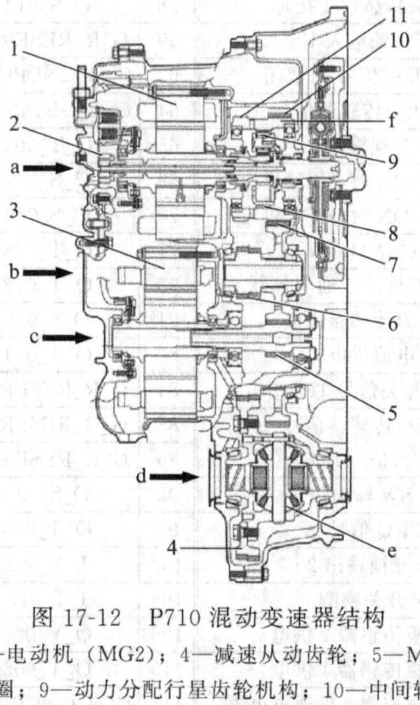

图 17-12 P710混动变速器结构

1—发电机（MG1）；2—油泵；3—电动机（MG2）；4—减速从动齿轮；5—MG2减速齿轮；6—减速主动齿轮；7—中间轴从动齿轮；8—行星齿圈；9—动力分配行星齿轮机构；10—中间轴主动齿轮；11—驻车锁定齿轮；a—主轴；b—第三轴；c—第二轴；d—第四轴；e—差速器齿轮机构；f—复合齿轮

第18章

本田新能源汽车

18.1 理念 VE-1（2019~）

18.1.1 整车控制器端子定义

整车控制器端子如图 18-1 所示，其端子定义见表 18-1。

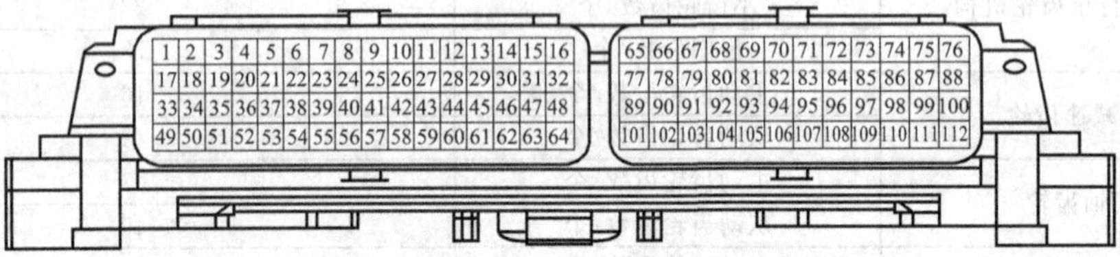

图 18-1 整车控制器端子分布

表 18-1 整车控制器端子定义

端子	英文名称	端子说明	端子	英文名称	端子说明
1	B_D_CAN1_H	EV_CAN_HIGH	46	I_A_007	空调压力传感器信号
3	B_D_CAN2_L	F_CAN_LOW	48	O_T_007	充电舱照明灯控制
4	B_D_CAN2_H	F_CAN_HIGH	54	O_S_016	电机温度控制水泵(PWM 输出)
5	O_S_HR	VCU 主继电器控制使能	56	O_S_011	电机温度控制水泵(PWM 输出)
7	G_R_RESERVE	加速踏板传感器 1 接地	58	O_S_013	电机冷却风扇控制 1 低速继电器
10	I_S_002	高压互锁输入 1	59	G_R_RESERVE	加速踏板传感器 2 接地
11	I_S_006	制动踏板开关信号 2(常闭)	63	G_G_GNDPOW2	接地
12	I_A_004	真空泵压力传感器信号	64	G_G_GNDPOW1	接地
14	I_S_009	高压互锁输入 2	65	O_T_004	倒挡继电器
15	UBR	当主继电器 ON 时,VCU 供电	69	O_S_010	真空泵控制继电器
16	UBR	当主继电器 ON 时,VCU 供电	70	O_S_009	BMS 高压继电器供电控制继电器
17	B_D_CAN1_L	EV_CAN_LOW	71	O_T_006	BMS-MCU-DC/DC 唤醒
18	LIN/K_line	动力电池温度的三通阀控制	73	O_T_002	高压互锁输出 1
19	O_V_003	空调压力传感器供电	81	O_S_018	BMS 低压使能(交流充电唤醒)
20	V_V_UBD	蓄电池供电	82	O_T_001	ATP(P 输出信号)
29	I_S_016	制动踏板开关信号 1(常开)	84	G_R_RESERVE	空调压力传感器接地
30	I_A_011	加速踏板传感器信号 2V+(0.5~2.4)V	85	G_R_RESERVE	真空泵压力传感器接地
			86	G_R_RESERVE	水温传感器接地
31	O_S_008	P-PIN-SW 输出信号	92	O_S_020	CAB 暖风水泵(PWM 输出)
32	I_S_012	STRQ 信号	94	O_T_003	充电 LED 指示灯(PWM 输出)
34	O_S_015	高压互锁输出 2	102	I_A_002	电机水温传感器
35	I_S_ON	ON 开关唤醒	106	I_T_015	CRUSH 信号
36	O_V_006	加速踏板传感器 2 供电	109	O_V_002	真空泵压力传感器供电
37	O_V_004	加速踏板传感器 1 供电	110	O_T_005	空调控制器供电
42	O_S_014	电机冷却风扇控制 2 低速继电器	111	G_G_GNDPOW4	接地
45	I_A_013	加速踏板传感器信号 1V+(1~4.8)V	112	G_G_GNDPOW3	接地

18.1.2 油液更换容量标准

油液规格与用量标准见表 18-2。

表 18-2 油液规格与用量标准

项目	测量	测量条件	标准值或新车值
挡风玻璃洗涤剂储液罐	总量	—	2.5L
散热器(电机)	冷却液容量	大修后	3.94L
		更换冷却液	3.0L
	冷却液类型	—	水+乙二醇(50%)
冷却液储液罐(电机)	冷却液容量	—	0.5L
散热器盖(电机)	开启压力	—	93.3～122.7kPa
散热器(动力电池)	冷却液容量	大修后	8.59L
		更换冷却液	6.3L
	冷却液类型	—	水+乙二醇(50%)
冷却液储液罐(动力电池)	冷却液容量	—	1.23L
散热器盖(动力电池)	开启压力	—	34.3～63.7kPa
动力电池电气元件	额定电压值	—	328.5V
	容量	—	148A·h
	内阻	2C 充电 10s	80mΩ
	重量	室温环境	480kg
	绝缘电阻(动力电池)	室温环境	≥20MΩ
	绝缘电阻(电机)	冷态	≥200MΩ
		热态	≥20MΩ
	绝缘电阻(MCU)	冷态	≥20MΩ
		热态	≥1MΩ
	绝缘电阻(三合一 OBC)	室温环境	≥19MΩ
	绝缘电阻(三合一 DC/DC)	室温环境	≥20MΩ
减速器	润滑油类型	—	06MTF
	润滑油容量	大修后(或 3 年,6 万千米)	1.5L

18.1.3 车轮定位数据

车轮定位数据见表 18-3。

表 18-3 车轮定位数据

测量项目	测量条件	标准值或新车值
车轮外倾角	前	0°±1°
	后	−1.5°±1°
主销后倾角	前	5°±1°
主销内倾角	前	12.22°±1°
总前束	前	0mm±3mm
	后	基准值为+2.5mm,下偏差为−2.5mm,上偏差为+3.5mm
前轮转向角	内侧	35.55°±2°
	外侧	29.94°±2°
侧滑	前	0m/km±3.5m/km

18.1.4 电动车窗控制单元重新设定方法

执行下列任何操作后都要重新设定电动车窗控制单元：驾驶人侧电动车窗升降器更换、拆卸或安装；驾驶人侧电动车窗电机更换、拆卸或安装；驾驶人侧玻璃升降槽更换、拆卸或安装；驾驶人侧车门玻璃更换、拆卸或安装；电动车窗总开关更换。电动车窗定时器开启时，驾驶人侧电动车窗总开关电源断开。

① 将车辆转为 ON 模式。

② 使用驾驶人侧车窗的 DOWN 开关使电动车窗一直向下移动。

③ 打开驾驶人侧车门。注意：步骤④～⑦之间的间隔时间不能超过 5s，操作时序如图 18-2 所示。

④ 将车辆转为 OFF（LOCK）模式。

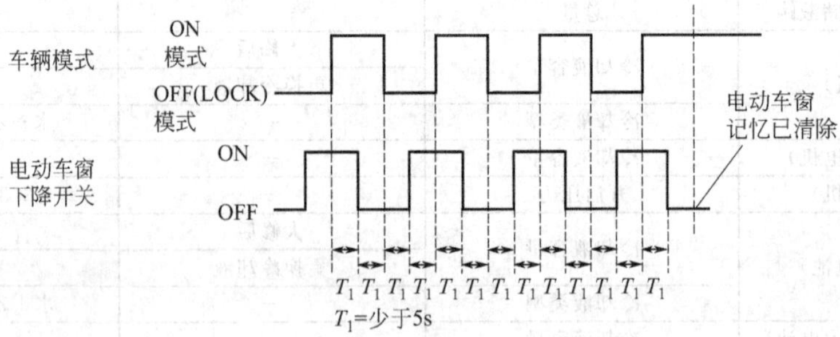

图 18-2　操作时序

⑤ 按住电动车窗 DOWN 开关。

⑥ 将车辆转为 ON 模式。

⑦ 释放电动车窗 DOWN 开关。

⑧ 重复步骤④～⑦三次以上。

⑨ 至少等待 1s。

⑩ 确认自动上升和自动下降模式不工作。如果自动上升和自动下降模式工作，返回步骤①。

⑪ 使用电动车窗的 DOWN 开关使电动车窗一直向下移动。

⑫ 拉起并保持电动车窗 UP 开关，直至到达完全关闭位置，然后继续保持开关至少 1s。

⑬ 确认使用驾驶人侧自动上升和自动下降功能重新设定电动车窗控制单元：如果车窗在 AUTO 模式下仍然不工作，则多次重复步骤，则密切关注步骤之间的 5s 时间限制；如果车窗仍然不工作，则参照总开关输入测试。

18.1.5　全车控制单元位置

高压系统部件位置如图 18-3 所示，主要控制单元安装位置如图 18-4 所示。

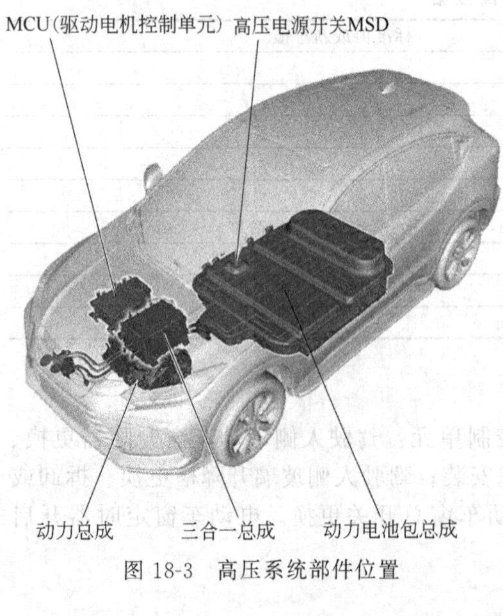

图 18-3　高压系统部件位置

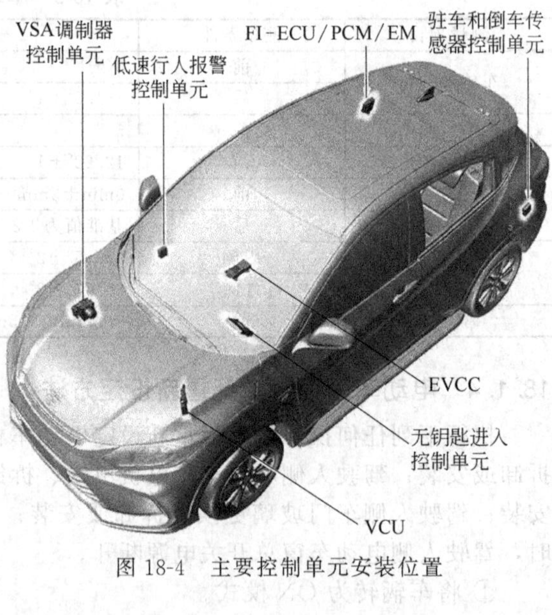

图 18-4　主要控制单元安装位置

18.1.6 继电器位置信息

继电器位置如图 18-5、图 18-6 所示。

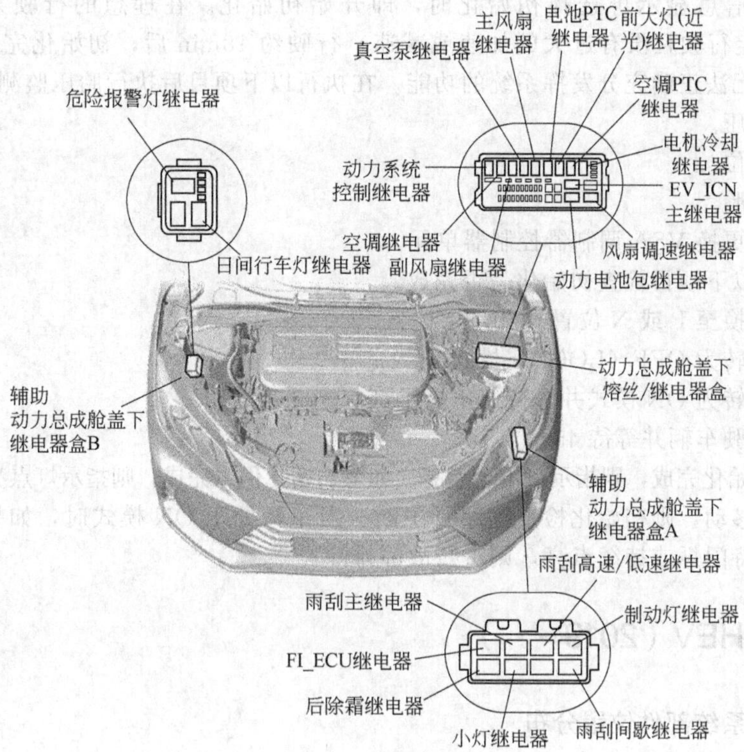

图 18-5　动力总成舱继电器分布

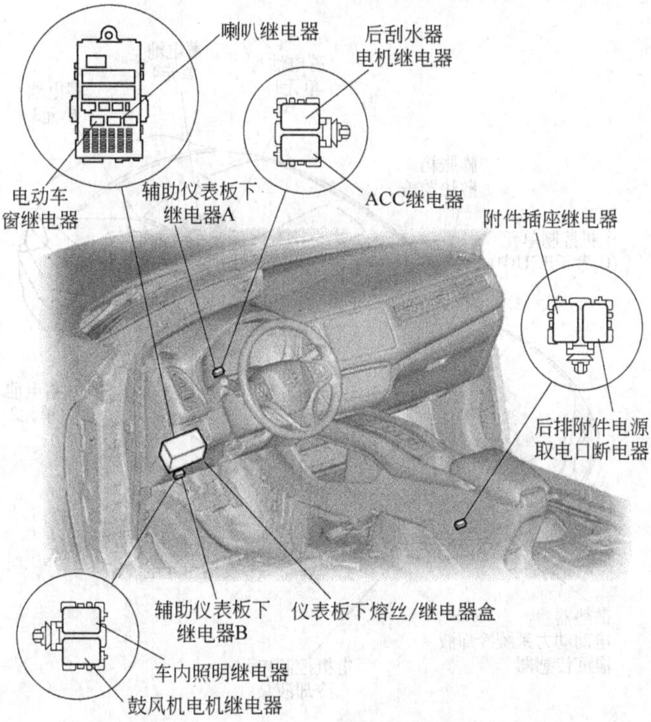

图 18-6　仪表板处继电器分布

18.1.7 胎压监测系统初始化方法

注意：执行胎压监测系统初始化前，确保胎压正确调节至门柱标签上所列的规定胎压。

通过综合信息显示屏选择初始化时，即开始初始化。在理想的行驶条件下（35～125km/h，稳定行驶且没有过大的加速或减速）行驶约 18min 后，初始化完成。如果初始化未完成，则无法正确充分发挥系统的功能。在执行以下项目后执行胎压监测系统初始化。

① 调节胎压。

② 轮胎换位。

③ 更换轮胎。

④ 更新或更换 VSA 调制器控制器单元。

通过执行以下项目检查初始化是否完成。

① 停车并换至 P 或 N 位置。

② 将车辆转为 OFF（LOCK）模式。

③ 将车辆转为 ON 模式并等待低压指示灯点亮 2s 后熄灭。

④ 不要驾驶车辆并等待 45s。

⑤ 如果初始化完成，则指示灯不会点亮。如果初始化仍未完成，则指示灯点亮 2s 后熄灭。

如果车辆移动，则初始化检查程序将中断。当车辆处于 ON 模式时，如果指示灯在 2s 后不熄灭，保持闪烁或持续点亮，则进行故障排除。

18.2 雅阁 HEV（2019～）

18.2.1 高压系统部件位置分布

混合动力系统部件安装位置如图 18-7～图 18-10 所示。

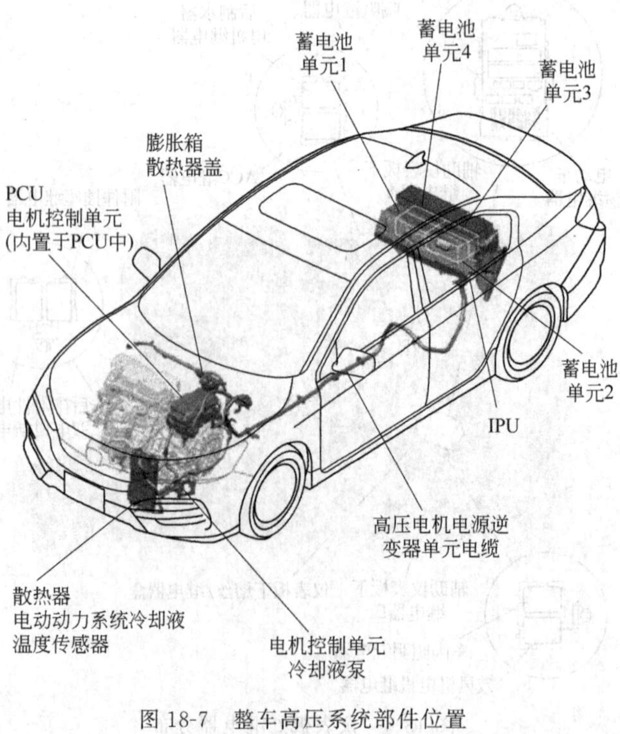

图 18-7 整车高压系统部件位置

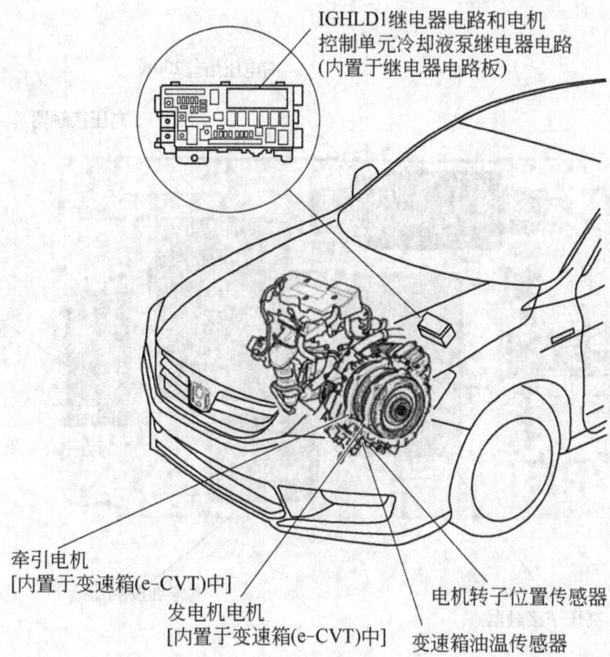

图 18-8　动力驱动系统部件位置

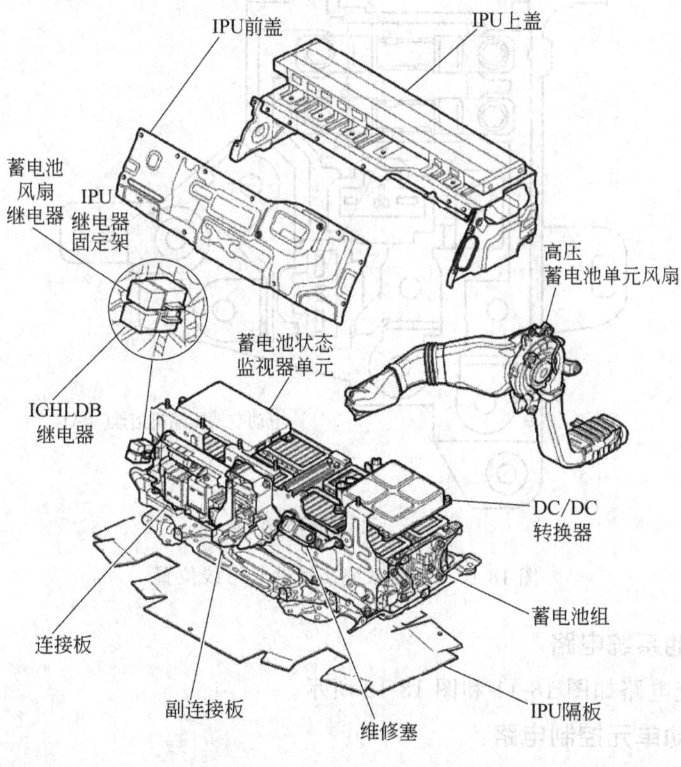

图 18-9　高压电池部件位置

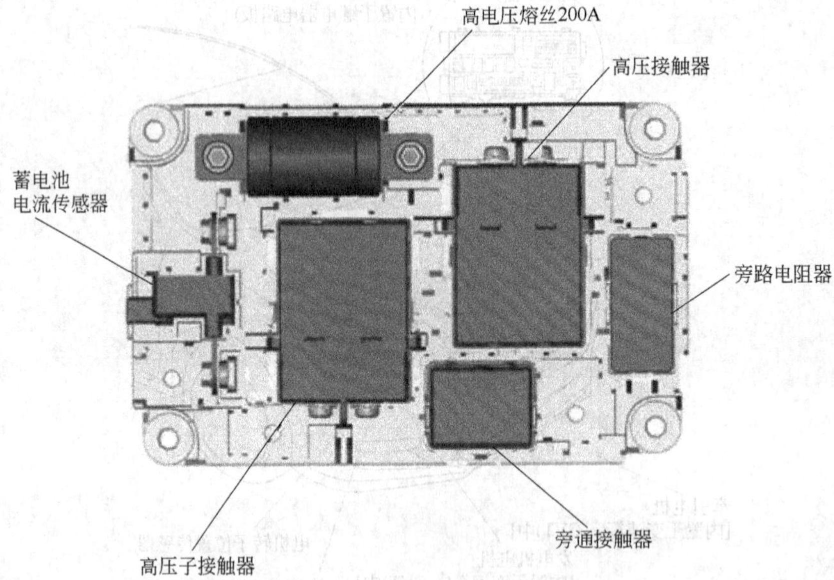

(a) 接线板

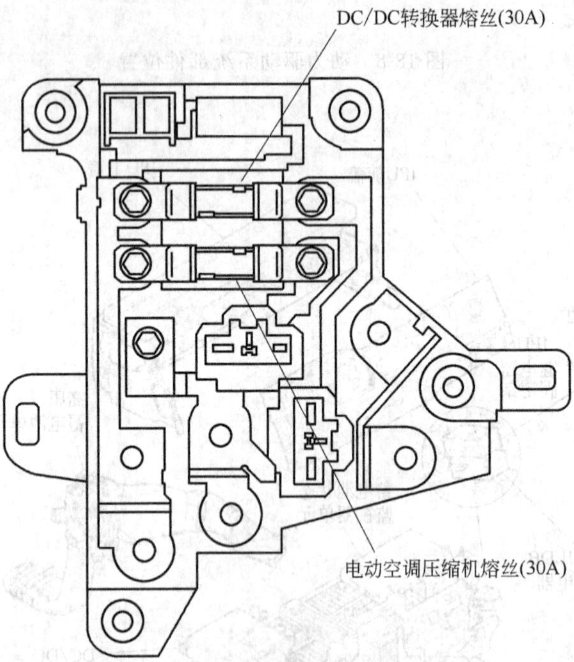

(b) 副连接板

图 18-10 高压系统接触器与熔线位置

18.2.2 高压电池系统电路

高压电池系统电路如图 18-11 和图 18-12 所示。

18.2.3 动力驱动单元控制电路

动力驱动单元控制电路如图 18-13 所示。

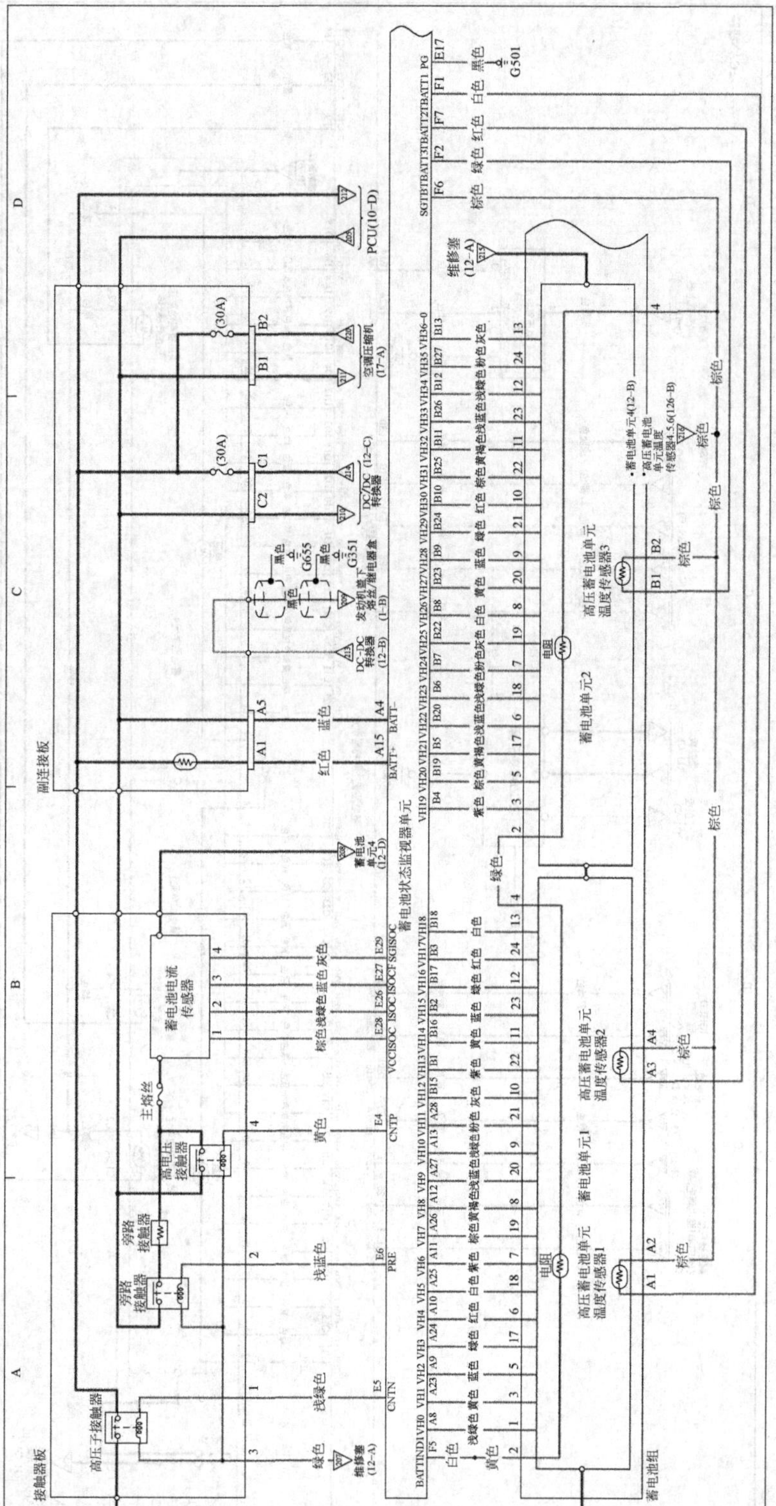

图 18-11　高压电池系统电路（一）

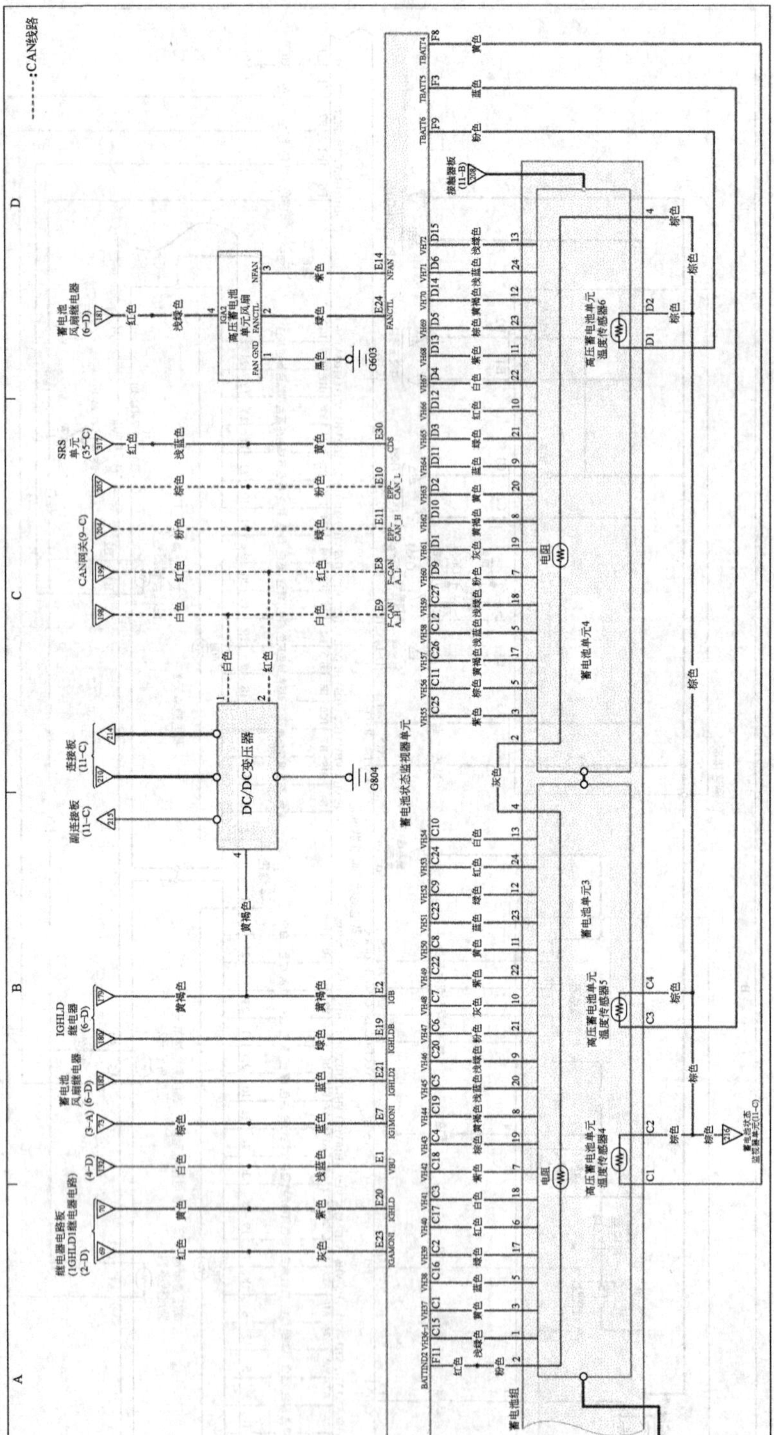

图 18-12　高压电池系统电路（二）

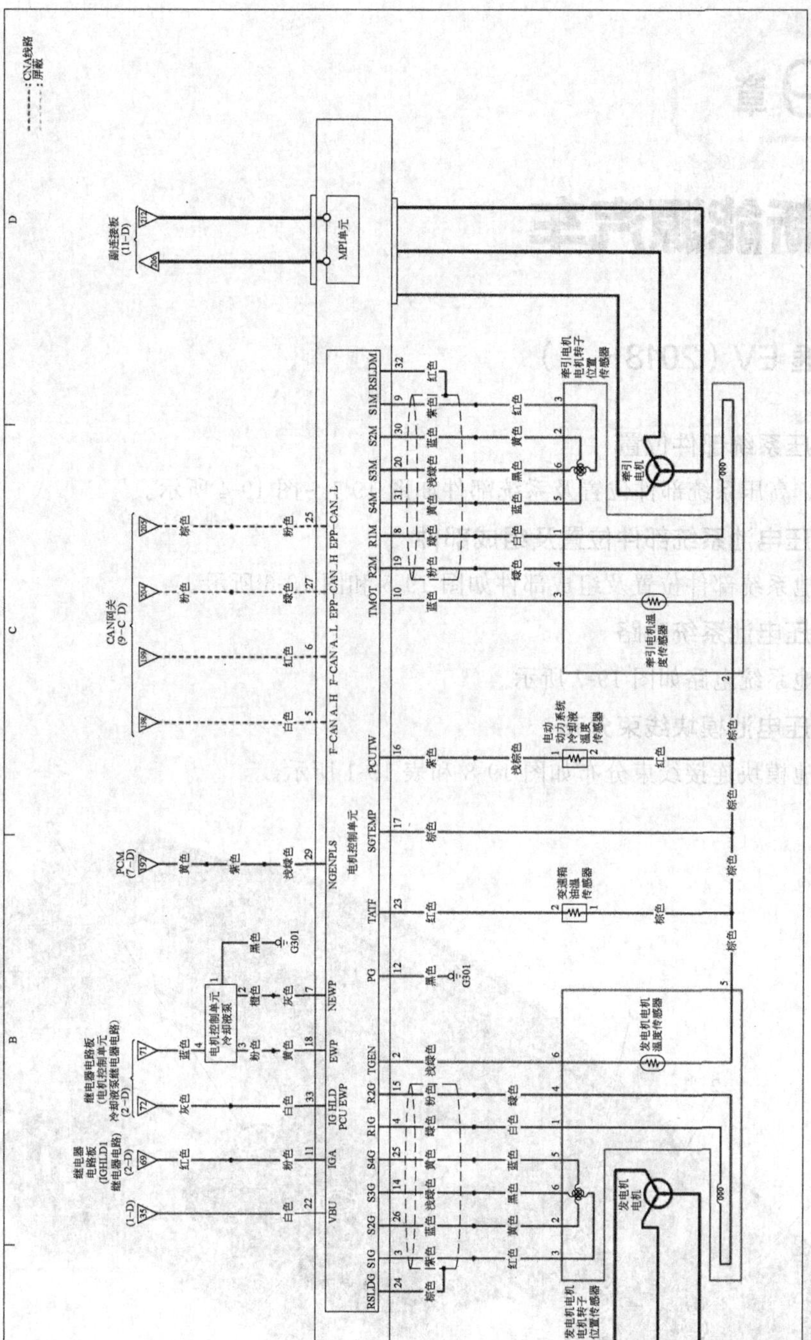

图 18-13 动力驱动单元控制电路

第19章

日产新能源汽车

19.1 轩逸 EV（2018~ ）

19.1.1 高压系统部件位置

轩逸 EV 高压系统部件位置及系统部件如图 19-1～图 19-4 所示。

19.1.2 高压电池系统部件位置及组成部件

高压电池系统部件位置及组成部件如图 19-5 和图 19-6 所示。

19.1.3 高压电池系统电路

高压电池系统电路如图 19-7 所示。

19.1.4 高压电池模块线束分布

高压电池模块连接线束分布如图 19-8 和表 19-1 所示。

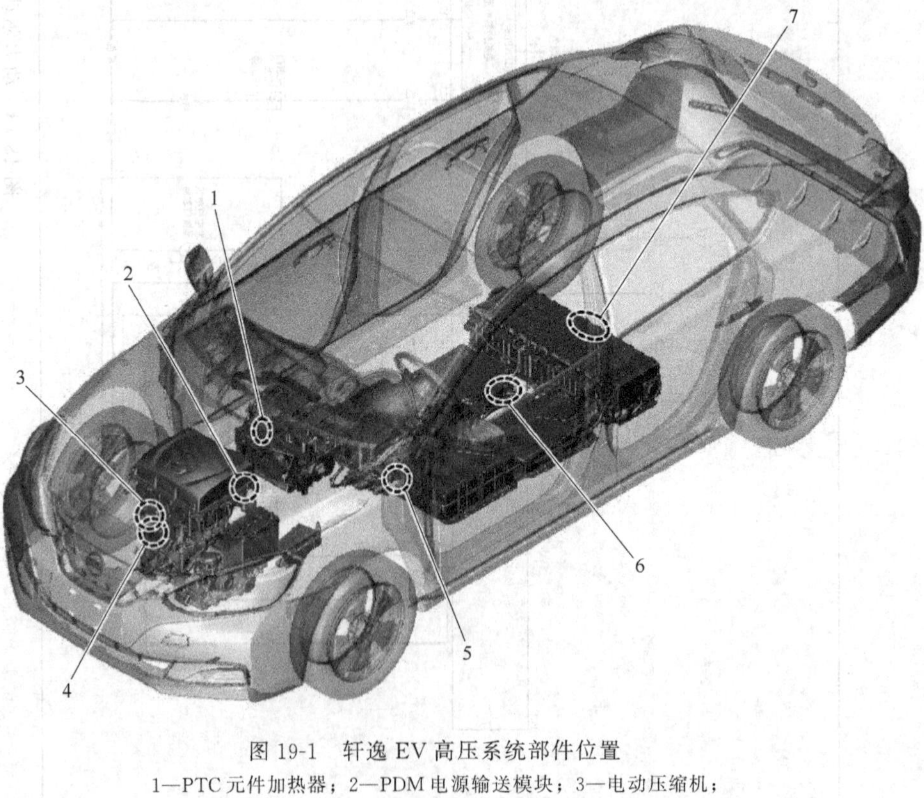

图 19-1 轩逸 EV 高压系统部件位置

1—PTC 元件加热器；2—PDM 电源输送模块；3—电动压缩机；4—牵引电机；5—高压线束；6—充电用插头；7—锂电池

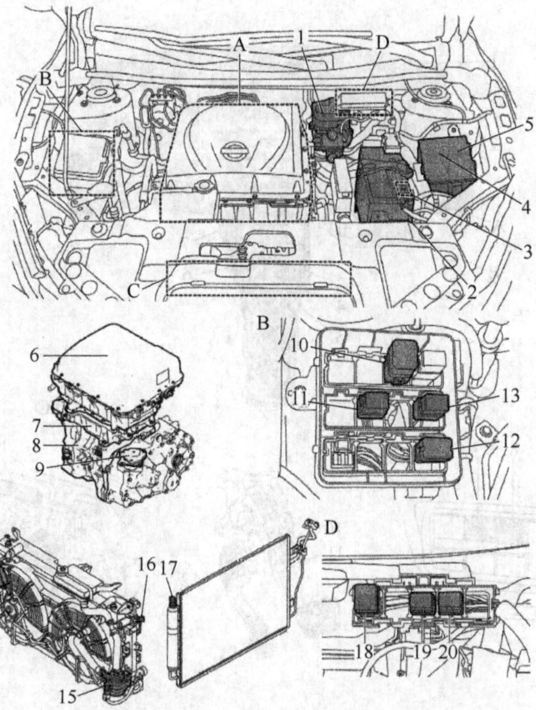

图 19-2　前机舱电动车辆控制系统部件位置

1—电子智能制动单元；2—12V 蓄电池；3—蓄电池电流传感器（带蓄电池温度传感器）；4—充电接头锁止继电器（IPDM E/R）；5—F/S 继电器（IPDM E/R）；6—PDF（电源输送模块）；7—牵引电机逆变器；8—牵引电机；9—驻车执行器；10—空调继电器；11—失效保护充电继电器；12—驻车执行器继电器 A；13—充电端子盖开启执行器继电器；14—冷却风扇控制模块；15—电动水泵；16—冷却液温度传感器；17—制冷剂压力传感器；18—冷却风扇继电器；19—倒车灯继电器；20—电机控制继电器；A—电子动力传动系统；B—电机室右后侧，继电器盒内；C—散热器总成周围；D—电机室左后侧，继电器盒内

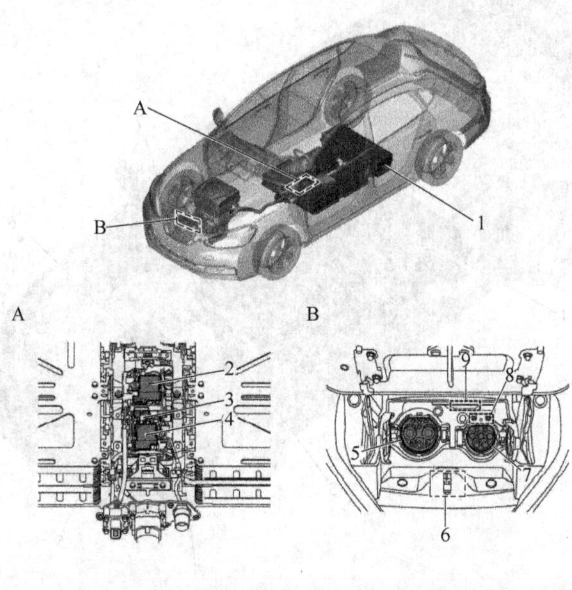

图 19-3　车身上电动车辆控制系统部件

1—锂电池控制器；2—系统主继电器 2；3—预充电继电器；4—系统主继电器 1；5—快速充电端子；6—充电端子盖开启执行器；7—正常充电端子；8—充电接头锁止执行器；9—充电接口指示灯；A—锂电池接线盒；B—充电端子

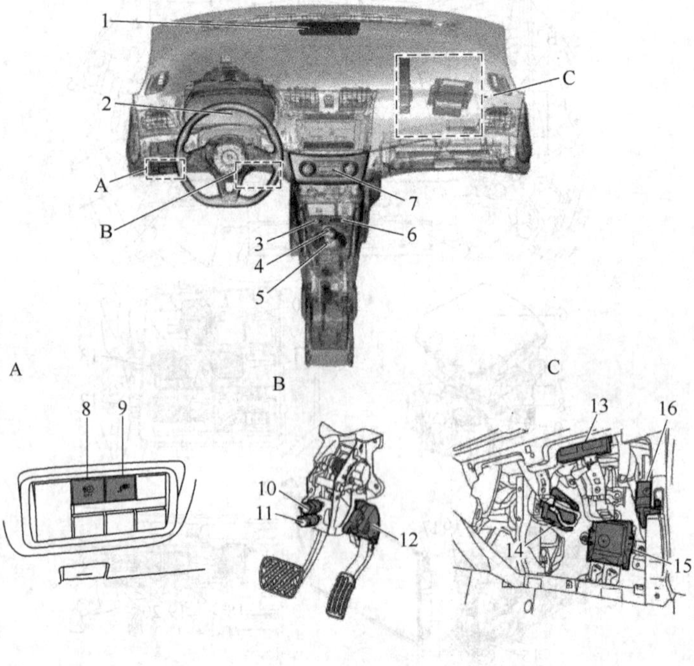

图 19-4　仪表架电动车辆控制系统部件

1—充电状态指示灯；2—组合仪表；3—ECO（经济）模式开关；4—P 挡开关；5—电子选挡杆；6—换挡杆指示灯；7—空调自动放大器；8—直充开关；9—充电端子盖开启器开关；10—制动灯开关；11—制动踏板位置开关；12—加速踏板位置传感器；13—VSP 控制单元；14—BCM（车身控制模块）；15—VCM（车辆控制模块）；16—TCU（远程信息处理控制单元）；A—开关面板；B—加速踏板和制动踏板上部；C—手套箱后方

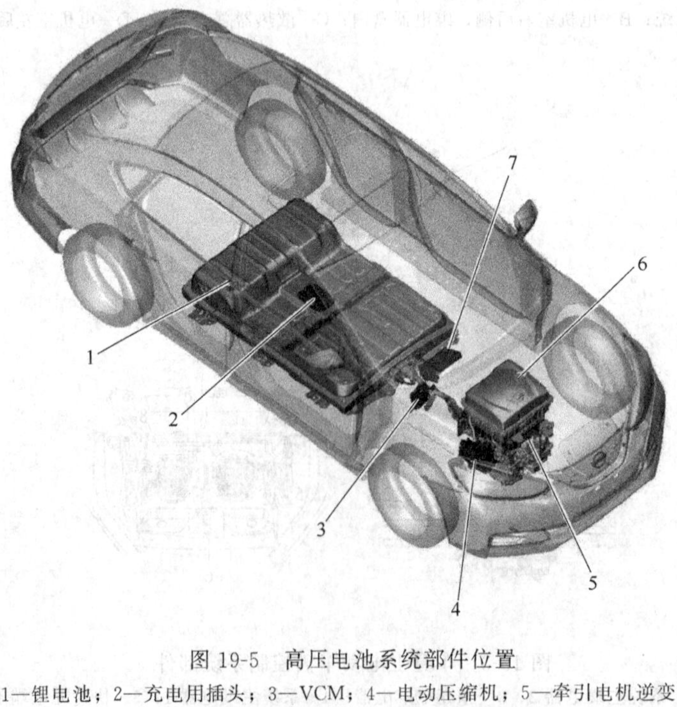

图 19-5　高压电池系统部件位置

1—锂电池；2—充电用插头；3—VCM；4—电动压缩机；5—牵引电机逆变器；6—PDM（电源输送模块）；7—PTC 加热器

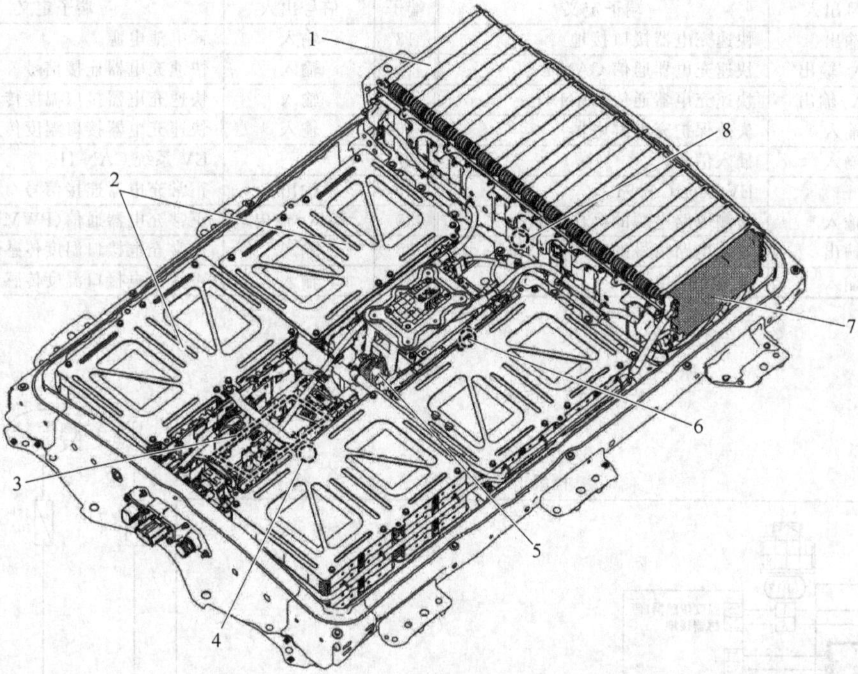

图 19-6 高压电池系统电池模块组成部件

1—后模块堆；2—前模块堆；3—蓄电池接线盒；4—蓄电池温度传感器 3；5—蓄电池电流传感器；6—蓄电池温度传感器 2；7—锂电池控制器（LBC）；8—蓄电池温度传感器 1

表 19-1 高压电池模块连接线束定义

接头编号	接头名称(连接的单元)	接头编号	接头名称(连接的单元)
LB1	车辆通信线束	LB11	LBC
LB2	高压蓄电池线束	LB12	LBC
LB3	PTC 加热器线束	LB13	LBC
LB4	互锁检测开关(PTC 加热器接头)	LB14	LBC
LB5	互锁检测开关(高压蓄电池线束接头)	LB15	LBC
LB6	蓄电池接线盒	LB16	LBC
LB7	PTC 加热器(＋)	LB17	蓄电池温度传感器 1
LB8	PTC 加热器(－)	LB18	蓄电池温度传感器 2 和蓄电池温度传感器 4
LB9	蓄电池电流传感器	LB19	右前模块堆
LB10	互锁检测开关(充电用插头)	LB20	左前模块堆

19.1.5 车载充电机电路与端子

车载充电机电路与端子如图 19-9 所示。

19.1.6 充电控制模块端子定义

充电控制模块端子如图 19-10 所示，其端子定义见表 19-2。

19.1.7 驱动电机控制器端子定义

驱动电机控制器端子如图 19-11 所示，其端子定义见表 19-3。

表 19-2　充电控制模块端子定义

端子	信号出入	端子定义	端子	信号出入	端子定义
5	输出	快速充电器接口接地	18	输入	蓄电池电源
6	输入/输出	快速充电器通信 CAN-L	20	输入	快速充电器连接信号
7	输入/输出	快速充电器通信 CAN-H	25	输入	快速充电器接口温度传感器信号 2
9	输入	失效保护充电继电器	26	输入	快速充电器接口温度传感器信号 1
10	输入	插入信号	27	—	EV 系统 CAN-H
11	—	EV 系统 CAN-L	29	输出	正常充电器连接信号
12	输入	检测电路电源的高压线束接头	30	输入/输出	正常充电器通信(PWM)
15	输出	检测电路信号的高压线束接头	35	输入	正常充电接口温度传感器信号 1
16	输入	电源 ON 电源	36	输入	正常充电接口温度传感器信号 2

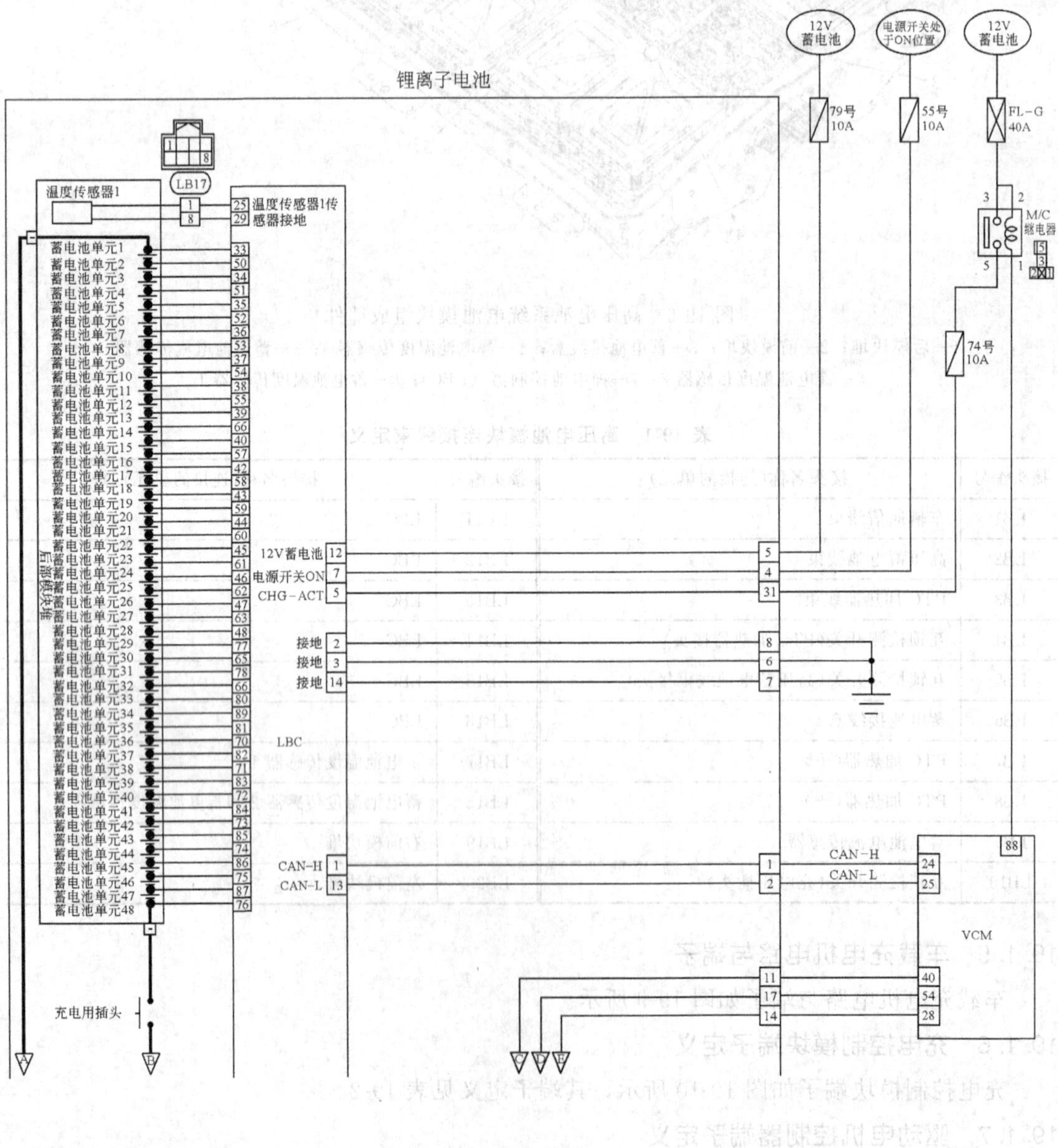

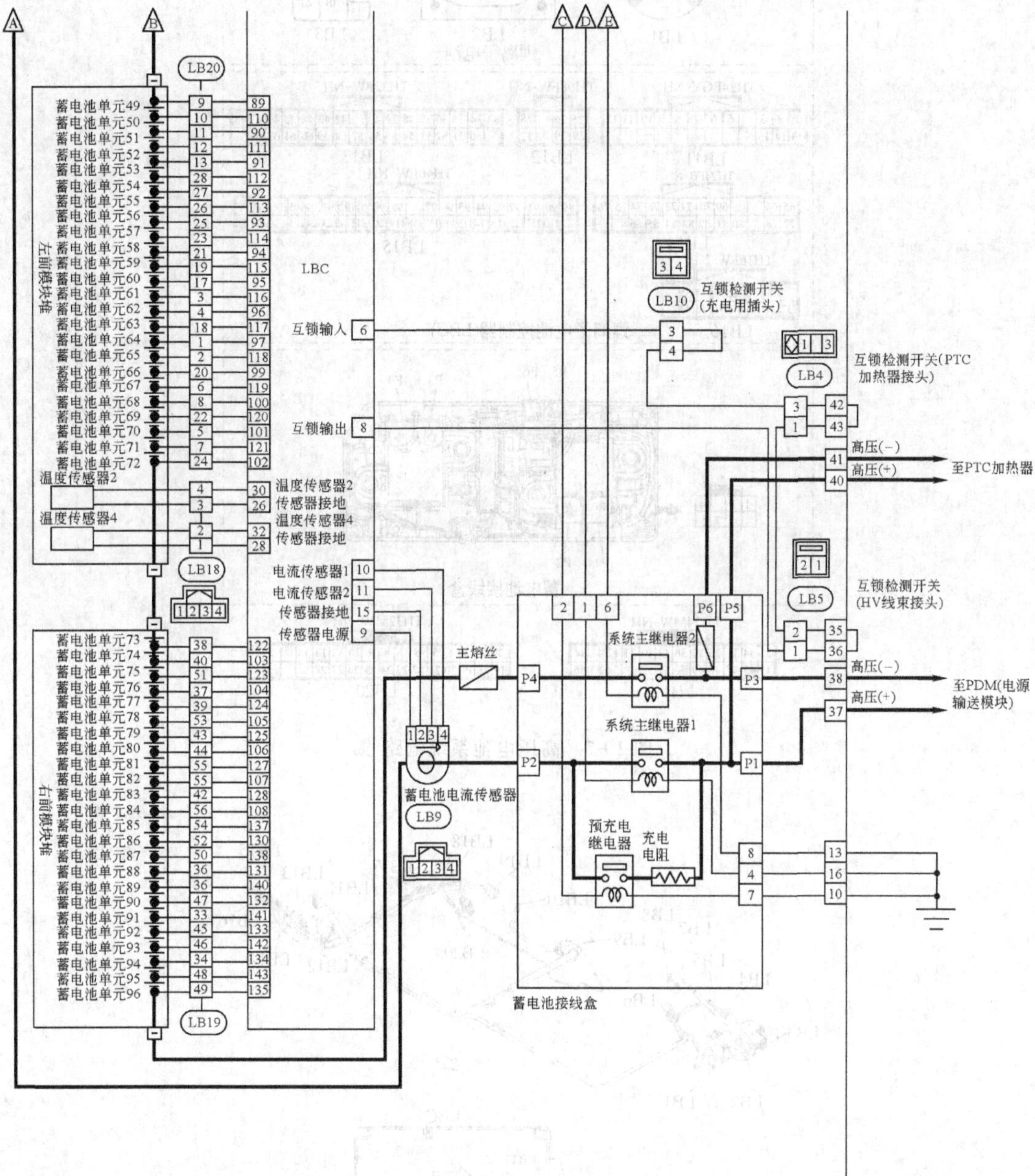
A
B
C
D
B
LB20
蓄电池单元49
蓄电池单元50
蓄电池单元51
蓄电池单元52
蓄电池单元53
蓄电池单元54
蓄电池单元55
蓄电池单元56
蓄电池单元57
蓄电池单元58
蓄电池单元59
蓄电池单元60
蓄电池单元61
蓄电池单元62
蓄电池单元63
蓄电池单元64
蓄电池单元65
蓄电池单元66
蓄电池单元67
蓄电池单元68
蓄电池单元69
蓄电池单元70
蓄电池单元71
蓄电池单元72
左前模块堆
温度传感器2
温度传感器4
温度传感器2
传感器接地
温度传感器4
传感器接地
LB18
LBC
互锁输入
互锁输出
电流传感器1
电流传感器2
传感器接地
传感器电源
蓄电池单元73
蓄电池单元74
蓄电池单元75
蓄电池单元76
蓄电池单元77
蓄电池单元78
蓄电池单元79
蓄电池单元80
蓄电池单元81
蓄电池单元82
蓄电池单元83
蓄电池单元84
蓄电池单元85
蓄电池单元86
蓄电池单元87
蓄电池单元88
蓄电池单元89
蓄电池单元90
蓄电池单元91
蓄电池单元92
蓄电池单元93
蓄电池单元94
蓄电池单元95
蓄电池单元96
右前模块堆
LB19
主熔丝
蓄电池电流传感器
LB9
LB10
互锁检测开关
(充电用插头)
LB4
互锁检测开关(PTC
加热器接头)
高压(−)
高压(+)
至PTC加热器
LB5
互锁检测开关
(HV线束接头)
系统主继电器2
系统主继电器1
预充电
继电器
充电
电阻
高压(−)
高压(+)
至PDM(电源
输送模块)
蓄电池接线盒

图 19-7

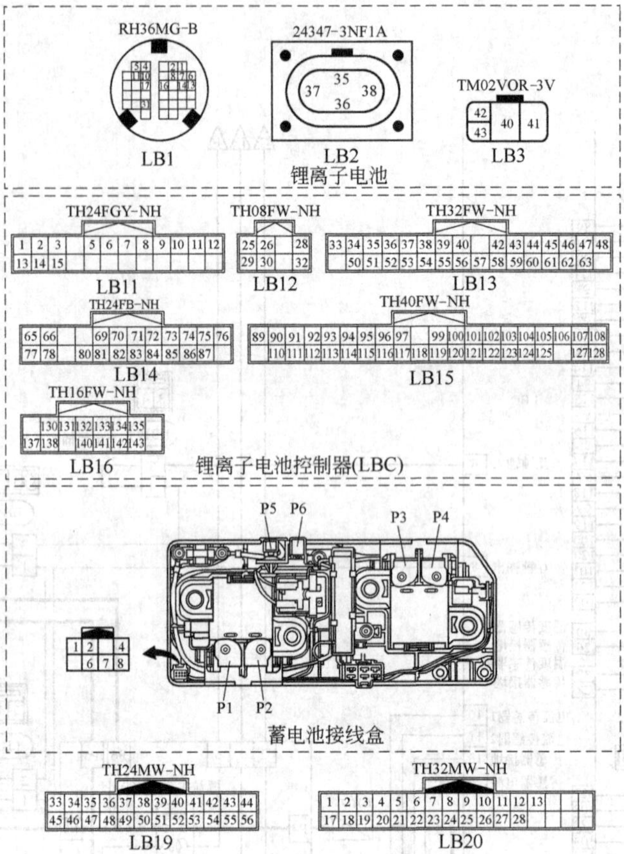

图 19-7 高压电池系统电路

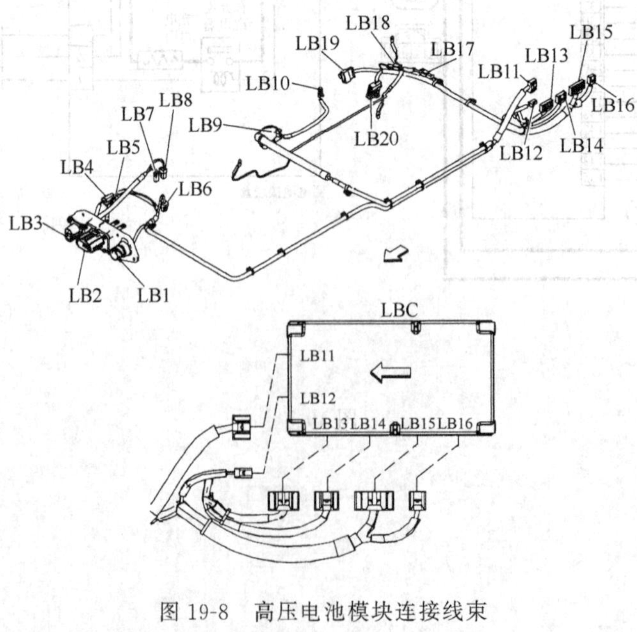

图 19-8 高压电池模块连接线束

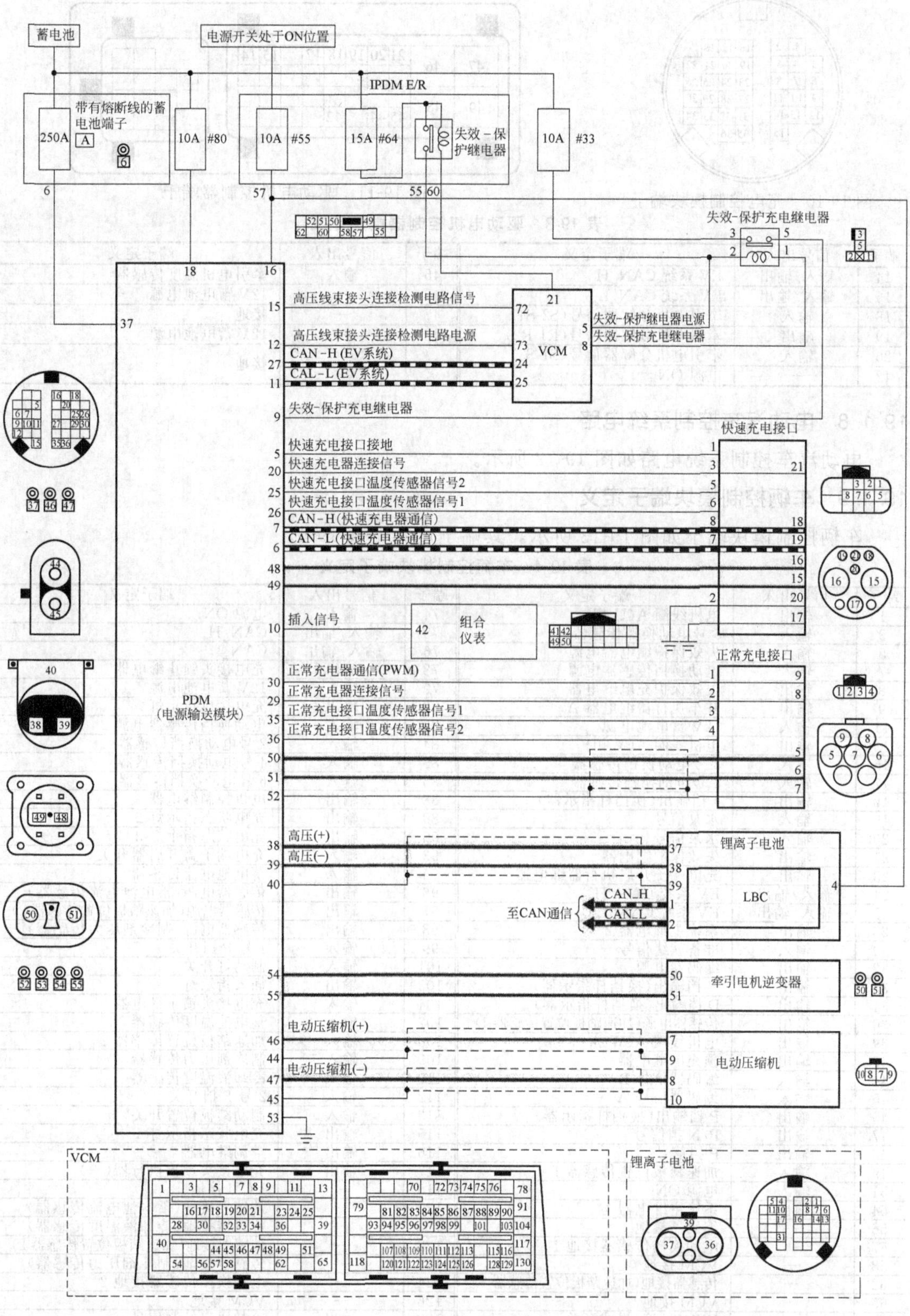

图 19-9　车载充电机电路与端子

图 19-10　充电控制模块端子

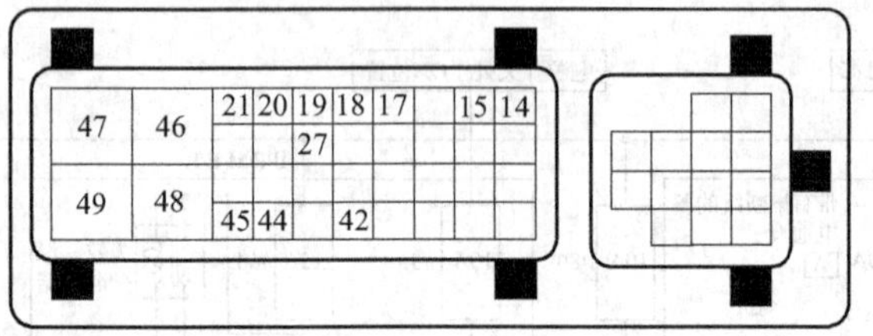

图 19-11　驱动电机控制器端子

表 19-3　驱动电机控制器端子定义

端子	信号出入	端子定义	端子	信号出入	端子定义
14	输入/输出	EV 系统 CAN_H	45	输入	牵引电机温度传感器
15	输入/输出	EV 系统 CAN_L	46	—	12V 蓄电池电源
18	输入	牵引电机分解器信号(S2-S4)	47	—	接地
19	输出	牵引电机分解器信号(R1-R2)	48	—	12V 蓄电池电源
20	输入	牵引电机分解器信号(S1-S3)	49	—	接地
42	—	电源 ON			

19.1.8　电动汽车控制系统电路

电动汽车控制系统电路如图 19-12 所示。

19.1.9　车辆控制模块端子定义

车辆控制模块端子如图 19-13 所示，其端子定义见表 19-4。

表 19-4　车辆控制模块端子定义

端子	信号出入	端子定义	端子	信号出入	端子定义
1	输出	电机线圈 A(U 相)	74	输入	电源 ON
3	输入	5 号电动换挡传感器	75	输入/输出	CAN_H
5	输入	失效保护继电器电源	76	输入/输出	CAN_L
7	输入	电动换挡传感器电源 1	78	输出	充电接头锁止继电器
8	输出	失效保护充电继电器	79	输入	12V 蓄电池电源
9	输出	驻车执行器继电器 A	82	输出	充电接口指示灯
11	输入	12V 蓄电池电源	83	输入	电动换挡传感器电源 2
13	输出	电机线圈 A(V 相)	84	输入	2 号电动换挡传感器
16	输入	3 号电动换挡传感器	85	输入	4 号电动换挡传感器
17	输入	1 号电动换挡传感器	86	输入	6 号电动换挡传感器
18	输出	4 挡输出(换挡杆指示器)	88	输出	电机控制继电器
19	输入	水泵信号	89	输出	充电状态指示灯 2
20	输入	水泵信号	90	输出	充电状态指示灯 3
21	输出	失效保护继电器	93	输入	充电端子盖开启器开关
23	输出	充电端子开启执行器继电器	95	输入	蓄电池电流传感器
24	输入/输出	EV 系统 CAN_H	96	输出	传感器电源(蓄电池电流传感器)
25	输入/输出	EV 系统 CAN_L	97	输出	传感器电源(加速踏板位置传感器 2)
28	输出	系统主继电器 2	98	输出	传感器电源(制冷剂压力传感器)
30	输入	准备就绪信号	99	输入	1 号 P 挡开关
32	输出	编码器电源	101	输入	制动灯开关
33	输出	N 挡输出(换挡杆指示器)	103	输出	插入指示灯
34	输出	D 挡输出(换挡杆指示器)	104	输入	充电接头锁止继电器
36	输出	传感器电源(加速踏板位置传感器 1)	107	输入	蓄电池温度传感器
39	输出	电机线圈 A(W 相)	108	输入	加速踏板位置传感器 2
40	输出	预充电继电器	109	输入	制冷剂压力传感器
44	输入	编码器信号 B	110	输入	冷却液温度传感器
45	输入	编码器信号 A	112	输入	2 号 P 挡开关
46	输出	P 挡输出(换挡杆指示器)	113	输入	制动踏板位置开关
47	输出	P/N 挡信号	115	输出	充电状态指示灯 1
48	输出	P 挡信号	116	输出	空调继电器
49	输入	加速踏板位置传感器 1	117	输出	充电接头锁止执行器(＋)
51	输入	电源 ON	118	—	VCM 接地
54	输出	系统主继电器 1	120	—	传感器接地(蓄电池电流传感器)
56	—	编码器接地	121	—	传感器接地(冷却液温度传感器)
57	—	电动换挡传感器接地 1	122	—	传感器接地(加速踏板位置传感器 2)
58	—	VCM 接地	123	—	传感器接地(制冷剂压力传感器)
62	—	传感器接地(加速踏板位置传感器 1)	124	—	电动换挡传感器接地 2
65	—	VCM 接地	126	—	VCM 接地
67	输入	ECO(经济)模式开关	128	输出	冷却风扇控制信号
70	输出	倒车灯继电器	129	输入	直充开关
72	输入	连接检测电路信号	130	输出	充电接头锁止执行器(－)
73	输出	连接检测电路电源			

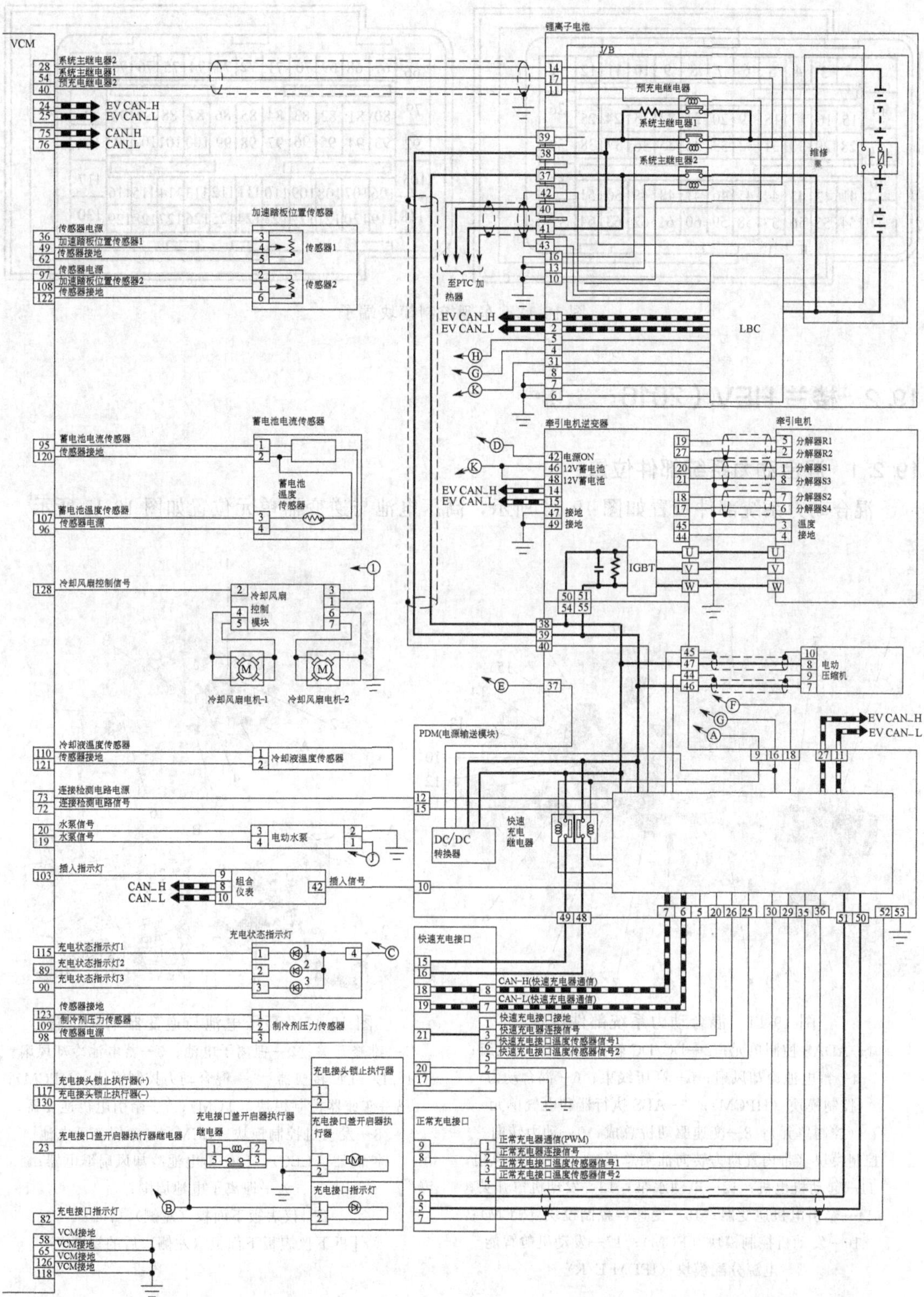

图 19-12　电动汽车控制系统电路

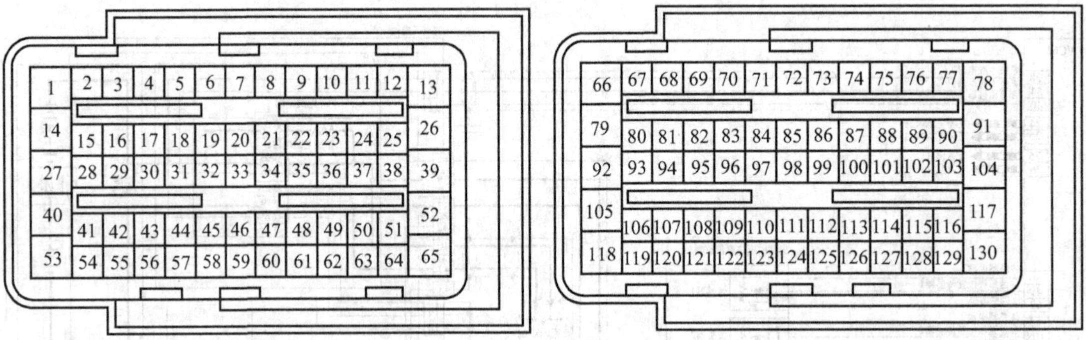

图 19-13　车辆控制模块端子

19.2　楼兰 HEV（2016～　）

19.2.1　混合动力系统部件位置

混合动力系统部件位置如图 19-14 所示，高压电池与逆变器单元位置如图 19-15 所示。

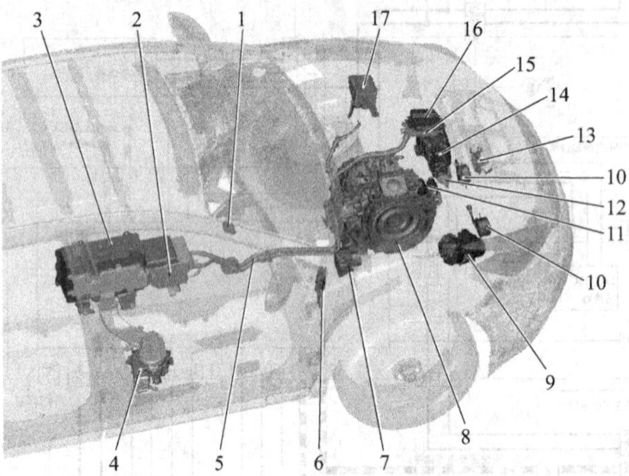

图 19-14　混合动力系统部件位置

1—ADAS 控制单元；2—DC/DC 转换器；3—电池组；4—蓄电池冷却风扇；5—高压线束；6—混合动力控制模块（HPCM）；7—ABS 执行器和电气单元（控制单元）；8—变速驱动桥总成；9—动力转向控制模块（带内置动力转向油泵总成）；10—冷却风扇；11—起动机电机；12—电动水泵；13—发动机罩开关；14—牵引电机逆变器；15—变速器控制模块（TCM）；16—发动机控制模块（ECM）；17—发动机舱智能电源分配模块（IPDM E/R）

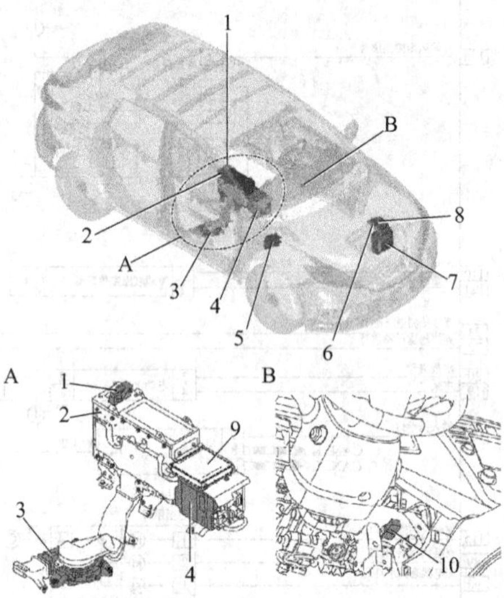

图 19-15　高压电池与逆变器单元位置

1—维修开关；2—锂离子电池；3—蓄电池冷却风扇；4—DC/DC 转换器；5—混合动力控制模块（HPCM）；6—变速器控制模块（TCM）；7—牵引电机逆变器；8—发动机控制模块（ECM）；9—锂离子电池控制器（LBC）；10—蓄电池冷却风扇继电器；A—锂离子电池周围；B—仪表板下面板（左侧）后面［拆下仪表板下面板（左侧）后的视图］

19.2.2　高压电池控制系统电路

高压电池控制系统电路与相关端子分布如图 19-16 所示。

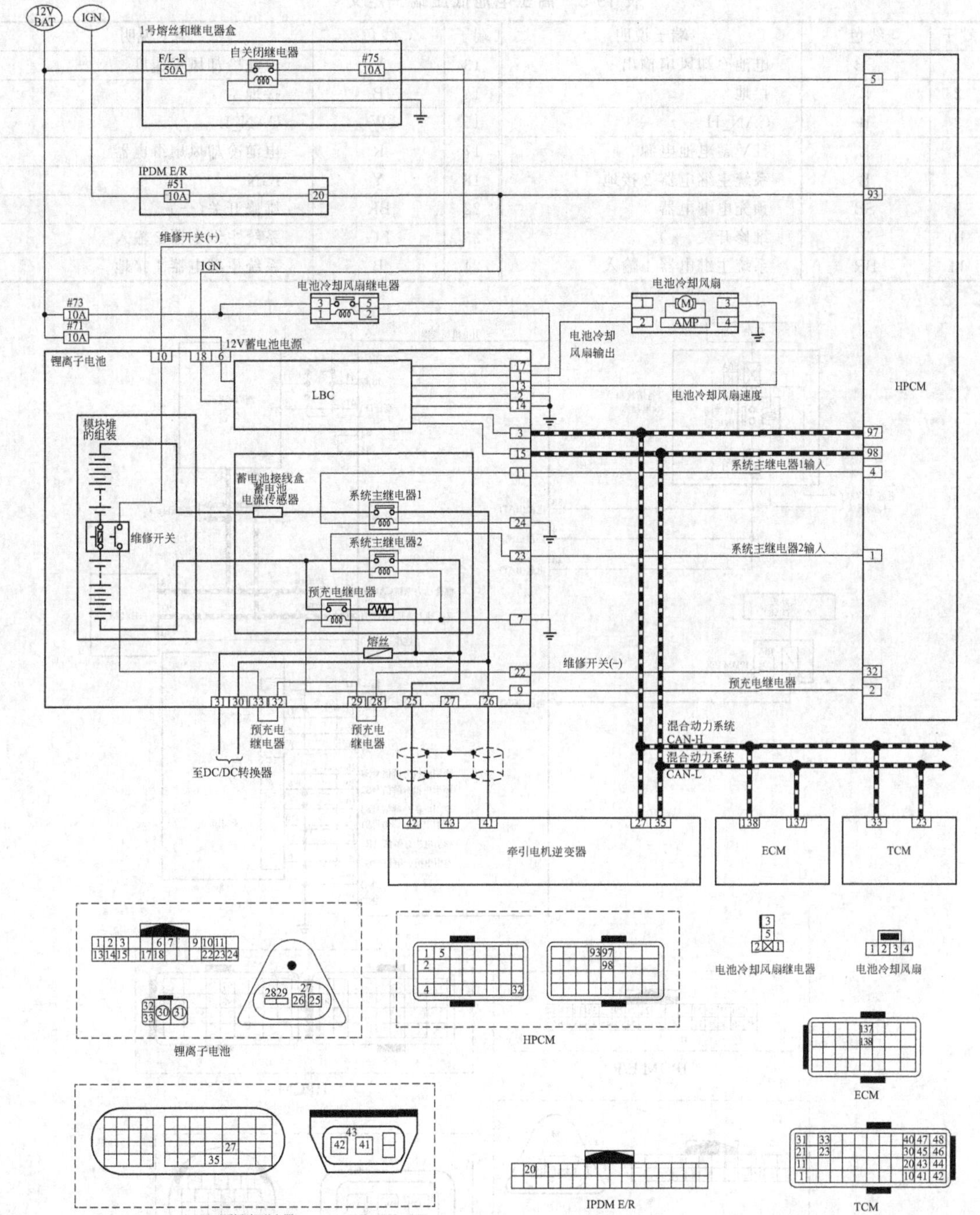

图 19-16　高压电池控制系统电路与相关端子分布

19.2.3　高压电池低压端子定义

高压电池低压端子分布如图 19-17 所示，其端子定义见表 9-4。

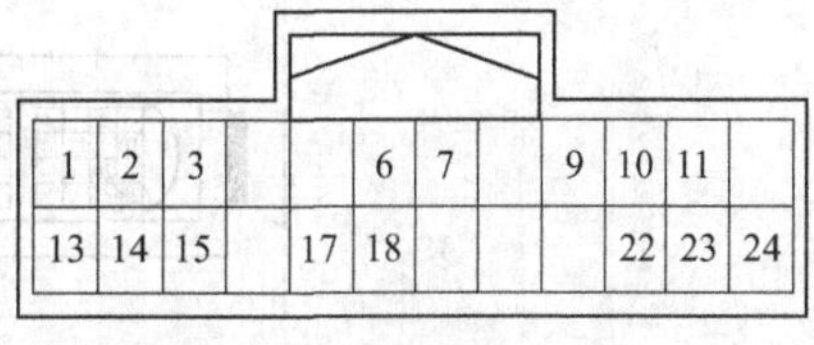

图 19-17　高压电池低压端子分布

19.2.4　牵引电机控制电路

牵引电机控制电路与相关端子分布如图 19-18 所示。

表 19-5　高压电池低压端子定义

端子	线色	端子说明	端子	线色	端子说明
1	SB	电池冷却风扇输出	13	V	电池冷却风扇速度
2	B	接地	14	B	接地
3	B	CAN_H	15	W	CAN_L
6	L	12V 蓄电池电源	17	R	电池冷却风扇继电器
7	B	系统主继电器 2 接地	18	Y	IGN
9	SB	预充电继电器	22	BR	维修开关(－)
10	V	维修开关(＋)	23	LG	系统主继电器 2 输入
11	BR	系统主继电器 1 输入	24	B	系统主继电器 1 接地

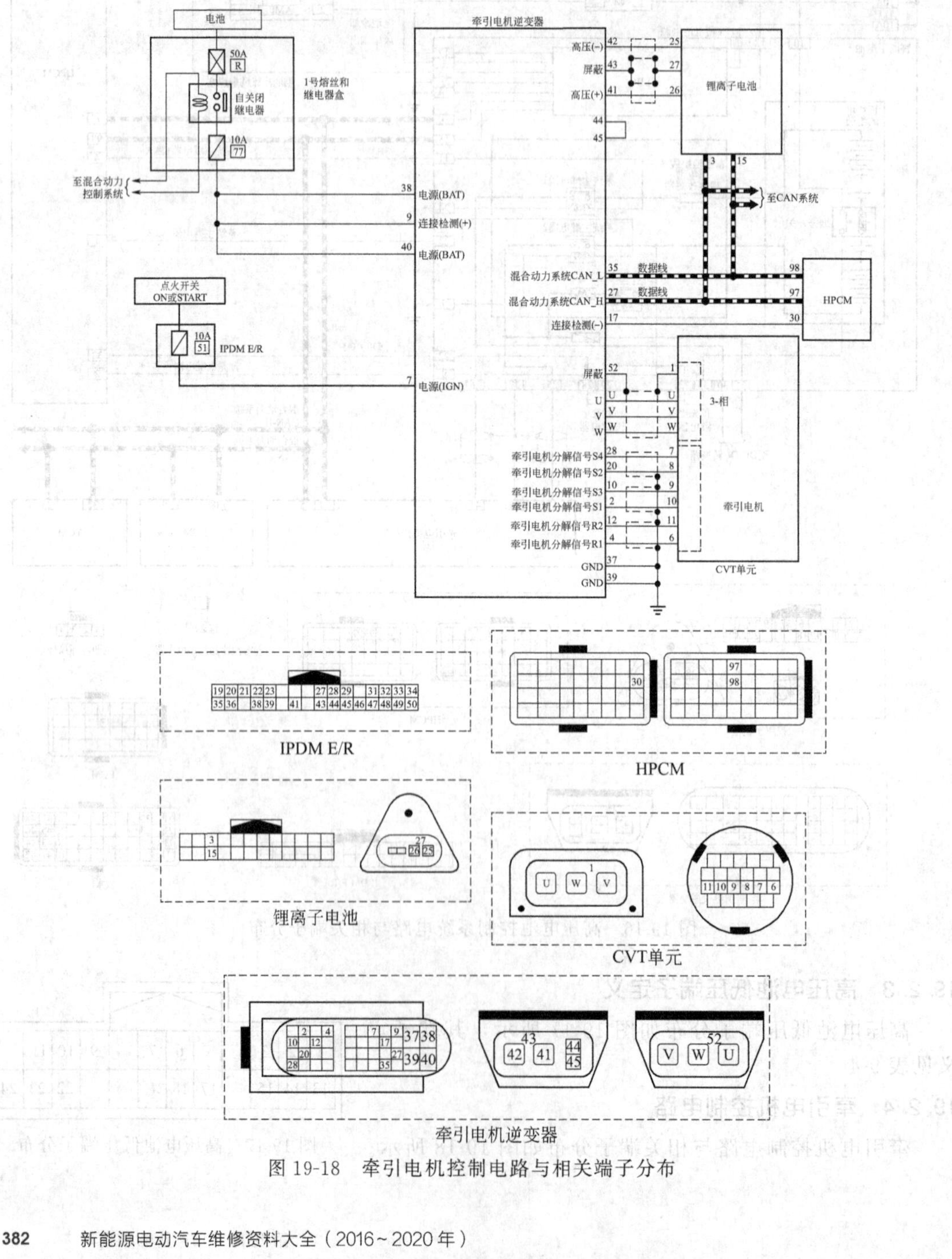

图 19-18　牵引电机控制电路与相关端子分布

19.2.5 牵引电机逆变器端子定义

逆变器端子分布如图 19-19 所示，其端子检测见表 19-6。

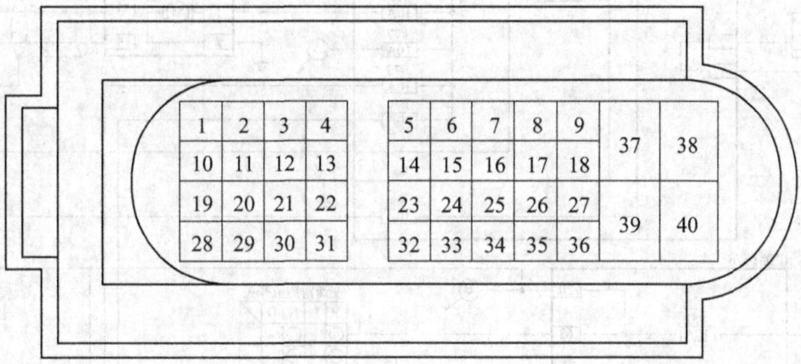

图 19-19　逆变器端子分布

表 19-6　逆变器端子检测

端子(颜色)		端子说明	输入/输出	检测条件	规定状态
+	—				
2(B)	10(W)	牵引电机分解器信号(S1,S3)	输入	点火开关 OFF	1.5kΩ 或以上
4(B)	12(W)	牵引电机分解器信号(R1,R2)	输出	点火开关 OFF	10kΩ 或以上
7(Y)	接地	电源(IGN)	—	点火开关 ON	9～16V
				点火开关 OFF	0V
9(SB)	17(W)	连接检测	输入/输出	—	—
20(B)	28(W)	牵引电机分解器信号(S2,S4)	输入	点火开关 OFF	1.5kΩ 或以上
27(B)	—	HEV 系统 CAN_H	输入/输出	—	—
35(W)	—	HEV 系统 CAN_L	输入/输出	—	—
37(B)	接地	接地	—	一直	0V
38(SB)	接地	电源(BAT)	—	点火开关 ON	9～16V
				点火开关 OFF	0V
39(B)	接地	接地	—	一直	0V
40(SB)	接地	电源(BAT)	—	点火开关 ON	9～16V
				点火开关 OFF	0V

19.2.6 混合动力控制系统电路

混合动力控制系统电路如图 19-20 所示。

19.2.7 混合动力控制模块端子定义

混合动力控制模块端子分布如图 19-21 所示，其端子定义见表 19-7。

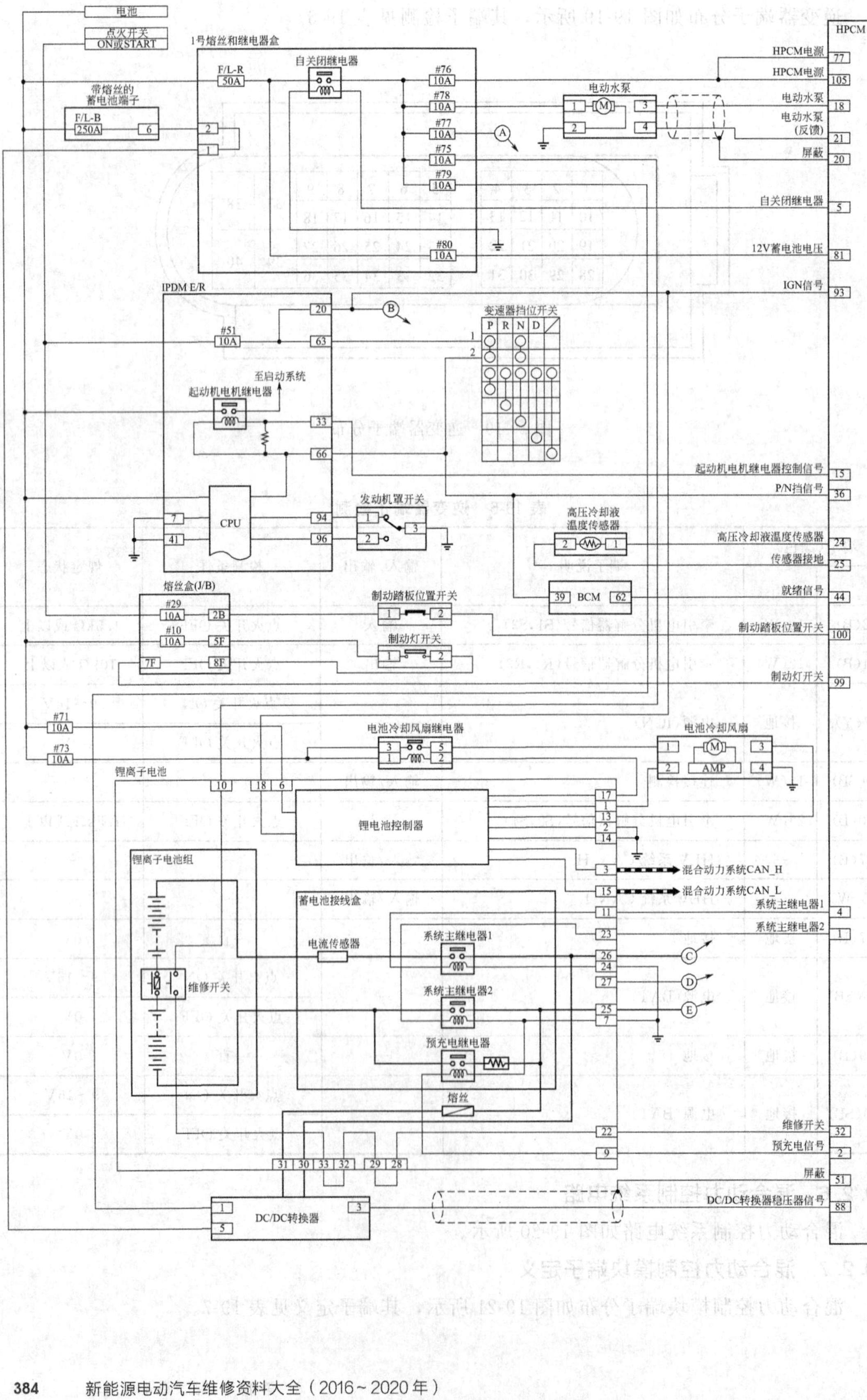

电池
点火开关
ON或START
1号熔丝和继电器盒
带熔丝的
蓄电池端子
F/L-B
250A
F/L-R
50A
自关闭继电器
#76
#78
#77
#75
#79
#80
10A
电动水泵
HPCM
HPCM电源
电动水泵
电动水泵
(反馈)
屏蔽
自关闭继电器
12V蓄电池电压
IGN信号
IPDM E/R
#51
变速器挡位开关
P R N D
至启动系统
起动机电机继电器
CPU
发动机罩开关
起动机电机继电器控制信号
P/N挡信号
高压冷却液
温度传感器
高压冷却液温度传感器
传感器接地
BCM
就绪信号
熔丝盒(J/B)
#29
#10
制动踏板位置开关
制动灯开关
#71
#73
电池冷却风扇继电器
电池冷却风扇
AMP
锂离子电池
锂电池控制器
锂离子电池组
混合动力系统CAN_H
混合动力系统CAN_L
蓄电池接线盒
系统主继电器1
系统主继电器2
电流传感器
维修开关
预充电继电器
熔丝
维修开关
预充电信号
屏蔽
DC/DC转换器稳压器信号
DC/DC转换器

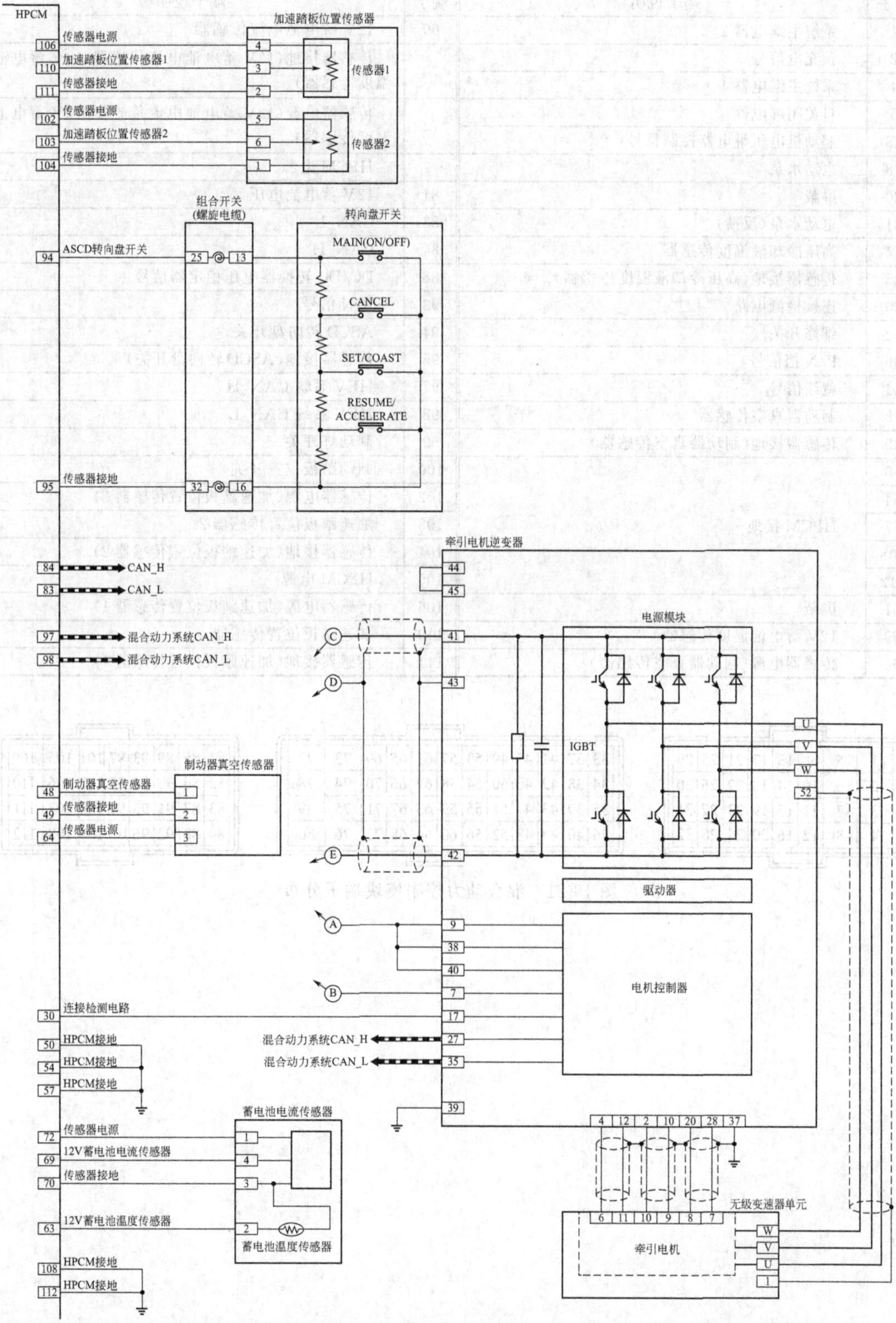

图 19-20　混合动力控制系统电路

表 19-7　混合动力控制模块端子定义

端子	端子说明
1	系统主继电器 2
2	预充电信号
4	系统主继电器 1
5	自关闭继电器
15	起动机电机继电器控制信号
18	电动水泵
20	屏蔽
21	电动水泵(反馈)
24	高压冷却液温度传感器
25	传感器接地(高压冷却液温度传感器)
30	连接检测电路
32	维修开关
36	P/N 挡信号
44	就绪信号
48	制动器真空传感器
49	传感器接地(制动器真空传感器)
50	HPCM 接地
54	HPCM 接地
57	HPCM 接地
108	HPCM 接地
112	HPCM 接地
51	屏蔽
63	12V 蓄电池温度传感器
64	传感器电源(制动器真空传感器)
69	12V 蓄电池电流传感器
70	传感器接地(12V 蓄电池电流传感器,12V 蓄电池温度传感器)
72	传感器电源(12V 蓄电池电流传感器,12V 蓄电池温度传感器)
77	HPCM 电源
81	12V 蓄电池电压
83	CAN_L
84	CAN_H
88	DC/DC 转换器电压稳定器信号
93	IGN 信号
94	ASCD 转向盘开关
95	传感器接地(ASCD 转向盘开关)
97	HEV 系统 CAN_H
98	HEV 系统 CAN_L
99	制动灯开关
100	制动踏板位置开关
102	传感器电源(加速踏板位置传感器 2)
103	加速踏板位置传感器 2
104	传感器接地(加速踏板位置传感器 2)
105	HPCM 电源
106	传感器电源(加速踏板位置传感器 1)
110	加速踏板位置传感器 1
111	传感器接地(加速踏板位置传感器 1)

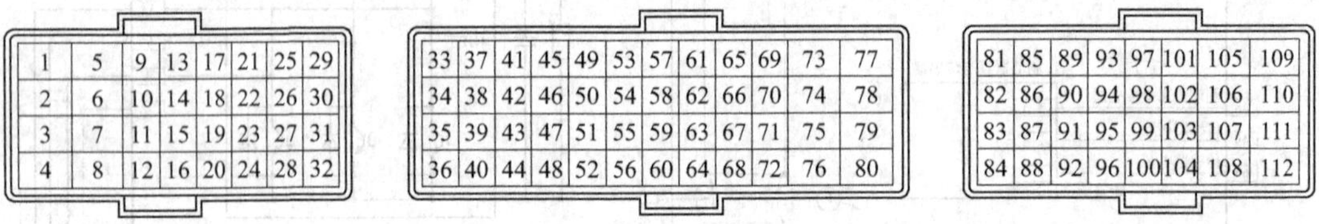

图 19-21　混合动力控制模块端子分布

第20章

现代-起亚新能源汽车

20.1 现代索纳塔 PHEV (2018~)

20.1.1 混合动力系统部件位置

混合动力系统部件位置如图 20-1 所示。

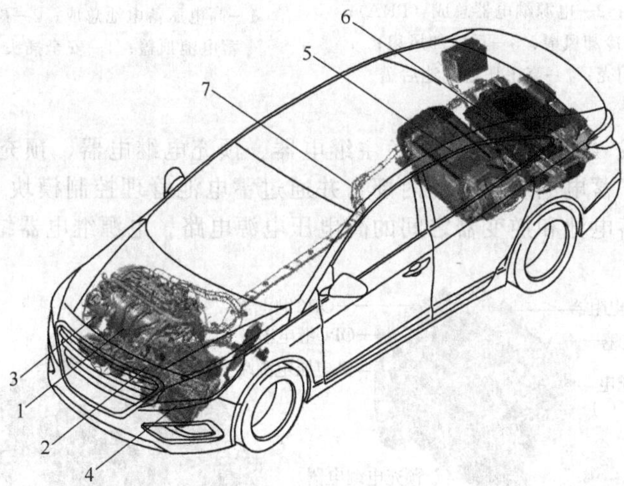

图 20-1 混合动力系统部件位置

1—发动机；2—混合动力驱动电机；3—HSG（混合动力起动发电机）；4—变速器；5—主高电压蓄电池系统；6—副高电压蓄电池系统；7—电源线束

20.1.2 高压电池系统

此蓄电池是锂离子聚合物电池（LiPB），配备 96 个单格电池（8 个单格电池×12 个模块）。各单格电池的电压是直流 3.75V，所以此蓄电池组的额定电压为直流 360V。高压电池技术参数见表 20-1，电池模块分解如图 20-2 和图 20-3 所示。

表 20-1 高压电池技术参数

项目	规格	备 注
单格电池数量	8 个单格电池×12 个模块	1 个单格电池＝3.75V
额定电压/V	360	额定 1C 放电、充电状态(SOC)55％、20℃时端子电压
标准容量/A·h	27.2	初始，20℃
额定能量/W·h	9,800	额定容量×额定电压
放电功率/kW	最大 68	
充电功率/kW	最大(－)54	
工作电压/V	240～412.8(2.5V≤单格电池电压≤4.3V)	
工作电流/A	－200～200	

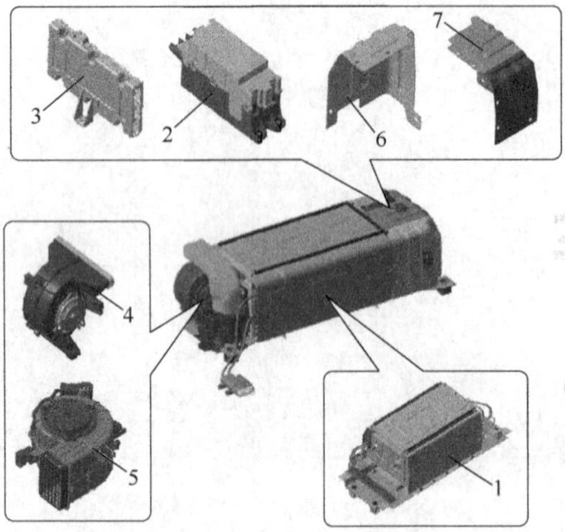

图 20-2 主高压电池模块

1—高电压蓄电池总成；2—电源继电器总成（PRA）；3—主 BMS；4—前冷却风扇；5—后冷却风扇；6—高电压蓄电池前壳；7—高电压蓄电池后盖

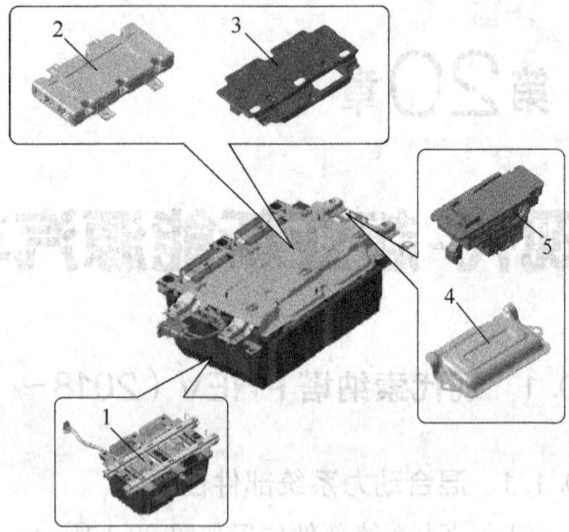

图 20-3 副高压电池模块

1—高电压蓄电池总成；2—副 BMS；3—高电压蓄电池顶盖；4—安全插头盖；5—安全插头

电源继电器总成（PRA）包括正/负主继电器、预充电继电器、预充电电阻器和蓄电池电流传感器。它位于蓄电池组总成的内部，并通过蓄电池管理控制模块（BMS ECU）的控制信号控制高电压蓄电池和逆变器之间的高电压电源电路。电源继电器结构如图 20-4 所示。

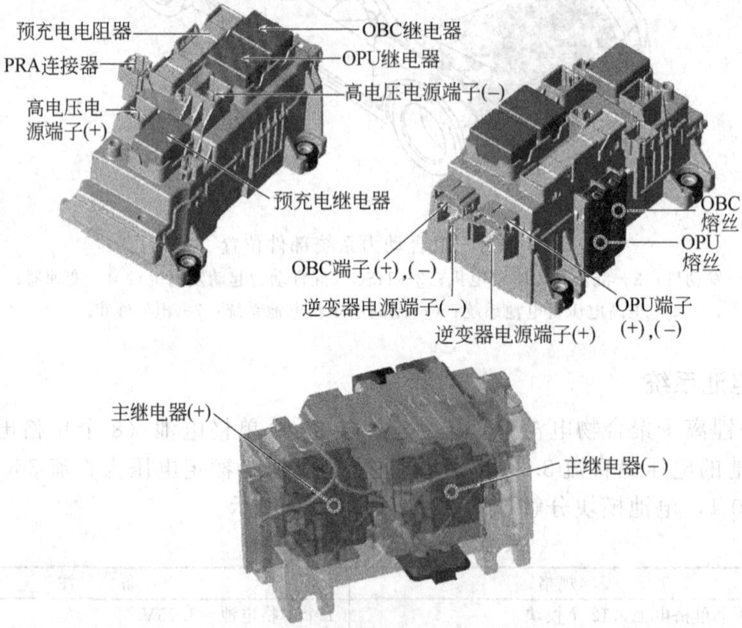

图 20-4 电源继电器结构

20.1.3 混合动力驱动系统技术参数

电机是混合动力车辆的核心设备。混合动力电机系统配置两个电机，包括用作主动力的驱动电机，以及相当于传统车辆中的起动机和发电机的启动发电机（HSG）。驱动电机运转驱动车辆，以此降低行驶期间的噪声、振动和声振粗糙度（NVH），提高燃油效率。

车辆行驶时，驱动电机补充发动机的动力，以增加动力输出，并使发动机在省油模式下运转。此外，在减速和制动期间，驱动电机转换为发电机的功能，向高电压蓄电池进行充电。在车辆行驶状态，混合动力起动发电机（HSG）用来起动发动机。混合动力驱动系统原理如图20-5所示，其驱动电机技术参数见表20-2，逆变器技术参数见表20-3，紧固件规格见表20-4。

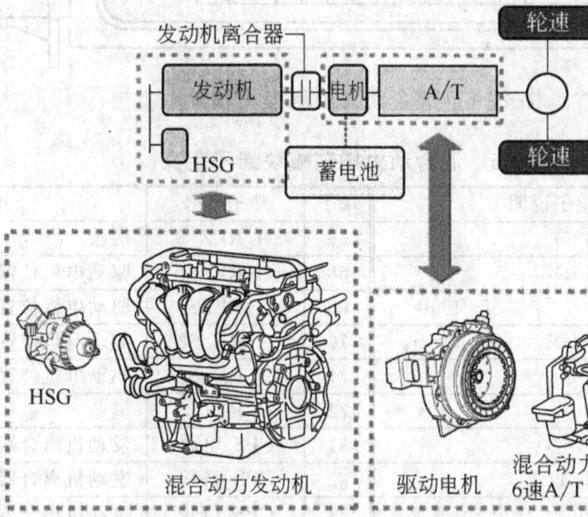

图20-5 混合动力驱动系统原理

表20-2 混合动力驱动系统驱动电机技术参数

项目	驱动电机	HSG
类型	PMSM(永磁同步电机)	PMSM(永磁同步电机)
功能	驱动车轮,发电	发动机起动,发电
系统电压/V	360	360
最大输出/kW	50	8.5
最大转矩/N·m	205	43.2
最大转速/(r/min)	6000	15000
冷却系统	变速器油冷却	水冷却

表20-3 逆变器技术参数

项　目		说　明	备　注
逆变器	电机	最大205A	控制驱动电机转矩
		700V/400A电源模块	
	HSG	最大值125A	控制HSG扭矩
		650V/200A电源模块	
总成		安装位置	发动机室
		总容量	约9.2L
		总质量	12.5kg

表20-4 紧固件规格

项　目	转矩/N·m	项　目	转矩/N·m
HPCU固定螺栓	9.6～29.4	高电压总成前盖固定螺栓	7.8～11.8
HSG固定螺栓	44.1～53.9	自动变速器上固定螺栓(变速器→发动机)	42.2～53.9
EWP固定螺栓	7.9～11.8	自动变速器下固定螺栓(发动机→变速器)	42.2～53.9
储油罐固定螺栓	7.9～11.8	自动变速器支架螺栓	88.3～107.9

20.1.4 混合动力驱动控制模块端子定义

混合动力控制模块端子如图20-6所示，其端子定义见表20-5。

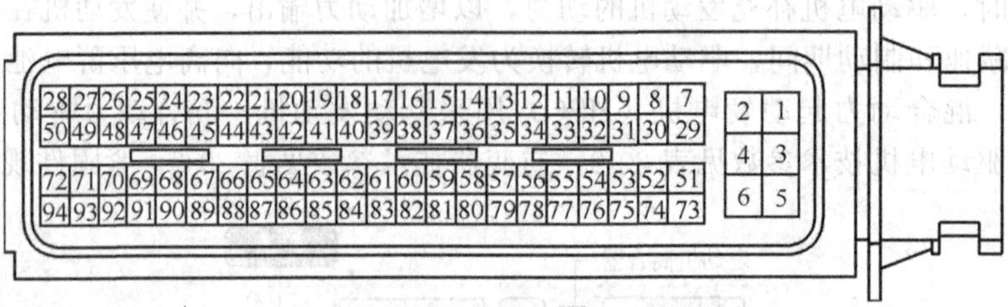

图 20-6　混合动力控制模块端子

表 20-5　混合动力控制模块端子定义

端子	端子信号	端子说明	端子	端子信号	端子说明
5	VB1	车辆电源 1(B+)	66	H_REZ_S	屏蔽
6	VB2	车辆电源 2(B+)	68	H_REZS1	驱动电机位置传感器输入信号(1)
3	搭铁 1	电源搭铁 1	69	H_REZS3	驱动电机位置传感器输入信号(3)
4	VB3	车辆电源 3(B+)	70	H_REZS2	驱动电机位置传感器输入信号(2)
1	搭铁 2	电源搭铁 2	71	H_REZS4	驱动电机位置传感器输入信号(4)
2	搭铁 3	电源搭铁 3	72	H_REZ_S	屏蔽
73	IGN	点火开关	31	CPS_电源	发动机离合器压力传感器_电源
78	P_CAN_H	P-CAN(高电位)	32	CPS_搭铁	发动机离合器压力传感器_搭铁
79	P_CAN_L	P-CAN(低电位)	33	CPS_信号	发动机离合器压力传感器_信号
81	H_CAN_H	H-CAN(高电位)	38	启动_信号	启动信号输入
82	H_CAN_L	H-CAN(低电位)	42	HSG_TM_搭铁	HSG 温度传感器_搭铁
87	H_REZ+	HSG 电机位置传感器输出(+)	43	HSG_TM	HSG 温度传感器_信号
88	H_REZ−	HSG 电机位置传感器输出(−)	44	HSG_TM_S	屏蔽
93	H_REZ+	电机位置传感器输出(+)	48	MOT_TM_搭铁	驱动电机温度传感器_搭铁
94	H_REZ−	电机位置传感器输出(−)	49	MOT_TM	驱动电机温度传感器_信号
62	H_REZS1	HSG 电机位置传感器输入信号(1)	50	MOT_TM_S	屏蔽
63	H_REZS3	HSG 电机位置传感器输入信号(3)	15	制动开关 2	制动开关 2 输入信号(NC,IG1)
64	H_REZS2	HSG 电机位置传感器输入信号(2)	16	制动开关 1	制动开关 1 输入信号(NC,B+)
65	H_REZS4	HSG 电机位置传感器输入信号(4)			

20.1.5　混合动力控制模块

混合动力控制模块（HPCU）内集成了电源转换模块，包括两个逆变器、低电压直流/直流转换器（LDC）和混合动力控制模块（HCU）。混合动力控制模块结构如图 20-7 所示。HPCU 端子分布如图 20-8 所示，其端子定义见表 20-6。

表 20-6　HCU 端子定义

端子	端子定义	线束连接	端子	端子定义	线束连接
1	HCU 搭铁	车身搭铁	34	IG1 信号输入	点火开关
2	HCU 搭铁	车身搭铁	36	搭铁	HEV 开关
3	HCU 搭铁	车身搭铁	37	HEV 开关信号输入	HEV 开关
4	蓄电池电源(B+)	蓄电池	38	启动信号输入	智能钥匙模块
5	蓄电池电源(B+)	蓄电池	73	点火开关信号输入	智能钥匙模块
6	蓄电池电源(B+)	蓄电池	78	动力传动系统 CAN(高电位)信号输入	其他控制模块
15	制动开关 2 信号输入	制动开关(常闭,IG1)			
16	制动开关 1 信号输入	制动开关(常开,B+)	79	动力传动系统 CAN(低电位)信号输入	其他控制模块
30	IG3 继电器 ON 信号输出	集成电路模块			
31	传感器电源(+5V)	离合器压力传感器(CPS)	81	混合动力 CAN(高电位)信号输入	其他控制模块
32	传感器搭铁	离合器压力传感器(CPS)			
33	离合器压力传感器(CPS)信号输入	离合器压力传感器(CPS)	82	混合动力 CAN(低电位)信号输入	其他控制模块

图 20-7　混合动力控制模块结构

1—混合动力控制模块（HCU）；2—逆变器；3—低电压直流/直流转换器（LDC）；4—连接器（连接到高电压蓄电池）；5—连接器（连接到驱动电机）；6—连接器（连接到 HSG）；7—低电压电源输出端子；8—直流熔丝

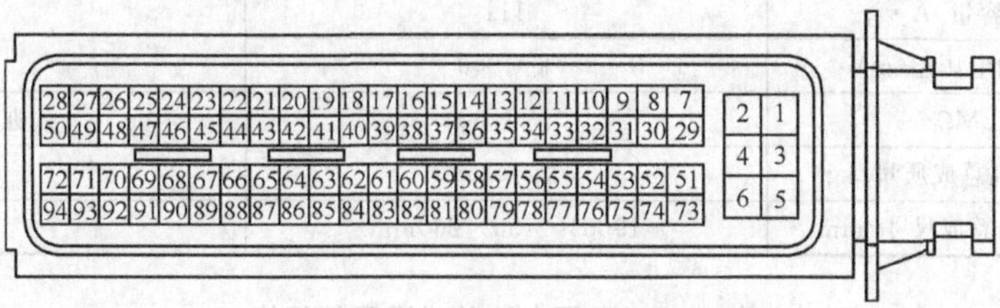

图 20-8　HCU 端子分布

20.2　现代伊兰特 EV（2018～　）

20.2.1　高压系统部件位置

高压系统部件位置如图 20-9 所示。

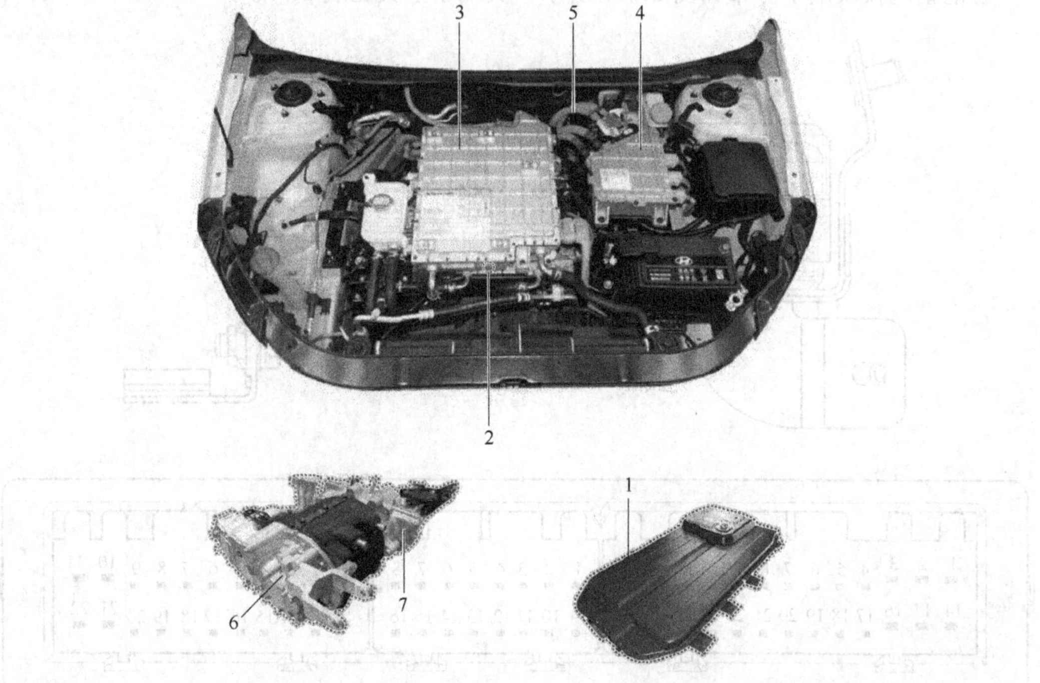

图 20-9　高压系统部件位置

1—高电压蓄电池系统总成；2—电能控制模块（EPCU）（LDC＋逆变器＋VCU）；3—车载充电器（OBC）；4—高电压接线盒；5—高电压导线；6—电机总成；7—减速器

20.2.2 高压电池技术参数

高压电池技术参数见表 20-7，其总成紧固件规格见表 20-8。

表 20-7 高压电池技术参数

项 目	规 格	备 注
SOC/%	0～100	可通过 KDS/GDS 诊断仪检查
单格电池电压/V	2.8～4.2	
蓄电池组电压/V	246.40～369.16	
单格电池数量/个	88	
蓄电池组额定电压/V	321.2	
蓄电池组额定容量/A·h	111	
单格电池之间的电压差/mV	低于 40	
绝缘电阻/MΩ	高于 50	兆欧表
高电压蓄电池系统总成质量/kg	低于 350	—
高电压蓄电池系统总成尺寸/mm	1900×1150×260mm	—

表 20-8 高压电池总成紧固件规格

项 目	转矩/N·m
高电压蓄电池下盖固定螺栓	9～14
高电压蓄电池系统总成固定螺栓	80～100
BMS 固定螺栓	7.8～11.8

20.2.3 智能钥匙模块端子定义

智能钥匙模块端子分布如图 20-10 所示，其端子定义见表 20-9。

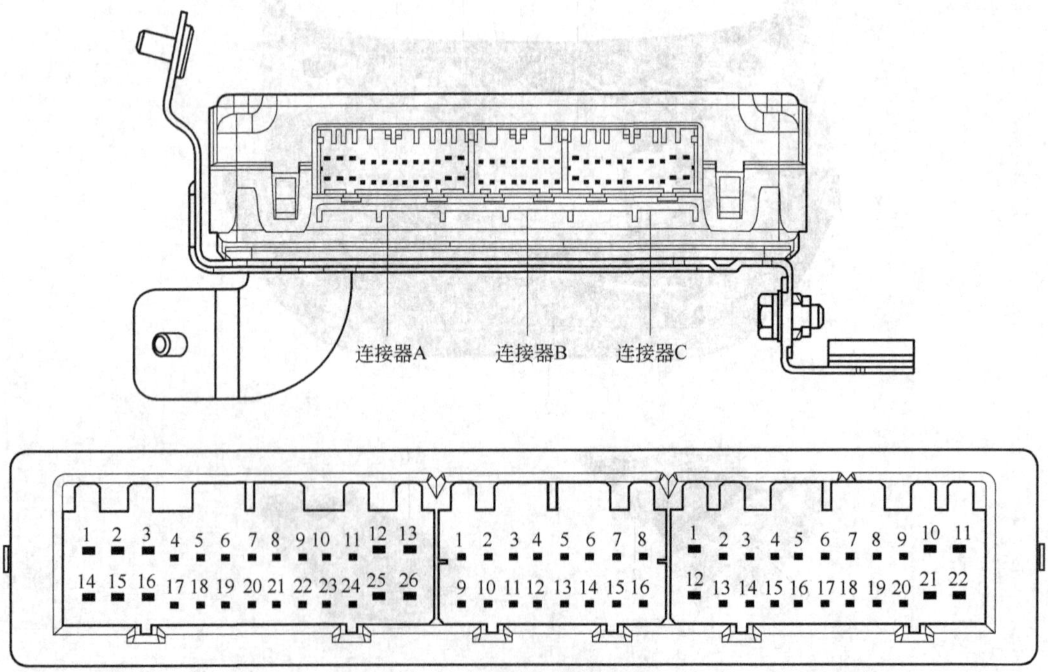

图 20-10 智能钥匙模块端子分布

表 20-9　智能钥匙模块端子定义

端子	连接器 A(26 端子)	端子	连接器 B(16 端子)	端子	连接器 C(22 端子)
1	蓄电池电源负荷	1	C_CAN_L	1	启动/停止按钮开关照明
2	ESCL 搭铁	2	C_CAN_H	2	钥匙防盗系统指示灯
3	电源搭铁 1	4	制动灯熔丝	3	启动/停止按钮指示灯 OFF
4	搭铁 1	5	制动开关	4	内部天线♯2 电源
5	I GN 1 继电器	6	钥匙防盗系统天线电源	5	内部天线♯1 电源
6	ACC	7	ESCL 开锁	8	后备厢天线电源
7	点火开关 2	8	轮速	9	保险杠天线电源
8	启动/停止按钮开关 2	9	驾驶席触发按钮	10	助手席天线电源
11	ESCL_通信	10	ESCL 开锁	11	驾驶席天线电源
12	B_CAN_H	11	外部蜂鸣器	12	SSB LED 蓝色/I GN
13	B_CAN_L	12	P 位置/离合器开关	13	启动/停止按钮照明电源
14	CPU 蓄电池电压	13	启动反馈	14	钥匙在车外警告灯
15	ESCL 蓄电池	14	钥匙防盗系统天线搭铁	15	内部天线♯2 搭铁
16	电源搭铁 2	15	诊断 K-通信线	16	内部天线♯1 搭铁
17	起动继电器	16	启动/停止按钮开关指示灯	19	后备厢天线搭铁
18	I GN 2 继电器			20	保险杠天线搭铁
19	ACC 继电器			21	助手席天线搭铁
21	后备厢盖开关			22	驾驶席天线搭铁
23	RPM				
24	EMS_通信				
25	启动/停止按钮开关 1				
26	助手席触发按钮				

20.2.4　车身控制模块端子定义

车身控制模块端子分布如图 20-11 所示，其端子定义见表 20-10。

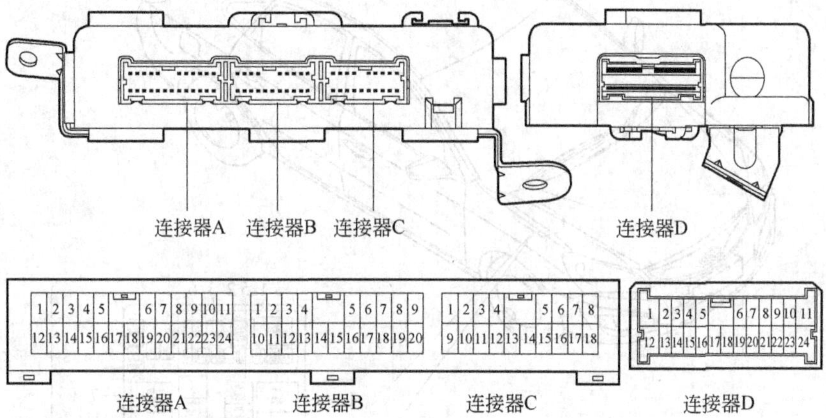

图 20-11　车身控制模块端子分布

表 20-10　车身控制模块端子定义

端子	连接器 A	连接器 B	连接器 C	连接器 D
1	蓄电池(+)	左车门钥匙闭锁开关	—	室内灯(脚灯)
2	搭铁 1	右门锁钥匙开锁开关	前除冰器开关	电动门窗继电器
3	制动灯开关	加热垫开关	—	闭锁继电器
4	挡位开关(D)	尾灯开关	雨刮器间隙时间调整开关	—
5	—	—	CAN(高电位)	钥匙孔照明
6	钥匙插入开关	—	—	尾灯继电器

续表

端子	连接器 A	连接器 B	连接器 C	连接器 D
7	喷水器开关	—	危险警告灯继电器	后备厢继电器
8	右车门开关	后雾灯开关	雨刮器继电器	大灯继电器
9	右门锁开锁开关	大灯开关	后除霜器开关	—
10	后左门锁开锁开关	左门锁钥匙开锁开关	—	左座椅安全带警告灯
11	左电动门窗锁止开关	后备厢开启开关	—	—
12	点火开关 2	—	速度传感器	防盗继电器
13	ACC	发动机罩开关	—	开锁继电器
14	挡位开关(P)	右座椅安全带开关	诊断仪	日间行车灯继电器
15	挡位开关(N)	—	CAN(低电位)	—
16	搭铁	—	安全电动门窗 ECUP(低电位)	除雾器继电器
17	刮雾开关	MTS 发送	ATM 电磁阀	后雾灯继电器
18	间歇开关	碰撞输入	搭铁(电源)	前除冰器继电器
19	挡位开关(R)	座椅安全带开关	—	喇叭继电器
20	左车门开关	前雾灯开关	—	—
21	左门锁开锁开关	—	—	RPAS
22	4 车门开关	—	—	—
23	后右门锁开锁开关	—	—	—
24	电动门窗开锁开关	内部灯自动切断	—	—

20.2.5 熔丝与继电器信息

（1）前机舱熔丝与继电器盒（图 20-12）

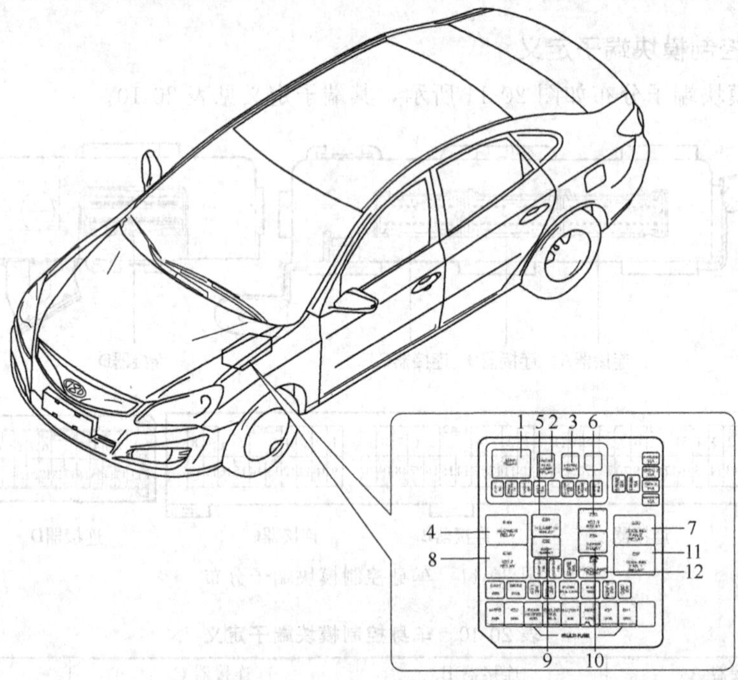

图 20-12 前机舱继电器盒

1—主继电器；2—雾灯继电器；3—喇叭继电器；4—鼓风机继电器；5—大灯远光继电器；6,8,9—IG3；7,11—冷却风扇继电器 2；10—雨刮器继电器；12—大灯继电器

前机舱熔丝与继电器盒元件分布如图 20-13 所示，继电器功能与类型说明见表 20-11，熔丝规格与功能说明见表 20-12。

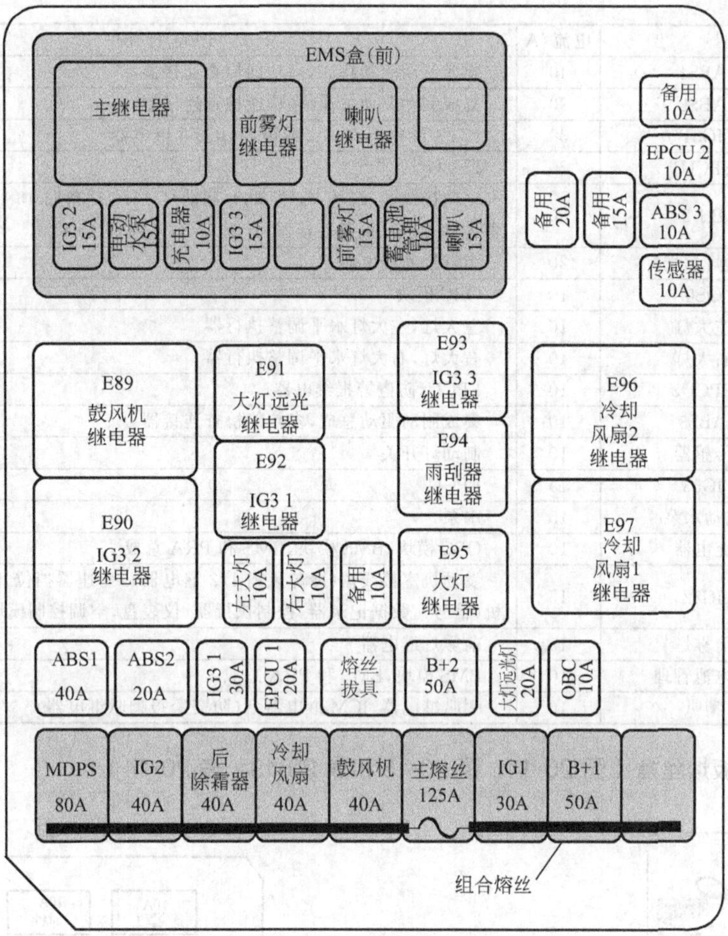

图 20-13　前机舱继熔丝与继电器盒元件分布

表 20-11　继电器类型

编号	继电器名称	类型	编号	继电器名称	类型
E89	鼓风机继电器	袖珍型	E95	大灯继电器	微小型
E90	IG3 2 继电器	袖珍型	E96	冷却风扇 2 继电器	袖珍型
E91	大灯远光继电器	微小型	E97	冷却风扇 1 继电器	微小型
E92	IG3 1 继电器	微小型	EMS接线盒	主继电器	袖珍型
E93	IG3 3 继电器	微小型		前雾灯继电器	微小型
E94	雨刮器继电器	微小型		喇叭继电器	微小型

表 20-12　前机舱熔丝信息

说　明		电流/A	电 路 保 护
组合熔丝	MDPS	80	电机驱动动力转向模块
	IG2	40	点火开关,PDM 继电器盒(IG2 继电器)
	后除霜器	40	室内接线盒(后除霜器继电器)
	冷却风扇	40	冷却风扇 1 继电器,冷却风扇 2 继电器
	鼓风机	40	鼓风机继电器
	主熔丝	125	蓄电池
	IG1	30	点火开关,PDM 继电器盒(IG1 继电器,ACC 继电器)
	B+1	50	室内接线盒熔丝:AMP 25A,PDM 215A,安全电动门窗 25A,后雾灯 10A,尾灯继电器,电动门窗继电器

续表

说明		电流/A	电路保护
熔丝	ABS1	40	集成制动驱动总成,多功能检查连接器
	ABS2	30	集成制动驱动总成,多功能检查连接器
	IG31	30	IG3 1 继电器,IG3 2 继电器,IG3 3 继电器
	EPCU1	20	EPCU
	B+2	50	室内接线盒(熔丝:门锁 20A,制动灯 15A,后备厢 15A,PDM 1 15A,危险警告灯 15A)(电源连接器:音响 15A,室内灯 15A)
	大灯远光	20	大灯远光继电器
	OBC	10	OBC 模块
	左大灯	10	左大灯,左大灯水平调整执行器
	右大灯	10	右大灯,右大灯水平调整执行器
	EPCU2	10	EPCU,防盗警报继电器
	ABS3	10	集成制动驱动总成,多功能检查连接器
	传感器	10	制动灯开关
EMS 盒	IG33	15	EPCU
	电动水泵	15	水泵
	充电器	10	OBC 模块,BMS 模块,BMS 和 PRA 总成
	IG32	15	发动机室接线盒(冷却风扇 1/2 继电器),变速器挡位开关,电动空调压缩机(信号),数据记录器,控制执行器,仪表盘,空调控制模块
	前雾灯	15	前雾灯继电器
	蓄电池管理	10	BMS 模块,BMS 和 PRA 总成
	喇叭	10	喇叭继电器,ICM 继电器盒(防盗警报喇叭继电器)

(2)仪表板熔丝盒(图 20-14、图 20-15 和表 20-13、表 20-14)

1

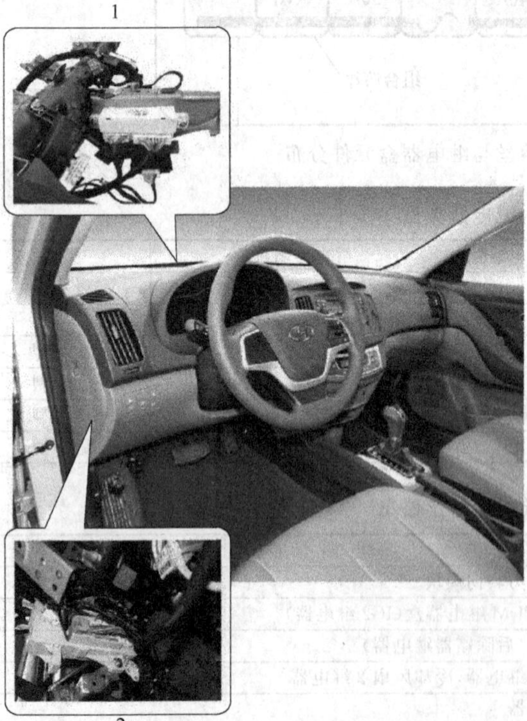

2

图 20-14 仪表板继电器盒

1—ICM 继电器盒;2—智能接线盒

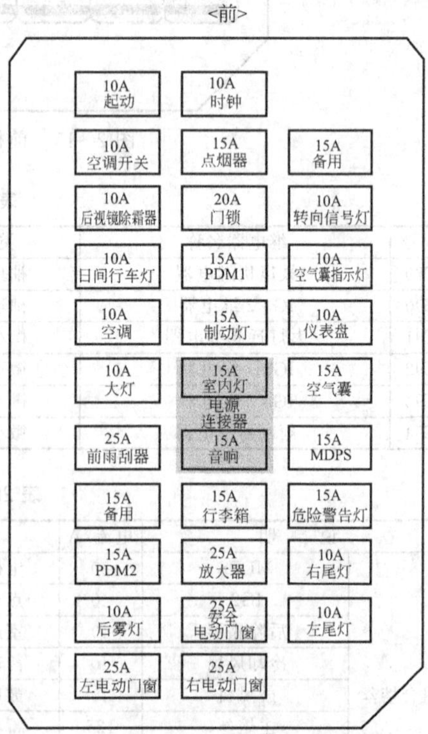

图 20-15 仪表板熔丝与继电器盒元件分布

表 20-13 继电器类型说明

继电器名称	类型	继电器名称	类型
后除霜器继电器	PCB 类型	电动门窗继电器	PCB 类型
行李箱继电器	PCB 类型	尾灯继电器	PCB 类型

表 20-14 熔丝规格与功能说明

说明		电流/A	电路保护
启动		10	点火开关，变速器挡位开关，智能钥匙控制模块
空调开关		10	空调控制模块
后视镜除霜器		10	空调控制模块，驾驶席/助手席电动室外后视镜
日间行车灯		10	ICM 继电器盒(日间行车灯继电器)
空调		10	空调控制模块，发动机室接线盒(鼓风机继电器)，BCM，天窗控制模块，防盗警报模块，PTC 加热器，室内温度传感器，智能钥匙控制模块，位置识别模块，摄像头
大灯		10	发动机室接线盒(大灯远光继电器，大灯继电器)，大灯水平调整开关
前雨刮器		25	组合开关(雨刮器)，发动机室接线盒(雨刮器继电器)，前雨刮器电机
备用		15	—
PDM2		15	智能钥匙控制模块，启动/停止按钮开关，防盗警报模块
后雾灯		10	集成电路模块继电器盒(后雾灯继电器)，变速杆传感器
左电动门窗		25	电动门窗主开关，后左电动门窗开关
时钟		10	音响，音频/视频和导航控制器，电动室外后视镜开关，放大器(配备导航)，智能钥匙控制模块，BCM，出租车监控器，车用计价器模块
点烟器		15	点烟器
门锁		20	天窗控制模块，集成电路模块继电器盒(门锁闭锁/开锁继电器，机壳继电器)，机壳开关，摄像头，位置识别模块
PDM1		15	智能钥匙控制模块，钥匙防盗模块
制动灯		15	制动灯开关，智能钥匙控制模块，制动灯继电器
电源连接器	室内灯	15	后备厢室灯，诊断连接器，BCM，空调控制模块，数据记录器，点火开关照明灯 & 钥匙插入开关，仪表盘(指示灯)，驾驶席/助手席车门灯，集成电路模块继电器盒(室内灯继电器)，Empty Lamp，车用计价器模块
	音响	15	音响，音频/视频 & 导航控制器
后备厢		15	后备厢继电器
AMP		25	放大器
安全电动门窗		25	安全电动门窗模块
右电动门窗		25	电动门窗主开关，后左电动门窗开关，助手席电动门窗开关
备用		15	—
转向信号灯		10	危险警告灯开关
空气囊指示灯		10	仪表盘(空气囊指示灯)
仪表盘		10	仪表盘(指示灯)，BCM，后驻车辅助传感器左/右/左(中央)/右(中央)，智能钥匙控制模块，VESS 模块，钥匙防盗模块，主动 ECO 开关，变速杆指示灯，电路室内后视镜
空气囊		15	SRS 控制模块
MDPS		15	MDPS 模块
危险警告灯		15	危险警告灯开关，集成电路模块继电器盒(危险警告灯继电器)
右尾灯		10	后右组合灯(外)，后视摄像头，右大灯，发动机室接线盒(前雾灯继电器)，照明灯，牌照灯(配备智能钥匙)
左尾灯		10	左大灯，电动门窗主开关，助手席电动门窗开关，后电动门窗开关(左/右)，后左组合灯(外侧)，牌照灯，后视摄像头

20.2.6 组合仪表端子信息

组合仪表端子分布如图 20-16 所示，其端子定义见表 20-15。

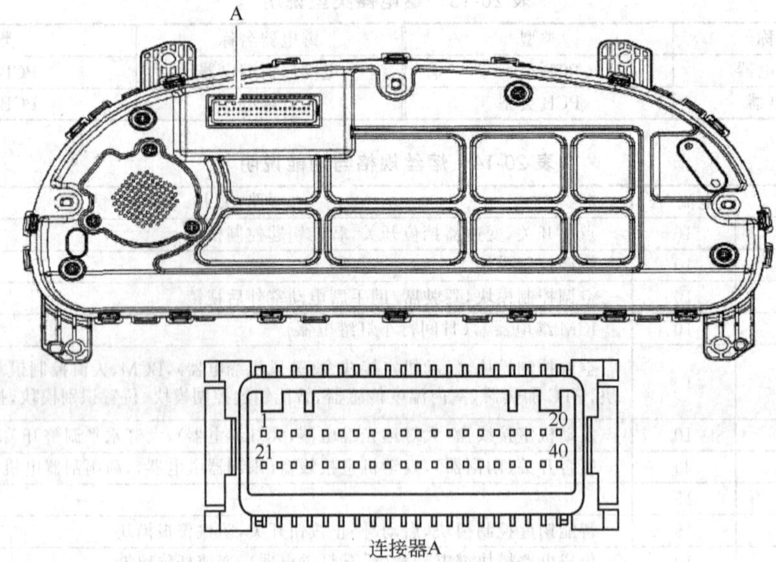

图 20-16　组合仪表端子分布

表 20-15　组合仪表端子定义

端子	定　义	端子	定　义
1	搭铁信号 3	24	"P"挡
2	后右车门开启开关输入	25	"R"挡
3	安全带开关输入	26	"N"挡
4	驻车制动开关输入	27	"D"挡
5	后左车门开启开关输入	28	"B"挡
9	大灯远光＋	29	B_CAN 低电位
10	左转向信号灯输入	30	B_CAN 高电位
11	右转向信号灯输入	32	C_CAN 高电位
17	钥匙防盗输入	33	C_CAN 低电位
18	速度输出	37	搭铁信号 1
19	空气囊输入	38	I GN3
20	尾灯输入	39	I GN1
21	行车电脑开关输入	40	B＋
22	行车电脑开关 1 输入		

20.3　起亚华骐 300EV（2017～　）

20.3.1　高压电池系统技术参数

高压电池技术参数见表 20-16，其紧固件规格见表 20-17。

表 20-16　高压电池技术参数

项　　目	规格	项　　目	规格
SOC/%	8～98	蓄电池组额定容量/A・h	111
单格电池电压/V	2.8～4.2	单格电池之间的电压差/mV	低于 40
蓄电池组电压/V	246.40～369.16	绝缘电阻/MΩ	高于 50
单格电池数量/个	88	高电压蓄电池系统总成质量/kg	低于 350
蓄电池组额定电压/V	321.2	高电压蓄电池系统总成尺寸/mm	1910×1150×260

表 20-17 系统总成紧固件规格

项目	转矩/N·m	项目	转矩/N·m
高电压蓄电池下盖固定螺栓	29.4～39.2	BMS ECU 固定螺母	7.8～11.8
高电压蓄电池系统总成固定螺栓	54.9～82.4		

20.3.2 BMS 电池管理器与车载充电机端子定义

高压电池管理器内部传感器分布如图 20-17 所示，电池管理器安装位置与连接器分布如图 20-18 所示，其端子定义见表 20-18 和表 20-19。

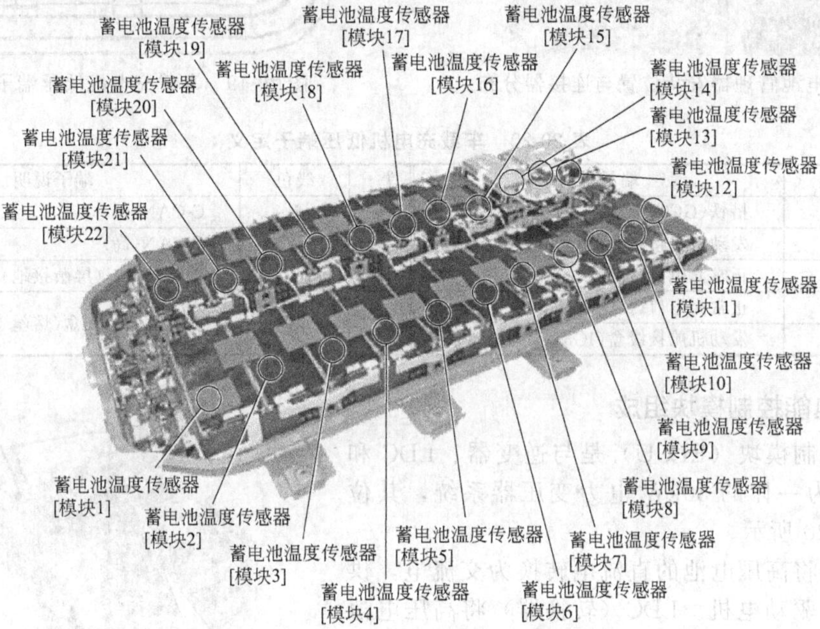

图 20-17 高压电池管理器内部传感器分布

车载充电机低压端子分布如图 20-19 所示，其端子定义见表 20-20。

表 20-18 连接器 A26 针端子定义

端子	端子说明	连接到	端子	端子说明	连接到
1	蓄电池电源(B＋)	12V 辅助蓄电池	12	预充电继电器控制	预充电继电器
2	蓄电池电源(B＋)	12V 辅助蓄电池	13	主继电器(＋)控制	高压主继电器(＋)
3	IG3	IG＃3 继电器	14	搭铁	车身搭铁
5	CAN3(高)	其他控制模块、诊断连接器(DLC)、多功能检查连接器	15	搭铁	车身搭铁
6	CAN3(低)	其他控制模块、诊断连接器(DLC)、多功能检查连接器	19	碰撞输出信号	SRS 控制模块
7	CAN(高)	其他控制模块、诊断连接器(DLC)、多功能检查连接器	21	安全插头互锁信号输入	安全插头
8	CAN(低)	其他控制模块、诊断连接器(DLC)、多功能检查连接器	25	高压主继电器搭铁	高压主继电器
			26	高压主继电器(－)	高压主继电器(－)

表 20-19 连接器 B22 针端子定义

端子	端子说明	连接到	端子	端子说明	连接到
1	正常充电温度检测信号输入	正常充电口	12	正常充电温度检测信号搭铁	正常充电嘴
2	快速充电温度检测信号输入	快速充电口	13	快速充电温度检测信号搭铁	快速充电嘴
3	快速充电温度检测信号输入	快速充电口	14	快速充电温度检测信号搭铁	快速充电嘴

图 20-18 电池管理器安装位置与连接器分布

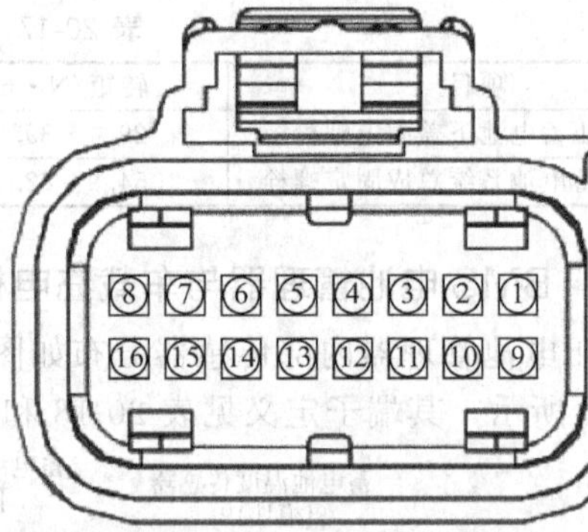

图 20-19 车载充电机低压端子分布

表 20-20 车载充电机低压端子定义

端子	线色	端子说明	端子	线色	端子说明
1	B	搭铁(GC02)	6	L	C-CAN(低)
2	P/B	发动机舱接线盒(熔丝-充电机)	7	W	C-CAN(高)
3	W	正常充电口(检测)	11	B/O	正常充电口(屏蔽接地)
4	G	正常充电口(控制引导)	12	R	发动机舱接线盒(熔丝-OBC)
5	L/B	发动机舱接线盒(IG3＃1 继电器)			

20.3.3 电能控制模块组成

电能控制模块（EPCU）是与逆变器、LDC 和 VCU 集成为一体的 80kW 电力变压器系统，其位置如图 20-20 所示。

逆变器将高压电池的直流电转换为交流电，供给到车辆的驱动电机。LDC（转换器）将高压电池的高压直流电转换为低压直流电，以供给到车辆的电气部件，其系统原理如图 20-21 所示，控制形式如图 20-22 所示。

高压电池的高压（直流 360V）通过 LDC 转换为低压（直流 12V）后，向各电气部件供电。由车辆控制模块（VCU）控制 LDC 的工作和工作模式（图 20-23）。

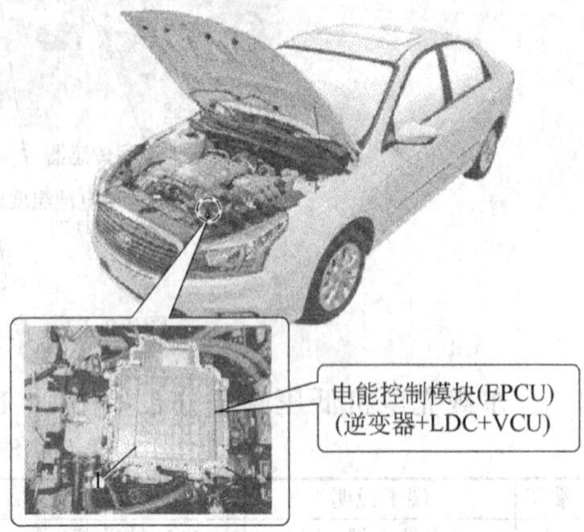

图 20-20 EPCU 位置

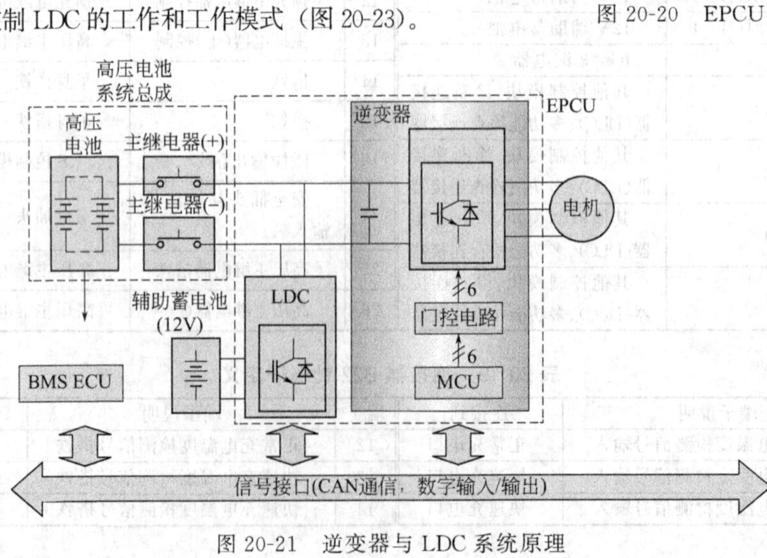

图 20-21 逆变器与 LDC 系统原理

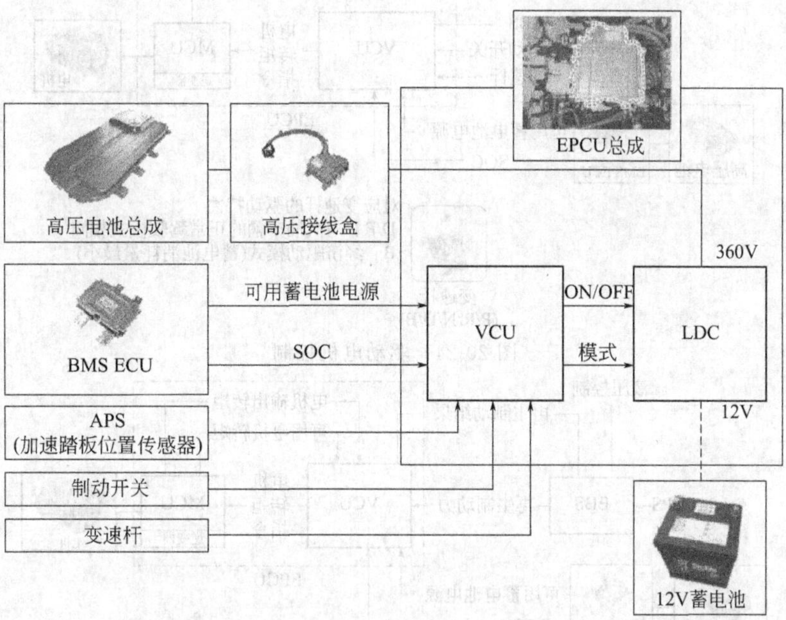

图 20-22　LDC 控制形式

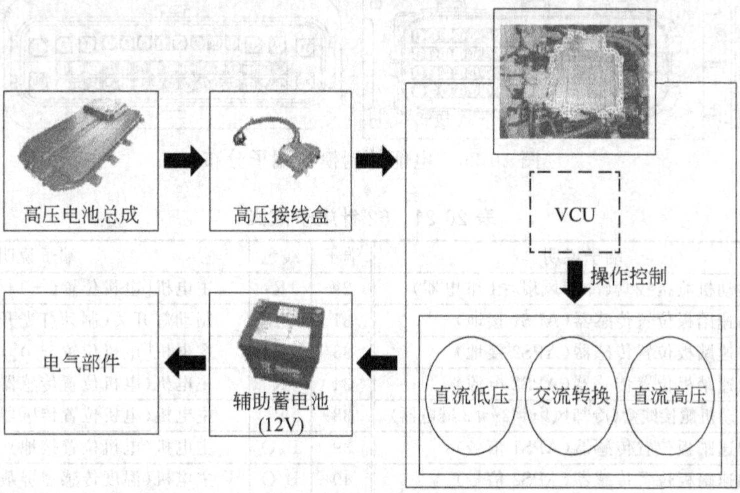

图 20-23　VCU 控制 LDC 工作和工作模式

通过逆变器驱动电动汽车（EV）的驱动电机。它将高压电池的直流电转换为驱动电机所需的交流电，即将高压电池的直流电（+、−）转换为三相交流电（U、V、W），并通过从控制器发送信号进行控制，以驱动电机。

加速期间，高压电池提供额外电能到电机（图 20-24）。减速期间，使用电机产生的电能给高压电池充电，从而延长续航里程（图 20-25）。逆变器向 VCU 提供计算必要输出转矩所需的可获得的电机转矩信息，并发送能产生由 VCU 计算的必要电机输出转矩的 PWM 信号。

20.3.4　电能控制模块端子定义

电能控制模块端子分布如图 20-26 所示，其端子定义见表 20-21 和表 20-22。

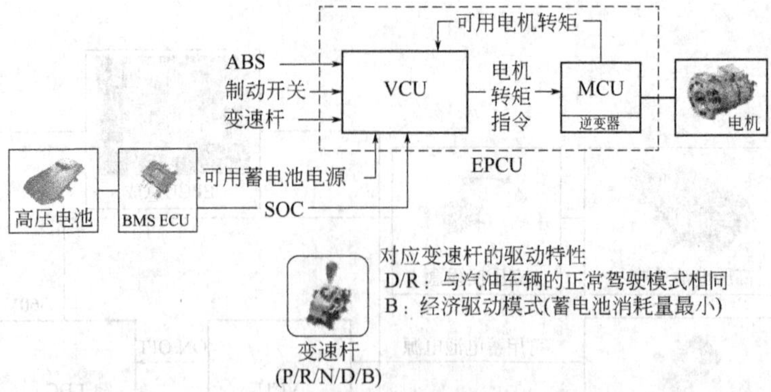

图 20-24　驱动电机控制

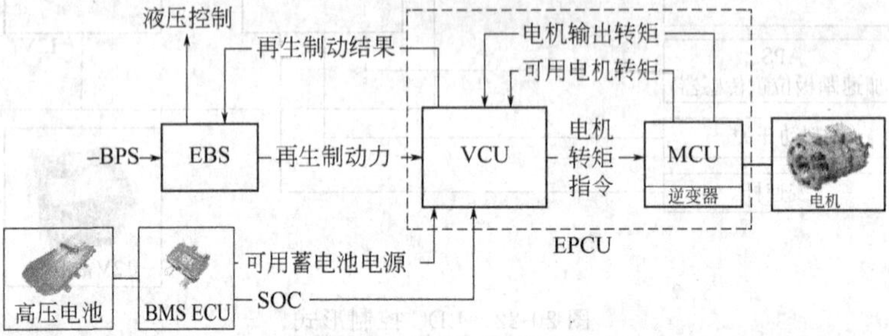

图 20-25　再生制动控制

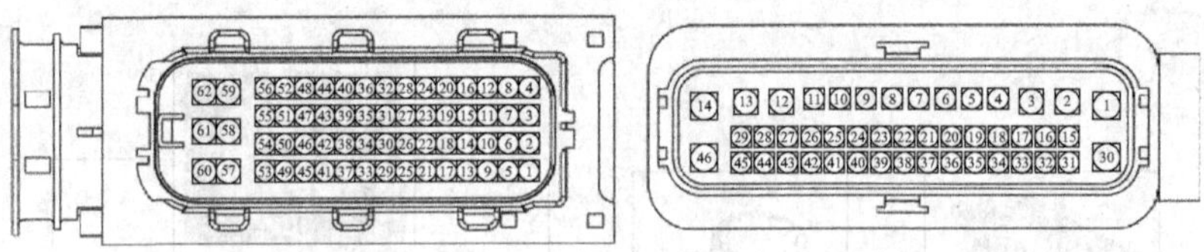

图 20-26　电能控制模块端子分布

表 20-21　62 针端子定义

端子	线色	端子说明	端子	线色	端子说明
1	B	发动机舱接线盒(冷却风扇＃1 继电器)	29	R	主电机[电机位置(＋)]
2	W	加速踏板位置传感器(APS1 接地)	31	BR	制动灯开关(制动灯光开关)
3	B	加速踏板位置传感器(APS2 接地)	33	B	主电机[电机位置(－)]
4	R/O	加速踏板位置传感器(APS2 电源)	34	R	主电机(电机位置传感器＃2)
5	B	发动机舱接线盒(冷却风扇＃2/＃3 继电器)	38	B	主电机(电机位置传感器＃4)
6	L/O	加速踏板位置传感器(APS1 信号)	39	B/O	主电机(电机位置接地)
7	G	加速踏板位置传感器(APS2 信号)	40	B/O	主电机(温度传感器屏蔽)
8	R	加速踏板位置传感器(APS1 电源)	41	W	C-CAN(高)
10	R	发动机舱接线盒(熔丝-倒车灯),变速器挡位开关(信号 2)	44	G	主电机(温度传感器接地)
			45	L	C-CAN(低)
11	O	变速器挡位开关(信号 4)	46	P	CAN3(高)
14	BR	变速器挡位开关(信号 1)	48	W	主电机(温度传感器信号)
15	GR	变速器挡位开关(信号 3)	50	BR	CAN3(低)
16	L/O	发动机舱接线盒(熔丝-EPCU2)	53	R/B	发动机舱接线盒(熔丝-IG3-2)
20	Y	变速器挡位开关(信号 5)	57	B	接地(GC01)
22	G	主电机(电机位置传感器＃1)	58	B	接地(GC01)
24	W/B	主动 ECO 开关	59	B	接地(GC01)
26	W	主电机(电机位置传感器＃3)	60	R	发动机舱接线盒(熔丝-EPCU1)
27	L	制动灯开关(制动开关)	61	R	发动机舱接线盒(熔丝-EPCU1)
28	P/B	变速器挡位开关(驻车/空挡开关)	62	R	发动机舱接线盒(熔丝-EPCU1)

表 20-22　46 针端子定义

端子	线色	端子说明	端子	线色	端子说明
1	P	发动机舱接线盒(熔丝-IBAU1)	23	BR	制动踏板位置传感器(PDF 信号)
2	R	PSU 电机(电机＋)	27	P/B	后左轮速传感器(信号)
4	B/O	PSU 电机(GND2)	28	L/B	前左轮速传感器(信号)
5	BR	发动机舱接线盒(熔丝-IBAU3)	29	L	智能接线盒(IPS 控制模块-驾驶席车门开启开关输入)
6	R	制动踏板位置传感器(PDT 电源)			
7	P	制动踏板位置传感器(PDF 电源)	30	W	发动机舱接线盒(熔丝-IBAU2)
10	GR	制动踏板位置传感器(PDT 接地)	31	B	制动踏板传感器(PDF 接地)
11	B/O	PSU 电机(GND1)	33	B	后左轮速传感器(电源)
13	W	PSU 电机(电机－)	34	B	后右轮速传感器(电源)
14	B	接地(GC06)	36	BR	制动灯开关(制动灯光开关)
17	L/O	前左轮速传感器(电源)	42	G/B	前右轮速传感器(信号)
18	G/O	前右轮速传感器(电源)	43	P/B	后右轮速传感器(信号)
19	W	C-CAN(高)	44	L	制动灯开关(制动开关)
20	L	C-CAN(低)	46	B	接地(GC06)
22	W	制动踏板位置传感器(PDT 信号)			

20.3.5　天窗初始化

当拆装了蓄电池，或者蓄电池亏电，或者使用应急手柄操作了天窗时，必须按下列程序进行天窗系统初始化。

① 将点火开关置于 ON 位置。

② 根据天窗位置，进行如下操作。

a. 天窗处于完全关闭或倾斜打开位置时，按下倾斜上升（）按钮 1s。

b. 在天窗处于滑动打开位置时，按住关闭（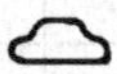）按钮 5s 以上，直到天窗完全关闭为止，释放关闭按钮，然后按下倾斜上升（）按钮 1s 再释放。

③ 天窗倾斜上升到稍高于最大倾斜上升（）位置后，再次按住倾斜上升（）按钮，直到天窗返回到倾斜上升（）原始位置。

完成上述操作时，天窗系统初始化结束。

附录

不同品牌汽车线束颜色定义

线色含义	品牌代码							
	吉利	长安	长城	上汽	比亚迪	奇瑞	众泰	北汽
黑色	B	B	B	B	B	B	B	B
灰色	Gr	S	Gr	S	Gr	Gr	Gr	Gr
棕色	Br	Br	Br	N	Br	Br	Br	Br
蓝色	L	L	Bl	U	L	L	L	L
绿色	G	G	G	G	G	G	G	G
红色	R	R	R	R	R	R	R	R
黄色	Y	Y	Y	Y	Y	Y	Y	Y
橙色	O	O	Or	O	O	O	O	O
白色	W	W	W	W	W	W	W	W
紫色	V	V	V	P	V	V	V	V
粉色	P	P	P	K	P	P	P	P
褐色				T				
浅绿色	Lg	Lg	Lg	LG	Lg	Lg	Lg	Lg
深绿色				DG				Dg
浅蓝色	Lb			LU				Ll
深蓝色				DU				Dl
黄紫色								YV
深蓝棕								DlBr
天蓝色							Sb	
透明色	Na							

线色含义	品牌代码					
	大众	通用	丰田	本田	日产	现代-起亚
黑色	sw	BK	B	BLK	B	B
灰色	gr	GY	GR	GRY	GR/GY	Gr
棕色	br	BN	BR	BRN	BR	Br
蓝色	bl	BU	L	BLU	L	L
绿色	gn	GN	G	GRN	G	G
红色	ro/rt	RD	R	RED	R	R
黄色	ge	YE	Y	YEL	Y	Y
橙色	or	OG	O	ORN	O/OR	O
白色	ws	WH	W	WHT	W	W
紫色		PU	V	PUR	V/PU	Pp
粉色	rs	PK	P	PNK	P	P
琥珀色		AM				
透明色		CL				
浅绿色			LG	LT GRN	LG	Lg
浅蓝色						
深绿色					DG	
深灰色			DG			
天蓝色			SB		SB	
米黄色			BE		BG/BE	

续表

线色含义	品牌代码					
	大众	通用	丰田	本田	日产	现代-起亚
淡紫色	li/vi		LA		LA	
深棕色					CH	
浅褐色		BG				
咖喱色		CU				
奶油色		CR				
金黄色		GD				
铁锈色		RU				
银白色		SR				
水鸭色		TL				
黄褐色		TN				T
青绿色		TQ				
紫罗兰色						
本色		NA				
裸线		BARE				